本报告的出版得到

国家重点文物保护专项补助经费资助

编辑委员会

石台子山城

（上）

辽宁省文物考古研究所
沈阳市文物考古研究所　编著

文物出版社
北京·2012

封面设计：周小玮
责任印制：王少华
责任编辑：杨冠华

图书在版编目（CIP）数据

石台子山城/辽宁省文物考古研究所，沈阳市文物
考古研究所编著．-北京：文物出版社，2012.11
　　ISBN 978-7-5010-3601-1

Ⅰ．①石… Ⅱ．①辽… ②沈… Ⅲ．①高句丽（前
37~668）-古城遗址（考古）-介绍-东北地区 Ⅳ．
①K878

中国版本图书馆CIP数据核字（2012）第252594号

石 台 子 山 城

辽宁省文物考古研究所
沈阳市文物考古研究所　编著

*

文 物 出 版 社 出 版 发 行
（北京市东直门内北小街2号楼）
http://www.wenwu.com

E-mail：web@wenwu.com

北京燕泰美术制版印刷有限责任公司印制
新 华 书 店 经 销
889×1194　1/16　印张：39.75　插页：5
2012年11月第1版　2012年11月第1次印刷
ISBN　978-7-5010-3601-1 定价：630.00元（全二册）

Shitaizi Mountain City

Vol.1

by

Cultural Relics and Archaeology Institute of Liaoning Province

Cultural Relics and Archaeology Institute of Shenyang

Cultural Relics Press

Beijing • 2012

序

郭大顺

  辽宁省的辽东地区，是高句丽山城分布比较密集的一个地区，山城的发现和研究也已有近百年的历史。不过在近年的文物调查中，仍不断有新的高句丽山城被发现，位于沈阳市东北郊的石台子山城就是其中较为重要的一座。

  石台子山城是20世纪80年代初全省第二次文物普查时发现的，从90年代后期开始，由辽宁省文物考古研究所与沈阳市考古研究所联合、以沈阳市考古研究所为主连续进行了9个年度的发掘。先是城墙及马面、城门、排水沟，接着是城内的瞭望台、拦水坝与蓄水池、居住址等设施及城外西北方向的墓葬群一一被揭露出来。在大家欣喜于出省城不远就可以观摩到一座保存较为完好的高句丽山城全貌的同时，石台子山城考古资料的整理、发掘报告的编写和考古现场的保护与展示这两大任务也随之提到日程。

  石台子山城所获考古发掘材料，与大多数高句丽山城一样，较之考古单位所出的遗物和遗物组合来说，以遗迹部分内容最为丰富，特别是保存在地上的石砌城墙，不过石台子山城在这方面显得更突出一些。因为这座山城虽然规模不大，却各类设施相对齐全，而且保存较好，是将高句丽山城特点体现得更为集中的一座高句丽较晚时期的山城，它的许多方面都值得特别予以强调，这当然也是编写发掘报告的重点内容。

  从山城所选择的地势看，与高句丽山城一般所在的深山大谷中高峻而陡峭的地势相比较，石台子山城所在地势虽然西高东低有几十米的高差，但总体海拔高度较低，地形也较为平缓，缺少以山险等天然屏障代替城墙的条件，于是城墙内外壁墙体全部以人工砌筑，形成近1400延长米（包括马面）、宽6米、现保存高度最高达4米以上的全封闭式的石砌墙体。城墙的砌筑与结构是石台子山城最值得研究的部分。从砌筑程序及工艺看，这座山城的构筑从选料、石材加工、砌筑，较其他诸山城都更显一丝不苟，所用高句丽山城特有的楔形石材，除少量为长条形石外，楔面大都长宽相近，尺寸大小差别不大，规格较为统一，同时在细部处理上依石材形状、规格的差异又多有变化，还使用了其他高句丽山城罕见的两端各凿一深而直凹槽的工艺更为讲究的砌石；墙面的砌筑，绝大多数部分都采用了近于三分之一错缝的较为合理的错缝法，石材之间上下与左右都结合紧凑，无大缝隙，拼缝工艺十分讲究；还有准确的逐层向内收分，墙体内部用楔形石交错叠压码砌等等。从城墙的结构看，除城门、排水沟外，石台子山城以设有多个马面而引人注目，所开的四个城门分布较为均匀，9座马面都作规整的方形或长方形，马面的位置一律设在西北城墙及南城墙，显然，这两面是防御的重点部位。整座山城虽然呈不规则的三角形，但从整体到内部结构，都十分紧凑坚实，给人一种远非临时仓促之举的感觉。

  城内蓄水池的发现更增强了这种感觉。这是全封闭人工砌筑的城墙以外，石台子山城最为重要的一项工程。蓄水池坐落在城内中部谷地，由蓄水池和拦水坝组成，蓄水池的池壁内径达9米，现存深度5米，这样大直径的圆形池壁也全部用楔形石拼砌，池壁的整齐程度甚至超过城墙的壁面，其构筑的难度当然又在城墙之上。加上与之相配的基础深约9米的拦水坝，形成总范围在东西南北各有30米左右的石砌建筑址，其规模之巨，气势之壮观，所显示当时供水量需求之大，为已知高句丽山城同类遗迹所仅见。

石台子山城这些较为突出的内容，一方面反映了高句丽山城中晚期的特点，也与这座山城在高句丽晚期的特殊重要性有关。

从十六国时期到隋唐时期的高句丽山城在辽东山区的总体分布，大多数是沿辽河下游千山西北麓一线呈东北到西南走向，形成一道面对辽河平原、背靠千山的防线。石台子山城正在这一防线中部直面开阔辽河平原的突前位置，它显然与加强东侧相距甚近的高句丽晚期重镇高尔山山城的防御有直接关系，除此而外，南部辽东城的防御与之也不无关系，近年在辽东城的山上城燕州山城靠近太子河岸发现的大规模建筑址表明，辽东城确如文献所载，是高句丽西部防线上的防御重心，石台子山城虽较辽东城稍远，但仍可起到北部屏障的作用。可见，石台子山城作为最靠近辽河平原的一座高句丽山城，处于高句丽晚期西部防御线最前沿，担负着从两翼防御的重任，地理位置和形势十分险要，这是高句丽重点经营这座山城的主要原因，所以石台子山城的发现和发掘，为研究隋唐时期高句丽与中原王朝密切交往关系的历史，提供了十分珍贵的资料。

为了将石台子山城的发掘资料及时又全面详细地报道出来，近年来，沈阳市考古研究所将石台子山城考古资料的整理和发掘报告的编写列为全所的重点工作，在阶段性发掘后及时发表三次简报的基础上，抓紧组织人员着手进行正式发掘报告的编写。随着在资料整理和报告编写过程中提出的问题和认识的不断加深，编写人员又几上山城，进行了补充测绘和细部观察，不断有新收获。如由于有城门和多个马面（加台基）与墙体的交接，使城墙增加了较多的折角部位，这是与墙面砌筑有所不同又较墙面砌筑难度为高的技术；又如城墙墙体内非一般城墙的填土或填石，而是使用加工过的棱形石作填石，且这些棱形石又非随意堆放，而是与壁面楔形石之间、棱形石相互之间，层层码砌咬合，从而使整个墙体浑然一体，其牢固程度为一般所见城墙内部结构所不及，而增加的工程量之大也可以想见。发掘报告参考了其他已发表的高句丽山城的发掘报告，对这些细部特点从文字描述到插图都不同程度地加以详细表述。因为认识总有个过程，在这方面仍有做得不尽如意之处。

随着石台子高句丽山城被全面揭露，随之而来的遗址保护工作也与编写发掘报告同时起步。关于保存于地上的不可移动文物，按全国地上建筑保护的通例，元代以前的地上建筑都可公布为全国重点文物保护单位，过去总以为，辽宁省地上木结构建筑保存不多，明初到元代以前的，只有义县辽代奉国寺和盖县有明代洪武纪年的上帝庙。随着研究的深入和文物保护意识的不断提高，近年辽代砖塔和青铜时代的大石棚及诸多高句丽山城的保护级别渐被提高。高句丽山城由于数量多、范围广、位置多较偏远，保护有较大难度，从而在辽宁早期地上建筑的保护工作中占有很重的分量。虽然高句丽山城所用石材在露天风化的问题上尚未显现出突出的矛盾，但如何保持其在陡峭山崖处长期不塌不陷，修补如何保持其特有的原工艺，如何维护好历经千余年犹存的历史风貌，这些都是尚在探索但又亟需解决的课题。石台子山城又在沈阳市棋盘山风景区范围内，作为沈阳市东北郊自然景观中唯一的特殊的人文景观，还承担着在保护基础上展示的任务。目前，石台子山城已被国务院公布为全国重点文物保护单位（2006年，第六批），并开始着手制定城址的保护规划，对城址各类遗迹的具体保护措施也已进行过多次论证。我们相信，随着石台子山城考古发掘报告的发表，一定会给下一步有关的研究、保护和展示以很大推动。

目　录

插图目录

第一章　概述

第一节　地理形势与自然环境

　　石台子山城位于沈阳市东北部的丘陵山地，距沈阳市区30千米（图一）。山城所处地理位置属长白山系的吉林哈达岭西麓的辉山丘陵地带。辉山丘陵处于辽东低山丘陵地带向西延伸地段的最西侧边缘，地质构造属剥蚀丘陵地貌，海拔高度在100～280米之间。地形坡度10°～30°不等，平均坡度15°左右，山势大致呈东北—西南走向。辉山丘陵之中有棋盘山、辉山、大洋什山等几座有名的山峰。棋盘山在石台子山城之南，直线距离5千米，为辉山丘陵的第一高峰，海拔280.2米。其山顶南侧斜下方曾有一巨石，上刻有棋盘，是"棋盘山"名之由来。辉山位于山城的西南，与山城直线距离约4.3千米，海拔高度262.3米，其山脊岩石裸露，远望一片灰白，因此而得名"灰山"，后称之为辉山。大洋什山位于山城的北侧，为辉山丘陵中的第三峰，直线距离约为1.2千米，海拔215.3米。以棋盘主峰为结点，向

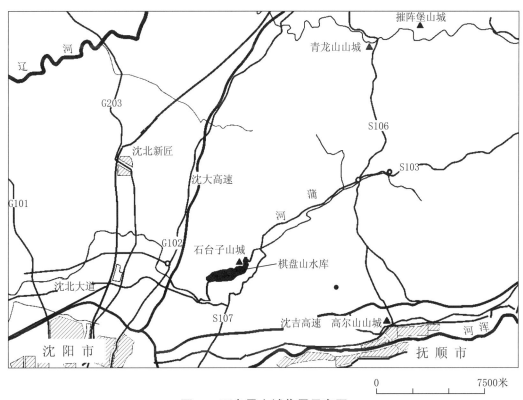

图一　石台子山城位置示意图

东北与大洋什山的山势构成一脉；向东与辉山的山势构成一线，其形势呈犄角之势突入辽河平原，西与辽河相望。

蒲河从石台子山城东南侧流过，发源于铁岭市南部地区的横道子乡想儿山，向西南流经30.5千米至石台子山城之下，并在山城的东北侧流向西南，从棋盘山和辉山两峰之间峡谷流出，进入辽河平原。在石台子山城的东、南面有较为开阔平坦的河谷，在没有修筑水库之前，此地多有山泉和较深的水塘，就蒲河从发源地至辉山丘陵之间的流域而言，这里应是谷地宽阔、河水丰沛的地段。

石台子山城修筑在山势环抱、形势较为独立的山丘之上，山势呈西高东低，平面呈不规则四边形，南北略长，有四个相对的制高点（图二）。西北部为最高，海拔164.4米；西南部制高点海拔163米，俗称"点将台"处；东北侧制高点海拔高度为139.7米；地势稍平坦，东南侧制高点为海拔128.2米，地势较平坦。城内有南北两处较平坦的台地，台地间有一条低凹的谷地，谷口向东，至蒲河。以河谷最低处至西北侧制高点相对高度约70米，从山势而言呈"簸箕形"，或谓"栲栳峰"。因山城的东、南面临河谷处断崖兀立，又俗称"石砬子"。石台子山城北靠大洋什山，东南依临蒲河谷地，西垂棋盘山主峰，南面辉山，并坐落在辉山丘陵之内，依蒲河右畔，在山城选址上既据势守险又有可供生活的谷地和水源。

山城在发现时其所属地为沈阳市东陵区满堂乡石台子村所辖，故名其为石台子山城（彩版一）。

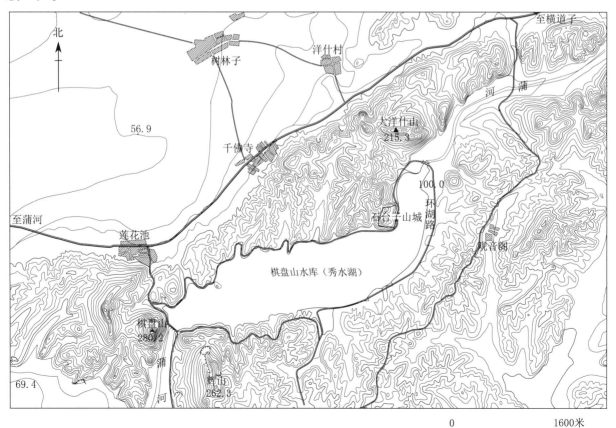

图二　石台子山城地形图

第二节 历史沿革

高句丽是中国历史舞台上从公元前37年（汉元帝建昭二年）至668年（唐高宗总章元年）活跃在东北亚地区的地方政权，石台子山城作为高句丽政权的西部边陲重镇，在高句丽发展史上占有重要地位。

《史记·匈奴列传》："燕有贤将秦开，为质于胡，胡甚信之，归而袭破走东胡，东胡却千余里。……亦筑长城，自造阳至襄平。置上谷、渔阳、右北平、辽西、辽东郡以拒胡"[1]。燕国时之襄平是现今辽宁省辽阳市，是燕国辽东郡址。1972年沈阳故宫地下发现战国、汉代遗址，1991年在沈河区宫后里发现战国至两汉时期城墙址，并出土了典型的战国时期燕国的饕餮纹瓦当，证实燕有辽东后在沈阳市老城区内现沈阳故宫的位置筑有城池。

秦统一中国，设三十六郡，汉承秦制，沈阳地区继属辽东郡。

《史记·朝鲜列传》载汉武帝元封三年（前108年）"遂定朝鲜，为四郡。"《集解》："真番、临屯、乐浪、玄菟也"[2]。玄菟郡所领三县之中有高句丽县，是高句丽作为地理名词首次出现于史籍之中。《汉书·东夷传》：汉昭帝始元五年（前82年）玄菟郡内迁，其郡址在高句丽县西北。又"六年（前75年）春正月，募郡国徙筑辽东、玄菟城"[3]。《汉书·地理志下》："辽东郡（秦置，属幽州）……县十八：襄平（有牧师官）……候城（中部都尉治）、辽队、辽阳。"又，"玄菟郡，武帝元封四年开。高句骊，莽曰下句骊，属幽州。……县三：高句骊、上殷台、西盖马。"[4]《后汉书·郡国五》："玄菟郡（武帝置），六城，……高句骊，辽山，辽水出。西盖马、上殷台、高显（故属辽东）、候城（故属辽东）、辽阳（故属辽东）"[5]，此处所说的应该是《中国历史地图集·东北地区资料汇编》玄菟郡三迁址，即现在沈阳市东陵区上佰官村的汉代城址。辽水又称为小辽水，是今之浑河，"至辽队入大辽水"可为之证。石台子山城位于浑河（小辽水）之北，与位于浑河南岸上佰官村的玄菟郡址直线距离仅为14.5千米。

前37年，西汉时期东北地区的地方政权扶余王子朱蒙"不见容于国，逃归南地，开国称王"[6]，号卒本扶余，立都于纥升骨城（现辽宁省本溪桓仁五女山），已是在汉昭帝始元五年（前82年）玄菟郡并与三县内迁之后，在玄菟郡西南的高句丽县建国，而自号高句丽。新莽时，莽发句骊兵以伐匈奴，其人不欲行，强迫遣之，（此时高句丽在汉代的长城"障塞之内"）皆亡出塞为寇盗，辽西大尹田谭追击，战死。莽令其将严尤击之，诱句骊侯驺入塞，斩之，传首长安。莽更名高句骊王为下句骊侯，高句丽政权对中原王朝时降时叛，貊人寇边愈甚，中原王朝对高句丽时征时招自此开始。

---

[1] 《史记·匈奴列传》，中华书局，1998年。
[2] 《史记·朝鲜列传》，中华书局，1998年。
[3] 《汉书·东夷传》，中华书局，1975年。
[4] 《汉书·地理志下》，中华书局，1975年。
[5] 《后汉书·郡国五》，中华书局，1965年。
[6] 金富轼：《三国史记·高句丽本纪》，明石书店，1997年。

新地皇三年（22年），高句丽太武神王攻扶余，兵至扶余南界，是年，东扶余带素被高句丽所杀。

汉光武建武四年（28年），辽东太守率兵讨伐高句丽，高句丽入尉那岩城坚守不出，致书求降。

汉光武建武八年（32年），高句丽遣使朝贡。光武帝恢复高句丽王号。

汉光武建武二十五年（49年），高句丽侵袭右北平等地，太守祭肜"以恩信招之"。

至殇、安间（106～167年），高句丽数寇辽东。辽东太守蔡风、玄菟太守姚光以高句丽王宫为二郡害，兴师伐之。宫诈降请和，二郡不进。宫密遣军攻玄菟，焚烧候城，入辽隧，杀吏民。后复犯辽东，蔡风轻将吏士追讨之，军败没。宫死，其子伯固立。顺、桓之间，复犯辽东，寇新安、居乡，又攻西安平，于道上杀带方令，略得乐浪太守妻子。

灵帝建宁二年（169年），玄菟太守耿临讨之，斩首虏数百级，伯固降，属辽东。熹平中（175年），伯固乞属玄菟。

汉献帝永汉元年（189年），公孙度出任辽东太守。伯固数寇辽东。建安中（196～220年）公孙康出军击之，破其国，焚烧邑落。拔奇与涓奴加各将下户三万余口诣康降，还住沸流水。其后复击玄菟，玄菟与辽东合击，大破之。

魏明帝景初元年（237年），公孙渊自立，称燕王，改元绍汉。二年（238年），魏军征讨公孙渊，攻取襄平后，又"潜军浮海"，收乐浪、带方二郡。

魏正始三年（242年），高句丽王位宫寇西安平，五年（244年），毌丘俭统步骑数万，东出玄菟郡。

晋元帝授慕容廆平州刺史。建兴三年（315年），高句丽攻破玄菟郡，大肆杀掠。

晋成帝咸和八年（333年），慕容廆卒，慕容廆子慕容皝继立，慕容皝弟慕容仁据辽东而叛，自称车骑将军、平州刺史、辽东公。

孝武太元十年（385年），高句丽攻辽东、玄菟郡，后燕慕容垂遣其弟慕容农"伐句骊，复二郡"[1]。慕容垂死后，其子慕容宝立，攻克了新城、南苏等城。

北魏天兴五年（402年），高句丽广开土王遣兵攻燕宿军，燕平州刺史慕容归不战自败，弃城逃走。七年（404年），高句丽广开土王复遣兵入辽东。

北魏天赐二年（405年），燕王慕容熙攻高句丽，欲夺回辽东城，不克而还。此后高句丽占据辽东。

晋安帝义熙九年（413年），晋以琏为使持节、都督辽海诸军事、征东将军、辽东郡开国公、高句丽王，赐衣冠服物车旗之饰。琏死，其子云立。北齐隆昌（494年）元年以云为使持节、散骑常侍、都督营平二州、征东大将军、乐浪公。梁武帝即位，进云车骑大将军。天监七年（508年），"诏曰为抚东大将军、开府仪同三司，持节、常侍、都督、王并如故"[2]。正光元年（520年）诏安纂袭封爵，持节、督营、平二州诸军事、宁东将军。"讫于武定已来，其贡使无岁不至"[3]。

隋结束了中国南北朝以来的多年战乱，中国再次统一，而高句丽"陈兵积谷，为守拒

---

[1]《北史·高句丽传》，中华书局，1974年。

[2]《南史·高丽传》，中华书局，1975年。

[3]《北史·高句丽传》，中华书局，1975年。

之策"，"虽称藩附，诚节未尽。驱逼靺鞨，禁固契丹。昔年潜行货利，招动群小，私将
弩手，巡窜下国，岂非意欲不臧，故为窃盗？坐使空馆，严加防守；又数遣马骑，杀害边
人……许其自新"[1]。文帝使拜高句丽元为上开府仪同三司，袭爵辽东公。

隋开皇十八年（598年）春，高丽王元帅靺鞨之众万余寇辽西。隋下诏黜高丽王元官
爵，水陆三十万伐高丽。及次辽水，元亦惶惧，遣使谢罪，上表称"辽东粪土臣元"。隋于
是罢兵，虽待之如初，但隋辽东之役由此而起。

隋炀帝大业八年（612年），第一次伐高句丽，诏发二十四军，进至辽水。是行，唯于
辽水西拔高丽武历逻，置辽东郡及通定镇（今新民市公主屯镇辽滨塔村）。九年（613年），
第二次伐高句丽，四月，车驾渡辽。左光禄大夫王仁恭出扶余道。王仁恭进军至新城，高句
丽兵数万拒战。王仁恭率劲骑一千击破之。

唐武德二年（619年），高句丽遣使朝贡。七年册封高句丽建武为上柱国、辽东郡王、高丽王。

唐贞观五年（631年），诏收瘗隋时战亡骸骨，毁高丽所立京观。建武惧伐其国，乃
筑长城，东北自扶余城，西南至海，千有余里，用时十六年功毕。十九年，伐盖苏文弑君
虐下，违诏因使。"夏四月，李勣军渡辽，进攻盖牟城，拔之。获生口二万，以其城置盖
州"[2]。唐讨伐之役由此而始。

乾封二年（667年）二月，李勣渡辽至新城，谓诸将曰："新城乃高丽西境镇城，最为要
害，若不先图，余城未可易下"[3]。

沈阳地区在高句丽政权草创之初即已与之有所关联，与所其处地理位置有关。沈阳位于
辽河冲积平原东部，也是古代"辽泽"的东岸之地，"辽泽"素有"东西二百、南北八百"
之称，北端应在沈阳市新城子区黄家乡、石佛寺镇境内，隔辽河与法库县三面船、新民市陶
屯、东蛇山子相望，冲积沉积区域宽不过2000米，最窄之处在101国道大桥附近，河面宽度不
足200米，此处或可谓"辽泽"之端。燕秦、两汉时期的长城在沈阳地区并没有发现，但在
"辽泽"的左右两侧发现两座古城址，即辽河右岸的公主屯后山城址和辽河左岸的全胜堡城
址，两城之间直线距离约35千米。两城间的交通道路是辽西至辽东重要通道，也是历代王朝
讨伐高句丽的陆路交通道路之一。隋渡辽之役、唐李勣渡辽至新城等应有陆路交通，均应在
"辽泽"之最窄之处。

北魏天赐二年（405年），燕王慕容熙攻高句丽，欲夺回辽东城，不克而还。自此慕容
燕与高句丽两个地方政权为争夺辽东地区管辖权持续混战近一个世纪，最后随着慕容后燕政
权衰败而告终，辽东郡、玄菟郡从此由高句丽王督管。高句丽素以筑山城为长，据山守险。
唐贞观年间，高句丽惧唐伐其国，乃筑长城，千有余里，十六年功毕。目前考古学资料没有
发现真正的高句丽长城，而若以高句丽西部边缘南北成一线的诸多山城为其所指，石台子山
城应在其所谓长城之例。

石台子山城扼守辽泽左岸，更处于新城、玄菟的陆路交通要道，具有重要的军事防御性
能。新城为高句丽西陲重镇，现多考证为今抚顺市内浑河北岸的高尔山山城，位于石台子山

[1] 《北史·高丽传》，中华书局，1974年。
[2] 《旧唐书·高丽传》，中华书局，1975年。
[3] 《旧唐书·高丽传》，中华书局，1975年。

城东南17千米，若兵至新城，则首先要经过最为前沿的石台子山城。

第三节　城址调查与发掘经过

一　城址调查

石台子山城最初发现是在1980年全国第二次文物普查期间，调查记录为"原东陵区满堂乡石台子村北山上有古城址，年代与性质不详"。1987年8月中旬，沈阳市文物复查队对东陵区进行文物复查时，在石台子村北的山上发现一处"土围址"，同时还在山上采集到青铜时代的夹砂红陶片、器足和魏晋时期的灰陶片等遗物，其中部分泥质夹砂灰褐陶、红褐陶等遗物口沿、器耳具有高句丽文化特征。复查队将这里调查发现的情况及时向市文化主管部门作了汇报，市政府和市文物主管部门领导高度重视，1987年10月2日，沈阳市主管文化的时任副市长张毓茂、沈阳市文化局时任副局长沈长吉都亲临现场指导工作。沈阳市文物考古队的同志对山城进行专题考古调查，并在山城北部的东侧断崖处发现有较厚的文化堆积层，进一步明确了这里存在较为复杂的文化内涵，确认了要针对这座山城的文化内涵、特征、年代等方面的问题深入开展工作。为此，1988~1989年间，沈阳市文物考古工作队多次到这里进行考古调查，棋盘山水库已蓄水多年，原交通道路全部阻断，蓄水区内村庄外迁，已罕有人迹，致使石台子山城的内外草深林密，调查工作进行艰难，经多次进山，沿城墙开辟道路，基本查清了山城墙体走向和大体范围[1]。

二　城址试掘

1990年10~11月，沈阳市文物考古工作队对石台子山城进行试掘，地点选择在山城内东北部相对开阔平坦之地，因进入冬季，工作暂停，又经过1991年5月至6月的试掘，试掘工作结束。共布5×5米探方6个，1×4米探沟1条。在T1~T4（后该四个探方编号为SIT201）内发现了高句丽时期居址1座，编号为SF1；在T5内清理了一处石筑的灶址；T6内发现有灶址和部分火炕的遗迹；清理灰坑20个。又在山城西南部"土城"内的"瞭望台"（点将台）开1×4米探沟一条，编号91TG2。试掘面积总计158平方米。首次出土了高句丽时期的陶器、铁器、骨器、石器、铜器和兽骨等遗物，同时还发现有青铜时期的文化遗存。试掘期间对山城的形式结构方面的认识与后期正式考古发掘发现有一定出入，但初步认为是一座平面呈不规则形并有多处城门址、沿城墙外侧设有多座马面的高句丽时期山城[2]。

三　城内分区

为全面有序地安排山城发掘工作，在正式对石台子山城进行考古发掘之前，依据山城内自然地势地貌，我们以山城城墙为外围界线，将山城内分划为四个发掘区域。

SI区，位于城内北部，这里地势相对比较高，其西侧为山城内北部的高点，东北侧是稍

---

[1]　辽宁沈阳市文物管理办公室：《沈阳市文物志》第一章"古遗址"，沈阳出版社，1993年。

[2]　李晓钟、刘长江、佡俊岩：《沈阳石台子高句丽山城试掘报告》，《辽海文物学刊》1993年1期。

平坦的台地，北侧有北门址。

SⅡ区，位于城内中部，这里是南北两个台地之间的沟谷处，相对低凹，北侧与SI区相接，南侧与SⅢ区相接，西侧为西门址，东侧有东门址。

SⅢ区，位于城内南侧东部，这里地势相对平坦，东侧为断崖，南部有南门址，近门址处较为低洼。其西侧与城内南部的制高点即SIV区相接。

SIV区，位于城内的西南部，这里地势相对较高，在制高点处有"瞭望台"址。将这里分为一区的主要原因是在"瞭望台"址外围有一"土围子"呈环形，其东南部辟有门，可自成一区（图三）。

四　城址发掘

经国家文物局批准，从1997年5月至2006年10月期间，对石台子山城先后进行了三次考古发掘，发掘工作由SI区开始进行。

第一次发掘

于1997年5月开始，至1998年10月下旬结束，本次发掘工作分为两个阶段。

第一阶段从1997年5月12日至1998年1月15日止，先是在SI区北侧布10×10米探方15个，探方编号为SIT101～SIT105、SIT201～SIT205（其中SIT201即试掘中发现F1房址的T1～T4）、SIT301～SIT305。仅对SIT105、SIT302、SIT303进行了发掘。

在北侧城墙址处布1×15米探沟，编号97QTGl。

在SI区侧布1×5米探沟一条，编号97SITG2（后补充发掘时编号为06T3）。

1997年7月19日，在97QTGl探沟内发现石筑城墙墙体之后，考古发掘工作重点转向山城的城墙形式、结构和布局方面。对山城城墙的外侧全面揭露清理城墙外侧的城墙部分，共发现清理了9座马面，确认了北门、西门、东门共三处城门址及两处涵洞。又分别在城墙墙体对西墙、南墙、东墙横剖了三条探沟，探沟分别编号为97QTG2、97QTG3、97QTG4。发掘面积总计4860平方米。

经本阶段考古发掘，确认了石台子山城城墙、马面、门址、涵洞、排水设施等遗迹的基本状况，对山城的形式、结构有了全新的认识[1]（图四；彩版二）。

第二阶段从1998年4月下旬至同年10月下旬结束，重点是对第一阶段发现的城门址和排水设施进行清理。

北门址发掘面积120平方米，清理了门道和门道内侧排水涵洞的入水口、涵洞以及门道外侧石筑阶梯式排水沟。

西门址发掘面积70平方米，因需要保存门址的火烧遗迹现象，仅对门址上层塌落堆积和门址内外两侧局部堆积进行了清理。

南门址发掘面积60平方米，清理了门道部分，发现了位于门道下部的涵洞。

东门址发掘面积178平方米，清理了门道部分和门道内外两侧的排水沟、沉井、涵洞及明渠。

在SⅡ区中部开1×5米探沟一条，编号SⅡTG1，确认了SⅡ区大型建筑基址的所在位置。

---

[1]　辽宁省文物考古研究所、沈阳市文物考古工作队：《辽宁沈阳市石台子高句丽山城第一次发掘简报》，《考古》1998年10期。

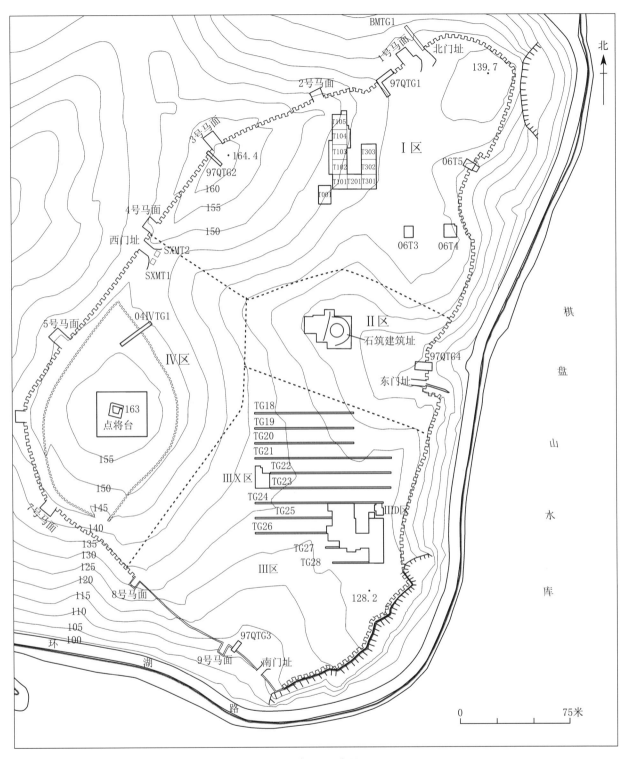

图三 石台子山城平面图

　　本阶段发掘面积总计453平方米。确认了石台子山城有四座城门址,城门结构基本一致,除西门址外,在东、北、南城门址下部设有排水涵洞,北门址、东门址涵洞内外两侧还设有排水沟渠、沉井等遗迹。经对城门址的清理发掘,得知石台子山城的4座城门址一直保存着被火烧毁的原始现场[1]。

　　第二次发掘

　　发掘工作重点是了解SⅡ区内遗迹状况。发掘工作从2000年5月开始，发掘面积700平方米。通过向西延长33米发掘SⅡTG1，相继在SⅡ区内发现"1号石筑建筑"遗迹与"2号石筑建筑"遗迹。本区发掘工作直至2006年8月结束，SⅡ区内发现的"1号石筑建筑"遗迹与"2号石筑建筑"遗迹（图四），也是目前城址内所发现的最大一组遗迹[2]（彩版三）。

　　第三次发掘

　　对SI区所布探方进行接续性清理，发掘了SIT101～SIT105、SIT301～SIT303，又在SIT101的西南侧增布10×8米探方一个，编号为SIT001。发掘面积计820平方米，发现房址24座，灰坑、窖穴、灰沟等遗迹174个（图五；彩版四）。

　　本次主要是对山城的SⅢ区和SIV区进行发掘，发掘工作从2002年5月开始，至2006年10月底结束。

　　1.SⅢ区发掘

　　2002年月5月至同年10月，在SⅢ区的东、西侧分别布方。

　　东区布5×5米探方三个，加上扩方，发掘面积70平方米，探方编号SⅢ02DT1～SⅢ02DT3，发现房址一座，编号为SⅢ02DF1，另发现灰坑一个（图六；彩版五，1）[3]。

　　西区布方5×5米探方四个，编号为SⅢXT101、SⅢXT102、SⅢXT201、SⅢXT202，加上扩方面积，发掘面积共计124平方米。发现房址五座，编号为SⅢXF1、SⅢXF2、SⅢXF3、SⅢXF4、SⅢXF5，其中SⅢXF3、SⅢXF5清理局部。另清理灰坑38个（图七；彩版五，2）。

　　2003年7月至10月，在SⅢ区的中部区域布探沟，其目的为了解SⅢ区遗迹的分布状况和具官府性质建筑址所在位置，为下一步发掘工作做好基础。我们以SI区SIT201西南角为基准点确定山城南北基准线，基准线从山城内北侧城墙内侧起至山城南城墙内侧止，全长为359米。在基准线上每10米定基点并确定编号，SⅢ区内共布东西向探沟11条，探沟编号分别为SⅢTG18～SⅢTG28。探沟间隔10、宽1米，探沟每4米隔间留有1米隔梁，因地形地貌原因，所布的探沟长短并不一致，最长的探沟SⅢTG21长度为110米，最短的探沟SⅢTG28，长度为35米。探沟总长度为900米。工作中对较重要遗迹进行了局部扩方，发掘总面积940平方米，发现房址遗迹82处、灰坑69个、灰沟18处（彩版六）。

　　从2004年5月开始，在SⅢD区的东部布5×5米探方18个，探方编号SⅢ04DT101～T106、SⅢ04DT201～T206、SⅢ04DT303～T304、SⅢ04DT403～T404、SⅢ04DT503～T504、SⅢ04DT603～T604。发掘面积500平方米，清理发掘房址3处，发掘灰坑7个[4]。

　　2005年接2004年ⅢD区探方西侧接续布5×5米探方13个，探方编号SⅢ05DT1～SⅢ05DT13，发掘面积为310平方米。清理房址5座、灰坑19处。

　　2.SIV区瞭望台（点将台）发掘

　　本区为山城的南部制高点，1991年曾在"瞭望台"布一条1×4米探沟进行过局部剖探。

　　[1]　沈阳市文物考古工作队：《辽宁沈阳市石台子高句丽山城第二次发掘简报》，《考古》2001年3期。
　　[2]　辽宁省文物考古研究所、沈阳市文物考古研究所：《沈阳市石台子高句丽山城蓄水设施遗址》，《考古》2010年12期。
　　[3]　沈阳市文物考古研究所：《沈阳市石台子高句丽山城2002年Ⅲ区发掘简报》，《北方文物》2007年3期。
　　[4]　沈阳市文物考古研究所：《沈阳市石台子高句丽山城2004年Ⅲ区发掘简报》，《沈阳考古文集》（1），科学出版社，2007年。

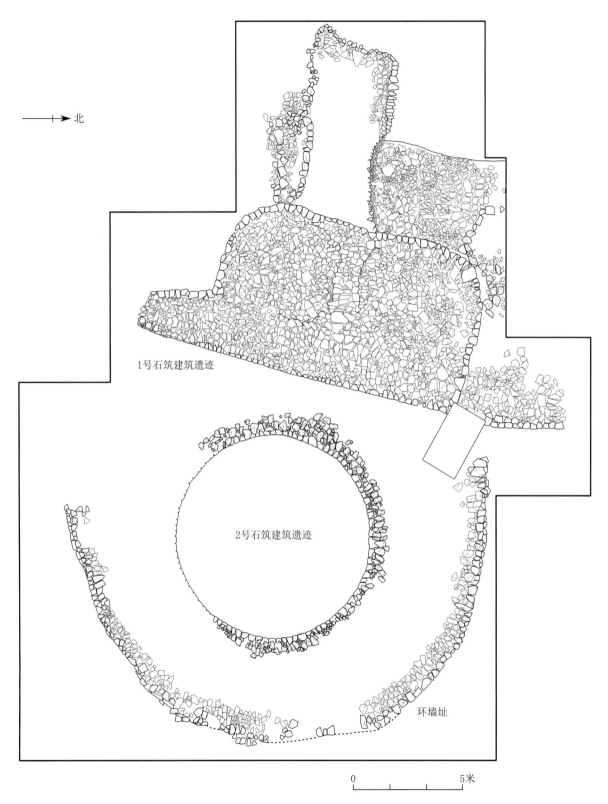

图四　SⅡ区1号、2号石筑建筑遗迹平面图

图五 SIT001～SIT105发掘平、剖面图

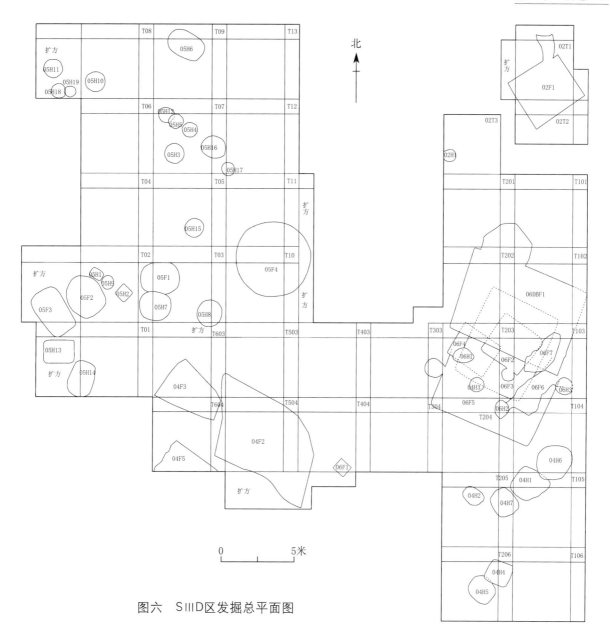

图六 SⅢD区发掘总平面图

2002年5月至8月进行发掘，发掘面积300平方米，发现"瞭望台"址一座、房址3座，房址编号为SⅣF1～SⅣF3（图八；彩版七）。

2004年又对"瞭望台"外围的土围墙部分进行了剖探（编号04ⅣTG1），明确了土围墙的结构情况。

五 补充发掘

为明确部分遗迹现象、状况、性质等问题，2006年对山城的北门址、西门址、10号马面、91SIT6、97SITG2、SIF1灶址和SⅢD区的部分遗迹进行了补充发掘。

1. 北门址

北门址在第一次发掘中发现有两次烧毁和两次修筑的现象，为确定地层关系，在北门址门道东侧开一条7×2米探沟，清理了北门址东侧门道墙体部分，重新暴露城墙内部的砌

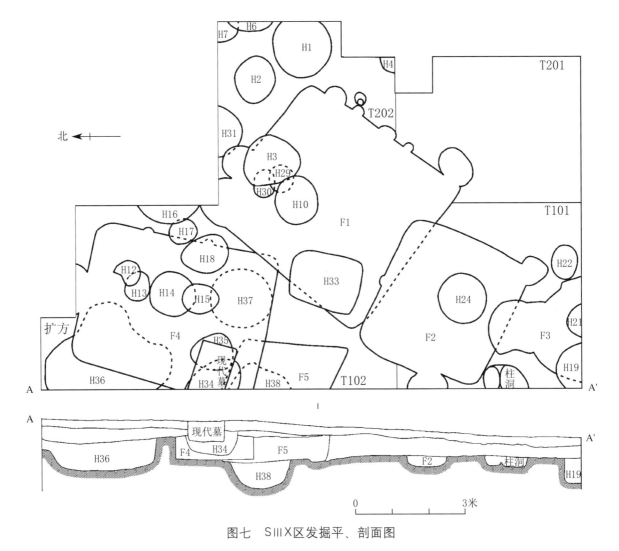

图七 S Ⅲ X区发掘平、剖面图

筑结构，解剖地层堆积。发现门道东侧上层砌筑墙体叠压在第一次火烧堆积层的上面，确定了北门址有两次砌筑的叠压关系。

2. 对1991年91SIT6（现编号SI06T4）进行扩方清理，发掘面积60平方米，发现清理房址1处，房址编号SIF25，还清理灰坑三个（图九）。

3. 对97SITG2（现编号06T3）进行清理。发掘面积30平方米，清理房址一座，编号SIF24。

4. 为了确定"10号马面"性质，在墙体部分开7×5米探方（现编号06T5）、在墙体内侧开2×5米探沟一条，发掘面积45平方米，明确了"10号马面"是山城东侧的一处排水涵洞的附属设施，同时也确认了这里为一处从城墙底部通过的排水涵洞，编号为2号涵洞。

5. 重新清理SIF1内的灶址，提取灶内遗留的碳化谷物。

6. 西门址进行补充发掘

对西门址进行发掘，在门道两侧布5×5米的探方两个，编号为XMT1、XMT2，对

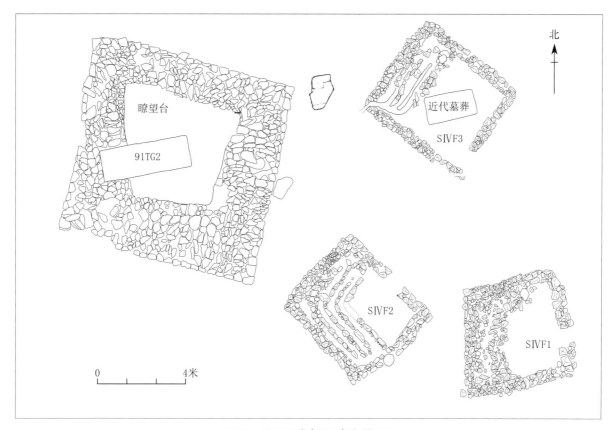

图八 SIV区发掘区遗迹平面图

门道部分和门道外侧全面清理，清理发掘面积130平方米[1]。

7.SⅢD区补充发掘

对2004、2005年发掘的SⅢ04D区东部探方进行了补充发掘，发掘面积180平方米。在2004年发掘区域内又发现了6座房址，补充了已清理发掘的房址建筑结构问题，明确了在这个区域内不同建筑形式结构的房址间的相互叠压关系（见图六；图一〇；彩版八）。

8.SⅢ06DT404进行扩方，发现并清理了房址一座（编号SⅢ06DF1）。

六 墓葬调查与发掘

2002年4月开始，对石台子山城周围区域进行墓葬专题调查，先后在石台子山城的西侧、北侧、东侧发现了五处墓地，据其分布地域分别编为第Ⅰ墓地～第Ⅴ墓地，总计64座。

第Ⅰ墓地位于山城外西侧七道沟和八道沟中部，2002年7月发现清理了小型单石室封土墓8座墓葬，编号ⅠM1～ⅠM8。

第Ⅱ墓地位于八道沟内向阳坡地，2002年8月发现清理了4座封土石室墓，编号为ⅡM1～ⅡM4。

第Ⅲ墓地位于山城西侧九道沟北部近山顶处较为平缓开阔的向阳坡地。该墓地分布范围东西长约500米，墓葬分布较为集中，2003年4～10月调查发现并清理墓葬44座，又可以分为

[1] 沈阳市文物考古研究所：《沈阳石台子山城2006年Ⅲ区发掘简报》，《沈阳考古文集》（1），科学出版社，2007年。辽宁省文物考古研究所、沈阳市文物考古研究所：《沈阳石台子山城西门址的补充发掘》，《沈阳考古文集》（1），科学出版社，2007年。

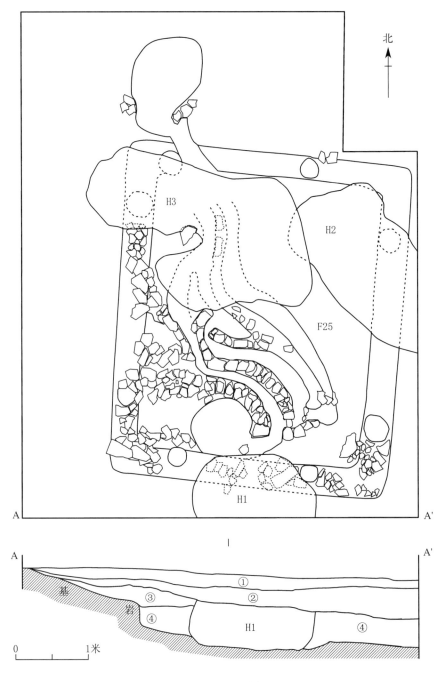

图九 SI06T4平、剖面图

东区和西区，其中东区墓葬27座，西区墓葬17座。东区墓葬均开口于表土层下，多为铲形石室封土墓，编号为ⅢDM1～ⅢDM27。西区墓葬均开口于表土层下，多为长方形或梯形石室封土墓，编号为ⅢXM1～ⅢXM17。

　　第Ⅳ墓地位于第Ⅲ墓地西北向约1000米的大洋山山脊较为平缓的向阳坡地。墓葬分布较为集中，多裸露于地表，与现代墓葬混杂分布。2003年发现清理墓葬两座，编号为ⅣM1和ⅣM2，2004年发现清理墓葬两座，编号为ⅣM3和ⅣM4。

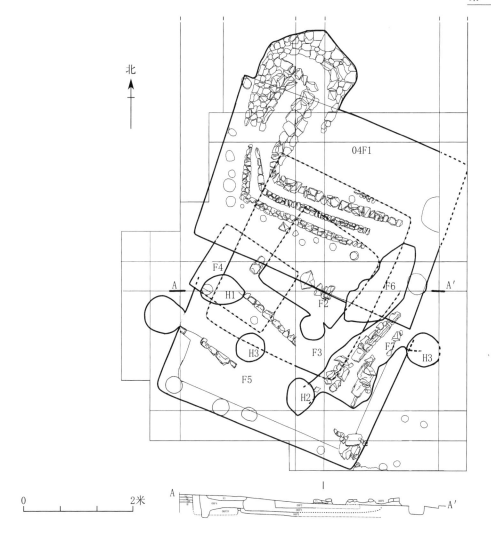

图一〇 SⅢD区补充发掘平、剖面图

第V墓地位于棋盘山秀湖北岸九道沟东北侧大洋山主峰西侧地区，2004年发现并清理墓葬四座，均为封土石室墓。编号为VM1、VM2、VM3和VM4[1]。

七　小结

石台子山城经1990～1991年的试掘和1997～2006年的三次考古发掘，先后对山城内的居住址、城墙墙体、城门址、马面、排水涵洞设施、大型石筑建筑址、瞭望台等遗迹进行了考古发掘，全面清理了山城的城墙外侧残存墙体部分、城门址四座、马面九座、两处从城墙底部通过的排水涵洞及三处从城门底部通过的涵洞和门址内外的排水设施。在山城内发掘清理了瞭望台址一处、大型石筑建筑址一组、居住址45处、窖穴和灰坑190个。

同时对山城外部的墓地进行调查和发掘。在2002～2004年间调查发现在山城外侧2千米范围内有5处高句丽时期墓地，共清理高句丽时期墓葬64座（图一一）。

除发掘清理了高句丽时期的遗迹外，还发现并清理了青铜时期文化遗存和明代的土城壕

---

[1] 辽宁省文物考古研究所、沈阳市文物考古研究所：《沈阳市石台子山城高句丽墓葬2002～2003年发掘简报》，《考古》2008年10期。

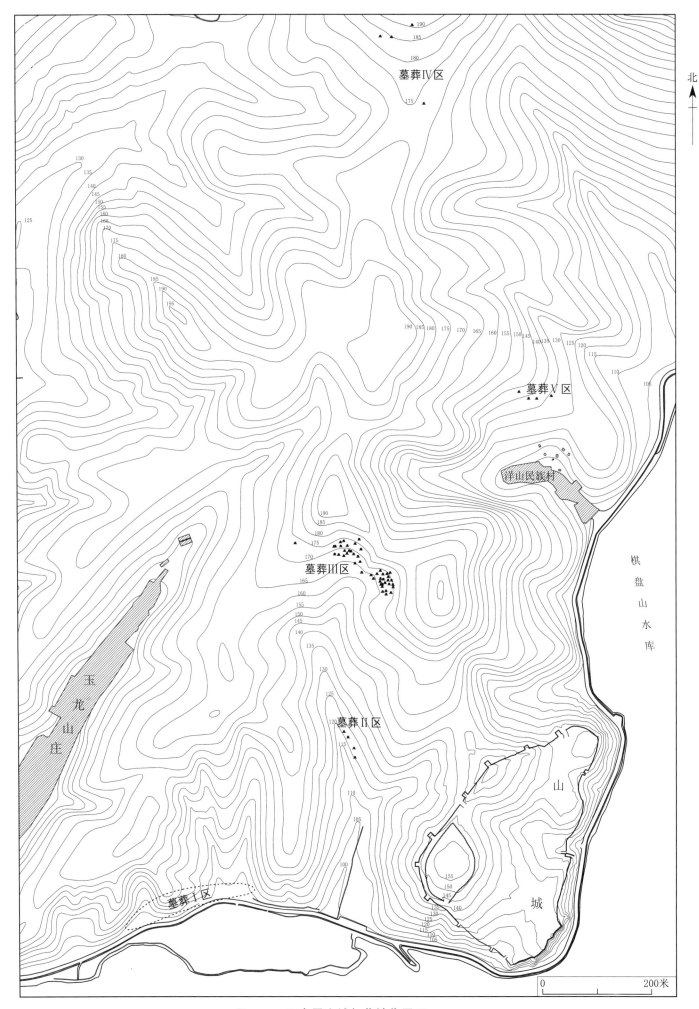

北

墓葬Ⅳ区

墓葬Ⅴ区

洋山民族村

棋盘山水库

墓葬Ⅲ区

玉龙山庄

墓葬Ⅱ区

山

城

墓葬Ⅰ区

0   200米

图一一 石台子山城与墓地位置图

和居住址，清理青铜时期房址一座、明代居住址四座。

第四节　出土遗物与类型分析

石台子山城出土各时期遗物共计1100余件。遗物种类丰富，有陶器、铁器、铜器、骨角器、石器、钱币等。遗物主要以高句丽时期为主。

陶质以夹砂灰黑陶、黄褐陶为主，还有夹砂红褐陶、泥质灰黑陶、泥质黑皮内红褐陶、夹滑石褐陶、釉陶等。陶器多为素面，表面多压磨，常见有暗压弦纹、网格纹等。纹饰有弦纹、几何纹、垂幛纹。器底见有少量的文字符号和花瓣纹。陶器器类主要有瓮、罐、盆、甑、壶、盘、盏、钵、碗等，多平底，常见有横桥状耳，还有盅、纺轮、网坠和圆陶片等。铁器有门枢、门臼、铆钉、门箍带、镞、甲片、盔片、刀、矛、削、匕首、斧、镰、犁、镢、铲、锥、钻、钉、鱼钩、挂钩、带扣、扣手、环、马镫、马衔、马衔镳等。以铁镞、铁甲片为常见。铜器有带扣、尾铊、簪、戒指、镯、饰件等。骨器有柄、锥、镞、纺轮等。石器有纺轮、弹丸、网坠、有孔石器、砺石、臼等。钱币仅发现有剪轮五铢和隋五铢。

经过对遗物中主要器类分析排比，根据器物形制特征，对陶器类中的瓮、罐、盆、甑、壶、盘、盏、钵、碗等典型器物进行了分型分式（图表一）。

陶瓮　据口部变化分为侈口瓮、直口瓮、敛口瓮三型。

A型　侈口瓮，分6式。

Ⅰ式，广口，唇面外圆，束颈。SIT101①：1，泥质灰黑陶。口径63、残高6.5、壁厚1厘米。

Ⅱ式，广口，外折沿，上尖唇，斜肩。SIT105①：11，泥质灰陶。口径37、残高7、壁厚0.8厘米。

Ⅲ式，广口，外折尖唇，短束颈，斜肩。SIT102①：4，泥质灰陶。斜肩。口径33、残高7、壁厚0.8厘米。

Ⅳ式，唇面外圆，上尖唇，唇内有一周凹带。SIT105①：10，泥质灰褐陶。侈口，圆唇，唇内凹，短束颈，圆肩。口径43、残高6、壁厚0.9厘米。

Ⅴ式，外平折沿，圆唇，短束颈。斜肩。SIT102①：12，泥质灰陶。口径33、残高8、壁厚0.8厘米。

Ⅵ式，侈口，重唇，束颈，圆肩。SIF10：3，泥质灰陶。口径39、残高6、壁厚1.2厘米。

B型　直口瓮，分4式。

Ⅰ式，平唇，直领，溜肩。SIT105①：14，泥质灰陶。口径36、残高8、壁厚0.6厘米。

Ⅱ式，平口，外尖唇，短直领。SⅢ02DT3⑤：24，泥质黑皮灰陶。口径32、残高6厘米。

Ⅲ式，内斜尖唇，直领。SⅢ02DT1⑤：35，泥质红褐陶。颈中部有凸棱，凸棱上压印"×"纹一周。口径28、残高6厘米。

Ⅳ式，短直口，唇外圆。SⅢ02DT1⑤：50，泥质灰陶。口径37、残高6厘米。

C型　敛口瓮，分4式。

Ⅰ式，敛口圆唇，唇内有凹带，短束颈斜肩。SIT102②：19，夹砂灰褐陶。口径38、残高8.6、壁厚0.9厘米。

Ⅱ式，短平唇外尖，无颈，圆肩。SⅢ02DT1⑤：44，泥质黑皮褐陶。肩部饰四道凹弦纹。口径30、残高7厘米。

Ⅲ式，矮领稍敛，平唇内尖，圆肩。SⅢ04DH5：4，泥质黑陶，轮制。素面，表面磨光，腹中上部有四个对称横桥状耳，下腹残。口径38、残高47.5、壁厚1厘米。

Ⅳ式，短斜领，平唇，内尖外圆，平肩，扁圆腹，平底。SⅢXH36：6，泥质灰褐陶。口径9.5、高13、底径8.5厘米。

陶罐　据口部变化分侈口罐、直口罐、敛口罐和深腹罐4型。

A型　侈口罐，分6式。

Ⅰ式，小口，外折唇，唇面有一周弦纹呈重唇，束颈。SIT104①：22，口径16、残高15、壁厚0.5厘米。

Ⅱ式，外折沿，圆唇，束颈。SIT103①：18，泥质灰陶。短直领，圆肩。口径24、残高5、壁厚0.7厘米。

Ⅲ式，侈口，上尖唇，直颈。SIT105①：21，泥质红陶。口径13、残高7、壁厚0.5厘米。

Ⅳ式，唇面外圆，唇内敛上尖，内有凹带。SIT105①：24，泥质红褐陶。口径28、残高6、壁厚0.5厘米。

Ⅴ式，外折平沿，方唇，短直领，圆肩。SⅡX⑤：2，泥质灰陶。圆腹，平底，肩部有细弦纹。口径10.8、高20、底径9.6厘米。

Ⅵ式，外折沿，方平唇，唇下尖，束颈，圆肩。SIF2：22，夹砂红褐陶。口径24、残高6、壁厚0.7厘米。

B型　直口罐，分3式。

Ⅰ式，平唇，唇内尖，短直领，广肩。SIT105①：28，泥质红褐陶。口径26、残高5、壁厚0.5厘米。

Ⅱ式，平唇，唇内尖，无领，广肩。SIT102①：26，泥质灰陶。口径18、残高5、壁厚0.4厘米。

Ⅲ式，短直领，平唇，斜肩。SIT101②：8，泥质灰陶。外抹斜尖唇，唇下有一周凹弦纹，圆肩。口径24、残高8、壁厚0.5厘米。

C型　敛口罐，分2式。

Ⅰ式，敛口，平唇，直领，斜肩或圆肩。SⅢXF1：4，泥质黑褐陶。圆唇，颈下有弦纹。口径28、残高6.5、壁厚0.5厘米。

Ⅱ式，敛口，无领，广肩。SIH18：2，泥质灰陶。平唇内尖，腹斜收。口径28、残高18、厚0.6厘米。

D型　直腹罐，分2式。

Ⅰ式，平唇或圆唇，直腹。SIT102②：4，泥质灰陶。稍敛口。口径14、残高5、壁厚0.4厘米。

Ⅱ式，稍敞口，圆唇，斜直腹。91SIH9：1，泥质灰陶。沿下有对称桥状横錾耳，口径40、残高25、器壁厚0.7厘米。

图表一　石台子山城陶器型式表

型式	器类	瓮	罐	盆	甑	盘	钵	碗	壶
A型	I式	SIT101①：1	SIT105①：23	SIT104①：5	SIT104②：2	SIT104②：18	SIT1①：8	SIT201②：2	SIT302②：1
	II式	SIT105①：11	SIT103①：18	SIT102①：2		SIT102②：148	SⅢ04DT105③：3	SⅡTG2①：5	SⅢXH31：2
	III式	SIT102T1①：4	SIT105①：21	SIT101①：11	SIJ2：2	SIT105②：145	SⅢ02DT3③：4	SIF21：6	91SIH18：1
	IV式	SIT105①：10	SIT105①：24	SIT104①：3		SIT001西扩②：262	SⅡTG2①：2	SIH112：6	SDMSG1②：7
	V式	SIT102①：12	SⅡX⑤：2	SIT101②：15		SIT102②：149	SDMSG1②：21		SIH53：1
	VI式	SIF10：3	SIF2：22	SIF2：35					
B型	I式	SIT105①：14	SIT105①：28	SIT102②：267		SIT105①：10			91SIH5：3
	II式	SⅢ02DT3⑤：24	SIT102①：26			SⅢ02DT3南扩⑤：59			
	III式	SⅢ02DT1⑤：35	SIT101②：8			SⅢ02DT3⑤：64			
	IV式	SⅢ02DT1⑤：50							
C型	I式	SIT101②：13	SⅢXF1：4	SⅢ04DT104②：7					SⅢXH4：2
	II式	SⅢ02DT1⑤：44	SIH18：2	SⅢXH36：4					SⅢ02DT1⑤：19
	III式	SⅢ04DH5：4	SⅢXH36：6						91SIH10：12
									SⅢ04DT104②：5
D型	I式		SIT102②：4						
	II式		91SIH9：1						

陶盆　据口部及腹部变化分侈口盆、折腹盆、斜腹盆3型。

A型　侈口盆，分6式。

Ⅰ式，沿外折，唇外面有一周弦纹，呈重唇，稍束领。SIT104①：5，泥质灰黑陶。口径40、残高6、壁厚0.6厘米。

Ⅱ式，侈口，稍外折沿，重尖唇，短束领，稍折腹。SIT102①：2，泥质灰陶。斜收腹。口径44、残高6、壁厚0.5厘米。

Ⅲ式，稍侈口，沿稍外折，斜腹。SIT101①：11，泥质灰陶。口径38、残高7、壁厚0.7厘米。

Ⅳ式，侈口，折沿，尖唇，束颈。SIT104①：3，泥质灰陶。口径38、残高6、壁厚0.6厘米。

Ⅴ式，外展沿，尖唇。SIT101②：15，泥质灰陶。圆腹。口径44、残高12、壁厚0.6厘米。

Ⅵ式，外卷沿，唇下尖，稍束领，圆腹。SIF2：35，夹砂灰陶。口径36、残高5、壁厚0.5厘米。

B型　折腹盆。侈口，外展沿，圆唇上尖唇，束颈，折腹。SIT102②：267，泥质灰陶。斜收腹，平底。口径28、高17、底径20、壁厚0.6厘米。

C型　斜腹盆，分2式。

Ⅰ式，侈口，圆唇，斜直腹，平底。SⅢ04DT104②：7，泥质灰陶。口径24.0、高8.5、底径18、壁厚0.4厘米。

Ⅱ式，平唇，斜直腹，平底。SⅢXH36：4，泥质灰陶。腹外饰弦纹。口径50，底径35，高20厘米。

陶甑　可分2式。Ⅰ式的甑底有3孔或5孔，Ⅱ式的甑底为多孔。

Ⅰ式，沿外折，重尖唇，直颈，斜收腹，有3或5个甑孔。SIT104②：2，泥质灰褐陶。腹上部有对称桥状横錾耳，底有5个圆甑孔。口径47.2、高30　底径20.8、壁厚0.7、孔径0.6厘米。

Ⅱ式，侈口，外展沿，重尖唇，束领，腹斜收，平底。SIJ2：2，泥质灰黑陶。腹上部有对称横錾耳，通身暗压弦纹，底多有箅形圆孔。口径45、高30、壁厚0.6、底径21厘米。

陶盘　据腹部变化分浅腹盘、深腹盘2型。

A型　浅腹盘，分5式。

Ⅰ式，敞口，平唇，浅腹，平底。SIT104②：18，灰砂黑灰陶。口径25、高3.3、壁厚1.4厘米。

Ⅱ式，圆唇，浅腹，平底。SIT102②：148，泥质灰陶。口径20、高4、底径18、壁厚0.6厘米。

Ⅲ式，圆唇，直口，折腹，平底。SIT105②：145，泥质灰陶。深腹。口径22.4、高5.2、底径16、壁厚0.8厘米。

Ⅳ式，内斜尖唇，浅腹，平底。　SIT001西扩②：262，泥质灰陶。口径24、高5.2、底径17.8、壁厚0.9厘米。

Ⅴ式，外斜尖唇，浅腹，平底。ＳＩＴ102②：149，泥质灰陶。敞口，斜腹，平底，口径

24、高5.5、底径20、壁厚0.5厘米。

B型　深腹盘，分3式。

Ⅰ式，敞口，平唇，唇面有一周凹弦纹，深腹斜收，平底。SIT105①：10，泥质灰陶。口径56.2、高8、底径40、壁厚0.9厘米。

Ⅱ式，敞口，内斜尖唇，深腹斜收，平底。SⅢ02DT3南扩⑤：59，泥质褐陶，口径36、底径32、高8厘米。

Ⅲ式，内斜尖唇，斜直腹，平底。SⅢ02DT3⑤：64，泥质灰陶。口沿下部有亚腰形柱状横錾耳。口径29、底径25、高6厘米。

陶钵　据唇部特征分5式。

Ⅰ式，唇外圆内尖，下腹斜收，矮圈足。SIT1①：8，泥质红褐陶。手制轮修，火度高。口径8、高4、底径5.4、壁厚0.8~1.2厘米。

Ⅱ式，直口，平唇，圆腹，平底。SⅢ04DT105③：3，泥质灰陶。口径10、底径7、高3厘米

Ⅲ式，广口稍敛，平唇，腹微鼓。SⅢ02DT3③：4，泥质灰陶。底残。口径23、残高9厘米。

Ⅳ式，敛口，内斜尖唇，圆腹。SⅡTG2①：2，泥质灰陶。近口处钻有缀合孔，口沿、腹部施细密的弦纹。口径24.8、残高2.8厘米。

Ⅴ式，敞口，圆尖唇，斜腹。SDMSG1②：21，泥质灰陶。口径20、残高4厘米。

陶碗　据唇部特征分4式。

Ⅰ式，内抹尖唇，斜腹，平底。SIT1②：2，泥质黑陶，手制。器壁较厚，火度略低，外腹部有不明显的凹带，口径8.5、高4.5、底径5.6、壁厚0.8~1厘米。

Ⅱ式，敞口，圆唇，斜腹，平底。SⅡTG2①：5，泥质黑陶。口径7.7、底径5、高3.7厘米。

Ⅲ式，敞口，平唇外尖，斜直腹，平底。SIF21：6，泥质灰褐陶。口径12、高7、壁厚0.8厘米。

Ⅳ式，侈口，沿稍折，方唇上尖，斜腹，平底。SIH112：6，泥质灰陶。口径13、高7、壁厚0.9厘米。

陶壶　据唇部特征分盘口壶、敛口壶、展沿壶3型。

A型　盘口壶，分5式。

Ⅰ式，小盘口，短束颈，广肩，肩略折，斜腹下收，平底。SIT302②：1，夹滑石黄褐陶，肩部饰划压水波纹与弦纹。口径11.6、底径18、高36.4厘米。

Ⅱ式，敞口，内斜尖唇，深盘口，内有凹带，束颈。SⅢXH31：2，青褐釉。口径10.5、残高2.6厘米。

Ⅲ式，直口，圆唇，小盘口，束颈。91SIH18：1，表里施墨绿釉，釉色光亮。口径12、盘口高2.8、壁厚0.6厘米。

Ⅳ式，外沿展沿，盘口呈尖唇，高领稍圆弧，广肩。SDMSG1②：7，泥质黄褐陶，口径10、残高8厘米。

Ⅴ式，侈口，呈浅盘口，尖唇，短直颈，圆肩。SIH53：1，泥质灰陶。口径13、残高

9、壁厚0.6厘米。

B型　敛口壶。敛口，圆唇，溜肩。SIH5：3，泥质灰黑陶，颈部有一周附加堆绳纹。口径6、口高3.4、壁厚0.5厘米

C型　展沿壶，分4式。

Ⅰ式，重唇，上尖，束领。SⅢXH4：2，泥质灰陶。口径21、高9厘米。

Ⅱ式，重唇，束颈。SⅢ02DT1⑤：19，青褐釉，内外光泽。口径19、残高3厘米。

Ⅲ式，圆唇，喇叭口，口外有凹带。SIH10：12，内外施黑釉。口径17.6、壁厚0.5厘米。

Ⅳ式，圆唇，束颈。SⅢ04DT104②：5，泥质褐陶。口径12.8、残高4厘米。

铁器　铁镞形制比较复杂，根据镞锋、镞身特征对铁镞类型、式进行分析，有圭形锋镞、方锥形锋镞、矛形锋镞、叶形锋镞、三翼形镞、铲形锋镞6型（图表二）。

A型　圭形锋镞，分3式。

Ⅰ式，圭形短锋镞，镞锋剖面扁棱形，镞身扁方形，方锥铤。SDMH2：6，锋长1.5、宽0.7、身长10.8、宽0.2～0.7、铤长4.8、通长17.1厘米。

Ⅱ式，圭形长锋，镞锋与镞身无分格。SIT302②：18，锋长10.5、宽1、厚0.4、铤长4、宽0.3厘米。

Ⅲ式，长锋，圆身。锋扁圆形，扁方铤。SⅢ04DT103②：1，铁镞。锋长2、残长14、宽0.7厘米。

B型　方锥形锋镞，分3式。

Ⅰ式，方锥形铤。SIT103②：122，锋长3.1、宽0.8、铤长4.8、宽0.4、通长7.9厘米。

Ⅱ式，方锥形短锋。SIT104②：111，方铤，锋长1.2、宽0.6、铤长4.2、宽0.3厘米。

Ⅲ式，方锥形长锋，方锥形铤。SIHG2：115，锋长12、宽0.7、铤长5、厚0.3、通长17厘米。

C型　矛形锋镞，分4式。

Ⅰ式，短锋，无锋身，锋剖面棱形，束收铤。SIT101②：29，圆铤。锋长3.1、宽1、厚0.8、铤径0.4、长5、通长8.1厘米。

Ⅱ式，矛形锋，收锋身，锋剖面棱形，束收铤。SⅡTG①：19，圆身，棱形铤。锋长5.9、宽0.8、铤长13.6、通长19.5厘米。

Ⅲ式，矛形长锋，收长圆身，后部渐粗，方铤。SIT302①：16，镞锋长4.7、宽0.9、厚0.4、镞身长6.3、铤长12.1、通长23.1厘米。

Ⅳ式，短锋，剖面棱形，尾折收，长圆身，方锥形铤。SⅢ05DH10：13，锋长3.4、宽1.6、厚0.4、铤长6.7、通长10.1厘米。

D型　叶形锋镞，分6式。

Ⅰ式，柳叶形，镞锋稍长，剖面扁菱形，中有棱脊，方铤。SIT105①：1，锋长3.5、宽1.2、厚0.4、铤残长2、宽0.3厘米。

Ⅱ式，锋扁叶形，平近三角形，侧锋有尾有倒钩。SIT201①：10，锋扁叶形，扁方长身，方锥形铤。锋长2.3、残宽2、厚0.3、身长2.5、宽2.7、厚0.3、铤长7、宽0.3、通长11.8厘米。

图表二　铁镞型式表

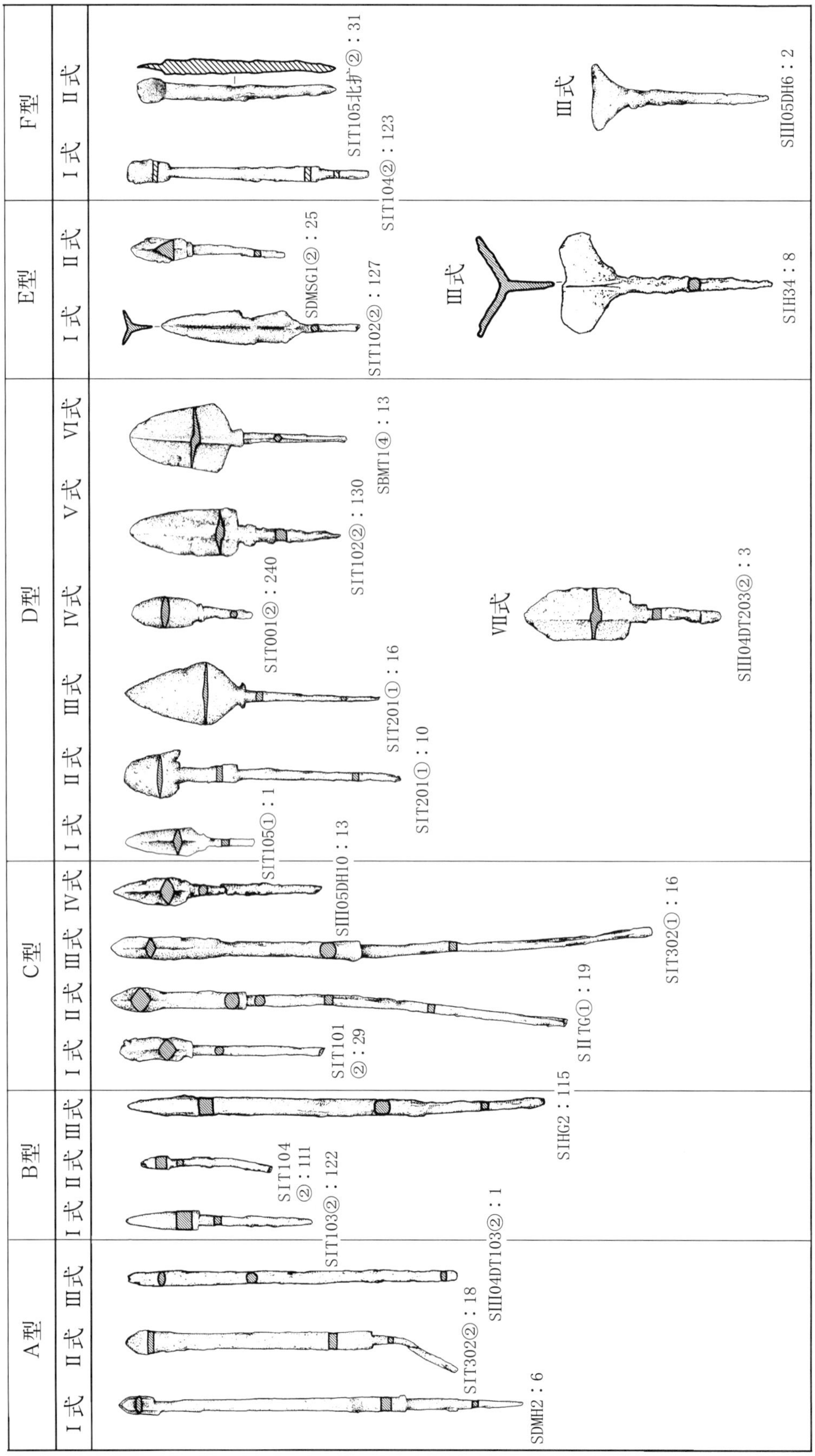
A型
Ⅰ式
Ⅱ式
Ⅲ式
SDMH2：6
SIT302②：18
SⅢ04DT103②：1
B型
Ⅰ式
Ⅱ式
Ⅲ式
SIT103②：122
SIT104
②：111
SIHG2：115
C型
Ⅰ式
Ⅱ式
Ⅲ式
Ⅳ式
SIT101
②：29
SⅡTG①：19
SIT302①：16
SⅢ05DH10：13
D型
Ⅰ式
Ⅱ式
Ⅲ式
Ⅳ式
Ⅴ式
Ⅵ式
Ⅶ式
SIT105①：1
SIT201①：10
SIT201①：16
SIT001②：240
SIT102②：130
SBMT1④：13
SⅢ04DT203②：3
E型
Ⅰ式
Ⅱ式
Ⅲ式
SIT102②：127
SDMSG1②：25
SIH34：8
F型
Ⅰ式
Ⅱ式
Ⅲ式
SIT104②：123
SIT105北扩②：31
SⅢ05DH6：2

Ⅲ式，宽菱叶形，镞锋扁平。SIT201①：16，圆锥形铤。锋长5.1、中宽2.5、厚0.2、铤长5.7、宽0.3、通长10.8厘米。

Ⅳ式，椭圆形锋，剖面扁圆形，方铤。SIT001②：240，锋长3.8、宽1.5、厚0.15、铤长1.8、宽0.3厘米。

Ⅴ式，宽叶形锋，锋中脊两侧不对称，束收方铤。SIT102②：130，锋长4.5、宽2、厚0.4、身长0.7、径0.6、铤长3.7、宽0.5、通长8.9厘米。

Ⅵ式，菱形锋。SIT302②：9，圆铤。锋长3.1、宽1.1、中厚0.4、铤长2.2、直径0.3、通长5.3厘米。

Ⅶ式，宽锋，平面圭叶形，两侧中脊不对称。SⅢ04DT203②：3，铤残。锋长4.2、锋宽2.0、残长8.2厘米。

E型 三翼形镞，分3式。

Ⅰ式，三翼形镞，长锋，收圆铤。SIT102②：127，锋长5.9、宽1、翼厚0.2、铤长2.4、径0.3、通长8.3厘米。

Ⅱ式，三棱形镞，短锋，下端圆收，方锥铤。SDMSG1①：25，锋长2.3、宽1、通长6.5厘米。

Ⅲ式，宽翼，单翼呈扇形，顶平。SIH34：8，镞翼单宽2.6、残高2.4、铤长7、通长9厘米。

F型 铲形锋镞，分3式。

Ⅰ式，锋短平，扁方身，方铤。SIT104②：123，锋长1.7、宽1、厚0.2、身长6.5、宽0.6、厚0.3、铤长2.1、通长10.3厘米。

Ⅱ式，锋宽平，长亚弧形身，方铤。SIT105北扩②：31，锋长4.3、宽1、厚0.5、铤长3.2、宽0.4、通长7.5厘米。

Ⅲ式，锋刃宽平，锋身呈倒三角形。SⅢ05DH6：2，圆铤，锋刃宽2、铤宽0.5、通长7.3厘米。

第二章　城址发掘

第一节　概况

石台子山城墙体全部使用石材砌筑，共有4座城门址、9座马面和5处排水涵洞。

城墙借助山体自然走势，依山体外侧砌筑，城墙基础多开凿在山岩之上，呈内高外低，针对山势不同条件状况采用不同基础砌筑方法和墙体砌筑方法。城墙内、外墙面均用打制规整的楔形石砌筑，墙体内部用梭形石砌筑，以片石支垫，用碎小石块充实。在城墙内侧发现有土石护坡。城墙经实测周长1361.42米，城墙基础的宽度因地势原因有所差别，墙体多宽4.7～6.1米，最宽为7.2米。依据城墙的方位、走向和城墙转折点，可分东、西、南、北四段城墙。

北城墙东起山城北侧断崖折点向西南至西城墙折点，长241.8米。城墙的总体走向西南至东北，方向为48°。该段城墙上有北门址，门址下有一处排水涵洞和1、2号两座马面。

西城墙北起西墙北侧折点，向南至西南墙折点，长302.52米。城墙的总体走向为南北，方向34°。该段城墙上有西门址、3～6号四座马面。

南城墙西起山城南侧折点，向东至山城东角南侧折点，长299.4米。城墙的总体走向为东西，方向297°。该段城墙上有南门址，在城墙下部和门址下部发现排水涵洞和7～9号三座马面。

东城墙南起山城南侧折点，经东侧谷口、东门址至北侧断崖折点，长517.7米。城墙的总体走向为南北，方向6°。该段城墙上有东门址，在城墙下部和门址下部发现有2处涵洞，并有2处内折式墙体。

第二节　城墙、马面、城门址（附涵洞）

一　城墙（附涵洞）

（一）北墙

北城墙面对九道沟谷，东起东侧断崖北部折点，西至3号马面东侧止，此段城墙长241.8米。城墙所处山势为西高东低，与河谷相对高度50～70米。城墙外侧坡度山势多为40°～65°，据山势和形式分北墙A（图一二）、北墙B、北墙C三段。

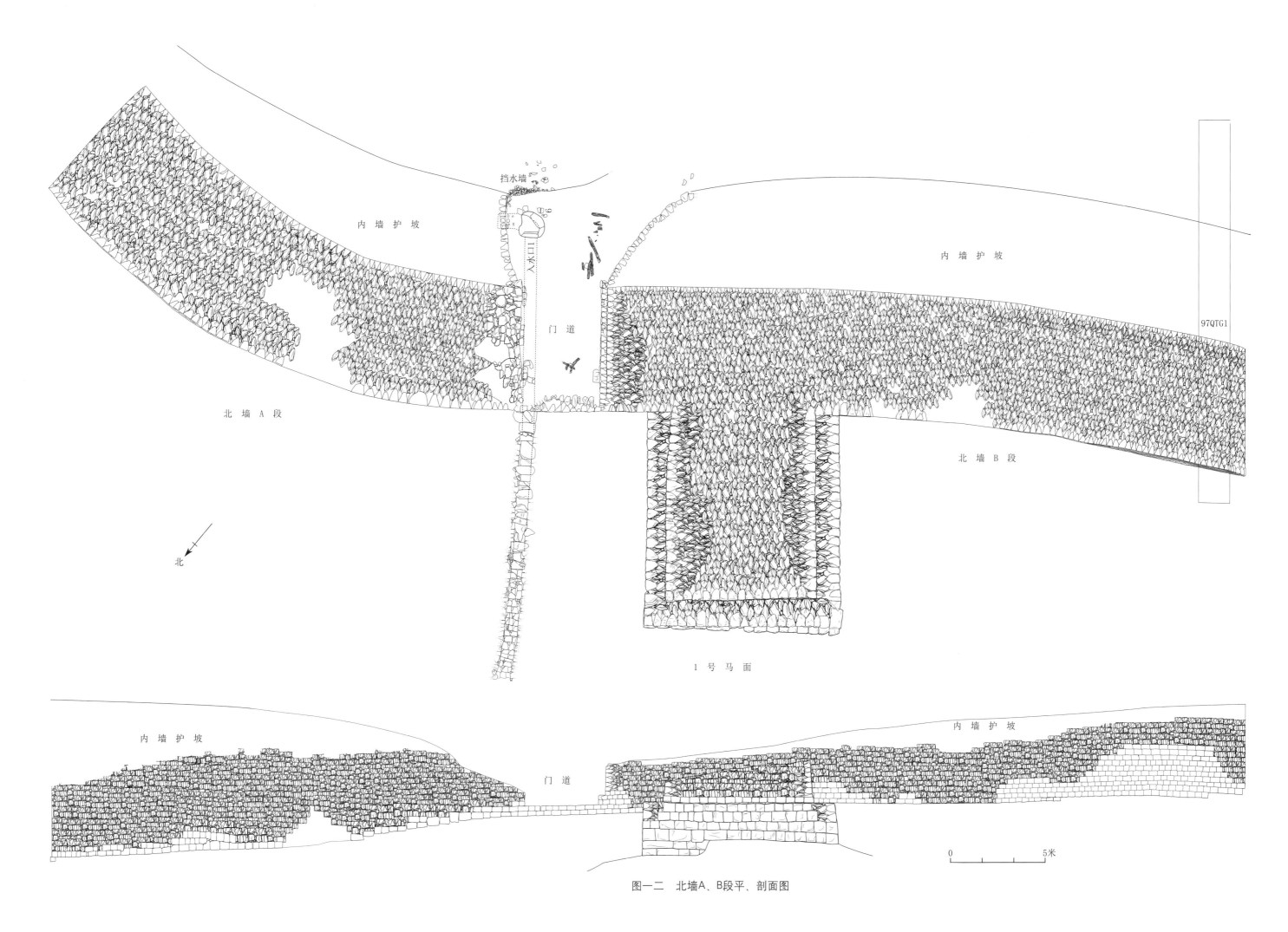

内墙护坡

挡水墙

内墙护坡

97QTG1

入水口

门道

北墙 A 段

北墙 B 段

北

1 号马面

内墙护坡

内墙护坡

门道

0   5米

图一二 北墙A、B段平、剖面图

1.北墙A段

城墙东起东侧断崖北部折点至北门址东侧，此段城墙长73米。山势外侧陡峭，墙体随山势而筑呈外弧形。基础部分使用基槽式，即除去山皮土至基岩，墙基外侧保存有山皮土部分，形成基础槽。墙体已多被破坏，仅保存墙体下部和基础部分，残高1.1米，城墙基础宽6.1、深0.4米。

2.北墙B段

墙体从北门址东侧至2号马面西侧，此段城墙长106.1米。外墙面残存高有2.4米（彩版九，1）。北门址处地势较平缓，也是北墙低凹之处，1号马面位于北门址西侧3.7米，2号马面西距1号马面69.7米。城体形式稍向内凹。城墙基础部分有基槽式和直接在基岩上开凿出岩石基础（彩版九，2）。

3.北墙C段

墙体在2号马面至3号马面之间，长62.7米。这里西高东低，山势陡起，墙体破坏较严重。城墙的外墙基础分阶段在山岩上开凿出岩石基础面，直接在岩石基础面上砌筑城体，岩石基础平面呈东高西低，与墙体水平砌筑面形成逆向内倾斜角度，倾斜角度在12°～15°之间（彩版一〇；彩版一一）。

为了解北墙墙体结构和砌筑结构方法和地层堆积状况，在北城墙中段1号马面西侧布一条探沟，剖探了城墙和内外两侧堆积，探沟长22、宽1米，编号为97QTG1。

墙体部分堆积与外墙一侧堆积和内墙一侧堆积状况不同，又分为AB、BC两段（图一三）。

AB段，墙体内侧堆积地层堆积。

第①层，表土层，黑褐土，质松软。厚0.15～0.2米。

第②层，黄褐土，土质稍硬，夹碎石、碎陶片等遗物。厚0.25～0.35米。

第③层，土质较实硬，堆积厚0.25～2.3米。内含有遗物。以陶片为多见，还有铁镞、铁削、铁甲片、五铢钱等。陶质以泥质灰陶为主，还有夹砂红陶，泥质红褐陶、黄褐陶、灰黑陶及少量釉陶。陶色多表里不一，以素面为主，纹饰兼有弦纹、垂幛纹、暗压网格纹。制法以轮制为主，也有泥条盘筑。陶质较坚硬，火候较高，多为平底器，陶片多残碎，少有复原器物，可辨器形有瓮、罐、盆、盘、器耳、圆形陶片等。

BC段，城墙墙体和墙体外侧地层堆积。

第①层，表土层，土质松软，土色黑褐，为腐蚀土，内含灰陶片等。厚0.25～0.35米。

第②层，为扰乱堆积，属拆毁城墙取用墙石后形成碎石堆积。厚0.3～0.45米。

在本层下发现城墙墙体。墙体全部用石材砌筑，剖面呈梯形，基础底部宽6.1米，城墙上部残宽5.65米，城体内外两侧基础高差1米。

第③层，内含有大量砌筑墙体的石料、"楔形石"、碎石块等，属墙体塌落形成的堆积。厚0.2～0.35米。

第④层，土质细，较纯净，其底部有细碎的石屑堆积，为城墙外侧的原地表堆积。厚0.1～0.15米。本层下为碎山石，质纯净，为原生堆积。

97QTG1出土遗物

97QTG1出土遗物以陶片为多，可辨器形有瓮、罐、盆、盘、器耳、圆形陶片等，还有

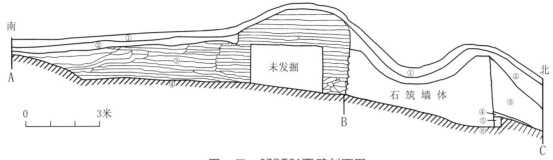

图一三 97QTG1西壁剖面图

铁镞、铁削、铁甲片、五铢钱。

陶瓮 2件。仅有口沿部分，有2型。

A型Ⅱ式，1件。侈口瓮。方唇，沿外侈，广口，束颈。97QTG1③：2，泥质灰陶。腹略鼓。口径38、壁厚0.5、残高8厘米（图一四，1）。

B型Ⅰ式，1件。直口瓮。圆唇，短直领，圆肩。97QTG1③：1，泥质灰陶。外壁有黑陶衣。口径40、壁厚0.8、残高9厘米（图一四，2）。

陶罐 4件。

A型 侈口罐。仅有口沿部分，分4式。

Ⅰ式，97QTG1③：5，泥质灰陶。重唇，敞口，短束颈。口径28、壁厚0.6、残高8厘米（图一四，3）。

Ⅱ式，97QTG1③：3，泥质红褐陶。方唇，外折平沿，小口。口径15.2、壁厚0.5、残高10厘米（图一四，4）。

Ⅲ式，97QTG1③：4，泥质灰陶。尖唇，外折沿，小口，短束颈，圆腹。口径20、壁厚0.6、残高8厘米（图一四，5）。

Ⅳ式，97QTG1③：6，泥质灰陶。内折尖唇，平口，短直领，表面有黑灰色陶衣。口径28、壁厚0.6、残高12厘米（图一四，6）。

陶盘 2件。

A型，浅腹盘。有2式。

Ⅲ式，圆唇，平沿。97QTG1③：7，泥质灰陶。折腹，平底。口径16、底径13、高3、壁厚0.5厘米（图一四，7；彩版一二，1）。

Ⅳ式，斜尖唇。97QTG1③：8，泥质红褐陶。斜腹，平底。口径24、底径17、高3.2、壁厚0.6厘米（图一四，8；彩版一二，2）。

陶器耳 1件。

97QTG1③：9，泥质灰陶。扁平桥状耳，残长6、宽2.8、厚0.5厘米（图一四，9）。

圆陶片 2件。

陶片打制，边缘略经打磨。97QTG1③：10，直径3.3、厚0.7厘米（图一四，10）。97QTG1③：11，形制同上，一面有半穿孔。直径5、厚1.1厘米（图一四，11）。

铁镞 3件。

A型 圭形锋镞，分2式。

Ⅰ式，2件。圭形短锋。

97QTG1③：12，锋部剖面呈扁六棱形，扁方长身，方铤。锋长1.5、宽1、厚0.2、身长7.5、宽0.6、厚0.3、铤长2.7、通长11.7厘米（图一五，1；彩版一二，3）。97QTG1③：13，形式同上。锋长1.8、宽0.8、厚0.3、身长3.7、宽0.6、厚0.3、铤长4.2、通长9.7厘米（图一五，2；彩版一二，4）。

Ⅱ式，1件。圭形长锋。

97QTG1③：14，剖面扁方形，镞锋与身无分格，扁方长身，方铤。锋长0.5、宽0.9、身长10.5、宽0.6、厚0.4、铤残长0.8、通长11.8厘米（图一五，3；彩版一二，5）。

铁削　2件。

97QTG1③：15，背平直，刃对磨，柄与锋部向内直折。长15、宽1.5、背厚0.4厘米（图一五，4；彩版一二，6）。97QTG1③：16，背平直，刃对磨，柄扁方形，锋残。锋残长5、宽1.1、背厚0.3、柄长3、宽0.6、厚0.25厘米（图一五，5）。

有孔铁件　1件。

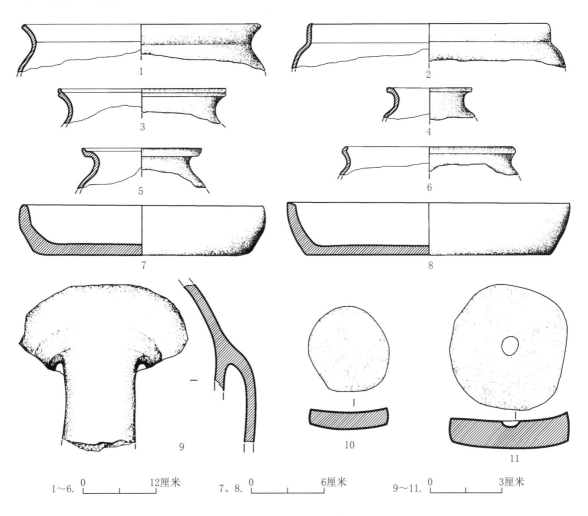

图一四　97QTG1出土陶器

1.A型Ⅱ式瓮（97QTG1③：2）　2.B型Ⅰ式瓮（97QTG1③：1）　3.A型Ⅰ式罐（97QTG1③：5）　4.A型Ⅱ式罐（97QTG1③：3）　5.A型Ⅲ式罐（97QTG1③：4）　6.A型Ⅳ式罐（97QTG1③：6）　7.A型Ⅲ式盘（97QTG1③：7）　8.A型Ⅳ式盘（97QTG1③：8）　9.器耳（97QTG1③：9）　10、11.圆陶片（97QTG1③：10、97QTG1③：11）

　　97QTG1③：17，顶圆弧，长身，上窄下宽，中上部有一孔。通长6.5、下宽2.7、厚为0.3、孔径0.7厘米（图一五，6；彩版一二，7）。

　　铁甲片　5件。有长方形、长条形、长椭圆形、宽舌形。

　　长方形，2件。97QTG1③：18，平顶，身较平，下部残，顶部两侧有竖双孔。残长3、

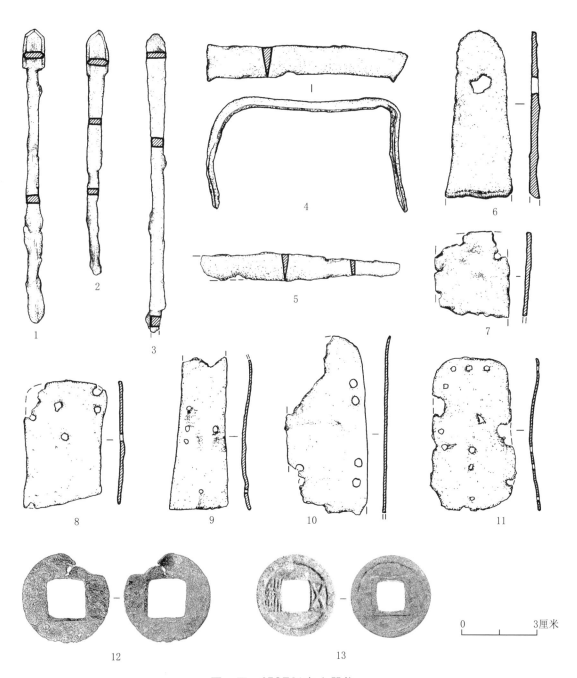

图一五　97QTG1出土器物

1、2.A型Ⅰ型铁镞（97QTG1③：12、97QTG1③：13）　3.A型Ⅱ式铁镞（97QTG1③：14）　4、5.铁削（97QTG1③：15、97QTG1③：16）　6.有孔铁件（97QTG1③：17）　7~11.铁甲片（97QTG1③：18、97QTG1③：19、97QTG1③：20、97QTG1③：21、97QTG1③：22）　12.剪轮五铢（97QTG1③：23）　13.隋五铢（97QTG1③：24）

宽3、厚0.2厘米（图一五，7；彩版一二，10）。97QTG1③：19，长方形，身较平，下部残，顶略弧，边缘稍内凹。顶部两侧有竖双孔，中上部有单穿孔。残长5、宽3.2、厚0.15厘米（图一五，8）。

长条形，1件。97QTG1③：20，顶端残，上窄下宽，略内弧，平底。两侧边部有竖穿孔。下部中有单穿孔。残长6、上宽1.9、下宽2.4、厚0.15厘米（图一五，9；彩版一二，11）。

长椭圆形，1件。97QTG1③：21，身较平，顶残，底圆弧。边缘两侧有竖双孔。残长7、宽3.4、厚0.1厘米（图一五，10；彩版一二，12）。

宽舌形，1件。97QTG1③：22，平顶抹圆角，直身稍曲，底圆弧。顶有3孔，边缘两侧和中下部有竖双孔，底部有单穿孔。长6、宽3.3、厚0.15厘米（图一五，11；彩版一二，13）。

剪轮五铢　1枚。

97QTG1③：23，边部破损。直径2.4、方孔边长0.9、厚0.1厘米（图一五，12；彩版一二，8）。

隋五铢　1枚。

97QTG1③：24，边有廓，背孔有方廓。直径2.2、方孔边长0.8、边廓宽0.20、厚0.12厘米（图一五，13；彩版一二，9）。

（二）西墙

西城墙北起3号马面东侧折点，南至6号马面南侧折点为止，有3～6号马面和西门址，长302.52米。

西墙面对八道沟，北侧是山城北侧的制高点，南侧是山城南侧的制高点，中部较低凹，虽然这里山势为南北两侧较高，但因山城外侧的沟谷较长，地势和坡度稍平缓，多为30°～45°。因这里山势较平缓，所以修筑了一条直线墙，墙面砌筑所用楔形石材绝大部分采用石灰岩石材，其石质与山城东侧开采的石质大部分相同，城墙外侧清理时发现有大量的城墙墙面石和砌筑石材，城墙存有早期倒塌的可能。在城体内侧有人工护坡墙，高3.5～5、宽7～8米，形成一道人造山脊。从地势状况可分西墙A、西墙B两段。

1.西墙A段

由3号马面北侧至西4号马面南侧，长113.62米，外墙面存高2.9米（图一六；彩版一三），砌筑石材多为石灰岩质，基础部分为基槽式，深0.45～0.5米，墙面斜收分每米为0.07～0.1米（彩版一四）。外墙面上部脱落，暴露出墙体内侧插石结构（彩版一五，1），在这段城墙南侧发现城墙封面立缝接茬，应是分段修筑的墙体连接（彩版一五，2）。

2.西墙B段

由4号马面经西门址至6号马面南侧，长188.9米，墙体破坏严重，外墙面多处仅存墙体下部或基础部分，残高1.4米（图一七；彩版一六）。

为了解西墙墙体结构、砌筑结构、砌筑方法和内侧护坡状况，在3号马面南侧墙体部分布探沟一条，探沟长13、宽2米，编号97QTG2。

墙体和外墙侧堆积状况不同，堆积状况可区分为AB、BC、CD三段。

AB段，城墙墙体和墙外侧堆积。

第①层，表土层，黑灰土，质松软。厚0.15～0.2米。

第②层，扰乱层，黑褐土，质松软，内含大量碎石块。厚0.15～0.6米。其下部为石筑墙体。

第③层，塌落堆积，黄褐土，质较实硬。内含砌筑用石材、碎石。厚2.1米。

第④层，城墙基槽，黄褐土，质较实硬，内含碎石块。宽0.30、深0.45米。

第⑤层，原地表堆积，黄褐土，较纯净。厚0.15～0.2米。

第⑥层，碎山石，质纯净，为原生堆积。

BC段，城墙内侧土石护坡墙。称其为护坡墙的原因是在护坡的外侧处又有一道石筑墙体，墙体可分上下两部分，上部以碎石片、石块为主，下部为黄褐土夹碎石堆积层，宽7.4、残高5.2米。

第①层，表土层，黑褐土，质松软。厚0.15～0.2米。

第②层，扰乱层，黑褐土，质松软，内含碎石块。厚0.15～0.3米。

第③层，石护坡层，以石块、石片为主，规格较小，砌筑比较随意。厚度达2.8米（彩版一七）。

第④层，类似夯土，可分多层，质较实硬，夹有碎山石块，呈斜坡状，每层厚0.15～0.35米。最厚近3米。

第⑤层，城墙基槽，黄褐土，质较实硬，内含碎石块，宽0.3、深0.45米。厚0.3米。

第⑥层，黑土，为原地表腐蚀土堆积。厚0.2～0.3米。

第⑦层，碎山石，纯净，为风化岩层。

CD段，护坡墙外侧堆积。

第①层，表土层，黑褐土，质松软。厚0.15～0.2米。

第②层，扰乱层，黑褐土，质松软，内含碎石块。厚0.15～0.8米。

第③层，倒塌堆积，以石块、石片为主。厚0.5米。

第④层，土石层堆积，土色较杂，可分多层，夹有碎山石块，呈斜坡状，每层厚0.15～0.3米。最厚处近2.5米。

第⑥层，黑土，为原地表腐蚀土堆积。厚0.2～0.3米。

经过对西城墙97QTG2的清理后发现，城墙底部基础宽6.14米，城墙上部残宽5.6米，外墙面现高2.9米，存有墙面石13层，每层平均厚0.21米，平均每米内收0.08米。内墙现高2米，墙面石残存11层，墙面每米内收0.01米。城墙的内外墙底部高度相差1.17米。城墙基础采用槽式基础。城墙内侧有土石混筑的护坡，护坡底边长7.2、残高4.7米。在护坡外侧用石块筑成斜坡墙，斜坡为55°（图一八）。

西门址位于4号马面南侧9.4米，也是西墙中部的低凹之处。

（三）南墙（附1号涵洞）

南城墙面临蒲河河谷，西与6号马面南侧相接，东至山城东南角断崖折点，长299.4米。

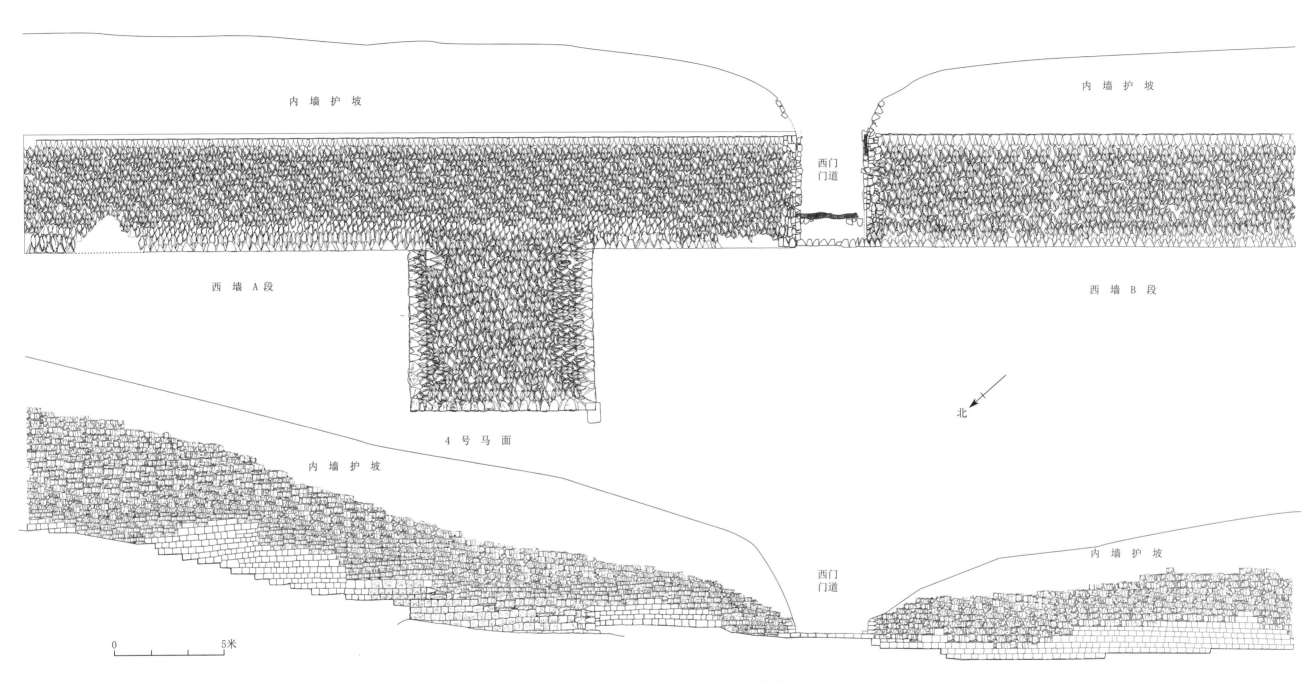

内墙护坡

西门门道

内墙护坡

西墙 A 段

4 号马面

西墙 B 段

北

内墙护坡

西门门道

内墙护坡

0   5米

图一七　西墙A段、4号马面、西门址、西墙B段平、立面图

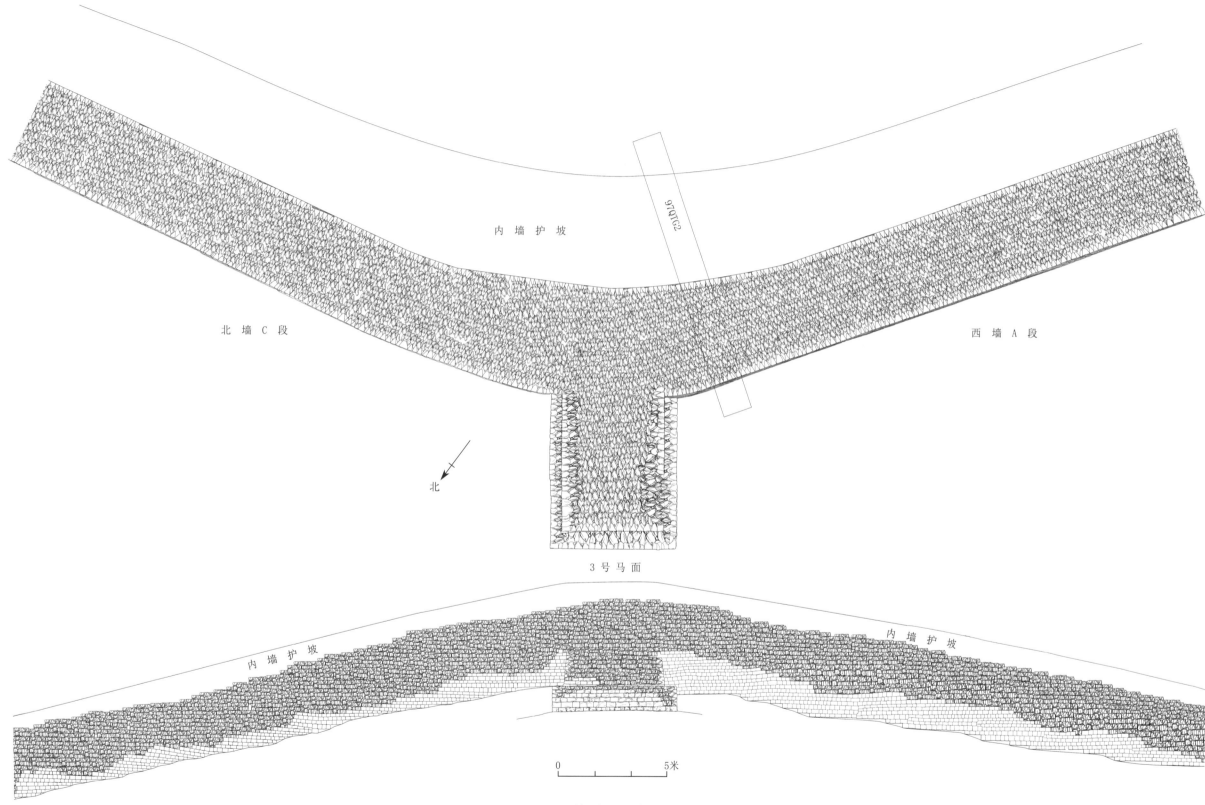

内墙护坡

97QTG2

北墙C段

西墙A段

北

3号马面

内墙护坡

内墙护坡

0   5米

图一六　北墙C段、西墙A段平、立面图

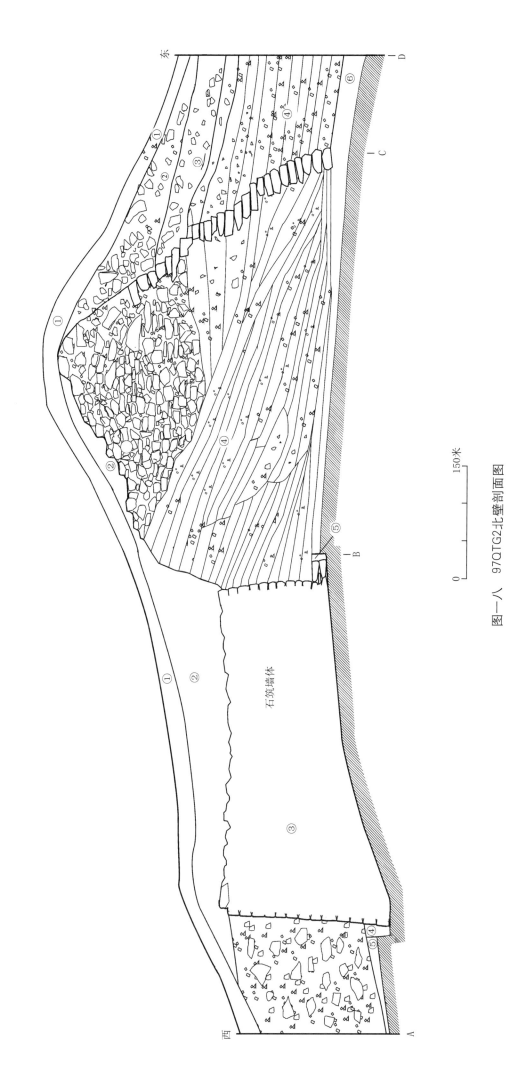

图一八 97QTG2北壁剖面图

有7、8、9号马面和南门址，在南门址和9号马面之间有涵洞从墙底部通过，涵洞编号为1号涵洞。

这里山势呈西高东低，城墙随山势砌筑。城体外侧坡度多在45°～60°之间。城墙墙体破坏较严重，外墙面残存最高度处1.4米，多处破坏至基础部分（彩版一八、一九）。门址位于城墙东部低凹之处，门址西侧有9号马面。

在南墙7号马面西侧的底部，发现一处刻划"井"字符号，也是山城墙面上目前仅见的标记符号（彩版二〇）。

为了解墙体结构和砌筑结构方法，在9号马面东侧的1号涵洞上部层墙体部分布一个8×4米的探沟，编号97QTG3。因墙体部分已多被破坏，内墙面保存有部分墙石，墙体内有棱形石和砌筑结构。城墙基础宽6.15米，内墙面残高1.9米，城墙内侧有夯土护坡，残高2.1米，外墙面部分已破坏至基础部分，墙体下部为涵洞盖板石。

地层堆积以东壁剖面为例。

第①层，表土层，土质黑，松软。厚0.19～0.25米。

第②层，内含碎石块等，为拆除墙取石扰乱所致。厚0.25～0.9米。

第③层，塌落堆积，内含墙体用墙面石等。厚0.4～1.72米。本层下为涵洞。

1.1号涵洞

1号涵洞位于9号马面东侧2.9米处，涵洞从城墙的墙体底部通过，高0.98、宽0.86米。

对涵洞内部的淤填土已清理了7.3米，尚未达到内部入水口之处。涵洞内底部在经人工铲平的山岩上用石材铺砌，坡度10°～15°，两壁用规整的玄武岩石材砌筑，石材规格较宽厚。涵洞上横盖有8块盖石，多为不规则长方形，底部盖板面平整，呈阶梯状铺设。涵洞盖石以靠外侧墙面者为最大，石质为石灰岩，长2.48、宽1.4、厚0.51米，并向外侧错凸出城墙面0.1米。涵洞在墙体外部为双层盖石，盖板石长度多在1.7米左右。涵洞口外侧没发现沟渠，仅有一块平铺的石板，排水或直通向山下（图一九；彩版二一，1）。

（四）东墙（附2号涵洞）

东城墙面对蒲河的河谷，其南北两侧多为断崖。南侧与断崖折点的南墙段相连，经东门址处谷口，北至北侧断崖折点与北墙段相连。这里的山势为南北两侧高，中间谷口处低凹，城墙长517.7米。城墙据地势和砌筑形式分东墙A、东墙B、东墙C、东墙D四段。特别值得指出的是，在东城墙所见的外墙面砌筑石材几乎全部选用玄武岩材质。

1. 东墙A段

南起南侧断崖折点向北至石砬子北端，长142米，这段城墙墙体修筑于峭壁或断崖之上，或直接在断崖（石砬子）顶部开凿城墙的基础（图二〇；彩版二一，2～4），还有个别段落是在断崖的悬断之处横置担巨石，作为城墙墙体的基础（彩版二二）。城墙的外侧是与河谷相对高度在25～40米的断崖，坡度在70°～90°之间，这处断崖属于人工开采而形成（彩版二三、二四），砌筑城墙石材的石质与城墙墙体砌筑所用石料材质基本一致。

2. 东墙B段

南起石砬子北端，长124.8米。这段城墙墙体多已被破坏，外墙石仅存有二至三层，高

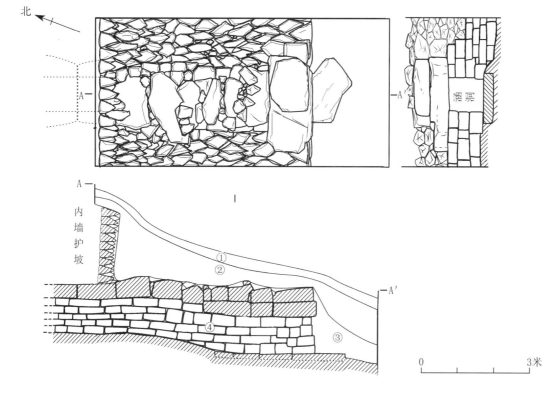

图一九 97QTG3内墙体、1号涵洞平面、剖面、正视图

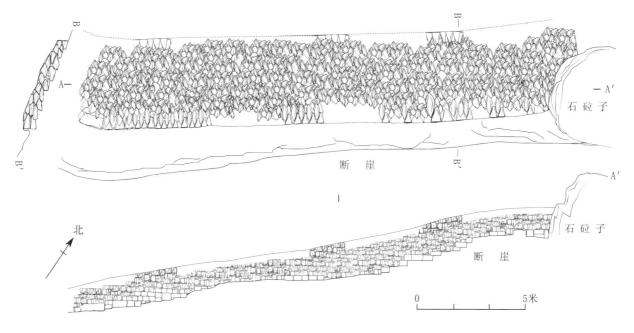

图二〇 东墙A段平、剖面图

不足1米，城墙基础或直接在断崖顶部开凿或筑于峭壁外侧（彩版二五）。这段山岩峭壁较低矮，在峭壁外侧开凿出一定宽度的城墙基础，然后砌筑基础和墙体部分，将经开采过的岩石糙面用墙面石和梭形石包筑在墙体内，砌筑至一定高度时再向墙体内部分延伸，在外观上构成完整的城墙，在内部则是峭壁和山岩。以上是这段城墙的主要砌筑工艺和方法（彩版二六）。

3.东墙C段

位于东城墙中部的谷口部分,这段城墙以东B段城墙北侧折点起点,向西直折,至11.8米处,再向北直折5.4米,至东门址门道,门道宽4米。直经门道北侧山谷口的最低点至山谷北侧,随山势呈圆弧形向东侧,至东D段城墙,全长42.4米,城墙墙体平面呈"凹"字形。以东门道高度为计,至河谷处为14米。

山城的最低之处是山城的谷口,其直通蒲河河谷。城墙向内凹折,城门址偏置于山谷的南侧,正是利用这里的自然形势,用内折城墙的结构加强对城门的防御,同时也起到了马面的功用。在已被破坏的城墙折角处发现了外墙面折角处采用曲尺形石材相互咬合砌筑结构(彩版二七,1)。在东门址北侧保存的一段城墙墙面几乎全部使用玄武岩石材,石材制作规整,砌筑工艺较高,实可代表石台子山城的砌筑水平。

为了解这段墙体结构和砌筑方法,在东门址北侧5米处,也是山谷中间部位最低之处布一条探沟,沟长10、宽2米,编号 97QTG4(图二一、图二二)。

地层堆积以97QTG4为例。

第①层,表土层,黑褐腐蚀土,夹碎石。厚0.1~0.75米。

第②层,扰乱层,黑褐土夹碎石块。厚0.35~1.1米。

第③层,倒塌堆积层,黄褐土夹石块。厚1.2~4米。

第④层,黄褐土夹碎石、石块,多为层土石堆积。层厚0.25~0.3米。

第⑤层,城墙基槽,黄褐土夹风化岩。厚0.45米。

第⑤层以下风化岩,纯净,属于生土。

城墙底部基础呈"V"字形通过谷底,外墙面石残存18行,残高3.96米,石材每层平均厚0.22米,墙面每米内收0.08米。墙面石材全部选用青黑色玄武岩,拼缝砌筑,结构严紧(彩版二七,2)。城墙残宽7.2米,墙体内部用梭形石与楔形石交错砌筑。城墙内侧有土石混筑的护坡墙,残高3.1米。城墙高度顶面应高于护坡墙,从外墙基础部分基础垂直测量至城墙内侧的夯土护坡顶部,高度约11米,可知原城墙砌筑高度至少不低于约11米。

4.东墙D段

东城墙D段南与东门北侧谷口外的东城墙C段北端相连接,北至城墙的折点与北城墙A段相接,长208.5米(图二三)。墙体随山势沿山体外侧砌筑,中部稍向内凹,北部为断崖。断崖处与河谷相对高度约55米,城外侧坡度为75°,断崖处岩石裸露,表面平整,是一处由整块坡面岩层构成,山势险峻(见彩版二四,2)。城墙筑于断崖上部,在

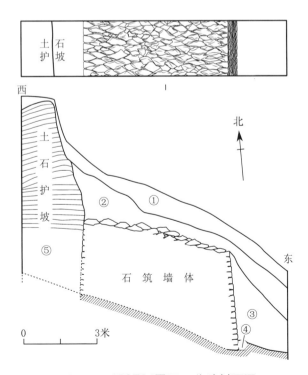

图二一 97QTG4平面、北壁剖面图

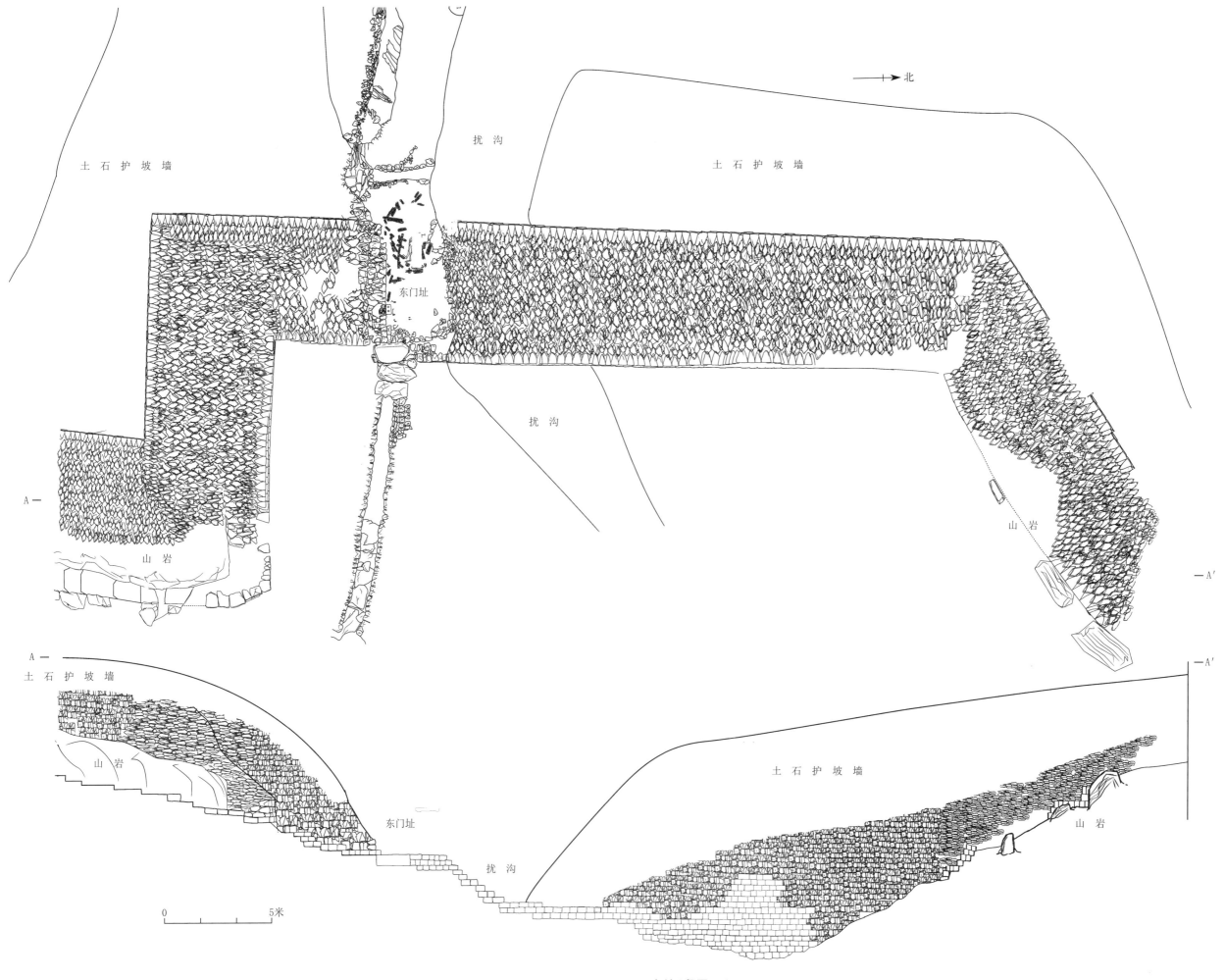

土石护坡墙　　扰沟　　→北　　土石护坡墙

东门址

扰沟

A—

扰沟

山岩

山岩

—A′

A—　　　　　　　　　　　　　　　　　　　　　　　—A′

土石护坡墙

山岩

土石护坡墙

东门址

扰沟　　　　　　　　　　　山岩

0　　　　　5米

图二二　东墙C段平、立面图

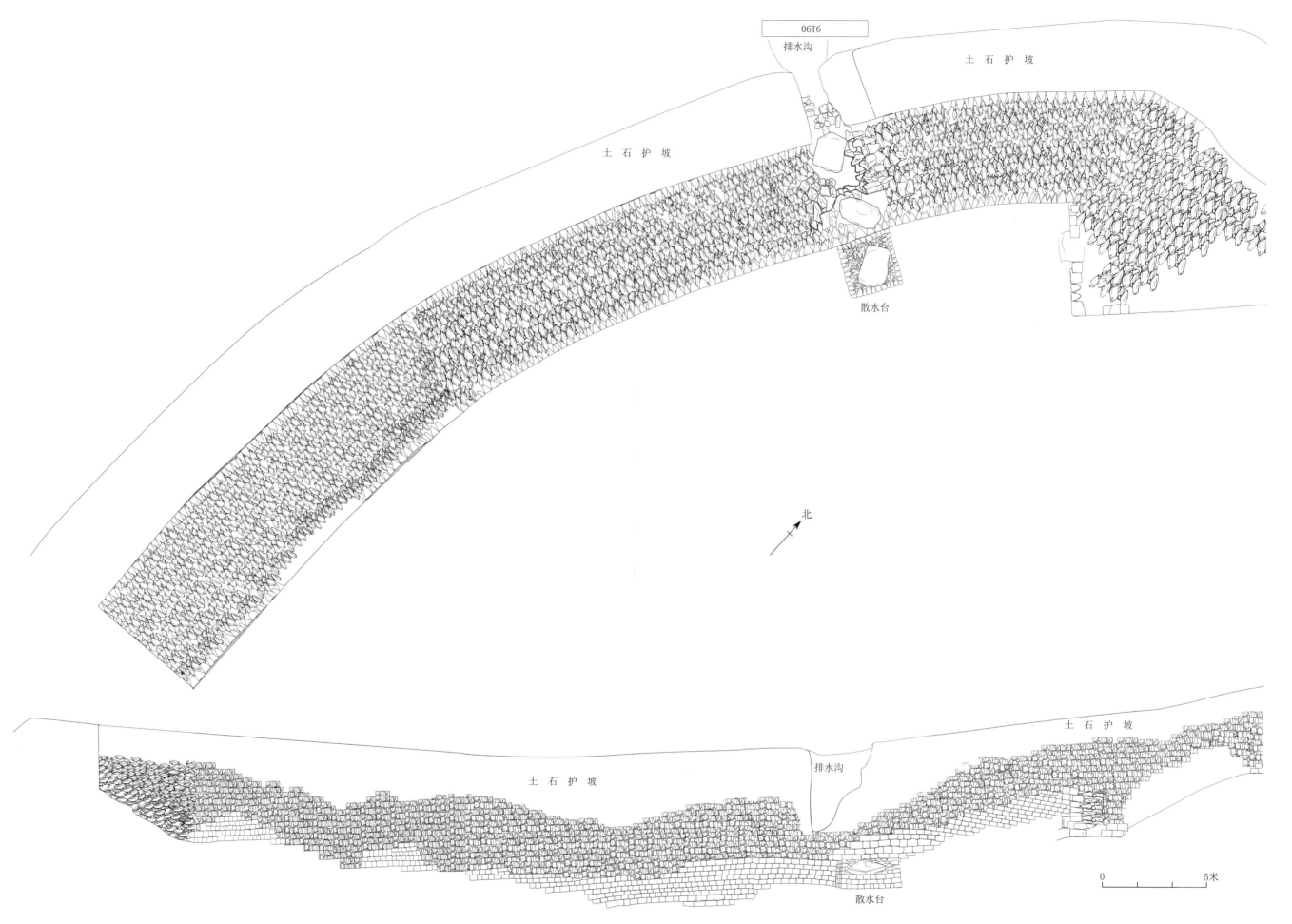

土石护坡

06T6

排水沟

土 石 护 坡

土 石 护 坡

散水台

北

土 石 护 坡

土 石 护 坡

排水沟

散水台

0   5米

图二三　东墙D段平、立面图

断崖南侧，城墙向外侧直折，折墙长5米。城墙外墙面尚存有一定高度，残高0.8～2.2米，城墙内部有插石（彩版二八），墙体采用基础向内侧倾斜的砌筑方法（彩版二九）。

东城墙D段的内折墙南侧，发现有一处在城墙底部通过的排水涵洞，编号为2号涵洞。

5.2号涵洞

2号涵洞位于东城墙D段中部。这里地势低凹，在城墙外侧下部筑有一处方形石台基址，宽4.3、长3.3、残高1.45米，曾被误认为是马面。为了确认这处遗迹的性质，2006年进行了补充发掘，布探方一个和探沟一条，探方面积5×7米，编号为06T6，探沟长5×2米，编号06QTG5。

墙体部分破坏严重，外墙面石残存5层，高1.1米。墙体内侧已破坏至底部的基岩，城墙基础部分宽4.9米。在城墙基础内侧底部，发现有涵洞砌筑石和底部铺石，铺石表面较平整，东西残长1.4、南北残宽1.2米，表面淤积有细沙。在墙体部分的涵洞砌筑结构已全部破坏，仅在城墙位置散落有三块较大的石板，应是涵洞的盖板石。2号涵洞是从城墙底部通向城外，其长度约为6.2、宽度约为0.8米，高度不详。依筑于城墙外侧的石筑台址，应是防止涵洞排水直接冲击到城墙基础的散水设施（图二四；彩版三〇）。

在06T6西侧地层堆积可见城墙内侧土石护坡，护坡土质实硬，夹有石块和碎山石，可分多层，属于夯土结构，每层厚0.18～0.24米，其北侧高1.55、南侧高2.8米，在土石护坡之间是一条"V"字形沟，沟上口宽4.1、深2.3、底宽1.1米，"V"字形沟底部的细砂层堆积与

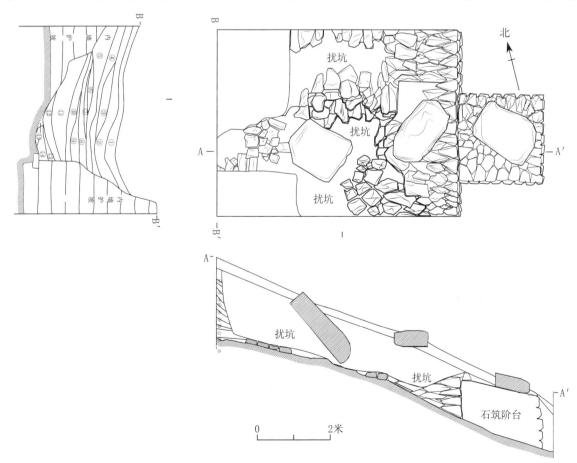

图二四　2号涵洞平面、剖面、剖视图

涵洞底部铺石面上的堆积相连，堆积如下。

第①层，表土，质松软，为腐蚀土。厚0.2米。

第②层，灰黑土，质松软。厚0.22~0.25米。

第③层，灰黑土，含有碎山石，夹层堆积，质松软。厚0.25米。

第④层，细灰土，内含草木灰，质松软。厚0.35米。

第⑤层，灰土，内含碎山石，质松软。厚0.35米。

第⑥层，灰黄，内含草木灰，质松软。厚0.15米。

第⑦层，灰黑土内含草木灰，质松软。厚0.11米。

第⑧层，灰褐土，内含草木灰，质松软。厚0.25米。

第⑨层，灰土，内含草木灰，质松软。厚0.3米。

第⑩层，细灰土，内含草木灰，质松软。厚0.2米。

第⑪层，灰土，内含草木灰，质松软。厚0.55米。

第⑫层，灰土，内含草木灰，质松软。厚0.27米。

第⑬层，黄褐土，内含草木灰，质松软。厚0.16米。

第⑭层，黄褐土，内含草木灰，质松软。厚0.25米。

第⑮层，细沙。厚0.02米。其上部①~⑭层为后期淤积所致。

在06T5内出土遗物有陶片、铁镞等，陶片多破碎，器类不可辨识。

铁镞　3件。有圭形锋、方锥形锋2型。

A型　3件。圭形锋镞。

Ⅱ式，06T5：2，锋与镞身分格不明显，长方身，束收方铁铤。锋长1.2、宽0.6、厚0.3、身长6、宽0.5、铤残长0.9、通长8.1厘米（图二五，1；彩版三一，1）。06T5：3，镞铤残断。宽0.5、通长8.3厘米（图二五，3；彩版三一，2）。06T5：4，镞铤残断。残长6.3、宽0.5厘米（彩版三一，4）。

B型　1件。方锥形锋镞。方铁铤。06T5：1，锋残长4.6、宽0.7、铤残长0.8、通长5.4厘米（图二五，2；彩版三一，3）。

二　马面

马面共有9座，基本分布在山城北、东、南城墙段，编号为1~9号马面，相互之间距离近者48.2米，远者75.5米。形制为方形或长方形，台基基础部分的形制略有差异，其中7座马面有方形或长方形阶台式基础，1座（6号马面）是圆角阶台式基础，1座（2号马面）无阶台基础，仅在基础部稍有外凸。所有的马面全部使用石材砌筑，墙面部分用楔形石材，内部用规格较大的

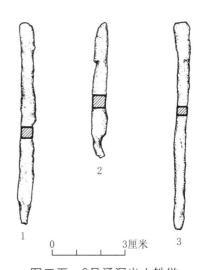

图二五　2号涵洞出土铁镞

1~3.06T5：2、06T5：1、06T5：3

梭形石交错砌筑。在外墙面折角处使用方整石石材，在与城墙墙体连接处为相互错缝、咬合结构。

（一）1号马面

位于北墙B段北门西侧3.7米，属有阶台式基础（图二六；彩版三一，5）。依山势修筑，砌筑台基的石材较大，厚重，多为石灰岩质，规格多为长0.8、宽0.6、厚0.5米。基础部分外侧稍高，水平面略向城墙一侧倾斜。台式基础正面宽8.7、左侧面长9.5、右侧面长9、高1.6米，墙体每米内收0.08米。折角部外侧面用方整石砌筑，其他位置用糙面楔形石和梭形石砌筑。城墙马面部分在台基基础上的正面和两侧各内收1米，前宽6.54、长8.4、残高2.5米，墙面石存7层，残高1.54米，墙面每米内收0.08米。台体内部使用梭形石修筑。

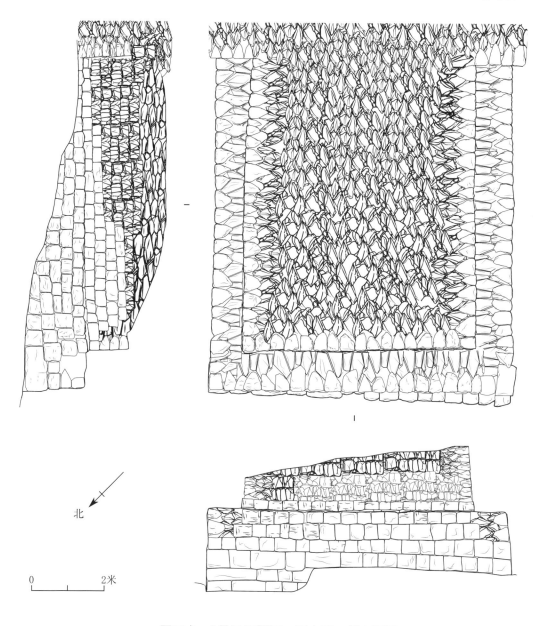

北

0   2米

图二六　1号马面平面、正立面、侧立面图

（二）2号马面

位于北城墙B墙段，东距马面62.7米，属无阶台式。马面因地势依山势修筑，基础外侧部分较深。所使用的石材表面较平整，砌筑所用石材较大、厚重。外侧稍高，水平面略向城墙一侧倾斜。折角下部用外侧面方整石砌筑，其他位置用糙面楔形石和梭形石砌筑。

基础部分外稍外凸，马面墙体部分0.1米，侧面长6.7、正面宽8.6、残高1.64米，墙面每米内收0.08米。马面墙体部分前宽8.5、长6.6米，残高3.5米，每米内收0.08米。墙面石存7层，高1.54米，墙体内部使用梭形石修筑（图二七；彩版三二，1）。

（三）3号马面

位于北城墙C段与西城墙A墙段转折处。东距2号马面69.7米，属有阶台式基础。台基部分砌筑所用石材较大，厚重，台基正面外侧较高，略向城墙一侧倾斜。台基正面宽8.8、高1.6、侧面长10.4米，墙面每米内收0.08米。马面在台基上的正面内收1.1、两侧内收0.8米。正面宽6.6、侧边长9.3米，墙面石残存10层，高2.4米，每米内收0.09米。外折角部分用方整石砌筑（图二八；彩版三二，2；彩版三三；彩版三四，1）。

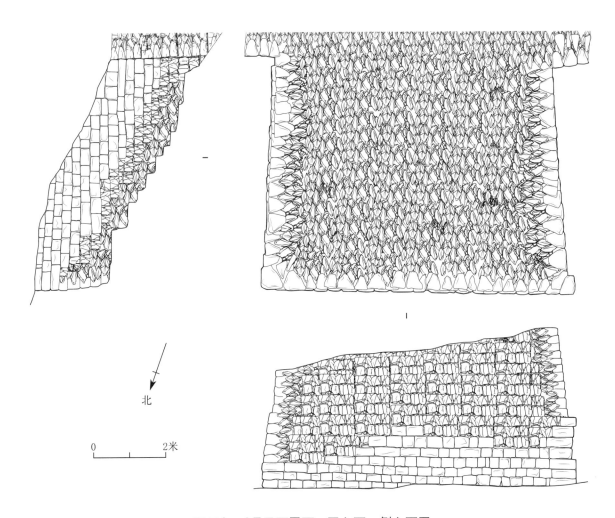

北

0   2米

图二七　2号马面平面、正立面、侧立面图

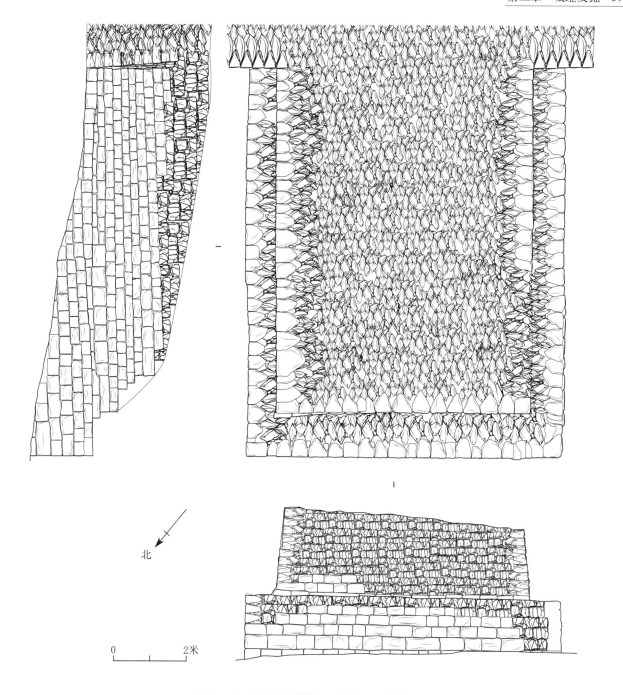

北

0　　　　　2米

图二八　3号马面平面、正立面、侧立面图

（四）4号马面

　　位于西城墙B段，西门南侧9.4米外。北距3号马面61.6米，有阶台式基础。台基正面外侧较高，略向城墙一侧低斜，正面宽8.8、侧边长7.1、高1.26米，墙面每米内收0.06米。马面在台基上的正面和侧面各内收1米。正面宽6.76米，侧边长5.1米，墙面石存有4层，马面残高2.5米（图二九；彩版三四，2）。

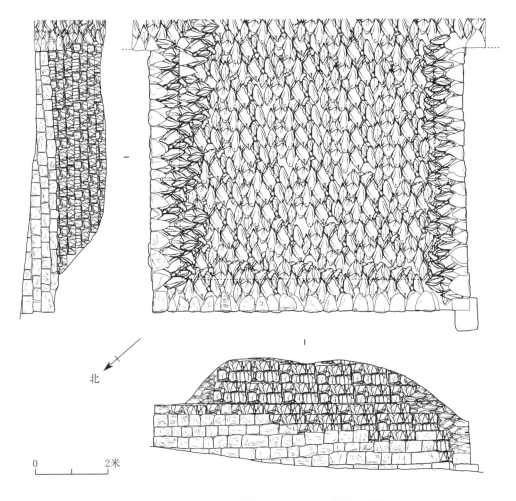

图二九　4号马面平面、正立面、侧立面图

（五）5号马面

位于西城墙B段，北距4号马面75.5米。有阶台式基础。台基正面外侧较高，略向城墙一侧低斜，正面宽8.8、侧面长10.6、高1.5米，至城墙处高0.44米，每米内收0.04米。马面在台基上的正面和侧面各内收1米。马面宽6.8、长9.6米，墙面石存8层，高1.7米。墙每米内收0.02米，马面残高3米。外侧折角处的中、下部位表面砌筑石材外使用人工打琢出的方整石，墙体表面部位为糙面楔形石材（图三○；彩版三五，1）。

（六）6号马面

位于西城墙B段与南城墙段转折处，有阶台式基础。台基正面外侧较高，略向城墙一侧低斜，台基础正面两侧的折角为圆弧形，是石台子山城9座马面唯一的一例。台基正面宽8.88、侧面长6.8、高1.7米，每米内收0.02米。马面在台基上的正面和两侧内收0.56米，正面宽7.56米，侧边长6.24米，墙面石存三层，高0.78米，墙面每米内收0.08米，马面残高0.8米（图三一；彩版三五，2；彩版三六，1）。

（七）7号马面

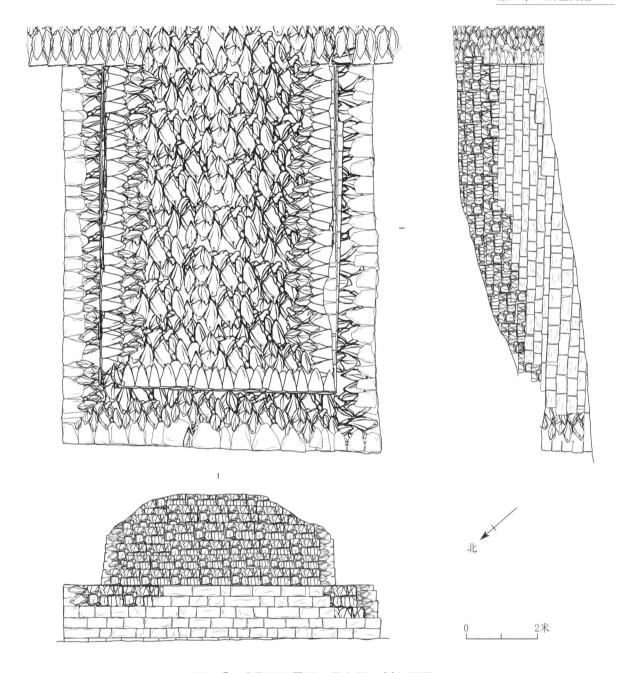

图三〇　5号马面平面、正立面、侧立面图

　　位于南墙段，有阶台式基础。台基正面宽9.3、左侧面长7.6、右侧边长6.8米。台基墙面石存6层，高1.2米，每米内收0.5米。马面墙面石仅存两层。残高共2.7米（图三二；彩版三六，2）。

（八）8号马面

　　位于南墙段中部，西距7号马面70.6米，阶台式基础。台基部分正面宽9、侧面长9米，马面正面宽7、侧面长8米，墙面石存4层，高1.1米。墙面每米内收0.06米，残高2.9米（彩版三七，1）。

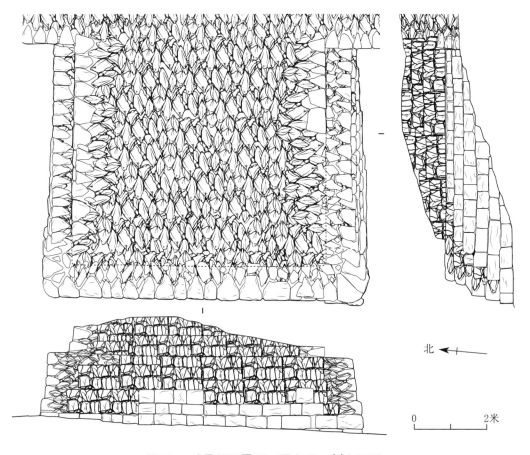

图三一　6号马面平面、正立面、侧立面图

（九）9号马面

位于南墙东侧，西距8号马面68米，南门西侧13米，仅残存基础部分，正边宽约9.1、侧边长约9.2米（彩版三七，2）。

三　城门址（附排水设施）

石台子山城发现四座城门址，分别置于山城的四个方向，据其所处山城的方位分别称其为北门、西门、南门和东门。

（一）北门址（附排水设施）

北门址位于北城墙B段东侧，东距断崖66米，这里也是北城墙最低洼处，门址内地势较为平坦。门外侧地势陡峭，面对山谷，俗称"九道沟"，沟口正对蒲河河谷。门址西侧3.7米处为1号马面（彩版三八、三九）。

北门地层堆积

在北门址内侧、门道、门道外侧先后布探方两个、探沟一条。

为清理门道外侧排水设施而布的长16、宽2米的探沟，编号BMTG1。地层堆积及层位关系较明确的地点是在门道外侧，说明如下。

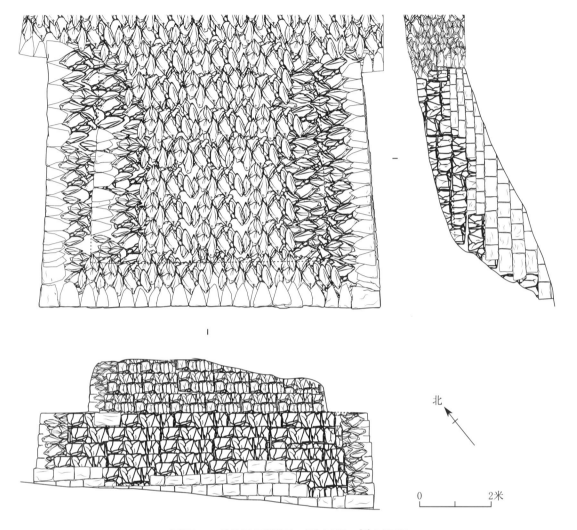

图三二　7号马面平面、正立面、侧立面图

第①层，黑土，土质疏松，夹杂碎石，为植物腐蚀土。厚0.1～0.45米。

第②层，黑褐土，土质松散，夹有较大碎石块，有少量泥质灰陶片等，为扰乱堆积。厚约0.47米。

第③层，黄褐土，土质较坚硬，夹杂完整楔形墙面石、棱形石、石块等，为墙体塌毁散落堆积。厚0.45米。

第④层，炭灰堆积，较纯净，木炭灰呈灰粒状，疏松。厚0.05米。

第⑤层，黄褐土，土质坚硬，夹有烧土粒、炭粒、陶片等。厚0.08米。

第⑥层，灰褐土，土质坚硬，夹有碎细的山石、陶片、烧土粒。厚0.11米。

第⑤层与第⑥层之间夹有炭灰层，炭灰层中有烧土块、木炭块。厚0.02～0.03米。

第⑦层，黄土，土质实硬，纯净，呈黏结块状，填盖于涵洞之上。厚0.04～0.18米。

第⑧层，黄褐土，夹有碎山石，土质较纯净。厚0.25米。

第⑧层之下为涵洞，涵洞底部铺有石板（图三三）。

门道地层堆积

可分七层。

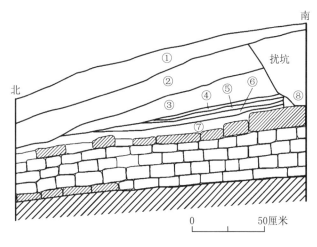

图三三　BMTG1东壁局部剖面图

第①层，表土层，土质疏松，黑土，夹杂碎石。厚0.1～0.45米。为植物腐蚀土。

第②层，扰乱堆积，黑褐土，土质松散，夹有较大的碎石块，有少量泥质灰陶片等。厚约0.9～1.5米。

第③层，黄褐土，土质较坚硬，夹杂完整楔形墙面石、梭形石、石块等，石表面有经火烧烤痕迹，为城门墙体塌毁时散落堆积。厚0.5～0.85米。

第④层，炭灰堆积，木炭保存成条状，灰疏散呈粒状。厚0.09米。为经火烧毁后散落堆积，铁门户、门枢等出于本层内。

第⑤层，黄褐土，土质实硬，夹碎小石块、木炭、粒状烧土、陶片等。表面坚硬，为上层路面。厚约8厘米。

第⑥层，红烧土堆积层，夹烧土、碎石块。厚0.06～0.2米。为下层路面，因经火烧烤，表面龟裂，已成砖红色细碎块或粉末状，并向东延于现门道东墙基础之内。

第⑦层，黄土，纯净，土质实硬。厚0.04～0.18米。仅分布在涵洞盖石之上层。路面石下为涵洞（图三四）。

门道

门道方向306°，宽4、进深6米。门道西壁残高1.25米，东壁仅在门址内侧残存高0.4米壁墙。门道西壁下部有由两行楔形石砌筑的石阶基础，残长5.6、宽0.34、高0.4米，石阶基础上的第一行墙壁石向内侧凹入0.05米。门道内两侧均有用石块垒砌的挡土墙，东侧墙稍直，石材规则，高0.4～0.6米，墙内填有碎山石土。西侧挡土墙呈圆弧形，残存两层，高0.3米。门道内侧较平坦，平面整体略呈喇叭口状（见图三四）。

门础石位于门道外墙面内侧1.6米处，紧依石阶基础，距路面高0.28米。门础石形制为门柱础与门臼础连体式，半埋入门道地下，周围用石块填实。西侧的门础石长57.5、宽31.5厘米。门柱础部分长28.2厘米，础石面中部凿有方形卯，边长9.2～10、深6.2厘米。门臼础面低于门柱础面14厘米，长29.3厘米，臼石面中部凿有外方内圆的半球形凹槽，内嵌方形圆凹底的铁门臼，臼石面距门道路面28厘米。东侧门础石长60、宽32厘米，门柱础部分长32厘米。础石面上有方卯，边长9.5、深6.3厘米。门臼石础部分长28厘米，低于门柱础面14厘米。门臼石面凿有外方内圆的半球形凹槽，边长16、深5厘米，铁门臼无存（图三五）。

在门道地层和北门BMTG1地层堆积中均发现有两层红烧土堆积，为2006年此对北门址进行补充发掘，对门道南侧和门道东侧部分重新清理，发现北门址有两次烧毁两次砌筑的叠压关系（彩版四〇，1）。地层与叠压关系如下。

第①层，第二次砌筑门道阶台石，残存两层。

第②层，第二次门道倒塌堆积，灰黑土，含大量木炭灰。厚0.15米。

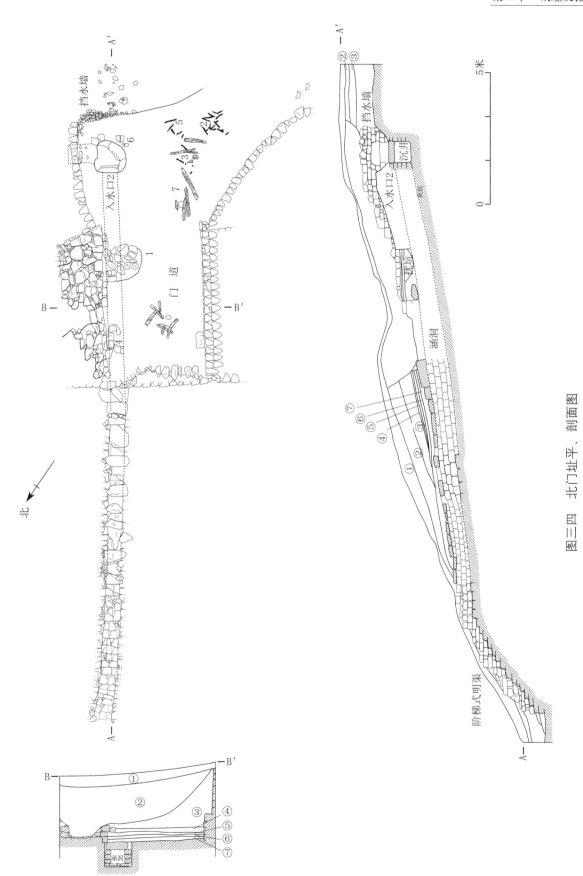

图三四 北门址平、剖面图

1.铜扣 2、3、5.铁镞 4.铁斧 6.陶盘 7.陶纺轮

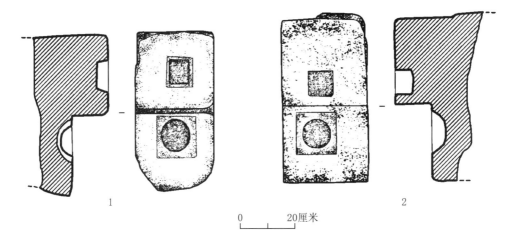

0   20厘米

图三五　北门址础石平、剖面图

1.北门址西侧础石　　2.北门址东侧础石

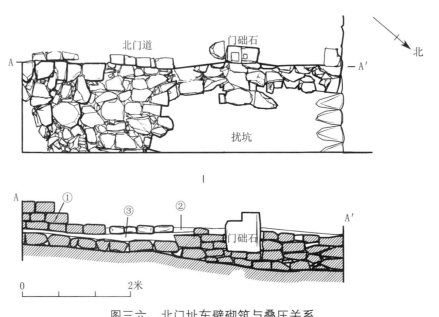

0   2米

图三六　北门址东壁砌筑与叠压关系

第③层，第一次门道烧毁堆积，呈砖红色粉末状。厚0.02米（图三六）。

北门址出土遗物

在北门址地层和门道堆积内出土有陶器、铁器、铜器、石器等遗物。陶器多残碎，可见有陶盆、陶盘。还有铁镢、铁门枢、铁门臼、铁斧、铜带扣、石弹丸等。

陶盆　1件。

A型Ⅰ式，重唇，外折平沿，斜腹下收。SBM④：1，泥质灰褐陶。口径38、残高9厘米（图三七，1）。

陶盘　1件。

A型Ⅳ式，圆唇内稍抹，敛口。SBM④：11，泥质红陶。浅腹盘。浅斜腹，平底。素面。口径24、底径21.6、高2.4厘米（图三七，2；彩版四一，1）。

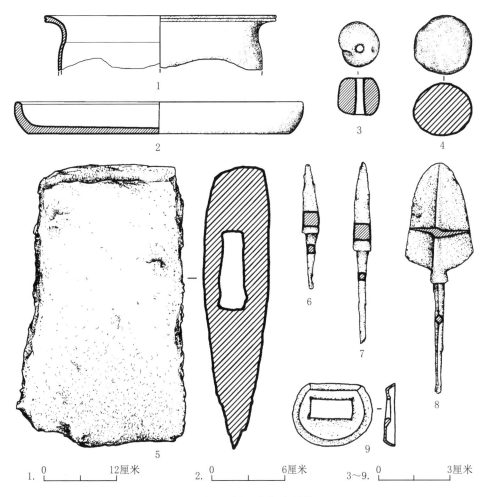

图三七　北门址出土器物

1.A型Ⅰ式陶盆（SBM④：1）　　2.A型Ⅳ式陶盘（SBM④：11）　　3.陶珠（SBM④：3）

4.石弹丸（SBM④：2）　5.铁斧（SBM④：4）　　6、7.B型Ⅰ式铁镞（SBM④：6、SBM④：5）

8.D型Ⅳ式铁镞（SBM④：13）　9.铜带扣（SBM④：12）

陶珠　1件。

SBM④：3，泥质红陶。不规则圆台状，中有穿孔。高1.5、直径1.7、孔径0.3厘米（图三七，3；彩版四一，3）。

铁门枢　2件。

形制基本相同，铸制，扁圆环形，外侧有三凸齿。SBM④：1，高9～11.5、内径13.4、外径17.1～17.4、厚1.3厘米。固齿断面呈梯形，高2.2、宽2厘米（图三八，1；彩版四一，6）。SBM④：2，外径16.8～17、内径13.6～13.7、高9.5～10.5、厚1.3厘米。固齿断面呈梯形，高2.2、宽2厘米（图三八，2；彩版四一，7）。

铁门臼　1件。

SBM④：3，位于西侧门础石，铸制，表面正方形，中间有半形圆凹窝，圜底。边长16、凹窝直径11.5、深4.2厘米（图三八，3；彩版四一，5）。

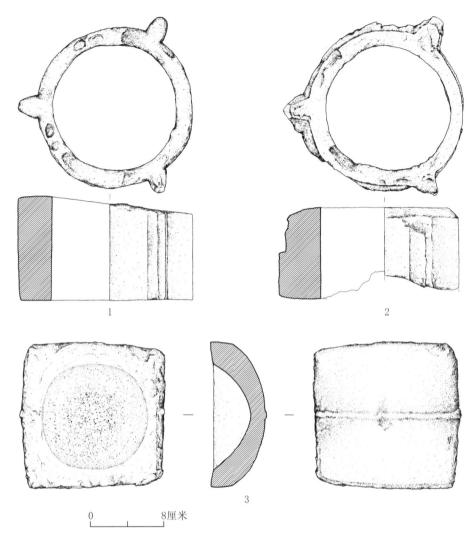

0 _____ 8厘米

图三八　北门址出土铁器

1、2.门框（SBM④∶1、SBM④∶2）　3.门臼（SBM④∶3）

铁镞　3件。有方锥形锋和宽叶形锋两型。

B型　2件。方锥形锋镞，分2式。

Ⅰ式，方铤。SBMT1④∶6，锋尖锐，剖面为正方形。锋长2.8、宽0.7、铤长2.2、通长5厘米（图三七，6；彩版四二，1）。SBMT1④∶5，锋尖锐，剖面为正方形，锋长3.6、宽0.8、铤长3.6、通长7.2厘米（图三七，7；彩版四二，2）。

D型　1件。叶形锋镞。

Ⅳ式，镞身宽叶形，体扁平，侧翼略直。SBM④∶13，锋脊两侧不对称，剖面呈折棱形，镞身底圆弧。锋长4.2、宽1.8、厚0.3、铤长4.9、通长9.1厘米（图三七，8；彩版四二，3）。

铁斧　1件。

SBM④∶4，平顶，扁体长方形，弧刃，方銎。长11.4、宽5.6～6.5、厚3厘米（图三七，5；彩版四二，4）。

铜带扣　1件。

SBM④：12，上端弧形，下端较平，中有长方形孔，方孔四角有四支钉。长2.5厘米（图三七，9；彩版四二，5）。

石弹丸　1件。

SBM④：2，黄褐砂岩打磨而成，表面较圆滑。直径2.5厘米（图三七，4；彩版四一，4）。

北门排水设施

北门排水设施由排水沟、挡土墙、涵洞入水口、沉井、涵洞及明渠构成。北门址内侧地势为较平缓，从城内侧排水沟、挡土墙、涵洞入水口至城外明渠末端，构成北门的排水设施，其中涵洞、明渠部分长为28.6米，落差为5.5米。

排水沟

排水沟位于门址内南侧挡水墙北部，东部宽0.6、深0.3米，西部较浅，西端呈漫流状，沟长5.5米，排水沟东侧与涵洞排水口相接。

挡土墙

挡土墙位于门道内南侧，东西向，用小石块堆筑而成、东高西低，平面稍呈弧形，其东侧与门道内侧的护坡墙相接，西侧与地表平。长5.5、宽0.15～0.25、高0.15～0.6米。挡土墙内侧为碎山石土，土质较纯净，挡土墙北侧为排水沟。这道矮墙可起到排水沟壁的作用。

涵洞入水口

发现两处，分别为入水口1、入水口2。

涵洞入水口1北距门道2.7、东距入水口2仅为0.8米，平面呈不规则圆形，长1.1、宽1米，底部与涵洞相通。其西、北侧围有石块，以阻止水城内的水向门道漫流，这处排水口是打开涵洞盖板石后面形成的。

涵洞入水口2筑于门内东侧护坡墙墙壁的下部，长方形，立面向西，长0.76、高0.36、进深0.67米。应是原北排水涵洞的入水口，入水口内为长方形竖式沉井（彩版四二，6）。

入水口1与入水口2仅相隔一块涵洞盖板石，可能是入水口2淤堵后，掀开涵洞盖板石后形成的又一处入水口。

沉井

位于护坡墙内侧，长方形，通高1.1米。井壁东、南、北三侧用六层石材砌筑，顶部盖长方形条石，底部铺石板，石材规整。内部结构可分上下两层，上层宽，下层窄。上层长0.76、宽0.67、高0.47米，下层长0.64、宽0.61、高0.56米。沉井西侧与涵洞相连。从沉井剖面结构可见，水流是由西侧排水沟流入沉井，再反折向西流入涵洞之内（图三九）。

涵洞

洞壁用四层楔形石砌筑，石材规整，底部平铺板石，上盖板石，高0.56、宽0.52米。由沉井向西至0.9米处，弧折向北，沿门道东壁下部通向城门外。涵洞长18.1米，其中有7.8米是在门道的外侧路面下，涵洞外侧出口连接明渠（见图三四）。

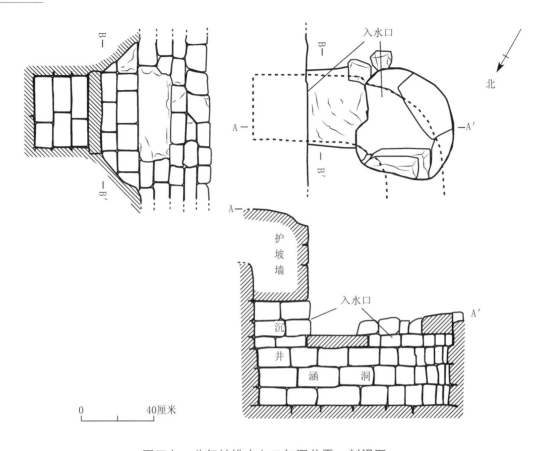

图三九   北门址排水入口与沉井平、剖视图

明渠

明渠位于涵洞口外侧，渠壁为阶梯式，随山势砌筑，壁高0.6米。渠底部用楔形石材砌筑，成阶梯式，平面向外，共15阶，通长4.7、宽0.7、落差2.4米（彩版四三）。

沉井、涵洞、明渠内出土遗物

仅见有陶器一类，可辨器形有瓮、盆、罐、碗、盘、器耳等。

陶瓮   1件。

B型Ⅳ式，广口，圆唇，短直领。SBMh：1，泥质红褐陶。口径44、残高4.8、壁厚1厘米（图四〇，1）。

陶盆   2件。

A型Ⅰ型，侈口，沿外折，领稍束，重唇。SBMh：2，泥质灰黑陶。口径46、残高5.5、壁厚0.6厘米（图四〇，2）。SBMh：3，泥质灰褐陶。口径32、残高3.2、壁厚0.5厘米（图四〇，3）。

陶罐   1件。

D型Ⅰ式，平唇，深直腹。SBMh：4，泥质灰褐陶。口径13、残高6.3、壁厚0.4厘米（图四〇，6）。

陶钵   1件。

A型Ⅱ式，敞口，尖唇，斜腹。SBMh：5，泥质灰陶。口径18、残高5.5、壁厚0.5厘米

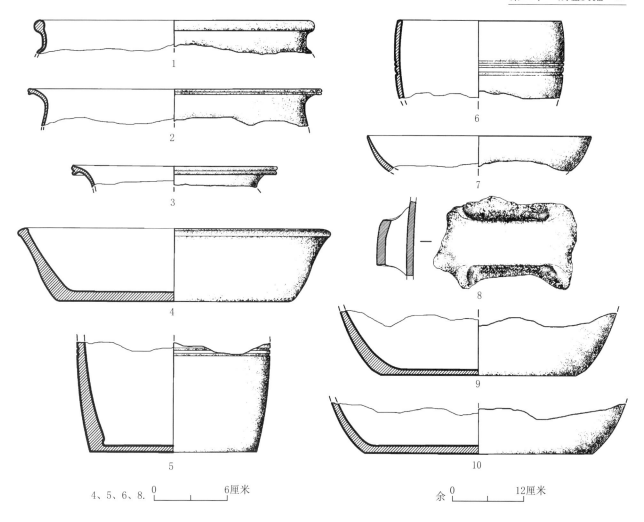

4、5、6、8. 0——6厘米

余 0——12厘米

图四〇　北门址涵洞出土陶器

1.B型Ⅳ式瓮（SBMh：1）　2、3.A型Ⅰ式盆（SBMh：2、SBMh：3）　4.B型Ⅱ式盘（SBMh：6）　5、9、10.器底（SBMh：8、SBMh：9、SBMh：10）　6.D型Ⅰ式罐（SBMh：4）　7.A型Ⅱ式钵（SBMh：5）　8.器耳（SBMh：7）

（图四〇，7）。

陶盘　1件。

B型Ⅱ式，敞口，斜直深腹，平底。SBMh：6，泥质红褐陶。口径24、高5.8、底径18、壁厚0.7厘米（图四〇，4；彩版四一，2）。

陶器耳　1件。

SBMh：7，泥质灰陶。横錾耳，耳附贴器壁。残长11.6厘米（图四〇，8）。

陶器底　3件。

SBMh：8，泥质灰褐陶。腹壁较直，有弦纹，平底。残高8.3、底径13、壁厚0.8厘米（图四〇，5）。SBMh：9，泥质灰黑陶。斜腹，平底。残高5.5、底径16、壁厚0.6厘米（图四〇，9）。SBMh：10，泥质灰陶。斜腹，平底。残高3.7、底径18、壁厚0.7厘米（图四〇，10）。

（二）西门址

西门址位于西城墙B段，北距4号马面9.4米。西门外侧山势较平缓，城门外侧现有可通往河谷的车马道。1998年对西门址内侧和门道外侧路面进行了局部发掘，可知门宽4.15、进深5.9米。门道内两侧有护坡墙，护坡墙外侧用一至二层石材砌筑，沿门道呈弧形向两侧延伸，墙内填有碎山石土，高0.25～0.45米。门道及内外的路面上有大量塌落堆积，呈丘状，厚1.3米。堆积以烧裂的墙面石为主，普遍呈砖红色。还有较大块的草拌泥烧结块、木炭灰，木炭散落在堆积层下半部，其中有经火烧过的灰陶片、陶器等。

2006年对西门址进行了发掘，在门道内侧布5×5米探方2个，编号SXMT1、SXMT2。对门道部分再次进行发掘，清理面积为8×8米。

SXMT1地层堆积

第①层，表土层，土质黑褐，松软，夹有石块。厚0.2～0.25米。

第②层，城门、城墙塌落堆积，主要为石块堆积，在该层下出土少量的泥质灰陶片、铁镞、铁犁铧等。厚0.1～0.15米。

第③层，路土，土质黄褐，实硬，夹碎小石块。厚0.05～0.1米。下部为生土。

门道地层堆积

第①层，城门、城墙塌落堆积，分布在门道中部，为木炭、石块混合堆积。厚度为0.5米。木炭保存较好，宽约0.2米。

第②层，为粉末状红烧土，主要分布在门道的周边。厚度为0.03～0.05米。

第③层，为一层很薄的黑色灰烬，分布比较均匀。

第④层，黄土路面，其上散落数量较多的泥质灰陶片。在门道西部墙基处可见两处白灰和烧土块遗迹，直径在0.2米左右。在门道两侧的阶台石表面，发现有整根的地栿木炭痕迹。

门道

西高东低，两侧略高于中间，最高点在距门道西端1.3米处。门道外侧铺石，宽1米，与城墙相连接。门道外侧墙壁存两层墙壁石，长0.4米。南墙内侧存四层墙石，残高1米（图四一；彩版四四）。

门道外墙内侧1.6米处置木质地栿，表面和门道路面平齐，残长2.2、宽0.24米，

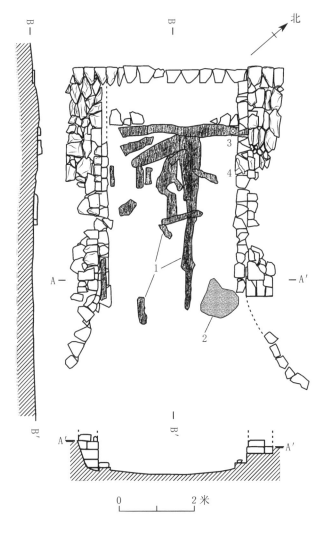

图四一　西门址平、剖面图

1.木炭　2.灰烬　3.铁门枢　4.铁片

其北端与门道北壁相接，内外两侧顶有石块。尚有铁门臼嵌在地栿的北端。门道的中部纵向发现两根较长的木炭，炭化程度不高，部分呈棕红色，其最长的4.7米。

遗物

在门址的内外和门道上出土有陶罐、铁钉、铁条带、铁门臼、铁片等遗物。

陶罐

主要出土在门道堆积内，以泥质灰陶为主，有少量泥质红褐陶。轮制，器形主要为小口罐，罐底均有三棱形符号，根据器底部数量计为33件，可修复的13件。陶器的高度和最大腹径接近或相等，器形不甚规整，肩腹部有轮制痕迹，平底，陶器底部边沿及外侧不光滑。与城址内发现的陶器类遗物在陶质和器形上有明显区别。有3型。

A型　9件。侈口罐。可分3式。

Ⅰ式，4件。侈口，尖唇，颈部较直。SXM：11，泥质灰陶。溜肩，圆鼓腹。口径6、底径7.2、高12.5、最大腹径11.5厘米（图四二，1；彩版四五，1）。SXM：21，泥质灰陶。溜肩，腹微鼓。口径8、底径10、高15、最大腹径14.5厘米（图四二，2；彩版四五，2）。SXM：14，泥质灰陶。溜肩，球形腹。口径6、底径7.5、高12.5、最大腹径12.5厘米（图四二，3；彩版四五，3）。SXM：27，泥质灰陶。溜肩。口径8.2、残高7厘米（图四二，4）。

Ⅱ式，5件。侈口，圆唇，束颈，颈部较短。SXM：12，泥质灰陶。溜肩，斜直腹。口径7.5、底径9、高13.8、最大腹径12.6厘米（图四二，5；彩版四五，4）。SXM：13，泥质灰陶。溜肩，斜直腹。口径5.3、底径8.1、高12.6、最大腹径12.4厘米（图四二，6；彩版四五，5）。SXM：15，泥质灰陶。溜肩，斜直腹。口径7.5、底径9.8、高13、最大腹径13.5厘米（图四二，7；彩版四五，6）。SXM：23，泥质灰陶。溜肩，斜直腹，底残。口径7、残高11、最大腹径12厘米（图四二，8）。SXM：26，泥质灰陶。溜肩。口径6.2、残高5.7厘米（图四二，9）。

Ⅲ式，2件。侈口，方唇，束颈，颈部较短。SXM：22，泥质灰陶。溜肩，微鼓腹，肩、腹有轮制痕迹，平底。口径5.8、底径8、高13.5、最大腹径12.3厘米（图四二，10；彩版四六，1）。SXM：16，泥质灰陶。溜肩，斜直腹，肩、腹有轮制痕迹，平底。口径6、底径9、高13、最大腹径13厘米（图四二，11；彩版四六，2）。

B型　3件。浅盘口罐。

SXM：17，泥质灰陶。尖圆唇，颈部较直。溜肩，斜直腹，肩、腹有轮制痕迹，平底。口径5.4、底径9、高12.8、最大腹径12厘米（图四二，12；彩版四六，3）。SXM：19，泥质灰陶。尖唇，口沿外侧有突起的条带纹。直领，颈部较短。溜肩，鼓腹。肩、腹有轮制痕迹，平底口径6、底径8.6、高12、最大腹径12.1厘米（图四二，13；彩版四六，4）。SXM：20，泥质灰陶。尖唇，微束颈，颈部较长。溜肩，腹部微鼓，肩、腹有轮制痕迹，平底。口径5.3、底径7.8、高14、最大腹径12厘米（图四二，14；彩版四六，5）。

C型　2件。直口罐。

SXM：18，泥质灰陶。圆唇，口沿不甚规整，直领，颈部较短。溜肩，斜直腹，肩、腹有轮制痕迹，平底。口径6、底径9.7、高13、最大腹径13厘米（图四二，15；彩版四六，6）。

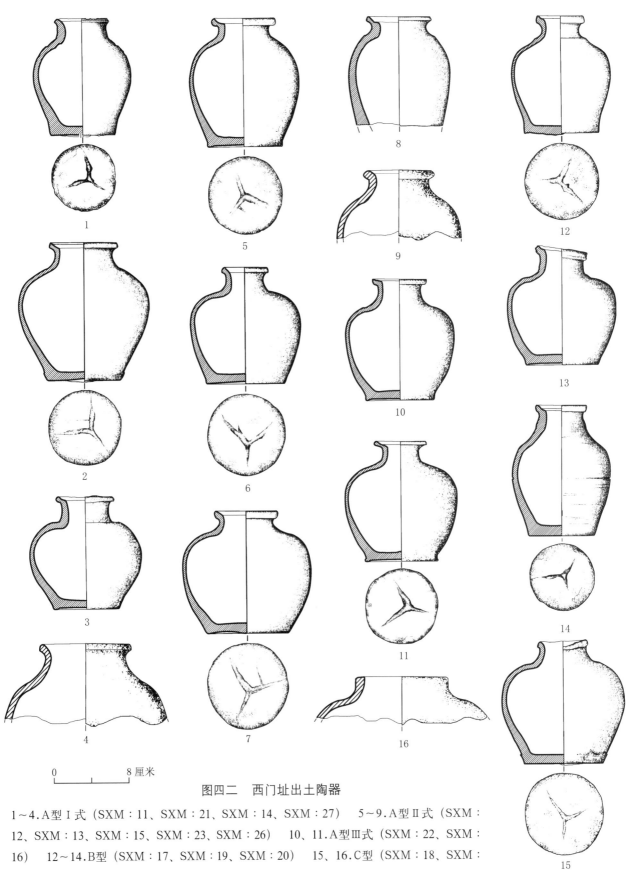

图四二　西门址出土陶器

1~4.A型Ⅰ式（SXM：11、SXM：21、SXM：14、SXM：27）　5~9.A型Ⅱ式（SXM：
12、SXM：13、SXM：15、SXM：23、SXM：26）　10、11.A型Ⅲ式（SXM：22、SXM：
16）　12~14.B型（SXM：17、SXM：19、SXM：20）　15、16.C型（SXM：18、SXM：
24）

SXM：24，泥质灰陶。方唇，颈部较短，溜肩。口径8、残高4.1厘米（图四二，16）。

铁器

铁铆钉 4件。

SXM③：2，半球形帽，钉身方形。残长10、厚0.9、径3厘米（图四三，1；彩版四七，1）。SXM③：3，半球形帽，钉身方形。残长13、厚1.1、帽径3厘米（图四三，2；彩版四七，2）。SXM③：4，已弯曲。半球形帽，钉身方形。残长17、厚1、帽径3.4厘米（图四三，3；彩版四七，3）。SXM③：5，半球形帽，钉身四棱形。残长2、厚1.1、帽径3厘米（图四三，4；彩版四七，4）。

铁钉 3件。

SXM③：6，已弯曲，剖面方形。残长8、厚0.7厘米（图四三，5）。SXM③：9，剖面四棱锥形，一端弯曲成钩形。残长8.5、厚0.5厘米（图四三，6；彩版四七，5）。SXM③：11，剖面方形，已弯曲，帽残。残长8.5、厚0.6厘米（图四三，7；彩版四七，6）。

铁箍门带 1件。

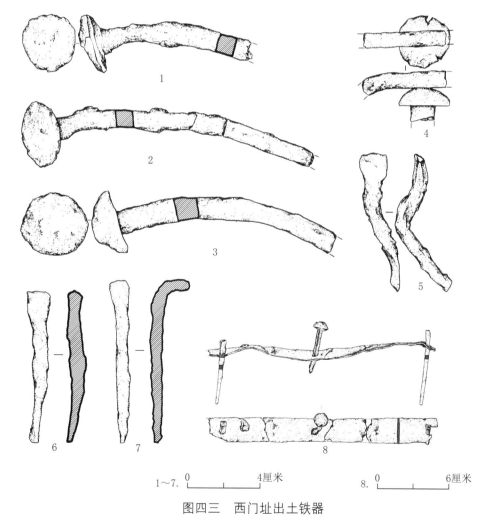

图四三 西门址出土铁器

1~4.柳钉（SXM③：2、SXM③：3、SXM③：4、DXM③：5） 5~7.钉（SXM③：6、SXM③：9、SXM③：11） 8.箍门带（SXM③：1）

SXM③：1，长条形，已弯曲变形。残长37.6、宽5、厚0.3厘米。附有3枚铁钉，其中有铆钉1枚，铁钉2枚。铆钉帽呈半圆形，方杆，残长14厘米。铁钉无帽，长12.8厘米（图四三，8；彩版四七，11）。

铁门臼　1件。

SXM③：10，铸制，平面方形，圜底，表面部中间有圆凹窝。长15、宽16、高6.5厘米，圆凹窝直径11、深3厘米（图四四，1；彩版四八，1）。

铁镞　4件。有圭形镞、方锥形镞2型。

A型　圭形锋，有2式。

Ⅰ式，2件。圭形短锋。SXMT1①：1，剖面梯形，扁方长身。锥状铤残。锋长1.8、宽0.9、身长10.2、宽0.5、厚0.3、铤残长1.2、通长13.2厘米（图四四，2；彩版四七，

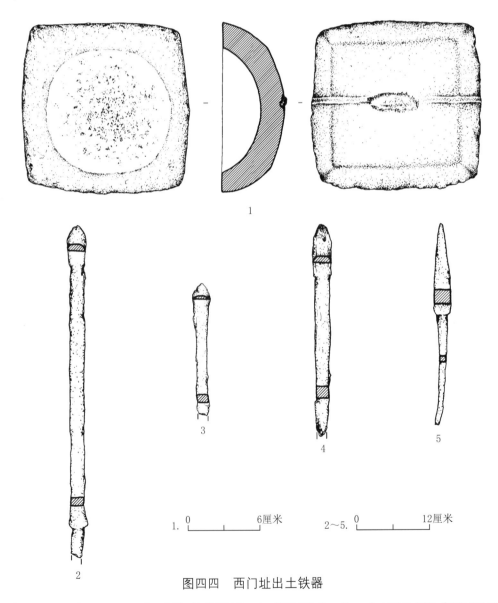

图四四　西门址出土铁器

1.门臼（SXM③：10）　2、3.A型Ⅰ式镞（SXMT1①：1、SXMT1②：6）　4.A型Ⅱ式镞（SXMT1②：3）

5.B型Ⅰ式镞（SXMT1②：4）

10）。SXMTl②：6，剖面梯形，方形长身。锥状铤残。锋长2、宽0.9、身长6、宽0.6、厚0.5、铤残，通长8厘米（图四四，4；彩版四七，7）。

Ⅱ式，1件。圭形长锋。SXMT1②：3，锋身分格不明显，扁方身，铤残条形。锋长5、锋宽0.8、厚0.3厘米（图四四，3；彩版四七，8）。

B型 1件。方锥形锋镞。

Ⅰ式，SXMTl②：4，铤圆锥形。锋长3.5、宽1、铤残长4.5、通长8厘米（图四四，5；彩版四七，9）。

铁犁 1件。

SXMT1②：5，平面近等腰三角形，中间空，顶部和底部各有一个三角孔。长15.5、宽13、高3.3、厚0.8厘米（图四五，1；彩版四八，2）。

铁马衔镳 1件。

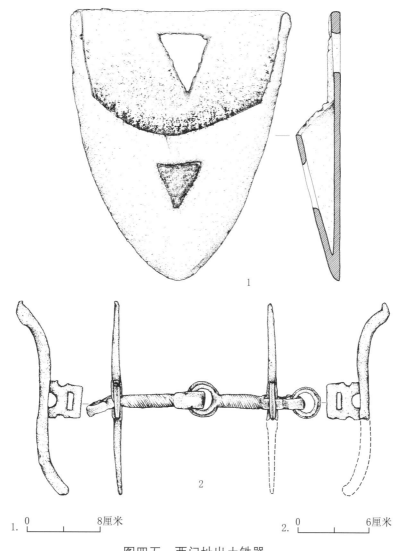

图四五 西门址出土铁器

1.犁（SXMT1②：5） 2.马衔镳（SXMT1②：1）

SXMT1②：1，马衔中间有两环相套。马镳位于两端，为"S"形，镳的中间有方形突起，中间有孔。长15、宽20厘米（图四五，2；彩版四八，3）。

（三）南门址（附排水设施）

位于南城墙段东侧，面临蒲河河谷，也是南城墙最低凹处。门址西侧12.3米处有9号马面，门址东侧27米处为断崖。城门内地势平坦。城门的外侧地势陡峭。门址破坏严重，东、南部的扰乱层和扰坑已破坏了南门址的路面（图四六；彩版四九，1）。

地层堆积

门道地层堆积可分四层。

第①层，表土，黑色腐蚀土。厚0.2米。

第②层，扰乱堆积，含碎石块。厚0.5～1.2米。

第③层，烧毁塌落堆积，内含墙面石、石块，有大量木炭、灰烬等。下部有铁门户、铁门钉、铁箍带等遗物。厚0.2～0.3米。

第③层下有排水涵洞。本层以下风化岩。

门道

门道两侧墙体已多被破坏，东侧墙体无存，西侧门道墙仅存北侧底部的一层墙壁石，墙残长2.5米。

门道宽约4.1、进深为6.1米，门道内两侧有护坡，护坡折角圆弧形。门道上部堆积有大量的木炭，保存尚好，直径0.2～0.28米，最长的达3米。门道路面内高外低，斜坡度为15°。门道下发现有涵洞。

遗物

门道上堆积中出土有铁门枢、铁门轴、铁箍带、铁铆钉及陶片等遗物（彩版四九，2）。

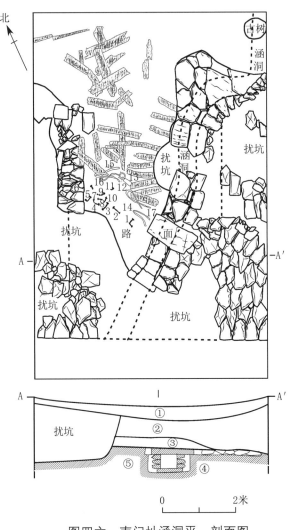

图四六　南门址涵洞平、剖面图

1~11.铁铆钉　12.铁门户　13.铁门轴套　14~17.铁门箍带

铁铆钉 10件。

均锻制，钉帽呈半圆形，方杆。铆钉帽半圆形，中部有方孔。与城门铁箍带配套使用，以加固城门。SNM③：1，身稍弯曲。铆钉顶帽直径3.4、厚1.6、钉杆长18、厚1.1、通长21厘米（图四七，1；彩版五〇，1）。SNM③：4，钉身已折曲。铆钉顶帽直径3.1、厚1.5、钉杆厚0.9、杆长18、通长21厘米（图四七，2；彩版五〇，3）。SNM③：6，钉身已折曲。铆钉顶帽直径3.2、厚1.7、钉杆厚0.7、杆长18、通长21厘米（图四七，3；彩版五〇，4）。SNM③：3，身稍弯曲。铆钉顶帽直径3、厚1.3、钉杆方形，长18、厚0.9、通长21厘米（图四七，4；彩版五〇，2）。SNM③：9，残断。直径3.7、厚1.6厘米，钉帽径4、厚1.4、钉杆厚1.1、残长16.6厘米（图四七，5）。SNM③：2，钉帽直径3.8、厚1.5厘米。钉杆稍弯曲，残长16、厚0.8、残长17.5厘米（图四八，1；彩版五〇，5）。SNM③：8，钉帽直径3.1、厚1.8、钉杆残长11、厚0.9、残长12.8厘米（图四八，2；彩版五〇，6）。SNM③：10，铆钉帽已滑脱至钉杆内侧，身稍弯曲。钉杆长18、铆钉顶帽直径3.2、厚1.5、钉杆厚1.1、残长8.2厘米（图四八，3；彩版五〇，7）。

铁门箍带 4条。

SNM③：22，锻制。已卷曲成"c"状。有铆钉从铁箍带上穿过。宽6、厚0.4～0.5、通长1.4～4.1米。

铁门枢 1件。

SNM③：11，铸制，扁环形，外壁有三条竖凸齿。内径13.8、外径17、高10.2、壁厚1.75、齿高2.6、宽2.4厘米（图四八，4；彩版五一，1）。

铁门轴套 1件。

SNM③：14，锻制，截面锥形，残碎。高18、顶径13、底径15、厚0.25厘米。

南门排水涵洞

涵洞位于南门址的门道下部，入水口在门道内北侧东部，入水口处为古枫树，没做清理，内部结构不明（彩版五一，2）。涵沟底部在山岩上开凿，底部平铺板石，以两层至三层楔形石砌筑洞壁，上盖板石。高0.38、宽0.68、长8米。内高外低，倾斜度为13°。涵洞平面稍呈"S"形。在门道北侧由东向西，经门道下部西墙南侧，涵洞盖石仅存一块，表面经踩踏已变得光滑。涵洞盖石应与门道路面相平。涵洞口外侧没有发现沟渠，排

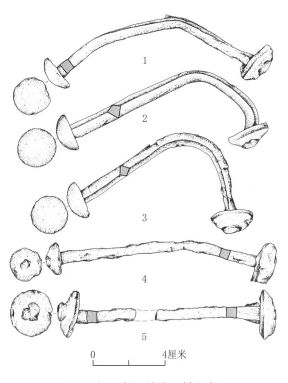

图四七 南门址出土铁门钉

1～5.SNM③：1、SNM③：4、SNM③：6、SNM③：3、SNM③：9

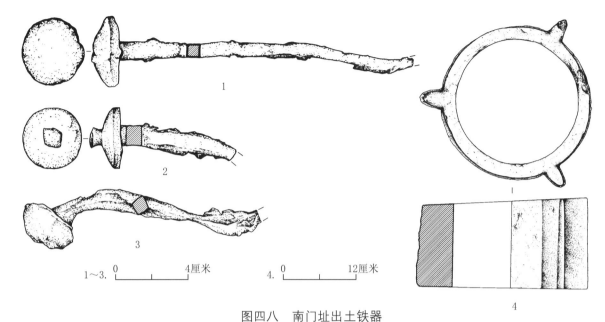

图四八　南门址出土铁器

1~3.铆钉（SNM③：2、SNM③：8、SNM③：10）　4.门枢（SNM③：11）

水直接流向山下。

（四）东门址（附排水设施）

位于东城墙段D段，东临蒲河河谷，这里是山城东侧的山谷口处，也是山城的最低之处，东门道路面与河谷地面的绝对高度仅为14.5米。东门偏位于谷口南侧，门址南侧5.4米处是内折城墙墙体，门址北侧是封堵山谷口的城墙（图四九；彩版五二）。

在东门址和门侧内布5×5米探方6个，编号SDMT1~SDMT6。门道外侧布2×14米探沟，编号SDMTG1。

地层堆积

可分七层。

第①层，黑褐腐蚀土，土质松软。厚0.3~0.4米。

第②层，灰黑土，土质松软，含碎石块、陶片等，为早期淤积层，上质黑灰，夹有碎石。厚0.4~1.3米。

第③层，黄褐土，质较实硬，含碎石块、陶片、铁甲页等。厚0.1~0.55米。

第④层，石块、碎石，多经火烧过的墙石、草拌泥块等。厚0.1~0.75米。

第⑤层，木炭堆积，木炭最大直径0.28米。底部散落有铸铁门户、铁门轴、铁铆钉、铁箍门带、陶片等。厚0.1~0.35米。

第⑥层，铺石门道路面，石材较为规整，缝隙之间用碎石土填满铺平，两侧与城墙墙体相连，路土不明显。厚0.15~0.2米。

第⑦层，黄褐土，夹碎石块、含陶片、铁甲页等。厚0.1~0.2米。本层以下为风化岩。

门道

门道进深7.15米，南侧门道下部残存四层墙石，高0.48米，下面两层为基台，台宽

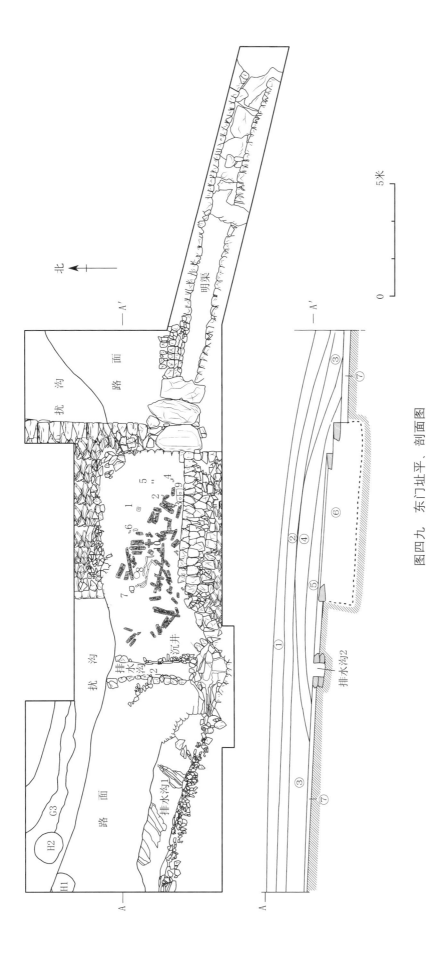

图四九 东门址平、剖面图

1.穿孔石 2.铁钉 3.木门框 4.铁门钉 5.铁甲叶 6.铁门箍带 7.铁门户 8.铁门轴套 9.门础石 10.木炭堆积

0.28、高0.3米。

门础石位于门道外墙面内侧1.6米处，长方形阶台式，通长55、宽28厘米。其中门柱础部分长34厘米，高于门道路面28厘米。柱础面中部有方形卯，卯边长9、宽8、深6.4厘米。门枢臼石面长19厘米，低于柱础面12厘米，中部凿有方形凹槽。门枢础内嵌有方形圆凹底铸铁门臼，边长16厘米，凹圆外侧直径为11.5、中深4.2厘米。

门道北侧有宽1.3、深0.8米，破坏了城门址的北侧，门道残宽3.5米（彩版五三）。

门道外路面比门道低一阶，为碎山石土铺筑，表面平整，其北侧有东西向石筑直墙，所用石材较小，砌筑不规整，清理部分长度4、高1.5米，向东没有发掘。在门外路面南侧下部有3块涵洞盖板石，石材较大，宽3米。

门道内侧发现有两条排水渠，经过沉井、涵洞，与门道外的明渠贯通（彩版五四）。

门道出土遗物

在门道地层堆积内出土遗物有陶器、铁器、铜器及石器等。

陶瓮　1件。

A型Ⅳ式，侈口瓮。唇外圆内折卷呈尖唇，短束颈，斜肩。SDM③：1，泥质黄褐陶。口径32、残高5.2、壁厚0.7厘米（图五〇，1）。

陶罐　2件。

A型　侈口折沿罐，有2式。

Ⅰ式，侈口，平折沿，重唇，短束颈，圆肩。SDM③：3，泥质灰陶。口径12、残高3.5、壁厚0.4厘米（图五〇，3）。

Ⅱ式，圆唇内凹，短直颈，圆肩。SDM③：2，泥质灰陶。口径14、残高5.2、壁厚0.5厘米（图五〇，2）。

陶盘　1件。

A型Ⅰ式，直口，平唇，浅腹，平底。SDM②：6，泥质灰陶。口径28、底径24、高3、壁厚0.7厘米（图五〇，4；彩版五五，1）。

陶器底　1件。

SDM③：5，泥质黄褐陶。斜腹，平底。底径20、残高4、壁厚0.7厘米（图五〇，5）。

陶纺轮　1件。

SDM③：4，夹砂红陶。球形，底面稍平，中有圆形穿孔。直径4、厚2.9、孔径1厘米（图五〇，6；彩版五五，2）。

铁镞　4件。有圭形锋、方锥形锋、菱形锋3型。

A型　圭形短锋。2件。

Ⅰ式，方身，方铤。SDM③：7，锋剖面扁棱形，已卷曲变形。锋长1.4、宽0.7、厚0.3、身长12、宽0.6、铤长2.5、通长15.9厘米（图五〇，7；彩版五五，3）。SDML③：8，锋剖面扁棱形，方身，铤残。锋长1.4、宽0.9、厚0.3、残长6.4厘米（图五〇，8；彩版五五，4）。

B型　方锥形锋。1件。

Ⅰ式，SDM③：9，锋长3、宽0.8、铤长4.5、径0.3、通长7.5厘米（图五〇，9；彩版

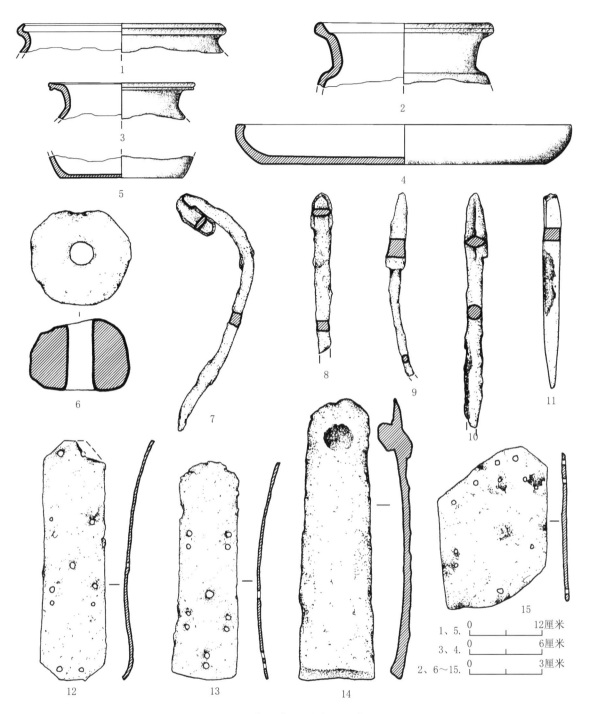

图五〇 东门址出土器物

1.A型Ⅳ式陶瓮（SDM③：1） 2.A型Ⅱ式陶罐（SDM③：2） 3.A型Ⅰ式陶罐（SDM③：3） 4.A型Ⅰ式陶盘（SDM②：6） 5.陶器底（SDM③：5） 6.陶纺轮（SDM③：4） 7、8.A型Ⅰ式镞（SDM③：7、SDM③：8） 9.B型Ⅰ式镞（SDM③：9） 10.C型镞（SDM③：10） 11.铁钉（SDM②：11） 12、13、15.铁甲片（SDM③：12、SDM③：13、SDM③：15） 14.铁铆件（SDM③：14）

五五，5）。

　　C型　矛形锋镞。1件。

Ⅱ式，锋部有脊，剖面菱形，圆身。SDM③：10，铤残。锋长2.5、宽1、厚0.5、身长6.5、径0.7、通长9.3厘米（图五〇，10；彩版五五，6）。

铁钉   1件。

SDM②：11，钉帽残，仅存方形钉身。宽0.7、残长7.9厘米（图五〇，11；彩版五五，7）。

铁甲片   3件。有长条形和不规则菱形。

长条形，2件。SDM③：12，身略弧，两端抹角，底边稍翘，周边及中部有11个缀合孔。长9.5、宽2.7、厚0.2厘米（图五〇，12；彩版五五，8）。SDM③：13，身略弧，顶部抹角，下端平齐，周边及中部有10个缀合孔。长8.5、宽2.5、厚0.2厘米（图五〇，13；彩版五五，9）。

不规则菱形，1件。SDM③：15，身平直，顶部不对称梯形，宽身，斜弧形底，顶部有双层孔，两侧有竖双孔，底边有一孔。长6.5、宽4.5、厚0.2厘米（图五〇，15；彩版五五，11）。

铁铆件   1件。

SDM③：14，长条形，顶圆弧，长身，平底，稍曲，顶端有铆钉。长11.3、宽3、厚0.3厘米（图五〇，14；彩版五五，10）。

铁铆钉   5件。

均为锻制，铆钉帽，半圆形，中有方孔。钉帽多半圆形，钉杆方形。SDM⑤：16，铆钉帽径3.4、厚2、钉帽径3.1、钉身宽0.8、残长14厘米（图五一，1；彩版五六，1）。SDM⑤：17，铆钉帽径3.4、厚1.8、钉帽径3.1、厚1.2、钉身宽0.7、残长16厘米（图五一，2；彩版五六，3）。SDM③：18，铆钉帽径2.8、厚1.2、钉帽径2.6、宽0.7、残长16.8厘米（图五一，3；彩版五六，4）。SDM⑤：19，钉身稍曲。铆钉顶帽直径3.3、厚1.6、钉杆厚0.8、杆长18、通长21厘米（图五一，4；彩版五六，5）。SDM⑤：20，残断，帽已滑脱至钉身部，帽径3.3、厚1.3、钉身宽0.7、残长8.8厘米（图五一，5；彩版五六，2）。

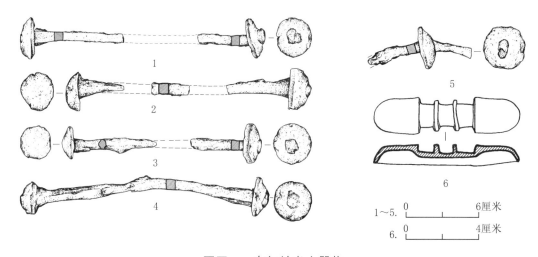

图五一   东门址出土器物

1～5.铁铆钉（SDM⑤：16、SDM⑤：17、SDM③：18、SDM⑤：19、SDM⑤：20）

6.铜饰件（SDM⑤：21）

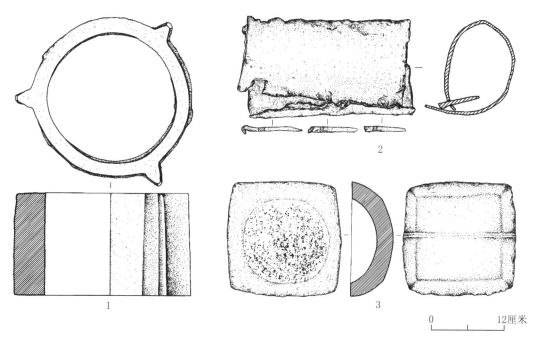

图五二　东门址出土铁器

1.门枢（SDM⑤：22-1）　2.门轴套（SDM⑤：22-2）　3.门臼（SDM⑤：23）

铁门枢　1件。

SDM⑤：22-1，铸制，扁圆环形。外侧有三凸齿。高10.42、内径13、外径16.6、厚1.3厘米，固齿凸出1.8厘米（图五二，1；彩版五七，1）。

铁门轴套　1件。

SDM⑤：22-2，铁板卷合，连接处有3个铁钉孔，出土时在铁门户之内（彩版五七，2）。长21、径17、厚0.5厘米（图五二，2；见彩版五七，1）。

铁门臼　1件。

SDM⑤：23，铸制，平面方形，底圆凸，表面中部有圆凹窝。边长16厘米，凹圆径11.5、深4.2厘米（图五二，3）。

铜饰件　1件。

SDM⑤：21，铸制，长半圆形，两端圆，中空，表面有两条凸脊，三道凹槽。长5.9、宽1.5、厚0.8、凹槽宽0.6、深0.4厘米（图五一，6；彩版五六，6）。

东门址内侧的路面下发现两处灰坑，位于SDMT2西侧，编号SDMH1、SDMH2。

SDMH1

开口于第②层底部，打破第③层。圆形，直壁，平底。直径1.13、深0.48米，填土黄褐色，质实硬。出土遗物有陶器、铁甲片、角器等。陶器可辨器形有瓮、罐、盘等。

陶瓮　1件。

A型Ⅳ式，唇上尖呈盘口，短直领，广肩。SDMH1：1，夹砂灰陶。口径24、残高9、壁厚0.9厘米（图五三，1）。

陶罐　2件。有2型。

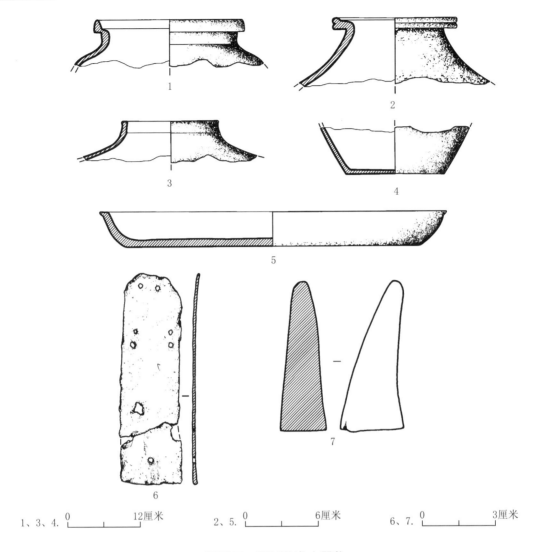

1、3、4. 0 — 12厘米   2、5. 0 — 6厘米   6、7. 0 — 3厘米

图五三 SDMH1出土器物

1.A型Ⅳ式陶瓮（SDMH1∶1） 2.A型Ⅰ式陶罐（SDMH1∶2） 3.B型Ⅰ式陶罐（SDMH1∶4） 4.陶器底（SDMH1∶5） 5.A型Ⅰ陶盘（SDMH1∶3） 6.铁甲片（SDMH1∶6） 7.角器（SDMH1∶7）

A型 1件。折沿罐。

Ⅰ式，平折沿，浅盘口，重尖唇，束颈，斜溜肩。SDMH1∶2，泥质灰陶。口径20、残高11、壁厚0.4厘米（图五三，2）。

B型 1件。直口罐。

Ⅰ式，平唇内尖，短直领，广肩。SDMH1∶4，夹砂灰陶。口径16、残高8、壁厚0.7厘米（图五三，3）。

陶盘 1件。

A型Ⅰ式，敞口，平唇，浅斜腹，平底。SDMH1∶3，泥质灰陶。口径29、高3、底径25、壁厚0.6厘米（图五三，5；彩版五八，1）。

陶器底 1件。

SDMH1∶5，泥质红褐陶。斜收腹，平底。残高8、底径16、壁厚0.8厘米（图五三，4）。

铁甲片 1件。

SDMH1：6，长条形，平顶抹角，平底，身稍曲，顶部有横双孔，两边、底中部有竖双孔。长8.4、宽2.5、厚0.15厘米（图五三，6；彩版五八，3）。

角器 1件。

SDMH1：7，角尖部，椭圆形，表面光滑，平底，底面有锯割痕。长6、底宽1.9～2.6厘米（图五三，7；彩版五八，4）。

SDMH2

开口于扰沟G3底部，椭圆形，直壁，平底，直径1.4、深0.6米。填土黄褐色，土质实硬。出土遗物有陶器、铁镞等。陶器可辨器形有瓮、罐、盆、甑等。

陶瓮 1件。

B型Ⅰ式，直口瓮。平唇。SDMH2：1，泥质灰陶。唇内侧有凹弦纹带，呈内尖唇，斜肩。口径36、残高7、壁厚1.1厘米（图五四，1）。

陶罐 1件。

A型Ⅰ式，侈口罐。唇面有凹弦纹，呈重尖唇。SDMH2：2，泥质灰陶。短束颈，圆肩，圆腹，平底。腹部有对称横錾耳。口径17.5、底径16、高33、壁厚0.5厘米（图五四，2；彩版五八，2）。

陶盆 2件。

A型 折沿盆，分2式。

Ⅰ式，广口，外展沿，重尖唇，直腹。SDMH2：4，泥质红褐陶。口径40、残高6、壁厚0.5厘米（图五四，4）。

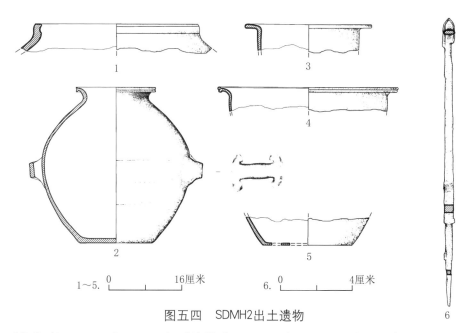

图五四 SDMH2出土遗物

1.B型Ⅰ式陶瓮（SDMH2：1） 2.A型Ⅰ式陶罐（SDMH2：2） 3.A型Ⅳ式陶盆（SDMH2：4）
4.A型Ⅰ式陶盆（SDMH2：3） 5.陶甑底（SDMH2：5） 6.A型Ⅰ式铁镞（SDMH2：6）

Ⅳ式，外折平沿，圆唇，直腹。SDMH2：3，泥质红褐陶。口径28、残高8、壁厚0.6厘米（图五四，3）。

陶甑底　1件。

SDMH2：5，泥质红陶。斜腹，平底，底有多孔。底径20、残高7、壁厚0.6厘米（图五四，5）。

铁镞　1件。圭形短锋镞。

A型Ⅰ式，剖面扁棱形。SDMH2：6，镞身扁方形，方锥铤。锋长1.5、宽0.7、身长10.8、宽0.2～0.7、铤长4.8、通长17.1厘米（图五四，6；彩版五八，5）。

东门排水设施

东门排水设施由排水沟、挡水墙、沉井、涵洞及明渠构成（图五五）。排水沟位于城门内侧，有两条。

排水沟1

排水沟1（编号SDMSG1）位于东门内南侧，由西向东流向，宽1～2.2、深0.5～0.8米，清理长度7.5米，沟内堆积可分5层。沟底部为山岩，局部经过人工铲凿，以利流水通畅。沟的南壁有石筑挡土矮墙，矮墙西侧叠压在沟上部，应为后筑，沟东侧与沉井相连，相连处较窄，并放置有石块，呈瓶颈状，宽0.24米，使沉井之前形成"小水池"，底部淤积碎小石块和细砂，有滤沙的用途，或为防止淤塞涵洞而设置。

排水沟2

排水沟2（编号SDMSG2）位于门道内侧2.5米处，由北向南，与沉井相连。沟壁用三层楔形石材砌筑，石材规整。沟两侧略宽，中部稍窄，平面呈束腰形，宽0.4～0.8、深0.36米。残长4米，底部淤积细沙。入沉井口处，沟内平置有两块楔形石。排水沟北侧被后期冲积沟打破，其前段应位于门道北侧（彩版五九，1）。

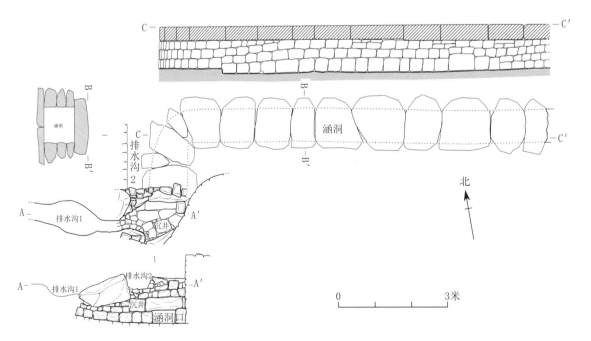

图五五　东门址涵洞及沉井平面、剖面、剖视图

沉井

平面为长椭圆形，东西长3、南北宽1.2、深1.2米。井底东部铺砌平整的石板，南部、西部为经过铲凿的山岩。沉井壁下部为基岩，上部用石材砌筑，南侧井壁与东门内侧的挡土护坡石墙相连。北侧砌筑石材稍小，但上部东西向平置一块不规则形大石板，其东西两侧分别为两处排水沟的入水口。沉井底部东北角为涵洞口，涵洞口向南，其两侧以方形立石支撑涵洞盖石，使涵洞与沉井的连接处缩小，涵洞口为长方形，高0.3、宽0.6米。

涵洞

涵洞连接沉井口，先由南向北，曲折而东，沿东门南侧门道下部通向城门外侧，平面呈"L"形。其南北段长2.3米，东西段长11.5米，洞高0.8、宽0.9米。涵洞底部平铺板石，洞壁以三层规整的楔形石、条石砌筑，上盖板石，板石延至城门外侧路面下部。在城门外的路面下有三块涵洞盖板石，宽3米，用以拓宽城门外路面。涵洞盖石外为明渠（见图五五；彩版五九，3）。

明渠

明渠为东西向，东端至山崖处，明渠壁用石块砌筑，由涵洞口处的四层向东逐减为一层。最高处0.8、宽1、长14米。渠底部为基岩，局部经过铲凿（彩版五二，2）。

排水设施出土遗物

排水沟1内堆积可分五层，出土遗物较多。现按出土层位介绍。

第①层出土遗物

有陶器、铁器、铜器、石器、骨器等。

陶器

多为残片，可复原者较少，可见器类有陶瓮、罐、盆、碗、盘、器盖、陶纺轮等。

陶瓮　4件。有侈口瓮、直口瓮两型。

A型　2件。侈口瓮，有2式。

Ⅰ式，沿外侈，圆唇，短束颈，圆肩，长圆腹，平底。SDMSG1①：1，泥质黄褐陶。肩、腹部饰一周凹弦纹。口径28.4、高57.4、底径25.6厘米（图五六，1；彩版六〇，1）。

Ⅴ式，折沿稍，方唇，短束颈，圆肩。SDMSG1①：2，瓮口沿。泥质灰黑陶，口径32、残高10、壁厚1厘米（图五六，2）。

B型　2件。直口瓮，分2式。

Ⅰ式，方平唇，唇内有浅凹槽呈内尖，斜肩。SDMSG1①：3，瓮口沿。泥质灰黑陶。口径36、残高6、壁厚1厘米（图五六，3）。SDMSG1①：4，瓮口沿。泥质灰陶。口径36、残高5、壁厚1厘米（图五六，4）。

陶盆　1件。

A型Ⅰ式，敞口，重唇，斜收腹。SDMSG1①：5，泥质灰陶。口径40、残高5、壁厚0.5厘米（图五六，5）。

陶碗　1件。

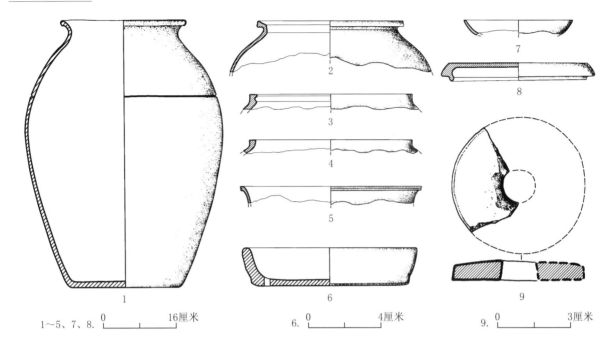

1~5、7、8. 0 ——— 16厘米   6. 0 ——— 4厘米   9. 0 ——— 3厘米

图五六　东门排水沟①层出土器物

1.A型Ⅰ式陶瓮（SDMSG1①：1）　2.A型Ⅴ式陶瓮（SDMSG1①：2）　3、4.B型Ⅰ式陶瓮（SDMSG1①：3、SDMSG1①：4）　5.A型Ⅰ式陶盆（SDMSG1①：5）　6.陶盏（SDMSG1①：48）　7.A型Ⅱ式陶碗（SDMSG1①：6）　8.陶器盖（SDMSG1①：7）　9.陶纺轮（SDMSG1①：9）

A型Ⅱ式，敞口，尖唇，斜腹。SDMSG1①：6，夹砂红褐陶。口径12、残高4厘米（图五六，7）。

陶器盖　1件。

SDMSG1①：7，泥质黑褐陶。表面压光，平顶斜沿，平唇，有子口。口径33、高4、壁厚0.6厘米（图五六，8）。

陶盏　1件。

SDMSG1①：48，泥质灰陶，圆唇，斜直腹，平底，底部近外缘有穿孔。口径10.4、高2.2、底径9.6、壁厚0.6厘米（图五六，6；彩版六〇，2）。

陶罐　7件。有侈口罐、直口罐和敛口罐3型。

A型　4件。侈口罐。有4式。

Ⅰ式，小口，唇部有凹弦纹，呈重尖唇，束颈，圆肩。SDMSG1①：10，泥质灰陶。口径14、残高5、壁厚0.4厘米（图五七，1）。

Ⅱ式，小口，唇内有凹带，呈斜尖唇，束颈。SDMSG1①：11，泥质灰陶。口径11、残高6、壁厚0.4厘米（图五七，2）。

Ⅲ式，侈口，尖唇，束颈。SDMSG1①：12，泥质灰陶。口径12、残高11厘米（图五七，3）。

Ⅳ式，外折沿，圆唇，束颈，圆肩。SDMSG1①：13，泥质灰陶。口径20、残高5、壁厚0.6厘米（图五七，4）。

B型Ⅰ式　1件。直口罐，平唇，直口，圆肩。SDMSG1①：16，泥质灰褐陶。口径18、残高6、壁厚0.6厘米（图五七，7）。

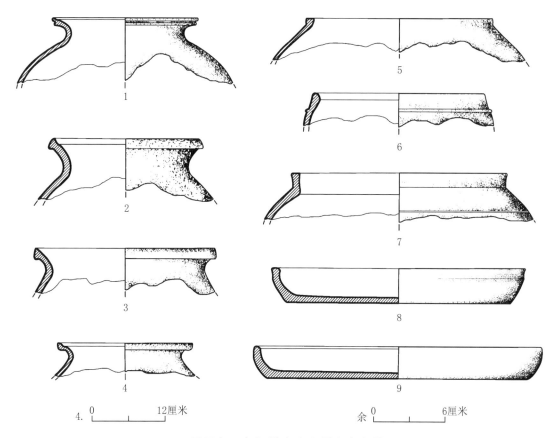

图五七　东门排水沟①层出土陶器

1.A型Ⅰ式罐（SDMSG1①：10）　2.A型Ⅱ式罐（SDMSG1①：11）　3.A型Ⅲ式罐（SDMSG1①：12）　4.A型Ⅳ式罐（SDMSG1①：13）　5.C型Ⅰ式罐（SDMSG1①：14）　6.C型Ⅱ式罐（SDMSG1①：15）　7.B型Ⅰ式罐（SDMSG1①：16）　8.A型Ⅰ式盘（SDMSG1①：17）　9.A型Ⅲ式盘（SDMSG1①：18）

C型　2件。敛口罐。分2式。

Ⅰ式，1件。敛口，平唇内尖，短颈，广肩。SDMSG1①：14，泥质灰陶。口径18、残高7、壁厚0.5厘米（图五七，5）。

Ⅱ式，1件。敛口，圆唇，短颈，直腹。SDMSG1①：15，泥质灰陶。口下部饰一周凸棱纹。口径14、残高6、壁厚0.6厘米（图五七，6）。

陶盘　2件。

A型　直口盘。有2式。

Ⅰ式，1件。直口，平唇，浅斜腹稍折，平底。SDMSG1①：17，泥质灰陶。口径20.8、高2.8、底径18.4、壁厚0.6厘米（图五七，8；彩版六〇，3）。

Ⅲ式，1件。直口，圆唇，浅斜腹，平底。SDMSG1①：18，泥质灰陶。口径23.8、高3、底径20、壁厚0.6厘米（图五七，9；彩版六〇，4）。

陶纺轮　1件。

SDMSG1①：9，泥质灰陶。扁圆形，表面稍弧，平底，中有一孔，残半。直径5.5、孔径1.4、厚0.7厘米（图五六，9；彩版六〇，5）。

铁器

有铁镞、铁甲片、铁削、铁匕首、铁锥、铁钉等。

铁镞 13件。有圭形锋镞、方锥形锋镞、矛形锋镞、叶形镞锋、三棱形锋镞5型。

A型 3件。圭形锋镞，分2式。

Ⅰ式，2件。圭形短锋。SDMSG1①：19，锋横剖面扁棱形，镞身前窄后宽，剖面扁方形，扁方铤，残。锋长1.2、宽0.8、厚0.3、身长10、宽0.5、通长12.4厘米（图五八，1；彩版六一，1）。SDMSG1①：20，锋部横剖面梯形，身剖面扁方形，铤残。锋长1.2、宽0.7、通长9.3厘米（图五八，2；彩版六一，2）。

Ⅱ式，1件。圭形长锋，锋与镞身分格不明显。SDMSG1①：21，锋圆弧，横剖面扁方形，方锥形铤。身长3.8、宽0.7、通长6.8厘米（图五八，3；彩版六一，3）。

B型 3件。方锥形镞，分2式。

Ⅰ式，2件。方锥形锋。SDMSG1①：23，方锥形铤，铤残。锋残长2.2、宽0.8、铤宽0.3、通长6厘米（图五八，5；彩版六一，5）。SDMSG1①：24，方锥形铤。锋长2.1、宽0.7、方铤宽0.3、通长5.3厘米（图五八，6；彩版六一，4）。

Ⅲ式，1件。方锥形长锋。SDMSG1①：22，方锥形铤。锋长4.5、宽0.7、铤宽0.4、通长9.3厘米（图五八，4；彩版六一，6）。

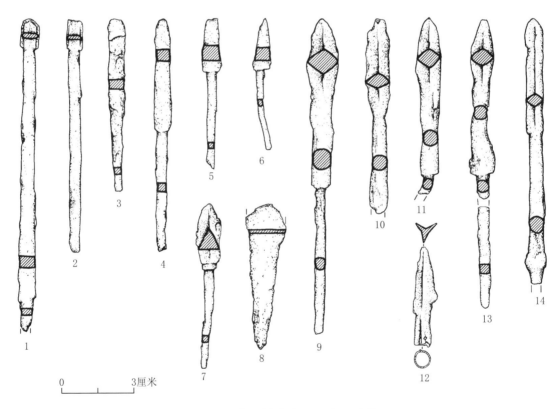

0   3厘米

图五八 东门排水沟①层出土器物

1、2.A型Ⅰ式铁镞（SDMSG1①：19、SDMSG1①：20） 3.A型Ⅱ式铁镞（SDMSG1①：21） 4.B型Ⅲ式铁镞
（SDMSG1①：22） 5、6.B型Ⅰ式铁镞（SDMSG1①：23、SDMSG1①：24） 7.E型Ⅱ式铁镞（SDMSG1①：
25） 8.D型Ⅴ式铁镞（SDMSG1①：26） 9、10、11、13.C型Ⅱ式铁镞（SDMSG1①：27、SDMSG1①：28、
SDMSG1①：29、SDMSG1①：30） 12.铜镞（SDMSG1①：32） 14.C型Ⅲ式铁镞（SDGSG1①：31）

C型　5件。矛形锋镞，分2式。

Ⅱ式，4件。矛形短锋，锋剖面菱形，短圆镞身，圆铤。SDMSG1①：27，锋长3、宽1.1、厚0.9、身径0.9、长3.6、通长12.5厘米（图五八，9；彩版六一，7）。SDMSG1①：28，铤残。锋长3.5、宽0.9、厚0.6、身径0.7、通长7.7厘米（图五八，10；彩版六一，8）。SDMSG1①：29，铤残。锋长2.3、宽0.9、厚0.7、身径0.5、铤残长0.6、通长7厘米（图五八，11；彩版六一，9）。SDMSG1①：30，铤残。锋长2.3、宽0.9、厚0.6、身径0.6、铤残长1、通长7.1厘米（图五八，13；彩版六一，10）。

Ⅲ式，1件。矛形长锋，镞锋剖面菱形，长圆镞身，圆铤。SDMSG1①：31，铤残。锋长4.5、宽0.7、厚0.6、身径0.6、通长10.5厘米（图五八，14；彩版六一，11）。

D型　1件。叶形镞。

Ⅴ式，锋扁平。SDMSG1①：26，铤残。残长5.7、宽1.5、厚0.2厘米（图五八，8；彩版六一，12）。

E型　1件。三棱形镞。

Ⅱ式，短锋，下端圆收，方锥铤。SDMSG1①：25，锋长2.3、宽1、通长6.5厘米（图五八，7；彩版六一，13）。

铁甲片　5件。

SDMSG1①：33，平顶，底圆弧，身稍内曲，底边稍翘，顶部、周边和中部有缀合孔。长9.2、宽3.3、厚0.2厘米（图五九，1；彩版六二，1）。SDMSG1①：34，椭圆形，身稍内曲，边部、中部有缀合孔。长7.7、宽3.7、厚0.2厘米（图五九，2；彩版六二，2）。SDMSG1①：35，舌形，平顶，稍残，身稍内曲，底圆弧，两边有竖双缀合孔中部有双孔。长7.5、宽3.9、厚0.2厘米（图五九，3；彩版六二，3）。SDMSG1①：36，梯形，平顶抹角，顶端稍残，身稍内曲，底稍弧。长5、宽3.2、厚0.2厘米（图五九，4；彩版六二，4）。SDMSG1①：37，长方形，两端残，身稍内曲，中部、下部有缀合孔。残长4.5、宽2.4、厚0.2厘米（图五九，5；彩版六二，8）。

铁削　3件。

SDMSG1①：38，尖残，直背，直刃，短直柄。长5.3、宽1.4、背厚0.4厘米（图五九，6；彩版六二，9）。SDMSG1①：39，尖首，直背，直刃，柄残。长8.4、宽1.1、背厚0.4厘米（图五九，7，彩版六二，10）。SDMSG1①：40，已变形卷曲，直背，直刃，柄残。长11、宽1.4、背厚0.4厘米（图五九，8；彩版六二，11）。

铁锥　1件。

SDMSG1①：41，锋尖锐，圆身，身较长，已弯曲。长15、直径0.5厘米（图五九，9；彩版六三，1）。

铁钉　4件。

SDMSG1①：42，钉帽扁圆形，身剖面圆形。帽径1.7、钉径0.4、长3.5厘米（图五九，10；彩版六二，5）。SDMSG1①：43，钉帽扁圆形，身剖面方形，尖残。帽径1.7、身宽0.4、残长4厘米（图五九，11；彩版六二,6）。SDMSG1①：44，钉首环卷，剖面扁方，扁方身，尖部残。身宽8、厚0.5、残长5.7厘米（图五九，12；彩版六二，7）。SDMSG1①：45，钉帽偏直折，身长方锥形。帽长1.3、钉径0.6、长6.6厘米（图五九，13）。

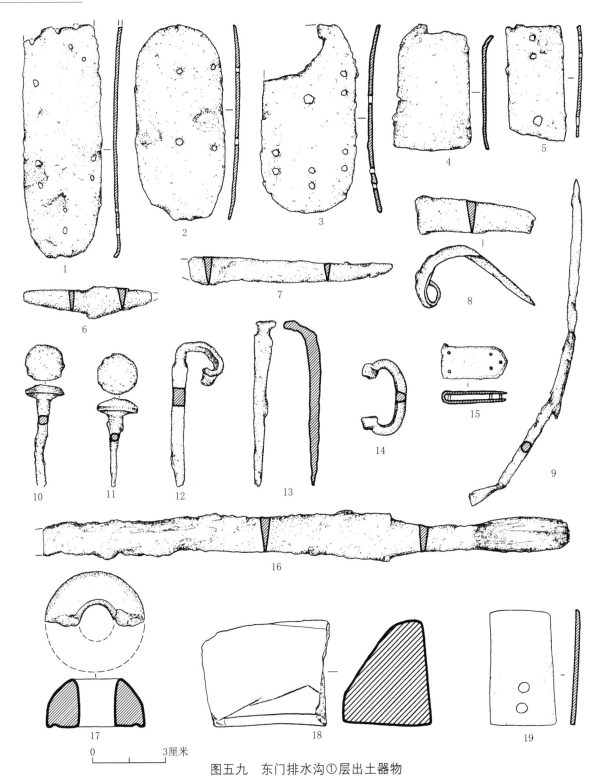

图五九 东门排水沟①层出土器物

1~5.铁甲片（SDMSG1①：33、SDMSG1①：34、SDMSG1①：35、SDMSG1①：36、SDMSG1①：37） 6~8.铁削
（SDMSG1①：38、SDMSG1①：39、SDMSG1①：40） 9.铁锥（SDMSG1①：41） 10~13.铁钉（SDMSG1①：
42、SDMSG1①：43、SDMSG①：44、SDMSG1①：45） 14.铜带扣（SDMSG1①：47） 15.铜尾铊（SDMSG1
①：52） 16.铁匕首（SDMSG1①：46） 17.石纺轮（SDMSG1①：49） 18.砺石（SDMSG1①：50） 19.有孔骨
片（SDGSG1①：51）

铁匕首　1件。

SDMSG1①：46，直背，直刃，尖部残，直柄。身残长14.2、宽2.1、背厚4、柄长7.3、通长21.5厘米（图五九，16；彩版六三，2）。

铜器

有铜带扣、铜尾铊、铜镞等。

铜带扣　1件。

SDMSG1①：47，带头椭圆形，剖面不规则梯形，尾横残。宽3、带头径0.5厘米（图五九，14；彩版六三，3）。

铜尾铊　1件。

SDMSG1①：52，铜片对折，平面呈圭形，前端呈钝角，末端平齐，铜铆钉铆合。长2.7、宽1.3、铜片厚0.1、铆钉空隙0.2厘米（图五九，15；彩版六三，4）。

铜镞　1件。

SDMSG1①：32，三翼形锋，圆空銎，銎部有钉孔。锋长2.7、宽1、銎径0.7厘米（图五八，12；彩版六三，5）。

石器

有石纺轮、砺石等。

石纺轮　1件。

SDMSG1①：49，残半。半圆形，表面圆凸，平底，中有孔，为两面对磨。厚2、底径4、孔径1.2厘米（图五九，17；彩版六三，6）。

砺石　1件。

SDMSG1①：50，褐色砂岩质。长条形，残，剖面三角形，各面均有不同程度的磨砺痕。残长5.4、宽5.2厘米（图五九，18；彩版六三，7）。

骨器

有孔骨片　1件。

SDMSG1①：51，肋骨磨制，长方形，上宽，下稍窄，平顶，底稍弧曲。长4.5、宽2.4、厚0.2厘米　（图五九，19；彩版六三，8）。

第②层出土遗物

有陶器、铁器等。

陶器

多残碎，可辨器形有瓮、罐、盆、壶等。

陶瓮　4件。

A型　侈口瓮，有2式。

Ⅱ式，1件。方尖唇，唇内有凹弦纹。束颈，广肩。SDMSG1②：4，泥质灰陶。口径48、残高5、壁厚0.9厘米（图六〇，1）。

Ⅳ式，3件。广口，圆唇上尖，唇内有凹带，束颈，广肩。SDMSG1②：1，泥质灰陶。口径32、残高9、壁厚0.9厘米（图六〇，2）。SDMSG1②：2，泥质灰陶。口径28、残高7、壁厚0.7厘米（图六〇，3）。SDMSG1②：3，泥质黄褐陶。口径36、残高7、壁厚0.8厘米（图六〇，4）。

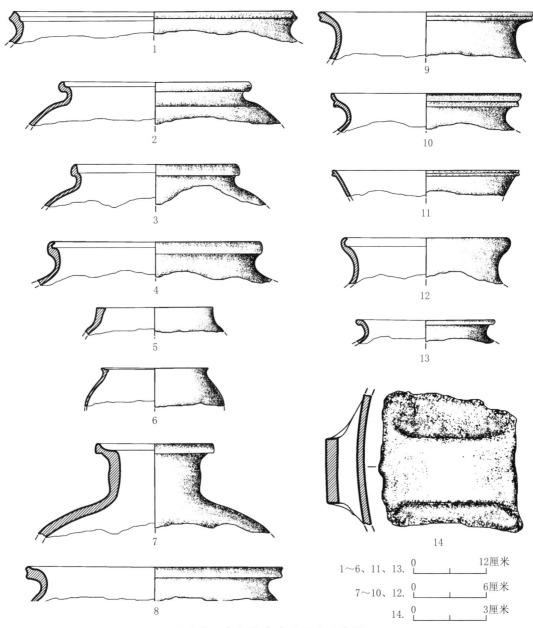

图六○　东门排水沟②层出土陶器

1.A型Ⅱ式瓮（SDMSG1②：4）　　2～4.A型Ⅳ式瓮（SDMSG1②：1、SDMSG1②：2、SDMSG1②：3）　　5、6.C型Ⅰ式罐（SDMSG1②：5、SDMSG1②：6）　7.A型Ⅳ式壶（SDMSG1②：7）　8～11.A型Ⅰ式罐（SDMSG1②：8、SDMSG1②：9、SDMSG1②：10、SDMSG1②：11）　12.A型Ⅴ式罐（SDMSG1②：12）　13.A型Ⅳ式罐（SDMSG1②：13）　14.器耳（SDMSG1②：14）

陶罐　8件。有侈口罐、敛口罐2型。

A型　6件。侈口罐，分3式。

Ⅰ式，4件。敞口，沿外折，唇面有一周凹弦纹呈重唇，短束颈，SDMSG1②：8，泥质灰陶。圆腹。口径22、残高4厘米（图六○，8）。SDMSG1②：9，泥质灰陶。沿稍外展，口径18、残高4厘米（图六○，9）。SDMSG1②：10，泥质灰陶。沿外卷，广肩。口径16、残高4厘米（图六○，10）。SDMSG1②：11，黑褐釉陶。沿稍外展，斜腹。口径32、残高5厘米（图六○，11）。

Ⅳ式，1件。侈口，内卷尖唇，束颈，广肩。SDMSG1②：12，泥质灰陶。口径14、残高4厘米（图六○，12）。

Ⅴ式，1件。沿外展，圆唇，束颈。SDMSG1②：13，泥质红褐陶。口径24、残高4厘米（图六○，13）。

C型　2件。敛口罐。

Ⅰ式，敛口，平唇内尖，短斜领。SDMSG1②：5，泥质灰褐陶。口径20、残高5厘米（图六○，5）。SDMSG1②：6，泥质灰褐陶。口径18、残高7厘米（图六○，6）。

陶壶　1件。

A型Ⅳ式，外沿展沿，盘口呈尖唇，高领稍圆弧，广肩。SDMSG1②：7，泥质黄褐陶。口径10、残高8厘米（图六○，7）。

陶盆　3件。

A型　敞口盆。分3式。

Ⅰ式，沿外展。唇面有一周凹弦纹，呈双尖唇。SDMSG1②：16，泥质灰陶。斜腹。口径32、残高8厘米（图六一，1）。

Ⅳ式，2件。圆唇，沿外展。束颈。SDMSG1②：17，泥质红褐陶。斜腹。口径40、残高5厘米（图六一，3）。SDMSG1②：15，泥质黑灰陶。口径44、残高6厘米（图六一，2）。

陶釜　2件。

仅存腹部。SDMSG1②：18，泥质黑褐陶。圆腹，外有一周凸脊。腹径24、残高11厘米（图六一，4）。SDMSG1②：19，泥质灰褐陶。圆腹，外有一周凸脊。腹径36、残高7厘米（图六一，5）。

陶甑底　1件。

SDMSG1②：20，泥质灰陶。斜腹，平底，底部有多个小圆孔。底径14、残高2、孔径0.6厘米（图六一，6）。

陶钵　1件。

Ⅴ式，敞口，圆尖唇，腹斜收。SDMSG1②：21，泥质灰陶。口径20、残高4厘米（图六一，7）。

陶器耳　1件。

SDMSG1②：14，泥质黄褐陶。耳与器壁为贴附。残宽5.7厘米（图六○，14）。

陶器底　2件。

斜腹，平底。SDMSG1②：22，泥质灰陶。底径20、残高3.2厘米（图六一，8）。SDMSG1②：23，泥质灰陶。底径36、残高8厘米（图六一，9）。

有孔圆陶片　1件。

SDMSG1②：24，泥质红褐陶。扁圆形，中有没穿透孔。直径4、厚0.7厘米（图六一，13）。

铁器

铁镞　1件。

A型Ⅰ式，圭形短锋。SDMSG1②：25，剖面扁棱形，长身，剖面扁方形，方铤。锋长1.7、厚0.2、身宽0.6、厚0.4、通长13厘米（图六一，10；彩版六四，1）。

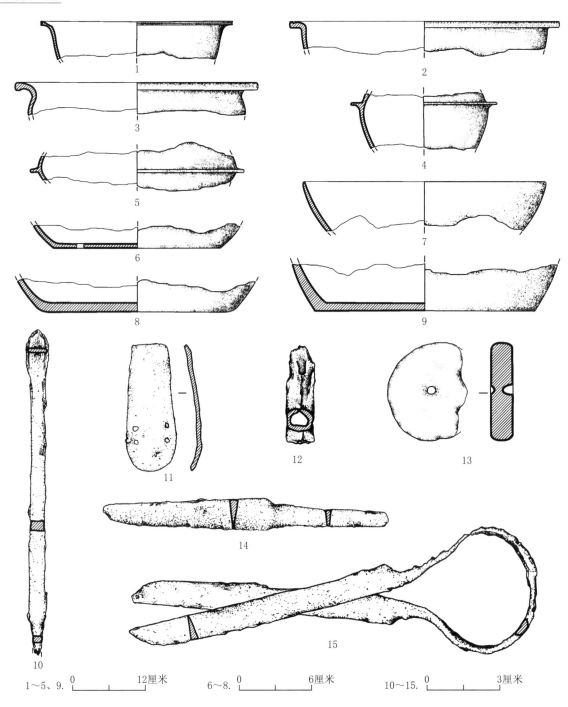

图六一　东门排水沟②层出土器物

1.A型Ⅰ式陶盆（SDMSG1②：16）　2、3.A型Ⅳ式陶盆（SDMSG1②：17、SDMSG1②：15）　4、5.陶釜
（SDMSG1②：18、SDMSG1②：19）　6.陶甑底（SDMSG1②：20）　7.Ⅴ式陶钵（SDMSG1②：21）　8、9.陶
器底（SDMSG1②：22、SDMSG1②：23）　10.A型Ⅰ式铁镞（SDMSG1②：25）　11.铁甲片（SDMSG1②：
26）　12.铁器帽（SDMG1②：27）　13.有孔圆陶片（SDMSG1②：24）　14.铁削（SDMSG1②：28）　15.铁剪刀
（SDMSG1②：29）

铁甲片　1件。

SDMSG1②：26，平顶，身呈弧形，上窄下宽，底边圆弧，两侧有双孔。长5.1、宽

1.6~2.2、厚0.2厘米（图六一，11；彩版六四，2）。

铁器帽 1件。

SDMSG1②：27，铁片卷合，圆形。长3.8、直径1.1、厚0.2厘米（图六一，12；彩版六四，3）。

铁削 1件。

SDMSG1②：28，直背，束直柄，斜尖首，直刃。锋长7、宽1.3、柄长4.6、背厚0.4、通长11.6厘米（图六一，14；彩版六四，7）。

铁剪刀 1件。

SDMSG1②：29，扁圆环形柄，刃部交叠。长16.7、单刃宽1.1厘米（图六一，15；彩版六四，8）。

第③层出土遗物

有陶器、铁器等。

陶器

陶瓮 1件。

A型Ⅱ式，侈口瓮。SDMSG1③：1，泥质黄褐陶。口稍外侈，沿外弦削呈尖唇，短束领，广肩。口径32、残高6厘米（图六二，1）。

陶盆 1件。

A型Ⅰ式，广口盆，沿外折。SDMSG1③：2，泥质黄褐陶。重唇，斜腹。口径48、残高

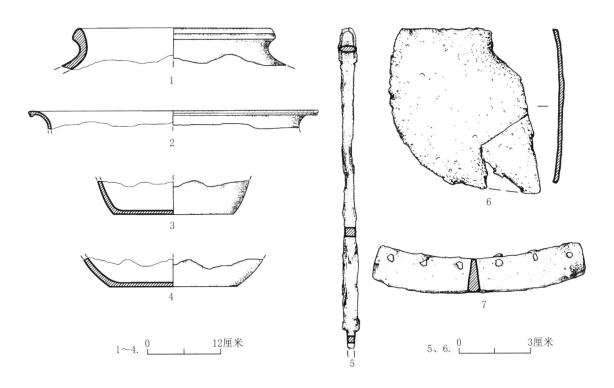

图六二　东门排水沟③层出土器物

1.A型Ⅱ式陶瓮（SDMSG1③：1）　2.A型Ⅰ式陶盆（SDMSG1③：2）　3、4.陶器底（SDMSG1③：3、SDMSG1③：4）　5.A型Ⅰ式铁镞（SDMSG1③：5）　6.铁甲片（SDMSG1③：6）　7.铁火镰（SDMSG1③：7）

3厘米（图六二，2）。

陶器底　2件。

SDMSG1③：3，泥质灰陶。腹壁稍直。底径20、残高5.5厘米（图六二，3）。SDMSG1③：4，泥质灰陶。斜收腹，平底。底径22、残高5厘米（图六二，4）。

铁器

铁镞　1件。

A型Ⅰ式，圭形短锋。SDMSG1③：5，剖面扁六棱形，长方形身，方铤。锋长1.4、宽0.8、厚0.2、身长10.6、宽0.5、铤长0.8、宽0.3、通长12.8厘米（图六二，5；彩版六四，4）。

铁甲片　1件。

SDMSG1③：6，平顶，稍扇形，身内曲，底圆弧，顶残。长6.6、宽3.6、厚0.2厘米（图六二，6；彩版六四，5）。

铁火镰　1件。

SDMSG1③：7，扁条弧形，两端平齐，内窄外宽，内弧边部有六处缀合穿孔，刃有打磨使用痕迹。长8.7、宽1.4、厚0.46厘米（图六二，7；彩版六四，6）。

第④层出土遗物

有陶器、铁器等。

陶器

陶瓮　2件。分2型。

A型　1件。侈口瓮。

Ⅳ式，圆唇，唇内有凹带，呈内尖唇。SDMSG1④：2，泥质灰陶。短直领，广肩。口径36、残高7.2、壁厚0.9厘米（图六三，1）。

B型　1件。直口瓮。

Ⅰ式，平唇，唇内尖。SDMSG1④：1，泥质灰陶。短直领，广肩。口径40、残高8、壁厚0.6厘米（图六三，3）。

陶罐　1件。

C型Ⅰ式，敛口罐。SDMSG1④：5，泥质红陶。平唇，斜直腹。口径16，残高7、壁厚0.6厘米（图六三，2）。

陶盆　2件。

A型　敞口盆，分2式。

Ⅰ式，敞口，外折沿，重唇，直腹斜收。SDMSG1④：3，泥质灰褐陶。口径48、残高9、壁厚0.7厘米（图六三，5）。

Ⅳ式，敞口，外折平沿，尖唇，腹稍直。SDMSG1④：4，泥质红褐陶。口径40、残高9、壁厚0.6厘米（图六三，7）。

陶器底　3件。

均平底。SDMSG1④：6，夹砂灰陶。直腹。底径16、残高6、壁厚0.8厘米（图六三，4）。SDMSG1④：7，泥质灰陶。斜腹。底径18、残高4、壁厚1厘米（图六三，6）。SDMSG1④：8，夹砂灰陶。斜腹。底径24、残高5、壁厚0.6厘米（图六三，8）。

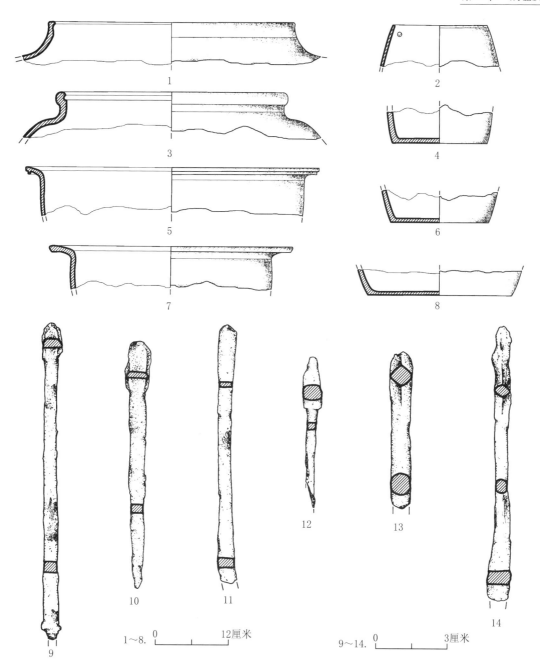

图六三　东门排水沟④层出土器物

1.A型Ⅳ式陶瓮（SDMSG1④：2）　2.C型Ⅰ式陶罐（SDMSG1④：5）　3.B型Ⅰ式陶瓮（SDMSG1④：1）　4、6、8.陶器底（SDMSG1④：6、SDMSG1④：7、SDMSG1④：8）　5.A型Ⅰ式陶盆（SDMSG1④：3）　7.A型Ⅳ式陶盆（SDMSG1④：4）　9.A型Ⅰ式铁镞（SDMSG1④：9）　10.A型Ⅰ式铁镞（SDMSG1④：10）　11.A型Ⅱ式铁镞（SDMSG1④：11）　12.B型Ⅰ式铁镞（SDMSG1④：12）　13.C型Ⅱ式铁镞（SDMSG1④：13）　14.C型Ⅲ式铁镞（SDMSG1④：14）

铁器

铁镞　6件。有圭形锋镞、方锥形锋镞、矛形锋镞3型。

A型　3件。圭形锋镞，分2式。

Ⅰ式，2件。圭形锋。长方身，方铤。SDMSG1④：9，锋部横剖面扁梯形，身剖面扁方形，锋长1.5、宽0.9、身长10.7、宽0.6、通长12.2厘米（图六三，9；彩版六五，1）。SDMSG1④：10，锋部横剖面扁梯形，身剖面扁方形，铤残。锋长1.9、宽1、厚0.3、身长7.8、宽0.7、通长9.7厘米（图六三，10；彩版六五，2）。

Ⅱ式，1件。圭形长锋。锋与身分格不明显。SDMSG1④：11，剖面扁方形，铤残。宽0.6、厚0.2、通长10.2厘米（图六三，11；彩版六五，3）。

B型　1件。方锥形锋镞。

Ⅰ式，SDMSG1④：12，方铤。锋长2、宽0.8、通长6厘米（图六三，12；彩版六五，4）。

C型　2件。矛形锋镞，分2式。

Ⅱ式，短锋，剖面棱形，圆身。SDMSG1④：13，铤残。锋长2、宽1、身径0.9、通长6.3厘米（图六三，13；彩版六五，5）。

Ⅲ式，矛形长锋，长圆身。SDMSG1④：14，锋横剖面呈扁菱形，方铤。锋长4、宽0.7、身长6、径0.5、通长11厘米（图六三，14；彩版六五，6）。

第⑤层出土遗物

有陶器、铁器等。

陶器

陶盆　2件。

A型　敞口盆。分2式。

Ⅰ式，敞口，外展沿，重唇，领稍束，腹斜收。SDMSG1⑤：1，泥质黑陶。口径36、残高9、壁厚0.7厘米（图六四，1）。

Ⅱ式，侈口，外展沿，双尖唇，领稍束。SDMSG1⑤：4，泥质灰陶。口径18、残高3、壁厚0.5厘米（图六四，2）。

陶罐　2件。

A型　侈口罐，分2式。

Ⅰ式，外展沿，唇面有凹弦纹呈重尖唇。SDMSG1⑤：2，泥质灰陶。领稍束，斜肩。口径18、残高5、壁厚0.6厘米（图六四，3）。

Ⅱ式，外展沿，尖唇。SDMSG1⑤：3，泥质灰陶。领稍束。口径18、残高3、壁厚0.6厘米（图六四，4）。

陶器底　1件。

SDMSG1⑤：5，泥质黄褐陶。腹斜收，平底。底径13、残高6.2、壁厚0.6厘米（图六四，5）。

陶器盖　1件。

SDMSG1⑤：6，泥质灰陶。平唇，直子口，顶残。口径28、残高3、壁厚0.8厘米（图六四，6）。

铁器

铁镞　7件。有圭形锋镞、方锥形锋镞、矛形锋镞3型。

A型　3件。圭形锋，分2式。

Ⅰ式，2件。圭形短锋。SDMSG1⑤：8，锋尖残，横剖面扁六棱形，身剖面扁方形，扁方

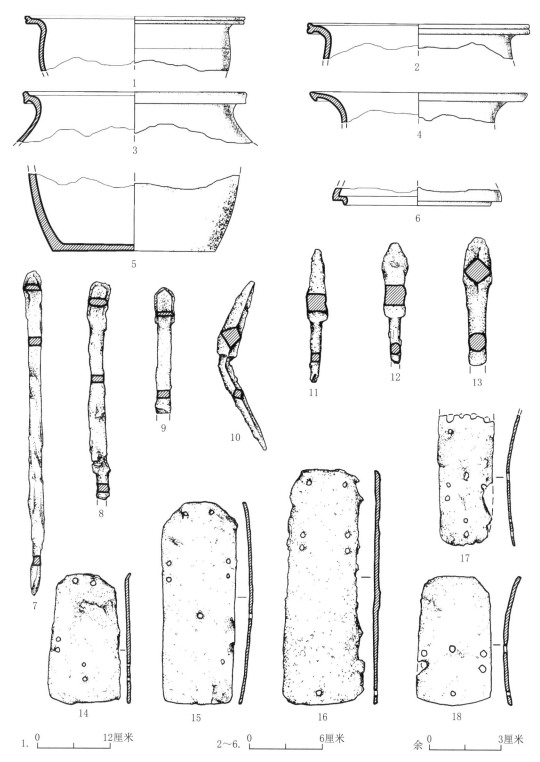

图六四　东门排水沟⑤层出土器物

1.A型I式陶盆（SDMSG1⑤：1）　2.A型Ⅱ式陶盆（SDMSG1⑤：4）　3.A型I式陶罐（SDMSG1⑤：2）　4.A型Ⅱ式陶罐（SDMSG1⑤：3）　5.陶器底（SDMSG1⑤：5）　6.陶器盖（SDMSG⑤：6）　7.A型Ⅱ式铁镞（SDMSG1⑤：7）　8、9.A型I式铁镞（SDMSG1⑤：8、SDMSG1⑤：9）　10~12.B型I式铁镞（SDMSG1⑤：10、SDMSG1⑤：11、SDMSG1⑤：12）　13.C型Ⅱ式铁镞（SDMSG1⑤：13）　14、18.梯形铁甲片（SDMSG1⑤：14、SDMSG1⑤：18）　15~17.长方形铁甲片（SDMSG1⑤：15、SDMSG1⑤：16、SDMSG1⑤：17）

铤。锋长1.3、宽0.8、身长6.3、宽0.6、通长8.7厘米（图六四，8；彩版六五，7）。SDMSG1⑤：9，横剖面扁梯形，身剖面扁方形，锋长1.4、宽0.8、身残长3.5、宽0.6、残长5厘米（图六四，9；彩版六五，8）。

Ⅱ式，1件。圭形长锋。SDMSG1⑤：7，锋与身分格部不明显，锋横剖面扁梯形，身剖面扁方形，方锥形铤。锋长1.9、宽0.8、身宽0.5、通长12.9厘米（图六四，7；彩版六五，10）。

B型　3件。方锥形镞。

Ⅰ式，锋尖锐，方铤。SDMSG1⑤：10，锋长3.1、宽0.7、铤宽0.3、通长5.3厘米（图六四，10；彩版六六，1）。SDMSG1⑤：11，锋长2.7、宽0.9、铤宽0.3、通长5.2厘米（图六四，11；彩版六六，2）。SDMSG1⑤：12，圆铤。锋长3.1、宽0.8、铤宽0.4、通长4.7厘米（图六四，12；彩版六六，3）。

C型　1件。矛形锋。

Ⅱ式，短锋，剖面棱形。SDMSG1⑤：13，束收圆身，铤残。锋长2、宽1.1、厚1、身径0.7、通长5.1厘米（图六四，13；彩版六五，9）。

铁甲片　5件。有长方形和梯形。

长方形，3件。平顶，抹角，身稍内曲。SDMSG1⑤：15，顶部、侧边、中部有双缀合孔。长8、宽3、厚0.2厘米（图六四，15；彩版六六，4）。SDMSG1⑤：16，顶部、侧边、中部有双缀合孔。长9.3、宽3.2、厚0.2厘米（图六四，16；彩版六六，8）。SDMSG1⑤：17，底边稍圆弧，顶部有三孔，侧边、中部有双缀合孔。长5.5、宽2.4、厚0.2厘米（图六四，17；彩版六六，5）。

梯形，2件。抹角，身稍内曲，底稍弧。SDMSG1⑤：14，顶部、侧边、中部有双缀合孔。长5、宽3、厚0.2厘米（图六四，14；彩版六六，6）。SDMSG1⑤：18，顶部、侧边、中部有双缀合孔。长5.2、宽3、厚0.2厘米（图六四，18；彩版六六，7）。

涵洞出土遗物

基本为陶器。陶器多破碎，可辨器形有陶罐等。

陶器

陶罐　3件。有侈口罐、敛口罐2型。

A型　2件。侈口罐，分2式。

Ⅰ式，1件。外折平沿，小口，重唇，短束颈。SDMh：2，夹砂灰褐陶。口径16、残高5、壁厚0.4厘米（图六五，1）。

Ⅲ式，1件。侈口，圆唇内稍凹，束颈。SDMh：3，泥质灰褐陶。口径12、残高5、壁厚0.5厘米（图六五，2）。

B型　1件。

Ⅱ式，1件。SDMh：1，泥质黄褐陶。敛口罐。口径25、残高5、壁厚0.5厘米（图六五，3）。

器底　3件。

SDMh：4，泥质灰陶。直腹，平底。底径16、残高6、壁厚0.5、壁厚0.5厘米（图

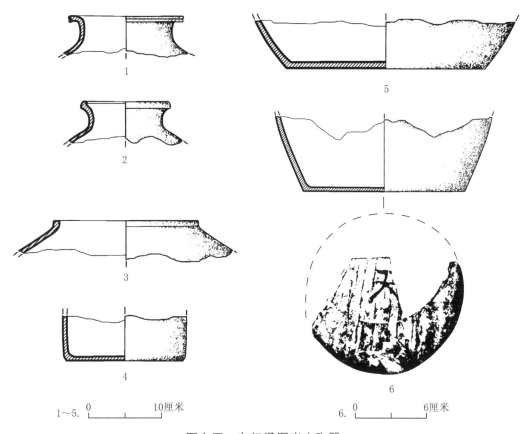

图六五　东门涵洞出土陶器

1.A型I式罐（SDMh：2）　2.A型Ⅲ式罐（SDMh：3）　3.B型Ⅱ式罐（SDMh：1）　4、5、6.器底（SDMh：4、SDMh：5、SDMh：6）

六五，4）。SDMh：5，夹砂黑陶，有黑陶衣。斜腹，平底。底径28、残高6、壁厚0.7厘米（图六五，5）。SDMh：6，泥质灰陶。斜腹，平底。底径14、残高5、壁厚0.5厘米。底部有阳纹"天"字（图六五，6；彩版六七，1）。

沉井出土遗物

有陶器等。

陶器

陶瓮　1件。

A型V式，侈口瓮。圆唇，外折平沿。SDMJ：1，泥质灰陶。广口，短直颈，斜肩。口径40、残高4.5厘米（图六六，1）。

陶罐　3件。有侈口罐、敛口罐、直腹罐3型。

A型　1件。

Ⅰ式，外折沿，重唇，短斜领。SDMJ：3，泥质灰陶。侈口罐。口径18、残高3.5厘米（图六六，3）。

B型　1件。

Ⅲ式，平唇外尖，短直领。圆肩。SDMJ：2，泥质灰陶。敛口罐。口径21、残高7.5厘米（图六六，2）。

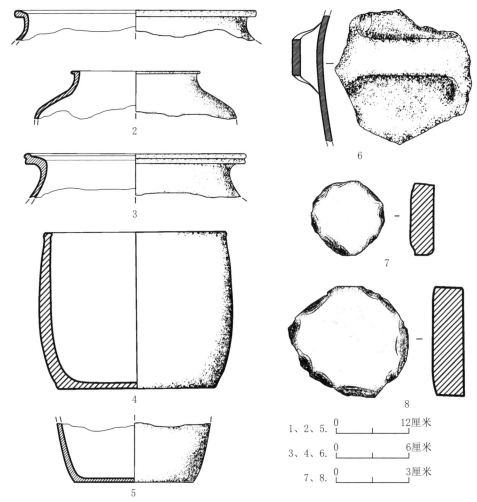

图六六 东门沉井出土陶器

1.A型Ⅴ式瓮（SDMJ：1） 2.B型Ⅲ式罐（SDMJ：2） 3.A型Ⅰ式罐（SDMJ：3） 4.C型Ⅰ式罐（SDMJ：4） 5.器底（SDMJ：5） 6.器耳（SDMJ：6） 7、8.圆陶片（SDMJ：7、SDMJ：8）

C型 1件。

Ⅰ式，平唇内尖。SDMJ：4，泥质灰陶。直腹罐。深直腹，下部斜收，平底。口径15、高12.5、底径12.8厘米（图六六，4；彩版六七，2）。

器耳 1件。

SDMJ：6，泥质灰陶。横鋬耳。耳长10、宽3、厚0.7厘米（图六六，6）。

器底 1件。

SDMJ：5，泥质黑陶。斜腹，平底。底径20、残高10厘米（图六六，5）。

圆陶片 2件。

陶片打制，不规则圆形。SDMJ：7，泥质灰黑陶。直径3、厚1厘米（图六六，7）。SDMJ：8，泥质灰陶。直径4.6、厚1.3厘米（图六六，8）。

四 石材

石台子山城的墙体、马面、城门、排水涵洞等的建筑结构全部使用石材砌筑。加工成型的石材形制基本有楔形石、棱形石、石条、石板、方整石、曲尺形石、双槽石等。城墙表面使用"楔形石"，墙体内使用"棱形石"，是山城砌筑的基本结构。墙面所用石材制作规整，内部砌筑结构严谨。

（一）石材来源

砌筑所用石材以石灰岩为主，兼有沉积砂岩、玄武岩。石灰岩质石材主要开采于山城东部南北两侧，也使这里形成了山城外侧南北两处由人工采石而形成的断崖。玄武岩质石材在石台子山城方圆百里之内，出有此类石材只有位于蒲河上游的武家沟，即现铁岭地区横道子乡武家沟村衙门沟山上，其山脚下即为蒲河的上游，这里距石台子山城22千米，是玄武岩石材的唯一来源地（彩版六八）。沉积砂岩类石材开采之地目前尚不明。

（二）石材形制

石材基本形制有楔形、棱形、条形、石板、方整石、曲尺形石、双槽石、石片和碎石等。石材加工方法为劈打和錾琢，加工地点应是在城内侧和砌筑现场。

楔形石

用于砌筑墙体内、外侧墙面，即墙面石。正面多呈长方形，表面稍外圆凸，侧面呈长三角形。砌筑马面基础所使用的楔形石，表面加工稍粗糙，规格厚大，宽度一般为40～60（最宽可达80）、厚30～40、长50～60厘米；用于修筑城墙面的石材加工较精，规格一般为正面宽30～50、厚20～35、长45～55厘米；砌筑门道两侧墙面的石材使用玄武岩，加工规整，正面宽约30～32、厚约20、长约40～45厘米。玄武岩墙石表面全部使用錾点法加工（彩版六七，3）。

棱形石

两端尖，中部宽，平面呈菱形，在建筑结构上或应称为"拉结石"。与墙面一侧相插的棱形石加工较规整，并按两块相邻墙面楔形石之间的空隙宽度而制定其宽度，长度多为50～60厘米；用于墙体内部的棱形石仅略做加工，长34～50厘米不等。

石板

多用石灰岩制作。一般长100～140、宽80～110、厚30～40厘米，最大者长达234、宽140、厚25厘米，主要用于涵洞盖顶。

方整石

可见大、小两种规格。大者用于修葺马面基础底部的边角处和涵洞内壁；小者为玄武岩，长50、宽42、厚24厘米，表面方整，边角成90°，用于砌筑墙体折角部分。

曲尺形石

目前发现有两种用途，一是用于墙体内折角处，两石呈曲尺形平面相对，成两个半榫半卯式相合；一是用于墙体变行处，曲尺形石材立置，可以由一行变两行。另外，用于两行稍薄的墙面石与一行较厚的墙面石相接筑，也是用于变行的又一种砌筑方法（彩版六七，4～6）。

支垫石和碎石

在楔形墙面石、棱形拉结石等砌筑石的下部都有一块支垫石，形状类似龟背，规格大小近于手掌，没有统一形制，应是制作楔形石、棱形石劈打下来的边角料，用于稳固墙石和调整墙面石的角度。碎石用于填充缝隙，稳固墙体。

双榫槽石

在对城墙外侧的发掘中，于扰乱层和塌方堆积内（编号为97QG），发现有表面两端带有明榫凹槽的石制砌筑材料，我们称之为"双榫槽石"，材质多为玄武岩，极少量为石灰岩质。平面多长方形，平底，按表面形状可分圆弧、坡顶、扁平和梯形四种形制。

圆弧形 9件。

表面半圆形，多平底，中部稍束腰。97QG：37，长40、宽22.8、高11.6、榫槽长13、宽6、深4、两榫槽间的间隔长15.5厘米（图六七，1；彩版六九，1）。97QG：6，表面稍圆弧，两端稍残。长36、宽23.6、高13.2、榫槽长12.4、宽4.4、深2.4厘米（图六七，2；彩版六九，2）。97QG：26，中部稍束腰。长32.4、宽20、高14、榫槽长10、宽6、深2厘米

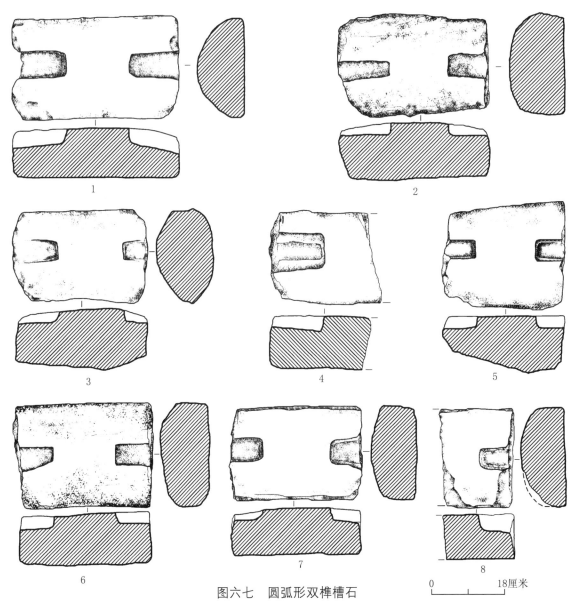

图六七　圆弧形双榫槽石

1～8.97QG：37、97QG：6、97QG：26、97QG：14、97QG：15、97QG：5、97QG：31、97QG：8

0　　　　　　　　18厘米

（图六七，3；彩版六九，3）。97QG：14，石灰岩质，残半，长26.4、宽20.8、高12.4、榫槽长13、宽8、深3.2厘米（图六七，4；彩版六九，5）。97QG：15，一端稍宽。长29.2、宽24.8、高13.2、榫槽长7、宽4、深2.8厘米（图六七，5）。97QG：5，表面稍圆弧，两端完整。长33.2、宽24、高12、榫槽长8.8、宽4.8、深2.8厘米（图六七，6；彩版六九，4）。97QG：31，表面稍圆弧，两端完整。长31、宽21.6、高10.8、榫槽长8、宽6.6、深2.8厘米（图六七，7）。97QG：8，残长17.2、宽23、高10.4、榫槽长7、宽4.2、深3.6厘米（图六七，8；彩版六九，6）。97QG：1，束腰形。两端略为平弧状。长42、端宽21、束腰宽20、厚10、榫槽长13、宽5.5、深4厘米，两榫槽间的间隔长15.5厘米。

坡顶形　7件。

表面中部有凸脊。97QG：18，两端完整。底稍内凹。长37.2、宽21、高12、榫槽长11、宽6、深2.8厘米（图六八，1；彩版六九，7）。97QG：23，一端稍残。长33.6、宽23.6、高12.8、榫槽长8、宽5、深4.4厘米（图六八，2；彩版六九，8）。97QG：16，一端稍残。长37.2、宽24.8、高12、榫槽长10、宽6、深2.4厘米（图六八，3；彩版七〇，1）。

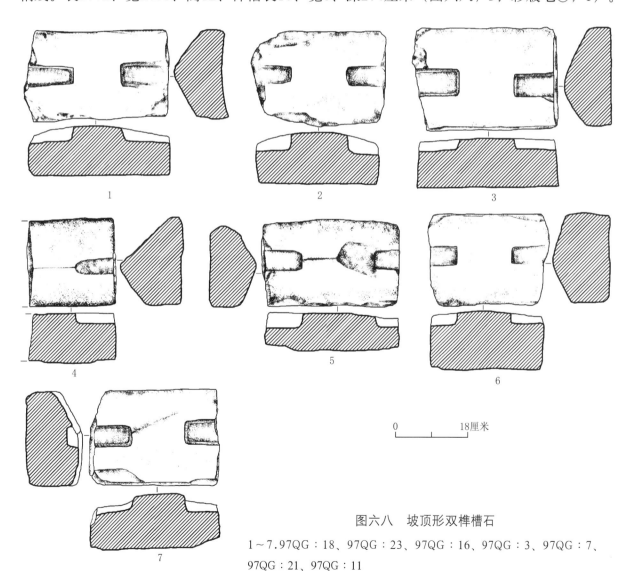

图六八　坡顶形双榫槽石

1～7.97QG：18、97QG：23、97QG：16、97QG：3、97QG：7、97QG：21、97QG：11

97QG：3，坡脊呈90°角。残长22.4、宽21、高12、榫槽长10、宽4、深2.8厘米（图六八，4；彩版七〇，2）。97QG：7，顶坡脊明显。长34.4、宽21.2、高9.2、榫槽长9.2、宽5.2、深3.6厘米（图六八，5；彩版七〇，3）。97QG：21，顶坡脊稍缓。长30.8、宽22.4、高14.4、榫槽长9.2、宽4.4、深2.8厘米（图六八，6）。97QG：11，顶坡脊稍缓。长33.2、宽23.6、高13.6、榫槽长11、宽6、深2.4厘米（图六八，7；彩版七〇，4）。

扁平形　7件。

两端平直，表面平整。97QG：34，长34、宽22、高8、榫槽长9、宽4、深2厘米（图六九，1；彩版七〇，5）。97QG：9，残长23.3、宽24、高10、榫槽长7、宽6、深1.2厘米（图六九，2）。97QG：2，长29.6、宽24、高8.4、榫槽长7.6、宽4.8、深2.8厘米（图六九，3；彩版七〇，6）。　97QG：29，长30.3、宽21.2、高9.2、榫槽长8、宽4、深2厘米（图六九，4；彩版七〇，7）。97QG：10，残长34、宽23.3、高10.4、榫槽长11、宽4.2、

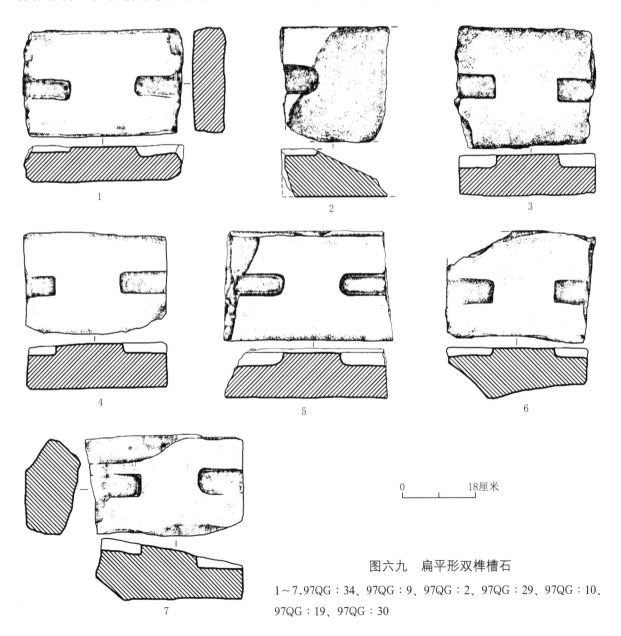

0   18厘米

图六九　扁平形双榫槽石

1～7.97QG：34、97QG：9、97QG：2、97QG：29、97QG：10、
97QG：19、97QG：30

深2.8厘米（图六九，5；彩版七〇，8）。97QG：19，长30、宽21.6、高10.4、榫槽长9、宽6、深1.6厘米（图六九，6；彩版七一，1）。97QG：30，长34.4、宽20.8、高10.8、榫槽长10、宽4.8、深2.4厘米（图六九，7）。

方形 1件。

97QG：16，长39、宽21～22、厚9、榫槽长9、宽4、深2厘米。两榫槽间的间隔长14厘米。

梯形 14件。

表面中部有宽凸脊。97QG：38，一端残缺。长31.6、宽24、高12.8、榫槽长9.2、宽6.4、深3.2厘米（图七〇，1；彩版七一，2）。97QG：4，长31.2、宽23.6、高9.2、榫槽长6.8、宽6、深2.8厘米（图七〇，2；彩版七一，3）。97QG：22，一端稍残。长38.4、宽21.2、高10.8、榫槽长10、宽5.6、深4厘米（图七〇，3；彩版七一，4）。97QG：12，一端残。残长27.2、宽23.6、高8.8、榫槽长6、宽6、深2.4厘米（图七〇，4）。97QG：13，一端稍残。残长26、宽22、高12.4、榫槽长8.4、宽、深2.8厘米（图七〇，5）。97QG：17，一端残。残长24.4、宽21、高12、榫槽长10、宽6、深2厘米（图七〇，6；彩版七一，5）。97QG：20，一端稍残。长31.2、宽22.4、高8.8、榫槽长9、宽6、深2.4厘米（图七〇，7；彩版七一，6）。97QG：24，一端稍残。长32、宽24、高12.8、榫槽长8.4、宽5.5、深3.2厘米（图七〇，8；彩版七一，7）。97QG：27，一端稍残，稍有束腰。长33.2、宽20、高11.6、榫槽长10、宽7、深2.4厘米（图七〇，9）。97QG：25，长28、宽26、高12、榫槽长7.2、宽5.2、深2.4厘米（图七〇，10）。97QG：28，一端稍宽。长28、宽21.2、高10、榫槽长8.2、宽5、深2.4厘米（图七〇，11）。97QG：32，一端稍残。长33.2、宽21.2、高10.8、榫槽长8、宽4.5、深1.6厘米（图七〇，12；彩版七一，8）。97QG：35，长33.6、残宽15.5、高10、榫槽长10、深2.8厘米（图七〇，13）。

五 小结

石台子山城的墙体、马面、城门址、涵洞及排水设施全部用石材砌筑。城墙墙体在断崖上横担巨石基础，开凿基槽，砌筑墙体，在整体形式上为闭合山城。基础部分采用凿岩方法，并使用向内侧倾斜基础形式稳固墙体。墙面所用石材规格方整，墙体砌筑基本方法是先将墙面"楔形石"拼缝，再用石片支垫、稳固后，在两块"楔形石"之间形成的三角形空间内插入"梭形石"，墙体内侧则全部使用此类石材，虽仅粗略做以加工，但规格较为一致，每层的平面呈犬牙交错排列。因墙面"楔形石"采用错缝砌筑，墙体内"梭形石"随之层层错落砌筑，交错叠压，用石片支垫、稳固，周边的空隙填以碎石使城墙浑然一体。即使墙面石全部无存而城墙仍然屹立不倒，可谓城墙之骨。

城墙墙面每行错缝，斜收分仅在5°～10°之间，外观平整、完美，到了"丝缝墙"效果。

内墙面除石筑墙体外，在内墙外侧筑有土、石护坡，特别是西城墙段南北两侧的制高点之间，用土石垒筑一条高约5、宽6～7米的直线"山崤"，弥补了山城西侧地势较平缓的自

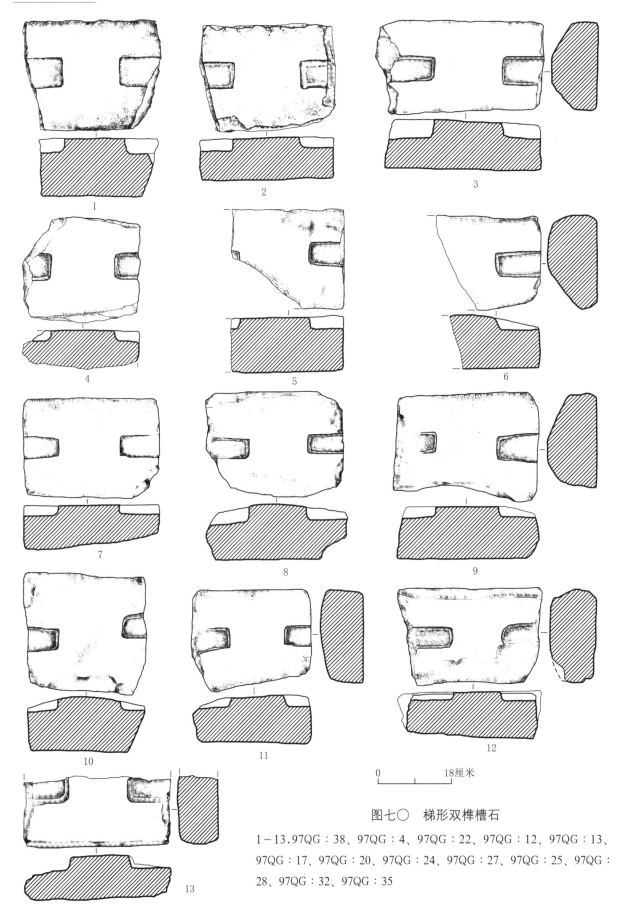

图七〇　梯形双榫槽石

1~13.97QG：38、97QG：4、97QG：22、97QG：12、97QG：13、
97QG：17、97QG：20、97QG：24、97QG：27、97QG：25、97QG：
28、97QG：32、97QG：35

然缺陷。

马面是为加强石台子山城的军事防御性能而设置，除东门外，在城门一侧必有一座。东门虽无马面，但东门南、北两侧的内折城墙结构形式，同样具备马面的功能。设置马面的山城在辽东诸多高句丽山城中实不多见。

石台子山城周长仅为1361.42米，却设置有4座形式格局基本相同的宽大城门，而仅西门地势稍平缓，其他三座城门之外地势陡峭，车马难行，这种规格的山城设置多个城门或有更深层意义。

排水涵洞除具排水功用外，其东门址下涵洞的"束口式"排水口和北门址下"反折式"排水口，在设计上当有可控制由城外部的人从涵洞进入城内的用意。

石台子山城砌筑所用玄武岩一类石材，开采地远在蒲河上游，并且在城墙底部的涵洞和城门址下部有涵洞砌筑结构中使用，说明这座山城修筑之始就在蒲河上游开辟了采石地点（见彩版三八）。

"双榫槽石"类石材为目前诸多高句丽山城的发掘中所仅见，而且没有出土两侧有铆石材，其两块"双榫槽石"之间的连接是什么材质和形式，目前尚不可知。我们认"双榫槽石"是砌筑于城墙女墙顶部有封顶石材尚属推论，也可证石台子山城上部应有女墙建筑形式和结构。

石台子山城砌筑石材用量可作估算，山城周长为1316.42米（包括9座马面和4座门址），9座马面正面与墙面重合，其侧边长合计为135米。再除去4座门址宽度，墙体部分长度为1202.42米。墙体宽度以底部城体和顶部墙体的中间值5.5、高度以7、顶宽5.5米计，城墙砌筑需用石材约51078立方米。其中砌筑墙面用楔形石面积（包括内墙面、马面、门道部分）约为18052平方米，以常见单体长0.25、宽0.3米楔形墙面石为计，需用楔形石材约24万块。梭形石位于墙体内部，每一块墙面楔形石与插入其后部梭形石成平行交错结构，以常见的单体长0.45、宽0.3、厚0.25的不规则形梭形石计，砌筑山城墙体所需梭形石是楔形墙面石的7～8倍，约190万块。而从开采石料，运至砌筑现场，加工成可用于砌筑的楔形石和梭形石，则是难以估算的。

4座城门均为木结构，从遗迹、遗物的数据分析可知，有方形门柱、厚重的板状城门、门道两侧的地栿、排叉柱，门道上部应有叠置的木过梁和门楼。城门楼是保护城门木结构不可或缺的建筑形式。初步估算每座城门建筑石材约不低于20立方米。

石台子山城砌筑石材形制、制作工艺、加工方法和砌筑工艺等诸多因素，充分体现了高句丽时期山城的规划设计、修筑水平和军事防御能力，也突显出石台子山城的重要性。

第三节　城内遗存

一　地层堆积与分期

石台子山城内因自然地势以及不同区域内地层形成原因，在城内各区域地层堆积也不相同，现介绍如下。

（一）SI区地层堆积

SI区发掘区域西高东低，地层堆积较薄，多处是表土层下即为暴露房址或灰坑遗迹，仅北部地层稍厚，现以SIT105扩方北壁为例介绍（图七一）。

第①层，表土层，土质黑，松散。含有灰陶片等。厚0.15～0.2米。

第②层，黑褐土，土质较实，夹碎石块。含有灰陶片、铁器、石器等。厚0.2～0.35米。H174开口于本层下。

第③层，黄褐土，土质实硬，夹碎石块。含有灰陶片、铁器、石器等。厚0.2～0.4米。

第④层，黄土，较纯净，夹碎石块，含有少量夹砂红陶片。厚0.05～0.15米。本层下为碎山石和岩石。

（二）SⅡ区地层堆积

SⅡ区位于城内南北两个台地之间，属于山谷低凹之地，因为此地修筑有大型石筑建筑，建筑的基础深达9米，基础所挖出的残土散布在其周围，覆盖了原始的地表层，所以地层关系比较复杂。以SⅡTG1北壁为例介绍（图七二）。

第①层，表土，淤积黑色腐殖土，质地松软。包含碎石块，出土少量青花瓷片。厚0.25～0.3米。

第②层，黑褐色淤土，质地细密。出土有陶片、铁器等，本层底部堆积有大量砌筑用石材。厚0.2～2.8米。

第③层，黄褐土，含有碎砂石、砾石、碎石块。厚0.2～1.1米。

第③层以下为石筑建筑址。

第④层，灰褐色，为原地表堆积。厚0.1～0.2米。

第④层以下为基岩。

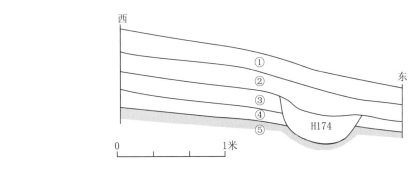

图七一　SIT105扩方北壁地层剖面图

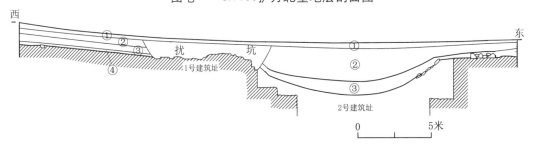

图七二　SⅡTG1北壁剖面图

（三）SⅢ区地层堆积

SⅢ区在东西两侧布有探方，东区与西区的地层堆积不同。

1.SⅢX区地层堆积

SⅢ区地势西高东低，东侧堆积层厚仅0.55米，其下部为生土。西侧地层堆积稍厚，为0.9厘米。

SⅢXT101西壁为例介绍（图七三）。

第①层，黑土，为表土层，含有陶片等。厚0.1～0.2米。

第②层，黑褐土，夹有碎山石块、烧土块。内含陶片、石器、铁器、铜器、兽骨等，厚度0.25～0.35米。本层下土质红褐，夹碎山石，不含文化遗物，为生土。F2、H19开口于本层下。

2.SⅢD区地层堆积

SⅢD区地势稍为平缓，也是山城内地势相对最为平坦之处。以SⅢ02DT1南壁为例介绍（图七四）。

第①层，耕土，含有少量灰陶片、青花瓷片。厚0.15米。

第②层，红褐色土，含有骨头和烧土块，出土泥质灰陶及少量夹砂陶片。厚0.15米。

第③层，黑色土，土质较硬，包含物基本和上层相同。厚0.15～0.2米。

第④层，红褐色土，土质较硬，夹杂少量小石子。厚0.15米。

第⑤层，灰色土，土质疏松，含有泥质陶片和夹砂陶片和动物骨骼。本层下为基岩。厚0.5米。

（四）SⅣ区地层堆积

SⅣ区位于山城内西南制高点处，地层堆积以探方西壁地层堆积为例介绍（图七五）。

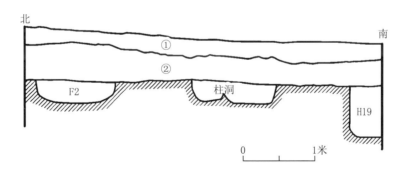

图七三　SⅢXT102西壁剖面图

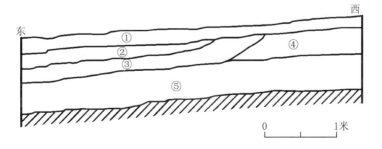

图七四　SⅢ02DT1南壁剖面图

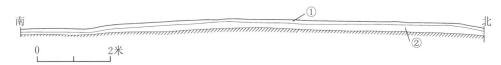

图七五　SⅣ区发掘区西壁地层剖面图

第①层，表土层，土色黑褐，质松软。厚0.1～0.15米。

第②层，黄褐土，含有瓷片、陶片等。厚0.2～0.4米。

第②层下为基岩。

二　分期

从山城内SⅠ区～SⅣ区的地层堆积与文化特征分析可以看到如下问题。

SⅠ区第④层内仅含有夹砂红陶片，属于青铜时期文化堆积层。

第②、③地层内含有灰陶、灰黑陶片、铁器等，属于高句丽时期文化堆积层。

第①层为表土层，为现代活动堆积。

SⅡ区第①～③层堆积内所含遗物比较一致，均有灰陶、灰黑陶片、铁器、石器等，文化特征明显，虽然有青铜时期文化遗物，但应属于高句丽时期文化堆积层。

SⅢX区地层堆积内均含有灰陶、灰黑陶片、铁器等，属于高句丽时期文化堆积层。

SⅢD区有五层堆积，地层堆积内均含有灰陶、灰黑陶片、铁器等，属于高句丽时期文化堆积层。

SⅣ区地层堆积仅有两层堆积，第②层堆积内出土青花瓷片等遗物，应属于明代堆积层。

综合四个区域的地层堆积和文化特征分析，石台子山城城内文化性质基本上有青铜时期文化、高句丽时期文化和明代三个时期的文化，仅对石台子山城的文化关系而言，我们称之为一期（青铜文化时期）、二期文化（高句丽时期文化）和三期文化。二期文化（高句丽时期文化）在地层堆积和遗迹之间有较多的叠压和打破关系，存在年代上的早晚关系，如SⅠ区有②、③层叠压关系；SⅢD区有②、③、④、⑤层叠压关系。而遗迹间叠压、打破关系则更为普遍，所以二期文化本身可进行分期、分段研究。

三　一期文化（青铜时期文化）

（一）　遗迹

属于这一时期（青铜时期文化）的文化遗存较少，除SⅠ区第④层发现地层堆积外，仅在SⅠT104内发现一处居住址，房址仅存西南角部分，房址编号SⅠF8。

SⅠF8

位于SⅠT104西北侧，房址为圆角半地穴式。房址的东部、北部被SⅠF3、SⅠF5、SⅠF7打破，仅保存房址的西南角部分。西壁残长1.8、穴壁存高0.18米，南壁残长1.1、残高0.06米。房内堆积为黄褐土，较纯净，活动面不明显，地表面散落有少量夹砂红陶片。在房址穴壁的内侧，发现两个柱洞。Z1位于房址西南转角处，直径0.19、深0.20米。Z2位于Z1北侧

1.6米处，直径0.16、深0.17米（图七六）。

（二）遗物

遗物发现有陶器和石器两类，除地层内出土少量遗物外，本期遗物多出土于晚期地层和遗迹内。陶器可见器类有鼎、鬲、甗、壶、罐、钵、纺轮及网坠等。陶质以夹砂红陶为主，多为素面，火候较低，胎质较粗，表面粗糙。纹饰有戳压圆窝纹、附加堆纹，多饰于陶器的颈部、甗的腰部。少数陶器表面有红陶衣。器耳多为桥耳状。三足器足剖面有圆形、扁方形、六棱形等。壶、罐类陶器多为平底，陶钵多有圈足。石器多磨制，有石刀、有石斧、石锛、石镞和敲砸器等。

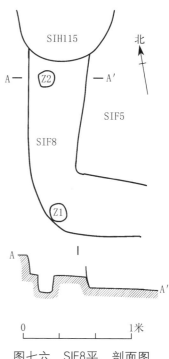

图七六　SIF8平、剖面图

1. 陶 器

多残碎，无可复原者，本期不分型式。

陶罐　3件。

SIT105③：1，夹砂红陶。直口，尖唇，直领，肩与领饰一周附加按压泥条堆纹。口径18、残高6厘米（图七七，1）。SIT105③：2，夹砂红陶。直口，尖唇，直领，肩与领饰一周附加按压泥条堆纹。口径22、残高6厘米（图七七，2）。SIT105③：3，夹砂红陶。直口，内抹斜尖唇，直领。口径20、残高5厘米（图七七，3）。

陶壶　1件。

SIT105③：4，夹砂红陶。直口，尖唇，直领，肩与领饰一周附加按压泥条堆纹。口径13、残高6厘米（图七七，4）。

陶瓮　1件。

SIT105③：5，夹砂红陶。直口，内抹斜尖唇，直领。口径32、残高6厘米（图七七，5）。

陶器底　4件。

SIT105③：9，夹砂红陶。圈足。残高5、底径8厘米（图七八，1）。SIT105③：7，夹砂红陶。假圈足。残高5、底径6.1厘米（图七八，2）。SIT105③：6，夹砂红陶。圈足，底有凹弦。残高6、底径6.8厘米（图七八，3）。SIT105③：13，夹砂红陶。平底。残高5、底径8厘米（图七八，4）。

陶钵底　1件。

SIH38：3，夹砂红陶。器底部分、表面有红陶衣，圆腹，高圈足。残高4、底径8厘米（图七八，5；彩版七二，1）。

陶盏　1件。

SIH43：3，用陶碗底部改制，夹砂黄褐陶。磨圆口，假圈足，底稍凹。口径7.2、高3.1、底径5厘米（图七八，6；彩版七二，2）。

陶器足　9件。有圆锥形、椭圆形、方形、多棱形。

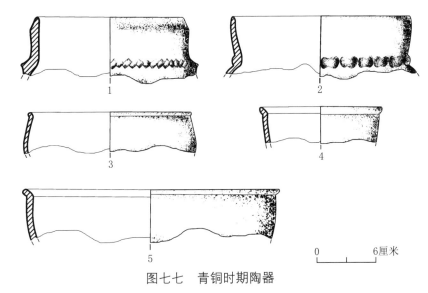

图七七   青铜时期陶器

1~3.罐（SIT105③：1、SIT105③：2、SIT105③：3）   4.壶（SIT105③：4）   5.瓮（SIT105③：5）

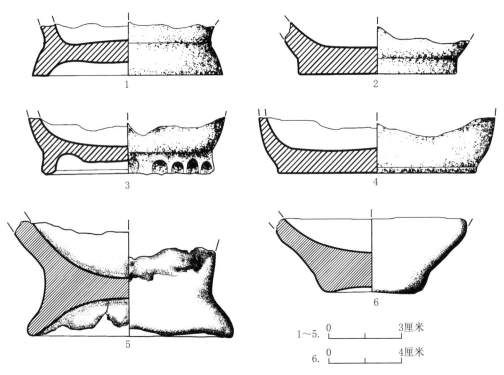

图七八   青铜时期陶器

1~4.器底（SIT105③：9、SIT105③：7、SIT105③：6、SIT105③：13）   5.钵（SIH38：3）   6.盏（SIH43：3）

　　SIT105②：1，夹砂红陶。圆锥形，平根。残高9.2、宽5.6~2.7、厚3.6厘米（图七九，1）。SIT105②：2，夹砂红陶。多棱形，平根。残高15、宽4~2.5、厚4厘米（图七九，2）。SIT105②：3，夹砂红陶。椭圆形，接平底。残高11.5、宽3.2~2.2、厚4厘米（图七九，3）。SIT105②：4，夹砂红陶。长方形。残高8.6、宽2.4、厚2.8厘米（图

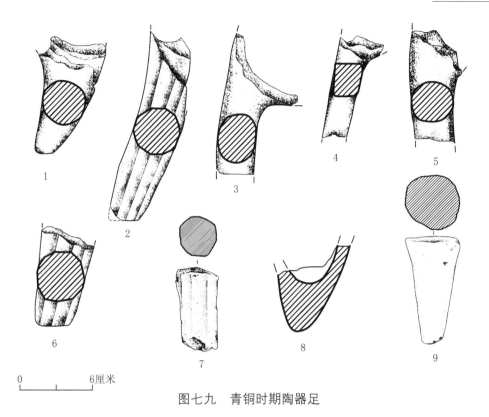

0 ⊢——⊢——⊢ 6厘米

图七九　青铜时期陶器足

1~9.SIT105②：1、SIT105②：2、SIT105②：3、SIT105②：4、SIT105②：5、SIT105②：6、SIT105②：7、SIT105②：8、SIT105③：3

七九，4）。SIT105②：5，夹砂红陶。圆柱形。残高9、直径3.4厘米（图七九，5）。SIT105②：6，夹砂红陶。多棱柱形。残高7.5、直径4.4厘米（图七九，6）。SIT105②：7，夹砂红陶。六棱形。残高4.8、直径2.8厘米（图七九，7；彩版七二，3）。SIT105②：8，夹砂红陶。圆锥袋形足。残高6、厘米（图七九，8）。SIT105③：3，红褐陶。胎夹粗砂，内灰褐，多棱锥状。直径3、高8.5厘米（图七九，9；彩版七二，4）。

　　陶盅　1件。

　　SⅢ05DT107①：1，泥质黄褐陶。敛口，尖唇，扁圆腹，平底。口径1.8、高1.9、底径1.5厘米（图八〇，1）。

　　陶纺轮　12件。

　　SⅢ05DH9：4，夹陶红褐陶。圆形。直径5、厚2、孔径1.2厘米（图八〇，2）。SⅠT101②：59，夹砂红陶，扁圆形，剖面扁梯形，平底。外径5.3、厚1.7、孔径1厘米（图八〇，3；彩版七二，5）。SⅢ05DH9：1，夹砂褐陶。扁圆珠形。直径4.9、孔径1.2、厚1.4厘米（图八〇，4）。SIT105③：3，扁圆形，残，表面中部稍凸，平底，表面饰压箆点纹。直径5.4、厚0.8、孔径0.6厘米（图八〇，5；彩版七三，1）。SⅡTG1：24，夹砂褐陶。扁圆形，残存一半，表面稍圆弧，平底。外径6.3、孔径0.8、厚1.1厘米（图八〇，6；彩版七三，2）。SⅡTG1：14，夹砂红褐陶。扁圆形。外径6、厚1.1、孔径0.8厘米（图八〇，7；彩版七二，6）。SⅢ05DH6：1，夹砂红褐陶。球顶形，平底。直径5.3、厚1.4、孔径0.6厘米（图八〇，8；彩版七三，3）。SⅢXH37：112，夹砂红褐陶，残。圆台形，表面周边有

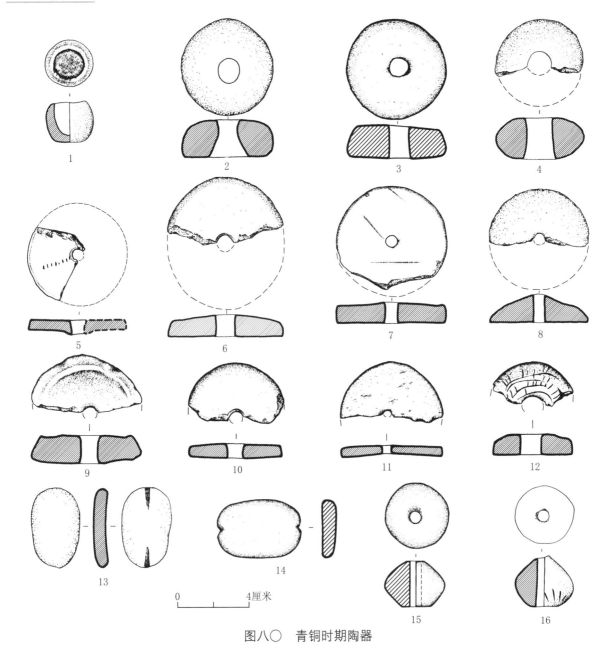

图八〇 青铜时期陶器

1.盅（S Ⅲ 05DT107①：1）　2~12、15、16.纺轮（S Ⅲ 05DH9：4、SIT101②：59、S Ⅲ 05DH9①：1、SIT302H12：1、S Ⅱ TG1：24、S Ⅱ TG1：14、S Ⅲ 05DH6：1、S Ⅲ XH37：112、S Ⅲ XF5：20、S Ⅲ XT201①：1、S Ⅲ XT202①：149、S Ⅲ 06DT2③：11、S Ⅱ X⑤：21）　13、14.网坠（S Ⅲ 04DT201②：2、SIT104①：283）

一周凸棱，中有孔，平底。直径6、孔径0.9、厚1.6厘米（图八〇，9；彩版七三，4）。S Ⅲ 04DT106②：8，夹砂红褐陶。残，圆台形，表面周边有一周凸棱，中有孔，平底。直径4.3、孔径0.8、厚0.7厘米（彩版七三，5）。S Ⅲ XF5：20，夹砂红陶。扁圆形，中部稍厚。外径5.1、厚0.8、孔径0.8厘米（图八〇，10；彩版七三，6）。S Ⅲ XT202①：1，夹砂红褐陶。扁圆形，残半。外径5.5、厚0.5、孔径0.5厘米（图八〇，11；彩版七三，7）。S Ⅲ XT201①：149，泥质灰陶。残半，表面略为圆弧，上划不规则同心圆，四周有不规则放射线纹，底面划有放射线纹。外径4.6、厚1.1、孔径1.1厘米（图八〇，12；彩版七三，8）。SⅢ06DT2③：11，夹砂褐陶。圆珠形，直径3.3、高2.5、孔径0.6厘米（图八〇，15；彩版七三，9）。SⅡX⑤：21，夹砂灰陶。圆球形，直径2.2～3.2厘米，孔径0.7厘米（图八〇，16；彩版七三，10）。

陶网坠　2件。

SⅢ04DT201②：2，夹砂红褐陶。陶片磨制，椭圆形，两端有凹槽。长4.2、宽2.6、厚0.5厘米（图八〇，13；彩版七三，11）。SIT104①：283，夹砂红褐陶。陶片磨制，椭圆形，两端有对称缺口。长4.6、宽3.1、厚0.7厘米（图八〇，14；彩版七三，12）。

2.石器

石刀　8件。

SIHG1：269，沉积岩磨制，长方形，平身，直背，直刃，一侧磨斜刃，近背部有对磨穿孔。残长7.2、高4.2、厚0.7厘米（图八一，1；彩版七四，1）。SIH57：50，青石磨制，半月形，平身，直背，直刃，刃对磨，近背部有对磨穿孔。残长9.6、高5.2、厚0.8厘米（图八一，2；彩版七四，2）。SⅢXF1：22，青石磨制，长条形，背稍弧，刃较直，两端残。刃部侧磨，背部稍窄，近背部有两钻孔。残长8.8、宽3.4、厚0.4～0.8厘米（图八一，

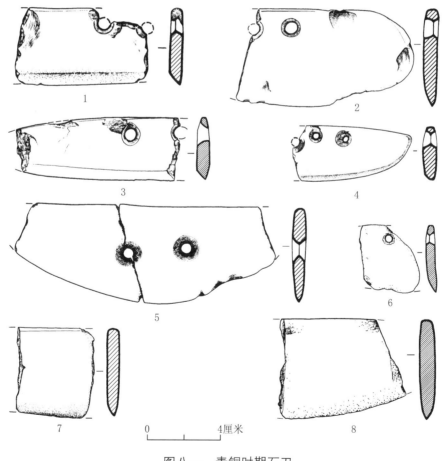

图八一　青铜时期石刀

1～8.SIHG1：269、SIH57：50、SⅢXF1：22、SIH71：57、SIT105②：55、
SⅢ02DT3⑤：67、SIH28：1、SⅢ02DT1⑤：11

3；彩版七四，3）。SIH71：57，青石磨制，弧背，弧刃，平身，近背部有对钻3孔。一侧斜刃，端圆弧。残长6.5、宽2.9、厚0.8厘米（图八一，4；彩版七四，4）。SIT105②：55，沉积岩质，半月形，直背，弧刃，对磨刃，两端残，中部有对磨双孔。残长14、宽5、厚0.8厘米（图八一，5；彩版七四，5）。SⅢ02DT3⑤：67，青石磨制，残，背平直，直刃，一侧斜刃，近背部有一对钻穿孔。残长3、高3.3、厚0.6厘米（图八一，6；彩版七四，6）。SIH128：1，磨制，直背，对磨刃，刃斜直。残长4.1、宽4.7、厚0.8厘米（图八一，7）。SⅢ02DT1⑤：11，直背，半月形，两端皆残。残长7、宽5.3、厚0.8厘米（图七二，8；彩版七四，7）。

石斧 13件。

SⅢ05DF4：1，青石，通体磨光，半圆顶，顶部有加工台面、打击点。刃对磨，稍弧，有使用痕迹。长7.0、直径5.3、厚4.7厘米（图八二，1；彩版七五，1）。SⅢ05DF4：4，平面近方形，通体磨光，顶部宽厚，为球面形。刃部稍斜，有使用崩裂的痕迹。长8.8、宽4.5、厚6.6厘米（图八二，2；彩版七五，2）。SIH43：4，残存上部，平顶，椭圆身，下残。长8.8、宽4、厚2.6厘米（图八二，3；彩版七五，3）。SⅢ04DT104②：6，青石，通体磨光，长方形，顶圆弧，有剥落痕迹。直刃对磨，有使用痕迹。长10.5、宽5.2、顶部宽4.3、厚3.2厘米（图八二，4；彩版七五，4）。SⅢ04DT203②：5，平面长方形，磨光，上端有敲击留下的痕迹。刃弧形，刃有使用时的崩痕。长11.4、宽5、厚3.7厘米（图八二，5；彩版七五，5）。SDMSG1：44，平面椭圆形，刃部残。长2.4、宽2.1、厚0.5厘米（图八二，6；彩版七五，6）。SDMSG1：8，残存下部，直刃，一面斜磨。残长2.9、宽4.5、厚0.2~1.2厘米（图八二：7；彩版七六，1）。SIF10：108，河卵石磨制，板状，残存下部，弧刃对磨。残宽7.5、残高6、厚1.9厘米（图八二，8；彩版七六，2）。SⅡX⑤：4，磨制，长方形，顶残，直刃对磨。残高7.3、宽8.0、厚3.0厘米（图八二，9；彩版七六，3）。SIT201②：10，石灰岩，长方梯形，弧刃对磨，残长9.6、宽6、厚2.2厘米（图八二，10；彩版七六，4）。SⅢ04DT304②：2，长扁方形，顶残，弧形刃对磨，有使用痕迹。残长6.1、宽7.2、厚2厘米（图八二，11；彩版七六，5）。SⅢ05DH15：6，长扁方形，顶残，直刃对磨。长8.4、宽6.7、厚1.2厘米（图八二，12；彩版七六，6）。SⅢ04DT403②：2，石质疏松，残余刃部，磨光。残高7、宽7.7、厚3厘米（图八二，13；彩版七六，7）。

石镞 2件。

SⅢ04DT203③：8，沉积页岩，磨制，近等腰三角形，两长边较锋利，尖残。残长4.4、厚0.3、宽1.7厘米（图八三，1；彩版七四，8）。SⅢXT202②：3，页岩磨制，锐三角形，锋残，凹圆底。残长3.3、宽1、厚0.2厘米（图八三，2；彩版七四，9）。

石料 1件

SⅢXH33：44，页岩，长方形，边有划割痕，两端平齐。长4、宽1.5、厚0.3厘米（图八三，3；彩版七四，10）。

石球 1件。

SIT001②：1，椭圆形，周身有敲砸痕。径7~7.5厘米（图八三，4；彩版七六，8）。

敲砸器 1件。

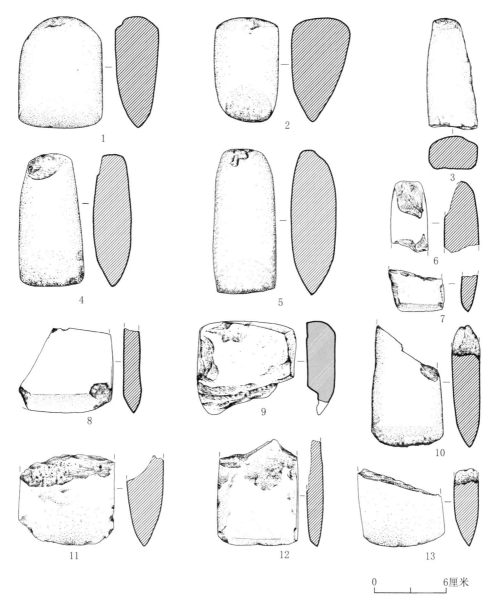

0　　　　　6厘米

图八二　青铜时期石斧

1~13.SⅢ05DF4：1、SⅢ05DF4：4、SIH43：4、SⅢ04DT104②：6、SⅢ04DT203②：5、SDMSG1：44、SDMSG1：8、SIF10：108、SⅡX⑤：4、SⅡT2②：10、SⅢ04DT304②：2、SⅢ05DH15：6、SⅢ04DT403②：2

　　SIH2：1，平面椭圆形，周身有敲砸痕。长12.2、宽9.8、厚6厘米（图八三，5；彩版七六，9）。

（三）小结

　　石台子山城一期文化的房址为半地穴式，房址内壁有柱洞地，表面有活动面。遗物有陶器、石器两类，陶器以夹砂红陶为主，还有夹砂红褐陶。陶器有鼎、鬲、罐、瓮、钵、碗、盅、纺轮及网坠等。以素面为主，饰红陶衣者少见。纹饰有按压附加堆纹，多饰于瓮、罐的颈部，器口沿多内抹斜。该期文化特征与沈阳地区的青铜时代新乐上层文化面貌相似，属新乐上层文化类型。

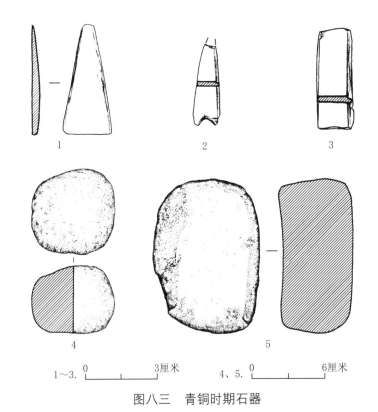

图八三　青铜时期石器

1、2.石镞（SⅢ04DT203③：8、SⅢXT202②：3）　3.石料（SⅢXH33：44）

4.石球（SIT001②：1）　5.敲砸器（SIT4H2：1）

四　二期文化（高句丽时期文化）

二期文化（高句丽时期文化）是石台子山城内最主要的文化遗存，存在于山城内各个区域，发现清理有"大型石筑建筑基址"、"瞭望台"址、居住址、窖穴、灰坑等遗迹。

（一）地层遗物

地层堆积虽然不厚，但遗物比较丰富。地层出土的遗物种类有陶器、铁器、铜器、骨角器、石器及钱币等。陶器以泥质陶为主，还有夹砂陶、釉陶等，器类有瓮、罐、盆、甑、壶、盘、钵、盏、盅、纺轮、网坠和圆陶片等。铁器有镞、甲片、盔片、刀、矛、削、匕首、斧、镰、犁、镢、铲、锥、钻、钉、渔钩、挂钩、带扣、扣手、环、马衔及马镳等。铜器有带扣、尾铊、簪、戒指、镯、饰件等。骨器有骨柄、有骨锥、骨镳及纺轮等。石器有纺轮、弹丸、网坠、有孔石器、砺石及石臼等。钱币有剪轮五铢和隋五铢。因发掘区内的地层堆积不相同，现分区域对出土遗物作以介绍。

SI区地层出土遗物

遗物有陶器、铁器、铜器及骨器等。

SI区第①层出土遗物

陶器

陶瓮　14件。有侈口瓮、直口瓮2型。

A型　12件。侈口瓮，有5式。

Ⅰ式，3件。广口，唇面外圆，束颈。SIT101①：1，泥质灰黑陶。口径63、残高6.5、壁厚1厘米（图八四，1）。SIT101①：2，泥质灰黑陶。口径30、残高4、壁厚1厘米（图八四，2）。SIT101①：3，泥质灰黑陶。口径30、残高6、壁厚0.6厘米（图八四，4）。

Ⅱ式，4件。SIT103①：5，泥质灰陶。束颈，圆肩。口径38、残高6、壁厚1厘米（图八四，7）。SIT105①：11，泥质灰陶。口径37、残高7、壁厚0.8厘米（图八四，8）。SIT105①：7，泥质灰陶。口径26、残高6、壁厚0.5厘米（图八四，10）。SIT103①：6，泥质灰陶。唇面按压一周凹窝纹，束颈。口径31、残高4、壁厚0.7厘米（图八四，9）。

Ⅲ式，1件。广口，尖唇，唇面下尖，短束颈。SIT102①：4，泥质灰陶。斜肩。口径

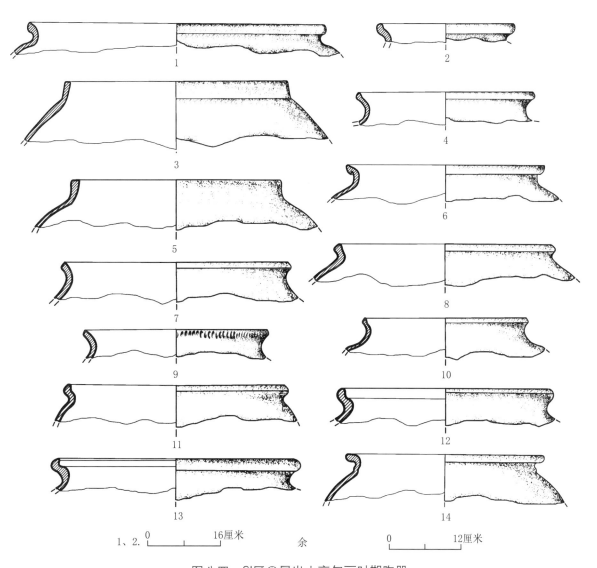

1、2. ——————0————16厘米　　余　　0————12厘米

图八四　SⅠ区①层出土高句丽时期陶器

1、2、4.A型Ⅰ式瓮（SIT101①：1、SIT101①：2、SIT101①：3）　3、5.B型Ⅰ式瓮（SIT101①：13、SIT105①：14）　6.
A型Ⅲ式瓮（SIT102①：4）　　7、8、9、10.A型Ⅱ式瓮（SIT103①：5、SIT105①：11、SIT103①：6、SIT105①：
7）　11~13.A型Ⅳ式瓮（SIT104①：8、SIT104①：9、SIT105①：10）　14.A型Ⅴ式瓮（ST102①：12）

33、残高7、壁厚0.8厘米（图八四，6）。

Ⅳ式，3件。唇面外圆，上尖唇，唇内有一周凹带。SIT104①：8，泥质灰陶。束颈，圆肩。口径38、残高6、壁厚1厘米（图八四，11）。SIT104①：9，泥质灰陶。束颈，圆肩。口径36、残高5、壁厚1厘米（图八四，12）。SIT105①：10，泥质灰褐陶。侈口，圆唇，唇内凹，短束颈，圆肩。口径40、残高6、壁厚0.9厘米（图八四，13）。

Ⅴ式，1件。外平折沿，圆唇，短束颈。斜肩。SIT102①：12，泥质灰陶。口径33、残高8、壁厚0.8厘米（图八四，14）。

B型　2件。直口瓮。

Ⅰ式，平唇，直领，溜肩。SIT101①：13，泥质黑陶。口径38、残高11、壁厚0.7厘米（图八四，3）。SIT105①：14，泥质灰陶。口径36、残高8、壁厚0.6厘米（图八四，5）。

陶罐　14件。有3型。

A型　10件。侈口罐，有4式。

Ⅰ式，2件。束颈，小口，唇面有一周弦纹呈重唇。SIT104①：22，泥质灰陶，外折沿，重尖唇，圆肩。口径16、残高15、壁厚0.5厘米（图八五，1）。SIT105①：23，泥质灰陶。侈口，重尖唇，短束颈，圆肩。口径18、残高4、壁厚0.5厘米（图八五，2）。

Ⅱ式，5件。侈口，圆唇。束颈。SIT101①：15，泥质灰陶。圆肩。口径18、残高8、壁厚0.5厘米（图八五，3）。SIT104①：16，泥质灰陶。圆肩。口径23、残高8、壁厚0.5厘米（图八五，4）。SIT103①：17，泥质灰陶。斜肩。口径14、残高6、壁厚0.5厘米（图八五，5）。SIT103①：18，泥质灰陶。短直领，圆肩。口径24、残高5、壁厚0.7厘米（图八五，6）。SIT103①：20，泥质灰陶。束颈，圆肩。口径13、残高5、壁厚0.5厘米（图八五，7）。

Ⅲ式，2件。侈口，尖唇，短直颈。SIT101①：19，泥质黑陶。束颈，圆肩。口径12、残高5、壁厚0.5厘米（图八五，8）。SIT105①：21，泥质红陶。短束颈，圆肩。口径13、残高7、壁厚0.5厘米（图八五，9）。

Ⅳ式，1件。唇面外圆，内尖唇，唇内有凹带。SIT105①：24，泥质红褐陶。短束颈，圆肩。口径28、残高6、壁厚0.5厘米（图八五，10）。

B型　3件。直口罐，分2式。

Ⅰ式，2件。唇内尖，短直领，广肩。SIT102①：27，泥质灰陶。口径22、残高7、壁厚0.5厘米（图八五，11）。SIT105①：28，泥质红褐陶。口径26、残高5、壁厚0.5厘米（图八五，12）。

Ⅱ式，1件。平唇内尖，短直口，广肩。SIT102①：26，泥质灰陶。口径18、残高5、壁厚0.4厘米（图八五，13）。

Ⅲ式　1件。SIT101①：25，泥质灰陶。展沿罐，侈口，尖唇，束颈。口径30、残高5、壁厚0.6厘米（图八五，14）。

陶盆　11件。

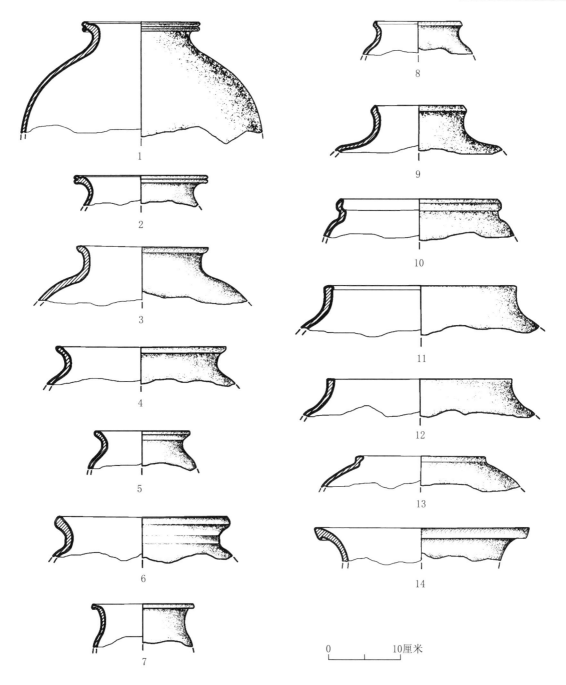

图八五 SI区①层出土高句丽时期陶罐

1、2.A型I式（SIT104①：22、SIT105①：23） 3~7.A型II式（SIT101①：15、SIT104①：16、SIT103①：17、SIT103①：18、SIT103①：20） 8、9.A型III式（SIT101①：19、SIT105①：21） 10.A型IV式（SIT105①：24） 11、12.B型I式（SIT102①：27、SIT105①：28） 13.B型II式（SIT102①：26） 14.B型III式（SIT101①：25）

均为A型盆。陶盆除底部无甑孔外，其口沿和腹部特征与陶甑相仿，下述标本或有之。

A型 敞口盆，有5式。

I式，5件。沿外折，唇外面有一周弦纹，呈重唇，稍束领。SIT101①：8，泥质灰陶。口径49、残高9、壁厚0.6厘米（图八六，1）。SIT102①：10，泥质灰陶。斜收腹。口径

28、残高7、壁厚0.5厘米（图八六，2）。SIT104①：5，泥质灰黑陶。口径38、残高6、壁厚0.6厘米（图八六，3）。SIT101①：9，泥质灰陶。腹圆收。口径37、残高10、壁厚0.6厘米（图八六，4）。SIT104①：1，泥质灰陶。口径38、残高8、壁厚0.6厘米（图八六，5）。

Ⅱ式，3件。侈口，稍外折沿，重尖唇，短束领，稍折腹。SIT102①：2，泥质灰陶，斜收腹。口径42、残高6、壁厚0.5厘米（图八六，7）。SIT102①：8，泥质灰陶。口径30、残高6、壁厚0.5厘米（图八六，8）。SIT102①：5，泥质灰陶。口径29、残高6、壁厚0.5厘米（图八六，10）。

Ⅲ式，1件。稍侈口，沿稍外折，斜腹。SIT101①：11，泥质灰陶。口径38、残高7、壁厚0.7厘米（图八六，6）。

Ⅳ式，2件。侈口，折沿，尖唇，束颈。SIT104①：5，泥质红褐陶。口径37、残高5、壁厚0.5厘米（图八六，9）。SIT104①：3，泥质灰陶。口径38、残高6、壁厚0.6厘米（图

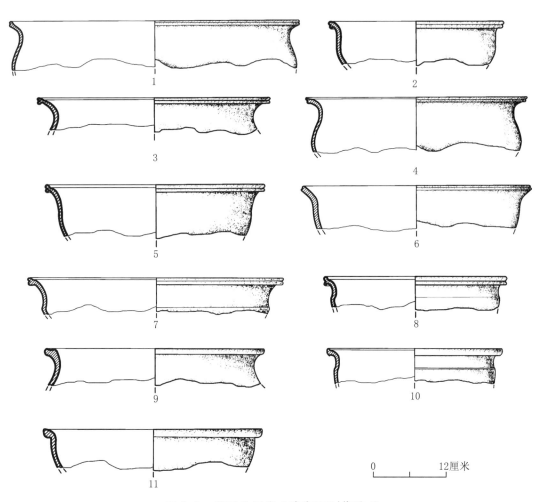

图八六　SⅠ区①层出土高句丽时期陶盆

1~5.A型Ⅰ式（SIT101①：8、SIT102①：10、SIT104①：5、SIT101①：9、SIT104①：1）　6.A型Ⅲ式（SIT101①：11）　7、8、10.A型Ⅱ式（ST102①：2、ST102①：8、ST102①：5）　9、11.A型Ⅳ式（SIT104①：5、SIT104①：3）

八六，11）。

陶碗 1件。

A型IV式，侈口，方唇。SIT101①：5，泥质黑陶。斜收腹，底残。口径13、残高7、壁厚0.6厘米（图八七，1）。

陶钵 1件。

A型I式，圆唇，圆腹。SIT201①：8，泥质红褐陶。圆腹钵。手制轮修，火候高。平底，矮圈足。口径8、高4、底径5.4、壁厚0.8～1.2厘米（图八七，2；彩版七七，1）。

陶盘 1件。

B型I式，敞口，平唇。SIT105①：10，泥质灰陶。深腹盘。唇面有一周凹弦纹，深腹斜收，平底。口径56.2、高8、底径40、壁厚0.9厘米（图八七，3；彩版七七，2）。

陶纺轮 2件。

SIT001①：144，泥质黄褐陶。平顶平底，扁圆形。直径3.9、厚1.6、孔径1.6厘米（图八七，4；彩版七七，3）。SIT105①：8，泥质黑陶。表面稍圆弧，平底，中有穿孔。直径4.4、厚1.7、孔径1.5厘米（图八七，5；彩版七七，4）。

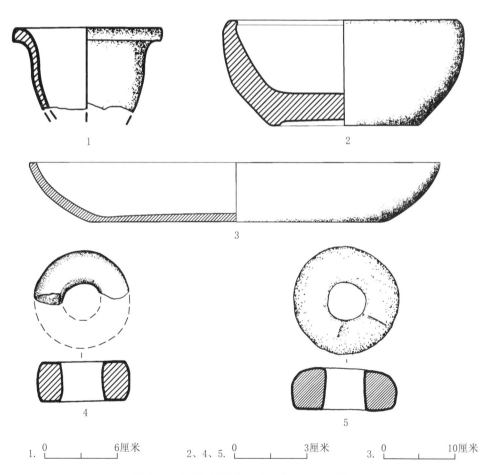

图八七 SI区①层出土高句丽时期陶器

1.A型IV式碗（SIT101①：5） 2.A型I式钵（SIT201①：8） 3.B型I式盘（SIT105①：10） 4、5.纺轮（SIT001①：144、SIT105①：8）

铁 器

铁镞　16件。有4型。

A型　4件。圭形锋镞,有2式。

Ⅰ式,3件。圭形短锋,长镞身,方铤。SIT101①：56,锋残,扁方长身。身长8.5、宽0.6、厚0.4、铤长5.7、通长14.7厘米(图八八,1;彩版七八,1)。SIT201①：9,锋剖面扁梯形,长方身。镞锋长1.3、宽0.6、厚0.1、身长10.6、宽0.7、厚0.5、铤长1.9、通长13.8厘米(图八八,4;彩版七八,2)。SIT105①：5,锋剖面扁椭圆形,扁方长身,铤残。锋长1.6、宽0.7、厚0.3、身宽0.5、厚0.4厘米(图八八,5;彩版七八,3)。

Ⅱ式,1件。圭形长锋,长方形镞身。SIT201①：4,长方身,锥形方铤。镞锋长2.4、宽0.6、厚0.2、身长11.4、宽0.5、厚0.4、铤长8.4、通长22.2厘米(图八八,3;彩版七八,4)。

B型　2件。方锥形锋镞。

Ⅰ式,2件。SIT001①：33,铤残。锋长3、宽0.7、铤长3、宽3、通长6厘米(图八八,8;彩版七八,5)。SIT001①：117,方锥形铤,已折曲。锋长3.5、宽0.8、铤长3、宽3、通长6.5厘米(图八八,10;彩版七八,6)。

C型　7件。矛形锋镞,分3式。

Ⅰ式,2件。镞锋稍长,锋剖面近方形。SIT201①：3,锋稍残,圆铤。锋长4.6、宽0.7、厚0.6、铤长1.4、径0.5、通长6厘米(图八八,9;彩版七八,7)。SIT201①：6,锋部残,方铤。锋残长4、宽1、厚0.6、铤长4、宽0.3、通长8厘米(图八八,11;彩版七八,8)。

Ⅱ式,1件。长锋,剖面棱形,收短方身,方铤。SIT302①：15,棱形锋,长方身,方铤。锋长5、宽1、厚0.9、身长3.3、铤残长1.7、通长10厘米(图八八,15;彩版七八,9)。

Ⅲ式,4件。矛形长锋,收长圆身,后部渐粗,方铤。SIT302①：12,镞身已折曲。锋长5.1、宽0.9、厚0.45、身长7.2、铤残长2、通长14.3厘米(图八八,12;彩版七八,10)。SIT302①：16,锋长4.7、宽0.9、厚0.4、身长6.3、铤长12.1、通长23.1厘米(图八八,16;彩版七九,1)。SIT302①：13,锋长4.7、宽0.9、厚0.5、身长7.1、铤残长3.1、通长14.9厘米(图八八,13;彩版七九,2)。SIT302①：14,铤残。锋长4.8、宽0.9、厚0.5、身长6.2、铤残长2.1、通长13.1厘米(图八八,14;彩版七九,3)。

D型　3件。叶形镞,分3式。

Ⅰ式,1件。柳叶形,镞锋稍长,剖面扁菱形,中有凸脊。SIT105①：1,方铤,残。锋长3.5、宽1.2、厚0.4、铤长2、宽0.3厘米(图八八,2;彩版七九,4)。

Ⅱ式,1件。宽叶形,扁平近三角形,侧锋有倒钩。SIT201①：10,扁方长身,方锥形铤。锋长2.3、残宽2、厚0.3、身长2.5、宽0.7、厚0.3、铤长7、宽0.3、通长11.8厘米(图八八,6;彩版七九,5)。

Ⅲ式,1件。宽菱形,镞锋扁平。SIT201①：16,圆锥形铤。锋长5.1、中宽2.5、厚0.2、铤长5.7、宽0.3、通长10.8厘米(图八八,7;彩版七九,6)。

铁甲片　按形状可分长舌形、长条形、宽舌形、长方形。

长舌形,3件。平顶圆角,直边,身稍折曲,底圆弧。SIT001①：143,顶有横双孔,两侧、中部有竖孔。长5.2、宽2、厚0.2厘米(图八九,1;彩版七九,7)。SIT104①：249,

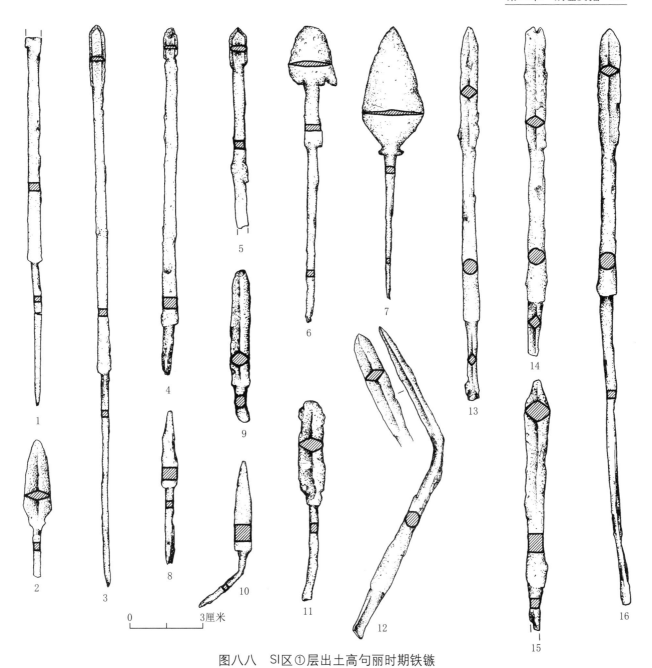

图八八　SI区①层出土高句丽时期铁镞

1、4、5.A型I式（SIT101①：56、SIT201①：9、SIT105①：5）　2.D型I式（SIT105①：1）　3.A型Ⅱ式（SIT201
①：4）　6.D型Ⅱ式（SIT201①：10）　7.D型Ⅲ式（SIT201①：16）　8、10.B型I式（SIT001①：33、SIT001①：
117）　9、11.C型I式（SIT201①：3、SIT201①：6）　12～14、16.C型Ⅲ式（SIT302①：12、SIT1302①：13、
SIT302①：14、SIT302①：16）　15.C型Ⅱ式（SIT302①：15）

顶部有横双孔，侧边、底部有竖双缀合孔。长5、宽2、厚0.2厘米（图八九，2）。SIT001
①：52，顶有横双孔，侧边和底部有竖双孔。长5、宽2.4、厚0.2厘米（图八九，3；彩版
七九，8）。

　　长条形，6件。平顶抹角，直边，底稍圆弧。SIT104①：206，身折曲，侧边有竖双缀
合孔。残长5.4、宽2.4、厚0.15厘米（图八九，4）。SIT104①：205，残，直边，身平直，

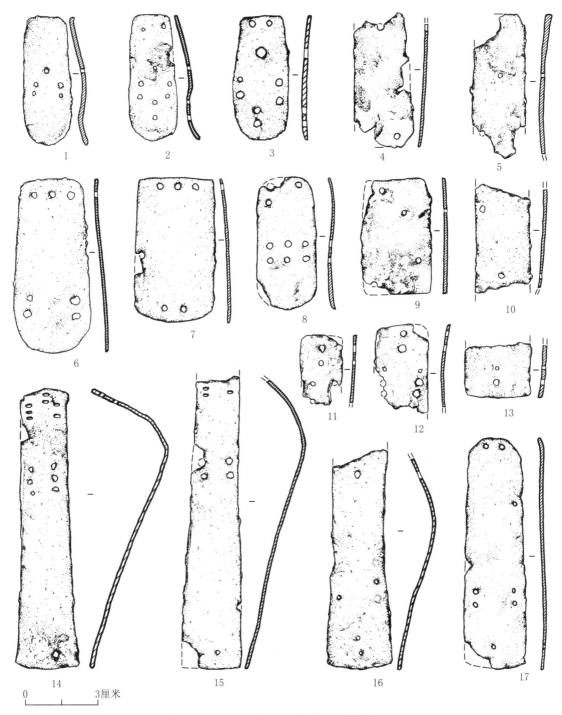

图八九　SI区①层出土高句丽时期铁器

1～3.长舌形铁甲片（SIT001①：143、SIT104①：249、SIT001①：52）　4、5、10、16、17.长条形铁甲片（SIT104
①：206、SIT104①：205、SIT104①：203、SIT104①：97、SIT104①：4）　6～8.宽舌形铁甲片（SIT104①：182、
SIT104①：149、SIT001①：141）　9、13.长方形铁甲片（SIT001①：144、SIT104①：204）　11、12、14、15.铁盔
片（SIT104①：201、SIT104①：202、SIT104①：150、SIT104①：145）

有缀合孔。残长5.8、宽2.5、厚0.2厘米（图八九，5）。SIT104①：203，长条形，残，直
边，身稍曲，侧边、底部有缀合孔。残长4.3、宽2.3、厚0.15厘米（图八九，10）。SIT104

①：97，残长10.4、宽2.6、厚0.15厘米（图八九，16）。SIT104①：4，身平直，顶部有3孔，侧边、底部有竖双缀合孔。长9.2、宽2.5、厚 0.15厘米（图八九，17）。SIT104①：198，平顶抹角，直边，底稍圆弧，身折曲，侧边有竖双缀合孔。残长5.4、宽2.4、厚0.15厘米（图九〇，1）。

宽舌形，3件。SIT104①：182，平顶圆角，直边，底圆弧，平身稍曲，顶部有横双孔。长7、宽3.2、厚0.2厘米（图八九，6；彩版八〇，1）。SIT104①：149，平顶，直边，底稍圆弧，身稍内曲，顶部有横3孔，侧边、底部有竖横双缀合孔。长5.8、宽3.5、厚0.15厘米（图八九，7；彩版八〇，2）。SIT001①：141，两端圆弧，直边，身稍曲，顶有横双孔，中部有3竖孔。长5.3、宽2.5、厚0.2厘米（图八九，8；彩版八〇，3）。

长方形，2件。SIT001①：144，平顶，直边，平身稍折曲。两侧、中部有孔。长5.2、宽2、厚0.2厘米（图八九，9）。SIT104①：204，残半，直边，底稍圆弧，身平直，底部有竖双缀合孔。残长2.2、宽2.8、厚0.2厘米（图八九，13）。

铁盔片　4件。

均长条形，平顶抹角，直边，一宽下窄，底边稍弧。身折曲，顶部、侧边、底部有竖双缀合孔。SIT104①：201，残长2.8、宽2、厚0.15厘米（图八九，11）。SIT104①：202，残长3.5、宽2.5、厚0.15厘米（图八九，12）。SIT104①：150，长11、上宽1.9、下宽2.5、厚0.15厘米（图八九，14；彩版七九，10）。SIT104①：145，长11.8、上宽2、下宽2.4、厚0.15厘米（图八九，15；彩版七九，9）。

铁钻　1件。

SIT001①：1，锻制，钻尖部方锥形，后部拧成螺纹状，身折曲。钻头长2.5、宽4、柄长7.7、径0.5厘米（图九〇，2；彩版八〇，4）。

铁挖勺　1件。

SIT105①：10，打制，勺圆凹，曲柄。勺宽0.6、柄长4.9、通长5.3厘米（图九〇，3；彩版八〇，5）。

铁带扣　3件。

SIT105①：4，残存带头，宽舌形，部面椭圆。宽4、直径0.7厘米（图九〇，4；彩版八〇，6）。SIT302①：1，长方形，两层铁片中空铆合，表层稍厚，四边倒角，底面平一侧有长方形穿。长3.3、宽2.8、厚0.9、孔长1.5、宽0.5厘米（图九〇，14；彩版八〇，15）。SIT303①：2，宽舌形，两层铁片中空铆合，周边倒角，一侧有长方形穿。长2.8、宽2、孔长1.5、宽0.5、厚0.6厘米（图九〇，13；彩版八〇，16）。

铁环　2件。

SIT105①：5，圆形，剖面长方形。直径2.6、环宽0.5、厚0.3厘米（图九〇，5；彩版八〇，7）。SIT105①：8，椭圆形，剖面长方形。外径2.5～5.5、环径0.5厘米（图九〇，6；彩版八〇，8）。

椭圆形铁片　1件。

SIT105①：2，直径4.6～6.2、厚0.2厘米（图九〇，7；彩版八〇，9）。

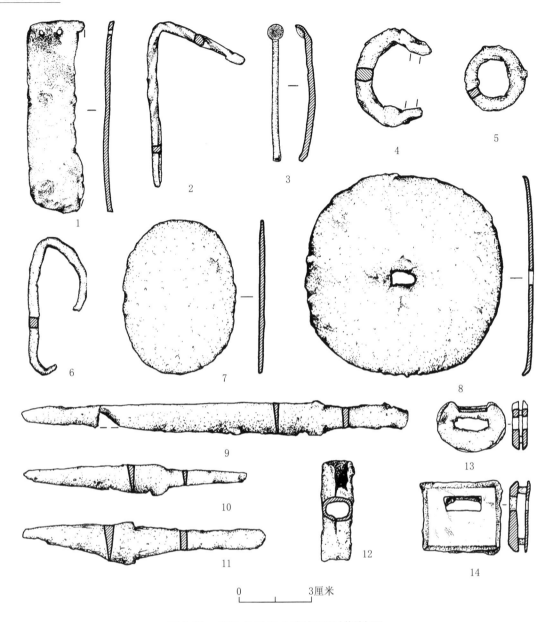

图九〇　SI区①层出土高句丽时期铁器

1.长条形铁甲片（SIT104①：198）　2.钻（SIT001①：1）　3.挖勺（SIT105①：10）　4、13、14.带扣（SIT105①：4、SIT303①：2、SIT302①：1）　5、6.环（SIT105①：5、SIT105①：8）　7.椭圆形铁片（SIT105①：2）　8.带扣托盘（SIT104①：246）　9~11.削（SIT104①：67、SIT001①：159、SIT302①：11）　12.铁器帽（SIT302①：4）

带扣托盘　1件。

SIT104①：246，扁圆片，周缘内折曲，中部有长方形穿孔。直径8、厚0.2、孔长1、宽0.5厘米（图九〇，8；彩版八〇，10）。

铁削　3件。

SIT104①：67，锋圆钝，直背，斜直刃，收直柄。刃长12.3、宽1.4、背厚0.3、柄长3.6、宽0.8、厚0.3、通长16厘米（图九〇，9；彩版八〇，11）。SIT001①：159，直背，斜直刃，收直柄。身长5.6、宽1.2、背厚0.3、柄长3、通长9.3厘米（图九〇，10；彩版八〇，12）。SIT302①：11，直背斜锋，束收直柄。刃长4.5、宽1.6、背厚0.4、柄长5.5、通长10厘米（图九〇，11；彩版八〇，13）。

铁器帽 1件。

SIT302①：4，铁片卷合，椭圆形，顶部闭合，中空。长4、宽1.3、厚0.2厘米（图九〇，12；彩版八〇，14）。

铁铆件 1件。

SIT302①：250，长方形，一端有双圆形铆钉。长5.4、宽2.7、厚0.2厘米。

铜器

铜穿挂件 1件。

SIT102①：137，长圆身，残，顶端有圆穿孔。残长4.2、直径0.3厘米（图九一，1；彩版七七，5）。

五铢钱 1枚。

SIT102①：224，"五"字圆折，"铢"字残。边郭厚0.1、宽0.2、孔边长0.6、钱径2.35厘米。

骨角器

角柄 1件。

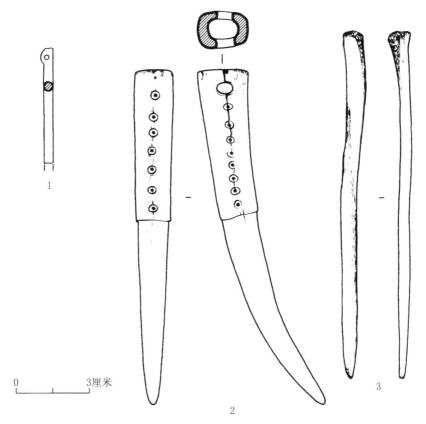

图九一 S I 区①层出土高句丽时期器物

1.铜穿挂件（SIT102①：137） 2.角柄（SIT201①：12） 3.骨锥（SIT101①：51）

SIT201①：12，动物角制，打磨精致，后部圆曲成锥状，柄端部有两对称穿孔，内中空，四面饰有7~8个重圈点纹。长14.4、宽1.9、厚1.5厘米（图九一，2；彩版七七，6）。

骨锥　1件。

SIT101①：51，长身，剖面三角形，锋部椭圆形。长13.7、宽0.6、厚0.5厘米（图九一，3；彩版七七，7）。

SI区②层出土遗物

遗物有陶器、铁器、铜器、骨角器、石器等。

陶器

陶器有瓮、罐、盆、盘、钵、甑、盒、纺轮及陶坠等。

陶瓮　7件。口沿6件，1件可复原。有2型。

A型　6件。侈口瓮，有3式。

Ⅰ式，3件。折外沿，圆尖唇，束颈，广肩。SI06T4②：5，泥质灰黑陶。唇面凸棱，短束领，长圆腹下收平底。高61.6、口径33.8、底径27.4、壁厚1厘米（图九二，1；彩版八一，1）。SIT103②：1，泥质褐陶。内尖唇。口径43、残高7、壁厚1厘米（图九二，2）。SIT105②：1，泥质灰褐陶。口径34、残高6、壁厚0.7厘米（图九二，3）。

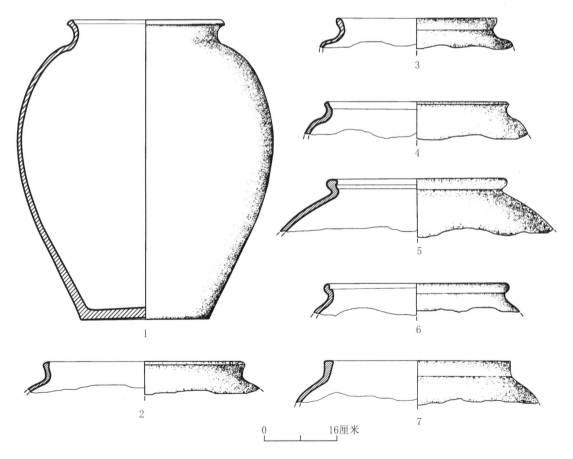

0   16厘米

图九二　SI区②层出土高句丽时期陶瓮

1~3.A型Ⅱ式（SI06T4②：5、SIT103②：1、SIT105②：1）　4.A型Ⅲ式（SIT102②：3）　5、6.A型Ⅳ式（SIT102②：1、SIT102②：2）　7.B型Ⅰ式（SIT104②：2）

Ⅲ式，1件。外折沿，方尖唇，束颈，广肩。SIT102②：3，泥质灰陶。侈口，尖唇，外唇面有棱，束颈。口径34.5、残高8、壁厚0.7厘米（图九二，4）。

Ⅳ式，2件。广口，圆唇，唇内尖有凹弦纹，束颈。SIT102②：1，泥质灰陶。口径38.2、残高12、壁厚0.8厘米（图九二，5）。SIT102②：2，泥质灰陶。口径38.4、残高6、壁厚0.8厘米（图九二，6）。

B型　1件。

Ⅰ式，直口瓮，平唇内尖，短直领，圆肩。SIT104②：2，泥质灰陶。口径39、残高8、壁厚1厘米（图九二，7）。

C型　1件。

Ⅰ式，圆唇，唇内有凹带，短束颈，斜肩。标本SIT102②：19，夹砂灰褐陶。口径38、残高8.6、壁厚0.9厘米。

陶罐　12件。有4型。

A型　6件。侈口罐，有2式。

Ⅱ式，5件。侈口，沿外侈，圆唇，束颈。SIT101②：14，泥质灰陶。口径24、残高8、壁厚0.5厘米（图九三，1）。SIT101②：5，泥质灰陶。口径18、残高8、壁厚0.5厘米（图九三，2）。SIT101②：4，泥质灰陶。小口。口径10、残高5、壁厚0.5厘米（图九三，3）。SIT101②：10，泥质灰陶。口径18、残高5、壁厚0.5厘米（图九三，4）。SIT4②：51，泥质红陶。口径21、腹径24厘米（图九三，12）。

Ⅳ式，1件。侈口，尖唇，唇内有凹带，短直颈。ＳⅠＴ102②：5，泥质灰黑陶。广口，短直颈，肩有凸棱。口径36、残高7、壁厚0.7厘米（图九三，7）。

B型　3件。直领罐，分2式。

Ⅰ式，1件。短直领，平唇。SIT101②：11，泥质灰陶。溜肩。口径21、残高7、壁厚0.5厘米（图九三，5）。

Ⅱ式，1件。直口，尖唇。SIT101②：7，泥质灰陶。广肩。口径24、残高6、壁厚0.5厘米（图九三，6）。

Ⅲ式，1件。短直领，平唇，斜肩。SIT101②：8，泥质灰陶。斜尖唇，唇下有一周凹弦纹，圆肩。口径24、残高8、壁厚0.5厘米（图九三，8）。

C型　1件。

Ⅰ式，敛口罐。SIT102②：6，泥质灰陶。圆唇，短斜领，圆肩。口径26、残高8、壁厚0.7厘米（图九三，9）。

D型　1件。

Ⅰ式，直腹罐。SIT102②：4，泥质灰陶。敛口，平唇，直腹。口径14、残高5、壁厚0.4厘米（图九三，10）。

陶壶　1件。

A型Ⅰ式，小盘口，短束颈，广肩，肩略折，斜腹下收，平底。SIT302②：1，夹滑石黄褐陶。肩部饰划压水波纹与弦纹。口径11.6、底径18、高36.4厘米（图九三，11；彩版八一，2）。

陶盆　10件。1件可复原。除底部无甑孔外，其口沿和腹部特征与陶甑相仿，下述标本中底部不存者或有甑。有2型。

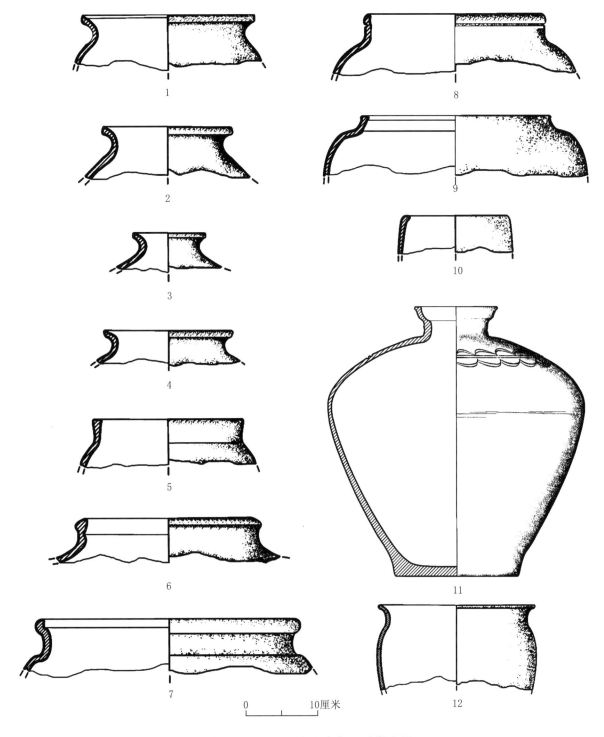

图九三 SI区②层出土高句丽时期陶器

1~4、12.A型Ⅱ式罐（SIT101②：14、SIT101②：5、SIT101②：4、SIT101②：10、SIT4②：51）　5.B型Ⅰ式罐
（SIT101②：11）　6.B型Ⅱ式（SIT101②：7）　7.A型Ⅳ式罐（SIT102②：5）　8.B型Ⅲ式罐（SIT101②：8）
9.C型Ⅰ式罐（SIT102②：6）　10.D型Ⅰ式罐（SIT102②：4）　11.盘口壶（SIT302②：1）

A型　折沿盆，有5式。

Ⅰ式，2件。外折平沿，重唇。SIT101②：3，泥质灰陶。重尖唇，圆腹。口径37、残

高7、壁厚0.6厘米（图九四，1）。SIT105②：1，泥质灰陶。侈口，外折沿，重尖唇，斜收腹。口径34、残高6、壁厚0.6厘米（图九四，2）。

Ⅱ式，1件。外展沿，重唇。SIT105②：6，泥质灰陶。侈口，唇面有凹弦纹呈重唇，束领，稍折腹，口径34、残高9、壁厚0.6厘米（图九四，3）。

Ⅲ式，1件。外展沿，方唇上尖。SIT101②：2，泥质灰陶。斜尖唇稍束领，圆腹。口径40、残高8、壁厚0.6厘米（图九四，4）。

Ⅳ式，2件。平折沿，圆唇。SIT105②：4，泥质灰陶。斜收腹。口径40、残高8、壁厚0.6厘米（图九四，5）。SIT105②：9，泥质灰陶。圆腹。口径32、残高8、壁厚0.5厘米（图九四，6）。

Ⅴ式，3件。外展沿，尖唇。SIT101②：15，泥质灰陶。圆腹。口径44、残高12、壁厚0.6厘米（图九四，7）。SIT101②：18，泥质灰陶。侈口，束领，圆腹。口径44、残高10、壁厚0.6厘米（图九四，8）。SIT105②：3，泥质灰陶。侈口，外折沿，上尖唇，圆折腹。斜收，腹外饰暗压弦纹。口径46、残高8、壁厚0.6厘米（图九四，9）。

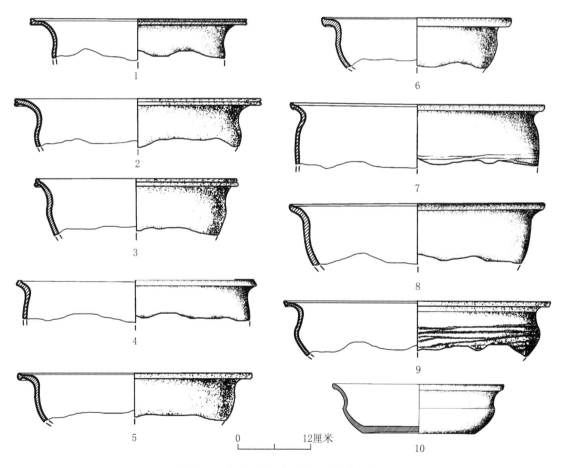

图九四　SI区②层出土高句丽时期陶盆

1、2.A型Ⅰ式（SIT101②：3、SIT105②：1）　3.A型Ⅱ式（SIT105②：6）　4.A型Ⅲ式（SIT101②：2）　5、6.A型Ⅳ式（SIT105②：4、SIT105②：9）　7~9.A型Ⅴ式（SIT101②：15、SIT101②：18、SIT105②：3）　10.B型Ⅰ式（SIT102②：267）

B型 1件。

Ⅰ式,1件。折腹盆,侈口,外展沿,圆唇上尖唇,束颈,折腹。SIT102②：267,泥质灰陶。斜收腹,平底。口径28、高17、底径20、壁厚0.6厘米（图九四,10；彩版八一,3）。

陶盘 11件。有浅腹盘、深腹盘2型。

A型 9件。浅腹盘,分5式。

Ⅰ式,2件。敞口,平唇,浅腹,平底。SIT104②：18,灰砂黑灰陶。口径25、高3.3、壁厚1.4厘米（图九五,1；彩版八一,4）。SIT105②：260,泥质灰陶。口径23.1、高3.1、底径20.1、壁厚0.8厘米（图九五,2；彩版八一,5）。

Ⅱ式,2件。圆唇,浅腹,平底。SIT105②：265,泥质灰陶。口径17.8、高2.6、底径15、壁厚0.6厘米（图九五,3；彩版八一,6）。SIT102②：148,泥质灰陶。口径20、高4、底径18、壁厚0.6厘米（图九五,4）。

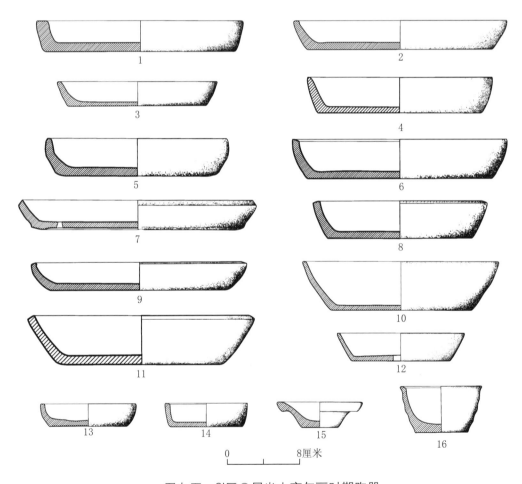

图九五 SI区②层出土高句丽时期陶器

1、2.A型Ⅰ式盘（SIT104②：18、SIT105②：260） 3、4.A型Ⅱ式盘（SIT105②：265、SIT102②：148） 5.A型Ⅲ式盘（SIT105②：145） 6.A型Ⅳ式盘（SIT001西扩②：262） 7~9.A型Ⅴ式盘（SIT104②：150、SIT105②：7、SIT102②：149） 11.B型Ⅰ式盘（SIT102②：150） 10.B型Ⅱ式盘（SIT102②：263） 12.有孔盘（SIT105②：151） 13、15.盏（SIT101②：259、SIT103②：146） 14.釉陶盏（SIT104②：147） 16.Ⅰ式碗（SIT201②：2）

Ⅲ式，1件。圆唇，直口，折腹，平底。SIT105②：145，泥质灰陶。深腹。口径22.4、高5.2、底径16、壁厚0.8厘米（图九五，5；彩版八一，7）。

Ⅳ式，1件。内斜尖唇，浅腹，平底。　SIT001西扩②：262，泥质灰陶。口径24、高5.2、底径17.8、壁厚0.9厘米（图九五，6）。

Ⅴ式，3件。外斜尖唇。SIT104②：150，泥质灰陶。削足根，底稍凹。底部边缘有穿孔。直径25、高3.2、底径23.6厘米（图九五，7；彩版八二，1）。SIT105②：7，泥质灰陶。口径18、高4、底径16、壁厚0.8厘米（图九五，8；彩版八二，2）。SIT102②：149，泥质灰陶。敞口，斜腹，平底，口径24、高5.5、底径20、壁厚0.5厘米（图九五，9）。

B型　2件。斜腹盘，分2式。

Ⅰ式，1件。圆唇。SIT102②：150，灰黑陶。口径21.6、高5.2、底径15.3、壁厚0.6厘米（图九五，10）。

Ⅱ式，1件。外斜尖唇。SIT001②：263，泥质灰陶。口径24、高5.1、底径18、壁厚0.5厘米（图九五，11；彩版八二，3）。

有孔陶盘　1件。

SIT105②：151，泥质灰陶。敞口，圆唇，斜直腹，平底。底部正中部有一圆孔。口径14、高3、底径16、壁厚0.4、孔径1.1厘米（图九五，12；彩版八二，4）。

陶盏　2件。

SIT101②：259，直口，平唇，折腹圆收，平底稍凹。口径10.5、高2.4、底径10.6厘米（图九五，13；彩版八二，5）。SIT103②：146，泥质黄褐陶。敞口，尖唇，斜腹，平底。口径9.4、高2.7、底径4厘米（图九五，15；彩版八二，6）。

釉陶盏　1件。

SIT104②：147，直口，平唇，直腹，平底。通体施青褐釉。口径9.2、高2.2、底径9厘米（图九五，14；彩版八二，7）。

陶碗　1件。

Ⅰ式，内抹尖唇，斜腹，平底。SIT201②：2，泥质黑陶。手制，器壁较厚，火候略低，外腹部有不明显的凹带。口径8.5、高4.5、底径5.6、壁厚0.8~1厘米（图九五，16；彩版八二，8）。

陶甑　1件。

Ⅰ式，沿外折，重尖唇，直颈，斜收腹，平底。SIT104②：2，泥质灰褐陶。腹上部有对称桥状横錾耳，底有5个圆孔。口径47.2、高30、底径20.8、壁厚0.7、孔径0.6厘米（图九六，1）。

陶盒　1件。

SI06T4②：8，泥质黄褐陶。存下半部，敛口，子口圆唇，圆凹短沿，扁圆腹，平底，底稍内凹。口径20.8、高5.2、底径14.8、壁厚0.6厘米（图九六，2）。

陶纺轮　5件。

SI06T3②：1，泥质黄褐陶。扁圆形，表面倒角，平底。直径4.6、高1.5、孔径1.4厘米（图九七，1，彩版八三，1，2）。SI06T3②：3，陶片磨制。扁圆形，稍弧曲。直径4.7、

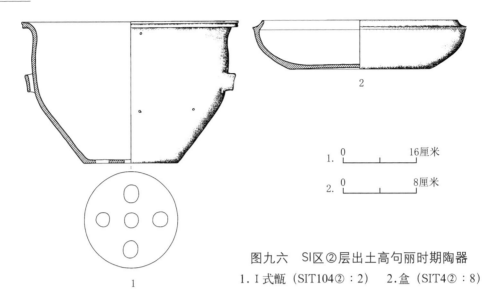

图九六　SI区②层出土高句丽时期陶器
1. I式瓿（SIT104②：2）　2.盒（SIT4②：8）

高1.1、孔径1.4厘米（图九七，2；彩版八三，3）。SIT303②：12，扁圆形，残。直径4.5、厚1.5、孔径1.8（图九七，3）。SIT302②：24，扁圆形，中1孔。直径6、厚1.5、孔径0.5厘米（图九七，4）。SIT103②：152，泥质黄褐陶。打制。不规则圆形，中有一孔。直径4、厚1.4、孔径1厘米（图九七，5；彩版八三，4）。SIT105北扩②：66，泥质灰陶。磨制，表面有黑陶衣，圆形，中有孔。直径3.3、厚0.7、孔径0.5厘米（图九七，6；彩版八三，5）。

圆陶片　3件。

均为陶片磨制。SIT302②：72，直径2.7、厚0.6厘米（图九七，7；彩版八三，6）。SIT302②：2，直径2.6、厚0.5厘米（图九七，8；彩版八三，7）。SI06T3②：2，直径3、厚0.9厘米（图九七，9；彩版八三，8）。

陶盅　1件

SIT201②：5，泥质灰陶。捏制。圆尖唇，底圆弧。口径2.2、高2.4厘米（图九七，10）。

陶网坠　1件。

SIT303②：2，灰褐陶。蛹形，中有穿孔。长3.7、径1.4、孔径0.2厘米（图九七，11；彩版八三，9）。

铁器

铁镞　54件。有圭形锋镞、方锥形锋镞、矛形锋镞、叶形锋镞、三翼镞、铲形锋镞6型。

A型　25件。圭形镞锋，扁方长身，方锥或圆形铤，有2式。

I式，13件。圭形短锋。SIT001②：118，锋剖面扁六棱形。锋长1.7、宽0.8、厚0.3厘米，身长10.8、宽0.6、厚0.3厘米，铤长3.5、宽0.3厘米，通长16厘米（图九八，1；彩版八四，1）。SIT202②：3，方铤。锋长1.9、宽0.9、厚0.4厘米，身长8.8、宽0.8、厚0.5厘米，铤长4.4、宽0.4厘米，通长15.1厘米（图九八，2）。SIT105北扩②：43，锋剖面梯形，扁方铤。锋长1.3、宽0.8、中厚0.2厘米，身长10.8、宽0.7、厚0.4厘米，铤长1.1、宽0.5厘米，通长13.6厘米（图九八，3；彩版八四，2）。SIT105北扩②：45，锋剖面梯形，

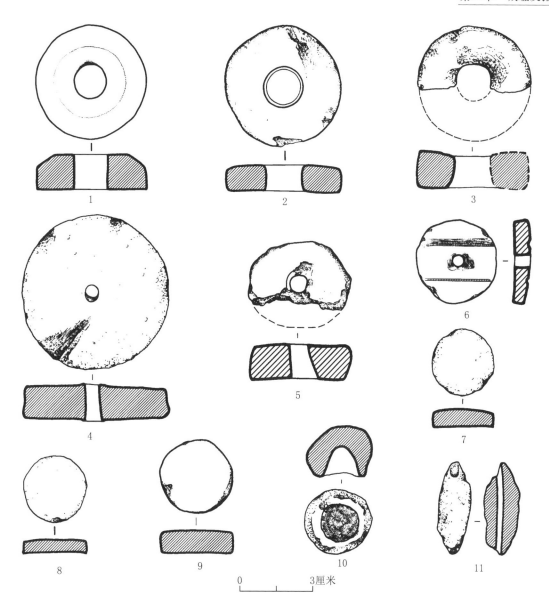

0　　　　　3厘米

图九七　SI区②层出土高句丽时期陶器

1～6.纺轮（SI06T3②：1、SI06T3②：3、SIT303②：12、SIT302：24、SIT103②：152、SI02T105北扩②：66）　7～9.圆陶片（SIT302②：72、SIT302②：2、SI06T3②：2）　10.盅（SIT201②：5）　11.网坠（SIT303②：2）

扁方铤。锋长1.3、宽0.8、中厚0.2厘米，身长10.2、宽0.7、厚0.4厘米，铤长1.1、宽0.6厘米，通长13厘米（图九八，4；彩版八四，3）。SIT102西扩②：114，锋剖面扁菱棱形。锋长1.3、宽0.6、中厚0.2厘米，身长10.5、宽0.6、厚0.4厘米，铤长1.2、宽0.3、通长13厘米（图九八，5；彩版八〇，4）。SIT303②：6，锋剖面扁六棱形，方铤，残。锋长1.2、宽0.65、厚0.3厘米，身长10.9、宽0.6、厚0.5厘米，铤残长1.7、宽0.4厘米，通长13.8厘米（图九八，6；彩版八四，5）。SIT102②：26，锋长2、宽1、厚0.3厘米，身长8、宽0.7、厚0.5厘米，铤长4.6厘米，通长14.6厘米（图九八，7；彩版八四，6）。SIT105北扩②：42，锋剖面六棱形。锋长1.6、宽0.8、中厚0.2厘米，身长7.4、宽0.6、厚0.3厘米，铤长

3.5、宽0.3厘米，通长12.5厘米（图九八，8；彩版八四，7）。SIT102②：25，锋长2、宽1、厚0.2厘米，身长7.3、宽0.7、厚0.5厘米，铤长1.2厘米，通长10.5厘米（图九八，9；彩版八四，9）。SIT102②：121，锋长1.3、宽0.7、厚0.2厘米，身长8.4、宽0.5厘米，铤长1、通长10.7厘米（图九八，10；彩版八四，10）。SIT103②：130，剖面扁六棱形，扁方短身，锋长1.5、宽0.7、厚0.3厘米，身长5.1、宽0.4、厚0.3厘米，铤长2.8、宽0.3厘米，

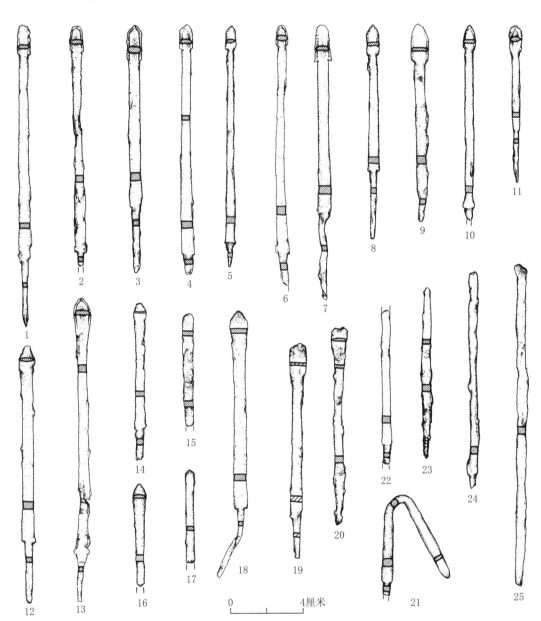

图九八　SI区②层出土高句丽时期铁镞

1~13.A型I式（SIT001②：118、SIT202②：3、SIT105北扩②：43、SIT105北扩②：45、SIT103西扩②：114、SIT303②：6、SIT102②：26、SIT105北扩②：42、SIT102②：25、SIT102②：121、SIT103②：130、SIT105北扩②：32、SIT302②：3）　14~25.A型II式（SIT102②：91、SIT104②：125、SIT001②：120、SIT104②：248、SIT302②：18、SIT104②：60、SIT102西扩②：134、SIT103②：128、SIT302②：124、SIT103②：77、SIT201③：1、SIT103②：78）

通长9.4厘米（图九八，11；彩版八四，11）。SIT105北扩②：32，锋剖面扁圆形。锋长1.2、宽0.9、中厚0.2厘米，身长9、宽0.6、厚0.4厘米，铤长3.3、宽0.4厘米，通长13.5厘米（图九八，12；彩版八四，12）。SIT302②：3，剖面梯形。锋长1.4、宽0.7、厚0.2厘米，身长12.1、宽0.5、厚0.3厘米，铤长2.6厘米，通长16.1厘米（图九八，13；彩版八五，1）。

Ⅱ式，12件。圭形长锋。镞锋与镞身无分格。SIT102②：91，锋剖面扁平。锋宽0.7、厚0.1厘米，身长7.6、宽0.5、厚0.3厘米，铤长1.7厘米，通长9.3厘米（图九八，14；彩版八五，4）。SIT104②：125，铤残。残长6、宽0.6、厚0.4厘米（图九八，15；彩版八四，13）。SIT001②：120，剖面半月形。长5.3、宽0.7、厚0.3厘米（图九八，16；彩版八四，8）。SIT104②：248，残长5、宽0.5、厚0.3厘米（图九八，17）。SIT302②：18，锋长10.5、宽1、厚0.4、铤长4、宽0.3厘米（图九八，18；彩版八四，14）。SIT104②：60，锋扁平。锋长2.1、宽0.9、厚0.2厘米，身长10.9、宽0.7厘米，铤残长1.1厘米（图九八，19；彩版八五，2）。SIT102西扩②：134，锋扁平。锋长9、宽1、厚2.4厘米（图九八，20；彩版八五，3）。SIT103②：128，锋剖面扁六棱形，圆身，铤残。锋长10.5、径0.7厘米，铤长0.6厘米，通长11.1厘米（图九八，21；彩版八五，7）。SIT302②：124，锋残。残长7.1、身宽0.5、厚0.4厘米，铤残长1厘米（图九八，22，彩版八五，5）。SIT103②：77，半成品，扁方条形，锋部稍经锻打。长9、宽0.6、厚0.4厘米（图九八，23）。SIT201③：1，锋残。身长11、宽0.4厘米，铤残长0.6厘米，通长11.6厘米（图九八，24）。SIT103②：78，半成品，扁方条形，锋部稍经锻打。长17、宽0.6、厚0.4厘米（图九八，25，彩版八五，6）。

B型　7件。方锥形镞锋，有方锥形长锋和方锥形短锋2式。

Ⅰ式，5件。方锥形长锋。SIT103②：122，方锥形铤，锋长3.1、宽0.8厘米，铤长4.8、宽0.4厘米，通长7.9厘米（图九九，1；彩版八五，9）。SIT302②：1，方铤。锋长3、宽0.9厘米，铤长2、宽0.4厘米，通长5厘米（图九九，2；彩版八五，8）。SIT203②：3，方铤。锋长3、宽1厘米，铤长3.5、宽0.3厘米，通长6.5厘米（图九一，3）。SIT105②：10，方铤。锋长2.4、宽0.7厘米，铤长1.8、宽0.3厘米，通长4.2厘米（图九九，4）。SIT105②：9，铤偏于一侧。锋长2.6、宽0.7厘米，铤长5.2、宽0.3厘米，通长7.8厘米（图九九，5；彩版八五，10）。

Ⅱ式，2件。方锥形短锋。SIT201②：6，锋残长1.5、宽0.6厘米，铤长4.7、宽0.3厘米，通长6.2厘米（图九九，6；彩版八五，11）。SIT104②：111，方铤。锋长1.2、宽0.6厘米，铤长4.2、宽0.3厘米（图九九，7；彩版八五，12）。

C型　11件。矛形锋镞，有棱形短锋、长锋2式。

Ⅰ式，7件。短锋，锋剖面棱形，圆身。SIT201②：2，长圆铤。圆身。锋长2.1、宽1.1、厚0.6厘米，身长4.2、直径0.7、铤长9.9、通长16.2厘米（图一〇〇，1；彩版八六，1）。SIT105②：13，方铤。锋长2.3、宽1、中厚0.8厘米，身长3.7、径0.7厘米，铤长10.1、宽0.3厘米，通长16.1厘米（图一〇〇，2；彩版八六，2）。SIT104②：112，束圆铤。锋长2.1、宽1.1、厚0.6厘米，身长3.8、径0.6厘米，铤长4.3、径0.4厘米（图一〇

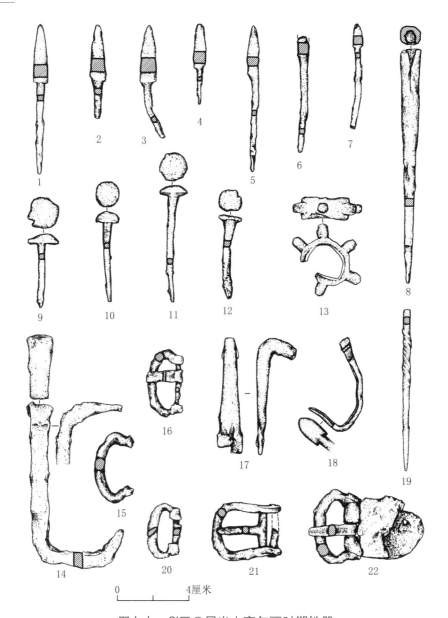

图九九　SI区②层出土高句丽时期铁器

1~5.B型Ⅰ式镞（SIT103②：122、SIT302②：1、ST203②：3、SIT105：10、SIT105②：9）　6、7.B型Ⅱ式镞
（SIT201②：6、SIT104②：111）　8、19.铁锥（SIT103②：135、SIT302②：1）　9~11.Ⅰ式钉（SIT105②：65、
SIT102②：73、SIT104②：97）　12.Ⅱ式钉（SIT105②：12）　13.有齿轮形铁器（SIT105北扩②：17）　14、17.挂
钩（97SIT303②：3、SIT103②：20）　15、16、20~22.铁带扣（SIT104②：250、SIT201②：3、SIT302②：1、
SIT102②：85、SIT105②：85）　18.铁鱼钩（SIT102②：90）

〇，3；彩版八六，3）。SIT102②：136，圆铤。锋长2.5、宽1、厚0.7厘米，身长4、径0.6
厘米，铤长1.4、径0.3厘米，通长7.9厘米（图一〇〇，4；彩版八六，4）。SIT102②：49，
铤残。锋长2.5、宽1、厚0.7厘米，身长4、径0.6厘米，通长6.5厘米（图一〇〇，5；彩版
八六，5）。SIT101②：29，圆铤。锋长3.1、宽1、厚0.8厘米，铤径0.4、长5厘米，通长8.1
厘米（图一〇〇，6；彩版八六，6）。SIT302②：2，铤残。锋长3、宽1.1、厚0.9厘米，身
长3.5、径0.6厘米，通长6.5厘米（图一〇〇，7；彩版八六，7）。

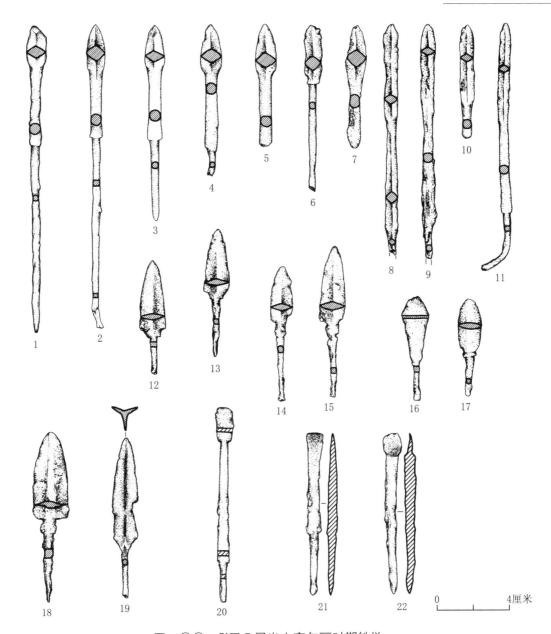

图一○○ SI区②层出土高句丽时期铁镞

1~7.C型I式（SIT201②：2、SIT105②：13、SIT104②：112、SIT102②：136、SIT102②：49、SIT101②：29、SIT302②：2） 8~11.C型Ⅱ式（SIT001②：119、SIT101②：70、SIT105②：24、SIT102②：129） 12~15.D型I式（SIT103②：132、SIT102②：29、SIT103②：137、SIT103②：23） 16.D型Ⅱ式（SIT302②：2） 17.D型Ⅳ式（SIT001②：240） 18.D型Ⅴ式（SIT102②：130） 19.E型Ⅰ式（SIT102②：127） 20、21.F型I式（SIT104②：123、SIT105北扩②：30） 22.F型Ⅱ式（SIT105北扩②：31）

Ⅱ式，4件。长锋，锋剖面扁棱形。SIT001②：119，棱形身，前窄后宽，方铤。锋长5、宽0.8、厚0.5厘米，身长6、厚0.6厘米，铤长1、宽0.3厘米，通长12厘米（图一○○，8；彩版八六，9）。SIT101②：70，圆铤。锋长5、宽0.8、厚0.4厘米，身长5.5、径0.6厘米，铤长1.5、径0.3厘米，通长12厘米（图一○○，9；彩版八六，10）。SIT105②：24，圆铤。锋长4、宽0.8、厚0.4厘米，铤长2、直径0.5厘米，通长6厘米（图一○○，10；彩版八六，8）。SIT102②：129，圆身，方铤。锋长5、宽0.7、厚0.4厘米，身长5、径0.6厘米，铤长4、宽0.3厘米，通长14厘米（图一○○，11；彩版八六，11）。

D型　7件。叶形锋镞，锋身扁叶形，有4式。

Ⅰ式，4件。镞锋剖面扁棱形。SIT103②：132，方铤。锋长4、宽1.3、中厚0.4厘米，铤径0.35厘米，通长8厘米（图一○○，12；彩版八七，1）。SIT102②：29，束收方铤。锋长3.7、宽1.4、厚0.3厘米，铤长3.1、宽0.3厘米，通长6.8厘米（图一○○，13；彩版八七，2）。SIT103②：137，方铤。锋长4、宽1.6、中厚0.3厘米，铤长2、径0.35厘米，通长6厘米（图一○○，14；彩版八七，3）。SIT103②：23，圆铤。锋长3、宽1.2、中厚0.4厘米，铤长4、径0.35厘米，通长7厘米（图一○○，15；彩版八七，4）。

Ⅱ式，1件。菱形锋。SIT302②：2，圆铤。锋长3.1、宽1.1、中厚0.4厘米，铤长2.2、直径0.3厘米，通长5.3厘米（图一○○，16；彩版八七，5）。

Ⅳ式，1件。椭圆形锋。SIT001②：240，锋棱叶形，剖面扁方形，无侧锋，方铤。锋长3.8、宽1.5、厚0.15厘米，铤长1.8、宽0.3厘米（图一○○，17；彩版八七，6）。

Ⅴ式，1件。宽叶形锋。SIT102②：130，锋中脊两侧不对称，束收方铤。锋长4.5、宽2、厚0.4厘米，身长0.7、径0.6厘米，铤长3.7、宽0.5厘米，通长8.9厘米（图一○○，18；彩版八七，7）。

E型　1件。三翼镞。

Ⅰ式，圆铤，长锋。SIT102②：127，锋长5.9、宽1、翼厚0.2厘米，铤长2.4、径0.3厘米，通长8.3厘米（图一○○，19；彩版八七，8）。

F型　3件。铲形镞锋，分2式。

Ⅰ式，2件。短平锋，扁方身，方铤。SIT104②：123，锋长1.7、宽1、厚0.2厘米，身长6.5、宽0.6、厚0.3厘米，铤长2.1、通长厘米（图一○○，20；彩版八七，9）。SIT105北扩②：30，半成品，仅在锋部稍加锻打，长8.5、宽1、厚0.5厘米（图一○○，21；彩版八七，10）。

Ⅱ式，1件。平锋，长身，方铤。SIT105北扩②：31，锋长4.3、宽1、厚0.5厘米，铤长3.2、宽0.4厘米，通长7.5厘米（图一○○，22；彩版八七，11）。

铁甲片　按平面形式可分长舌形、长条形、梯形、长方形、长椭圆形、不规则菱形、不规则扇形等。

长舌形，9件。顶稍圆角，横双孔，直边，中下部两侧有竖双孔，中部有单孔，中下部有竖双孔，身稍折曲，底边稍翘。SIT103②：211，长5、宽2.2、厚0.15厘米（图一○一，1）。SIT104②：156，长5.2、宽2、厚0.2厘米（图一○一，2）。SIT104②：157，长5.2、宽2、厚0.2厘米（图一○一，3）。SIT105②：226，长5.1、宽2、厚0.15厘米（图一○一，4；彩版八八，1）。SIT104②：158，长4.6、宽2.5、厚0.2厘米（图一○一，5）。SIT104②：159，长6.1、宽2、厚0.2厘米（图一○一，6）。SIT105②：227，长5.2、宽2、厚0.15厘米（图一○一，7；彩版八八，2）。SIT104②：154，弧顶。长5.2、宽2、厚0.2厘米（图一○一，8；彩版八八，3）。SIT104②：155，长5.2、宽2、厚0.2厘米（图一○一，9；彩版八八，4）。

宽舌形，2件。顶稍圆角，顶有横3孔，直边，中下部两侧有竖双孔，中部有单孔，中下部有竖双孔，平身。SIT104②：148，顶残，身稍内曲，底圆弧。顶有横3孔，侧边、中部有竖双孔。长6、宽2.8、厚0.2厘米（图一〇一，10）。SI06T3②：7，边稍曲。长4.8、宽2.3、厚0.1厘米（图一〇一，11；彩版八八，9）。

　　长条形，8件。顶抹圆角，身稍内曲，顶、底有横双孔，侧边有竖双孔、中下部有横双孔。SIT104②：161，长6、宽2、厚0.2厘米（图一〇一，12；彩版八八，5）。SIT104②：162，长6、宽2、厚0.2厘米（图一〇一，13；彩版八八，6）。SIT104②：188，长8.4、宽2.5、厚0.2厘米（图一〇一，14）。SIT104②：185，残长7.6、宽2.5、厚0.2厘米（图一〇一，15）。SIT104②：187，顶有单孔，下部有竖双孔。长6.6、宽1.7、厚0.2厘米（图

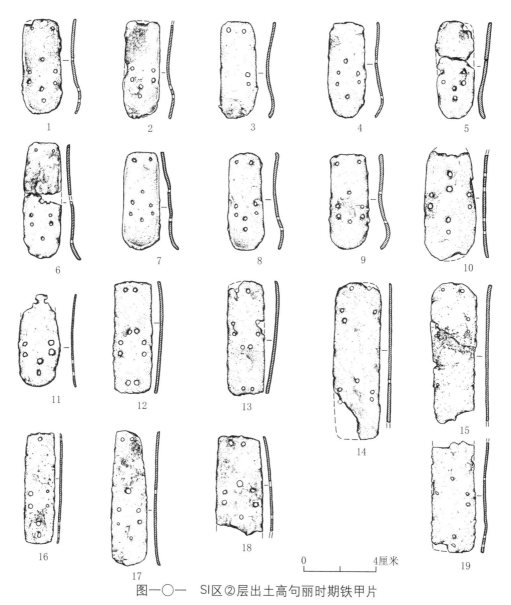

图一〇一　SI区②层出土高句丽时期铁甲片

1~9.长舌形（SIT103②：211、SIT104②：156、SIT104②：157、SIT105②：226、SIT104②：158、SIT104②：159、SIT105②：227、SIT104②：154、SIT104②：155）　10、11.宽舌形（SIT104②：148、SI06T3②：7）　12~19.长条形（SIT104②：161、SIT104②：162、SIT104②：188、SIT104②：185、SIT104②：187、SIT104②：186、SIT104②：196、SIT105②：224）

一〇一，16；彩版八八，7）。SIT104②：186，上窄下宽。长7.1、宽2、厚0.2厘米（图
一〇一，17；彩版八八，8）。SIT104②：196，残长5.2、宽2.4、厚0.1厘米（图一〇一，
18）。SIT105②：224，顶残，长5.1、宽2、厚0.15厘米（图一〇一，19）。

梯形，6件。梯形，平顶抹角，长方形，上窄下宽，底圆弧，身内曲。顶有双孔，侧
边、底中部有竖双孔。SIT104②：189，长3.5、宽2.8、厚0.1厘米（图一〇二，1；彩版
八八，10）。SIT104②：191，长4.5、宽2.5、厚0.1厘米（图一〇二，2）。SIT105②：
224，长4.5、宽3、厚0.1厘米（图一〇二，3）。SIT104②：190，长4.6、宽2.5、厚0.15

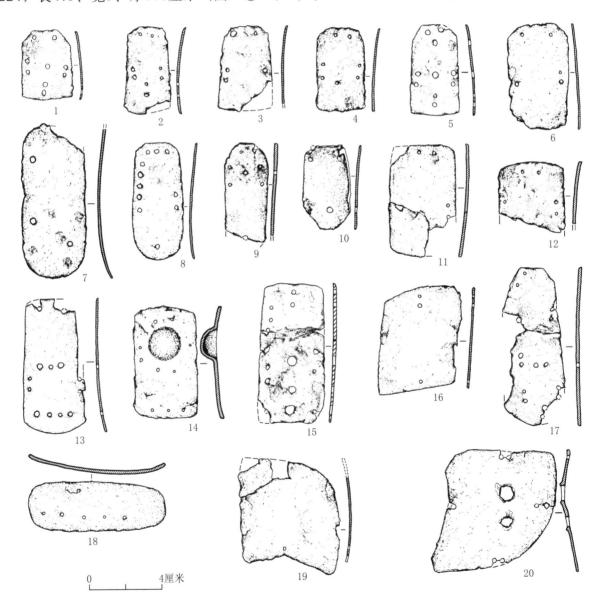

0　　　　　4厘米

图一〇二　SI区②层出土高句丽时期铁甲片

1～6.梯形（SIT104②：189、SIT104②：191、ST105②：224、SIT104②：190、SIT001②：253、SIT103②：
192）　7～9.椭圆形（ST06T3②：6、SIT104②：1、SIT102②：218）　10～12.长方形（SIT104②：183、SIT104
②：184、SIT102②：62）　14～20.异形（ST104②：195、SIT102②：220、SIT104②：193、SIT001②：255、
SIT104②：229、SIT104②：194、SIT303②：20）

厘米（图一〇二，4；彩版八八，11）。SIT001②：253，底残。长5.6、宽3.4、厚0.2厘米（图一〇二，5；彩版八八，12）。SIT103②：192，中部有单孔。长4.8、宽2.6、厚0.1厘米（图一〇二，6）。

椭圆形，3件。椭圆形，两端圆弧，直边，身内曲，边有孔。SI06T3②：6，长8.3、宽3.4、厚0.15厘米（图一〇二，7；彩版八九，1）。SIT104②：1，平顶圆角，底圆弧，身稍曲。顶有横3孔，侧边有竖排孔和双孔。长6.2、宽2.7、厚0.1厘米（图一〇二，8；彩版八九，2）。SIT102②：218，圆顶、直边、底残。顶有横双孔，边有竖双孔，中部有单孔。残长5.3、宽2.4、厚0.15厘米（图一〇二，9）。

长方形，5件。平顶圆角，身稍折曲，底圆弧。SIT104②：183，平顶，顶有横双孔，侧边、中部有竖双孔。长5.6、宽3.6、厚0.2厘米（图一〇二，11）。SIT104②：184，残半，顶圆弧，直边。顶有横双孔，侧边有竖双孔。残长3.7、宽3.7、厚0.2厘米（图一〇二，12）。SIT102②：62，平顶，上宽下窄，底圆弧，身稍曲，顶部、侧边残，顶部有双横孔，两边有双竖孔，中部有横三孔、下部有横四孔。长7.1、残宽3.6、厚0.15厘米（图一〇二，13；彩版八九，3）。SIT104②：195，长方形，两端微弧，内凹。平顶，下部圆弧。下部中有圆形泡。上部有三孔，泡四周有双孔。长7、宽3.3～3.5厘米，泡径2.2、高1.4厘米（图一〇二，14；彩版八九，5）。SIT102②：220，平顶，直边，底边抹角，顶有3孔，边有竖双孔，中部有2单孔。长7、宽3.5、厚0.2厘米（图一〇二，15）。

不规则菱形，2件。SIT104②：193，身平直，四边均有缀合孔。长5、宽4.2、厚0.1厘米（图一〇二，16）。SIT001②：255，平顶，抹角，上窄下宽，直身，直边，尖底。有双横孔，两侧、底部有双竖孔。长8.3、宽3.4、厚0.2厘米（图一〇二，17）。

长椭圆形，1件。SIT104②：229，身内凹，两侧有孔。长7.5、宽2.6、厚0.2厘米（图一〇二，18；彩版八九，4）。

不规则扇形，2件。SIT104②：194，身内曲，一边内凹，周边有缀合孔。长5.6、宽5.5、厚0.15厘米（图一〇二，19）。SIT303②：20，稍折曲，周边有竖双孔，中部有两处穿破孔。长6.5、宽6.4、厚0.2厘米（图一〇二，20；彩版八九，6）。

铁盔片　10件。

均长条形，上窄下宽，细长身，底为斜边或直边。SIT104②：146，顶部中有竖双孔，其下两边有对称3孔，近中部有对称3孔，底部中有1孔。长14.3、上宽1.6、下宽2.5、厚0.15厘米（图一〇三，1）。SIT105②：2，平顶抹角或斜顶，细长身，平底，身弧曲，顶有单孔，侧边、底部有竖双孔。长15、上宽1.2、下宽3.8、厚0.15厘米（图一〇三，2；彩版八九，7）。SIT104②：142，侧边、底部有竖双孔。残长6.6、宽2.4、厚0.15厘米（图一〇三，3）。SIT105北扩②：34，平顶抹角，底残。顶部有横双孔，侧边有竖双孔。残长4.1、宽2.2、厚0.1厘米（图一〇三，4）。SIT104②：151，顶残，残长10.3厘米（图一〇三，5）。SIT104②：147，顶、底残，侧边有竖3孔。残长5.8、宽2.1、厚0.1厘米（图一〇三，6）。SIT104②：153，顶残，两边有对称3孔，近中部有双孔。上宽1.6、下宽2.5、残长12.3厘米（图一〇三，7）。SIT102②：219，两端残，直边，边有竖双孔，中部有单孔。残长6.2、宽2.6、厚0.15厘米（图一〇三，8）。SIT104②：152，平底，身折曲，底部有单

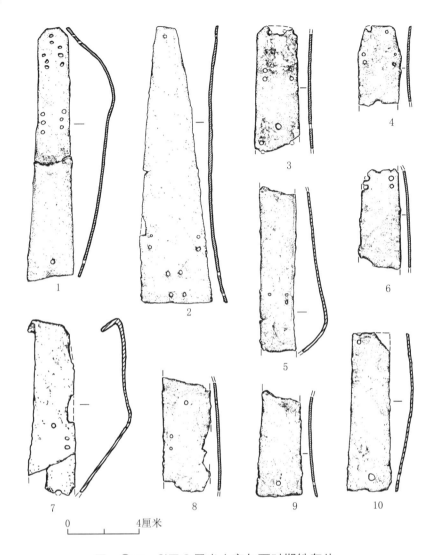

0   4厘米

图一〇三　SI区②层出土高句丽时期铁盔片

1~10.SIT104②：146、SIT105②：2、SIT104②：142、SIT105北扩②：34、SIT104②：151、SIT104②：147、SIT104②：153、SIT102②：219、SIT104②：152、SIT001②：254）

孔。残长5.6、宽2.5、厚0.15厘米（图一〇三，9）。SIT001②：254，身稍内曲。下部有单孔，底边残。残长8.4、宽2、厚0.2厘米（图一〇三，10）。

　　铁锥　2件。

　　SIT103②：135，顶部卷圆銎，方锥铤，尖锋，长身。长12.5、柄宽1.1厘米（图九九，8；彩版九〇，1）。SIT302②：1，锥锋剖面圆形，柄部呈螺纹状。长8.6、直径0.4厘米（图九九，19；彩版九〇，2）。

　　铁钉　4件。分2式。

　　I式，3件。钉帽半圆形或半球形。SIT105②：65，钉身方形。帽径1.7、厚0.5厘米，钉宽0.3厘米，通长3.9厘米（图九九，9；彩版九〇，3）。SIT102②：73，钉身方形。帽径1.3、厚0.6厘米，钉长4.8厘米（图九九，10；彩版九〇，4）。SIT104②：97，钉身圆形。帽径1.5、厚0.6厘米，钉径0.3厘米，长6.2厘米（图九九，11；彩版九〇，5）。

Ⅱ式，1件。钉帽扁平。

SIT105②：12，方钉身。帽径1.1、厚0.2厘米，钉宽0.3厘米，通长4.4厘米（图九九，12；彩版九〇，6）。

有齿轮形铁器 1件。

SIT105北扩②：17，扁圆环形，有缺口，外侧有五个圆柱形凸齿。外径4.35、宽1.2、厚0.35厘米（图九九，13；彩版九〇，7）。

铁带扣 5件。

SIT104②：250，残存带头，宽舌形，长3.3、宽2、径0.3～0.5厘米（图九九，15）。SIT201②：3，带头宽舌形，串鼻扁方，尾横与带头铆穿。长3.6、宽1.9厘米（图九九，16；彩版九〇，8）。SIT302②：1，带头宽舌形，剖面椭圆，横穿铆接。长3、宽1.9厘米（图一〇四，20；彩版九〇，9）。SIT102②：85，带头长舌形，尾横以圆形销钉铆合，内侧铆接"丁"字形活鼻。长3.8、宽3厘米（图九九，21；彩版九〇，10）。SIT105②：85，带头宽舌形，横穿铆接，尾舌形，稍残，铁片对折铆合。长6.3、宽3.9、厚0.4厘米（图九九，22；彩版九〇，11）。

铁挂钩 2件。

SIT303②：3，顶端直折，稍扁，方身，回钩稍平直。长10.5、宽0.6厘米（图九九，14；彩版九一，1）。SIT103②：20，前部圆身，直折，后部扁平呈燕尾形。长6.1、直径0.8、尾宽1.4厘米（图九九，17；彩版九一，2）。

铁鱼钩 1件。

SIT102②：90，圭形镞改制，镞身折曲，镞锋反折。通长8.8厘米（图九九，18；彩版九一，3）。

铁镢 2件。

SIT104东扩②：22，由銎、镢柄、镢板组合而成。銎半环形，剖面长方形，嵌入镢柄脊部内，镢柄长方形，内有燕尾式深槽，镢板为长方形板状，直背，刃略宽于背，对磨，刃稍弧。靠背部两侧宽于镢柄之处，各有一穿孔，为固定镢板的销孔。銎直径8、宽2.8、厚0.8厘米，镢柄高8、宽16、厚2.8厘米，镢板高14.7、宽23、背厚0.7厘米，燕尾槽上宽0.9、下宽0.5厘米，通高24.4、宽23厘米（图一〇四，1；彩版九一，5）。此类工具组合在一起为首次发现。SIT102②：28，圆形銎，长方形身，稍有内凹，下部略宽，刃圆弧。通长19.3、刃宽6.1、中厚1厘米（图一〇四，2；彩版九一，6）。

铁矛 1件。

SIT104②：21，锋剖面棱形，锋锐利，侧锋中部下部折收，颈扁圆，銎卷合而成，靠近后部有对穿孔，内有铁销钉。中宽3.2、厚1.6厘米，銎径3、内深8.6、銎壁厚0.35厘米，通长20.7米（图一〇四，3；彩版九一，7）。

铁镰 2件。

SIT302②：3，直背，直刃，前端残，柄部直折。身宽4、背厚0.35、柄宽0.6、残长12.7厘米（图一〇四，4；彩版九一，8）。SIT302②：11，背稍弧，刃凹弧，前端残，柄部直折。宽3.3、背厚0.35、折柄宽0.6、残长18.8厘米（图一〇四，6；彩版九一，9）。

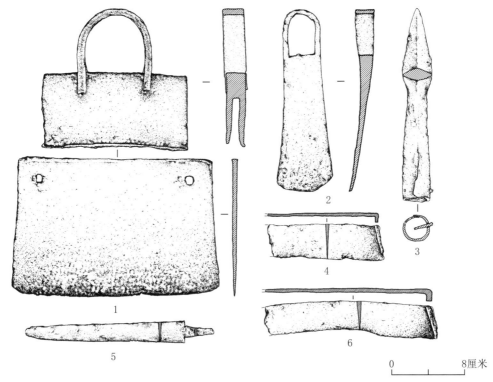

图一〇四　SI区②层出土高句丽时期铁器

1、2.镢（SIT104东扩②：22、SIT102②：28）　3.矛（SIT104②：21）　4、6.镰（SIT303②：3、SIT302②：11）　5.铁刀（SIT105②：154）

铁短刀　1件。

SIT105②：154，刀锋部稍圆钝，直背，直刃，束收直柄。锋长17.7、中宽2、背厚0.3厘米，柄长3.2、宽1、厚0.3厘米，通长20.9厘米（图一〇四，5；彩版九一，10）。

铁削　5件。

SIT102②：92，尖首，直背，直刃，柄残。长8.7、宽0.8、背厚0.3厘米（图一〇五，1；彩版九二，1）。SIT104②：161，残存锋刃部。残长4.2、宽1、背厚0.2厘米（图一〇五，2；彩版九二，2）。SIT104②：160，残存锋刃部。残长4.7、宽1、背厚0.2厘米（图一〇五，3）。SIT101②：157，平背，尖首，斜直刃，直柄。刃长13.8、宽1.7、背厚0.3、柄长4厘米（图一〇五，4；彩版九二，3）。SIT102②：116，弧背，弧刃，柄、锋残。残长7.6、宽1.9、厚0.2厘米（图一〇五，5；彩版九二，4）。

铁销　1件。

SIT102②：87，身直折，首为对卷扁环，残半。通长16、直径0.5厘米（图一〇五，6；彩版九二，5）。

铁铆件　3件。

SI06T3②：5，顶圆弧，上窄下宽，身内曲，底残。长5.7、宽3.3、厚0.15厘米（图一〇五，7）。SIT102②：22，圭形片状，上端凸，直边，下端平齐，上端有一铆钉。长8、宽4.2、厚0.1厘米（图一〇五，8）。SIT104②：245，双层铁片铆合，一层"丁"字形，一层"一"字形。长6.5、宽5.3、厚0.2、空隙间隔1.8厘米（图一〇五，12）。

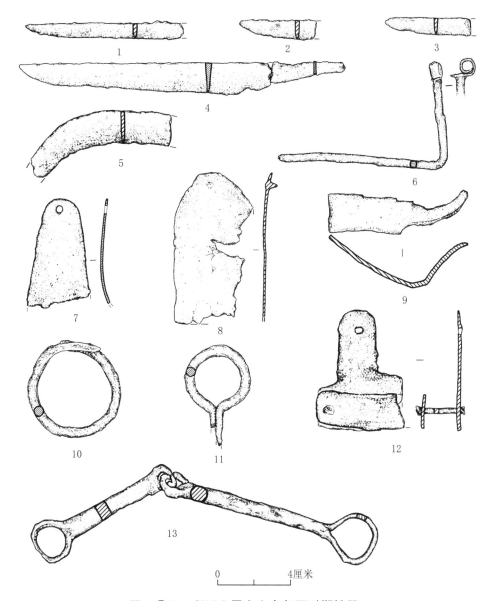

图一〇五 SI区②层出土高句丽时期铁器

1～5.削（SIT102②：92、SIT104②：161、ST104②：160、ST101②：157、SIT102②：116） 6.销（SIT102②：87） 7、8、12.铆件（SI06T3②：5、SIT102②：22、SIT104②：245） 9.刮刀（SIT201②：9） 10、11.环（SIT101②：88、SIT303②：1） 13.连环套杆（SIT102②：163）

铁刮刀 1件。

SIT201②：9，直背，直刃，柄直折。长10、宽2、厚0.25厘米（图一〇五，9；彩版九二，6）。

铁环 2件。

SIT101②：88，圆环接头对叠。外径5、直径0.5厘米（图一〇五，10；彩版九二，7）。SIT303②：1，环对接后成剖面半圆形穿。外径3.6、直径0.5厘米（图一〇五，11；彩版九一，4）。

铁连环套杆 1件。

SIT102②：163，以两环连接，一长一短，长杆剖面为圆形，短杆剖面为长方形。通长20.3厘米（图一○五，13；彩版九二，8）。

铜器

铜铆件　6件。

SIT105北扩②：37，长方形铜片铆合，四角有铆钉，一侧有长椭圆形穿孔。长2.3、宽2、厚0.5、单片厚0.1、穿孔长1.3、宽0.4厘米（图一○六，1；彩版九三，1）。SIT102②：95，长方形，残半，两侧共有6处铜铆钉，偏中一侧有长方穿孔。长2.7、宽2.5、厚0.1、钉径0.1厘米（图一○六，2；彩版九三，2）。SIT104②：76，长方形，表面边缘抹角，中有长方穿孔，边有铆钉孔。背面四角有一体铸成铆钉。长2.3、宽2、厚0.1厘米，孔长1.5、宽0.3厘米，铆钉长0.25、径0.15（图一○六，3；彩版九三，3）。SIT102②：138，长方形，四角有用铜铆钉铆合，长3.1、宽2.5、厚0.1厘米，钉径0.1厘米，铆合空隙0.2厘米（图一○六，4；彩版九三，4）。SIT302②：13，圆角长方形，表面边缘抹角，四角有4个铆钉孔，中有长方形穿孔。长1.9、宽1.3、厚0.1厘米，穿孔长1.2、宽0.4厘米（图一○六，6；彩版九三，5）。SIT104②：139，残半，长方形，周边有六个圆形铆钉孔，正中有长方形穿，其上端有半圆缺。表面清洁，边圆弧。长2.7、宽1.5、厚0.1厘米，铆钉孔径0.15厘米，方孔长1.9、宽0.6厘米（图一○六，7；彩版九三，6）。

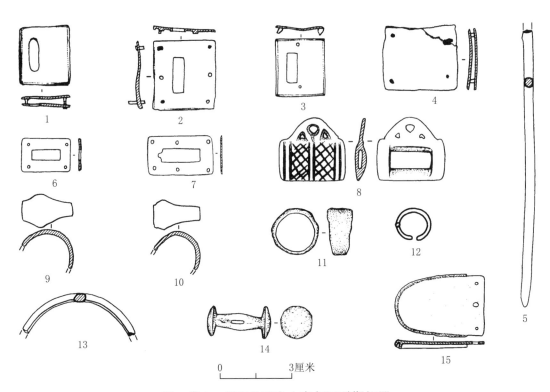

图一○六　SI区②层出土高句丽时期铜器

1~4、6、7.铆件（SIT105北扩②：37、SIT102②：95、SIT104②：76、SIT102②：138、SIT302②：13、SIT104②：139）　5.簪（SIT104②：136）　8.挂件（SIT103②：8）　9~11.戒指（SIT102②：79、SIT102②：78、SIT303②：11）　12.指环（SIT302②：2）　13.镯（SIT302②：18）　14.饰件（SIT302②：19）　15.尾铊（SIT302②：25）

铜尾铊　1件

SIT302②：25，铜片打制，舌形。平头，有三处钉孔。尾圆弧，表面内折，边部有凹槽长4.3、宽3.1、厚0.25厘米（图一〇六，15；彩版九三，七）。

铜簪　1件。

SIT104②：136，首残，部面圆形，尾圆钝。长11、径0.4厘米（图一〇六，5；彩版九三，15）。

铜戒指　3件。

SIT102②：79，残半，扁环形，戒面棱形。径2.2、中宽1.3、厚0.2厘米（图一〇六，9；彩版九三，8）。SIT102②：78，残半，扁环形，戒面棱形。径2.1、中宽1.2、厚0.2厘米（图一〇六，10；彩版九三，9）。SIT303②：11，宽环形。直径1.9、宽0.7～1.1、厚0.2厘米（图一〇六，11；彩版九三，10）。

铜挂件　1件。

SIT103②：8，铸制，上部圆弧、片状，有3穿孔，下部长方形，中有扁方穿孔，表面有双竖条内划网格纹，背面有方孔。高2.5、宽2.7、中厚0.5厘米，穿孔高0.7、宽0.2厘米，背面方孔长1.7、宽0.7厘米（图一〇六，8；彩版九三，11）。

铜耳环　1件。

SIT302②：2，对接圆环。外径1.5、直径0.15厘米（图一〇六，12；彩版九三，12）。

铜镯　1件。

SIT302②：18，残，剖面椭圆形。外径5.5、直径0.3～0.5厘米（图一〇六，13；彩版九三，13）。

铜饰件　1件。

SIT302②：19，两端呈钉帽状，哑铃形柄，中有扁方孔。长2.6、宽0.7厘米，帽径1.3厘米，孔长0.6、宽0.1厘米（图一〇六，14；彩版九三，14）。

五铢钱　1枚。

SIT102②：71，直径2.35、边郭宽0.2、厚0.1、方孔边长0.6厘米。

骨角器

角柄　1件。

SIT104②：257，用鹿角骨根部磨制，表面有角质突，经使用质感光滑，柄中后部有双穿孔，前端中部有椭圆形孔，柄内中空。长11.2、径2.2、柄中部孔径0.6、前端孔径0.7、深7厘米（图一〇七，1；彩版九四，1）

骨镳　1件。

SIT302②：71，半椭圆形骨板铆合，有圆形和椭圆形穿孔两处。长8.2、宽1.5、厚1、空隙宽0.25厘米（图一〇七，2；彩版九四，5）。

骨簪　1件。

SIT104②：44，长骨削制，半成品，圆珠形顶。通长13.8、径1.4厘米（图一〇七，3；彩版九四，2）。

骨锥　2件。

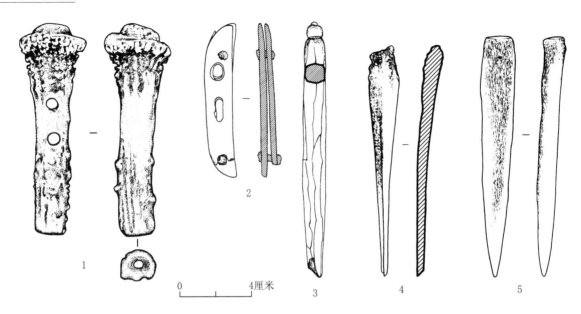

0   4厘米

图一○七　SI区②层出土高句丽时期骨角器

1.角柄（SIT104②：257）　2.骨镳（SIT302②：71）　3.骨簪（SIT104②：44）　4、5.骨锥（SIT104②：266、SIT104②：1）

SIT104②：266，长骨劈制，柄部扁圆，表面光泽，尖部圆锐。长12.8、上宽1.6、中宽1.9、厚1.1厘米（图一○七，4；彩版九四，3）。SIT104②：1，长骨劈制，柄部剖面三角形，表面光泽，尖残。残长12.2厘米（图一○七，5；彩版九四，4）。

石器

石纺轮　4件。

均磨制，半圆形，平顶，上面圆弧，平底。SIT102②：61，对磨穿孔。直径4、厚1.5，孔径1.5厘米（图一○八，1；彩版九四，6）。SIT105②：35，对磨穿孔。直径3.9、高1.6、孔径1.8厘米（图一○八，2；彩版九四，7）。SIT303②：1，直径3.7、高1.4、孔径1.7厘米（图一○八，3；彩版九四，8）。SIT102②：64，底面钻孔。直径3.6、厚1.7、孔径1.8厘米（图一○八，4；彩版九四，9）。

石砧　1件。

SIT201②：12，琢制，稍扁圆，顶面中部有圆凹砧窝。直径6.8、厚5.1、臼直径1.4、深0.6厘米（图一○八，5；彩版九四，10）。

小石臼　1件。

SIT104②：257，黄色细砂岩，质较软，臼窝圆凹。残长7.4、宽6.5、厚5.7厘米（图一○八，6；彩版九四，11）。

砺石　2件。

SIT104②：258，青石质，不规则长方形，身扁平，周边有磨砺痕。磨面稍凹弧，在一面刻划有细方格棋盘。长12.6、宽8.5、厚3.7厘米（图一○八，7；彩版九四，12）。SIT104②：83，不规则舟形，四周有磨面。长15、宽3、中厚2.4厘米（图一○八，8；彩版九四，13）。

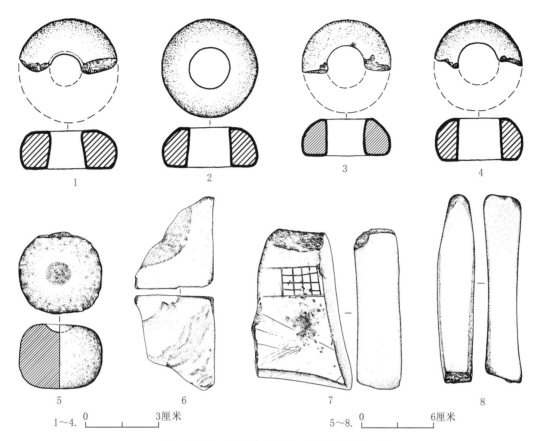

图一〇八 SI区②层出土高句丽时期石器

1~4.纺轮（SIT102②：61、SIT105②：35、SIT303②：1、SIT102②：64） 5.砧（SIT201②：1 ） 6.小石臼
（SIT104②：257） 7、8.砺石（SIT104②：258、SIT104②：83）

SⅡ区地层出土遗物

SⅡ区第①层出土遗物

有陶器、铁器、石器、骨器等。

陶器

有陶罐、陶盆、陶钵、陶盘、陶盏、陶盅、陶纺轮、圆陶片等。

陶罐 1件。

A型Ⅰ式，侈口罐。小口，外折平沿，重唇上尖，束颈，圆肩。SⅡTG2①：1，泥质灰黑陶。口径11.6、残高4.9厘米（图一〇九，1）。

陶钵 1件。

A型Ⅳ式，敛口钵。敛口，内斜尖唇，圆腹。SⅡTG2①：2，残，泥质灰陶。近口处钻有辍合孔，口沿、腹部施细密的弦纹。口径24.8、残高2.8厘米（图一〇九，2）。

陶盏 1件。

SⅡTG2①：3，泥质红褐陶。平唇，浅直腹，平底。口径15.6、底径13、高3.8厘米（图一〇九，3，彩版九五，1）。

陶盘 1件。

A型Ⅳ式，敛口盘。口微敛，内斜尖唇，斜腹。SⅡTG2①：4，残，泥质黑陶。口径24、残高2.5厘米（图一〇九，5）。

陶碗　1件。

Ⅱ式，斜腹碗。SⅡTG2①：5，泥质黑陶。敞口，圆唇，斜腹，平底。口径7.7、底径5、高3.7厘米（图一〇九，4；彩版九五，2）。

陶盅　1件。

SⅡTG2①：6，完整，泥质灰陶。直口，方唇，直壁，平底。口径3、底径3、高1.6、壁厚0.6厘米（图一〇九，10；彩版九五，3）。

陶纺轮　4件。

SⅡTG2①：7，泥质灰陶。外径4.4、孔径1.4、厚1.8厘米（图一〇九，6；彩版九五，4）。SⅡTG2①：8，泥质灰陶。外径3.8、孔径1.4、厚1.6厘米（图一〇九，7；彩版九五，5）。SⅡTG2①：9，残半，夹砂褐陶。外径5.3、孔径1.2、厚0.9~1.3厘米（图一〇九，8；彩版九五，6）。SⅡTG3①：10，残，一面有压印布纹，圆形。外径5、孔径1.5、厚1.8

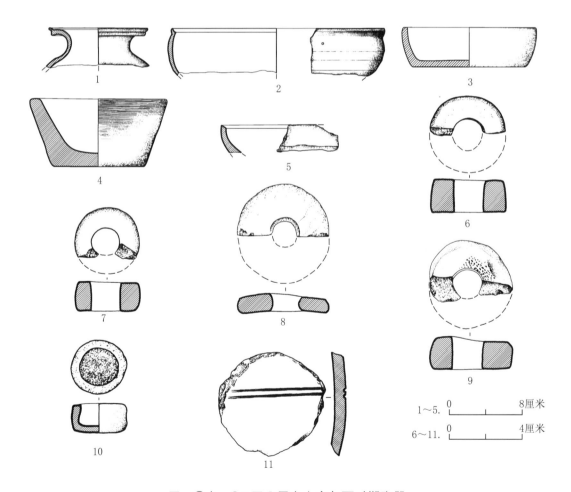

图一〇九　SⅡ区①层出土高句丽时期陶器

1.A型Ⅰ式罐（SⅡTG2①：1）　2.A型Ⅳ式钵（SⅡTG2①：2）　3.盏（SⅡTG2①：3）　4.Ⅱ式碗（SⅡTG2①：5）
5.A型Ⅳ式盘（SⅡTG2①：4）　6~9.纺轮（SⅡTG2①：7、SⅡTG2①：8、SⅡTG2①：9、SⅡTG3①：10）
10.盅（SⅡTG2①：6）　11.圆陶片（SⅡTG1①：11）

厘米（图一〇九，9；彩版九五，8）。

圆陶片 1件

ＳⅡTG1①：11，泥质灰陶。打制，圆形，表面有弦纹。直径5、厚0.7厘米（图一〇九，11；彩版九五，7）。

铁 器

有铁镞、铁甲片、铁饰件、铁构件及铁削等。

铁镞 16件。有圭形锋、方锥形锋镞、矛形锋镞、叶形锋镞、三翼形锋镞、铲形锋镞6型。

A型 3件。圭形锋镞，有圭形短锋和圭锋长锋2式。

Ⅰ式，2件。圭形短锋。ＳⅡTG①：12，锋扁平，剖面椭圆形，身弯曲呈"S"形。铤残。锋长1.7、身长6、通长7.7厘米（图一一〇，1；彩版九五，9）。ＳⅡTG①：13，短锋扁平，剖面椭圆形，铤残。锋长1.2、身残长6.2、通长7.4厘米（图一一〇，2，彩版九五，10）。

Ⅱ式，1件。圭锋长锋。锋与身无明显分格。ＳⅡTG①：14，锋扁平，剖面椭圆形，铤残。锋长11、铤残长0.4、通长11.4厘米（图一一〇，7；彩版九五，11）。

B型 1件。方锥形锋。

Ⅰ式，ＳⅡTG①：15，铤四棱锥形。锋长2.4、宽0.8厘米，铤长6.2、通长8.6厘米（图一一〇，3；彩版九六，1）。

C型 4件。矛形锋镞，有2式。

Ⅰ式，短锋，3件，锋剖面近方棱形。ＳⅡTG①：16，方身，圆铤。锋长5.8、宽0.9厘米，铤残长2.5、通长8.3厘米（图一一〇，12；彩版九六，2）。ＳⅡTG①：17，圆身。锋长2.9、宽1、身残长3.8、通长6.7厘米（图一一〇，13；彩版九六，3）。ＳⅡTG①：18，圆身，棱形铤。锋长5.9、宽0.8、铤长13.6、通长19.5厘米（图一一〇，16；彩版九六，6）。

Ⅱ式，1件。长锋，锋剖面菱形。ＳⅡTG①：19，圆身，四棱形铤。锋长3.5、宽0.6、厚0.4厘米，身长3.5、铤残长1.6、通长8.6厘米（图一一〇，14；彩版九六，4）。

D型 4件。叶形锋镞，有3式。

Ⅰ式，镞锋剖面为菱形。ＳⅡTG①：20，方锥形长铤已弯曲。锋长3.4、宽1.1、厚0.5厘米，铤长9.5、通长12.9厘米（图一一〇，15；彩版九六，7）。

Ⅱ式，锋部圆弧，身扁平，剖面为椭圆形。ＳⅡTG①：21，四棱锥形铤。锋长4.6、宽1.4厘米，铤长5.4、通长10厘米（图一一〇，8；彩版九六，5）。

Ⅳ式，宽平锋，锋扁平。ＳⅡTG①：22，锋前部残，锋脊两面不对称，方铤，残。锋长5.3、宽3.9、中厚0.5厘米，铤残长1.9、通长7.2厘米（图一一〇，10；彩版九六，8）。ＳⅡTG①：23，锋残，一道凸棱，四棱形铤，形式不详。锋残长3.5、铤残长5.1、通长8.6厘米（图一一〇，11；彩版九六，9）。

E型 1件。三翼形锋。

Ⅰ式，ＳⅡTG①：24，圆铤。锋长4、宽1厘米，铤长4.4、通长8.4厘米（图一一〇，

9；彩版九六，10）。

F型　3件。铲形镞，有2式。

Ⅰ式，1件。扁平短锋。SⅡTG①：25，锋剖面扁方形，四棱形铤，铤残。锋长1.6、宽0.6厘米，铤长5.1、通长6.7厘米（图一一〇，6；彩版九七，1）。

Ⅱ式，2件。扁平长锋。SⅡTG①：26，铲形平锋，剖面为扁方形，圆铤，残。锋长5、宽1厘米，铤残长2、通长7厘米（图一一〇，4；彩版九七，2）。SⅡTG①：27，铲形平锋，方锥形铤，残。锋长3.2、宽0.8厘米，铤残长6.2、通长9.4厘米（图一一〇，5；彩版九七，3）。

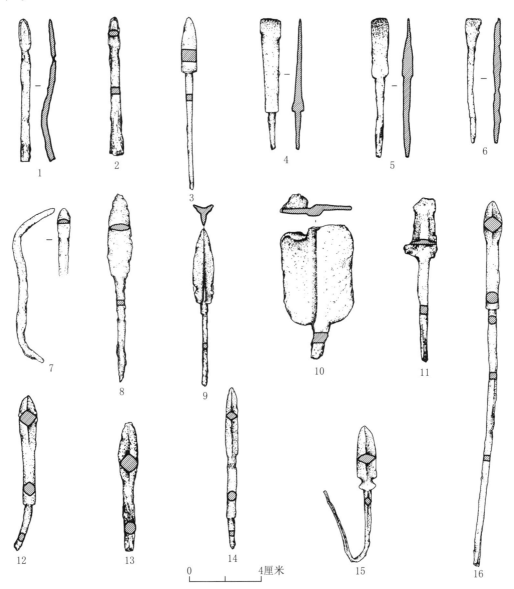

图一一〇　SⅡ区①层出土高句丽时期铁镞

1、2.A型Ⅰ式（SⅡTG①：12、SⅡTG①：13）　3.B型Ⅰ式（SⅡTG①：15）　4、5.F型Ⅱ式（SⅡTG①：26、SⅡTG①：27）　6.F型Ⅰ式（SⅡTG①：25）　7.A型Ⅱ式（SⅡTG①：14）　8.D型Ⅱ式（SⅡTG①：21）　9.E型Ⅰ式（SⅡTG①：24）　10、11.D型Ⅳ式（SⅡTG①：22、SⅡTG①：23）　12、13、16.C型Ⅰ式（SⅡTG①：16、SⅡTG①：17、SⅡTG①：18）　14.C型Ⅱ式（SⅡTG①：19）　15.D型Ⅰ式（SⅡTG①：20）

铁甲片　6件。

有舌形、梯形、长条形等。

舌形，3件。SⅡTG①：28，平顶，底圆弧，身微内弧。两边、中下部有竖双孔。长3.1、宽2.2、厚0.2厘米（图一一一，1；彩版九七，4）。SⅡTG①：29，平顶，底圆弧，身微弧。两侧有竖双孔，中下部有1孔。长5.1、宽3.1、厚0.1厘米（图一一一，2；彩版九七，5）。SⅡTG①：30，宽舌形，平顶，身平直，底圆弧。顶有横三孔，两边有竖双孔，中下部有横双孔。长7.3、宽5.2、厚0.1厘米（图一一一，7；彩版九七，8）。

长方形，1件。SⅡTG①：31，身微弧，两端残。边有竖立双孔，中有单孔。长3.7、宽3.1～3.3、厚0.1厘米（图一一一，4；彩版九七，7）。

长条形，2件。SⅡTG①：32，平顶，身平直，底残。顶部有横三孔，中部有横双孔，

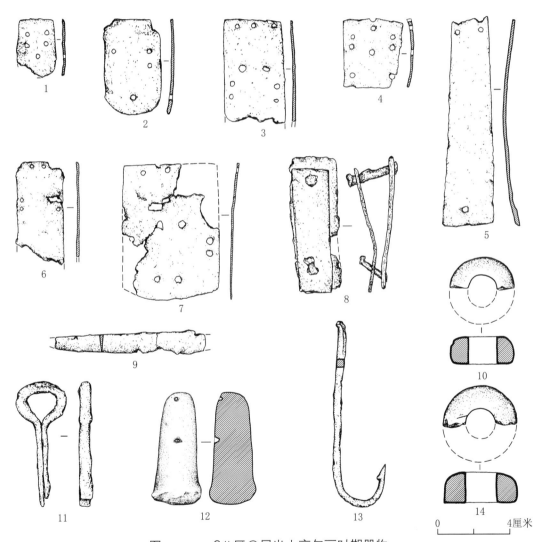

图一一一　SⅡ区①层出土高句丽时期器物

1、2、7.舌形铁甲片（SⅡTG①：28、SⅡTG①：29、SⅡTG①：30）　4.长方形铁甲片（SⅡTG①：31）　3、6.长条形铁甲片（SⅡTG①：32、SⅡTG①：33）　5.铁盔片（SⅡTG①：34）　8.铁铆件（SⅡTG①：35）　9.铁削（SⅡTG①：36）　11.铁穿鼻（SⅡTG①：37）　13.铁鱼钩（SⅡTG①：38）　12.石杵（SⅡTG①：42）　10、14.石纺轮（SⅡTG①：43、SⅡTG①：44）

两边有竖双孔。残长5.5、宽3.3、厚0.1厘米（图一一一，3；彩版九七，9）。SⅡTG①：33，身平直，平顶抹角，直边，底残。顶有横双孔，边有竖双孔。残长5.5、宽2.7、厚0.15厘米（图一一一，6；彩版九七，6）。

铁盔片　1件。

SⅡTG①：34，顶残，长条形，上窄下宽，斜底，身内弧。边有竖双孔，底有单孔。残长11、宽2~2.8、厚0.1厘米（图一一一，5；彩版九七，14）。

铁铆件　1件。

SⅡTG①：35，两条形铁片铆合。长7.2、宽2.5、中间空隙宽2厘米（图一一一，8；彩版九七，12）。

铁削　1件。

SⅡTG①：36，直背斜刃，剖面为三角形，柄残。长8.1、残宽0.6~1.3厘米（图一一一，9；彩版九七，11）。

铁穿鼻　1件。

SⅡTG①：37，铁条环折为椭圆形，对接处合成四棱形穿钉。环径2.8、通长6.7厘米（图一一一，11；彩版九七，10）。

铁鱼钩　1件。

SⅡTG①：38，通体为四棱形，尖端有倒钩。径0.28、通长9.8厘米（图一一一，13；彩版九七，13）。

铁门簪钉　2件。

SⅡX①：39，锻制，整体为曲尺形，钉身方锥形，簪头为扁连珠形。钉长38、宽1.8、厚1.2、连珠长22、宽0.7~6.2、厚0.3厘米（图一一二，1；彩版九八，1）。SⅡX①：40，平面呈莲花状，花蕾与茎为连体，花蕾与花瓣相叠铆合。茎部已弯曲。通长19、宽10、厚0.2~0.3厘米（图一一二，2；彩版九八，3）。

铁凿　1件。

SⅡT3②：41，卷空銎，上粗下细，扁方身，宽刃稍圆弧。銎柄上部径3.8、身部宽2、厚1.2、长20.2厘米（图一一二，3；彩版九八，2）。

石器

石杵　1件。

SⅡTG①：42，完整，质地坚硬。圆柱状，表面钻有两个小坑。通长12、最大径5.4厘米（图一一一，12；彩版九八，4）。

石纺轮　2件。

SⅡTG①：43，磨制，扁圆形，面圆弧，平底。直径4、孔径1.5、厚1.5厘米（图一一一，10；彩版九八，5）。SⅡTG①：44，磨制，半圆形，表面圆弧，平底。直径3.5、孔径1.5、厚1.3厘米（图一一一，14；彩版九八，6）。

SⅢ区地层遗物

SⅢX区①层遗物

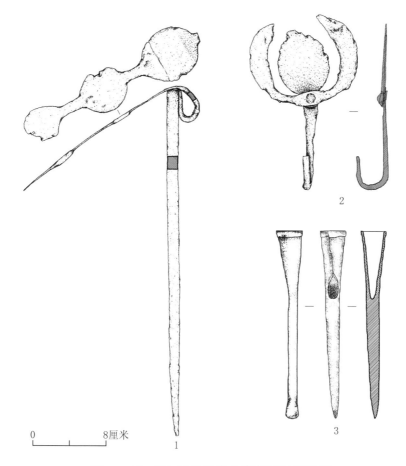

0　　　　8厘米

图一一二　SⅡ区②层出土高句丽时期铁器

1、2.门簪钉（SⅡX①：39、SⅡX①：40）　3.凿（SⅡT3②：41）

有陶器、石器等。

陶器

有罐、盘、器底及纺轮等。

陶罐　3件。

A型　侈口罐，有2式。

Ⅰ式，2件。外折沿，重唇，束颈。SⅢXT201①：90，泥质灰陶。口径14.5、残高3.8厘米（图一一三，1）。SⅢXT102①：91，泥质灰陶。口径15、残高4.3厘米（图一一三，2）。

Ⅱ式，1件。外折沿，方唇上尖，束领。SⅢXT201①：92，泥质灰陶。口径18、残高3.5厘米（图一一三，3）。

器底　1件。

SⅢXT201①：20，泥质灰黑陶。弧腹。表面有暗压弦纹。残高4、底径18厘米（图一一三，5）。

石器

石弹丸　1件。

SⅢXT202①：150，红色砂岩质，不规则圆形。直径2.8厘米（图一一三，16；彩版九九，1）。

SⅢX区②层出土遗物

有陶器、铁器、石器等。

陶器

有陶盘、陶器底、陶纺轮等。

陶盘　1件。

A型Ⅰ式，浅腹盘。SⅢT201②：24，泥质灰陶。平唇，浅斜腹，平底，底部周边有一周凸棱。口径25、底径23、高2.7厘米（图一一三，4）。

陶器底　2件。

SⅢXT102北扩②：75，泥质褐陶。腹稍直，平底。底径26、残高12厘米（图一一三，6）。SⅢXT102北扩②：76，泥质灰陶。底径16、残高8.8厘米（图一一三，7）。

陶纺轮　1件。

SⅢXT102②：111，泥质红陶。扁圆形，中部有一孔，表面略圆弧，底面稍内凹。直径4.7、孔径1.7、厚1.5厘米（图一一三，15；彩版九九，2）。

铁器

铁镞　2件。

B型　1件。方锥形锋镞。

Ⅱ式，锋部残，长镞身，剖面方形，束收为方铤。SⅢXT102北扩②：59，镞身长6.6、铤长0.5厘米（图一一三，9；彩版九九，3）。

C型　1件。矛形锋镞。

Ⅱ式，锋束收，圆身。SⅢXT202②：2，镞锋剖面近方棱形，圆铤。锋宽1.1、厚0.8厘米，身长6.4、铤长2.6、通长9、厘米（图一一三，8；彩版九九，4）。

铁甲片　3件。

SⅢXT101②：6，长方形，顶残，直边，弧形底，顶部有双孔，两边有竖双孔，中部有一孔，底部有竖双孔。长4.8、宽3、厚0.2厘米（图一一三，10；彩版九九，5）。SⅢXT102北扩②：83，长方形，平顶抹角，顶部有双孔，中部有一孔，两边有对称双孔，底部中有竖双孔。长4.0、宽2.9、厚0.15厘米（图一一三，11；彩版九九，6）。SⅢXT101②：7，方形，抹角，顶有三孔，边有竖双孔，下部残。残长5.7、宽4.2、厚0.2厘米（图一一三，12；彩版九九，8）。

铁钩　1件。

SⅢXT102北扩②：58，扁方身折直，残长4.2、宽0.5、厚0.4厘米（图一一三，14）。

石器

石网坠　1件。

SⅢXT102北扩②：84，砂岩质，椭圆形，中部划有一周凹槽。长4.1、宽2.1、厚1.5厘米（图一一三，13；彩版九九，7）。

石弹丸　1件。

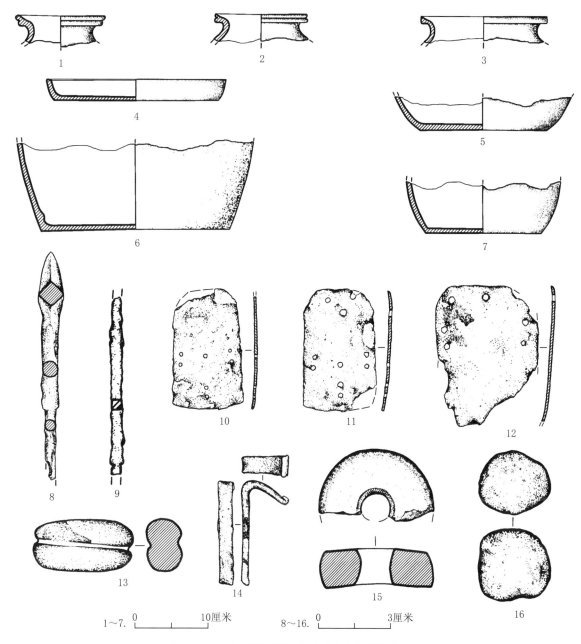

图一一三　SⅢX区地层出土高句丽时期器物

1、2.A型Ⅰ式陶罐（SⅢXT201①：90、SⅢXT102①：91）　3.A型Ⅱ式陶罐（SⅢXT201①：92）　4.A型Ⅳ式陶盘
（SⅢXT201②：24）　5.陶器底（SⅢXT201①：20）　6、7.陶器底（SⅢXT102北扩②：75、SⅢXT201北扩②：
76）　8.C型Ⅱ式铁镞（SⅢXT202②：2）　9.B型Ⅱ式铁镞（SⅢXT102北扩②：59）　10～12.铁甲片（SⅢXT101
②：6、SⅢXT102北扩②：83、SⅢXT101②：7）　13.石网坠（SⅢXT102北扩②：84）　14.铁钩（SⅢXT102北扩
②：58）　15.陶纺轮（SⅢXT102②：111）　16.石弹丸（SⅢXT202①：150）

SⅢXT201②：150，砂岩质，椭圆形。直径2.5厘米（图一一三，16）。

SⅢD区地层出土遗物

有陶器、铁器、铜器、银器、骨器、石器等，可修复陶器物较少。陶质以泥质陶为主，

有少量夹砂陶。陶质以灰黑陶为主，其次为褐陶，少量红陶、黑皮陶及釉陶。陶胎一般较硬，火候较高，器表多经压磨，光滑。据口沿及底部特征，可辨器形有瓮、罐、盘、盆、器盖、壶、纺轮、瓦等，还有一定数量的圆陶片。陶器以轮制为主，器耳以桥状为主，均贴附于器壁之上。纹饰以素面为主，还有单、多道弦纹，水波纹、弦纹水波组合纹、戳印纹、垂幔纹、刻划纹、多道弦纹和戳刺纹的组合纹饰、"X"纹、刻划戳刺纹、绳纹、布纹等（彩版九九，9~12）。

SⅢD区第①层出土遗物

陶器

陶纺轮 1件。

SⅢ05DT01①：1，平面呈圆形，中央有一个圆孔。直径6.3、孔径1.3、厚1.5厘米（图一一四，1；彩版九九，13）。

陶珠 2件。

SⅢ05DT08①：4，泥质灰陶。直径1.6厘米（图一一四，2；彩版九九，15）。

SⅢ05DT08①：3，泥质灰陶，顶部穿有一孔。直径1.9厘米（图一一四，3；彩版九九，14）。

铁器

铁镞 8件。有圭形锋镞、方锥形锋镞、矛形锋镞3型。

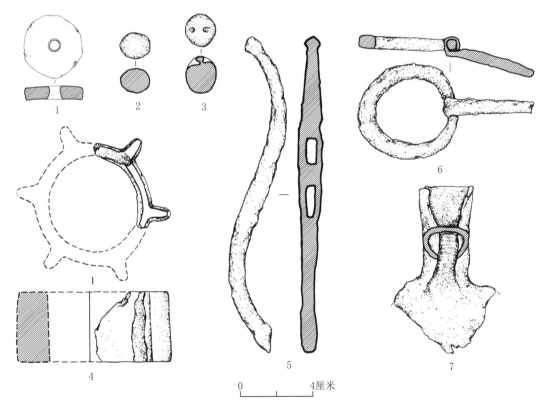

0   4厘米

图一一四 SⅢD区①层出土高句丽时期器物

1.陶纺轮（SⅢ05DT01①：1） 2.陶珠（SⅢ05DT08①：4、SⅢ05DT08①：3） 4.铁门枢（SⅢ05DT10①：1） 5.铁马镳（SⅢ05DT13①：1） 6.铁带扣（SⅢ05DT15①：1） 7.铁铲（SⅢ05DT14①：1）

A型 5件。圭形锋镞，分2式。

Ⅰ式，2件。短锋，锋剖面扁六棱或梯形，长身，剖面扁方或方形，方锥形铤。SⅢ05DT03①：25，锋长1.6、宽0.8、厚0.3厘米，铤宽0.5、通长14.3厘米（图一一五，1；彩版一〇〇，1）。SⅢ05DT01①：2，铤残。长10.2、铤宽0.6厘米（图一一五，2；彩版一〇〇，2）。

Ⅱ式，3件。长锋，锋与锋身分格不明显，剖面扁六棱或梯形，剖面扁方或方形，方锥形铤。SⅢ05DT10①：2，残长9.3、铤宽0.7厘米（图一一五，3；彩版一〇〇，3）。SⅢ05DT04①：2，锋部残。残长10.5、铤宽0.6厘米（图一一五，4；彩版一〇〇，4）。SⅢ02DT1①：3，尖较锋利，纵断面呈楔形，铤残。残长8.5、锋长5.5厘米（图一一五，5；彩版一〇〇，5）。

B型 2件。方锥形锋。

Ⅰ式，方锥形锋，方铤。SⅢ05DT06①：1，锋长3.8、宽0.9厘米，铤长4.2、宽0.3厘米，通长8厘米（图一一五，6；彩版一〇〇，6）。SⅢ05DT12①：1，铤残，锋长2.4、宽0.8厘米，铤径0.3、通长4.1厘米（图一一五，9；彩版一〇〇，7）。

C型，2件。矛形锋镞。

Ⅲ式 长锋。长圆身，锥形铤。SⅢ05DT03①：24，方铤。锋长4.1、宽0.8、厚0.4厘

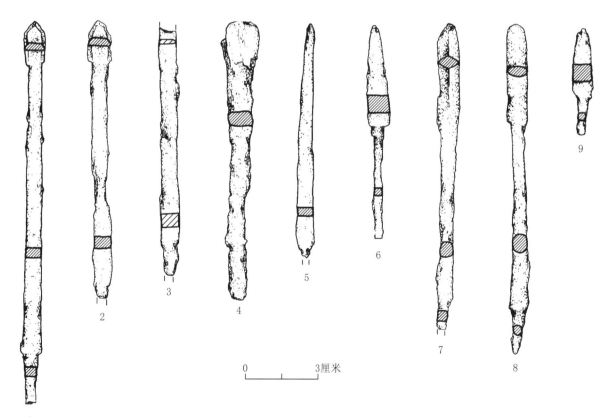

0   3厘米

图一一五 SⅢD区①层出土高句丽时期铁镞

1、2.A型Ⅰ式（SⅢ05DT03①：25、SⅢ05DT01①：2） 3～5.A型Ⅱ式（SⅢ05DT10①：2、SⅢ05DT04①：2、SⅢ02DT1①：3） 6、9.B型Ⅰ式（SⅢ05DT06①：1、SⅢ05DT12①：1） 7.C型Ⅲ式（SⅢ05DT03①：24、SⅢ05DT08①：6）

米，身长6.4、直径0.6厘米，通长11.5厘米（图一一五，7；彩版一〇〇，8）。SⅢ05DT08①：6，锋长3.7、宽0.8、厚0.5厘米，身长7、直径0.6厘米，通长12.4厘米（图一一五，8；彩版一〇〇，9）。

铁甲片　17件。有梯形、长条形、宽舌形、异形等。

梯形，4件。平顶，上窄下宽，直边，底边圆弧。SⅢ05DT03①：20，长3.7、宽2.6、厚0.3厘米（图一一六，1）。SⅢ05DT03①：19，长5、宽3、厚0.3厘米（图一一六，2；彩版一〇〇，10）。SⅢ05DT08①：5，长4.5、宽3.7、厚0.2厘米（图一一六，3；彩版一〇〇，11）。SⅢ05DT13①：2，长5、宽3.4、厚0.2厘米（图一一六，4；彩版一〇一，1）。

长条形，7件。平顶抹角或弧形顶，长身，直边，身内曲，底圆弧形。SⅢ05DT10①：5，顶有横双孔，表面锈蚀，底残。长7.6、宽2.9、厚0.3厘米（图一一六，5）。SⅢ05DT01①：3，锈蚀。长9.1、宽3.7厘米（图一一六，6；彩版一〇〇，12）。SⅢ05DT03①：13，有一个小孔。长9.2、宽3.4、厚0.4厘米（图一一六，7）。SⅢ05DT03①：5，顶有横双孔，边有竖双孔，底有单孔。长9、宽3.6、厚0.2厘米（图一一六，8）。SⅢ05DT03①：4，长8.6、宽4.4、厚0.4厘米（图一一六，9；彩版一〇一，2）。SⅢ05DT03①：17，两端圆弧。长7.3、宽3.4、厚0.3厘米（图一一六，10；彩版一〇一，3）。SⅢ05DT03①：10，顶圆弧，底残。长6.4、宽5.4、厚0.2厘米（图一一六，11）。

宽舌形，2件。平顶，底半圆弧。SⅢ05DT03①：11，长6.3、宽4、厚0.4厘米（图一一六，12；彩版一〇一，4）。SⅢ05DT03①：3，长6.1、宽3.9、厚0.3厘米（图一一六，13；彩版一〇一，5）。

异形，4件。SⅢ05DT03①：12，平顶，中下部凸起圆泡形。长7.1、宽5.1、厚0.4厘米，泡径2、高1.3厘米（图一一六，14；彩版一〇一，6）。SⅢ05DT03①：8，形式同上。长4.4、宽3.2、厚0.5厘米（图一一六，15；彩版一〇一，7）。SⅢ05DT03①：2，形式同上。长5.8、宽6.2、厚0.3厘米（图一一六，16；彩版一〇一，8）。SⅢ05DT03①：14，顶圆弧，底半圆形，一边直，另一边三连弧形。两侧、中部有竖双孔。长9.6、宽3.7、厚0.4厘米（图一一六，17；彩版一〇一，9）。

铁马镳　1件。

SⅢ05DT13①：1，平面呈"S"形，一端有球状突起。长16.7、直径0.9厘米（图一一四，5；彩版一〇二，1）。

铁带扣　1件。

SⅢ05DT15①：1，扣椭圆环形，穿鼻尾端与带扣卷合。外径5.2、直径0.6厘米（图一一四，6；彩版一〇二，2）。

铁门枢　1件。

SⅢ05DT10①：1，扁环形，外侧有凸棱。外径8.4、宽3.8、厚0.4厘米（图一一四，4；彩版一〇二，3）。

铁铲　1件。

SⅢ05DT14①：1，卷銎半环形，圆肩，铲身扁平。残长9、厚0.2厘米，銎径2.8、厚0.3厘米（图一一四，7；彩版一〇二，4）。

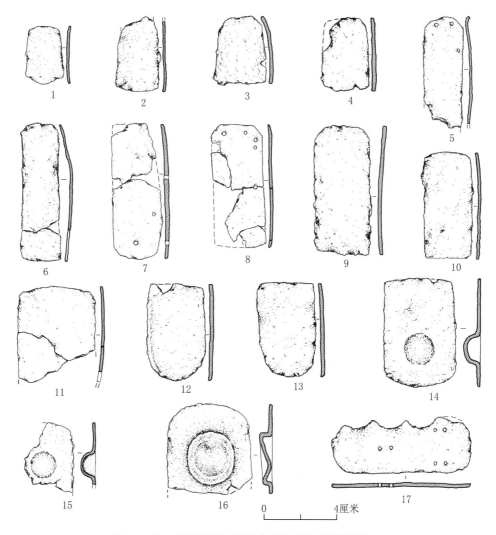

图一一六 SⅢD区①层出土高句丽时期铁甲片

1～4.梯形（SⅢ05DT03①：20、SⅢ05DT03①：19、SⅢ05DT08①：5、SⅢ05DT13①：2） 5～11.长条形（SⅢ
05DT10①：5、SⅢ05DT01①：3、SⅢ05DT03①：13、SⅢ05DT03①：5、SⅢ05DT03①：4、SⅢ05DT03①：17、SⅢ
05DT03①：10） 12、13.宽舌形（SⅢ05DT03①：11、SⅢ05DT03①：3） 14～17.异形（SⅢ05DT03①：12、SⅢ
05DT03①：8、SⅢ05DT03①：2、SⅢ05DT03①：14）

SⅢD区第②层出土遗物

出土遗物有陶器、铁器、铜器及石器等。

陶器

有陶盆、陶盘、陶壶、器盖、陶网坠及陶弹丸等。陶器多素面，极少量陶片上划弦纹、
"X"纹、戳点纹（图一一七，11～13）。

陶盆 2件。

B型 侈口盆，有1式。

Ⅰ式，1件。侈口，圆唇，外折沿，束颈，折圆腹。SⅢ04DT104②：8，泥质灰陶，斜
腹，平底。口径18、底径14、高4.5厘米（图一一七，1；彩版一〇二，5）。

C型 斜腹盆，有1式。

Ⅱ式，1件。侈口，圆唇，斜直腹，平底。SⅢ04DT104②：7，泥质灰陶。口径26、高8.5、底径18、壁厚0.4厘米（图一一七，2；彩版一〇二，6）。

陶器盖　2件。

泥质灰陶。轮制，素面，平顶，子母口，纽残。SⅢ04DT203②：11，直口。直径26、通高6厘米（图一一七，3）。SⅢ04DT503②：5，敛口。直径22、通高4.8厘米（图一一七，4；彩版一〇二，7）。

器盖纽　1件。

SⅢ04DT503②：12，泥质灰陶。桃形。直径3.3、残高3.3厘米（图一一七，7）。

陶壶　1件。

C型Ⅳ式，展沿壶。SⅢ04DT104②：5，泥质褐陶。圆唇，展沿，束颈。口径12.8、残

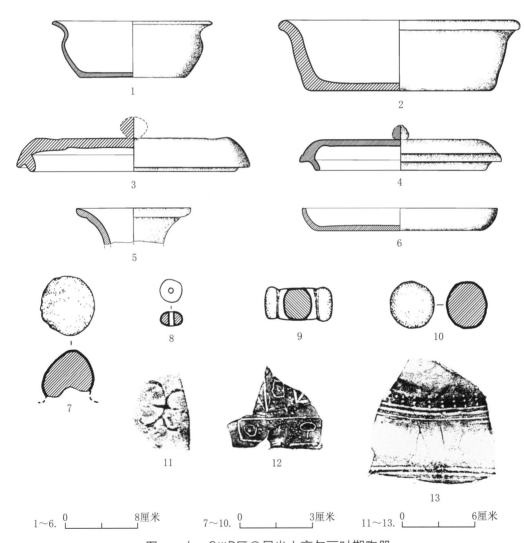

1～6. 0 ├────┤ 8厘米　　7～10. 0 ├────┤ 3厘米　　11～13. 0 ├────┤ 6厘米

图一一七　SⅢD区②层出土高句丽时期陶器

1.B型Ⅰ式盆（SⅢ04DT104②：8）　2.B型Ⅱ式盆（SⅢ04DT104②：7）　3、4.器盖（SⅢ04DT203②：11、SⅢ04DT503②：5）　5.C型Ⅳ式壶（SⅢ04DT104②：5）　6.A型Ⅰ式盘（SⅢ04D203②：11）　7.器盖纽（SⅢ04DT503②：12）　8.玛瑙珠（SⅢ04DT103②：2）　9.网坠（SⅢ04DT604②：1）　10.丸（SⅢ04DT503②：5）　11."X"纹（SⅢ04DT106②：13）　12.刻划戳刺纹（SⅢT04D106②：14）　13.多道弦纹和戳刺纹（SⅢ04DT304②：12）

高4厘米（图一一七，5）。

陶盘　1件。

A型Ⅰ式，平唇，斜直腹，平底。SⅢ04DT203②：11，泥质灰陶。口径22、底径18、高2.4厘米（图一一七，6；彩版一〇二，8）。

陶网坠　1件。

SⅢ04DT604②：1，泥质灰陶。圆柱形，两端各有一周凹弦纹。长3.2、直径1.2厘米（图一一七，9；彩版一〇二，9）。

陶丸　1件。

SⅢ04DT503②：5，泥质褐陶。直径3厘米（图一一七，10；彩版一〇二，10）。

铁　器

有镞、甲片、钉、铆钉、挂钩、环、带扣、铆件、扣手、铲、刀、削、镈及马镳等。

铁镞　20件。据镞锋形式有圭形锋镞、方锥形锋镞、矛形锋镞、叶形锋镞、三翼形镞5型。

A型　5件。圭形锋镞，有3式。

Ⅰ式，2件。圭形短锋，锋与镞身分格明显，扁方长身，方锥形铤。SⅢ04DT202②：2，锋长1.7、宽1、厚0.3厘米，身长6.3、宽0.5、厚0.4厘米，通长13.5厘米（图一一八，1；彩版一〇三，1）。SⅢ04DT202②：15，锋剖面梯形，铤残。锋长2.3、宽1.2、厚0.3厘米，身长5、宽0.6、厚0.4厘米，通长7.3厘米（图一一八，15；彩版一〇三，5）。

Ⅱ式，2件。圭形长锋，锋与镞身无明显分格。SⅢ04DT102②：1，锋部稍钝，锋长9、宽0.8厘米，通长14厘米（图一一八，2；彩版一〇三，2）。SⅢ02DT1②：3，尖较锋利，弯曲。锋长5.5、残长11厘米（图一一八，10；彩版一〇三，4）。

Ⅲ式，1件。长锋，圆身。锋扁圆形，扁方铤。SⅢ04DT103②：1，铁镞。锋长2、残长14、宽0.7厘米（图一一八，3；彩版一〇三，3）。

B型　6件。方锥形锋，有3式。

Ⅰ式，5件。镞锋较长，多为方锥形铤。SⅢ04DT202②：1，铤残。锋长4、宽0.9、残长8.4厘米（图一一八，4；彩版一〇三，6）。SⅢ04DT105②：4，铤残。锋长3.6、宽0.8、残长7.6厘米（图一一八，5；彩版一〇三，8）。SⅢ04DT112②：2，圆锥形铤。铤残。锋长3.6、宽0.8、残长7.6厘米（图一一八，6；彩版一〇三，9）。SⅢ04DT101②：4，铤残。锋长3.5、残长6.3厘米（图一一八，7；彩版一〇三，10）。SⅢ04DT101②：3，镞锋较短，铤残。锋长2.6、宽0.7厘米，通长7.6厘米（图一一八，8）。

Ⅱ式，1件。锋短小，圆锥形铤。SⅢ04DT105②：7，铤残。锋长1.5、宽0.5、残长4.4厘米（图一〇九，9；彩版一〇三，7）。

C型　5件。矛形锋镞。

Ⅱ式，长锋，长圆身，铤方锥形。SⅢ04DT105②：7，铤残。身长9、宽0.6厘米（图一一八，16；彩版一〇三，11）。SⅢ04DT204②：4，铤残。锋长3.5、宽0.77、身长5.4、径0.35～0.45、铤残长3.5、通长12.4厘米（图一一八，17；彩版一〇三，12）。SⅢ02DT3②：5，铤残。锋长4.6、宽9、厚0.6、身长5.7、铤残长1.6、通长11.9厘米（图一一八，

18；彩版一〇三，13）。SⅢ04DT104②：5，铤残。身长14.5、宽0.9厘米（图一一八，20；彩版一〇四，1）。SⅢ02DT3②：6，铤残。身长12.2、通长12.5厘米（图一一八，19；彩版一〇四，2）。

D型　2件。叶形锋镞，有2式。

Ⅰ式，1件。平面长三角形。SⅢ04DT101②：6，两侧中脊不对称，铤方锥形。锋长3.3、铤长2.2厘米（图一一八，13；彩版一〇四，3）。

Ⅶ式，1件。平面圭形。SⅢ04DT203②：3，宽锋，两侧中脊不对称，铤残。锋长4.2、

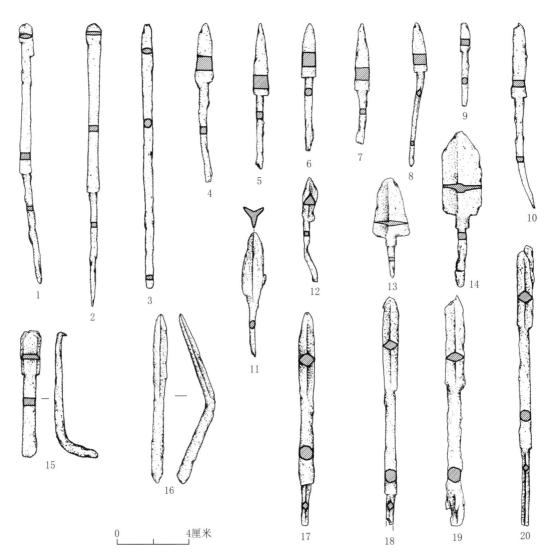

0　　4厘米

图一一八　SⅢD区②层出土高句丽时期铁镞

1、15.A型Ⅰ式镞（SⅢ04DT202②：2、SⅢ04DT202②：15）　2、10.A型Ⅱ式镞（SⅢ04DT102②：1、SⅢ02DT1②：3）　3.A型Ⅲ式镞（SⅢ04DT103②：1）　4~8.B型Ⅰ式镞（SⅢ04DT202②：1、SⅢ04DT105②：4、SⅢ04DT112②：2、SⅢ04DT101②：4、SⅢ04DT101②：3）　9.B型Ⅱ式镞（SⅢ04DT105②：7）　11.E型Ⅰ式镞（SⅢ04DT603②：1）　12.E型Ⅱ式镞（SⅢ04DT106②：6）　13.D型Ⅰ式镞（SⅢ04DT101②：6）　14.D型Ⅶ式镞（SⅢ04DT203②：3）　16~20.C型Ⅱ式镞（SⅢ04DT105②：7、SⅢ04DT204②：4、SⅢ02DT3②：5、SⅢ02DT3②：6、SⅢ04DT104②：5）

锋宽2、残长8.2厘米（图一一八，14；彩版一〇四，4）。

E型 2件。三翼形或三棱形，有2式。

I式，1件。长锋，剖面三菱形。SⅢ04DT603②：1，尖部残，铤圆锥形。锋残长3.6、宽1、残长6.5厘米（图一一八，11；彩版一〇四，5）。

II式，1件。锋截面三棱形，圆铤。SⅢ04DT106②：6，残长5.7、锋长2.2厘米（图一一八，12；彩版一〇四，6）。

铁甲片 8件。有舌形、长方形、梯形、菱形及曲尺形等。

长舌形，1件。SⅢ04DT106②：7，平顶，直边，底圆弧，身折曲，边部有穿孔。长5、宽1.8厘米（图一一九，1；彩版一〇四，7）。

长方形，3件。平顶抹角，顶部及两边有穿孔。SⅢ04DT101②：8，长8.2、宽2.7、厚0.2厘米（图一一九，2；彩版一〇四，8）。SⅢ04DT205②：1，顶有横双孔，两边、中下部有竖双孔，中有单孔。长9.4、宽2.9、厚0.2厘米（图一一九，3；彩版一〇四，10）。SⅢ02DT3②：1，长10.5、宽2.5、厚0.1厘米（图一一九，4；彩版一〇四，9）。

梯形，2件。平顶抹角，上窄下宽，有横双孔，两边、中下部有竖双孔。SⅢ04DT106②：3，长4.5、宽3.1、厚0.15厘米（图一一九，5；彩版一〇四，11）。SⅢ04DT204②：

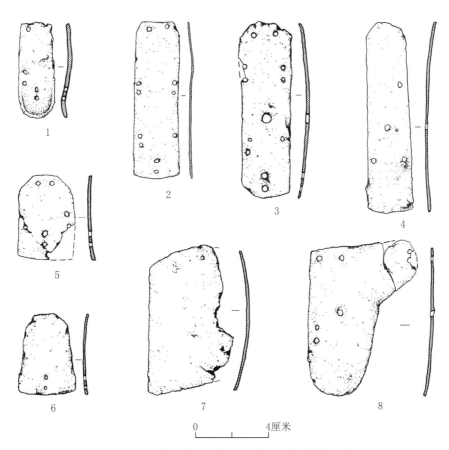

0   4厘米

图一一九 SⅢD区②层出土高句丽时期铁甲片

1.舌形（SⅢ04DT106②：7） 2~4.长方形（SⅢ04DT101②：8、SⅢ04DT205②：1、SⅢ02DT3②：1） 5、6.梯形（SⅢ04DT106②：3、SⅢ04DT204②：1） 7.菱形（SⅢ04DT105②：6） 8.曲尺形（SⅢ04DT204②：2）

1，长4.3、宽1.2～3.1厘米（图一一九，6；彩版一〇四，12）。

菱形，1件。SⅢ04DT105②：6，已弯曲，仅见一穿孔。一边直，一边残。长8、残宽4.5厘米（图一一九，7）。

曲尺形，1件。SⅢ04DT204②：2，两端弧形，外缘方折，内缘圆滑，边及中间有穿孔。长7.9、宽6厘米（图一一九，8；彩版一〇五，1）。

铁钉　4件。有伞形、球顶形2式。

Ⅰ式，2件。伞形钉帽。SⅢ04DT603②：2，圆钉。长5.8厘米（图一二〇，1；彩版一〇五，2）。SⅢ04DT503②：9，方钉。下端残。残长4.6厘米（图一二〇，2；彩版一〇五，3）。

Ⅱ式，2件。球顶形钉帽。SⅢ04DT503②：10，圆角方钉，下端残。残长4.8厘米（图一二〇，3；彩版一〇五，4）。SⅢ04DT105②：10，剖面五棱形。残长4.3厘米（图一二〇，4；彩版一〇五，5）。

铆钉　1件。

SⅢ04DT304②：1，两端半球形，铆钉面较小，圆钉身。长6.1、宽0.5厘米（图一二〇，5；彩版一〇五，6）。

铁挂钩　1件。

SⅢ04DT105②：1，折直钩，扁钉。钉长9、宽0.8厘米（图一二〇，6；彩版一〇五，7）。

铁环　2件。

SⅢ04DT304②：3，椭圆环，截面圆形，接口处稍细。外径5.5厘米（图一二〇，8；彩版一〇五，8）。SⅢ04DT102②：3，铁片卷曲成环。径2.2、宽0.6、厚0.3厘米（图一二〇，14；彩版一〇五，9）。

铁转环　2件。

SⅢ04DT106②：4，环圆形，环身有孔；转轴是一根铁条，穿过活环孔，转轴顶端的帽卡在环内固定，铁条穿出反曲盘绕轴丝而成。长5.2、宽2.6厘米（图一二〇，9；彩版一〇五，11）。SⅢ04DT403②：1，残存转轴。直径3.8厘米（图一二〇，10；彩版一〇五，10）。

铁带扣　4件。

SⅢ02DT1②：4，平面宽舌形，残。宽3.1、高1、厚0.4厘米（图一二〇，7；彩版一〇五，12）。SⅢ04DT403②：3，平面宽舌形，末端外折，"丁"字形带针，与带扣铆接。宽3.5厘米（图一二〇，11；彩版一〇五，13）。SⅢ04DT201②：1，平面半圆形，带针与扣带横卷合。长3.4、宽2厘米（图一二〇，12；彩版一〇五，14）。SⅢ04DT105②：5，平面圆弧形，带横铆接，针残。宽2.4、高1.4厘米（图一二〇，13；彩版一〇五，15）。

有孔铁片　1件。

SⅢ04DT105②：18，两端圆弧，长方形，一端有孔。长9、宽1.8、厚0.2厘米（图一二〇，15）。

铁铆件　1件。

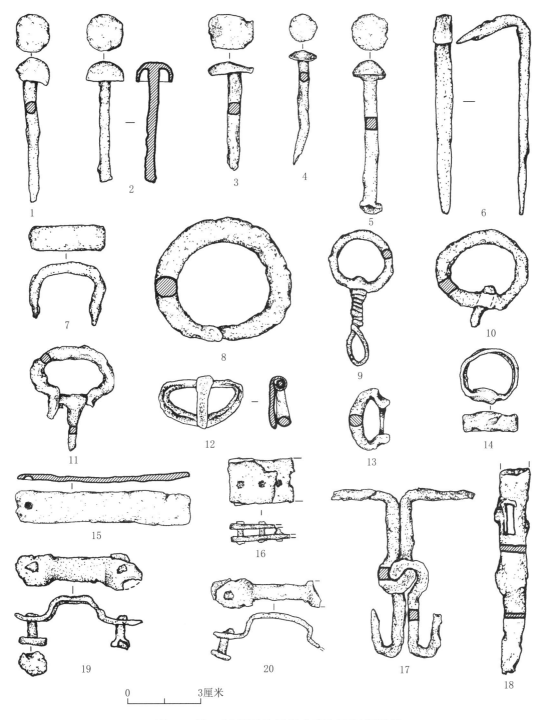

0 ————— 3厘米

图一二〇 SⅢD区②层出土高句丽时期铁器

1、2.I式钉（SⅢ04DT603②：2、SⅢ04DT503②：9） 3、4.Ⅱ式钉（SⅢ04DT503②：10、SⅢ04DT105②：10） 5.铆钉（SⅢ04DT304②：1） 6.挂钩（SⅢ04DT105②：1） 7、11~13.带扣（SⅢ02DT1②：4、SⅢ04DT403②：3、SⅢ04DT201②：1、SⅢ04DT105②：5） 8、14.环（SⅢ04DT304②：3、SⅢ04DT102②：3） 9、10.转环（SⅢ04DT106②：4、SⅢ04DT403②：1） 15.有孔铁片（SⅢ04DT105②：18） 16.铆件（SⅢ04DT102②：4） 17.连环扣（SⅢ04DT104②：3） 18.马镳（SⅢ04DT204②：3） 19、20.扣手（SⅢ04DT105②：6、SⅢ04DT104②：4）

SⅢ04DT102②：4，两条长方形铁片铆合。残长2.5、宽1.8、厚0.8厘米，铆钉径0.3厘米（图一二〇，16）。

铁连环扣　1件。

SⅢ04DT104②：3，两环交扣，环后有直穿杆，一弯曲成钩形，一折直角。长6.1、宽5.7厘米（图一二〇，17；彩版一〇六，1）。

马镳　1件

SⅢ04DT204②：3，扁条形，中部宽，末端圆弧，中有长方形穿孔。长8.7、宽1.6、厚0.5厘米（图一二〇，18）。

铁扣手　2件。

宽"几"字形，两端有铆钉，钉帽圆形。SⅢ04DT105②：6，长5、宽2.2厘米（图一二〇，19；彩版一〇六，2）。SⅢ04DT104②：4，另一端残缺。残长4.2、宽0.6~1.1厘米（图一二〇，20；彩版一〇六，3）。

铁铲　1件。

SⅢ04DT503②：6，銎圜形，铲圆形，铲身上部稍厚，下部稍薄。长12、宽9厘米（图一二一，1；彩版一〇六，4）。

铁刀　2件。

SⅢ04DT105②：2，刀尖较钝，直背，直刃，刀身截面呈三角形，刃部有缺口。长条形，刀身略窄，长柄较直，稍残。通长33、宽1.7、刀身长26厘米（图一二一，5；彩版一〇六，9）。SⅢ04DT504②：2，直背，直刃，刀身截面呈三角形。长18、宽1.6、厚0.5厘米（图一二一，4；彩版一〇六，7）。

铁削　2件。

SⅢ04DT106②：2，直背，直刃，刀身截面呈三角形，尖残。残长7.5、宽1.2厘米（图一二一，6；彩版一〇六，5）。SⅢ04DT203②：2，直背，直刃，刀身截面呈三角形，柄残短小。长9、宽0.6厘米（图一二一，7；彩版一〇六，6）。

铁釜残片　1件。

SⅢ04DT106②：1，残存腹部，腹外侧有宽沿，腹部有条突弦纹。残高24厘米（图一二一，2；彩版一〇七，1）。

铁镈　1件。

SⅢ04DT101②：7，顶端四棱锥状，中空，有对接缝，下端方锥形。直径1.4、高5.8厘米（图一二一，3；彩版一〇六，8）。

铜器

铜泡　1件。

SⅢ04DT503②：2，半球形，空心，边沿外展，稍残，下部中间有一棱形横梁。直径2.8、高2.1、壁厚0.1厘米（图一二一，8；彩版一〇七，2）。

铜带扣　1件。

SⅢ04DT604②：2，宽舌形，中有长方孔，两角、下边有穿孔。长2.3、宽2厘米（图一二一，9；彩版一〇七，5）。

铜环　1件。

SⅢ04DT503②：11，椭圆形。径1.4厘米（图一二一，10；彩版一〇七，3）。

铜耳饰　1件。

SⅢ04DT105②：11，由铜片、铜环等套接而成。长1.7、宽1.4厘米（图一二一，11；彩版一〇七，4）。

石器

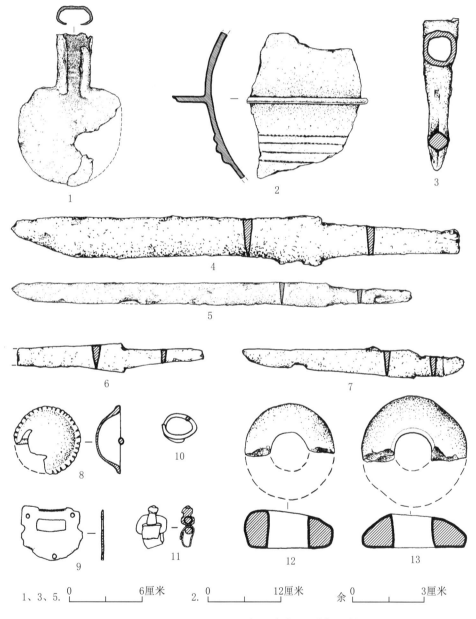

1、3、5. 0 ├──┼──┤ 6厘米　　2. 0 ├──┼──┤ 12厘米　　余 0 ├──┼──┤ 3厘米

图一二一　SⅢD区②层出土高句丽时期器物

1.铁铲（SⅢ04DT503②：6）　2.铁釜残片（SⅢ04DT106②：1）　3.铁镈（SⅢ04DT101②：7）　4、5.铁刀（SⅢ04DT105②：2、SⅢ04DT504②：2）　6、7.铁削（SⅢ04DT106②：2、SⅢ04DT203②：2）　8.铜泡（SⅢ04DT503②：2）　9.铜带扣（SⅢ04DT604②：2）　10.铜环（SⅢ04DT503②：11）　11.铜耳饰（SⅢ04DT105②：11）　12、13.石纺轮（SⅢ04DT503②：4、SⅢ04DT101②：5）

石纺轮 2件。

SⅢ04DT503②：4，两面平整，残存约二分之一。外径3.7、内径1.5、厚1.5厘米（图一二一，12；彩版一〇七，9）。SⅢ04DT101②：5，一面平整，截面呈半圆形馒头状。外径4.4、内径1.7、厚1.3厘米（图一二一，13；彩版一〇七，10）。

玛瑙珠 3件。

形状相同，稍扁球形，中间有细小穿孔。SⅢ04DT103②：8，红色。直径0.8厘米（彩版一〇七，6）。SⅢ04DT103②：2，红色。直径0.7厘米（图一一七，8；彩版彩版一〇七，7）。SⅢ04DT103②：3，红褐色。直径0.7厘米（彩版一〇七，8）。

SⅢD区③层出土遗物

有陶器、铁器、铜器及银器等。

陶器

陶瓮 2件。

A型 侈口瓮。有1式。

Ⅳ式，圆唇，浅盘口，束颈，腹斜收，平底。SⅢ04DT103③：1，泥质红褐陶。素面。口径32、高50.5、底径19、壁厚0.8厘米（图一二二，1；彩版一〇八，1）。SⅢ04DT103③：2，泥质灰陶。长圆鼓腹，腹上部有4个对称桥形横耳，在耳上部有两道凹弦纹，腹下部在三周凹弦纹。口径26.2、高57.2、底径18.5、壁厚1厘米（图一二二，2；彩版一〇八，2）。

陶盆 3件。

A型 折沿盆，有2式。

Ⅰ式，1件。外折平沿，重唇。SⅢ02DT3③：18，稍束颈，腹部微内收。口径47.5厘米（图一二二，3）。

Ⅳ式，2件。折平沿，方唇。SⅢ02DT3③：10，唇下沿微内卷，方唇下尖。口径35、残高6厘米（图一二二，4）。SⅢ02DT3③：19，口径49、残高9厘米（图一二二，5）。

陶钵 3件。

A型 有3式。

Ⅰ式，1件。圆腹。SⅢ04DT203③：10，泥质灰陶。侈口，圆唇内抹，斜腹，腹部有一孔，平底。口径9、底径7、高3厘米（图一二二，6；彩版一〇八，3）。

Ⅱ式，1件。SⅢ04DT105③：3，泥质灰陶。直口，平唇，圆腹，平底。口径10、底径7、高3厘米（图一二二，7；彩版一〇八，4）。

Ⅲ式，1件。SⅢ02DT3③：4，泥质灰陶。广口，敛口，方唇，浅腹微鼓，底残。口径23、残高9厘米（图一二二，8）。

陶盘 1件。

A型 侈口盘。有1式。

Ⅱ式，尖唇，浅腹，平底。SⅢ02DT3③：5，泥质红褐陶。口径25、底径23、高3厘米（图一二二，9）。

铁器

铁镞　9件。有圭形锋镞、方锥形锋镞、矛形锋镞、叶形锋镞、三棱形锋镞等5型。

A型　4件。圭形锋镞。

I式，圭形短锋。SⅢ04DT105③：1，剖面扁六棱形，扁方长身，方锥形铤。锋长1.7、宽0.8、厚0.3、身长8.7、铤长1.3、残长11.7厘米（图一二三，1；彩版一〇九，1）。SⅢ04DT106③：1，锋残，方身，方锥形铤。残长12.9厘米（图一二三，2；彩版一〇九，2）。SⅢ04DT603③：3，方身，已卷曲变形。通长10厘米（图一二三，8；彩版一〇八，5）。SⅢ02DT1③：1，圆身，折曲变形。通长10厘米（图一二三，9；彩版一〇八，6）。

B型　1件。方锥形锋。

I式，SⅢ02DT1③：2，方锥形铤。锋长2.7、宽0.8、通长7.5厘米（图一二三，4；彩版一〇九，3）。

C型　1件。矛形锋。

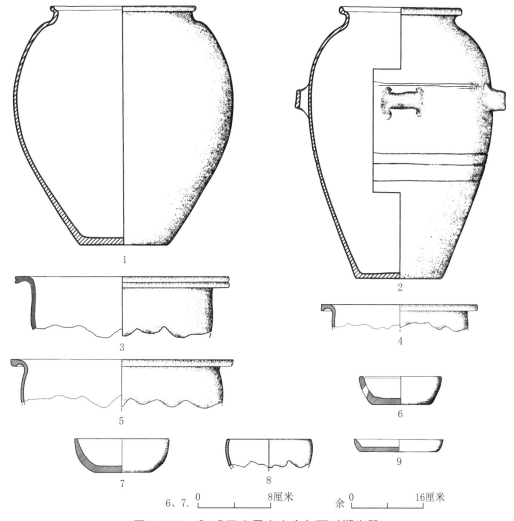

图一二二　SⅢD区③层出土高句丽时期陶器

1、2.A型I式瓮（SⅢ04DT103③：1、SⅢ04DT103③：2）　3.A型I式盆（SⅢ02DT3③：18）　4、5.A型Ⅳ式盆（SⅢ02DT3③：19、SⅢ02DT3③：10）　6.A型I式钵（SⅢ04DT203③：10）　7.A型Ⅱ式（SⅢ04DT105③：3）　8.A型Ⅲ式钵（SⅢ02DT3③：4）　9.A型Ⅱ式盘（SⅢ02DT3③：5）

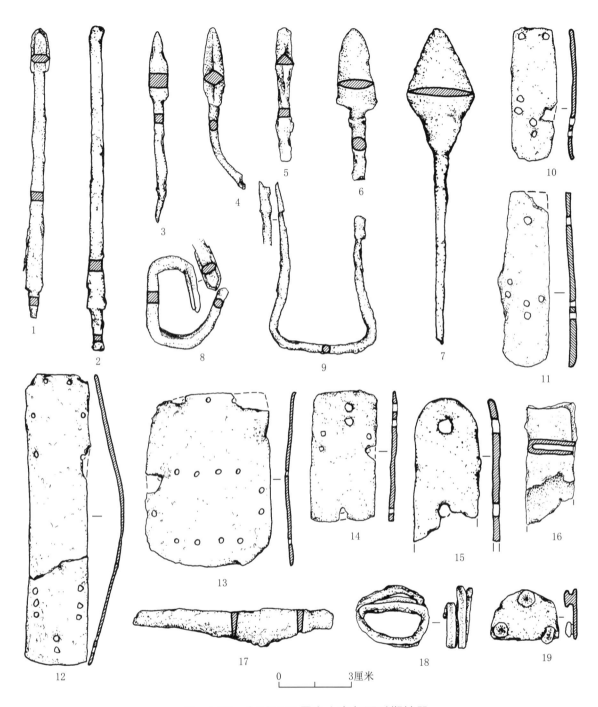

图一二三　SⅢD区③层出土高句丽时期铁器

1、2、8、9.A型I式（SⅢ04DT105③：1、SⅢ04DT106③：1、SⅢ04DT603③：3、SⅢ02DT1③：1）　4.C型I式镞（SⅢ04DT105③：2）　3.B型I式镞（SⅢ02DT1③：2）　5.E型Ⅱ式镞（SⅢ02DT1③：13）　6.D型I式镞（SⅢ04DT106③：6）　7.D型Ⅱ式镞（SⅢ04DT106③：7）　10.长舌形铁甲片（SⅢ04DT106③：2）　11、12.长条形铁甲片（04SⅢ04DT203③：5、SⅢ02DT3③：1）　13.宽舌形铁甲片（SⅢ02DT3③：2）　14.长方形铁甲片（SⅢ04DT205③：1）　15.铁片（SⅢ04DT205③：3）　16.铁包片（SⅢ04DT205③：2）　17.削（SⅢ04DT106③：4）　18.弹簧形铁件（SⅢ04DT106③：9）　19.半圆形铁铆件（SⅢ04DT205③：5）

Ⅰ式，矛形短锋。SⅢ04DT105③：2，锋截面菱形，圆形铤，残。锋长3、宽1.2、厚0.4、铤残长3.8、径0.35、残长6.5厘米（图一二三，3；彩版一○九，4）。

D型　2件。叶形锋，有2式。

Ⅰ式，长三角形，中有脊，两边薄，截面菱形，铤圆柱形。SⅢ04DT106③：6，残。锋长3、残长6.5厘米（图一二三，6；彩版一○九，5）。

Ⅱ式，锋呈菱形，前部薄。SⅢ04DT106③：7，铤四棱锥形。锋长5、锋宽2.5、通长12.5厘米（图一二三，7；彩版一○九，6）。

E型　1件。

Ⅱ式，三棱形镞。SⅢ02DT1③：13，锋部残，锋残长2.1、宽0.8、残长5.5厘米（图一二三，5；彩版一○九，7）。

铁甲片　5件。有长舌形、长条形、宽舌形及长方形。

长舌形，1件。SⅢ04DT106③：2，平顶圆角，身稍折曲，底圆弧。顶有横双孔，两边、下部有竖双孔。长5.2、宽1.9、厚0.1厘米（图一二三，10；彩版一○九，8）。

长条形，2件。SⅢ04DT203③：5，平顶圆角，直身，底圆弧。顶有单孔，两边、下部有竖双孔。长7、宽2.4、厚0.1厘米（图一二三，11；彩版一○九，9）。SⅢ02DT3③：1，平顶抹角，身内曲，底圆弧。顶有双孔，两边、下部有竖三孔。长11.5、宽2.5、厚0.1厘米（图一二三，12；彩版一○九，10）。

宽舌形，1件。SⅢ02DT3③：2，下端圆角。顶有多孔，中部有双横排4孔，两边有竖双孔。长7、宽5、厚0.1厘米（图一二三，13；彩版一○九，11）。

长方形，1件。SⅢ04DT205③：1，平顶，底残。顶有双孔，两边、下部有竖双孔。长5.2、宽2.5、厚0.1厘米（图一二三，14；彩版一一○，1）。

铁页　1件。

SⅢ04DT205③：3，椭圆形，残，两侧有穿孔。残长5.5、宽2.6、厚0.3厘米（图一二三，15；彩版一一○，2）。

铁包页　1件。

SⅢ04DT205③：2，铁片卷曲，残。残长4.8、宽2、厚0.6厘米（图一二三，16）。

铁削　1件。

SⅢ04DT106③：4，直背，直柄，斜刃。残长7.4、宽1.5、厚0.3厘米（图一二三，17；彩版一一○，3）。

弹簧形铁件　1件。

SⅢ04DT106③：9，细铁条盘曲成，形似弹簧。最大径3、厚1.1厘米（图一二三，18；彩版一一○，4）。

半圆形铁铆件　1件。

SⅢ04DT205③：5，平面半圆形，一面有三个铆钉，另一面平整。长2.7、宽1.9、高0.5厘米（图一二三，19；彩版一一○，5）。

铁刻刀　1件。

SⅢ04DT106③：10，单面短刃，扁方细长柄。刀锋部长1.5、宽0.6、背厚0.2厘米，通长16.5厘米（图一二四，1；彩版一一〇，6）。

铁犁　1件。

SⅢ04DT203③：1，残，底面中间有三角形孔，两边向内侧斜内收，边沿成三棱状。残长9、宽19、厚1.5厘米（图一二四，2；彩版一一〇，7）。

铁钉　1件。

SⅢ04DT203③：3，三角形钉帽，方钉。长7.4、厚0.4、宽1.1厘米（图一二四，3；彩版一一〇，8）。

铁环首钩　1件。

SⅢ04DT203③：7，曲尺形，一端卷曲，成环状。残长6.6厘米（图一二四，5；彩版一一〇，10）。

铁折钩　1件。

SⅢ04DT203③：9，截面为四方形，较弯曲。长12厘米（图一二四，4；彩版一一〇，9）。

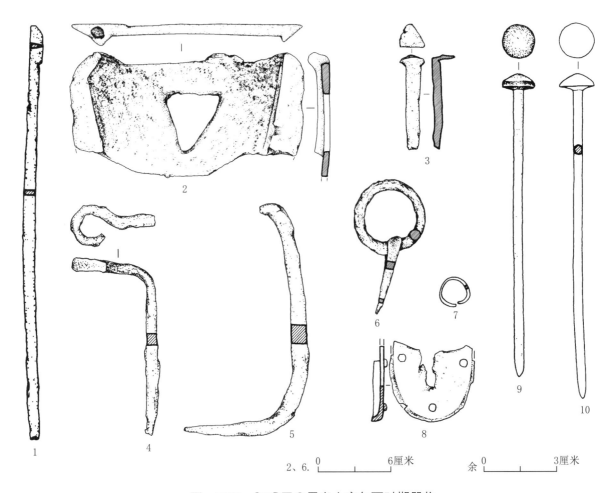

图一二四　SⅢD区③层出土高句丽时期器物

1.铁刻刀（SⅢ04DT106③：10）　2.铁犁（SⅢ04DT203③：1）　3.铁钉（SⅢ02DT203③：3）　4.铁环首钩（SⅢ04DT203③：7）　5.铁钩（SⅢ04DT203③：9）　6.铁带扣（SⅢ04DT106③：11）　7.铜环（SⅢ04DT106③：8）　8.铜尾铊（SⅢ04DT203③：2）　9.铜簪（SⅢ04DT106③：5）　10.银簪（SⅢ04DT205③：4）

铁带扣 1件。

SⅢ04DT106③：11，圆形，截面圆形，带针四棱锥形。直径5.8、长11厘米（图一二四，6）。

铜器

铜耳环 1件。

SⅢ04DT106③：8，直径1厘米（图一二四，7；彩版一一〇，11）。

铜簪 1件。

SⅢ04DT106③：5，锻制，簪首球顶形，身圆柱形，粗细均匀，尖部圆钝。钉帽径1.4、直径0.3、长12厘米（图一二四，9；彩版一一一，1）。

铜锥 1件

SⅢ04DT203③：3，细长圆柱形，形似针，一端较尖利，一端残。径0.2、残长10.9厘米。

铜尾铊 1件

SⅢ04DT203③：2，残，尾部平面半椭圆形，周边向一侧内折，残存有两个铜铆钉。残长2.7、高0.4、宽3.4厘米（图一二四，8；彩版一一一，6）。

银器

银簪 1件。

SⅢ04DT205③：4，较完整，簪顶伞形，尖部圆钝。簪顶直径1.3、身径0.4、长12.7厘米（图一二四，10；彩版一一一，2）。

SⅢD区第④层出土遗物

陶器

陶盘 1件。

B型Ⅰ式，深腹盘。SⅢ04DT105④：3，泥质红褐陶。侈口，平唇，斜直腹壁，平底。口径24.5、高5、底径21.5厘米（图一二五，1；彩版一一一，7）。

铁器

铁镞 6件。有圭形锋镞、铲形锋镞2型。

A型 3件。圭形锋镞，有2式。

Ⅰ式，2件。短锋。 SⅢ04DT105④：4，剖面扁六棱形，长方身，上窄下宽。方锥形铤。长12、宽0.8厘米（图一二六，1；彩版一一一，4）。SⅢ04DT203④：9，锋剖面扁六棱形，长方身，铤残。长11、宽0.8厘米（图一二六，9）。

Ⅱ式，1件。圭形长锋。 SⅢ02DT1④：1，锋剖面扁梯形。锋长1.5、全长11.2厘米（图一二六，2；彩版一一一，5）。

F型 3件。铲形锋镞。

Ⅰ式，SⅢ04DT203④：4，铤四棱锥状，上端粗下端细。残长7.7、锋长1.4、锋宽0.7厘米（图一二六，3；彩版一一一，8）。SⅢ04DT203④：1，方身，圆铤。残长6、宽0.5厘米（图一二六，4）。SⅢ02DT1④：3，铤细长，弯曲。锋长1.5、全长9.5厘米（图一二六，10）。

铁销钉 1件。

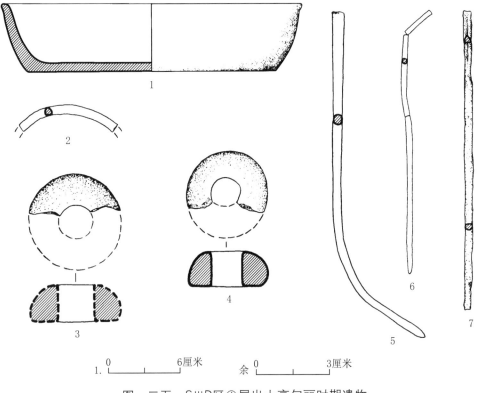

图一二五　SⅢD区④层出土高句丽时期遗物

1.B型I式陶盘（SⅢ04DT105④：3）　2.铜镯（SⅢ04DT203④：2）　3、4.骨纺轮（SⅢ04DT203④：7、SⅢ04DT203
④：8）　5.铜簪（SⅢ02DT1④：2）　6.铜锥（SⅢ04DT203④：3）　7.锥形铁器（SⅢ04DT105④：3）

SⅢ04DT203④：6，钉帽扁圆形，圆身，上粗下细，底残。残长5.6厘米（图一二六，5；彩版一一一，9）。

铁甲片　1件。

SⅢ02DT1④：4，长方形，残，身弯曲，尾端折卷，侧边有双排小孔。残长12.8、宽5、厚0.1厘米（图一二六，6）。

铁矛　1件。

SⅢ02DT1④：7，细长身，中有脊，剖面扁菱形，锋尖锐，两翼锋利。銎喇叭状，前部圆柱形，后端卷接，接口明显，底残。锋长21.2、宽2.2、厚0.8厘米，銎径3.8、通长25厘米（图一二六，7；彩版一一二，1）。

铁活环　1件。

SⅢ04DT203④：5，长3、环宽1.4厘米（图一二六，8；彩版一一一，10）。

铁钩形器　1件。

SⅢ04DT105④：2，扁铁条一端卷曲成钩状。残长5.6、宽1厘米（图一二六，11）。

铁挂钩　1件。

SⅢ04DT105④：1，扁铁条，一端折曲，成折"几"字形。长6.7、宽1厘米（图一二六，12；彩版一一二，2）。

铁锥形器　1件。

SⅢ04DT105④：3，细长身，截面圆形，一端有尖，一端平，剖面三棱形。长12.6、直

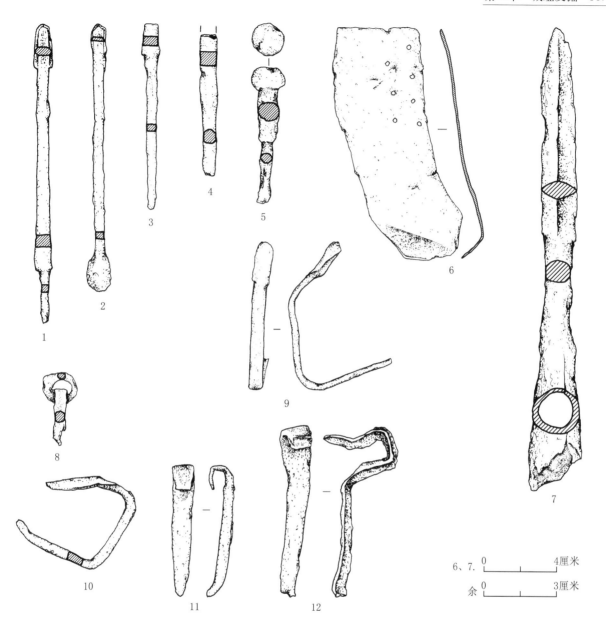

图一二六　SⅢD区④层出土高句丽时期铁器

1、9.A型I式镞（SⅢ04DT105④：4、SⅢ04DT203④：9）　2.A型Ⅱ式镞（SⅢ02DT1④：1）　3、4、10.F型I式
镞（SⅢ04DT203④：4、SⅢ04DT203④：1、SⅢ02DT1④：3）　5.铁销钉（SⅢ04DT203④：6）　6.铁甲片（S
Ⅲ02DT1④：4）　7.铁矛（SⅢ02DT1④：7）　8.铁活环（SⅢ04DT203④：5）　11.铁钩形器（SⅢ04DT105④：
2）　12.铁挂钩（SⅢ04DT105④：1）

径0.3厘米（图一二五，7；彩版一一二，3）。

　　铜器

　　铜簪　1件。

　　SⅢ02DT1④：2，剖面圆形，上粗下细，顶残损。下端有尖，较钝，已弯曲变形。残长

14、直径0.4厘米（图一二五，5；彩版一一二，4）。

　　铜锥　1件。

SⅢ04DT203④：3，圆铤，针尖利，顶残。残长10.9厘米（图一二五，6；彩版一一一，3）。

铜镯　1件。

SⅢ04DT203④：2，残。剖面近方形。残长4厘米（图一二五，2；彩版一一二，5）。

骨器

骨纺轮　2件。

SⅢ04DT203④：7，半圆形，经火烧成黑色，残。外径3.6、内径1.2、厚1.4厘米（图一二五，3；彩版一一二，6）。SⅢ04DT203④：8，白色，残。外径3.3、内径0.9、厚1.4厘米（图一二五，4；彩版一一二，7）。

SⅢD区⑤层出土遗物

陶器

陶瓮　11件。有侈口瓮、直口瓮、敛口瓮3型。

A型　4件。侈口瓮，分2式。

Ⅰ式，2件。外折沿，圆唇，束颈。SⅢ02DT3⑤：25，黑皮灰陶。沿微外撇。口径28、残高6厘米（图一二七，1）。SⅢ02DT3⑤：26，泥质褐陶。口径30、残高5.5厘米（图一二七，11）。

Ⅳ式，2件。外折圆唇，唇内有凹带呈盘口，束颈。SⅢ02DT1⑤：29，泥质灰陶。唇稍内卷。口径38厘米（图一二七，3）。SⅢ02DT3⑤：41，泥质红褐陶。口径30厘米（图一二七，4）。

B型　5件。直口瓮，分4式。

Ⅰ式，1件。方唇，直领，圆肩。SⅢ02DT1⑤：31，夹砂红褐陶。胎较薄，肩部饰有三道弦纹。口径21、残高9厘米（图一二七，7）。

Ⅱ式，2件。平口，外尖唇，短直领。SⅢ02DT3⑤：24，泥质黑皮灰陶。口径30、残高6厘米（图一二七，8）。SⅢ02DT1⑤：37，泥质红褐陶。口径24厘米（图一二七，9）。

Ⅲ式，1件。内斜尖唇，直领。SⅢ02DT1⑤：35，泥质红褐陶。颈中部有凸棱，凸棱上压印"×"纹一周。口径28、残高6厘米（图一二七，10）。

Ⅳ式，1件。短直口，唇外圆。SⅢ02DT1⑤：50，泥质灰陶。口径38.4、残高6厘米（图一二七，6）。

C型　2件。敛口瓮，有2式。

Ⅰ式，1件。唇内卷，尖唇，束颈，平肩。SⅢ02DT1⑤：38，泥质褐陶。口径29厘米（图一二七，5）。

Ⅱ式，1件。短唇外尖，无颈，圆肩。SⅢ02DT1⑤：44，泥质黑皮褐陶。肩部饰四道凹弦纹。口径30、残高7厘米（图一二七，2）。

陶罐　5件。有侈口罐、直腹罐2型。

A型　4件。侈口罐，分3式。

Ⅰ式，1件。外折沿，重唇，束颈。SⅢ02DT3⑤：20，泥质灰陶。口径20厘米（图一二七，14）。

Ⅱ式，2件。外折沿，圆唇。SⅢ02DT3⑤：60，泥质褐陶。口径21厘米（图一二七，

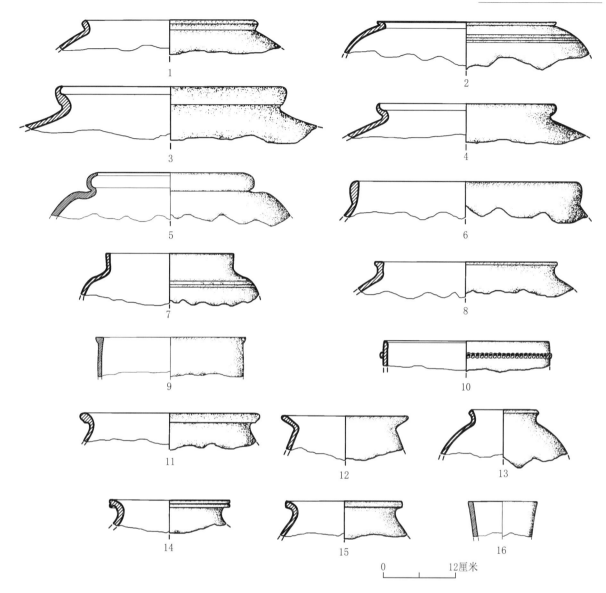

图一二七　SⅢD区⑤层出土高句丽时期陶器

1、11.A型Ⅰ式瓮（SⅢ02DT3⑤：25、SⅢ02DT1⑤：26）　2.C型Ⅱ式瓮（SⅢ02DT1⑤：44）　3、4.A型Ⅳ式瓮（SⅢ02DT1⑤：29、SⅢ02DT3⑤：41）　5.C型Ⅰ式瓮（SⅢ02DT1⑤：38）　6.B型Ⅳ式瓮（SⅢ02DT1⑤：50）　7.B型Ⅰ式瓮（SⅢ02DT1⑤：31）　8、9.B型Ⅱ式陶瓮（SⅢ02DT3⑤：24、SⅢ02DT1⑤：37）　10.B型Ⅲ式瓮（SⅢ02DT1⑤：35）　12、13.A型Ⅱ式罐（SⅢ02DT3⑤：60、SⅢ02DT3⑤：21）　14.A型Ⅰ式罐（SⅢ02DT3⑤：20）　15.A型Ⅲ式罐（SⅢ02DT1⑤：32）　16.B型Ⅰ式罐（SⅢ02DT1⑤：39）

12）。SⅢ02DT3⑤：21，泥质灰陶。方唇，束颈，溜肩。表面磨光。口径20厘米（图一二七，13）。

　　Ⅲ式，1件。小口罐，斜方唇，小敞口。SⅢ02DT1⑤：32，泥质灰陶。束颈，圆肩。口径11、残高12厘米（图一二七，15）。

　　B型　1件。斜腹罐。

　　Ⅰ式，直口，方平唇。SⅢ02DT1⑤：39，泥质褐陶。斜直腹。口径12、残高9厘米（图一二七，16）。

陶盆　3件。有折沿圆腹盆、折腹盆、斜腹盆3型。

A型　1件。折沿盆。

Ⅰ式，外折沿，重唇。SⅢ02DT3⑤：18，盆口沿。束颈，腹部微内收。口径47.5厘米（图一二八，1）。

B型　1件。折腹盆。

Ⅰ式，广口，外折沿，方唇，束领。SⅢ02DT3南扩⑤：60，泥质灰陶。扁圆腹，平底。口径17、高5.4、底径12厘米（图一二八，2）。

C型　1件。斜腹盆。

Ⅰ式，侈口，平沿，方唇。SⅢ02DT3⑤：63，泥质灰陶。斜直腹，平底。表面磨光。口径20、底径15、高6厘米（图一二八，3；彩版一一三，1）。

陶壶

C型　1件。

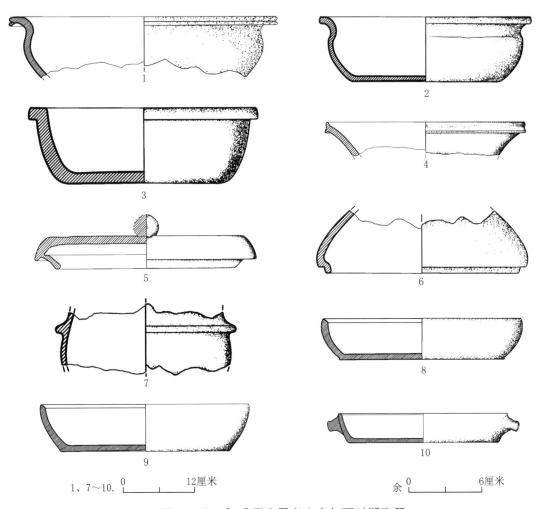

图一二八　SⅢD区⑤层出土高句丽时期陶器

1.A型Ⅰ式盆（SⅢ02DT3⑤：18）　2.B型Ⅰ式盆（SⅢ02DT3南扩⑤：60）　3.C型Ⅰ式盆（SⅢ02DT3⑤：63）　4.C型Ⅱ式壶（SⅢ02DT1⑤：19）　5、6.器盖（SⅢ02DT1⑤：34、SⅢ02DT3⑤：40）　7.釜（SⅢ02DT3⑤：43）　8.A型Ⅳ式盘（SⅢ02DT3⑤：65）　9.B型Ⅱ式盘（SⅢ02DT3南扩⑤：59）　10.B型Ⅲ式盘（SⅢ02DT3⑤：64）

Ⅱ式，外展沿，重唇，束颈。SⅢ02DT1⑤：19，残片，青褐釉，内外光泽。口径16.5、残高3厘米（图一二八，4；彩版一一三，3）。

陶器盖 2件。

SⅢ02DT1⑤：34，泥质灰陶。平顶。子母口，顶部残。口径18.5厘米（图一二八，5；彩版一一三，5）。SⅢ02DT3⑤：40，泥质灰陶。球形顶，子母口，顶不存。口径34.8厘米（图一二八，6）。

陶釜 1件。

SⅢ02DT3⑤：43，夹细砂褐陶。口底残缺，腹上部有一周凸棱，凸棱微下垂。腰径30厘米（图一二八，7）。

陶盘 3件。有浅腹盘、深腹盘2型。

A型 1件。浅腹盘。

Ⅳ式，内斜尖唇，平底。SⅢ02DT3⑤：65，泥质褐陶。口径33、底径27、高7厘米（图一二八，8；彩版一一三，2）。

B型 2件。深腹盘，有2式。

Ⅱ式，1件。尖唇，腹微弧。SⅢ02DT3南扩⑤：59，泥质褐陶。口径34.8、底径28、高8厘米（图一二八，9）。

Ⅲ式，1件。内斜尖唇，斜直腹，平底。SⅢ02DT3⑤：64，泥质灰陶。口沿下部有亚腰形柱状横錾耳。口径27、底径24、高4.8厘米（图一二八，10；彩版一一三，4）。

圆陶片

若干，功用不详。分两种，一种打制，数量较大，近圆形，边缘有敲打痕迹。另一种磨制，数量较少。直径1.6～6.5厘米（彩版一一三，6～10）。

铁 器

铁镞 6件。据镞锋形式有圭形锋镞、矛形锋镞2型。

A型 4件。圭形锋镞。

Ⅰ式，4件。短锋。SⅢ02DT1⑤：9，剖面扁六棱形，长方身，铤残。锋长2、全长9.5厘米（图一二九，1；彩版一一四，1）。SⅢ02DT1⑤：3，锋长1.5、全长9.5厘米（图一二九，2）。SⅢ02DT1⑤：14，锋较钝，弯曲，铤扁四棱形，上端细下端较粗。锋长1.5、全长15.5厘米（图一二九，5）。SⅢ02DT1⑤：10，锋残，长方身，铤残。锋长2、全长16.5厘米（图一二九，6；彩版一一四，3）。

C型 2件。矛形锋镞。

Ⅰ式，2件。短锋。SⅢ02DT3⑤：11，圆铤已弯曲。锋长2.3、通长8.2厘米（图一二九，3；彩版一一四，2）。SⅢ02DT1⑤：12，圆铤已弯曲，锋长2.8、通长10.8厘米（图一二九，4；彩版一一四，4）。

铁甲片 10件。有长条形、梯形、椭圆形、长方形共4型。

长条形，6件。SⅢ02DT3⑤：4，平顶抹角，内弧，底残缺。残长5.3、宽2.9、厚0.1厘米（图一二九，7；彩版一一四，5）。SⅢ02DT3⑤：6，弧形顶。残长4.3、宽2.5、厚0.2厘米（图一二九，8）。SⅢ02DT3⑤：69，残长3.5、宽2、厚0.2厘米（图一二九，9）。S

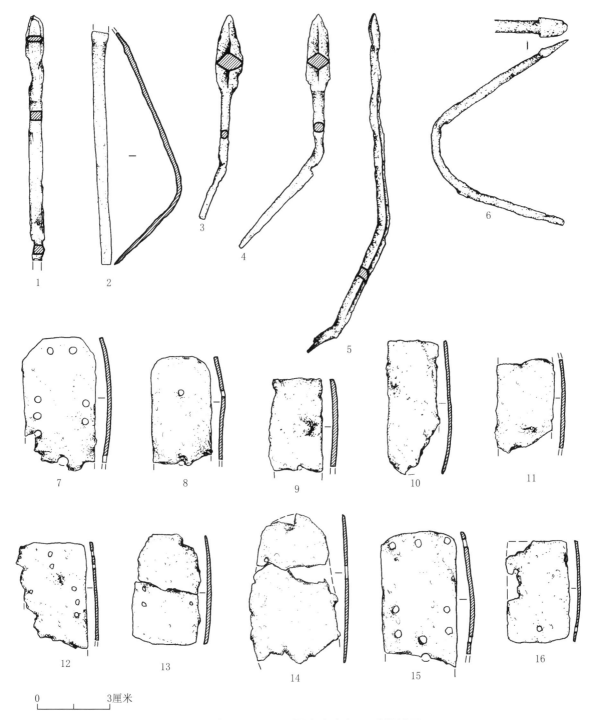

0 _____ 3厘米

图一二九 SⅢD区⑤层出土高句丽时期铁器

1、2、5、6.A型Ⅰ式镞（SⅢ02DT1⑤：9、SⅢ02DT1⑤：3、SⅢ02DT1⑤：14、SⅢ02DT1⑤：10） 3、4.C型Ⅰ式镞（SⅢ02DT3⑤：11、SⅢ02DT1⑤：12） 7~12.长条形甲片（SⅢ02DT3⑤：4、SⅢ02DT3⑤：6、SⅢ02DT3⑤：69、SⅢ02DT3南扩⑤：1、SⅢ02DT3⑤：8、SⅢ02DT3⑤：7） 13.梯形甲片（SⅢ02DT1⑤：15） 14.椭圆形甲片（SⅢ02DT3⑤：15） 15、16.长方形甲片（SⅢ02DT3⑤：5、SⅢ03DT3⑤：67）

Ⅲ02DT3南扩⑤：1，残长5.5、宽2、厚0.2厘米（图一二九，10）。SⅢ02DT3⑤：8，残长3.5、宽2.3、厚0.1厘米（图一二九，11）。SⅢ02DT3⑤：7，残长4.2、宽2.5、厚0.1厘米

（图一二九，12）。

梯形，1件。SⅢ02DT1⑤：15，平顶抹角，内弧，底残缺。残长5.3、宽2.9、厚0.1厘米（图一二九，13）。

椭圆形，1件。SⅢ02DT3⑤：15，内弧，底残缺。残长5.3、宽2.9、厚0.1厘米（图一二九，14）。

长方形，2件。SⅢ02DT3⑤：5，顶弧曲，底残，顶部有横三孔，边有竖双孔。长5.2、宽3、厚0.1厘米（图一二九，15；彩版一一四，7）。SⅢ02DT3⑤：67，近底部有单孔。长4、宽2.6、厚0.1厘米（图一二九，16）。

铁马镳 1件。

SⅢ02DT3⑤：2，身弧曲，顶端半球形，末端宽扁，形似小刀，中部四棱形，有两个长方形穿孔。长16.2、宽1、厚1厘米（图一三〇，1；彩版一一四，6）。

铁穿鼻 1件。

SⅢ02DT1⑤：2，圆铁条曲折而成，圆穿环，后部折"几"字形。高4.5、直径0.3~0.5厘米（图一三〇，2；彩版一一四，10）。

铁带扣 1件。

SⅢ02DT3⑤：3，桃形扣盘，周边向内折，呈覆斗状，顶销有嵌一穿鼻，包小铁环。长3、高1.1厘米（图一三〇，3；彩版一一四，8）。

铁削 1件。

SⅢ02DT3⑤：66，残。直背，刃部微鼓，窄柄。残长9、宽1.5、厚0.4厘米（图一三〇，4）。

铁锥 1件。

SⅢ02DT1⑤：1，两端较细，中间稍粗，截面方形，趋尖，锋尖稍残。长12、宽0.4、厚0.4厘米（图一三〇，6）。

铁铲 1件。

SⅢ02DT3⑤：1，卷圆銎，不闭合，扁圆形，肩部以下残缺，铲面上厚下薄，残高8.2、残宽9.1厘米（图一三〇，5；彩版一一四，9）。

铜器

铜削 1件。

SⅢ02DT1⑤：21，红铜质，直背，直刃，短残柄，刃部似有血槽。残长4厘米（图一三一，1）。

铜戒指 1枚。

SⅢ02DT1⑤：12，扁环形，叠接口，戒面椭圆形。直径1.7、宽1.4厘米（图一三一，2；彩版一一五，1）。

铜环 1件。

SⅢ02DT1⑤：6，铜丝盘曲而成，叠接口。径0.6厘米（图一三一，3；彩版一一五，3）。

包铜木器 1件。

SⅢ02DT1⑤：20，木心，形似"B"字，两端大小不均，外包铜衣。较大端一侧有一饼

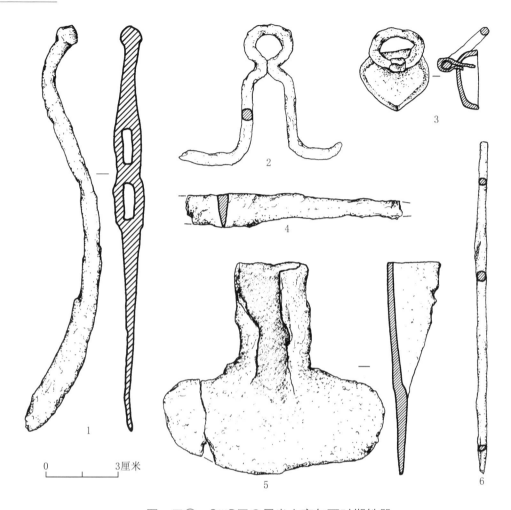

0 3厘米

图一三〇 SⅢD区⑤层出土高句丽时期铁器

1.马镳（SⅢ02DT3⑤：2） 2.穿鼻（SⅢ02DT1⑤：2） 3.桃形带扣（SⅢ02DT3⑤：3） 4.削（SⅢ02DT3⑤：66） 5.铲（SⅢ02DT3⑤：1） 6.锥（SⅢ02DT1⑤：1）

状突起，另一侧有一铁质耳状物。该器锈蚀严重，铜包片多脱落。长6.5厘米（图一三一，4；彩版一一五，2）。

石器

石纺轮 2件。

SⅢ02DT1⑤：62，青石磨制，残。平底，面圆弧，中有圆穿孔。外径3.5、内径1.6、高1.5厘米（图一三一，5；彩版一一五，4）。SⅢ02DT1⑤：62-1。青石磨制，残。平底，斜凹面，中有圆穿孔。外径3.8、内径1.4、高1.4厘米（图一三一，6；彩版一一五，5）。

石坠 1件。

SⅢ02DT3⑤：12，陀螺状，中间鼓，两端残，上端中间有圆穿孔，穿孔上部分残。残高3、最大径4、孔径0.2厘米（图一三一，7；彩版一一五，6）。

有窝石器 1件。

SⅢ02DT1⑤：22，砂岩质，扁方形，残，两面有圆凹窝。一面有一凹窝。径1.3、深1.3厘米。另一面有凹窝。残长4.5、宽3.8、厚1.6厘米（图一三一，8；彩版一一五，7、8）。

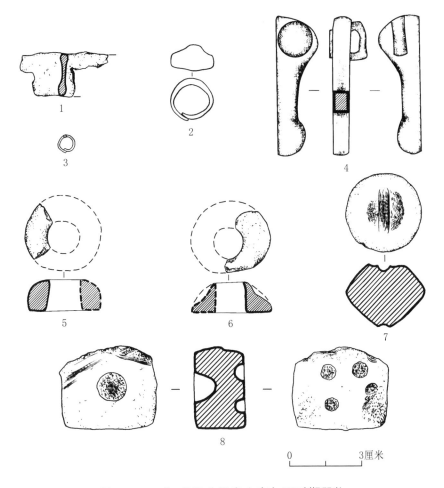

图一三一　SⅢD区⑤层出土高句丽时期器物

1.铜削（SⅢ02DT1⑤：21）　　2.铜戒指（SⅢ02DT1⑤：12）　　3.铜环（SⅢ02DT1⑤：6）　　4.包铜木器（SⅢ02DT1⑤：20）　　5、6.石纺轮（SⅢ02DT1⑤：62、SⅢ02DT1⑤：62-1）　　7.石坠（SⅢ02DT3⑤：12）　　8.有窝石器（SⅢ02DT1⑤：22）

　　石臼　4件。

　　出土于地层内。SⅡX⑤：10，花岗岩质地。一面有臼窝。长52、宽71、高42厘米，臼窝上口径24、存深20.5厘米（图一三二，1；彩版一一六，1）。SⅢXT202②：2，平面呈多形，一面有臼窝。长72、宽71、高32厘米，臼窝上口径24、存深20.5厘米（图一三二，3）。SⅢ05DT02②：2，花岗岩质，平面呈舟形，一面有臼窝。长90、宽50、高22、臼窝上口径25、存深20厘米（图一三二，4；彩版一一六，2）。SⅡTG②：19，花岗岩质。一面有臼窝。残长62、宽38、高28厘米，臼窝上口径22、深21厘米（图一三二，5；彩版一一六，3）。

　　钱币

　　五铢钱　2枚。

　　SⅢ02DT1⑤：5，方空圆钱，有廓，正面阳文"五铢"，背面无纹。钱直径2.3、厚0.1厘米（图一三二，6；彩版一一五，9）。另一枚方孔圆钱，SⅢ02DT1⑤：70，有廓，锈蚀破碎，文字不详。径2.2、厚0.1厘米（彩版一一五，10）。

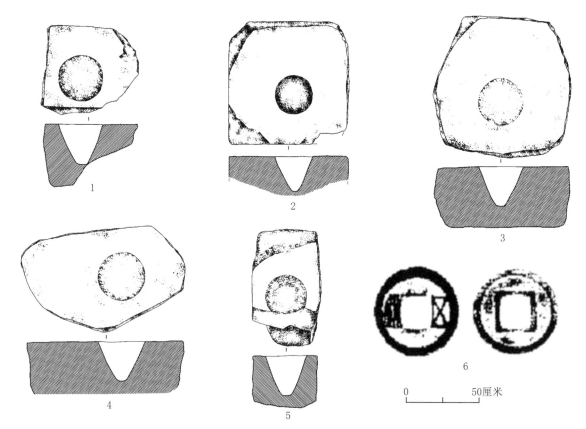

图一三二 SⅢD区出土器物

1~5.石臼（SⅡX⑤：10、SⅢ06DF1：2、SⅢXT202②：2、SⅢ05DT02②：2、SⅡTG②：19） 6.五铢钱（SⅢ02DT1⑤：5）

（二）遗迹与遗物

山城内发现清理了"瞭望台"址、大型"石筑建筑址"址、居住址、灰坑及窖穴等遗迹。

1."瞭望台"址

"瞭望台"位于Ⅳ区中部制高点处，这里是山城南侧的制高点，南面对注蒲河河谷，视野开阔，与诸峰相望。台址暴露于表土层，平面近方形，东西长8.7、南北宽8.5米。台址的外侧用楔形石和梭形石砌筑成石围墙，所用石材规格稍小，加工不工整，砌筑工艺比较粗糙，台址内侧用纯净的山皮土和碎石填实。围墙宽2~2.4米，台址残高1.5米，石筑围墙的外壁墙石多已无存，仅存下部一至二层。台址上部破坏严重，原高度不详（图一三三；彩版一一六，4）。

2.大型"石筑址建筑址"

位于石台子山城SⅡ区的中心位置，开口于SⅡ区③层下。这里也是山城内的沟谷之处，从遗迹相互关系看应为一组完整的建筑，东西长32、南北宽20米。可分为1号建筑址、2号建筑址和环墙址（图一三四；彩版一一七，1）。

1号建筑址

平面呈弓形，南北长20、东西宽7.2米，方向为31°，属于石筑建筑基址的基础部分。基址全部用石材砌筑，外墙面多使用玄武岩、石灰岩质的楔形石材砌筑，基础内部用梭形石和石块砌筑。建筑址上部已被破坏，形式、结构不明。目前所见建筑址基础部分，有主体建筑和附属建筑两部分。附属建筑包括北墙、南墙和坡道。

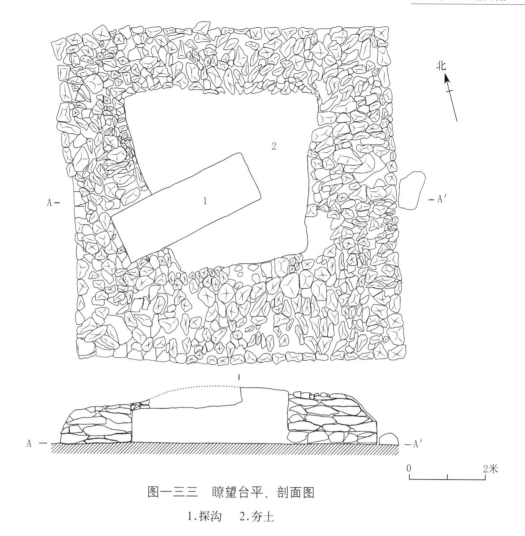

图一三三　瞭望台平、剖面图

1.探沟　　2.夯土

主体建筑　位于1号建筑址基址中部，南北长14、东西宽7.2米，东侧墙壁南北成直线，西侧墙壁南北两处折角为圆弧形式。我们在东壁中部北侧延墙面向下剖探深至8米处，仍未到基础底部的原生地层（彩版一一七，2；彩版一一八）。

北墙　在主体建筑北壁接筑有北墙，墙体方向与南侧主体建筑的墙面连接并稍折于西北，基础底部为斜坡状碎山石。长2.9、宽1、残高0.2~1.2米。北墙部分在砌筑结构上与南侧主体建筑并不成一体，属于两次分别砌筑连接而成（彩版一一九，1）。

南墙　位于主体建筑的南侧，砌筑结构与主体建筑相连接，为同时砌筑，基础底部为斜坡状碎山石。南北长3、东西宽2~3、残高0.2~1.2米。

坡道　坡道东西向，西高东低，与主体建筑西墙相接，南、西、北三面用未经过加工的单行石块垒筑，内部填碎山石，土质纯净，不含遗物。坡道东西长8.2、南北宽3.2~4、高0.5~1米。坡道南北两侧低凹之处填有碎石（彩版一一九，2）。

2号建筑址

位于1号建筑址东侧，开口距地表深3.2米，与1号石筑建筑址最近距离为1.8米。建筑形式为圆形，内、外壁使用规整的楔形石，内部用梭形石砌筑，壁厚1.2、内径9、残深5米，内壁面石残存22层（彩版一二〇，1）。内壁砌筑结构严紧，采用错缝、拼缝工艺。较特殊

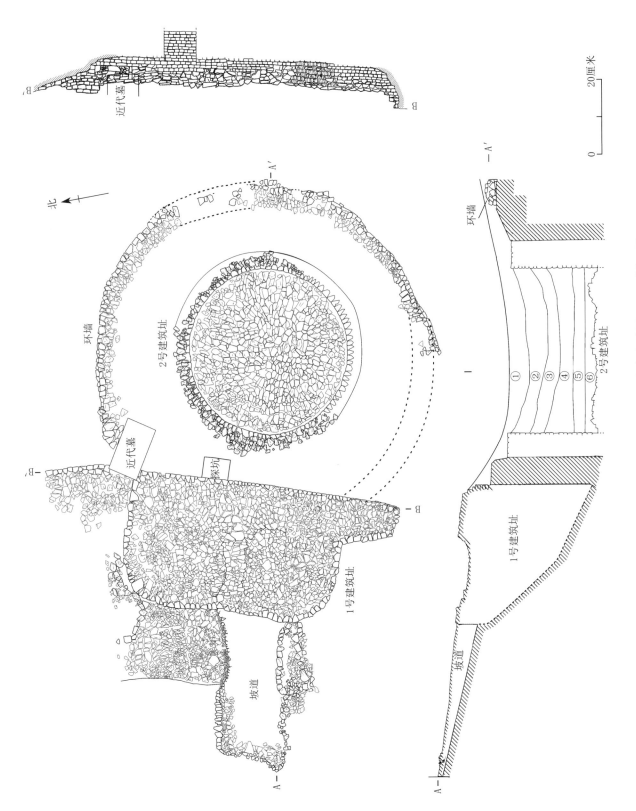

北

环墙

2号建筑址

近代墓

探坑

1号建筑址

坡道

B′

B

A′

A

环墙

①
②
③
④
⑤
⑥

2号建筑址

1号建筑址

坡道

A′

A

0   20厘米

图一三四 SⅡ区大型石筑建筑址平、立、剖面图

的是底部石筑结构，在底部中心点部分叠置有两层较大石块，呈环形放置，其中部有成孔洞，孔径0.45、深0.55米。底部表面形状是以孔洞为中心，放射线式满铺梭形石。侧立面结构形式是中心部分低凹，续而圆凸，至周边又下凹，成弓形（彩版一二〇，2）。

2号建筑（编号SⅡX）址内部堆积依据土质、土色分六层。

第①层，黑色淤土，质地细腻，包含有大量碎石块，出土铁甲片、碎陶片等遗物。厚1.1~2.6米。

第②层，黄褐土，质地细密，坚硬，包含有大量碎石块，出土碎陶片。厚0.7~1.2米。

第③层，黄土，质地疏松，包含有大量碎石块，出土楔形石材、碎陶片。厚0.7~1米。

第④层，红褐色土，质地疏松，包含有大量的碎石，出土楔形石材、碎陶片。厚0.9~1.1米。

第⑤层，灰褐色土，质地疏松，包含有大量的碎石，出土碎陶片、楔形石材、石臼、铁罐、甲片、铁镞、陶罐、圆陶片及陶纺轮等。厚0.8~1.3米。

第⑥层，黑色淤土，砂质，质地疏松，包含有大量碎石块，出土泥质灰陶片、黑陶片、楔形石材、铁锤、铁錾、铁镞、甲片、圆陶片及陶纺轮等。厚0.15~1米。

第⑥层以下为底部铺石结构，考虑到保护遗迹的原貌，没有继续发掘，以下地层和遗迹堆积情况不明。

环墙址

位于2号石筑建筑址的外围，平面呈马蹄形。环墙的西北端与1号建筑址的北墙相接，南端已破坏，是否与1号建筑址的南墙相接已不能确定。环墙墙体用楔形石和石块砌筑，东西外径20、南北外径19米，墙体残存2~5层，宽1.2、残高0.36~0.8米。所用石材加工较粗糙，砌筑方法为错缝结构。环墙内壁与2号建筑遗址外壁之间的距离2.82~3米之间。环墙址的基础部分叠压在2号建筑遗址修筑时从地下所挖出的风化岩堆积层之上，应修筑于2号建筑址之后。

从1号建筑址和环墙址整体结构相互连接的现象分析，1号建筑址、2号建筑址和环墙址应是有内在联系的一组建筑。

在2号建筑址堆积层内出土有陶器、铁器、石器及骨器等。

陶器

陶罐　2件。

A型　侈口罐，有2式。

Ⅳ式，1件。唇外圆，稍内卷，唇内有凹带呈浅盘口。SⅡX⑤：3，泥质灰陶。短直颈，平肩，长鼓腹，平底。口径13、高33、底径13.2厘米（图一三五，1；彩版一二一，3）。

Ⅴ式，1件。外折沿，方唇，短直领，圆肩。SⅡX⑤：2，泥质灰陶。圆腹，平底，肩部有细弦纹。口径10.8、高24、底径9.6厘米（图一三五，2；彩版一二一，1）。

陶壶　1件。

A型Ⅳ式，直领，圆肩。SⅡX⑤：4，泥质灰陶。口残，鼓腹，平底。肩部和腹部施三道双线弦纹。残高32、腹径27.4、底径13.5厘米（图一三五，5；彩版一二一，2）。

陶盘　2件。

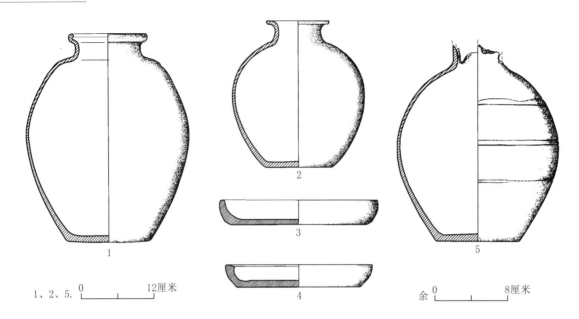

1、2、5. 0　　　　12厘米　　　　余 0　　　8厘米

图一三五　2号建筑址出土高句丽时期陶器

1.A型Ⅳ式罐（SⅡX⑤：3）　2.A型Ⅴ式罐（SⅡX⑤：2）　3.A型Ⅲ式盘（SⅡX①：2）4.A型Ⅳ式盘（SⅡX①：1）
5.A型Ⅵ式壶（SⅡX⑤：4）

　　A型　浅腹盘。有2式。

　　Ⅲ式，1件。侈口，圆唇，浅斜腹，平底。SⅡX①：2，泥质灰陶。口径21、高3、底径18.4厘米（图一三五，3；彩版一二一，4）。

　　Ⅳ式，1件。侈口，内斜尖唇，浅斜腹，平底。SⅡX①：1，泥质灰陶。口径20、高3、底径16.2厘米（图一三五，4；彩版一二一，5）。

　　陶球　1件。

　　SⅡX⑤：24，泥质红陶。素面，胎质疏松。最大径4.2厘米（图一三六，1；彩版一二一，6）。

　　陶纺轮　1件。

　　SⅡX⑤：16，残半，泥质灰陶。外径4.2、孔径1.5、厚1.2厘米（图一三六，2；彩版一二一，7）。

　　陶网坠　1件。

　　SⅡX⑤：1，泥质灰陶。圆柱形，素面，胎质较硬。中有穿孔。通长5.5、最大径3.3、孔径0.5厘米（图一三六，3；彩版一二一，8）。

　　陶弹丸　1件。

　　SⅡX⑤：6，泥质灰陶。胎质疏松。直径1.2厘米（图一三六，4；彩版一二二，1）。

　　圆陶片　2件。

　　SⅡX⑤：7，泥质灰陶。圆形，素面，表面平整，边缘有磨制痕迹。最大径3.1、厚0.3厘米（图一三六，5；彩版一二二，2）。SⅡX⑤：10，泥质灰陶，圆形，素面，表面平整，边缘有磨制痕迹。最大径4.2、厚1.2厘米（图一三六，6；彩版一二二，3）。

　　铁　器

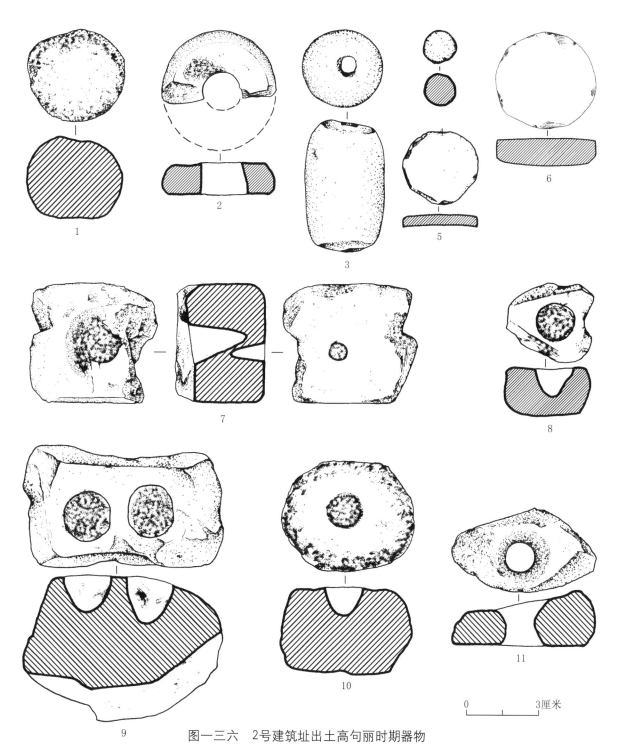

图一三六　2号建筑址出土高句丽时期器物

1.陶球（SⅡX⑤：24）　2.陶纺轮（SⅡX⑤：16）　3.陶网坠（SⅡX⑤：1）　4.陶弹丸（SⅡX⑤：6）　5、6.圆陶片（SⅡX⑤：7、SⅡX⑤：10）　7~10.石臼（SⅡX⑤：15、SⅡX⑤：21、SⅡX⑤：12、SⅡX⑤：17）　11.石环（SⅡX⑤：14）

铁镞　2件。

A型　1件。圭形锋镞。

Ⅱ式，圭形长锋镞。SⅡX⑥：9，锋剖面扁梯形，扁方身，铤残。通长7.4厘米（图一三七，1；彩版一二二，4）。

B型 1件。方锥形锋镞。

Ⅰ式，方锥形锋。SXⅡ⑥：8，圆锥铤。锋长2.3、铤残长6.2、通长8.5厘米（图一三七，2；彩版一二二，5）。

铁甲片 23件。有长方形、宽舌形、不规则形等。

SⅡX⑤：11，长方形，身平直。长5.3、宽2.6、厚0.2厘米（图一三七，3；彩版一二二，6）。SⅡX⑤：22，平面近方形，身平直。残长4.8、宽4.4、厚0.2厘米（图

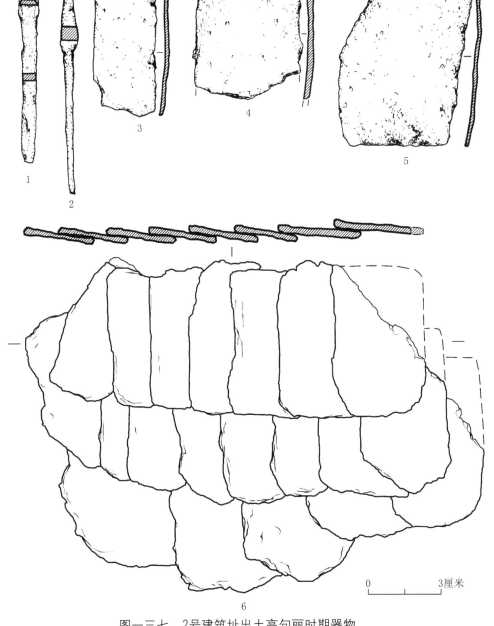

6

0   3厘米

图一三七 2号建筑址出土高句丽时期器物

1.B型Ⅰ式镞（SⅡX⑥：9） 2.A型Ⅱ式镞（SⅡX⑥：8） 3~6.铁甲片（SⅡX⑤：11、SⅡX⑤：22、SⅡX①：29、SⅡX⑤：30）

一二六，4）。SⅡX①：29，不规则形。残长7.9、残宽7、厚0.35厘米（图一三七，5；彩版一二二，7）。SⅡX⑤：30，为20片甲片成三层叠粘连成一片，表层7片，属于长方形，中层8片，下层5片属于宽舌形。宽19、高13、厚0.4厘米（图一三七，6；彩版一二二，8）。

铁橇棍头　2件。

SⅡX⑤：18，卷銎，中空，内有朽木痕迹。扁圆身，扁铲状头。銎部宽径7.2、下宽3、长23厘米（图一三八，1；彩版一二三，1）。SⅡX⑤：23，卷銎，銎对接处未闭合，扁圆身，铲状头。銎宽径6.2、下宽4.8、通长20厘米（图一三八，2；彩版一二三，2）。

铁錾锤　4件。

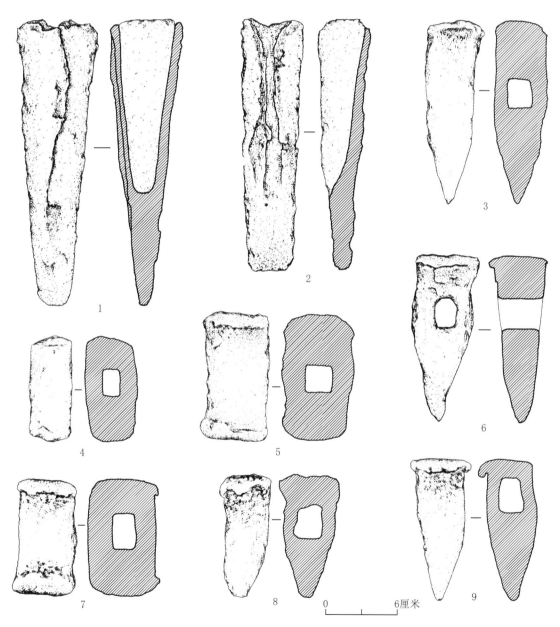

图一三八　2号建筑址出土高句丽时期遗物

1、2.铁橇棍头（SⅡX⑤：18、SⅡX⑤：23）　3、6、8、9.铁錾锤（SⅡX⑥：20、SⅡX⑥：11、SⅡX⑥：30、SⅡX⑥：18）　4、5、7.铁锤（SⅡX⑥：28、SⅡX⑥：27、SⅡX⑥：19）

方锥形，平顶，有打击所致翻卷痕迹，中部有长方形銎孔。SⅡX⑥：20，锤顶宽3.1、厚4.4厘米，銎长2.6、宽2.4厘米，通长15厘米（图一三八，3；彩版一二三，3）。SⅡX⑥：11，锤顶宽6、厚5厘米，銎长3.1、宽2.3厘米，通长13.5厘米（图一三八，6；彩版一二三，4）。SⅡX⑥：30，锤顶宽5、厚3.9厘米，銎长2.1、宽2.4厘米，通长10厘米（图一三八，8；彩版一二三，5）。SⅡX⑥：18，锤顶宽4.7、厚4.8厘米，銎长2.2、宽2厘米，通长12.1厘米（图一三八，9；彩版一二三，6）。

铁锤　3件。

长方形，锤面两端有打击翻卷痕迹。锤体中有长方形銎孔。SⅡX⑥：28，长8.6、宽4.6、厚3.7厘米，銎长2、宽1厘米（图一三八，4；彩版一二三，7）。SⅡX⑥：27，长10.7、宽6.3、厚5.8厘米，銎长2.2、宽1.5厘米（图一三八，5；彩版一二三，9）。SⅡX⑥：19，长10、宽5.5、厚6厘米，銎长2.4、宽1.5厘米（图一三八，7；彩版一二三，8）。

铁釜　1件。

SⅡX⑤：5，直口稍敛，方唇，直颈，圆肩。颈处、肩部有四道凸棱。口径20、残高10.4厘米（图一三九，1；彩版一二四，1）。

铁车辖　1件。

SⅡX⑤：9，残，齿轮状。外径7.8、内径6.2、高4.1厘米（图一三九，2；彩版一二四，2）。

铁提梁罐　1件。

SⅡX⑤：19，直口，方唇，溜肩，长腹较直，斜内收，底内凹。肩饰三道凹弦纹，腹上部有一圈凸棱，肩部有对称两系，提梁残断。口径10.8、腹径16.4、底径8.8、高17厘米（图一三九，3；彩版一二四，4）。

铁铆件　1件。

SⅡX⑥：13，长方形铁片铆接，四角有铆钉。长3、宽2.4、厚1.3、铆钉空隙0.7厘米（图一三九，4；彩版一二四，3）。

铁马镳　1件。

SⅡX⑤：8，长条形，稍弯曲，两端有圆凸，中间宽于两端，最宽处有两个长方形穿孔。通长12.5、宽1厘米（图一三九，5；彩版一二四，5）。

石器

石臼　4件。

均为砂岩，质疏松。形体均较小。SⅡX⑤：15，不规则的方形，两面有臼窝。长5.5、宽5.2、厚1.4厘米（图一三六，7；彩版一二四，7）。SⅡX⑤：21，不规则的方形，一面有臼窝。长3.8、宽3.2、厚2.0厘米（图一三六，8；彩版一二五，1）。SⅡX⑤：12，不规则形，平面有两个臼窝。长8.6、宽4.5、高5.0厘米（图一三六，9；彩版一二四，6）。SⅡX⑤：17，椭圆形，两面有臼窝。长5、宽4.9、厚3.7厘米（图一三六，10；彩版一二五，2）。

石环　1件。

SⅡX⑤：14，呈不规则菱形，中有穿孔。长6、宽3.5、厚2.2、孔径1.2厘米（图

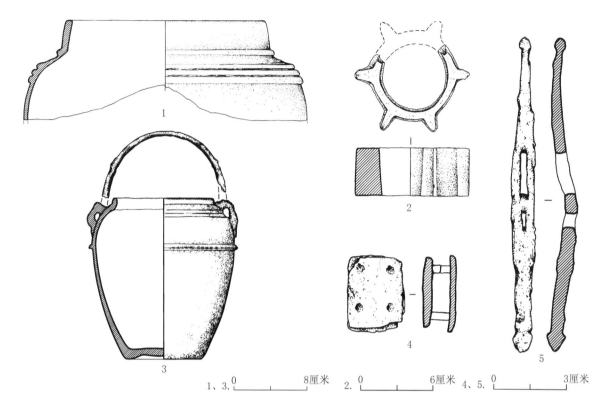

图一三九　2号建筑址出土高句丽时期铁器

1.釜（SⅡX⑤：5）　2.车辖（SⅡX⑤：9）　3.提梁罐（SⅡX⑤：19）　4.铆件（SⅡX⑥：13）　5.马镳（SⅡX⑤：8）

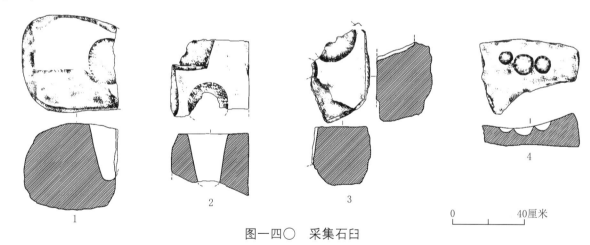

图一四〇　采集石臼

1.石臼（SⅡ采集：10）　2.石臼（SⅡ采集：11）　3.石臼（SⅡ采集：12）　4.石钻（SⅡ采集：13）

一三九，11；彩版一二五，3）。

石臼　3件。

在SⅡ区地表采集。SⅡ采：10，花岗岩质地。一面有臼窝。残长46、宽47、高42厘米，臼窝上口径22、存深26厘米（图一四〇，1；彩版一二五，4）。SⅡ采：11，花岗岩质。一面有臼窝。残长33.5、宽38、高30厘米，臼窝上口径20、存深22.5厘米（图一四〇，2；彩版一二五，5）。SⅡ采：12，花岗岩质。一面有臼窝。残长38、残宽24、高28厘米，臼窝上口径23、存深19厘米（图一四〇，3，彩版一二五，6）。

石砧 1件。

ＳＩ采：13，玄武岩质。不规则长条形，一面有3个臼窝。长53.5、宽38、高18厘米，臼窝上口径6～9、深2～3厘米（图一四〇，4；彩版一二五，7）。

3.居住址、灰坑与窖穴

因发掘工作的年度、区域和发掘者对遗迹编号等因素，现分区域对遗迹单位及出土遗物进行介绍（附表一）。

SI区居住址

SI区共发现房址25座，编号分别为SIF1～SIF25。房址多为长方形或方形，多为东南向，方向在150°～170°之间。其中SIF15大部分位于探方外，仅局部清理。

SIF1

位于SIT201之内，表土层下开口，房址居住面被灰坑H1、H2、H5打破。房址长方形，较规整，南北长6.6、东西宽6.4米，东南向150°。房址北壁用石块砌筑，排列比较整齐。西、南、东壁不见石筑墙壁，仅槽基础部分尚可辨。房内有大面积的烧土堆积，最厚0.3米。房址内有土隔墙，见基础部分，将房址分成外间和南北间，灶址位于外间北部，用石块垒筑，凹坑式，直径0.9、深0.25米，灶口向西与烟道相通。烟道有两条，用石块砌筑，宽0.26～0.35米，炕宽1.4、长2.3米，北部利用北墙部分。烟道从北墙底部通向室外烟囱。烟囱位于房址西北角，仅见烟囱的基础部分，其外侧为圆凹坑，直径0.9、深0.35米，坑内周边垒筑有石块，中部积有灰烬。房址内发现柱坑12个，柱坑内有柱洞1～2个，柱坑直径0.25～0.5米不等，深0.2～0.35米（图一四一；彩版一二六，1）。

遗物仅有陶器，陶片多破碎，仅在房址内出土一件较完整的陶钵1件，陶钵内有碳化谷物（彩版一二七，1）。

陶钵 1件。

A型Ⅲ式，圆腹钵。口微敛，平唇，圆腹，下收平底。SIF1：1，泥质灰黑陶。器形不规整，表面有细密弦纹。口径22、高9、底径14、壁厚1厘米（图一四二，1；彩版一二七，2）。

SIF2

位于SIT302中部，表土层下开口，长方形，南北长5.8、东西宽约5米，方向155°。房址表面有大量草拌泥烧结块堆积，厚0.1～0.2米。房址内未见有活动面痕迹。灶位于房内的东北部，为圆形凹坑式，直径0.9、深0.25厘米。灶有两处出火口，分别与南侧和西侧的烟道相通。烟道位于地下，为土洞式，剖面圆形或扁圆形，直径0.1～0.35米。烟道上部用草拌泥垒筑，邻近灶口处的烟道内壁均已烧结成筒状。南侧烟道平面部局呈"葫芦"状，由灶口通向烟道后，分左右两条主烟道向西延伸，在中部又横向串联，至南墙壁处向北折，通向房址外侧烟囱。北侧仅见一条烟道。在南侧烟道东侧有一层平筑石墙，宽0.2～0.3、高0.15米。房址东侧有柱洞3个。Z1直径0.25、深0.5米，Z2直径0.3、深0.45米，在房址西部发现有两个直径为0.2～0.25、深0.06～0.23米的柱洞（图一四三；彩版一二六，2）。房址内遗物均

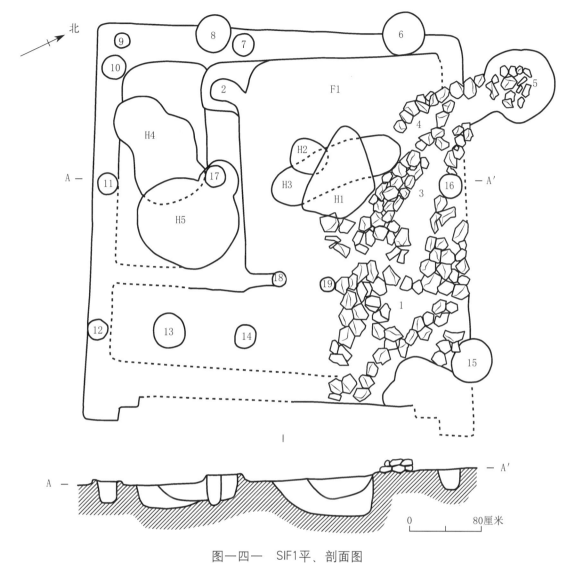

图一四一 SIF1平、剖面图

1、2.灶址 3、4.烟道 5、烟囱 6~19.柱洞

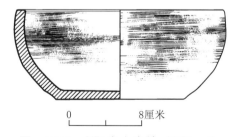

图一四二 SIF1出土陶钵（SIF1：1）

出土于烟道下部，有陶器和铁器。

陶器

陶瓮 3件。有侈口瓮、直口瓮2型。

A型 侈口瓮，有2式。

Ⅰ式，1件。侈口，圆唇。SIF2：21，夹砂红褐陶。束领。口径39、残高6、壁厚0.8厘

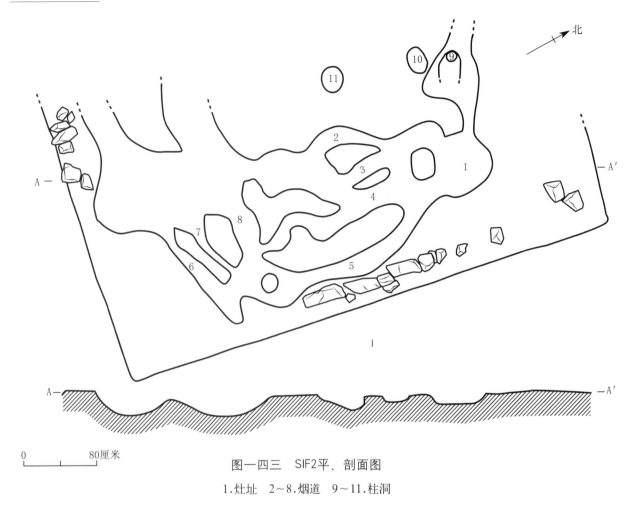

图一四三 SIF2平、剖面图

1.灶址   2～8.烟道   9～11.柱洞

米（图一四四，1）。

II式，1件。侈口，圆唇上尖。SIF2：19，泥质红褐陶。束领，圆肩。口径30、残高12、壁厚1厘米（图一四四，2）。

B型 直口瓮，有1式。

I式，平口，直领。SIF2：26，夹砂黑陶。斜肩。口径30、残高7、壁厚0.8厘米（图一四四，3）。

陶罐 5件。有侈口罐、直口罐2型。

A型 2件。侈口罐。有1式。

VI式，2件。外折沿方唇下尖，束颈，圆肩。SIF2：22，夹砂红褐陶。口径24、残高6、壁厚0.7厘米（图一四四，4）。SIF2：17，灰褐陶。短束颈，圆肩，圆腹，平底。腹部有对称的横錾耳和一周弦纹。口径17、高29、底径17厘米（图一四四，12；彩版一二七，3）。

B型 3件。直口罐，有3式。

I式，1件。直口稍敛，平唇内尖，短直领，广肩。SIF2：28，泥质灰褐陶。圆肩。口径21、残高8、壁厚0.7厘米（图一四四，5）。

II式，1件。直口，圆唇。唇内外有凹带，圆肩。SIF2：20，夹砂灰褐陶，口径26、残高6、壁厚0.6厘米（图一四四，6）。

III式，1件。直口，平唇。唇内有凹带纹。SIF2：27，泥质红褐陶。口径25、残高4、壁

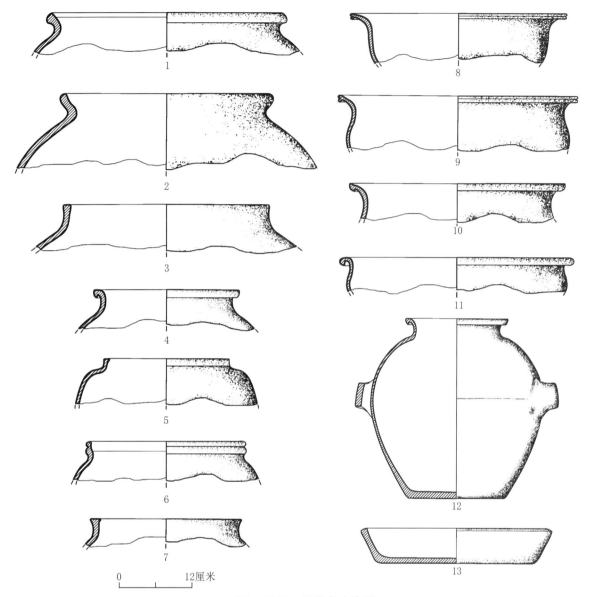

图一四四　SIF2出土陶器

1.A型Ⅰ式瓮（SIF2∶21）　2.A型Ⅱ式瓮（SIF2∶19）　3.B型Ⅰ式瓮（SIF2∶26）　4、12.A型Ⅵ式罐（SIF2∶22、SIF2∶17）5.B型Ⅰ式罐（SIF2∶28）　6.B型Ⅰ式罐（SIF2∶20）　7.B型Ⅲ式罐（SIF2∶27）　8、9.A型Ⅱ式盆（SIF2∶30、SIF2∶29）　10.A型Ⅴ式盆（SIF2∶34）　11.A型Ⅵ式盆（SIF2∶35）　13.B型Ⅱ式盘（SIF2∶4）

厚0.8厘米（图一四四，7）。

　　陶盆　4件。

　　A型　4件。折沿盆，有3式。

　　Ⅱ式，2件。敞口，沿外侈，重唇。SIF2∶30，泥质红褐陶。敞口，腹斜收。口径36、残高8、壁厚0.8厘米（图一四四，8）。SIF2∶29，夹砂灰褐陶。稍束领，圆腹。口径40、残高9、壁厚0.6厘米（图一四四，9）。

　　Ⅴ式，1件。敞口，沿外侈，尖唇。SIF2∶34，泥质黑陶。稍束领。口径36、残高7、壁厚0.6厘米（图一四四，10）。

Ⅵ式，1件。外卷沿，唇下尖，稍束领，圆腹。SIF2：35，夹砂灰陶。口径36、残高5、壁厚0.5厘米（图一四四，11）。

陶盘　1件。深腹盘。

B型Ⅱ式，敞口，外斜尖唇，斜腹。SIF2：4，泥质红褐陶。平底。口径32、高5.6、壁厚1厘米（图一四四，13；彩版一二七，4）。

铁器

铁镞　4件。有圭形锋镞、方锥形锋镞、矛形锋镞3型。

A型　1件。圭形锋镞。

Ⅱ式，圭形长锋。SIF2：54，锋身扁方形，扁方铤。锋长7.4、宽0.7、厚0.3、铤长7.6、通长15厘米（图一四五，1；彩版一二八，1）。

B型　2件。方锥形锋镞，有2式。

Ⅰ式，1件。方锥形锋。SIF2：47，方铤。锋长2.2、宽0.7、铤长3.7、宽0.3、通长5.9厘米（图一四五，2；彩版一二八，3）。

Ⅲ式，1件。方锥形长锋。SIF2：102，圆身，铤残。锋长3.5、宽0.65、厚0.5、身长7.7、径0.6、铤长1、通长12.2厘米（图一四五，3）。

C型　1件。矛形锋镞。

Ⅱ式，剖面菱形。SIF2：103，长圆身。锋长3.5、宽0.8、身长7.7、径0.4～0.6、通长12.2厘米（图一四五，4；彩版一二八，2）。

铁甲片　2件。

SIF2：53，扇形，身内曲，边缘部有双孔。长5.8、宽5、厚0.15厘米（图一四五，5；彩版一二八，4）。

双孔铁片　1件。

SIF2：2，长条形，两端有孔。残长6、宽2.2、厚0.4厘米，孔径0.5厘米（图一四五，6；彩版一二八，5）。

铁器帽　1件。

SIF2：1，铁片卷合呈圆管状。残长3.5、外径1.2、厚0.1厘米（图一四五，7；彩版一二八，8）。

铁带扣　1件。

SIF2：8，不规则圆形，带针残缺。外径3～3.7、直径0.5厘米（图一四五，8；彩版一二八，7）。

铁钉　1件。

SIF2：106，扁平帽，方身，钉身直折。长13.5、宽0.9、厚0.5厘米（图一四五，9）。

铁簪　1件。

SIF2：105，残存簪头，圆身，顶部呈对卷云形纹。残长4.3、宽2.3、径0.4厘米（图一四五，10；彩版一二八，6）。

铁饰件　1件。

SIF2：107，鞍桥形，片状，一端弯折。外缘上部半圆形，下部呈对称连弧形，末端圆弧，内缘圆形拱。内缘边部有5处等距双钉孔，外缘中上部有长方孔洞。宽24、高8.5、厚

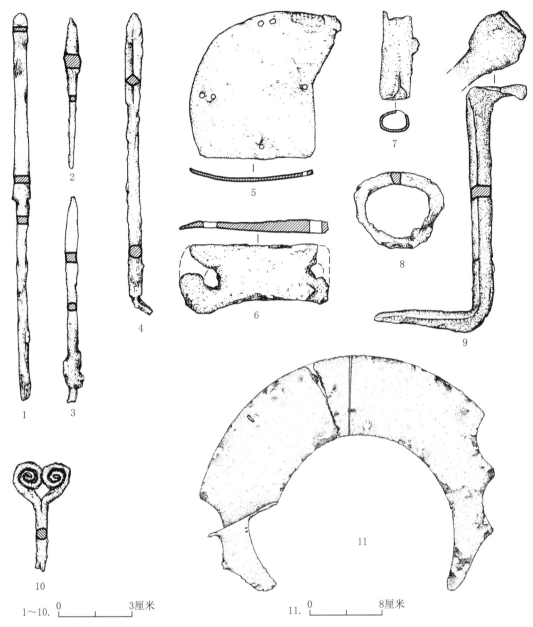

图一四五　SIF2出土铁器

1.A型Ⅱ式镞（SIF2：54）　2.B型I式镞（SIF2：47）　3.B型Ⅲ式镞（SIF2：102）　4.C型Ⅱ式镞（SIF2：103）　5、6.铁甲片（SIF2：53、SIF2：2）　7.器帽（SIF2：1）　8.带扣（SIF2：8）　9.钉（SIF2：106）　10.簪（SIF2：105）　11.铁饰件（SIF2：107）

0.1厘米（图一四五，11；彩版一二八，9）。

SIF3

位于SIT105南侧，表土层下开口，北壁被SIF4的南壁打破并叠压，东南部被SIF4打破。房址平面略呈长方形，南北长6.8、东西宽6.3米，门向东南，方向为160°。西、南两侧残存有土墙，高0.3~0.5米，土墙上叠砌有不规整形石块，东侧墙无存。门址位于房址的东北侧，门址内南、西两侧有墙隔断，应是单室，地表堆积有烧土，厚0.05~0.15米。门址内隔墙下有凹坑式灶址，直径0.6、深0.19米，灶壁略高于地表面，灶址南侧有进火口，通向烟道。烟道位于房址地面之下，用石块垒筑，上盖石板，南侧盖石规格较大，石面略高于地表。烟道分左右两条，局部有串联，走向由东至西，沿房址西壁折向北，呈曲尺形与房址外烟囱相接。烟囱位于房址外侧西北角，仅存内底部凹坑，坑内堆积草木灰。在房址墙基部分发现柱洞7处，柱洞直径0.2~0.3、深0.2~0.45米，有单柱与双柱两种形制（图一四六，彩版一二九，1）。房内出土遗物有陶纺轮、铁镞等。

铁镞　1件。方锥形锋镞。

B型Ⅰ式，扁方铤。SIF3：134，铤卷曲。锋长2.2、宽0.6、铤宽0.3厘米（图一四七，1；彩版一三〇，1）。

铁甲片　1件。

SIF3：3，长方形，平顶抹圆角，底圆弧，顶有横双孔，侧边有竖双孔，中部有单孔。

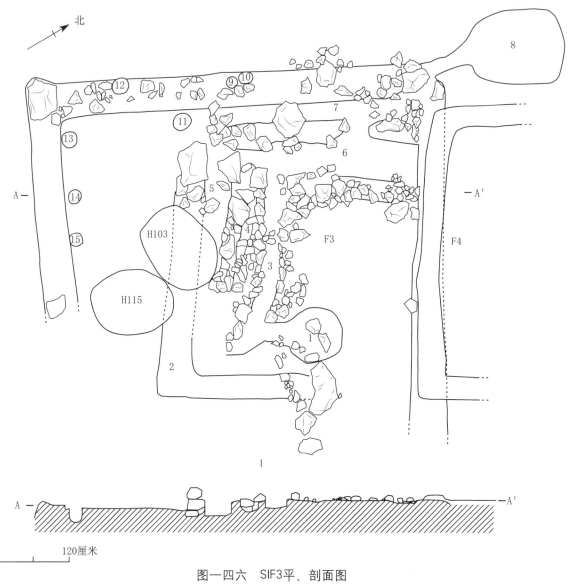

图一四六　SIF3平、剖面图

1.灶址　2.坑墙　3~7.烟道　8.烟囱　9~15.柱坑

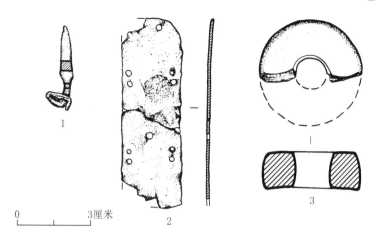

图一四七 SIF3出土器物

1.B型I式铁镞（SIF3：134） 2.铁甲片（SIF3：3） 3.陶纺轮（SIF3：143）

长8.3、宽2.7、厚0.15厘米（图一四七，2）。

陶纺轮 1件。

SIF3：143，泥质褐陶。扁圆形，边缘表面稍凸，中有孔，残半。直径4.5、厚1.7、孔径1.5厘米（图一四七，3；彩版一三〇，2）。

SIF4

开口于SIT105①层下，叠压在SIF3北壁之上。房址平面方形，南北长4.8、东西宽4.65米，方向159°。房址南、北、东三面的墙基均为石筑，南、北墙宽0.5、东墙宽0.4、残高0.3~0.4米，西部向下挖出穴壁，残高0.55米。门址东南向，位于东墙偏北侧。灶址位于房内中部稍北侧，圆形，灶壁高于地表面，用斜立石块围砌，外径1.1、深0.3米。灶门东向于房门。房址内地表面铺有一层较为纯净的黄土，厚0.05米，地表散落有陶片。房址内未见火炕遗迹。在房内地表面的黄土层内还发现一块城墙上女墙顶部使用的"双槽石"（图一四八；彩版一二九，2）。房内出土遗物陶器、铁器等。

陶器

陶瓮 2件。

A型Ⅰ式，2件。侈口，外圆唇，上尖，束颈，圆肩。SIF4：6，夹砂灰褐陶。口径47、残高8、壁厚0.7厘米（图一四九，1）。SIF4：4，夹砂红褐陶。口径36、残高6、壁厚0.7厘米（图一四九，2）。

陶盆 1件。

Ⅴ式，侈口，平折沿，尖唇，腹下收。SIF4：1，泥质灰褐陶。口径38、残高13、壁厚0.6厘米（图一四九，3）。

陶罐 4件。

A型 侈口罐，有2式。

Ⅰ式，1件。小口，重唇，稍束颈，圆肩。SIF4：7，夹砂黑陶。口径20、残高6、壁厚0.5厘米（图一四九，4）。

Ⅱ式，3件。外展沿，圆唇，束颈，圆肩。SIF4：4，夹砂灰褐陶。口径18、残高6、

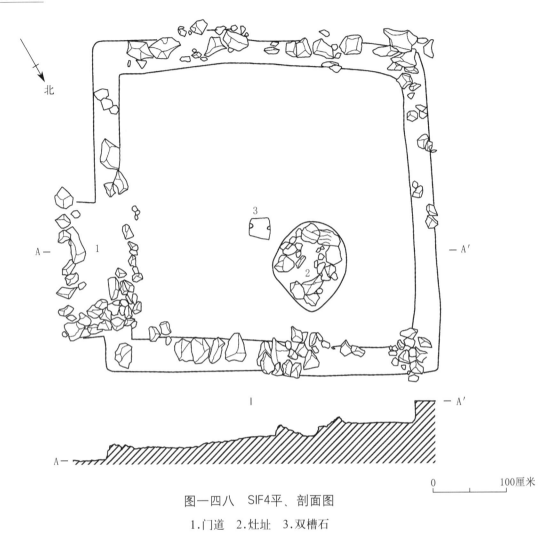

图一四八　SIF4平、剖面图

1.门道　2.灶址　3.双槽石

壁厚0.5厘米（图一四九，5）。SIF4：3，夹砂灰褐陶。口径18、残高5、壁厚0.5厘米（图
一四九，6）。SIF4：2，夹砂灰褐陶。口径17、残高7、壁厚0.6厘米（图一四九，7）。

陶盘　2件。

A型浅腹盘，有2式。

Ⅰ式，1件。敞口，平唇，斜腹，平底。SIF4：8，泥质灰陶。唇面有弦纹。口径21.4、
高3、底径18、壁厚0.7厘米（图一四九，8；彩版一三〇，5）。

Ⅱ式，1件。敞口，圆唇，斜腹，平底。SIF4：9，泥质灰陶。口径21、高3、底径18、
壁厚0.8厘米（图一四九，9；彩版一三〇，6）。

铁器

铁门户　2件。

扁环形，残、管壁外侧有凸棱脊。SIF4：75，外径10、高3.5、壁厚0.7、凸棱宽2.5、
厚0.7厘米（图一四九，10）。SIF4：72，外径9.5、高4、厚0.4～0.7、凸棱宽1.7、厚0.8
厘米（图一四九，11）。

SIF5

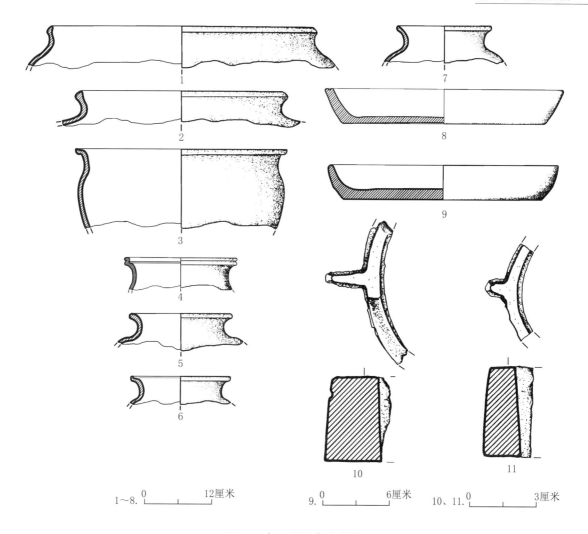

1～8. ⊢————————⊣ 12厘米　　　9. ⊢————————⊣ 6厘米　　　10、11. ⊢————————⊣ 3厘米

图一四九　SIF4出土器物

1、2.A型I式陶瓮（SIF4：6、SIF4：4）　3.A型V式陶盆（SIF4：1）　4.A型I式陶罐（SIF4：7）　5～7.A型Ⅱ式陶罐（SIF4：4、SIF4：3、SIF4：2）　8.A型I式陶盘（SIF4：8）　9.A型Ⅱ式陶盘（SIF4：9）　10、11.铁门户（SIF4：75、SIF4：72）

位于SIT104东部，房址的西角北壁叠压在SIF3之下、房址的南壁和西壁南侧被SIF7打破，东壁无存。房址为地穴式，方形或长方形，南北残长2.6、东西残宽2.5米，穴壁残高0.1米，方向160°。活动面经火烧烤，烧烤面厚1～2厘米。发现灶址一处，圆凹坑式，直径0.75、深0.25米。在东壁发现柱洞两处。Z3，直径0.3、深0.25米（图一五○）。房内地表散见有陶片，多破碎，器类器形无可辨。

SIF6

位于SIT104西部，开口表土层下，北侧叠压在SIF3下部，东侧被SIF7、SIF18打破，仅存房址的西部。南北残长8、东西残宽2.5米，方向160°。未发现房址的墙体，仅在房址西侧、南侧发现有6个柱洞。灶址位于房址中部，圆形凹坑式，直径0.66、深0.2米。灶址外缘有一周烧烤面，灶内为红烧土堆积。房址地面为黄褐土，较纯净，硬实。地表散落有泥质灰

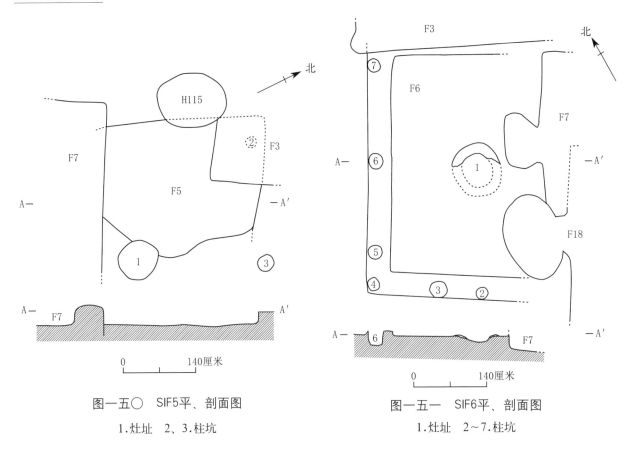

图一五〇　SIF5平、剖面图

1.灶址　2、3.柱坑

图一五一　SIF6平、剖面图

1.灶址　2~7.柱坑

陶片，夹砂红陶片等，陶片多残碎，无可辨器形（图一五一）。

SIF7

位于SIT104东部，开口于表土层下，SIH105、SIH97打破房址北侧中部和东部，西侧被HG2打破。房址长方形，东西长7、南北残宽5米，方向160°。东墙局部保存有石筑基础，高0.3、宽0.7米。灶址位于房址东北角，圆凹坑式，直径0.8、深0.25米。灶内西侧摆置有石块，灶西部有灶口，通入烟道。仅在灶址附近发现有活动面。烟道位于房内地表之下，石块垒筑，共有四条，宽0.2~0.35、深0.25米，上铺盖不规则形石板，盖板石仅局部保存。烟囱位于房址外部西侧，与烟道相连，仅见底部的椭圆形凹坑，直径0.7~1、深0.4米，内部满填灰烬（图一五二）。

SIF9

位于SIT101西北部，开口于表土层下。房址呈方形，南北长3.8、东西宽3.1米，方向170°。在房址东侧、南侧发现有一层平砌石墙基础，宽0.35、高0.15米，其余部分被破坏。灶址位于房址内偏东侧，圆凹坑式，直径0.63、深0.2米，灶内放置石块。房内活动面明显，土质硬实，为黄褐土，夹有少量碎石。地表散见有碎陶片，器类、器形不可辨（图一五三）。

SIF10

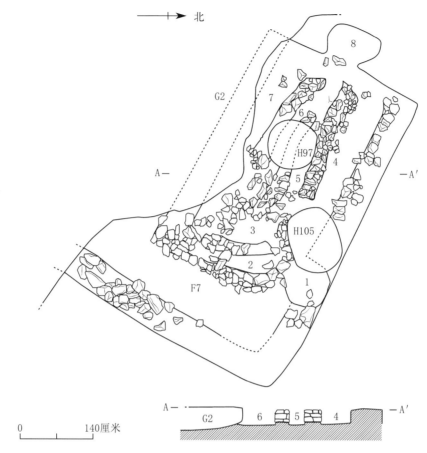

图一五二　SIF7平、剖面图

1.灶址　2~7.烟道　8.烟囱

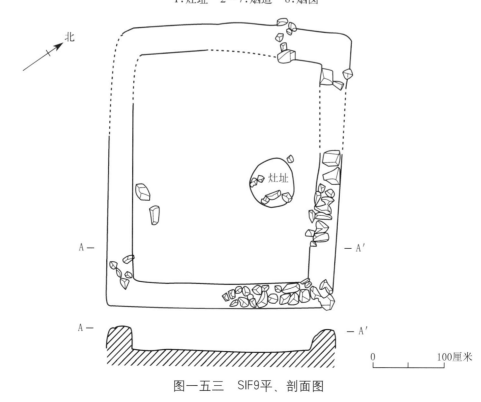

图一五三　SIF9平、剖面图

位于SIT101西部，开口于表土层下。房址呈长方形，南北长7.88、东西宽5米，方向170°。房址东部被SIF13打破，西部被H20、H25、H17、H31打破，房址外部西侧的烟囱被H1、H4叠压。灶址位于房址中部偏东处，圆凹坑式，直径1.1、深0.82米，灶址烧烤壁较厚，在灶址下部南、西侧发现三处烟火道口，分别与南侧、西侧烟道相通。烟道为土洞式，接近灶址处底部呈凹圆形，深0.2、宽0.15米，上盖小石板，石板上再覆以土，上部发现大量草拌泥烧结块，与烟道上部的封盖有关。烟道由北向南再折向西，呈曲尺状通向烟囱。烟囱位于房址外部西南侧，底部为椭圆形凹坑，直径0.7、深0.32米，内部满填灰烬。在房址的四周发现柱洞8个（图一五四；彩版一三一，1）。

房内出土遗物有陶器、石器等。陶片多破碎，无可复原者，可辨器形有陶瓮、陶盆、陶罐等。石器有玉珠。

陶器

陶瓮　4件。有侈口瓮、直口瓮2型。

A型　3件。侈口瓮，有2式。

IV式，2件。圆唇内有凹带，呈上尖唇，束颈，圆肩。SIF10：1，泥质灰陶。口径33、

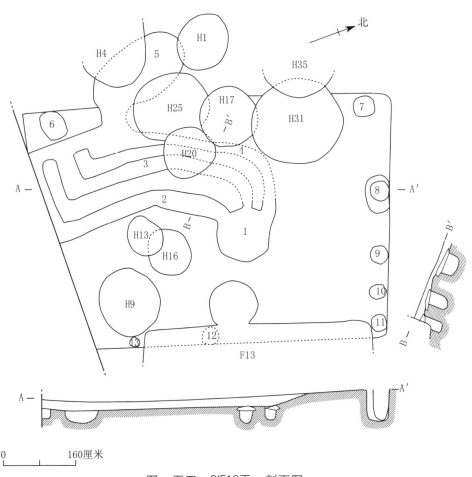

图一五四　SIF10平、剖面图

1.灶址　2～4.烟道　5.烟囱　6～13.柱坑

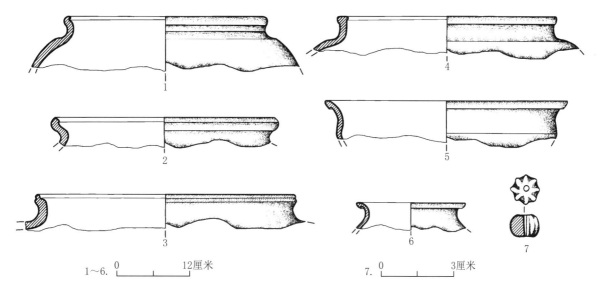

1～6. ⊢0————12厘米⊣ 7. ⊢0——3厘米⊣

图一五五 SIF10出土器物

1、2.A型Ⅳ式陶瓮（SIF10：1、SIF10：4） 3.A型Ⅵ式陶瓮（SIF10：3） 4.B型Ⅱ式陶瓮（SIF10：2） 5.B型Ⅱ式陶盆SIF10：5） 6.A型Ⅵ式陶罐（SIF10：6） 7.玉珠（SIF10：11）

残高8、壁厚0.8厘米（图一五五，1）。SIF10：4，泥质灰陶。口径37、残高5、壁厚0.9厘米（图一五五，2）。

Ⅵ式，1件。侈口，重唇，束颈，圆肩。SIF10：3，泥质灰陶。口径42、残高6、壁厚1.2厘米（图一五五，3）。

B型 1件。直口瓮。

Ⅱ式，直口，平唇外尖，短直领，圆肩。SIF10：2，泥质褐陶。口径36、残高7、壁厚0.9厘米（图一五五，4）。

陶盆 1件。

B型Ⅰ式，侈口，尖唇，束领，折腹斜收。SIF10：5，泥质红褐陶。口径40、残高7、壁厚0.7厘米（图一五五，5）。

陶罐 1件。

A型Ⅵ式，侈口罐。口沿斜抹，下尖唇。SIF10：3，泥质灰陶。束颈，圆肩。口径18、残高8、壁厚0.5厘米（图一五五，6）。

石器

玉珠 1件。

SIF10：11，出于灶址内，青玉，扁圆瓜棱形，中有穿孔。直径1.2、高0.9、孔径0.2厘米（图一五五，7；彩版一三〇，3）。

SIF11

位于SIT102东部，开口于表土层下，上部被SIG1叠压，中部被SIH42、SIH48、SIH75打破，周边被SIH39打破。房址呈长方形，南北长5、东西宽4米，方向170°。灶址无存，烟道位于地表下，为土洞式。烟囱位于房址西南侧，底部为圆形凹坑形，周边垒筑石块，直径

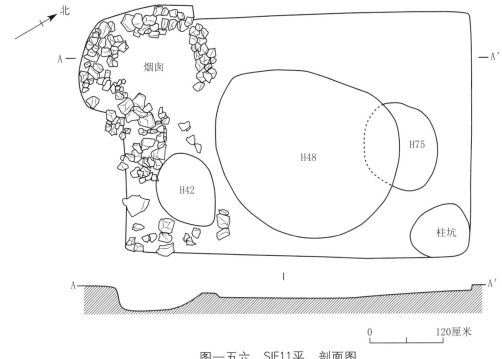

图一五六　SIF11平、剖面图

1.7、深0.32米。东北角发现柱坑一处（图一五六）。

SIF12

位于SIT102西南，开口于表土层下，东侧被SIF9打破，北侧局部被SIH45打破，房址呈长方形，南北长4、东西残宽2.6、南壁残高0.1米，方向170°。灶址呈圆形，直径0.63、深0.15米。房内土质实硬，活动面明显，地表散见碎陶片，器类不可辨识（图一五七）。

SIF13

位于SIT101东侧，开口于表土层下，打破SIF10、SIH21、SIH22，叠压SIH2之上。房址呈长方形，南北长4.94、东西残宽2.5米，方向170°。灶址位于房址中部，圆形凹坑式，直径0.6、深0.2米，灶址西侧有两个烟道口与烟道相通，烟道位于地下，为土洞式。烟囱位于房址西壁外，仅存底部，圆形凹坑，直径0.85、深0.3米。发现柱洞3个。遗物有陶片等，陶器无可辨（图一五八）。

铁镞　1件。

D型VI式，叶形锋。SIF13:1，平面菱形，锋扁平，锋部残，无侧锋。残长5.8、宽1.5、厚0.25厘米（见图一五八；彩版一三〇，4）。

SIF14

位于SIT105东北部，上部被SIF3、SIF4叠压，东部被SIF15打破。房址呈长方形，东西残长5.53、南北宽4.63米。灶址位于房址东侧，圆形凹坑式，直径0.9、深0.25米。灶址西侧有两个烟火口与烟道相接，烟道位于地表下，为土洞式，由灶口处的两条向西侧变为三条，

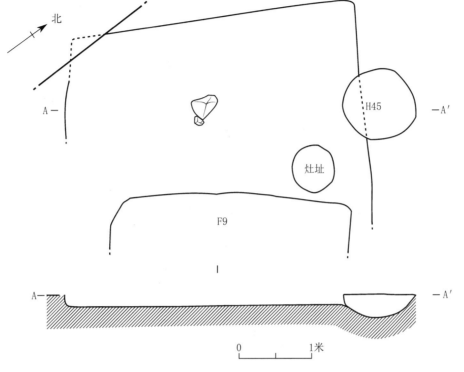

图一五七　SIF12平、剖面图

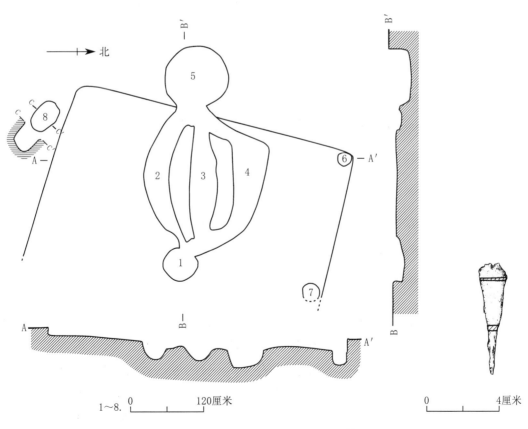

图一五八　SIF13平、剖面图及出土铁镞

1.灶址　2、4.烟道　5.烟囱　6~8.柱洞

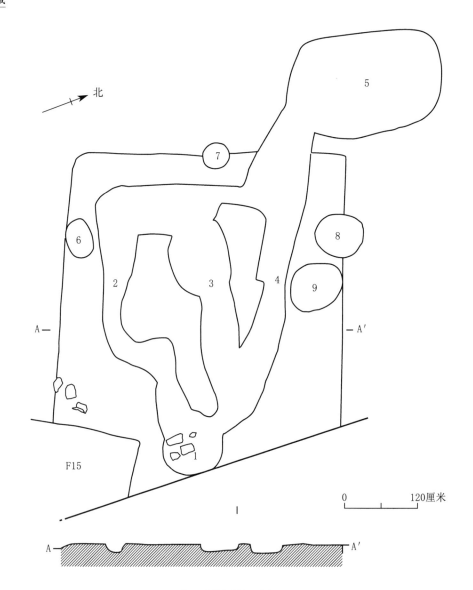

图一五九　SIF14平、剖面图

1.灶址　2、4.烟道　5.烟囱　6~9.柱坑

再合并为一条与烟囱相通。烟道上的覆盖结构不明。烟囱位于房址西北侧，仅存基础部分，椭圆形凹坑，直径1.6~2.4、深0.4米（图一五九；彩版一三一，2）。

SIF16

位于SIT105北部，上部被SIF4、SIF14叠压。房址呈方形，东西长2.7、南北宽2.06、深1.7米，属于地穴式房址。房址门道东南向，平面半圆形，长0.7、宽0.98米，向下一阶至房址地表。房内活动面土质较杂，含有炭灰、烧土、陶片等遗物。灶址位于东北角，椭圆形，直径0.25~0.5、深0.2米，西侧有一火口与内壁式烟道相接。烟道位于房址穴壁内部，即将西壁西北角处开一竖槽，槽宽0.35、深0.25米，再将外侧用碎石和泥土堆砌，形成一条内壁式烟筒（图一六〇）。

遗物出土有陶瓮、陶罐、陶甑、陶盆等。

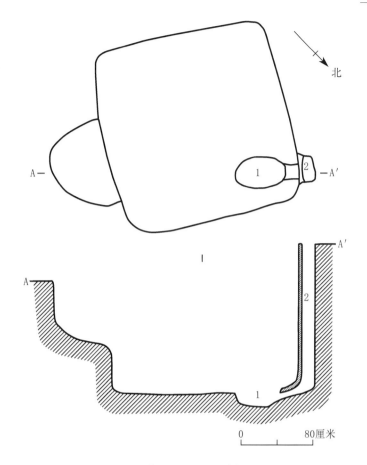

北

图一六〇 SIF16平、剖面图
1.灶址 2.烟囱

陶瓮 1件。

A型Ⅳ式，侈口瓮。外圆唇上尖，唇内有凹槽。短束颈，圆肩，长腹，平底。SIF16：10，泥质黑陶。局部为红褐色。腹上部有两周弦纹和一对横桥状对称鋬耳。口径34.4、底径31、高60厘米（图一六一，1；彩版一三二，1）。

陶罐 1件。

A型Ⅰ式，沿外侈，唇面有一周弦纹呈重唇，束颈，圆肩，长圆腹、平底。SIF16：19，泥质黑褐陶。腹部饰暗压弦纹。口径15、高32.5、壁厚0.6厘米（图一六一，2；彩版一三二，3）。

陶甑 1件。

Ⅱ式，侈口，外折沿，圆唇，短束领。SIF16：18，泥质灰褐陶。轮制，外展沿，圆唇，颈部稍束。斜腹下收，腹上部有对称桥状鋬耳，表面有暗压纹，上部饰横压纹，下部饰竖压纹。腹有多处缀合孔，底部有三个圆孔。口径45、底径22、高29厘米（图一六一，3；彩版一三二，2）。

陶甑底 1件。

SIF16：20，泥质灰陶。斜腹收平底，底有5个孔。残高10、底径20、壁厚0.6厘米（图一六一，8）。

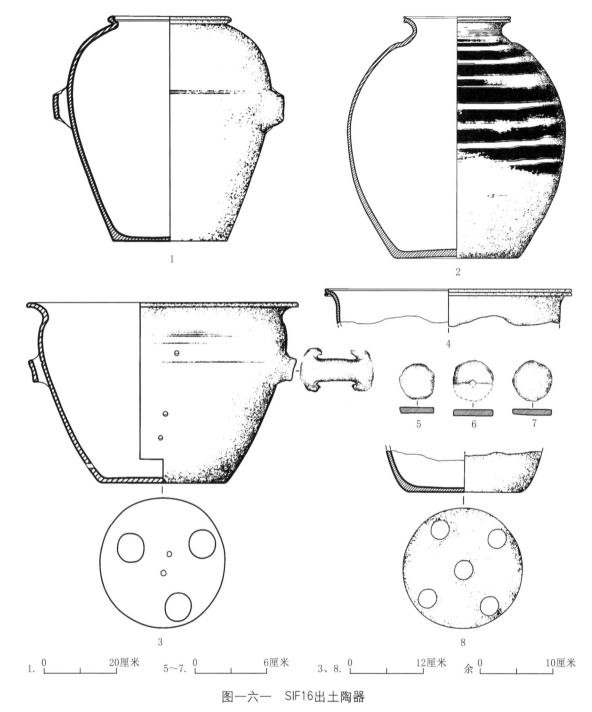

图一六一　SIF16出土陶器

1.A型Ⅳ式瓮（SIF16：10）　2.A型I式罐（SIF16：19）　3.Ⅱ式甑（SIF16：18）　4.A型I式陶盆（SIF16：9）　5~7.圆陶片（SIF16：5、SIF16：6、SIF16：7）　8.甑底（SIF16：20）

陶盆　1件。

A型I式，侈口，重唇盆。SIF16：9，泥质灰黑陶。沿外折，斜腹。口径33.4、高5厘米（图一六一，4）。

圆陶片　3件。

打制，不规则圆形。SIF16：5，直径3厘米（图一六一，5）。SIF16：6，直径3.3厘米

（图一六一，6）。SIF16：7，直径3.1厘米（图一六一，7）。

SIF17

位于SIT105东部，叠压在SIF3、SIF5之下，房址内仅发现火坑址，房址外周结构不明。灶址凹坑式，平面近三角形，长0.52、宽0.5、深0.2米，与烟道相通。烟道位于地面下，现呈沟槽形状，与灶相接处烟道为一条，向南又分为两条，折曲至烟囱。炕址南北长1.7、东西宽1米，烟道上部结构不明。烟囱位于炕址南侧，为圆形凹坑，直径0.3、深0.3米（图一六二）。

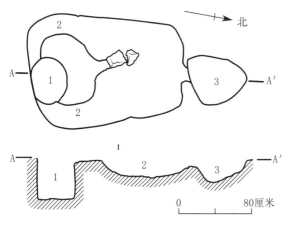

图一六二　SIF17平、剖面图
1.烟囱　2.烟道　3.灶

SIF18

位于SIT104的中南部，叠压在SIHG2、SIF7之下，南侧被SIF19打破，东侧被SIH97打破。东西长4.6、南北宽4.22米。灶位于房址的东部，椭圆凹坑式，直径0.8、深0.2厘米。灶址西北侧有三个灶口与烟道相通。烟道位于地表之下，为凹槽形式，宽约0.2、深0.15米，壁上有0.5～1厘米的烧结面。烟道东西长3.7、南北宽1.96米，分三条，呈叉状，在中部有两条南北串通。近西壁有烟道，较低凹，表面烧结。烟道上部结构不明。烟囱位于房址西壁的外侧，底部为圆形凹坑式，直径0.9、深0.25米，内满烟灰。房址内无活动面痕迹。发现柱洞三处，以Z10为例，直径0.25、深0.3米（图一六三）。房内出土遗物有陶片，陶片多破碎，可辨识器形仅有陶瓮。

陶瓮　2件。

A型VI式，侈口，圆唇，上尖，唇内有凹带，束颈，圆肩。SIF18：1，夹砂灰褐陶。口径36、残高5、壁厚0.8厘米（图一六四，1）。SIF18：2，泥质红褐陶。口径38、残高5、壁厚0.8厘米（图一六四，2）。

SIF19

位于T104的东南部，叠压在SIHG2之下、SIF18之上。东西残长3.36、南北宽3.78米。灶位于房址的东部，圆凹坑式，直径0.6、深0.25米，灶口有三个，用石块叠筑，与三条烟道相通。烟道位于地表下，石块垒筑，宽0.2、高0.15米，上盖石片，内壁有0.5～2厘米的烧结面。烟道东西长2.9米，曲折与烟囱相通。烟囱位于房址南壁的外侧，底部为圆形凹坑式，直径1.05、深0.3米，内填满灰烬。发现3处柱洞，以Z1为例，直径0.25、深0.3米。房址内仅在灶址东侧发现活动面，面上散见碎陶片、铁甲片等（图一六五）。

铁甲片　1件。

SIF19：1，长条形。平顶抹角，上宽下窄，身内曲，顶有横双孔，侧边、底部有竖双

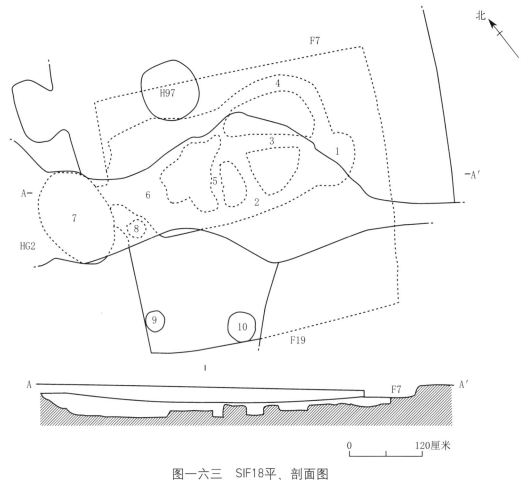

图一六三　SIF18平、剖面图

1.灶址　2~6.烟道　7.烟囱　8~10.柱坑

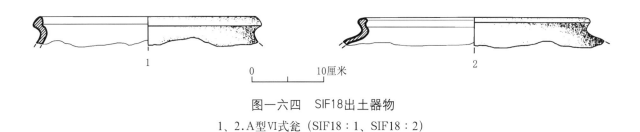

图一六四　SIF18出土器物

1、2.A型Ⅵ式瓮（SIF18∶1、SIF18∶2）

孔，中部有单孔。长7.7、宽2.5、厚0.1厘米（图一六六）。

SIF20

开口于SIT103第①层下，叠压在SIF21之下，打破SIF22北壁。房址平面方形，南北长5.4、东西宽4.9米，方向152°。西壁因处于地势稍高，向下挖出穴壁，穴壁残高0.25米。房址四壁墙基均为石筑，宽0.4~0.5、残高0.3~0.4米。灶址无存。房址南部和西部有石筑烟道，可见两条，上盖石板，呈曲尺形宽1.4米，烟道表面稍高于地表，与房址外侧西北角烟囱相通。烟囱圆形，直径0.8、深0.3米，仅存基础部分，周边砌筑有石块（图一六七）。

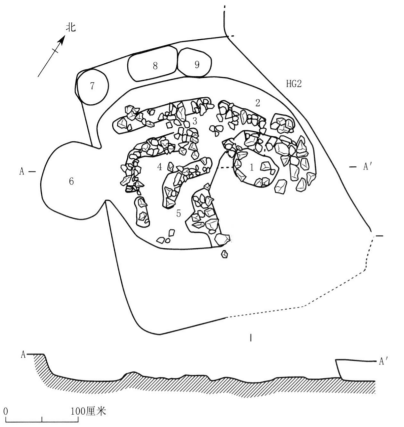

图一六五　SIF19平、剖面图

1.灶址　2~6.烟道　6.烟囱　7~9.柱坑

图一六六　SIF19出土铁甲片

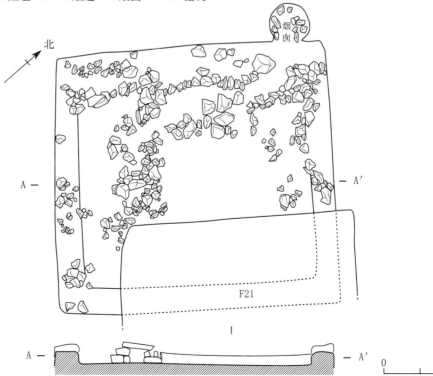

图一六七　SIF20平、剖面图

SIF21

开口于SIT103第①层下，叠压在SIF20西壁上。东南角被H80打破。房址平面略呈长方形，南北长4.5、东西宽3.42米，方向122°。房址西壁因所处地势稍高，于是向下挖出穴壁，穴壁残高0.25米。灶址位于房内中部稍北侧，为斜立石块围砌，灶壁高于地表面，呈圆形，外径0.86、深0.3米。房址内地表面铺有一层较为纯净的黄土，厚5厘米。地表散落有陶片等，可辨器形有瓮、盆、罐、钵等。房址东北侧发现柱洞一处，直径0.45、深0.25米（图一六八）。

陶瓮　1件。

A型V式，侈口，沿外折，上尖唇，束领，斜肩。SIF21：1，泥质灰褐陶。口径30、残高7、壁厚0.8厘米（图一六九，1）。

陶盆　2件。

A型Ⅰ式，沿外折，唇外面有一周弦纹，呈重唇，稍束领。SIF21：2，泥质灰黑陶。口径39、残高5、壁厚0.6厘米（图一六九，2）。SIF21：3，泥质灰黑陶。口径45、残高11、壁厚0.7厘米（图一六九，3）。

陶罐　2件。

A型Ⅱ式，侈口，沿外折，圆唇，束领，圆肩。SIF21：4，泥质灰褐陶。口径13、残高7、壁厚0.8厘米（图一六九，4）。SIF21：5，泥质灰陶。口径13、残高5、壁厚0.5厘米（图一六九，5）。

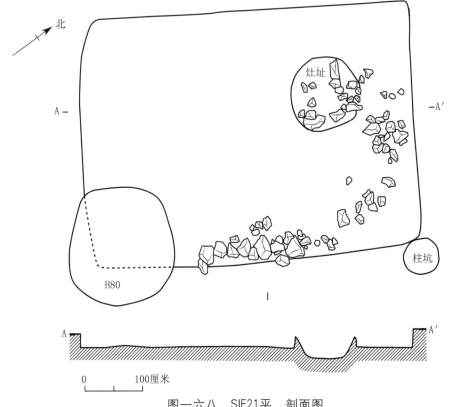

图一六八　SIF21平、剖面图

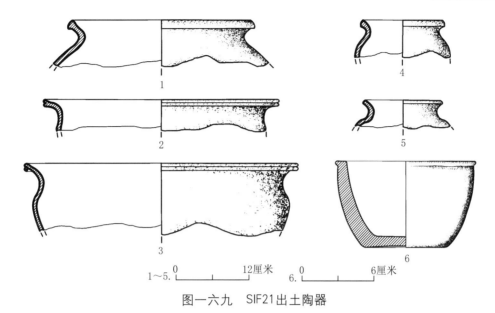

图一六九 SIF21出土陶器

1.A型V式瓮（SIF21：1）　2、3.A型 I 式盆（SIF21：2、SIF21：3）
4、5.A型 II 式罐（SIF21：4、SIF21：5）　6.B型 III 式钵（SIF21：6）

陶钵　1件。

B型 III 式，敞口，平唇外尖，斜直腹，平底。SIF21：6，泥质灰褐陶。口径12、高7、壁厚0.8厘米（图一六九，6；彩版一三二，4）。

SIF22

位于SIT103南侧，开口于SIT103①层下，西壁被SIF20、SIF21、SIH80打破，中部和南部分别被SIH98、SIH84打破。房址平面方形，南北残长3.8、东西宽5.8米，方向155°。西壁残高0.25、宽0.5米。灶址圆形，直径0.8、深0.25米。烟道位于房址地表下部，由东向西至西壁下汇成1条与烟囱相接。烟囱位于西壁外侧，基础部分为石筑，半环形，宽0.8、深0.6米。发现柱洞两处（图一七〇）。

SIF23

位于SIT001北侧，开口于表土层下，南北残长5.87、东西残宽4.34米。西、北保存有石筑墙部分，高0.3、宽0.42米。灶址位于房内东北侧，圆凹坑式，直径1.1、深0.3米，灶口与烟道相通，烟道位于地面之下，通长4、残通宽2.5米，石块垒筑，有四条。每条烟道宽0.28～0.3、深0.2～0.25米，上盖石板，由西壁通至房址外烟囱。烟道西壁与房址西壁分别砌筑，南壁与房址南壁重合。在灶址附近发现有活动面（图一七一）。

SIF24

位于97SITG2内，开口于第①层下。房址平面近方形，东西长3.8、南北宽3.6米。灶址位于房址南侧偏西，为凹坑式，直径0.5、深0.2米。灶址北侧有圆角方形凹坑式火炕，先后发现有两层石筑烟道。上层烟道有三条，石块垒砌，没发现烟道盖石，由南至北折向西，通

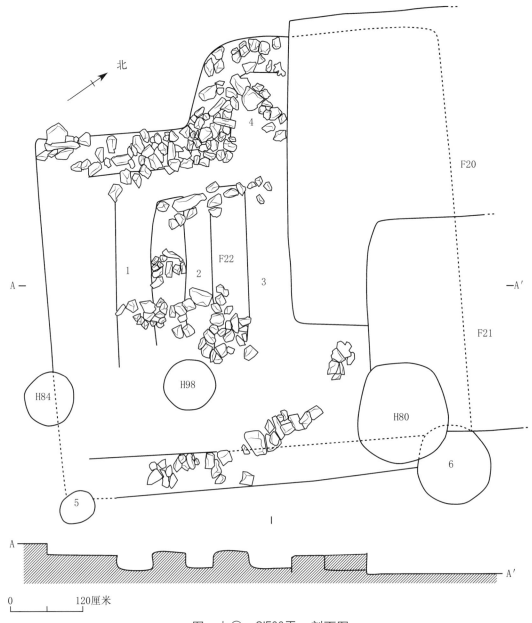

图一七〇 SIF22平、剖面图

1~3.烟道 4.烟囱 5、6.柱坑

西侧烟囱（图一七二；彩版一三三，1）。

下层烟道位于上层烟道的下部，共有三条用石块垒筑的烟道，其底部为基岩，烟道由南至北折而向南，沿穴壁南侧通南侧烟囱。下层烟道的烟囱位于房址东南角，底圆凹坑形，与烟道孔洞式相接。在房址地穴壁的西、北侧砌筑有防坍塌的四层石墙，高0.5米。房址周围发现有柱洞6个（图一七三，彩版一三三，2）。

房内出土有陶片、铁铲、砺石等。陶片破碎器类不可辨识。

铁铲 1件。

SIF24：1，打制，柄为半卷椭圆形，铲直肩，圆弧刃，身稍内曲。柄长5.1、宽2.8、铲

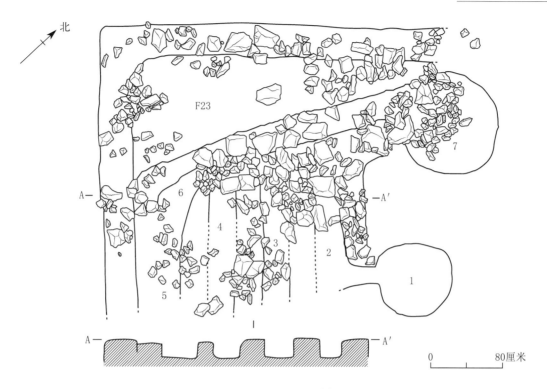

图一七一　SIF23平、剖面图
1.灶址　2~6.烟道　7.烟囱

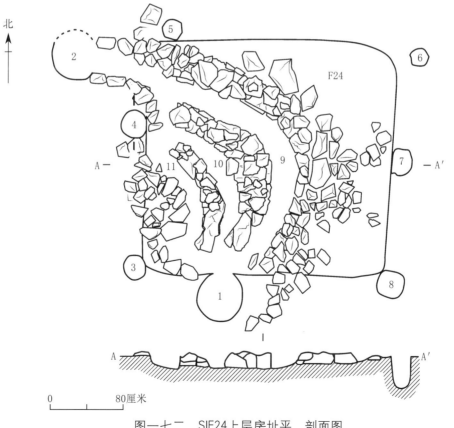

图一七二　SIF24上层房址平、剖面图
1.灶址　2.烟囱　3~8.柱洞　9~11.烟道

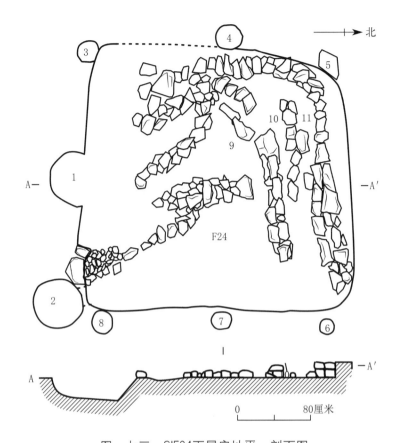

图一七三　SIF24下层房址平、剖面图

1.灶址　2.烟囱　3、4、6、7、8.柱洞　5.柱础石　9~11.烟道

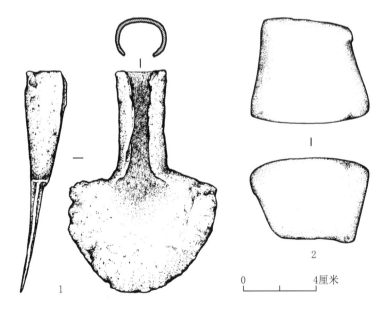

图一七四　SIF24出土器物

1.铁铲（06SIF24：1）　2.砺石（06SIT3F24：2）

宽8.2、通长12厘米（图一七四，1；彩版一三〇，7）。

砺石　1件。

SIF24：2，青石质，不规则方形，周边多有磨面。长6.3、宽5.8、厚4.4厘米（图一七四，2）。

SIF25

位于06T4内，东侧为山城东墙（图一七五）。开口于第②层下，打破第③层，北、东部被H2、H3破坏，南侧墙壁被SIH1打破。房址平面长方形，南北长5.33、东西宽4.6米。墙基部分有槽式基础，宽0.43、深0.3米，土质实硬，夹碎山石。南墙向北1.3米处有一道东

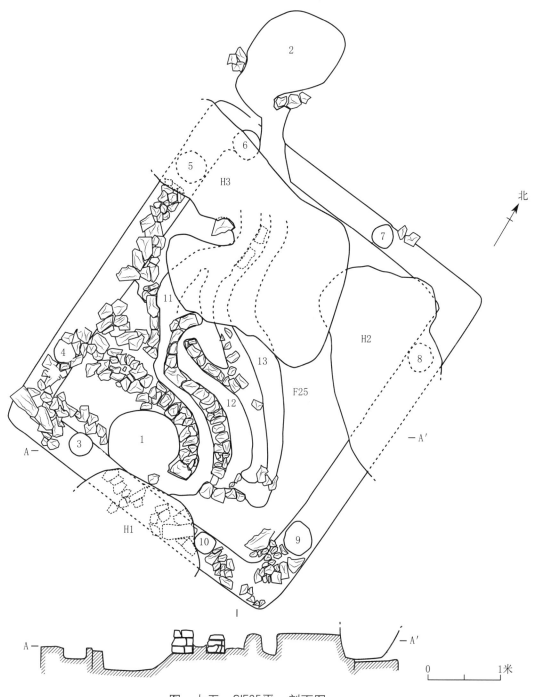

图一七五　SIF25平、剖面图

1.灶址　2.烟囱　3~10.柱洞　11~13.烟道

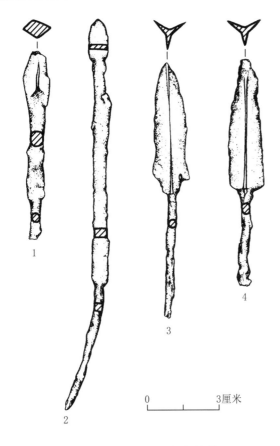

西向间隔壁墙，将房址平面分为南北两个单元，灶址位于南侧单元中部，为圆凹坑形，直径0.86、深0.35米。灶口向东，通向北单元的烟道。烟道发现三条，平面稍呈"S"形。石块砌筑，表面抹泥，近灶口处烧结成烧结面。烟道至北侧墙壁外与烟囱相接。烟囱位于北墙外侧，底部为不规则椭圆形，直壁凹坑，斜平底，内存满木炭灰。在西壁北侧炕址残存局部可见有木炭、黄土层叠压堆积，或为烟道上部的炕面结构（彩版一三四，1）。在墙基部分发现柱洞八个。

遗物有陶片、铁镞等，陶片破碎，器类不可辨识。

铁镞　4件。按镞锋形式有圭形锋镞、形锋镞、三翼形镞3型。

Ａ型Ⅰ式，1件。圭形短锋。SIF25：2，仅锋尖部有刃，侧面无锋刃，长方身，方铤。锋长1.5、宽0.8、厚0.2厘米，身长9、宽0.5、厚0.4厘米，铤长5.5、宽0.4厘米，通长16厘米

图一七六　SIF25出土铁镞

1.C型Ⅰ式镞（SI06T4F25：4）　2.A型Ⅰ式镞（SI06T4F25：2）　3、4.E型Ⅰ式镞（SI06T4F25：3、SI06T4F25：1）

（图一七六，2；彩版一三三，2）。

C型Ⅰ式，1件。菱形短锋。SIF25：4，锋尖部残，圆方身，圆铤。锋长2.3、宽1.1、厚0.7厘米，身长3.6、径0.6厘米，铤残长1.7、径0.4厘米，通长7.6厘米（图一七六，1；彩版一三三，3）。

E型Ⅰ式，2件。三翼形。长锋、圆铤。SIF25：3，锋长5.3、宽1.5厘米，铤长5、径0.3厘米，通长10.3厘米（图一七六，3；彩版一三三，4）。SIF25：1，锋长5.3、宽1.4厘米，铤长3.9、径0.3厘米，通长9.2厘米（图一七六，4；彩版一三三，5）。

ＳⅢＸ区居住址

Ⅲ区遗迹因西区和东区的地层关系有区别，因而分别叙述。SⅢX区发现房址5座，灰坑38个，其中SⅢF3、SⅢF5大部分在探方外侧仅局部清理。

SⅢXF1

位于SⅢ02XT102中部，开口于①层下，南侧被SⅢXF2叠压，西南被SⅢXH33打破，北部被SⅢXH10、SⅢXH3、SⅢXH29、SⅢXH30打破。房址呈长方形，南北长5.1、东西宽4.8米，东南向，方向为165°。其中"地炕"的面积为4×2.84平方米。灶址位于房址的北

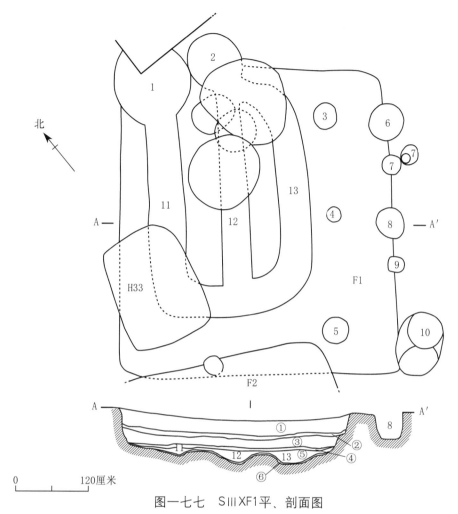

图一七七　SⅢXF1平、剖面图

1.烟囱　2.灶址　3~6、8、9.柱洞　7.柱洞组　10.柱坑　11~13.烟道

侧中部，直径0.88、深0.35米。灶口两处，一处与两条烟道相连，一处与烟筒相通。

　　烟道上部发现有四层覆盖堆积。①层土黄褐，较纯净，厚0.22米。②层为木炭化层，厚0.04米。③层黄褐土，厚0.15~0.18米。④层为草拌烧结层堆积，厚0.05~0.07米。烟道为凹沟形，宽0.50~0.55、深0.23~0.35米，近灶口处已成烧结面，由北至南折回向北与烟囱相通。烟囱位于房址的西北角，仅存底部，圆形凹坑形，长1.2、宽1、深0.4米。发现柱洞8处，其东侧为双排柱洞，有双柱和单柱。在房址内地表和填土散见有陶片、铁甲片等遗物。陶器可辨器形有瓮、罐、盆等（图一七七；彩版一三五，1）。

　　陶瓮　1件。侈口瓮。

　　A型Ⅰ式，广口，唇上尖，束颈，圆肩。SⅢXF1：1，泥质灰褐陶。口径43、残高5、壁厚0.7厘米（图一七八，1）。

　　陶罐　3件。有侈口罐、敛口罐2型。

　　A型Ⅰ式，1件。侈口，沿外折，重唇上尖，束颈，圆肩。SⅢXF1：5，泥质灰褐陶。口径13、残高7、壁厚0.6厘米（图一七八，5）。

　　B型Ⅰ式，2件。敛口，平唇，直领，斜圆肩，颈下有弦纹。SⅢXF1：3，泥质黑褐陶。

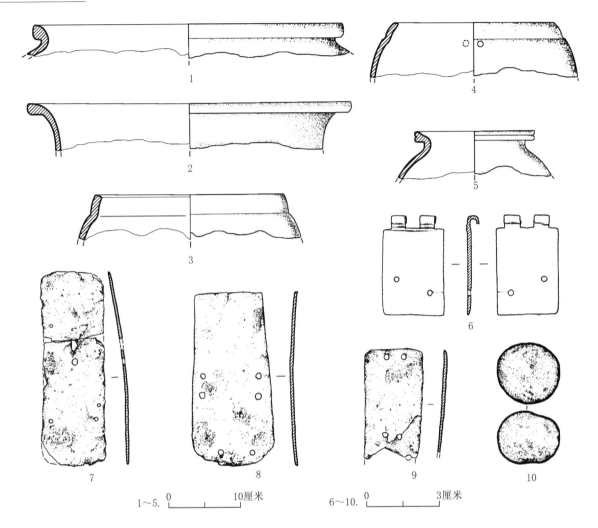

图一七八　SⅢXF1出土器物

1.A型I式陶瓮（SⅢXF1：1）　2.A型Ⅳ陶盆（SⅢXF1：2）　3、4.C型I式陶罐（SⅢXF1：3、SⅢXF1：4）　5.
A型I式陶罐（SⅢXF1：5）　6.铜带钩（SⅢXF1：18）　7~9.铁甲片（SⅢXF1：42、SⅢXF1：15、SⅢXF1：
17）　10.石弹丸（SⅢXF1：19）

口径26、残高5.5、壁厚0.5厘米（图一七八，3）。SⅢXF1：4，泥质黑褐陶。圆唇，口径
28、残高6.5、壁厚0.5厘米（图一七八，4）。

　　陶盆　1件。

　　A型Ⅳ式，侈口，展沿，圆唇。SⅢXF1：2，泥质灰褐陶。口径45、残高8、壁厚0.6厘
米（图一七八，2）。

　　铁甲片　3件。

　　SⅢXF1：42，长条形，上宽下窄，顶部有双孔，边上部有对称双孔，中下部有一孔，
底残。残长4.7、宽2.2、厚0.2厘米（图一七八，7；彩版一三五，2）。SⅢXF1：15，宽
舌形，顶有三孔，两边有竖双孔，中上部有一孔，下部有竖双孔。长7.1、宽4、厚0.2厘米
（图一七八，8；彩版一三五，3）。SⅢXF1：17，顶折角，上有双孔，斜边平底，边有对称
竖双孔。长7、宽2.8~3.4、厚0.2厘米（图一七八，9；彩版一三五，4）。

铜带钩 1件。

SⅢXF1：18，长方形，面有双孔。有一端两侧凸片回卷，呈双回钩。长7、宽2.5、厚0.2厘米（图一七八，6；彩版一三五，5）。

石弹丸 1件。

SⅢXF1：19，沉积岩质，不规则圆形，经火烧为砖红色。直径2.4厘米（图一七八，10；彩版一三五，6）。

SⅢXF2

位于T101、T102之间，开口于第①层下，北部叠压在SⅢXF1南壁之上，南侧被SⅢXH6打破，长方形，东西长3.8、南北宽3.4米，方向170°。灶址位于房址东南侧圆凹坑式，直径0.9、深0.26米，灶口与"地炕"相通。地炕位于房址的中部略偏西侧，在地下挖出一个直径2.2～2.6、深0.25米的不规则圆坑，北壁有贴砌的石墙，长1.52、宽0.15、高0.25米，西部与房址外侧的圆形烟囱底部相接，底层有厚0.15厘米的灰烬。上部结构不明。烟囱位于房址外西南部，圆形，直径约1.2、深0.3米，内为灰烬土。发现柱洞8处，有单柱和组柱。出土遗物有陶片等，器形不可辨识（图一七九；彩版一三六）。

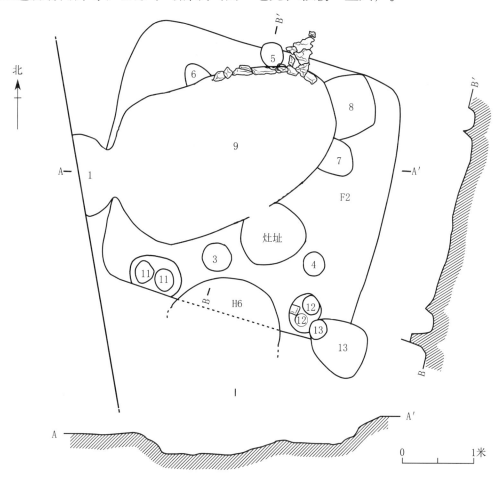

图一七九 SⅢXF2平、剖面图

1.烟囱 2～6.柱洞 7～10.炕洞 11～13.柱洞

SⅢXF3

位于T102北侧和T102北扩部分。开口于第①层下，中部、东部被SⅢXH12、SⅢXH13、SⅢXH14打破，东壁被SⅢXH17、SⅢXH18打破，西南角被SⅢXH35、SⅢXH34、SⅢXH38打破（图一八〇；彩版一三七，1）。长方形，南北长5.08、东西宽3.92米，东南向150°。房址内地表面堆积有大面积红烧土块。灶址位于房内东南侧，为椭圆凹坑式，上口被破坏，灶面烧烤明显，直径0.9、残深0.25米，灶口西与烟道相通。烟道平面为曲尺形，由灶口西侧分为4条，近灶口处烧结，曲折向北至房址外侧烟囱。烟道剖面圆凹槽形，宽0.1～0.18、深0.13～0.15米，近灶址处覆盖有石板、陶片，石片为不规则形，规格多为长0.3～0.4、厚0.03～0.04米。烟道北侧上部全部覆盖陶器的陶片，多为大型陶瓮残片，叠置

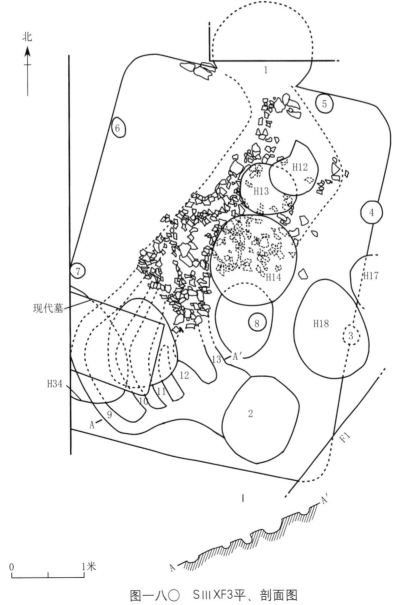

图一八〇　SⅢXF3平、剖面图

1.烟囱　2.灶址　3～8.柱洞　9～13.烟道

二至三层，下层陶片多还原为红色。烟囱为圆形，凹坑式，直径1.3、深0.4米。烟道内与烟囱底部均为细灰烬。

柱洞发现6处，Z1位于房址东侧地炕东部边缘，北距灶址0.3米，直径0.25、深0.26米。Z2位于灶址北侧，椭圆形，直径0.22～0.3、深0.3米。Z3位于Z2的东北侧0.4米，圆形，直径0.18，深0.2米。Z4位于房址的北侧中部，圆形，直径0.24、深0.2米。Z5位于西侧距离地炕外0.8米，圆形，直径0.2、深0.3米。Z6位于Z5的南侧，距离Z5为2米，圆形，直径0.18、深0.2米。

出土遗物有陶瓮、陶罐、陶盆、陶盘、铁削、铁镞、石网坠等。

陶器

陶瓮　2件。侈口瓮，有2式。

Ⅰ式，1件。侈口，圆唇，圆沿，束颈。SⅢXF3：107，泥质红褐陶。口径34、残高9厘米（图一八一，1）。

Ⅳ式，1件。侈口，唇内有凹带，束颈，圆肩。SⅢXF3：30，泥质灰褐陶。口径30、残高12.6厘米（图一八一，2）。

陶盆　4件。折沿盆，有2式。

Ⅰ式，3件。敞口，平折沿，重尖唇，腹稍直。SⅢXF3：36，泥质灰陶。口径54、残高11.5（图一八一，3）。SⅢXF3：34，泥质灰陶。口径48、残高7.5厘米（图一八一，4）。SⅢXF3：41，泥质灰陶。口径41.5、残高6厘米（图一八一，5）。

Ⅳ式，1件。敞口，短沿外侈，圆唇。SⅢXF3：32，泥质灰陶。口径27、残高6.3厘米（图一八一，6）。

陶罐　2件。侈口罐，有2式。

Ⅰ式，1件。侈口，外折沿，重尖唇，稍盘口。束颈，圆肩。SⅢXF3：33，泥质灰陶。口径21、残高5.5厘米（图一八一，7）。

Ⅱ式，1件。侈口，短平沿，圆唇，领稍束。SⅢXF4：31，夹砂灰褐陶。口径16、残高6厘米（图一八一，8）。

陶盘　1件。

Ⅰ式，敞口，平唇，浅腹。SⅢXF3：35，泥质灰陶。口径27、高4.4厘米（图一八一，9）。

陶器底　2件。

SⅢXF3：37，斜腹，平底。底径31、残高11.4、壁厚1厘米（图一八一，10）。SⅢXF3：38，斜腹，平底。底径29、残高14.4、壁厚1厘米（图一八一，11）

铁镞　1件。

F型Ⅱ式，铲形锋镞。平锋，长镞身。SⅢXF3：14，边刃斜，铤残。长4.5厘米（图一八一，12；彩版一三七，2）。

铁削　1件。

SⅢXF3：57，直背，斜直刃，直柄，锋残。锋宽1.3、背厚0.2、残长9.2厘米（图一八一，14；彩版一三七，3）

石器

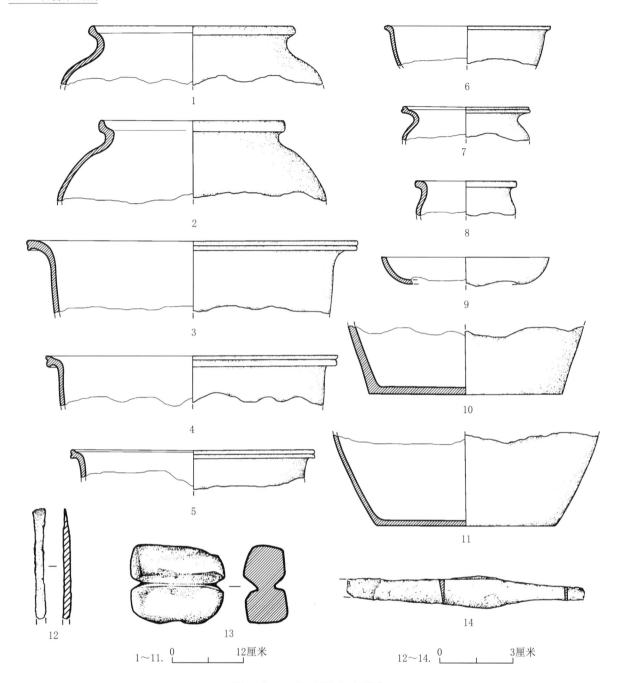

图一八一　SⅢXF3出土器物

1.A型Ⅰ式陶瓮（SⅢXF3：107）　2.A型Ⅳ式陶瓮（SⅢXF3：30）　3～5.A型Ⅰ式陶盆（SⅢXF3：36、SⅢXF3：
34、SⅢXF3：41）　6.Ⅳ式陶盆（SⅢXF3：32）　7.A型Ⅰ式陶罐（SⅢXF3：33）　8.A型Ⅱ式陶罐（SⅢXF3：
31）　9.A型Ⅰ式陶盘（SⅢⅢXF3：35）　10、11.陶器底（SⅢXF3：37、SⅢXF3：38）　12.F型Ⅱ式铁镞（SⅢ
XF3：14）　13.石网坠（SⅢXF3：21）　14.铁削（SⅢXF3：57）

石网坠　1件。

SⅢXF3：21，红色砂岩，不规则长方形，中部划出三角形沟槽。长3.9、宽3.2、厚1.8
厘米（图一八一，13；彩版一三七，4）。

SⅢD区房址

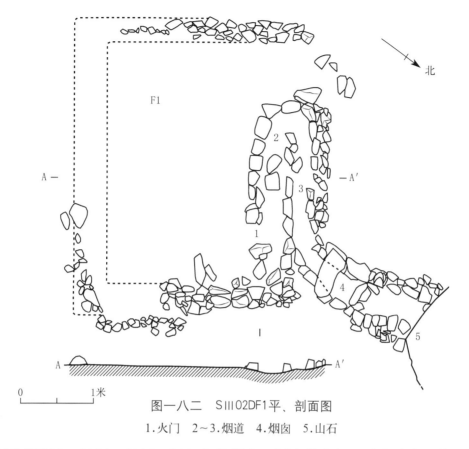

图一八二　SⅢ02DF1平、剖面图

1.火门　2~3.烟道　4.烟囱　5.山石

SⅢD区在2002、2004、2005、2006年发掘中，因主持发掘工地负责人更换，发掘记录未能统一，遗迹单位多有重号，现冠以年份加以区别。

SⅢ02DF1

位于SⅢ02DT1和SⅢ02DT3中，开口于第⑤层下。平面近方形，东西长3.8、南北长4.4米。破坏严重，墙基残断不全，仅存西、北墙基，未发现门址，房子结构不详。墙残高约0.25、残厚约0.3米，且石块较碎。房址地面土色红褐，较硬，夹有细石子，与室外地表状况相同。灶址位于火炕沿墙中部偏右，宽约0.3米，灶口与烟道相连。火炕位房内西北侧并与西北、东北壁连接为一体，长2.4、宽1.2米，平面为回曲形。烟道隔墙用经过修整的条石和楔形石砌筑，与东墙相连。烟囱位于房址的东北角，长方形，单石砌筑，末端与山石相连接。烟囱与火炕间连接有烟道，长1.75、宽约0.4、深约0.3米，用石块砌筑，上用大石块覆盖（图一八二；彩版一三八）。房内出土仅有碎陶片，器类不可辨识。

SⅢ04DF1

位于SⅢ04DT101、SⅢ04DT102、SⅢ04DT103、SⅢ04DT201、SⅢ04DT202之内，开口在第②层下。仅残存烟道和烟囱基础部分。烟道有两条，平面呈曲尺形，石块砌筑，宽0.25~0.3米，东侧烟道长6.6、宽1.52米，西边长2.1、宽2米。灶址无存。出土有泥质红褐陶绳纹瓦、陶片、铁镞等。2006年9月对房址进行了补充发掘，在房址的周围发现柱洞的柱础12个，在房址南侧还发现有在地层堆积属于同一层位的三组础石，并与房址南侧的柱洞相对应。房址东西长8.7、南北宽5.6米。房址的东南侧被晚期房址的烟道叠压并打破。同时还发现这座房址的下面叠压有4座房址（图一八三；彩版一三九）。

出土物有陶瓦、陶片、铁镞等。

瓦片　1件。

SⅢ04DF1：7，泥质红褐陶。表面布纹，底面粗绳纹。残长10、宽8、厚2厘米（图一八四，3）。

铁镞　1件。

A型Ⅰ式，圭形短锋镞。SⅢ04DF1：1，锋截面为菱，形扁方长身，锥形方铤，残。长

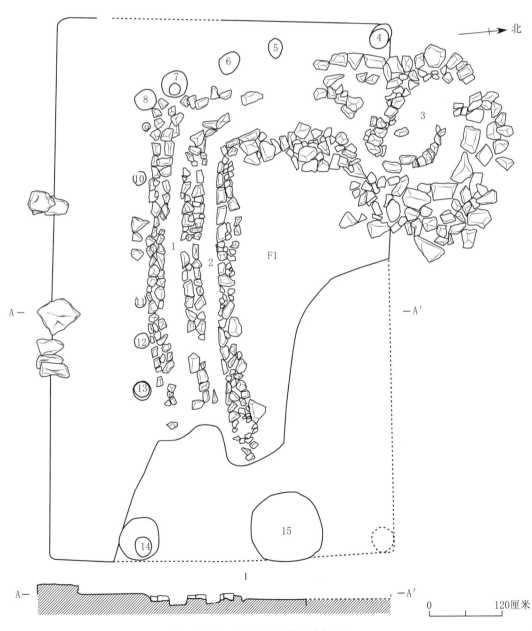

图一八三　SⅢ04DF1平、剖面图

1~2.烟道　3.烟囱　4~15.柱坑

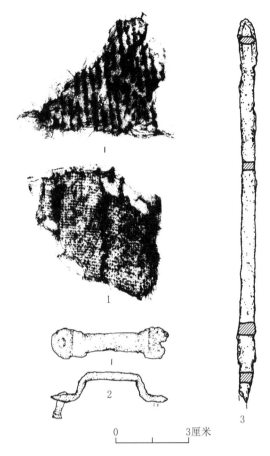

图一八四 SⅢ04DF1出土器物

1.瓦片拓片（SⅢ04DF1：7） 2.铁扣手（SⅢ04DF1：2）
3.A型I式铁镞（SⅢ04DF1：1）

15、宽0.7厘米（图一八四，1；彩版一四〇，1）。

铁扣手 1件。

SⅢ04DF1：2，两端近圆形，一端保存有铆钉，另一端残。长4.6、宽1.5厘米（图一八四，2；彩版一四〇，6）。

SⅢ04DF2

位于SⅢ04DT403、SⅢ04DT404、SⅢ04DT503、SⅢ04DT504中，开口在②层下。平面近方形，东西长5.6、南北宽6米。四面墙壁残缺不全。火炕呈曲尺形，位于房址的南边和西边。南边火炕残长4.1、宽1.7米，有三道石块垒砌的墙组成，墙残高0.16~0.2米，外侧墙宽0.3~0.4米，中间墙宽0.2~0.3米，墙与墙之间为烟道，烟道宽0.2~0.4米；西边火炕呈三角形，有一条烟道，长1米，墙宽0.3米左右。房址北壁长2.8、宽0.1~0.48、残高0.12~0.18米。房址东壁残长2.2、残宽0.1~0.5、残高0.15米左右。在北墙和东墙的接口处有一宽0.72米的缺口，当为门址所在处（图一八五）。

出土少量陶片、铁镞及铜器等遗物。陶片残碎较甚，器形不可辨识。

铁镞 1件。

C型Ⅲ式，矛形锋镞。长锋，长镞身。SⅢ04DF2：4，镞锋与镞身分格不明显，细圆铤。长12、宽0.9厘米（图一八六，1；彩版一四〇，2）。

铁甲片 1件。

SⅢ04DF2：3，长方形。平顶抹两角，平底，边沿有穿孔。长9、宽2.5厘米（图一八六，2；彩版一四〇，3）。

多菱形铜器 1件。

SⅢ04DF2：1，由四个菱形相连，两端菱形稍小。长5.5、宽2.1、厚0.2厘米（图一八六，3；彩版一四〇，4）。

SⅢ04DF3

位于SⅢ04DT603及SⅢ04DT604的隔梁下。开口于表土层下，房址破坏严重，仅存部分火炕遗迹。东西残长4.2、南北残长3米。火炕由三道石砌墙构成，长4.2、宽1.8、高0.14~0.28米；墙间隔0.15~0.3米，两侧墙较宽，多为两块石块对插砌筑，宽度为0.4米左

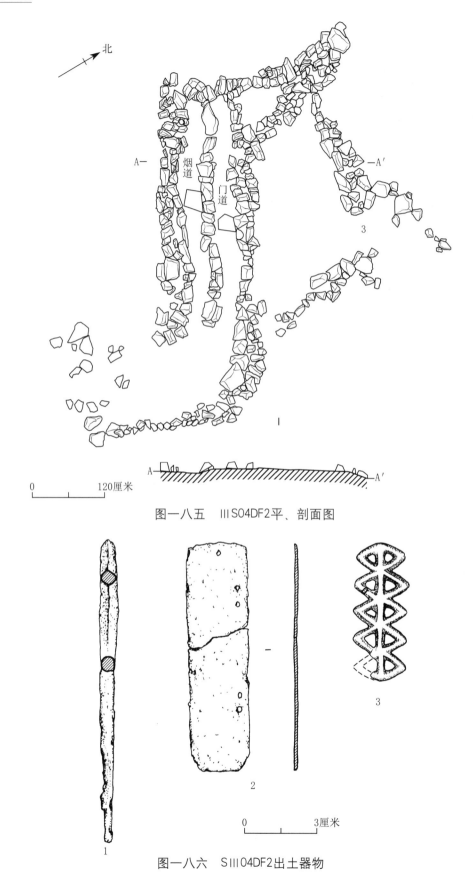

北

A— —A'

烟道

门道

3

I

0 ————— 120厘米

A— —A'

图一八五　ⅢS04DF2平、剖面图

2

1

3

0 ————— 3厘米

图一八六　SⅢ04DF2出土器物

1.C型Ⅲ式铁镞（SⅢ04DF2∶4）　2.铁甲片（SⅢ04DF2∶3）　3.多菱形铜器（SⅢ04DF2∶1）

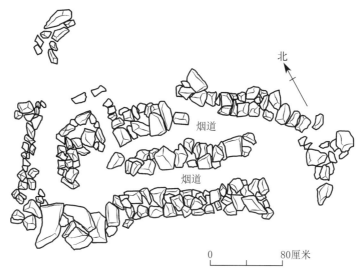

图一八七 SⅢ04DF3平面图

右,中间的墙窄且短,主要由单块石头构筑,长1.8、宽0.3米左右(图一八七)。出土少量陶片,器形均不可辨识。

SⅢ05DF1

位于SⅢ05DT203之内,开口于第①层下。房址仅发现地炕址,椭圆形凹坑,平底。内壁用由单层石块砌筑,长2.4、宽1.85、深0.7米(图一八八;彩版一四一,1)。

出土少量陶片和铁器,陶器不可辨识。

铁镞 1件。

A型Ⅰ式,圭形短锋。SⅢ05DF1:1,锋剖面扁菱形,方长身,铤残。长13.4、铤直径0.6厘米(图一八九,1;彩版一四○,5)。

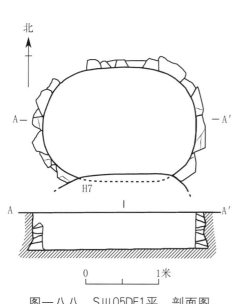

图一八八 SⅢ05DF1平、剖面图

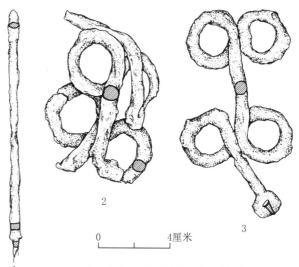

图一八九 SⅢ05DF1出土铁器

1.A型Ⅰ式镞(SⅢ05DF1:1) 2、3.连环(SⅢ05DF1:3、SⅢ05DF1:2)

铁连环　2件。

形制相近，用粗铁拧曲成四个相连圆环，整体扁平形。SⅢ05DF1∶2，长9、直径0.6厘米（图一八九，3）。SⅢD05F1∶3，长11、直径0.6厘米（图一八九，2；彩版一四〇，7）。

SⅢ05DF2

位于SⅢ05DT203内，开口于第①层下，椭圆形凹坑，平底。内壁局部用单层石块砌筑。长2.4、宽2.1、深0.8米。房址内没有发现灶址、烟道，房址外侧有三处柱洞（图一九〇；彩版一四一，2）。

出土少量陶片和铁甲片，陶器类不可辨识。

铁甲片　1件。

SⅢ05DF2∶1，平面长方形。长5.2、宽3.3、厚0.2厘米（图一九一）。

SⅢ05DF3

位于ⅢS05DT203内，开口于第①层下，仅发现地炕遗迹，地炕为椭圆形凹坑，平底。内壁用单层石块砌筑，长2.5、宽2.1、深0.82米。房址内没有发现灶址、烟道（图一九二；彩版一四二，1）。

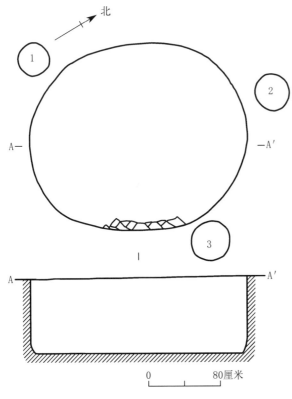

图一九〇　SⅢ05DF2平、剖面图

1～3.柱洞

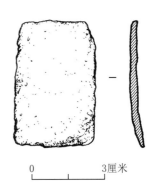

图一九一　SⅢ05DF2出土铁甲片

（SⅢ05DF2∶1）

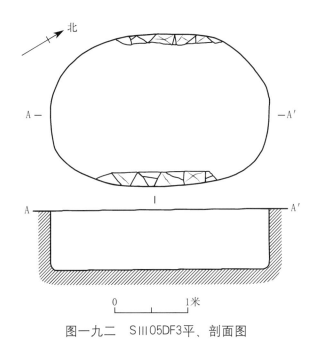

图一九二 SⅢ05DF3平、剖面图

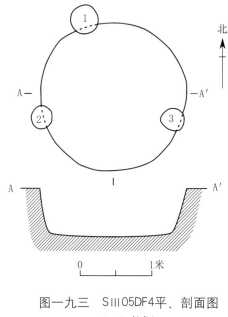

图一九三 SⅢ05DF4平、剖面图
1～3.柱洞

SⅢ05DF4

位于SⅢDT101内，开口于第①层下，仅发现地炕遗迹，圆形凹坑，平底。生土壁，径5～5.1、深0.82米。房址内没有发现灶址、烟道。发现柱洞三处，均圆形。出土陶片多破碎，器形、器类无可辨识。另发现铁镞2件（图一九三；彩版一四二，2）。

铁镞 2件。有2型。

A型Ⅱ式，1件。圭型长锋镞。SⅢ05DF4：2，锋部残，扁方身。身长11、宽1、厚0.3厘米（图一九四，1；彩版一四〇，8）。

F型Ⅱ式，1件。铲形锋镞。SⅢ05DF4：5，锋稍圆钝，扁方长身，方铤。长9.7、宽0.7厘米（图一九四，2；彩版一四〇，9）。

2006年对SⅢ04DT101～SⅢ04DT104、SⅢ04DT201～SⅢ04DT204探方内的遗迹现象进行补充发掘，在SⅢ04DF1的上部和下部又新发现了5座房址，为别以往，遗迹编号冠以SⅢ06DB。叠压打破关系为：SⅢ06DBF7→SⅢ06DBF6→SⅢ04DF1→SⅢ06DBF2→SⅢ06DBF3→SⅢ06DBF4→SⅢ06DBF5（原编号SⅢ04DF4），基于要保存这部分遗迹的目的，所以没有全部发掘，有些重要的遗迹现象不能全面了解（彩版一四三）。

SⅢ06DBF7

开口层位不详，房址大部分已破坏，仅存烟道部分，直接叠压在SⅢ06DBF2、SⅢ06DBF3东壁之上，打破SⅢ04DF1东南部和SⅢ06DBF8北部。烟道为石筑，东南向，西南高，东北低。烟道残存两条，残长2.2、宽1.5米，上覆盖石板，石板上部堆积有草拌泥烧结块（图一九五）。

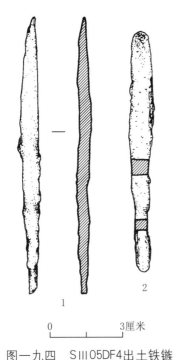

图一九四　SⅢ05DF4出土铁镞

1.A型Ⅰ式（SⅢ05DF4：2）　2.F型Ⅱ式（SⅢ05DF4：5）

SⅢ06DBF6

开口不详，房址大部分已破坏，西部被SⅢ06DBF7、SⅢH3打破，叠压在SⅢ06DBF3东壁和SⅢ06DBF5东侧上部，仅存烟道部分。烟道石筑，东南向，上盖石板，长4.2、宽1.5米。烟道东北侧烧结面明显，应与灶口相近。烟囱位于西南部，烟囱底部用石砌筑，直径0.95米（图一九六）。

SⅢ06DBF2

开口不详，北、东两侧叠压在SⅢ04DF1、SⅢ06DBF7之下，西侧叠压在SⅢ06DBF3、SⅢ06DBF4、SⅢ06DBF5之上。灶址位于东南角，半圆形凹坑式，直径0.8、深0.2米，灶口通向炕内。火炕以SⅢ06DBF3房内堆积为壁，长3.2、宽3、高0.15米，四周稍高，中部低洼，内堆积灰土，灰土底部有烧结面（图一九七）。

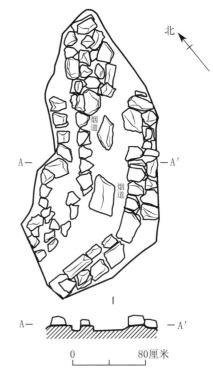

图一九五　SⅢ06DBF7平、剖面图

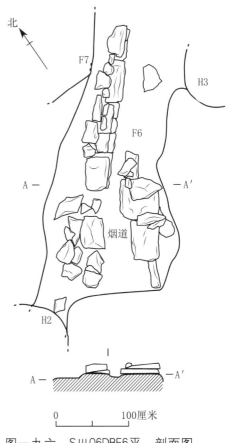

图一九六　SⅢ06DBF6平、剖面图

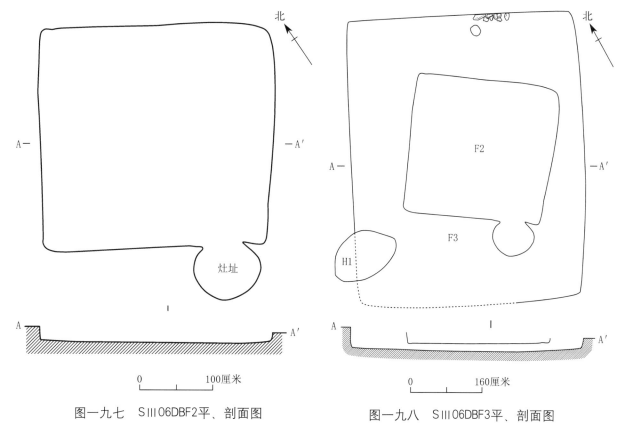

灶址

0　　　　　　100厘米

图一九七　SⅢ06DBF2平、剖面图

F2

F3

H1

0　　　　　　160厘米

图一九八　SⅢ06DBF3平、剖面图

SⅢ06DBF3

开口层位不详，叠压在SⅢ04DF1、SⅢ06DBF2、SⅢ06DBF7、SⅢ06DBF6之下，打破SⅢ06DBF4，叠压在SⅢ06DBF5之上。房址呈长方形半地穴式，长6.2、宽5.1、穴壁深0.35米，方向220°。房内堆积有大量的草拌泥烧土块，表面抹有白灰面。经对房址多处剖探清理，房址地面全部经过烧烤（图一九八；彩版一四四）。

SⅢ06DBF4

开口于第①层下，叠压在SⅢ04DF1、SⅢ06DBF2、SⅢ06DBF3之下和SⅢ06DBF5之上，打破06SⅢDBF5。房址为半地穴式，东南向，东西长3.03、南北宽2.4、深0.3米，南侧发现有两个柱洞（图一九九）。

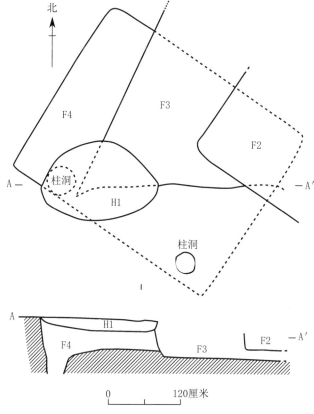

北

F4

F3

F2

柱洞

H1

柱洞

H1

F4

F3

F2

0　　　　120厘米

图一九九　SⅢ06DBF4平、剖面图

SⅢ06DBF5

开口于第①层下，叠压在SⅢ06DF7、SⅢ06DF6、SⅢ04DF1、SⅢ06DBF2、SⅢ06DBF3、SⅢ06DBF4之下。房址东南向，东西长7.48、南北宽约5.5米，方向208°（彩版一四五，1）。房内堆积有大量的草拌泥烧土块，其中发现有成片倒塌的经烧结草拌泥，厚度约为0.1～0.14米。在房址东部堆积内发现有木质梁、柱（板）结构与草拌泥烧结面的结构现象，梁、柱（板）外覆草拌泥，断面呈"〗"形，厚0.13米，表面抹有白灰面，即在草拌泥烧结墙壁表面先抹有一层黄泥灰，在黄泥灰面上再抹一层白灰（彩版一四五，2）。房墙为槽式基础，宽0.5～0.6、深0.25米，土质硬实，在南侧墙基础上发现柱洞5处。房址倒塌，草拌泥烧结块堆积厚0.4米。炕址位于房址西侧的地面之下，长方形，凹底，长4、宽2.3、深0.46米，炕南北两侧壁的上部用石块平砌成边沿。烟囱位于房址西墙外侧，为圆凹坑形，直径1.1、深0.4米（图二○○）。

堆积层内出土遗物有陶器、铁器、铜器、石器等。陶器多破碎，多不可辨识。

釉陶壶　1件。

SⅢ06DBF5：21，内外满青釉。侈口，沿外展，重唇，上圆下尖。口径19、残高3.7厘米（图二○一，1；彩版一四六，1）。

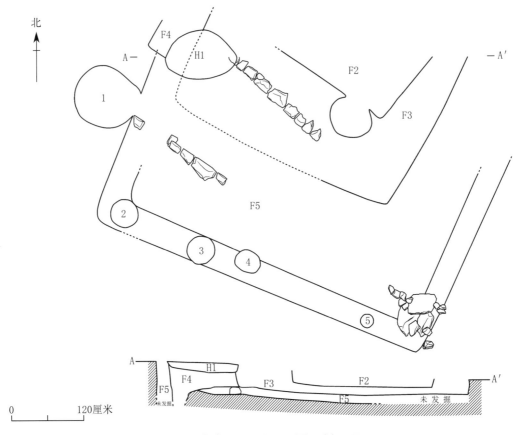

图二○○　SⅢ06DBF5平、剖面图

1.烟囱　2～5.柱洞

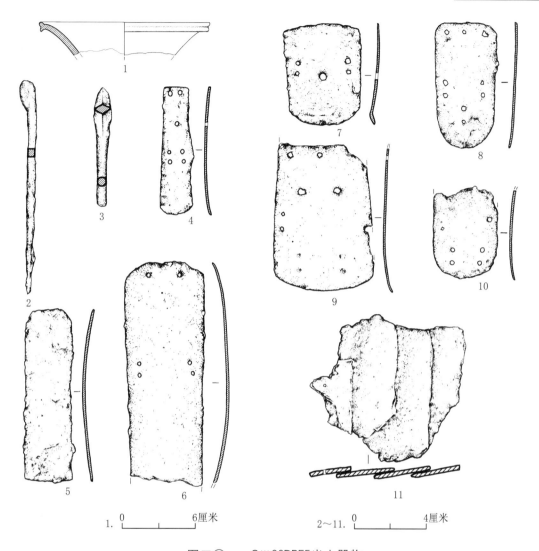

图二〇一　SⅢ06DBF5出土器物

1.釉陶壶（SⅢ06DBF5：21）　2.A型Ⅰ式铁镞（SⅢ06DBF5：14）　3.C型Ⅰ式铁镞（SⅢ06DBF5：13）　4～6.长条形铁甲片（SⅢ06DBF5：8、SⅢ06DBF5：6、SⅢ06DBF5：15）　7.倒梯形铁甲片（SⅢ06DBF5：4）　8～11.舌形铁甲片（SⅢ06DBF5：17、SⅢ06DBF5：1、SⅢ06DBF5：16、SⅢ06DBF5：18）

陶纺轮　1件。

SⅢ06DBF5：5，夹砂黄褐陶。扁珠形，中有穿孔。直径3.5、高2.6、孔径0.7厘米（图二〇二，1）。

铁镞　2件。有圭形锋镞、矛形锋镞2型。

A型Ⅰ式，圭形短锋，长方身，方锥形铤。SⅢ06DBF5：14，锋长1.5、通长11.2厘米（图二〇一，2；彩版一四六，2）。

C型Ⅱ式，锋剖面菱形，圆身。SⅢ06DBF5：13，铤残。锋长2.3、宽1、厚0.5、身径0.5、通长6.4厘米（图二〇一，3；彩版一四六，3）。

铁甲片　8件。有长条形、倒梯形、宽舌形。

长条形，3件。SⅢ06DBF5：8，长条形，平顶，上窄下宽，直边，弧底，顶部有横双孔，两边有竖双孔。长7、上宽1.5、下宽1.9、厚0.2厘米（图二〇一，4；彩版一四六，4）。SⅢ06DBF5：6，长条形，平顶抹角，长9.2、宽2.6、厚0.2厘米（图二〇一，5；彩版一四六，5）。SⅢ06DBF5：15，长条形，平顶抹角、底残，身内曲，顶部有横双孔，边部有竖双孔。残长12、宽4.2、厚0.15厘米（图二〇一，6；彩版一四六，6）。

倒梯形，1件。SⅢ06DBF5：4，倒梯形，平顶抹角，底稍宽稍圆弧，顶稍外折，身内曲。长5.6、宽4.1、厚0.2厘米（图二〇一，7；彩版一四六，7）。

舌形，7件。SⅢ06DBF5：17，长舌形，平顶圆角、底圆弧，平身，顶部有横3孔，边部、下部有竖双孔。长7、宽3.5、厚0.15厘米（图二〇一，8；彩版一四六，8）。SⅢ06DBF5：1，宽舌形，顶残、底圆弧。残长8、宽5.5、厚0.15厘米（图二〇一，9；彩版一四六，9）。SⅢ06DBF5：16，宽舌形，顶残、底圆弧，身内曲,边部、下部有竖双孔。

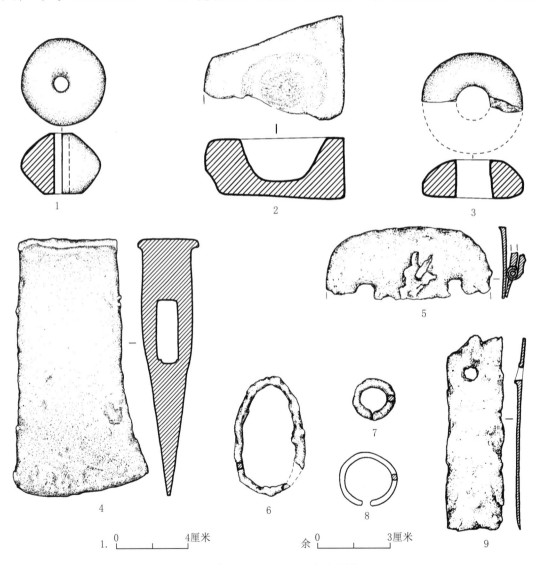

图二〇二　SⅢ06DBF5出土器物

1.陶纺轮（SⅢ06DBF5：5）　2.石臼（SⅢ06DBF5：12）　3.石纺轮（SⅢ06DBF5：7）　4.铁斧（SⅢ06DBF5：19）　5.双孔铁件（SⅢ06DBF5：3）　6、7.铁环（SⅢ06DBF5：11、SⅢ06DBF5：10）　8.铜环（SⅢ06DBF5：20）　9.单孔铁件（SⅢ06DBF5：9）

残长4.9、宽3.7、厚0.15厘米（图二〇一，10；彩版一四六，10）。SⅢ06DBF5：18，长舌形，4片铁甲片相粘叠，平顶圆角、底圆弧。长7、宽9、厚0.15厘米（图二〇一，11；彩版一四七，1）。

铁斧　1件。

SⅢ06DBF5：19，长方形，平顶，斜弧刃，身中上部有方形柄銎。长14.5、宽7.5、厚2.9厘米，銎长3.6、宽1.3厘米（图二〇二，4；彩版一四七，2）。

双孔铁件　1件。

SⅢ06DBF5：3，椭圆形，残，两侧有圆孔。一面平，一面有残片。长7、残宽3、厚0.3厘米（图二〇二，5；彩版一四七，4）。

铁环　2件。

SⅢ06DBF5：11，椭圆环，残。长径5、短径3.5、直径0.4厘米（图二〇二，6；彩版一四九，5）。SⅢ06DBF5：10，圆环。外径1.7、直径0.7厘米（图二〇二，7；彩版一四七，6）。

单孔铁件　1件。

SⅢ06DBF5：9，长方形，一端残，中有一孔。残长8、宽2.3、厚0.2厘米（图二〇二，9；彩版一四七，3）。

铜环　1件。

SⅢ06DBF5：20，有缺口。环径2.5、直径0.23、通长6厘米（图二〇二，8；彩版一四七，7）。

石臼　1件。

SⅢ06DBF5：12，细砂岩，质软，不规则方形，残。中有圆臼窝。长5.8、宽4.2、厚3.1、臼直径3.5、深2.4厘米（图二〇二，2；彩版一四七，8）。

石纺轮　1件。

SⅢ06DBF5：7，青石磨制，半圆形，表面圆弧，平底。直径4、厚1.4、孔径1.5厘米（图二〇二，3；彩版一四七，9）。

SⅢ06DF1

位于SⅢ04DT404南部，开口于第②层下（图二〇三；彩版一四八，1）。房址

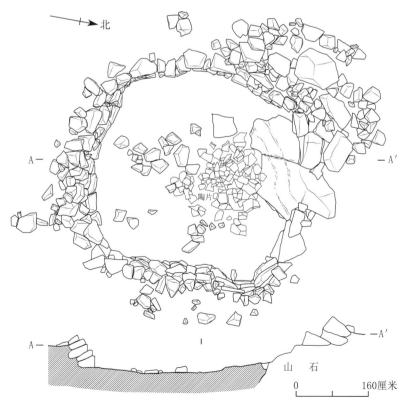

图二〇三　SⅢ06DF1平、剖面图

为圆角长方形半地穴式，长2.4、宽2、深度0.5米，方向350°。北壁面为基岩；其他三面贴生土砌石为壁，逐层向外收。地面为生土，加工平整。未见门道迹象。房内的堆积在土质土色上没有层次变化，包含物有烧土粒、碎石块等。清理中发现陶瓮1件、石臼1件。

陶瓮　1件。

SⅢ06DF1：1，泥质红褐陶。器形较大，残碎较甚，器腹部有桥状形器耳，没有提取。

石臼　1件。

SⅢ06DF1：2，平面呈不规则的四边形，表面平整。长90、宽80、高32厘米。表面中部有一处圆锥形的臼窝，上口直径20、深14厘米（图一三二，2；彩版一四八，2）。

窖穴与灰坑

清理窖穴与灰坑共170余处，有圆形、椭圆形、长方形及不规则形等，多平底（附表二）。

窖穴

SIJ1

位于SIT101东南角，开口于第②层，叠压在SIF13下，东侧部分在SIT201内。平面呈五边形，平底，袋状，上口直径2.5、底径3、深1.1米。填土为黄褐土夹碎山石，较纯净。底部平整，在南、北两侧的穴壁下各有一个圆形柱洞，柱径0.12、深0.18米。遗物有泥质灰陶片、红褐陶片、铁带扣等，多残碎。陶器可辨器形有瓮、罐、盆等（图二〇四）。

陶瓮　2件。有侈口瓮、直口瓮2型。

A型Ⅱ式，1件。侈口，圆唇，束领，圆肩。SIJ1：1，泥质灰陶。口径34、残高5、壁厚0.8厘米（图二〇五，1）。

B型Ⅰ式，1件。直口，平唇内尖，短直领，圆肩。SIJ1：2，泥质灰黑陶。口径33、残高5、壁厚0.8厘米（图二〇五，2）。

陶盆　1件。

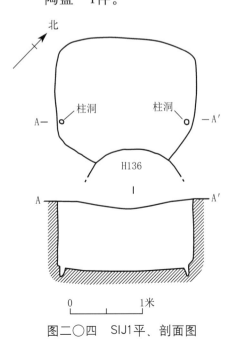

图二〇四　SIJ1平、剖面图

A型Ⅰ式，敞口，外折沿，重唇尖，束领，圆腹。SIJ1：3，泥质灰黑陶。口径27、残高11、壁厚0.5厘米（图二〇五，3）。

陶罐　1件。

A型Ⅱ式，侈口，圆唇，束领，圆肩。SIJ1：4，泥质灰陶。口径17、残高6、壁厚0.5厘米（图二〇五，4）。

铁带扣托盘　1件。

SIJ1：39，圆形，表面稍内曲，中部厚，有椭圆形穿孔。直径4、中厚0.3、孔径0.4厘米（图二〇五，5；彩版一四九，1）。

SIJ2

位于SIT102西南侧，叠压在SIF9、SIH138之下，平

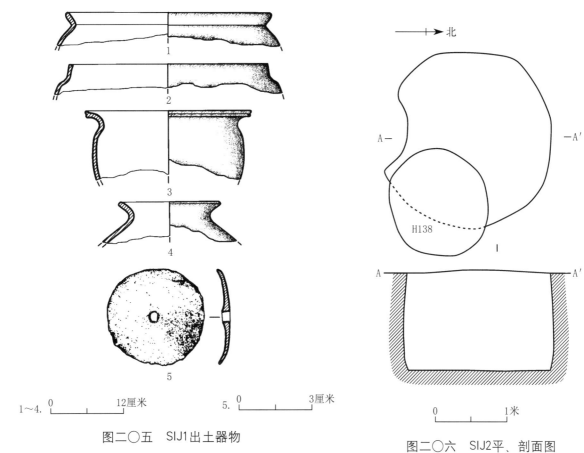

1~4. 0 ____ 12厘米　　　5. 0 ____ 3厘米

图二〇五　SIJ1出土器物

1. A型V式陶瓮（SIJ1：1）　2. B型I式陶瓮（SIJ1：2）　3. A型I式陶盆
（SIJ1：3）　4. A型Ⅱ式陶罐（SIJ1：4）　5. 铁带扣托盘（SIJ1：39）

图二〇六　SIJ2平、剖面图

面呈马蹄形，壁稍内凹，平底。上口直径2.1、底径2、深1.3米。出土遗物有陶器、铁器等
（图二〇六）。

陶瓮　1件。

A型Ⅳ式，侈口，圆唇，束颈，圆肩，长圆腹，平底。SIJ2：1，泥质灰陶。口径38、高
69、底径27、壁厚0.8厘米（图二〇七，1）。

陶甑　1件。

Ⅱ式，SIJ2：2，泥质灰黑陶。侈口，外展沿，重尖唇，束领，腹斜收，平底。腹上部有
对称横耳，通身暗压弦纹，底有多孔。口径45、高30、壁厚0.6、底径21厘米（图二〇七，
2；彩版一四九，2）。

陶器底　2件。

SIJ2：10，泥质红褐陶。底外部中有模印阳文"壬"字（图二〇七，10）。SIJ2：11，
夹砂灰陶。底部外侧中有模印"田"字（图二〇七，11）。

铁镞　3件。有圭形锋、叶形锋、矛形锋3型。

A型Ⅰ式，1件。圭形短锋，镞截面扁六棱形，扁方长身，已折曲，方铤。SIJ2：3，锋
长1.2、宽0.7、厚0.3厘米，身长9.6、宽0.4厘米，铤残长1.1厘米，通长11.9厘米（图二〇
七，3；彩版一四九，3）。

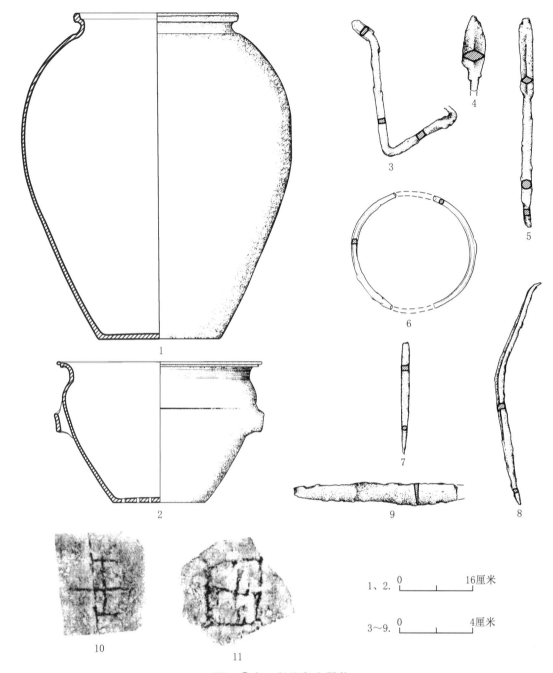

图二〇七 SIJ2出土器物

1.A型Ⅳ式陶瓮（SIJ2：1） 2.Ⅱ式陶甑（SIJ2：2） 3.A型I式铁镞（SIJ2：3） 4.D型I式铁镞（SIJ2：4） 5.C型Ⅲ式铁镞（SIJ2：5） 6.铜镯（SIJ2：6） 7、8.铁锥（SIJ2：7、SIJ2：8） 9.铁削（SIJ2：9） 10、11.陶器底拓片（SIJ2：10、SIJ2：11）

　　C型Ⅲ式，1件。棱形长锋，镞锋截面菱形，长圆身，方铤。SIJ2：5，锋长4.2、宽0.7、厚0.4厘米，身长5.6厘米，铤残长1.3、宽0.4厘米，通长11.1厘米（图二〇七，5；彩版一四九，4）。

　　D型Ⅰ式，1件。叶形锋，锋截面扁菱形，圆铤。SIJ2：4，锋长3.5、宽1.1、厚0.5厘米，铤残长0.5、宽0.4厘米，通长4厘米（图二〇七，4，彩版一四九，5）。

铁锥 2件。

SIJ2：7，扁方铤，椭圆锥形锋，长5.8、柄宽0.5、厚0.3厘米（图二〇七，7；彩版一四九，6）。SIJ2：8，两端锥锋，方身。稍折曲。通长12.6、中宽0.4厘米（图二〇七，8，彩版一四九，7）。

铁削 1件。

SIJ2：9，直背，柄残。长8、宽1.2、厚0.3厘米（图二〇七，9）。

铜镯 1件。

SIJ2：6，横截面梯形。外径6.8、横截面宽0.4、厚0.3厘米（图二〇七，6；彩版一四九，8）。

SI区灰坑、遗物

SI区灰坑发现有140余处，多为圆形、椭圆形，长方形较少见。大部分灰坑内陶片残碎，器类不可辨识。仅少数灰坑内出土有遗物，种类有陶器、铁器、铜器、骨器、石器等。

SIH1

位于SIT101西侧，开口于第①层下，叠压在SIF10烟囱上部。平面椭圆形，平底。上口直径1、底径0.88、深0.38米。填土灰褐，内含碎陶片、铜环等，陶器器类无可辨识（图二〇八）。

铜环 1件。

SIH1：1，残。外径2.35、直径0.24厘米（图二〇九；彩版一四九，9）。

SIH4

位于SIT101西侧，开口于第①层下，叠压在SIF10烟囱上部。平面椭圆形，平底。上口直径1.21、底径1.03、深0.5米。填土灰褐，内含碎陶片、铁甲片等，陶器器类无可辨识（图二一〇）。

铁甲片 1件。

SIH4：1，长椭圆形残，一端宽，一端稍窄，身稍折曲。边部、中部有竖双孔。长7.5、宽2.8、厚0.15厘米（图二二一，1；彩版一五〇，1）。

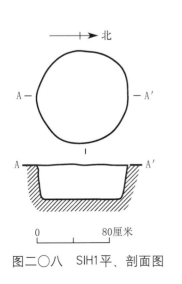

图二〇八 SIH1平、剖面图

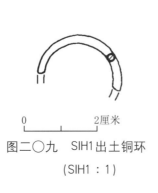

图二〇九 SIH1出土铜环

（SIH1：1）

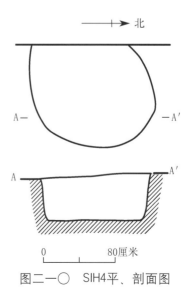

图二一〇 SIH4平、剖面图

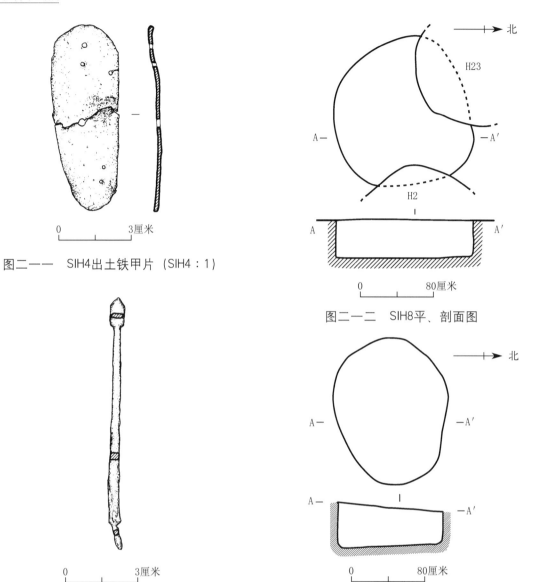

图二一一　SIH4出土铁甲片（SIH4：1）

图二一二　SIH8平、剖面图

图二一三　SIH8出土铁镞（SIH8：1）

图二一四　SIH9平、剖面图

SIH8

位于SIT101东南角，开口于第②层下，东侧被SIH2、SIH23打破，平面圆形，平底，壁稍内凹。上口直径1.2、底径1.1、深0.4米。填土黄褐，夹碎山石。出土陶片多残碎，无可辨识者，铁器有铁镞（图二一二）。

铁镞　1件。

A型Ⅰ式，圭形短锋，剖面扁圆形，有侧锋，扁方长身，方铤。SIH8：1，锋长1.2、宽0.7、厚0.2厘米，身长7.7、宽0.4厘米，铤长1、厚0.3厘米，通长9.9厘米（图二一三，1；彩版一五〇，2）。

SIH9

位于SIT101中部，开口于第①层下，打破SIF10（图二一四）。平面椭圆形，平底。上口直径1.56、底径1.35、深0.45米。坑内填土灰黑，夹碎山石，较松软。出土陶片多残碎，陶器可辨器形有瓮、盆、罐，铁器有铁镞。

陶瓮　2件。有侈口瓮、直口瓮2型。

A型I式，广口，唇面外圆，上尖。SIH9：1，泥质灰陶。短束颈，广肩。口径29、残高8、壁厚0.9厘米（图二一五，1）。

B型Ⅰ式，直口，平唇内尖，短直颈。SIH9：3，泥质灰陶。溜肩。口径39、残高8、壁厚1厘米（图二一五，2）。

陶罐　3件。有侈口罐、直口罐两型。

A型　2件。侈口罐，有2式。

Ⅱ式，1件。侈口，方唇，短束颈，圆肩。SIH9：7，泥质灰陶。肩腹部饰划弦纹。口径11.8、残高10.4、壁厚0.6厘米（图二一五，8；彩版一五〇，3）。

Ⅲ式，1件。侈口，上尖唇，唇内折呈敛口，束领。SIH9：11，泥质灰陶。溜肩。口径13、残高5、壁厚0.4厘米（图二一五，7）。

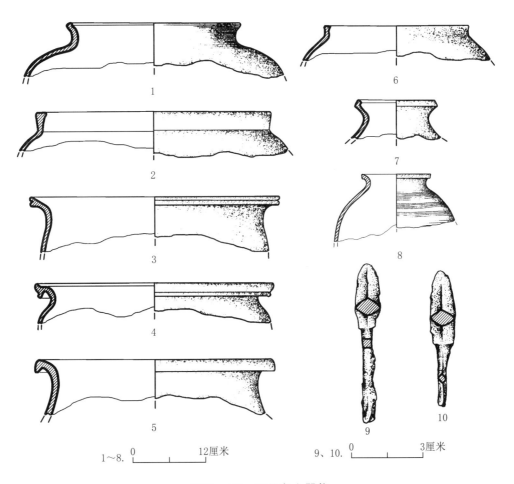

图二一五　SIH9出土器物

1.A型I式陶瓮（SIH9：1）　2.B型Ⅰ式陶瓮（SIH9：3）　3、4.I式陶盆（SIH9：6、SIH9：2）　5.Ⅳ式陶盆（SIH9：13）　6.B型Ⅰ式陶罐（SIH9：10）　7.A型Ⅲ式陶罐（SIH9：11）　8.A型Ⅱ式陶罐（SIH9：7）　9、10.C型I式铁镞（SIH9：98、SIH9：96）

B型Ⅰ式，1件。直口，平唇内尖，短直颈。SIH9：10，泥质灰陶。溜肩。口径24、残高5、壁厚0.6厘米（图二一五，6）。

陶盆　3件。

A型　侈口盆，有2式。

Ⅰ式，2件。沿稍折，重唇，束颈，斜腹。SIH9：6，泥质灰陶。口径41、残高9、壁厚0.5厘米（图二一五，3）。SIH9：2，泥质灰陶。口径39、残高7、壁厚0.8厘米（图二一五，4）。

Ⅵ式，1件。下折尖唇，斜腹。SIH9：13，泥质灰陶。口径32、残高8、壁厚0.6厘米（图二一五，5）。

铁镞　2件。

C型Ⅰ式，矛形短锋镞，方铤。SIH9：98，方铤。锋长2.6、宽1、厚0.7、铤长3.6、宽0.4、通长6.2厘米（图二一五，9；彩版一五〇，4）。SIH9：96，棱形短锋。锋长3、宽1.1、厚0.7、铤长2.4、宽0.3、通长5.7厘米（图二一五，10；彩版一五〇，5）。

SIH14

位于SIT101东北角，开口于第①层下，平面圆形，平底。上口直径1.4、底径1.3、深0.38米。填土灰黑，内含碎陶片等，陶器可辨有陶瓮、陶罐（图二一六）。

陶瓮　2件。

A型　侈口瓮，有2式。

Ⅰ式，1件。侈口，圆唇，短束领。SIH14：1，泥质黄褐陶。口径38、残高6.3、壁厚0.6厘米（图二一七，1）。

Ⅳ式，1件。沿外侈，圆唇，内有凹带呈盘口。SIH14：2，泥质灰陶。短束领。口径31.2、残高5.3、壁厚0.6厘米（图二一七，2）。

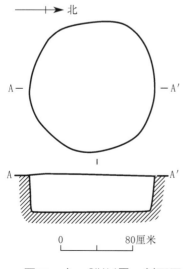

图二一六　SIH14平、剖面图

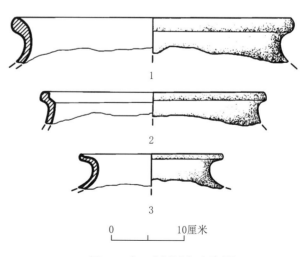

图二一七　SIH14出土陶器

1.A型Ⅰ式瓮（SIH14：1）　2.A型Ⅳ式瓮（SIH14：2）
3.A型Ⅱ式罐（SIH14：3）

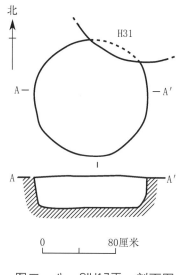

图二一八　SIH17平、剖面图

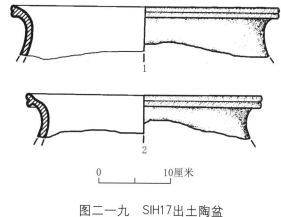

图二一九　SIH17出土陶盆

1、2.A型I式（SIH17：1、SIH17：2）

陶罐　1件。

A型Ⅱ式，侈口，沿外折，圆唇，短束领。SIH14：3，泥质灰陶。口径20、残高5、壁厚0.4厘米（图二一七，3）。

SIH17

位于SIT101东南角，开口于第①层下，叠压在SIF10、SIH20、SIH25及SIH47之下。平面圆形，平底，壁稍内凹。上口直径0.9、底径0.8、深0.32米。填土灰黑，内含碎陶片等，可辨器形有陶盆（图二一八）。

陶盆　2件。

A型Ⅰ式，侈口，沿外折，重尖唇，稍束领。SIH17：1，泥质灰陶。口径37、残高7.5、壁厚0.6厘米（图二一九，1）。SIH17：2，泥质灰陶。口径33、残高5、壁厚0.7厘米（图二一九，2）。

SIH18

位于SIT101西北侧，叠压在SIH17、SIH31之下。平面椭圆形，凹底。上口直径1.4、底径1.3、深0.7米。填土灰褐，夹碎山石，内含碎陶片等，陶器可辨器形有陶罐、陶盘（图二二〇）。

陶罐　1件。

C型Ⅱ式，敛口，无领，广肩。SIH18：2，泥质灰陶。平唇内尖，腹斜收。口径28、残高18、厚0.6厘米（图二二一，1）

陶盘　1件。

A型Ⅰ式，平口，浅直壁，平底。SIH18：1，泥质褐陶。平唇，上压有一周弦纹。口径23、高3.2、底径22、厚1.3厘米（图二二一，2）。

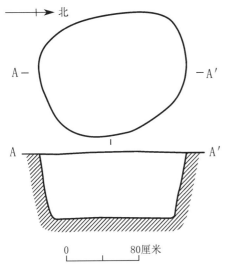

图二二〇 SIH18平、剖面图

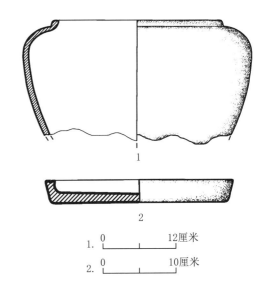

图二二一 SIH18出土陶器

1.C型Ⅱ式罐（SIH18：2） 2.A型I式盘（SIH18：1）

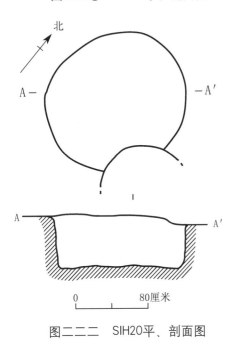

图二二二 SIH20平、剖面图

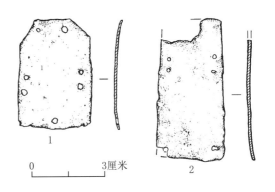

图二二三 SIH20出土器物

1、2.铁甲片（SIH20：1、SIH20：2）

SIH20

位于SIT101西部，开口于第①层底部，被SIF10打破，叠压在SIH25之上。平面圆形，平底，生土壁，稍内凹。上口直径1.5、底径1.32、深0.56米。填土灰褐夹碎石，内含碎陶片等，陶器无可辨器类，铁器有铁甲片等（图二二二）。

铁甲片 2件。

SIH20：1，长方形，身稍内曲，平顶抹角，直边，底圆弧。顶有横双孔，中部两边有竖双孔。长5.1、宽2.5、厚0.2厘米（图二二三，1；彩版一五〇，6）。SIH20：2，长梯形，平身，平顶，直边底残。顶部有双孔，两边、中下部有竖双孔。长5.8、上宽2.5、下宽2.8、厚0.15厘米（图二二三，2）。

SIH25

位于SIT101西部，开口于第①层底部，叠压SIH20之下，打破SIF10、SIH17，被H20打破。平面椭圆形，平底。上口直径0.9~1.4、底径0.8~1.3、深0.7米。填土灰褐夹碎石，内含碎陶片等，可辨器形为盆，铁器有铁镞等（图二二四）。

陶盆　1件。

A型Ⅰ式，侈口，沿稍外折，重尖唇，束颈，斜腹。SIH25：1，残，泥质灰陶。口径51、残高7、壁厚0.6厘米（图二二五，1）。

铁镞　1件。

A型Ⅱ式，圭形锋镞。锋与身分格不明显。SIH25：2，锋长8.6、宽0.8、厚0.4厘米，铤长1.2厘米，通长9.8厘米（图二二五，2；彩版一五〇，8）。

SIH26

位于SIT101西部，开口于第①层底部，平面圆形，平底。上口直径1.4、底径1.3、深0.45米。填土黑褐夹碎石，内含碎陶片、铁镞、铁带扣托盘等，可辨陶器有陶瓮等（图二二六）。

陶瓮　1件。

A型Ⅰ式，侈口，圆唇，短束颈，广肩。SIH26：1，残。泥质灰陶。口径38、残高11、壁厚0.8厘米（图二二七，1）。

铁镞　1件。

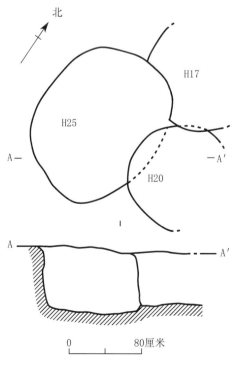

图二二四　SIH25平、剖面图

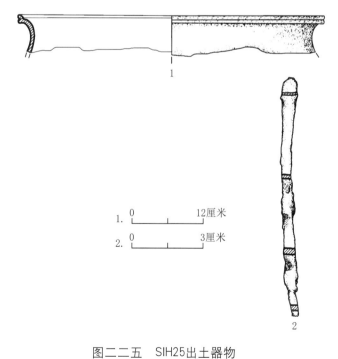

图二二五　SIH25出土器物

1.A型Ⅰ式陶盆（SIH25：1）　2.A型Ⅱ式铁镞（SIH25：2）

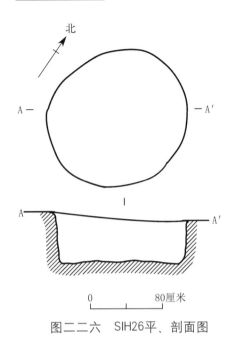

图二二六 SIH26平、剖面图

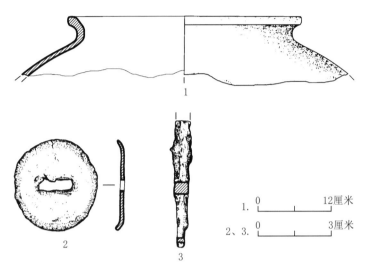

图二二七 SIH26出土器物
1.A型I式陶瓮（SIH26：1） 2.铁带扣托盘（SIH26：2）
3.铁镞（SIH26：3）

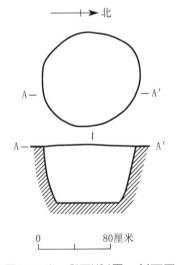

图二二八 SI区H34平、剖面图

SIH26：3，锋残，型式不明。方身，方铤。残长5、宽0.5厘米（图二二七，3）。

铁带扣托盘 1件。

SIH26：2，圆片，周边折棱，中有长方孔。孔长1.4、宽0.4厘米，直径3.6、厚0.2厘米（图二二七，2；彩版一五〇，7）。

SIH34

位于SIT101西部，开口于第①层底部，平面圆形，生土壁，平底。上口直径0.98、底径0.7、深0.6米。填土黑褐夹碎石，内含碎陶片铁器等，陶器可辨有瓮、盆、罐、盘等（图二二八）。

陶瓮 2件。

A型I式，侈口瓮。唇面外圆，唇内稍有一周凹带呈上尖唇。SIH34：1，泥质灰陶。束颈。口径51、残高6、壁厚1厘米（图二二九，1）。SIH34：2，泥质灰陶。束颈。口径36、残高6、壁厚0.7厘米（图二二九，2）。

陶盆 3件。

A型 侈口盆。有2式。

I式，2件。外折沿，唇外面有一周弦纹，呈重唇，稍束颈。SIH34：3，泥质灰陶。广口。口径38、残高5、壁厚0.6厘米（图二二九，3）。SIH34：6，泥质灰陶。小口。口径24、残高8、壁厚0.5厘米（图二二九，6）。

IV式，1件。侈口，沿外展。SIH34：4，泥质灰陶。口径35、残高6、壁厚0.8厘米（图二二九，4）。

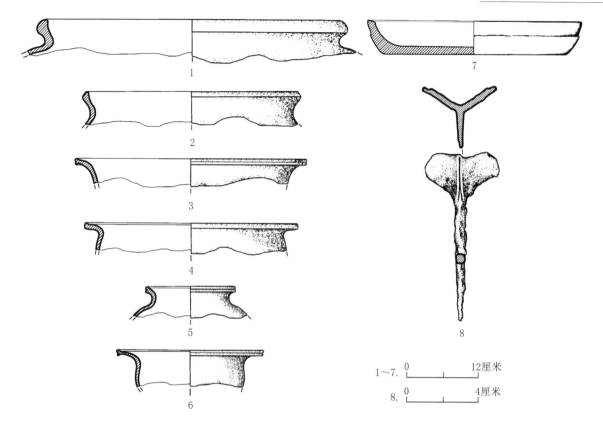

图二二九 SIH34出土器物

1.A型I式陶瓮（SIH34：1、SIH34：2） 3、6.A型I式陶盆（SIH34：3、SIH34：6） 4.A型IV式陶盆（SIH34：4） 5.A型I式陶罐（SIH34：5） 7.A型IV式陶盘（SIH34：7） 8.E型III式铁镞（SIH34：8）

陶罐 1件。

A型 I 式，侈口，外折沿，重唇，短束颈，圆肩。SIH34：5，泥质灰陶，口径15、残高6、壁厚0.5厘米（图二二九，5）。

陶盘 1件。

A型IV式，浅腹盘。敞口，内斜尖唇，浅斜腹，平底。SIH34：7，泥质灰陶，腹饰一周弦纹。口径18.4、高2.8、底径16、壁厚0.7厘米（图二二九，7；彩版一五〇，9）。

铁镞 1件。

E型III式，三翼型。翼呈扇叶状，顶平。SIH34：8，镞翼单宽2.6、残高2.4、铤长7、通长9厘米（图二二九，8；彩版一五〇，10）。

SIH37

位于SIT101、SIT102之间，开口于第①层底部，被SIH39打破。平面呈椭圆形，平底，生土壁，稍内凹。上口直径1.28、底径1.2、深0.23米。填土灰褐夹碎石，内含碎陶片等，陶器可辨器形有盘（图二三〇）。

陶盘 2件。

A型 浅腹盘，有2式。

II式，1件。敞口，外圆唇，斜腹，平底。SIH37：1，泥质灰陶。口径15.4、高2.7、底

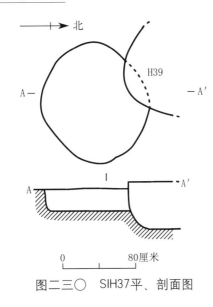

图二三〇 SIH37平、剖面图

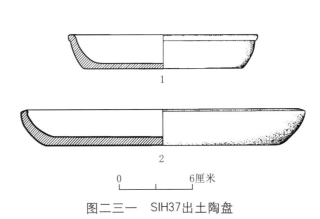

图二三一 SIH37出土陶盘
1.A型Ⅱ式（SIH37：1） 2.A型Ⅴ式（SIH37：2）

径13厘米（图二三一，1；彩版一五一，1）。

Ⅴ式，1件。敞口，外斜尖唇，斜腹，平底。SIH37：2，泥质灰陶。口径23、高3、底径19厘米（图二三一，2；彩版一五一，2）。

SIH40

位于SIT102东南，开口于第①层底部，平面呈圆形，平底。上口直径1.4、底径1.3、深0.5米。填土灰黑夹碎石，内含碎陶片、铁甲片等，陶器无可辨器类（图二三二）。

铁甲片 8件。有椭圆形、梯形、不规则方形及异形。

椭圆形，5件。顶稍圆弧，底圆弧。SIH40：1，上窄下宽，身稍内曲。顶有双孔，中部有单孔，边部有竖双孔。长8、宽3.1、厚0.2厘米（图二三三，1）。SIH40：2，上窄下宽，身稍内曲。顶有双孔，中部有单孔，边部有竖双孔。长6.5、宽3、厚0.2厘米（图二三三，2）。SIH40：3，上窄下宽，身稍折曲。边有双竖孔，中部有单孔。长7.8、宽3.2、厚0.2厘米（图二三三，3；彩版一五一，3）。SIH40：4，上窄下宽，底残，身稍折曲。边有双竖孔。残长7.5、宽3、厚0.2厘米（图二三三，4；彩版一五一，4）。SIH40：5，身稍内曲。顶有双孔，中部有单孔，边部有竖双孔。长6.5、宽3、厚0.2厘米（图二三三，5）。

梯形，1件。不规则椭圆形，顶稍圆弧，上宽下窄，一侧边圆凸外弧，一侧边内曲，底圆弧。SIH40：6，身稍折曲。边双竖孔，中部有单孔。长7.9、宽3.5、厚0.2厘米（图二三三，6；彩版一五一，5）。

不规则方形，1件。身圆弧，一侧稍宽，直边。底边圆弧，折曲。SIH40：7，有两排竖孔，一排3孔，一排5孔。折曲处有3孔。长7.3、宽5、厚0.2厘米（图二三三，7；彩版

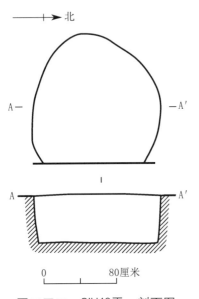

图二三二 SIH40平、剖面图

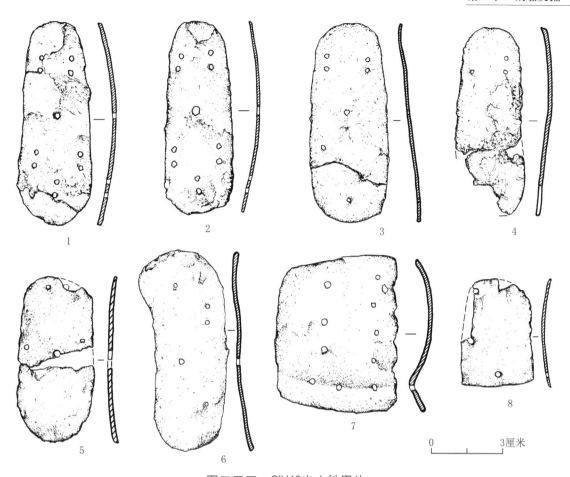

图二三三　SIH40出土铁甲片

1～5.椭圆形（SIH40：1、SIH40：2、SIH40：3、SIH10：4、SIH40：5）　6.梯形（SIH40：6）　7.不规则方形
（SIH40：7）　8.异形（SIH40：8）

一五一，6）。

异型，1件。圆角梯形。SIH40：8，顶稍圆弧，底边弧曲，身稍内曲。侧边有双孔，下部有单孔。长4.3、宽3、厚0.2厘米（图二三三，8）。

SIH41

位于SIT102东侧，开口于第①层底部，叠压SIHG2、SIH48之下，平面呈椭圆形，平底。南北长1.6、东西宽0.66、深0.36米。填土灰黑夹碎石，内含碎陶片等，陶器可辨仅盆类（图二三四）。

陶盆　1件。

A型Ⅳ式，外展沿，圆唇。SIH41：1，泥质灰陶。口径47.5、残高5、壁厚0.7厘米（图二三五）。

SIH42

位于SIT102东侧，开口于第①层底部，打破SIH139、SIF11。平面呈椭圆形，平底。南

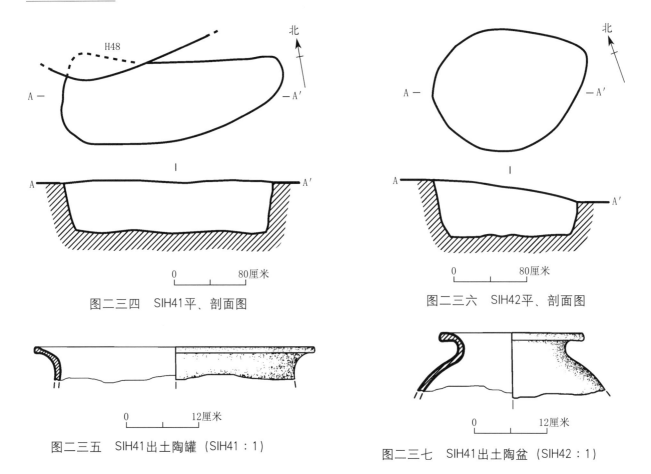

图二三四　SIH41平、剖面图

图二三六　SIH42平、剖面图

图二三五　SIH41出土陶罐（SIH41∶1）

图二三七　SIH41出土陶盆（SIH42∶1）

北长1.6、东西宽0.66、深0.36米。填土灰黑，夹碎石，内含碎陶片等，陶器可辨仅见罐类（图二三六）。

陶罐　1件。

A型Ⅴ式，侈口罐。SIH42∶1，泥质灰陶。外折宽平沿，圆唇，束颈，圆肩。口径24.5、残高8、壁厚0.5厘米（图二三七）。

SIH43

位于SIT102西侧，开口于第①层底部，打破SIHG2，叠压在SIH44之上，平面呈圆形，平底。上口直径1.65、底径1.6、深0.48米。填土灰黑夹碎石，内含碎陶片、铁镞等，陶器可辨仅有罐类（图二三八）。

陶罐　1件。

A型Ⅱ式，侈口，外折沿，圆唇，束领，斜肩。SIH43∶3，泥质黄褐陶。口径17.2、残高6、壁厚0.5厘米（图二三九，1）。

铁镞　1件。

A型Ⅰ式，圭形短锋，锋剖面菱形，长方身，方锥形铤。SIH43∶1，锋长1.6、宽0.8、厚0.3厘米，身宽0.3～0.5、长6.2厘米，铤长1.7厘米，通长9.5厘米（图二三九，2；彩版一五一，7）。

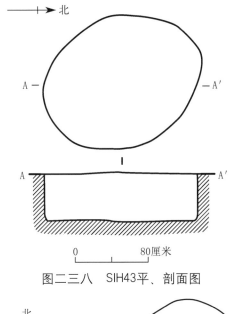

图二三八　SIH43平、剖面图

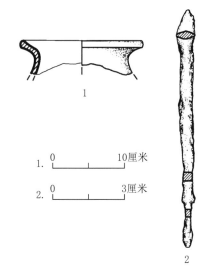

图二三九　SIH43出土器物

1.A型Ⅱ式陶罐（SIH43：3）　2.A型Ⅰ式铁镢（SIH43：1）

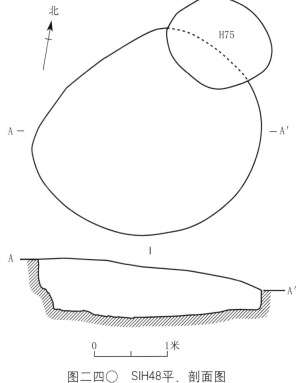

图二四〇　SIH48平、剖面图

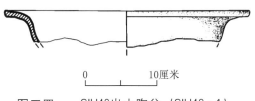

图二四一　SIH48出土陶盆（SIH48：1）

SIH48

位于SIT102西侧，开口于第①层底部，叠压在SIHG2之下，打破SIF11、SIH41、SIH88及SIH75。平面呈椭圆形，凹底。上口直径3.2、底径3、深0.58米。填土灰黑夹碎石，内含碎陶片等，陶器可辨仅盆类（图二四〇）。

陶盆　1件。

A型Ⅳ式，外展沿，尖唇，斜腹。SIH48：1，泥质灰陶。口径34、残高5、壁厚0.6厘米（图二四一）。

SIH53

位于SIT102中部，开口于第①层底部，叠压在SIHG2、SIH52之下，平面呈椭圆形，平底，生土壁。上口直径1.2、底径1.05、深0.4米。填土灰褐色，夹碎石，内含碎陶片等，陶器可辨器形有罐、盆、盘等（图二四二）。

陶罐　1件。

A型Ⅲ式，侈口，圆唇下尖，短束颈，圆肩。SIH53：2，泥质灰陶。口径18、残高8、壁厚0.6厘米（图二四三，1）。

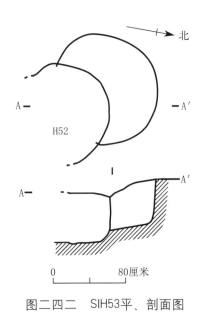

图二四二　SIH53平、剖面图

陶壶　1件。

A型Ⅴ式，SIH53：1，泥质灰陶。侈口，呈浅盘口，尖唇，短直颈，圆肩。口径13、残高9、壁厚0.6厘米（图二四三，4）。

陶盆　2件。A型盆，有2式。

Ⅲ式，侈口，沿外折，方唇，束颈。SIH53：4，泥质灰陶。口径32、残高6、壁厚0.2厘米（图二四三，2）。

Ⅳ式，敞口，尖唇，斜腹。SIH53：3，泥质灰陶。腹饰弦纹。口径27、残高8、壁厚0.8厘米（图二四三，3）。

陶盘　2件。A型直口盘，有2式。

Ⅲ式，1件。平唇，折腹，平底。SIH53：6，泥质灰陶。腹下部满削痕。口径20、高4、壁厚0.8厘米（图二四三，6）。

Ⅴ式，1件。外斜尖唇，稍折腹，平底。SIH53：5，泥

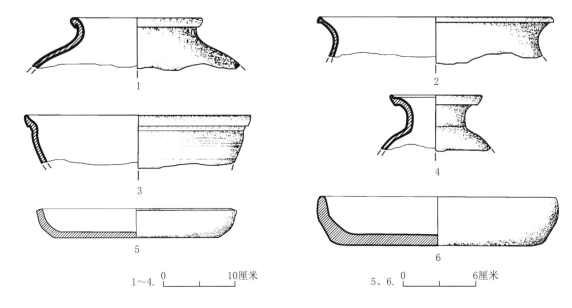

图二四三　SIH53出土陶器

1.A型Ⅲ式罐（SIH53：2）　2.A型Ⅲ式盆（SIH53：4）　3.A型Ⅳ式盆（SIH53：3）　4.陶壶（SIH53：1）　5.A型Ⅴ式盘（SIH53：5）　6.A型Ⅲ式盘（SIH53：6）

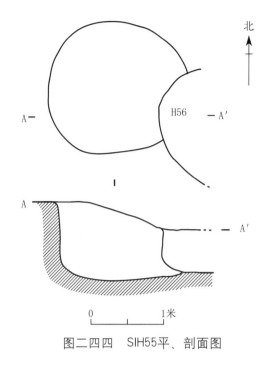

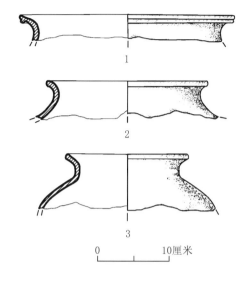

图二四五 SIH55出土陶器

1.A型Ⅰ式盆（SIH55：2） 2、3.A型Ⅱ式罐
（SIH55：1、SIH55：3）

北

图二四四 SIH55平、剖面图

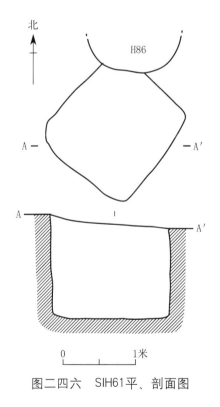

图二四六 SIH61平、剖面图

质灰陶。腹下部有削痕。口径17.4、高2.4、壁厚0.5厘米（图二四三，5；彩版一五二，5）。

SIH55

位于SIT102西侧，开口于第①层底部，叠压SIH56之下。平面呈圆形，稍凹底。上口直径2.06、底径1.93、深1.03米。填土灰黑，夹碎石，内含碎陶片等，陶器可辨有盆、罐类（图二四四）。

陶盆 1件。

A型Ⅰ式，侈口，沿外折，重尖唇。SIH55：2，泥质灰陶。口径30、残高4、壁厚0.6厘米（图二四五，1）。

陶罐 2件。

A型Ⅱ式，侈口，方平唇，束颈。SIH55：1，泥质灰陶。口径23、残高5、壁厚0.5厘米（图二四五，2）。SIH55：3，泥质灰陶。圆肩。口径17、残高9、壁厚0.5厘米（图二四五，3）。

SIH61

位于SIT102北侧中部，开口于第①层下部，打破SIH60、SIH64，叠压在SIH86下。平面呈不规则圆角方形，坑壁较直，平底。上口径1.6、底径1.5、深1.25米。填土灰黑夹碎石，内含陶片、铁镞、铁甲片等，陶器可辨器形有罐、盘、纺轮等（图二四六）。

陶罐　2件。

A型Ⅴ式，侈口小罐。小口，圆唇，短束颈，广肩，扁圆腹斜收，平底。SIH61∶13，泥质灰陶。口径7.6、高7.7、壁厚0.4厘米（图二四七，1；彩版一五二，1）。SIH61∶2，泥质灰陶。外折沿，方唇下尖，束颈，斜肩，扁收圆腹斜，平底。口径9、高8.7、壁厚0.5厘

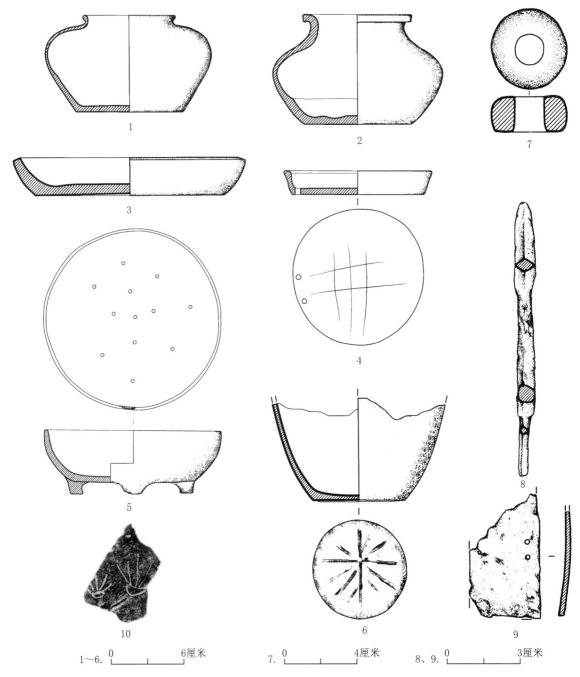

图二四七　SIH61出土器物

1.A型Ⅴ式陶罐（SIH61∶13、SIH61∶2）　3.A型Ⅴ式陶盘（SIH61∶5）　4.A型Ⅳ式陶盘（SIH61∶3）　5.三足多孔陶薰（SIH61∶1）　6."米"字器底（SIH61∶5）　7.陶纺轮（SIH61∶7）　8.C型Ⅲ式铁镞（SIH61∶8）　9.铁甲片（SIH61∶11）　10.器底花纹拓片（SIH61∶16）

米（图二四七，2；彩版一五二，2）。

陶盘　2件。

A型　敞口盘，有2式。

Ⅳ式，1件。内斜尖唇，斜腹，平底。SIH61：3，泥质黄褐陶。底部边缘有双孔。口径12、高1.9、壁厚0.5厘米（图二四七，4；彩版一五二，3）。

Ⅴ式，1件。外斜尖唇，浅斜腹，平底。SIH61：5，泥质灰陶。口径21、高3、壁厚0.9厘米（图二四七，3）。

陶熏　1件。

SIH61：1，细泥红陶。敞口，圆唇，浅圆弧腹，平底。表面有陶衣，饰暗压横条纹。底有三矮足和有小圆穿孔。口径19.5、高6.7、底径13.5厘米（图二四七，5；彩版一五二，4）。

器底　2件。

SIH61：5，泥质灰黑陶。斜腹平底，底部有"米"字形凸棱纹。残高8、底径8、壁厚0.4厘米（图二四七，6）。SIH61：16，泥质黑灰陶。残块，底中部有刻划的一株两朵五蕊花（图二四七，10）。

陶纺轮　1件。

SIH61：7，泥质灰褐陶。扁圆形，中有穿孔。表面稍圆弧，底面平。直径4.2、厚1.9、孔径1.6厘米（图二四七，7；彩版一五一，9）。

铁镞　1件。

C型Ⅲ式，棱形长锋，剖面菱形，长圆身，方铤。SIH61：8，锋长3.6、宽1、厚0.5厘米，身长5、直径0.9厘米，铤长3、宽0.3、通长11.6厘米（图二四七，8；彩版一五一，8）。

铁甲片　1件

SIH61：11，长条形，残，边有双竖孔。残长5、宽3、厚0.2厘米（图二四七，9）。

SIH65

位于SIT102北侧中部，开口于第①层下部，西侧被SIH61、SIH63叠压，东侧被SIH68叠压。平面呈椭圆形，坑壁较直，平底。上口径1.2、底径1.05、深0.6米。填土灰黑夹碎石，内含陶片、石饼等，陶器可辨器形有盘等（图二四八）。

陶盘　1件。

A型Ⅱ式，敞口，圆唇，浅斜腹，平底。SIH65：2，泥质灰陶。口径28.4、高5、壁厚1厘米（图二四九，2；彩版一五二，6）。

石饼　1件。

SIH65：1，扁圆形，砂岩打制，边缘不规整。直径5.3、厚0.8厘米（图二四九，1；彩版一五一，10）。

SIH71

位于SIT103南侧，开口于第①层下，平面呈圆形，平底，生土壁。上口直径1.3、底径1.15、深0.45米。填土灰黑夹碎石，内含陶片、石器等，陶器可辨器形有罐、盘等（图二五〇）。

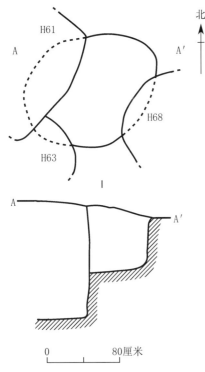

图二四八　SIH65平、剖面图

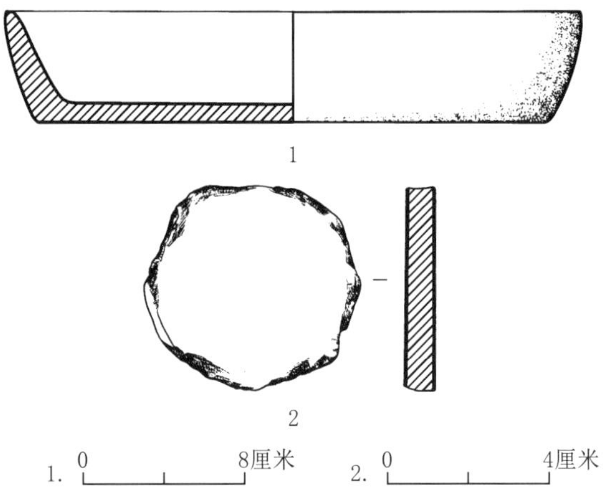

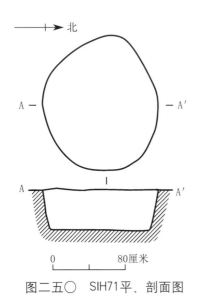

图二五〇　SIH71平、剖面图

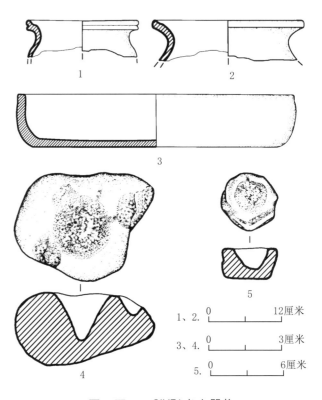

图二四九　SIH65出土器物

1.A型Ⅱ式陶盘（SIH65：2）　2.石饼（SIH65：1）

图二五一　SIH71出土器物

1.A型Ⅰ式陶罐（SIH71：2）　2.A型Ⅱ式陶罐（SIH71：1）

3.A型Ⅰ式陶盘（SIH71：5）　4、5.小石臼（SIH71：

3、SITH71：4）

陶罐　2件。

A型　侈口盘，有2式。

Ⅰ式，1件。外折沿，重唇，束颈。SIH71：2，泥质灰陶。口径17.9、高5、壁厚0.5厘米（图二五一，1）。

Ⅱ式，1件。侈口，外折沿，圆唇，束颈。SIH71：1，泥质灰陶。口径25、高6、壁厚0.5厘米（图二五一，2）。

陶盘　1件。

A型Ⅰ式，直口，平唇，圆收平底。SITH71：5，泥质灰陶。口径23、高4.2、壁厚0.6厘米（图二五一，3；彩版一五二，7）。

小石臼　2件。

SIH71：3，砂岩质，打制，不规则形，一面有两个圆锥形臼窝。长5.7、宽4.2、厚2.8厘米，臼径2.1、深1.8厘米（图二五一，4；彩版一五三，1）。SIH71：4，砂岩质，打制，不规则扁圆形，一面有圆凹臼窝。宽2.2、厚1.3、臼径1.4、深0.8厘米（图二五一，5）。

SIH85

位于SIT103南侧，开口于第①层下，平面呈圆形，平底，生土壁。上口直径1.3、底径1.15、深0.45米。填土灰黑夹碎石，内含陶片，可辨器形有瓮、盆、罐、盘等（图二五二）。

陶瓮　2件。有侈口瓮、直口瓮2型。

A型Ⅳ式，1件。侈口，外折沿，圆唇，短束领，圆肩。SIH85：1，泥质灰陶。口径39、残高8、壁厚0.7厘米（图二五三，1）。

B型Ⅰ式，1件。直口，平唇，直领。SIH85：7，泥质灰陶。口径30、残高6、壁厚0.8厘米（图二五三，2）。

陶罐　3件。

A型　2件。侈口罐。

Ⅱ式，1件。外折沿，方唇，束领，圆肩。SIH85：5　泥质灰陶。口径16、残高6、壁厚0.5厘米（图二五三，3）。

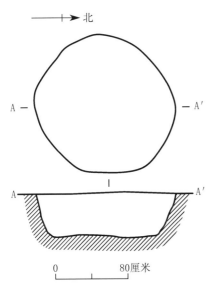

图二五二　SIH85平、剖面图

Ⅴ式，1件。外折平沿，圆唇，束领。SIH85：3，泥质灰陶。口径21、残高4、壁厚0.5厘米（图二五三，4）。

D型　直腹罐。

Ⅰ式，1件。敛口，斜平唇，斜直腹。SIH85：6，泥质灰陶。口径18、残高10.2、壁厚0.6厘米（图二五三，5）。

陶壶　1件。

A型Ⅴ式，盘口壶。SIH85：4，泥质灰陶。侈口，侈沿，方唇，唇稍内敛，呈盘口，束领。口径14、残高4、壁厚0.5厘米（图二五三，6）。

陶盆　1件。

A型Ⅴ式，侈口，外折沿，圆唇，束领，圆腹。SIH85：2，泥质灰陶。口径360、残高8、壁厚0.6厘米（图二五三，7）。

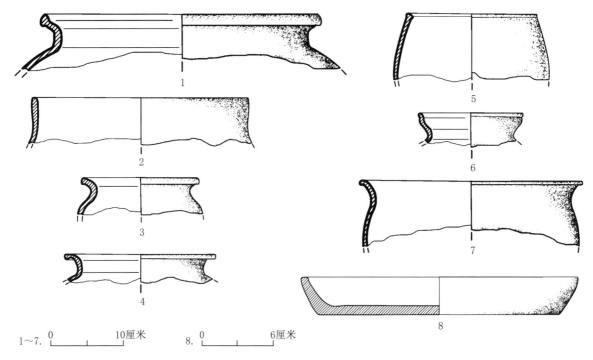

1~7. 0———————10厘米   8. 0————6厘米

图二五三　SIH85出土陶器

1.A型Ⅳ式瓮（SITH85：1）　2.B型Ⅰ式瓮（SIH85：7）　3.A型Ⅱ式罐（SIH85：5）　4.A型Ⅴ式罐（SIH85：3）　5.D型Ⅰ式罐（SIH85：6）　6.盘口壶（SIH85：4）　7.A型Ⅴ式盆（SIH85：2）　8.A型Ⅰ式盘（SIH85：8）

陶盘　1件。

A型Ⅰ式，敞口，平唇，浅斜腹，平底。SIH85：8，泥质灰陶，口径18、高2.2、壁厚0.7厘米（图二五三，8；彩版一五二，8）。

SIH112

位于SIT104西侧，开口于第①层下，平面呈圆形，平底，生土壁。上口直径0.88、底径0.8、深0.4米。填土灰黑夹碎石，内含陶片、铁甲片、石纺轮等，陶器可辨器形有瓮、盆、罐、钵等（图二五四）。

陶瓮　3件。

A型　侈口瓮。有2式。

Ⅰ式，2件。广口，圆唇，束领。广肩。SIH112：3，泥质灰陶。口径28、残高7、壁厚0.8厘米（图二五五，1）。SIH112：2，泥质灰陶，唇内有一周凹弦纹。口径36、残高4、壁厚0.8厘米（图二五五，2）。

Ⅴ式，1件。外折平沿，圆唇，短束领。SIH112：1，泥质灰陶。口径38、残高4、壁厚0.8厘米（图二五五，3）。

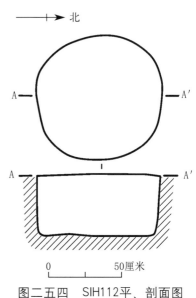

———▶ 北

0————50厘米

图二五四　SIH112平、剖面图

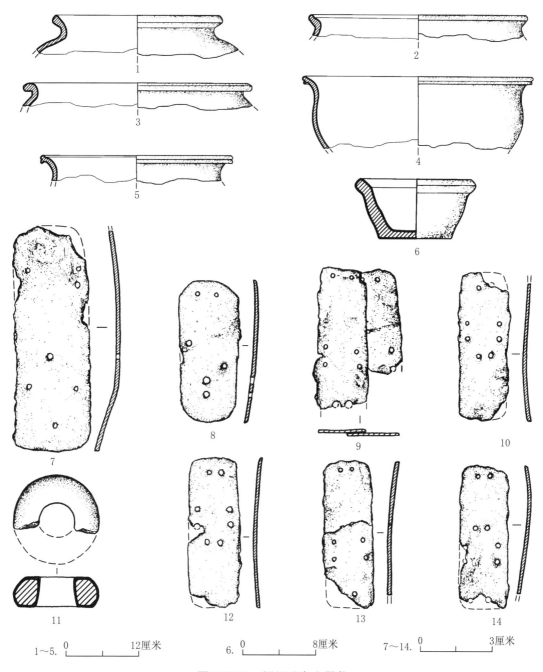

图二五五　SIH112出土器物

1、2.A型Ⅰ式陶瓮（SIH112：3、SIH112：2）　3.A型Ⅴ式陶瓮（SIH112：1）　4、5.A型Ⅰ式陶盆（SIH112：4、SIH112：5）　6.Ⅳ式陶碗（SIH112：6）　7、9、10、12~14.长方形铁甲片（SIH112：7、SIH112：9、SIH112：10、SIH112：12、SIH112：13、SIH112：14）　8.长舌形铁甲片（SIH112：8）　11.石纺轮（SIH112：11）

陶盆　2件。

A型Ⅰ式，侈口，外折沿，重唇，鼓腹下收。SIH112：4，泥质灰陶。口径38、残高12、壁厚0.6厘米（图二五五，4）。SIH112：5，泥质灰陶。口径32、残高4、壁厚0.6厘米（图二五五，5）。

陶碗　1件。

Ⅳ式，侈口，沿稍折，方唇上尖，斜腹，平底。SIH112：6，泥质灰陶。口径13、高6.4、壁厚0.9厘米（图二五五，6）。

铁甲片　7件。有长方形、长舌形。

长方形，6件。SIH112：7，长方形，顶残，长身稍内曲，底弧曲，中部、下部有横双孔，边部有竖双孔。长9、宽6、厚0.2厘米（图二五五，7）。SI112：9，两片粘一起，长条形，平顶，长身稍内曲，底圆弧，顶部、中部、下部有横双孔，边部有竖双孔，残5.5、宽3.5、厚0.15厘米（图二五五，9）。SIH112：10，长方形，平顶，长身稍内曲，平底，顶部、下部有横双孔，边部有竖双孔。长5.9、宽2、厚0.15厘米（图二五五，10）。SIH112：12，长方形，平顶，长身稍内曲，底圆弧，顶部、中部、下部有横双孔，边部有竖双孔。长6.1、宽2、厚0.15厘米（图二五五，12；彩版一五三，3）。SIH112：13，长方形，弧形顶，长身稍内曲，平底，顶部、下部有横双孔，边部有竖双孔。长5.9、宽2、厚0.15厘米（图二五五，13）。SIH112：14，长方形，平顶，长身稍内曲，底圆弧，顶部、中部、下部有横双孔，边部有竖双孔。长5.8、宽2、厚0.15厘米（图二五五，14）。

长舌形，1件。SIH112：8，平顶抹角，长身稍内曲，底圆弧，顶有横双孔，边、下部有竖双孔。长5.7、宽2.4、厚0.15厘米（图二五五，8）。

石纺轮　1件。

SIH112：11，青石磨制，扁圆形，边缘圆弧，平顶，平底。直径3.5、厚1.2、孔径1.7厘米（图二五五，11；彩版一五三，2）。

SIH136

位于SIT104东侧，开口于第①层下，平面呈椭圆形，平底，生土壁。上口直径1.48、底径1.3、深0.5米。填土灰黑，夹碎石，内含陶片、石纺轮等，陶器可辨器形有瓮、盆、罐等（图二五六）。

陶瓮　2件。有侈口瓮、直口瓮有2型。

A型Ⅰ式，1件。广口，唇外圆上尖，束颈。SIH136：1，泥质灰陶。尖唇。口径35、残高4厘米（图二五七，1）。

B型Ⅰ式，1件。直口稍敛，平唇，内尖，短斜领，广肩。SIH136：2，泥质灰陶。口径28、残高7、壁厚0.8厘米（图二五七，2）。

陶盆　1件。

A型Ⅳ式，侈口，沿外折，方尖唇，束领，圆腹下收。SIH136：3，泥质灰陶。口径40、残高17、壁厚0.5厘米（图二五七，3）。

陶罐　2件。有侈口罐、直口罐两型。

A型Ⅱ式，1件。侈口，沿外折，方唇，束颈，圆肩。SIH136：5，泥质灰陶。表面饰划弦纹。口径16、残高11、壁厚0.5厘米（图二五七，4）。

B型Ⅲ式，1件。直口，平唇外尖，直领，溜肩SIH136：4，

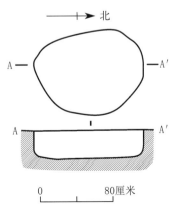

图二五六　SIH136平、剖面图

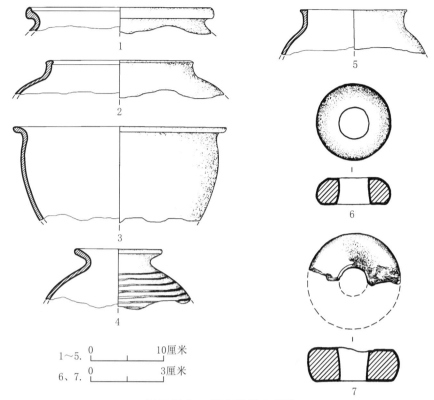

图二五七 SIH136出土器物

1.A型Ⅰ式陶瓮（SIH136：1） 2.B型Ⅰ式陶瓮（SITH136：2） 3.A型Ⅳ式陶盆（SIH136：3） 5.B型Ⅲ式陶罐
（SIH136：4） 4.A型Ⅱ式陶罐（SIH136：5） 6.石纺轮（SIH136：6） 7.陶纺轮（SITH136：7）

泥质灰陶。口径20、残高8、壁厚0.5厘米（图二五七，5）。

　　陶纺轮 1件。

　　SIH136：7，泥质灰陶。扁圆形，中有孔，残半。直径4.5、厚1.6、孔径1.3厘米（图
二五七，7；彩版一五三，4）。

　　石纺轮 1件。

　　SIH136：6，青石磨制，扁圆形，面稍圆弧，平底，中有穿孔。直径3.7、厚1.3、孔径
1.4厘米（图二五七，6；彩版一五三，5）。

SIHG2

　　位于SIT104中部，开口于表土层下，西北至东南向，属于自然冲积沟，西北侧较窄，东
南侧较宽，西侧堆积较薄，东侧稍厚。沟内遗物丰富，有陶片、铁镞、铁甲片、铁环及铜带
扣等。陶器多破碎，可辨器形仅有陶罐。

　　陶罐 1件。

　　A型Ⅱ式，侈口，唇稍内折呈尖唇，束颈。SIHG2：1，泥质灰陶。口径16、残高5、壁
厚0.5厘米（图二五八，1）。

　　铁镞 4件。有圭形锋镞、方锥形锋镞、矛形锋镞3型。

　　A型Ⅰ式，1件。圭形短锋镞，锋剖面扁梯形，扁方长身，方锥形铤。SIHG2：126，锋

长1.7、宽0.7、厚0.2厘米，身长6.8、宽0.6厘米，铤残长1.8、通长10.3厘米（图二五八，2；彩版一五三，8）。

B型 2件。方锥形锋镞，有2式。

I式，1件。方锥短锋，方锥形铤。SIHG2：131，锋长2.6、宽0.7厘米，铤长5.2、厚0.3厘米，通长7.8厘米（图二五八，3；彩版一五三，10）。

Ⅲ式，1件。方锥长锋，方锥形铤。SIHG2：115，锋长12、宽0.7厘米，铤长5、厚0.3厘米，通长17厘米（图二五八，5；彩版一五三，7）。

C型Ⅲ式，1件。矛形锋镞。矛形长锋，圆身，方铤。SIHG2：116，锋长5.2、宽0.8、身长3.5、直径0.6、铤长1、通长 9.7厘米（图二五八，4；彩版一五三，9）。

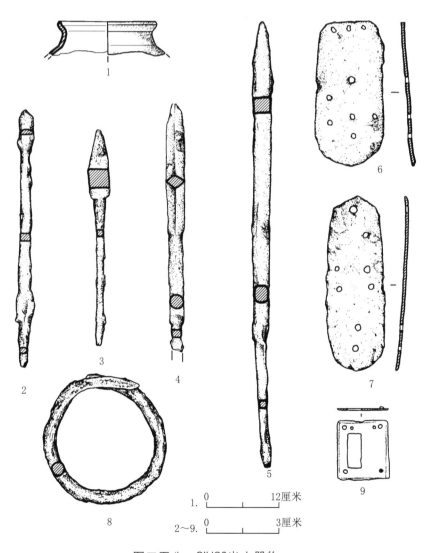

图二五八　SIHG2出土器物

1.C型Ⅰ式陶罐（SIHG2：1） 2.A型Ⅰ式铁镞（SIHG2：136） 3.B型Ⅰ式铁镞（SIHG2：131） 4.C型Ⅲ式铁镞（SIHG2：116） 5.B型Ⅲ式铁镞（SIHG2：115） 6、7.铁甲片（SIHG2：217、SIHG2：216） 8.铁环（SIHG2：88） 9.铜带扣（SIHG2：155）

铁甲片　2件。

SIHG2：217，舌形，平顶，直边，底圆弧，顶部有三孔，中部有单孔，中下部有三组竖双孔。长5.8、宽2.8、厚0.15厘米（图二五八，6；彩版一五四，1）。SIHG2：216，椭圆形，尖顶，一侧边稍弧，底圆弧，身稍内曲。顶有一孔，侧边、下部有竖双孔。长7、宽2.4、厚0.15厘米（图二五八，7；彩版一五四，2）。

铁环　1件。

SIHG2：88，圆形铁条两端叠交。外径5、直径0.5厘米（图二五八，8；彩版一五二，6）。

铜带扣　1件。

SIHG2：155，长方片状，双片铆合，残存单面，四边棱斜，一侧有长方形穿孔，四角有双铆钉孔，长2.4、宽2.1、厚0.1厘米，穿孔长1.4、宽0.6厘米，铆钉直径0.1厘米（图二五八，9；彩版一五四，4）。

SⅢX区灰坑、遗物

灰坑平面多为圆形，此外还有椭圆形、长方形。多数灰坑内遗物较少，陶器多为残片，器类、器形多不可辨识。

SⅢXH1

位于SⅢXT202东侧，开口于第①层，东部在探方外，平面呈圆形，平底，生土壁。上口直径1.5、底径1.32、深0.42米。遗物有陶器、铁镞、石纺轮等，陶器多破碎，器类、器形不可辨识（图二五九）。

铁镞　1件。

B型Ⅱ式，圭形长锋，锋稍宽，扁方长身，方锥形铤。SⅢXH1：5，锋长2.5、身长5、铤长4.5、通长12厘米（图二六〇，1；彩版一五四，7）。

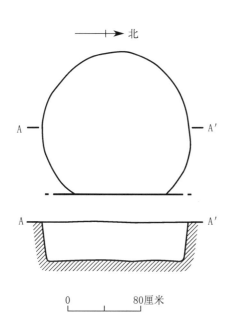

图二五九　SⅢXH1平、剖面图

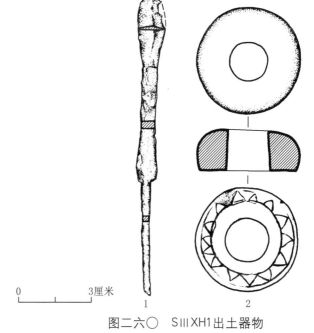

图二六〇　SⅢXH1出土器物

1.B型Ⅱ式铁镞（SⅢXH1：5）　2.石纺轮（SⅢXH1：8）

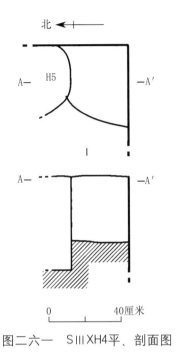

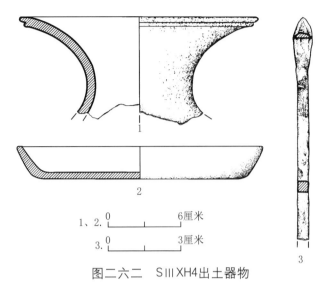

图二六一　SⅢXH4平、剖面图

图二六二　SⅢXH4出土器物

1.陶壶（SⅢXH4：2）2.A型Ⅰ式陶盘（SⅢXH4：5）　3.B型Ⅱ式铁镞（SⅢXH4：4）

石纺轮　1件。

SⅢXH1：8，滑石质，表面圆弧，周边有摩擦痕，平底。底面刻划有双圆圈，内划连续三角形纹，计有15齿，其中一个残，呈芒射状。外径4、内径1.5、厚1.9厘米（图二六〇，2；彩版一五四，5、6）。

SⅢXH4

位于SⅢXT202南侧，开口于第①层底部，北侧被H5打破，东、南部在探方外，平面呈圆形，平底，生土壁。上口直径0.75、底径0.7、深0.35米。遗物有陶片、铁镞等。陶片多破碎，可辨器形有陶壶、陶盘等（图二六一）。

陶壶　1件。

C型Ⅰ式，侈口，展沿，重尖唇，束领。SⅢXH4：2，泥质灰陶。残存口部。口径19.5、高9厘米（图二六二，1）。

陶盘　1件。

A型Ⅰ式，平唇，浅斜腹，平底。SⅢXH4：5，泥质灰陶。口径20、高2.3、底径18厘米（图二六二，2；彩版一五五，1）。

铁镞　1件。

A型Ⅱ式，圭形锋镞，锋剖面梯形，长方身，铤残。SⅢXH4：4，锋长2、身长7、残长9厘米（图二六二，3；彩版一五四，8）。

SⅢXH19

位于SⅢXT101南部，开口第①层底部，叠压SⅢXF3之上，南部在探方外，平面呈圆形，平底，上口直径1.5、底径1.3、深0.45米。填土灰黑，陶片多破碎，遗物有陶盘、铁甲

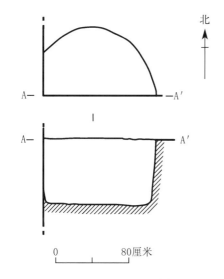

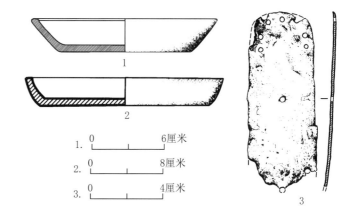

图二六四　SⅢXH19出土器物
1、2.A型Ⅰ式陶盘（SⅢXH19：1、SⅢXH19：2）
3.铁甲片（SⅢXH19：3）

图二六三　SⅢXH19平、剖面图

片等（图二六三）。

陶盘　2件。

A型Ⅰ式，敞口，平唇，斜腹，平底。SⅢXH19：1，泥质灰陶。口径16、高2.7、底径11厘米（图二六四，1；彩版一五五，2）。SⅢXH19：2，泥质灰陶。口径21.2、高2.9、底径18.2厘米（图二六四，2）。

铁甲片　1件。

SⅢXH19：3，弧形顶，上部有三孔，中部有一孔，底部残。残长9.4、宽5、厚0.2厘米（图二六四，4；彩版一五四，3）。

SⅢXH21

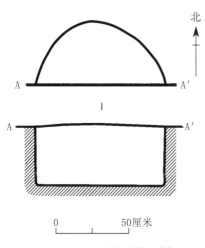

图二六五　SⅢXH21平、剖面图

位于SⅢXT101南部，开口①层底部，叠压SⅢXF3之上，南部在探方外，平面呈圆形，平底。上口直径0.9、底径0.85、深0.4米。填土灰黑，遗物有陶罐、陶盆等（图二六五）。

陶罐　2件。有侈口罐、敛口罐2型。

A型Ⅰ式，1件。侈口，外展沿，重尖唇，束颈，广肩，圆腹。SⅢXH21：2，泥质灰陶。口径16、残高6.7厘米（图二六六，1）。

C型Ⅱ式，1件。敛口，平唇，短领，广肩，圆腹。SⅢXH21：1，泥质灰陶。口径18、残高9.5厘米（图二六六，2）。

陶盆　1件。折腹盆。

B型Ⅰ式，敞口，外展沿，方唇，束颈，折腹斜收，平底。SⅢXH21：3，泥质灰陶。口径28.5、高7、底径20厘米（图二六六，3；彩版一五五，3）。

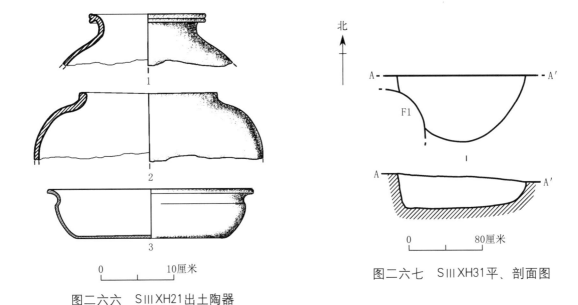

图二六六　SⅢXH21出土陶器

1.A型Ⅰ式罐（SⅢXH21：2）　 2.C型Ⅱ式罐（SⅢXH21：
1）　 3.B型Ⅰ式盘（SⅢXH20：3）

图二六七　SⅢXH31平、剖面图

SⅢXH31

位于SⅢXT202北部，开口于第①层底部，北半部在探方外，平面呈圆形，平底，生土壁，稍内凹。上口直径1.38、底径1.3、深0.5米。填土灰褐，遗物有陶罐、釉陶壶等（图二六七）。

陶罐　1件。

A型Ⅰ式，侈口，外展沿，重唇上尖，束领。SⅢXH31：1，泥质灰陶。口径18.4、残高6厘米（图二六八，1）。

釉陶壶　1件。

A型Ⅱ式，敞口，内斜尖唇，深盘口，内有凹带，束颈。SⅢXH31：2，青褐釉。口径10.5、残高2.6厘米（图二六八，3；彩版一五四，9）。

陶盘　1件。

A型Ⅰ式，敞口，平唇，浅腹，平底。SⅢXH31：3，泥质灰陶。口径16.4、高2.1、底径16.2厘米（图二六八，2）。

SⅢXH33

位于T102中部，开口于第①层下，打破SⅢXF1西壁，平面形状为圆角长方形，平底，上口长1.96、宽1.75、深0.88米，生土壁，西壁下部砌有石墙。填土为黑褐土，内含有烧土块。出土遗物有陶瓮、陶罐、陶盘和石纺轮等（图二六九）。

陶瓮　2件。

A型Ⅳ式，侈口，口内有凹带，尖沿，圆唇，束颈。SⅢXH33：1，泥质褐陶。口径40、残高10厘米（图二七〇，1）。SⅢXH33：2，泥质褐陶。口径32、残高6厘米（图二七〇，2）。

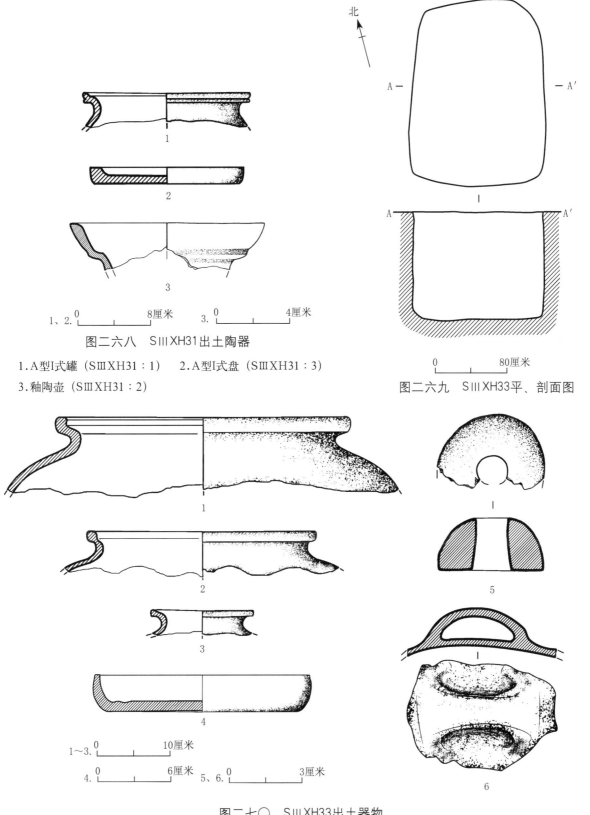

1、2. 0　　　　8厘米　　　3. 0　　　　4厘米

图二六八　SⅢXH31出土陶器

1.A型Ⅰ式罐（SⅢXH31：1）　2.A型Ⅰ式盘（SⅢXH31：3）

3.釉陶壶（SⅢXH31：2）

北

0　　　　　　80厘米

图二六九　SⅢXH33平、剖面图

1～3. 0　　　　10厘米

4. 0　　　　6厘米　　　5、6. 0　　　　3厘米

图二七〇　SⅢXH33出土器物

1、2.A型Ⅳ式陶瓮（SⅢXH33：1、SⅢXH33：2）　3.A型Ⅱ式陶罐（SⅢXH33：3）　4.A型Ⅲ式陶盘（SⅢXH33：

4）　5.石纺轮（SⅢXH33：5）　6.陶器耳（SⅢXH33：6）

陶罐　1件。

A型Ⅱ式，侈口，外展沿，圆唇，束颈。SⅢXH33：3，泥质灰陶。口径14、残高3.3厘米（图二七〇，3）。

陶盘　1件。

A型Ⅲ式，直口，平唇，浅弧腹，平底，SⅢXH33：4，泥质灰陶。底内有弦纹，外有暗压纹。口径18、高2.6、底径16厘米（图二七〇，4；彩版一五五，4）。

陶器耳　1件。

SⅢXH33：6，泥质褐陶。桥状横耳。残长6.1厘米（图二七〇，6）。

石纺轮　1件。

SⅢXH33：5，滑石质，球顶形，平底，中有一孔，外侧表面有擦划痕迹。直径4.4、孔径1.7、厚2厘米（图二七〇，5；彩版一五四，10）。

SⅢXH36

位于T102北扩，开口于第②层下，叠压在SⅢXF3之下，平面形状为不规则圆形，底稍凹。西部在探方外，没有清理。上口长3.7、宽2.8、深0.9米。壁与底为生土。坑内堆积可分为4层：①层红褐土，红烧土粒、块占大多数比例；②层红烧土层；③层灰土；④层黄褐土。遗物有陶器、铁器等。可辨器形有瓮、盆、钵、甑、盘、罐、壶及盏等（图二七一）。

陶瓮　1件。侈口瓮。

A型Ⅱ式，敞口，外折沿，上尖唇，束颈，广肩。SⅢXH36：1，夹砂褐陶。口径38、残高7厘米（图二七二，1）。

陶盆　3件。有折沿盆、直腹盆两型。

A型　2件。

Ⅰ式，折沿盆。侈口，外展沿，重唇。SⅢXH36：2，泥质灰陶。口径44、残高7厘米

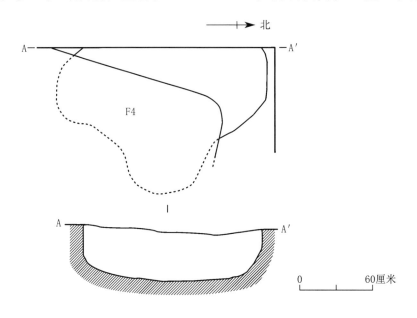

图二七一　SⅢXH36平、剖面图

（图二七二，2）。SⅢXH36：3，泥质黄褐陶。展沿，侈口，方唇，表面有不规则网纹。口径42、底径24、高20.5厘米（图二七二，3；彩版一五五，5）。

C型　1件。

Ⅱ式，斜腹盆。平唇，斜直腹，平底。ⅢXH36：4，泥质灰陶。腹外饰弦纹。口径50、底径35、高20厘米（图二七二，4；彩版一五五，6）。

陶甑　1件。

Ⅰ式，SⅢXH36：5，泥质灰陶。三孔甑。侈口，展沿，方唇，颈略束，斜收腹，腹上部有对称横桥状耳，底部有三个圆孔。口径45、高22、底径26厘米（图二七二，5；彩版一五五，7）。

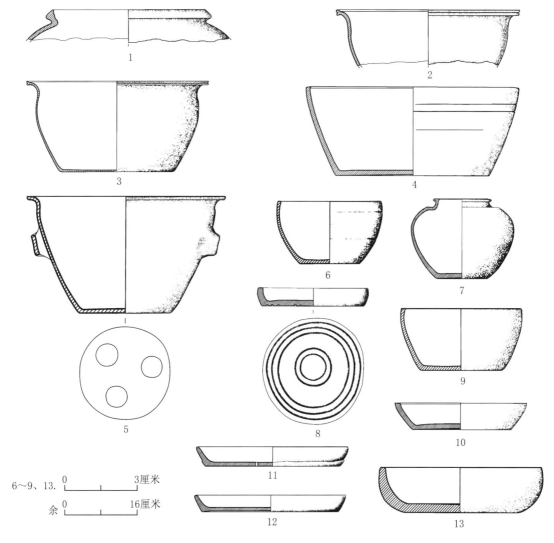

图二七二　SⅢXH36出土器物

1.A型Ⅱ式陶瓮（SⅢXH36：1）　2、3.A型Ⅰ式陶盆（SⅢXH36：2、SⅢXH36：3）　4.C型Ⅱ式陶盆（SⅢXH36：4）　5.Ⅰ式陶甑（SⅢXH36：5）　6、9.A型Ⅰ式陶钵（SⅢXH36：7、SⅢXH36：8）　7.C型Ⅲ式陶罐（SⅢXH36：6）　8.釉陶盏（SⅢXH36：13）　10.A型Ⅳ式陶盘（SⅢXH36：9）　11、12.A型Ⅱ式陶盘（SⅢXH36：10、SⅢXH36：11）　13.陶盏（SⅢXH36：12）

陶罐   1件。

C型Ⅲ式，敛口小罐。短斜领，平唇，内尖外圆，平肩，扁圆腹，平底。SⅢXH36：6，泥质灰褐陶。口径9.5，高13、底径8.5厘米（图二七二，7；彩版一五五，8）。

陶钵   2件。

Ⅲ式，深腹钵。口稍敛，平唇，深腹斜收，平底。SⅢXH36：7，泥质灰陶。腹饰有两周弦纹。口径18、底径10、高10厘米（图二七二，6；彩版一五六，1）。SⅢXH36：8，泥质灰黑陶，口径20.5、底径14、高10.2厘米（图二七二，9；彩版一五六，2）。

陶盘   3件。

A型   浅腹盘。有2式。

Ⅱ式，2件。侈口，圆尖唇，斜壁，平底。SⅢXH36：10，泥质黄褐陶。口径25、高2.7、底径22.4厘米（图二七二，11；彩版一五六，3）。SⅢXH36：11，泥质灰陶。口径22，底径18，高4.5厘米（图二七二，12；彩版一五六，4）。

Ⅳ式，1件。敞口，尖唇，唇内抹斜，斜腹，收平底。SⅢXH36：9，泥质黄褐陶。口径25、高3.2、底径23厘米（图二七二，10；彩版一五六，5）。

陶盏   1件。

SⅢXH36：12，泥质陶，红黑斑。敞口，圆唇，平底。口径13、高2.7、底径8.8厘米（图二七二，13；彩版一五六，6）。

釉陶盏   1件。

SⅢXH36：13，蟹青釉，内外满釉，胎稍赤。圆唇，浅直腹，平底。底部有二组三周同心圆纹。口径9、底径8.8、高1.6厘米（图二七二，8；彩版一五六，7）。

铁锥   1件。

SⅢXH36：15，顶部为卷圆环形，方形身，锋残。长11.2、直径0.4厘米（图二七三，

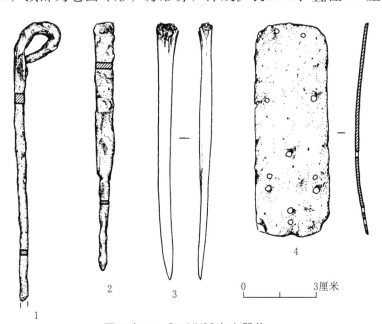

图二七三   SⅢXH36出土器物

1.铁锥（SⅢXH36：15）   2.F型Ⅱ式铁镞（SⅢXH36：14）   3.骨锥（SⅢXH36：17）   4.铁甲片（SⅢXH36：16）

1；彩版一五七，1）。

铁镞　1件。

F型Ⅱ式，铲形镞锋。长锋，扁平身，方锥铤。SⅢXH36：14，锋长6.2、铤长3.7、通长9.9厘米（图二七三，2；彩版一五七，2）。

铁甲片　1件。

长条形。SⅢXH36：16，顶端稍圆弧，有双孔。两边上部有对称单孔，下部有对称双孔。中下部有一孔，底部中有竖双孔。长8.6、宽3.1、厚0.2厘米（图二七三，4；彩版一五八，1）。

骨锥　1件。

SⅢXH36：17，动物小骨腿磨制，锋尖锐，整体光泽。长10.3、直径0.5厘米（图二七三，3；彩版一五七，3）。

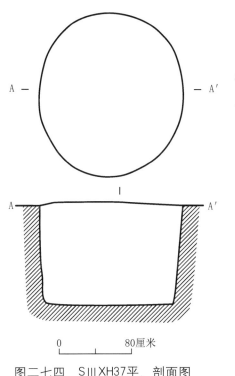

图二七四　SⅢXH37平、剖面图

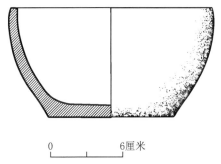

图二七五　SⅢXH37出土陶钵（SⅢXH37：1）

SⅢXH37

位于SⅢXT102北侧，叠压在SⅢXF3之下，平面呈椭圆形，平底。上口直径1.65、底径1.4、深1.05米。填土为灰褐土，包含有泥质灰陶、红陶、黑皮褐陶片，可辨器形仅有陶钵（图二七四）。

陶钵　1件。

A型Ⅲ式，口稍敛，平唇，深腹，平底。SⅢXH37：1，泥质黑褐陶。口径17、高9、底径10.9厘米（图二七五；彩版一五九，1）。

SⅢD区灰坑、遗物

灰坑与窖穴多为圆形，此外还有椭圆形、圆角方形、长方形及马蹄形等，以平底为多，也有凹底。因发掘记录人员变更，单位编号有重复现象，现加入年份以示区别。

SⅢ04DH1

位于SⅢ04DT105内，开口于第②层下，被SⅢ04DH6打破。上口近椭圆形，弧形壁，平底，填土为黑土及红褐土。上口径2.2、底径1.45、深0.55~0.6米。出土陶片多破碎，仅可复原陶盆，还出土铁斧、铁镞等（图二七六）。

陶盆　1件。

A型Ⅴ式，侈口，外折平沿，方唇上尖，束颈，斜收腹。平底。SⅢ04DH1：3，泥质灰陶，

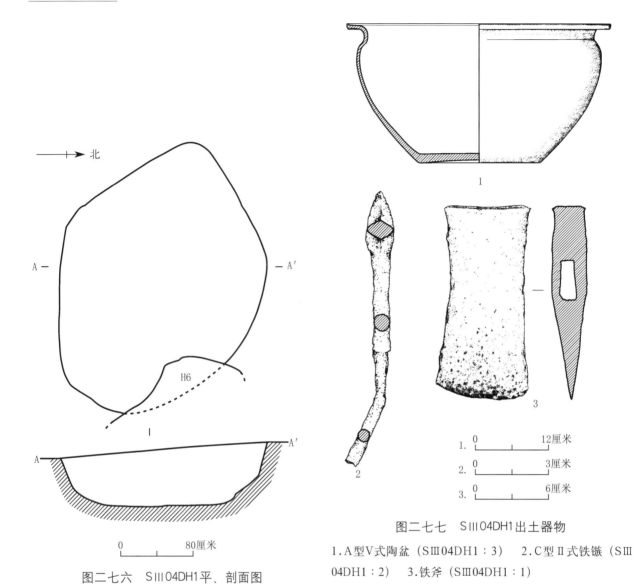

图二七六 SⅢ04DH1平、剖面图

图二七七 SⅢ04DH1出土器物

1.A型Ⅴ式陶盆（SⅢ04DH1：3） 2.C型Ⅱ式铁镞（SⅢ04DH1：2） 3.铁斧（SⅢ04DH1：1）

素面。口径42.4、高22.4、底径22.4、壁厚0.4厘米（图二七七，1；彩版一五九，2）。

铁镞 1件。

C型Ⅱ式，矛形短锋，呈矛形，镞锋剖面方棱，长圆身，圆铤。SⅢ04DH1：2，锋长2、宽1.1、厚0.7、身4.25、径0.7、铤长4.5、通长10.75厘米（图二七七，2；彩版一五七，4）。

铁斧 1件。

SⅢ04DH1：1，平面长方形，平顶，身中微内收，斜弧刃，身中偏上有长方形銎。长16、宽7.7、厚3厘米（图二七七，3；彩版一五八，2）。

SⅢ04DH2

位于SⅢ04DT205北部，开口于第②层下，北边被破坏。平面呈圆形，近直壁，平底。上口直径1.5、底径1.4、残深0.12～0.42米。填土为黑土含烧土块。出土少量陶片和铁带扣等（图二七八）。

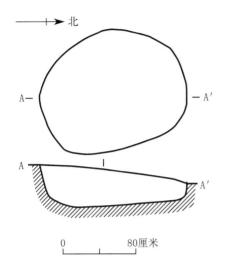

图二七八　SⅢ04DH1平、剖面图

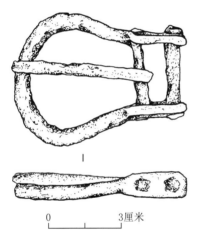

图二七九　SⅢ04DH2出土铁带扣（SⅢ04DH2：1）

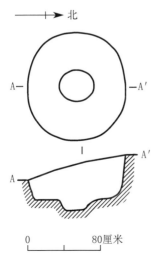

图二八〇　SⅢ04DH3平、剖面图

铁带扣　1件。

SⅢ04DH2：1，宽舌形，带针"T"型，与带扣铆接。长7、宽5.5厘米（图二七九；彩版一五八，4）。

SⅢ04DH3

位于SⅢ04DT203内，开口于第③层下。平面呈圆形，直壁，底部不平整，有坑。上口直径1、底径0.9、深0.3～0.54米。填土为黑土、烧土等混合土，出土少量陶片、铁镞、石器等（图二八〇）。

铁镞　2件。有圭形锋镞、矛形锋镞2型。

A型Ⅰ式，1件。圭形短锋镞，剖面扁六菱形，长方身。方锥形铤。SⅢ04DH3：2，锋长1.3、宽0.7、身长11.2、铤长3、通长15.5厘米（图二八一，1；彩版一五七，5）。

C型Ⅲ式，1件。矛形长锋镞，剖面菱形，长圆身，上细下粗。圆锥形铤。SⅢ04DH3：1，锋残长4.2、宽0.9、身长8.3、铤长3、残长15.6厘米（图二八一，2；彩版一五七，6）。

砺石　1件。

SⅢ04DH3：4，长条柱形，一端残缺，一端圆头，较光滑。残长10.8、宽3.1厘米（图二八一，3；彩版一五八，7）。

石臼　1件。

SⅢ04DH3：3，黄色砂岩质，平面近圆形，两面均有凹坑。长7、厚3厘米。一面孔径3、深2厘米，一面孔径2.2、深1厘米（图二八一，4；彩版一五八，6）。

SⅢ04DH4

位于SⅢ04DT106西部，开口于第②层下，南边打破SⅢ04DH5。平面为圆角方形，直壁，平底。上口长1.66、宽1.4、深0.7米。灰坑内堆积为黑土和烧土块的混合物。出土有陶器、铁器、骨器等，陶器可辨

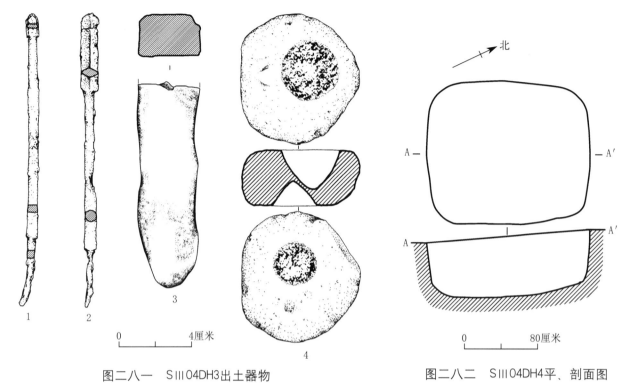

图二八一　SⅢ04DH3出土器物　　　　　图二八二　SⅢ04DH4平、剖面图

1.A型Ⅰ式铁镞（SⅢ04DH3：2）　2.C型Ⅲ式铁镞（SⅢ
04DH3：1）　3.砺石（SⅢ04DH3：4）　4.石臼（SⅢ
04DH3：3）

器形有罐（图二八二）。

陶罐　1件。

A型Ⅰ式，侈口，外展沿，唇面有弦纹，上尖唇，束颈，圆肩，圆腹斜收，平底。
SⅢ04DH4：3，泥质灰陶。素面，腹中上部对称横桥状耳。平底。口径17.6、高32、
底径19.6、壁厚0.6厘米（图二八三，1；彩版一五九，3）。

陶壶　1件。

C型Ⅱ式，素面。展沿壶。侈口。SⅢ04DH4：4，泥质褐陶。外展沿，重尖唇，束颈，
流肩。口径20、残高8、壁厚0.6厘米（图二八三，2）。

铁带扣　1件。

SⅢ04DH4：1，较完整，整体呈宽舌形，铆钉为带针"T"字形，铆接。长5.5、宽3.7
厘米（图二八三，3；彩版一五八，5）。

骨柄　1件。

SⅢ04DH4：2，管状，残半。两端平齐，中空，表面刻有双圈纹饰。两端均有小穿孔。
长8.4、径2.3厘米（图二八三，4；彩版一五八，3）。

SⅢ04DH5

位于SⅢ04DT106西部，开口于第②层下，被灰坑SⅢ04DH4打破。平面近圆形，

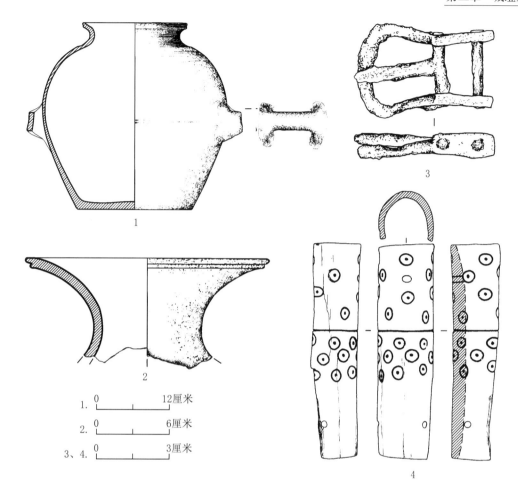

图二八三 SⅢ04DH4出土器物

1.A型Ⅰ式陶罐（SⅢ04DH4：3） 2.陶壶（SⅢ04DH4：4） 3.铁带扣（SⅢ04DH4：1） 4.骨柄（SⅢ04DH4：2）

边沿局部有石砌的痕迹，直壁，口部破坏，平底。上口直径2.04、深1～0.46、底径1.4米。灰坑内堆积为黑土和烧土块的混合物。出土物有陶片，可辨器形有瓮、罐、钵等（图二八四）。

陶瓮 1件。

C型Ⅲ式，敛口瓮。矮领稍敛，平唇内尖，流肩。SⅢ04DH5：4，泥质黑陶，轮制。素面，表面磨光，腹中上部有四个对称横桥状耳，下腹残。口径37、残高46、壁厚1厘米（图二八五，1）。

陶罐 1件。

A型Ⅱ式，侈口罐。唇上尖，束颈，圆肩，鼓腹，平底。SⅢ04DH5：3，泥质灰陶。素面，轮制。口径11、腹径20.5、高24.5、底径12.2、壁厚0.6厘米（图二八五，3；彩版一五九，4）。

陶钵 1件。

A型Ⅲ式，深腹钵。直口，平唇，圆腹，平底。SⅢ04DH5：6，泥质灰陶。素面。口径9、底径7、高3.5厘米（图二八五，2；彩版一五九，5）。

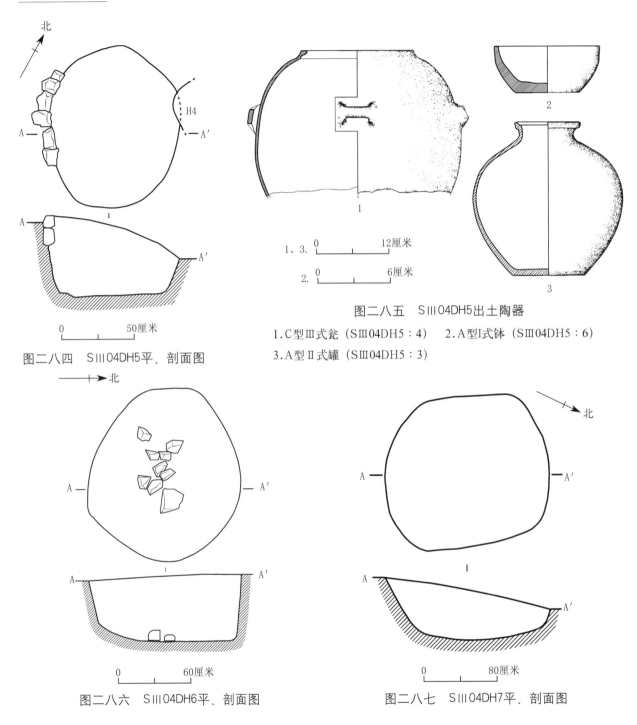

图二八四 SⅢ04DH5平、剖面图

图二八五 SⅢ04DH5出土陶器
1.C型Ⅲ式瓮（SⅢ04DH5：4）　2.A型Ⅰ式钵（SⅢ04DH5：6）
3.A型Ⅱ式罐（SⅢ04DH5：3）

图二八六 SⅢ04DH6平、剖面图　　图二八七 SⅢ04DH7平、剖面图

SⅢ04DH6

位于SⅢ04DT104西南部，开口于第②层下，打破SⅢ04DH1。平面近圆形，直壁，平底。填土为黑土及红褐土。上口直径2.6、深1.02～1.24米。出土少量陶片、纺轮等（图二八六）。

SⅢ04DH7

位于SⅢ04DT105，开口于第②层下，部分压在隔梁下，平面为圆形（图二八七），圜底。

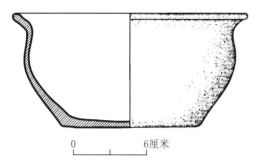

图二八八 SⅢ04DH7出土A型Ⅳ式陶盆（SⅢ04DH7：1）

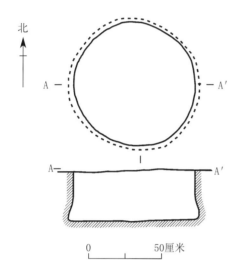

图二八九 SⅢ05DH4平、剖面图

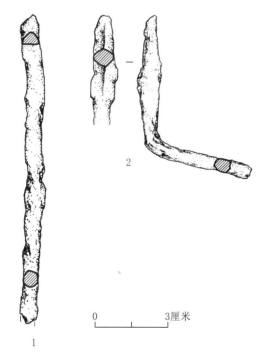

图二九〇 SⅢ05DH4出土器物

1、2.C型Ⅱ式铁镞（SⅢ05DH4：1、SⅢ05DH4：2）

上口直径1.88、底径1.1、深0.15～0.6米。填土为黑土，出土少量陶片，可辨器形有陶盆。

陶盆 1件。

A型Ⅳ式，侈口，外折沿，圆唇，束颈，圆腹斜收，平底。SⅢ04DH7：1，泥质灰陶。素面。口径19.6、高9、底径11、壁厚0.4厘米（图二八八；彩版一五九，6）。

SⅢ05DH4

位于SⅢ05DT105内，开口于第①层下，平面呈圆形，直壁，平底，袋状。上口径2、深0.4米。坑内堆积为黑褐土，生土壁，呈砖红色。遗物有陶片、铁镞等，陶片多破碎，器形不可辨（图二八九）。

铁镞 2件。

C型Ⅱ式，矛形短锋，长圆身。SⅢ05DH4：1，锋部残，长圆身，铤残。残长12.4、直径0.5厘米（图二九〇，1；彩版一五七，7）。SⅢ05DH4：2，已弯曲。锋长3.3、宽1、厚0.6、径0.6、残长10.2厘米（图二九〇，2；彩版一五七，8）。

SⅢ05DH6

位于SⅢ05DT09内，开口于第①层下，平面呈椭圆形，直壁，平底。上口直径1.4～1.8、深0.8米。坑内堆积仅有一层，黑褐色，黏度和湿度较大。灰坑底和灰坑边是黏度较大的砖红色生土。出土遗物有陶片、铁镞等（图二九一）。

铁镞 3件。有圭形锋镞、铲形锋镞、三翼形锋镞3型。

A型Ⅰ式，1件。锋残，身剖面扁平，方铤。SⅢ05DH6：3，残长8.7、直径0.6厘米（图二九二，1）。

E型Ⅰ式，1件。三翼形锋，圆铤。

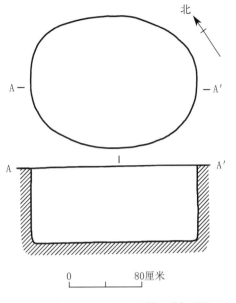

图二九一　SⅢ05DH6平、剖面图

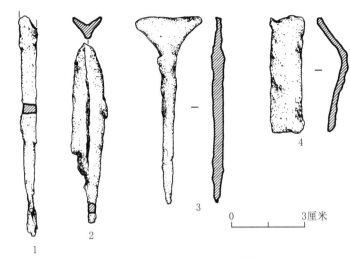

图二九二　SⅢ05DH6出土铁器

1.A型Ⅰ式镞（SⅢ05DH6：3）　2.E型Ⅰ式镞（SⅢ05DH6：1）
3.F型Ⅲ式镞（SⅢ05DH6：2）　4.甲片（SⅢ05DH6：4）

SⅢ05DH6：1，锋长5.3、宽1、铤长2.1、通长7.4厘米（图二九二，2；彩版一五七，10）。

F型Ⅲ式，1件。铲形锋，锋刃宽平，呈三角形。SⅢ05DH6：2，圆铤，锋刃宽2、铤宽0.5、通长7.3厘米（图二九二，3；彩版一五七，9）。

铁甲片　1件。

SⅢ05DH6：4，长方形。侧视呈弧曲状。长4.7、宽1.3、厚0.2厘米（图二九二，4；彩版一五八，8）。

SⅢ05DH7

位于SⅢ05DT03内，开口于第①层下，平面呈椭圆形，直壁，平底。上口直径2.1、宽1.6、深0.5米。生土壁呈砖红色。堆积为黑褐土，出土有铁镞（图二九三）。

铁镞　1件。

A型Ⅱ式，圭形长锋镞。SⅢ05DH7：1，锋剖面扁方形，铤残。长10.4、宽0.4、厚0.3厘米（图二九四；彩版一五七，11）。

SⅢ05DH8

开口于第①层下，平面呈圆形，直壁，平底。上口直径1.7、深0.7米。生土壁呈砖红色。坑底有堆砌的石块。坑内堆积黑褐土，出土遗物有铁甲片（图二九五）。

铁甲片　1件。

SⅢ05DH8：1，长方形。长5.6、宽4.1、厚0.2厘米（图二九六）。

SⅢ05DH9

位于SⅢ05DT02内，开口于第①层下，平面呈圆形，直壁，平底。上口直径0.9、深0.4米。生土壁呈砖红色。出土遗物有陶器、铁镞等（图二九七；彩版一六○，1）。

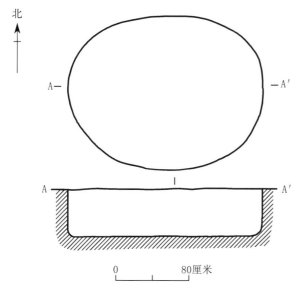

图二九三　SⅢ05DH7平、剖面图

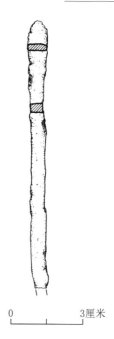

图二九四　SⅢ05DH7出土A型Ⅱ式铁镞（SⅢ05DH7：1）

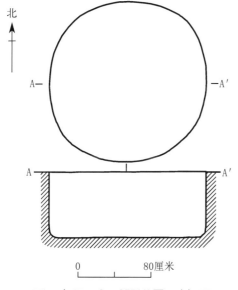

图二九五　SⅢ05DH8平、剖面图

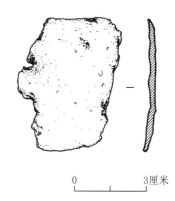

图二九六　SⅢ05DH8出土铁甲片（SⅢ05DH8：1）

铁镞　1件。

A型Ⅱ式，圭形长锋镞。锋剖面扁平，长方身，方锥铤。SⅢ05DH9：1，长17.5、直径0.5厘米（图二九八，1；彩版一五七，12）。

陶纺轮　1件。

SⅢ05DH9：4，扁圆形，一面圆弧中有穿孔。直径5、厚1.7、孔径1.5厘米（图二九八，2；彩版一六〇，2）。

SⅢ05DH10

位于SⅢ05DT08内，开口于第①层下，平面呈圆形，直壁，平底。上口直径1.8、深

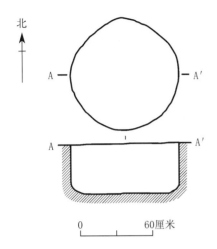

图二九七　SⅢ05DH9平、剖面图

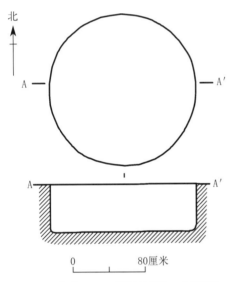

图二九九　SⅢ05DH10平、剖面图

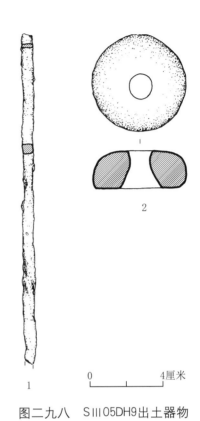

图二九八　SⅢ05DH9出土器物

1.A型Ⅱ式铁镞（SⅢ05DH9：1）　2.陶纺轮（SⅢ05DH9：4）

0.52米。生土壁呈砖红色。出土遗物有铁镞、铁甲片、铁环、铁削、铜环、石纺轮等（图二九九）。

铁环　1件。

SⅢ05DH10：2，圭形短锋镞改制，椭圆形。外径长6.4、宽3.4厘米（图三○○，1；彩版一六一，6）。

铁镞　5件。有圭形锋镞、方锥形锋镞、矛形锋镞、叶形锋镞4型。

A型　2件。圭形锋镞，有2式。

Ⅰ式，1件。短锋，扁方长身，扁方铤。SⅢ05DH10：11，已弯曲，呈钩形。长13.5、径0.6厘米（图三○○，3；彩版一六一，1）。

Ⅱ式，1件。长锋。SⅢ05DH10：14，剖面扁平，扁方长身，铤残。锋长9.8、宽0.7厘米（图三○○，4；彩版一六一，2）。

B型Ⅲ式，1件。方锥形锋镞，长方锥形锋，方身。SⅢ05DH10：3，方锥形铤，残。长7.8、宽0.6、厚0.5厘米（图三○○，5；彩版一六一，3）。

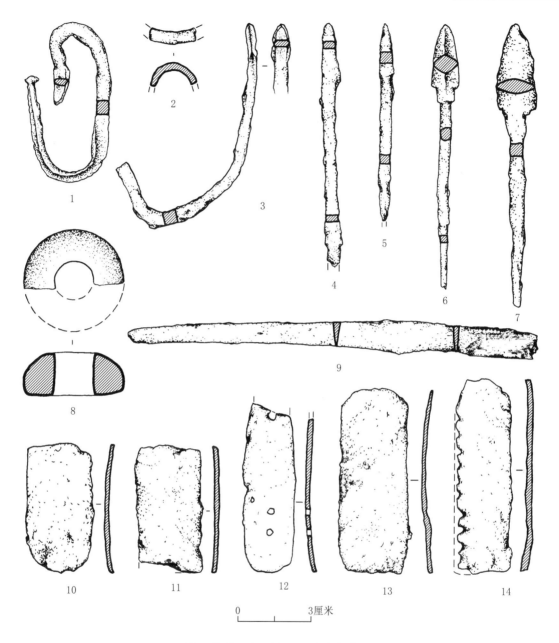

0　　　　　3厘米

图三〇〇　SⅢ05DH10出土器物

1.铁环（SⅢ05DH10：2）　2.铜耳环（SⅢ05DH10：16）　3.A型Ⅰ式铁镞（SⅢ05DH10：11）　4.A型Ⅱ式铁镞（SⅢ05DH10：14）　5.B型Ⅲ式铁镞（SⅢ05DH10：3）　6.C型Ⅳ式铁镞（SⅢ05DH10：13）　7.D型Ⅰ式铁镞（SⅢ05DH10：18）　8.石纺轮（SⅢ05DH10：1）　9.铁削（SⅢ05DH10：4）　10~14.铁甲片（SⅢ05DH10：15、SⅢ05DH10：5、SⅢ05DH10：17、SⅢ05DH10：6、SⅢ05DH10：10）

C型Ⅳ式，1件。矛形锋镞，短锋，剖面棱形，尾折收，长圆身，方锥形铤。SⅢ05DH10：13，锋长3.4、宽1.6、厚0.4厘米，铤长6.7、通长10.1厘米（图三〇〇，6；彩版一六一，4）。

D型Ⅰ式，1件。叶形锋镞，短锋，剖面扁棱形。SⅢ05DH10：18，方锥形铤，锋长3.8、宽1.6、厚0.3厘米，铤长8.1、宽0.3~0.6、通长11.4厘米（图三〇〇，7；彩版一六一，5）。

铁甲片 5件。

有舌形、长方形。SⅢ05DH10：15，舌形，平顶，底圆弧面。长5、宽2.8、厚0.15厘米（图三〇〇，10；彩版一六一，8）。SⅢ05DH10：5，长方形，长5.1、宽2.7、厚0.2厘米（图三〇〇，11）。SⅢ05DH10：17，长条形，顶残，底圆弧，顶端、下部有竖双孔。长8、宽2.8、厚0.15厘米（图三〇〇，12；彩版一六一，9）。SⅢ05DH10：6，长方形，平顶抹角。长7.5、宽2.7、厚0.2厘米（图三〇〇，13；彩版一六一，10）。SⅢ05DH10：10，长方形，平顶抹角，一边多穿孔。长7.7、宽2、厚0.2厘米（图三〇〇，14；彩版一六一，11）。

铁削 1件。

SⅢ05DH10：4，直背，一侧刃，直柄，剖面三角形。身宽1.3、厚0.3、通长17厘米（图三〇〇，9；彩版一六一，7）。

石纺轮 1件。

SⅢ05DH10：1，残半。外直径5、内直径1.5、厚1.5厘米（图三〇〇，8；彩版一六〇，3）。

铜耳环 1件。

SⅢ05DH10：16，残存一半。直径2.2厘米（图三〇〇，2；彩版一六〇，4）。

SⅢ05DH11

位于SⅢ05DT08扩方内，开口于第①层下，平面呈圆形，直壁，平底。直径1.3、深0.42米。生土壁呈砖红色。出土遗物有铁镞、铁甲片（图三〇一）。

铁镞 2件。有圭形锋镞、矛形锋镞2型。

A型Ⅰ式，1件。圭形短锋，剖面扁六棱形，扁方身。SⅢ05DH11：2，身已弯曲，铤残。锋长1.3、宽0.7、通长5.5厘米（图三〇二，1；彩版一六二，1）。

C型Ⅲ式，1件。棱形长锋，锋剖面菱形，长圆身。方锥铤。SⅢ05DH11：3，铤残。锋长4.1、宽0.9、厚0.5、身长8.2、径0.6、铤长1.3，通长13.6厘米（图三〇二，3；彩版一六二，5）。

铁甲片 1件。长方形。

SⅢ05DH11：1，顶残，底圆弧。长6、宽2.3、厚0.2厘米（图三〇二，2；彩版一六二，2）。

SⅢ05DH13

位于SⅢ05DT01扩方内，开口于第①层下，平面呈长方形，直壁，平底。长2、宽1.4、深0.6米。生土壁呈砖红色。坑内堆积黑褐色土。出土遗物有铁镞（图三〇三）。

铁镞 3件。有圭形锋镞、矛形锋镞2型。

A型Ⅰ式，2件。圭形短锋，扁方长身。SⅢ05DH13：1，圆铤。长15.8、直径0.3厘米（图三〇四，1；彩版一六二，6）。SⅢ05DH13：3，方铤，残。锋长1.3、身长11、身宽0.5、铤长1、通长13.3厘米（图三〇四，2；彩版一六二，7）。

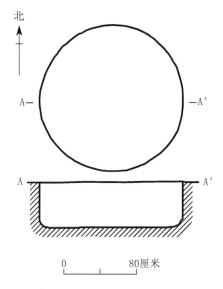

图三〇一 S Ⅲ 05DH11平、剖面图

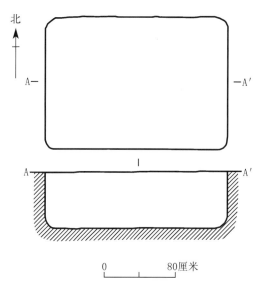

图三〇三 S Ⅲ 05DH13平、剖面图

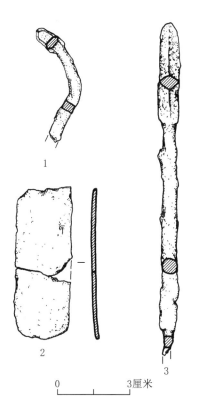

图三〇二 S Ⅲ 05DH11出土铁器

1.A型Ⅰ式镞（S Ⅲ 05DH1：2） 2.铁甲片（S Ⅲ 05DH1：1） 3.C型Ⅲ式镞（S Ⅲ 05DH1：3）

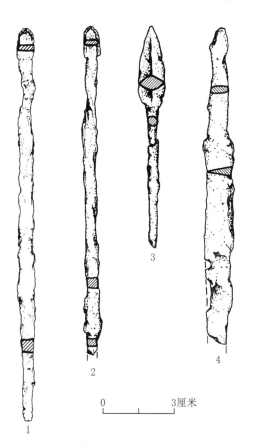

图三〇四 S Ⅲ 05DH13出土铁器

1、2.A型Ⅰ式镞（S Ⅲ 05DH13：1、S Ⅲ 05DH13：3） 3.C型Ⅳ式镞（S Ⅲ 05DH13：2） 4.削（S Ⅲ 05DH3：4）

C型Ⅳ式，1件。矛形短锋，锋剖面菱形。S Ⅲ 05DH13：2，圆铤。锋长3.3、宽1.1、厚0.4、通长8.8厘米（图三〇四，3；彩版一六二，4）。

铁削 1件。

SⅢ05DH13：4，前锋残。长12.2、宽1.1、厚0.2厘米（图三〇四，4）。

90SI、91SI区灰坑遗物

1990、1991两个年度的试掘工作，发现了陶器、铁器、石器等遗物，一并附于此处介绍。

91SIH1

陶盘 1件。

A型Ⅱ式，浅腹，圆唇，斜腹，平底。91SIH1：1，细泥质灰陶。口径22、高2.5、底径19、壁厚0.6厘米（图三〇五，1；彩版一六四，1）。

铁镞 1件。

A型Ⅱ式，圭形长锋镞。锋断面梯形，长身，方铤。91SIH1：2，身长11.3、宽0.5、厚0.4、通长12.7厘米（图三〇五，2；彩版一六二，8）。

铁甲片 1件。

91SIH1：3，长条形。平顶抹角，身平直，两边、中、下部有双孔和单孔。长9、宽2.7、厚0.15厘米（图三〇五，3；彩版一六二，3）。

91SIH2

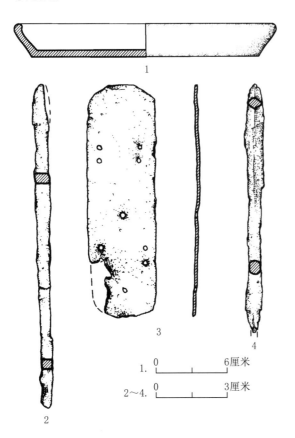

铁镞 1件。

C型Ⅲ式，矛形长锋镞。锋剖面棱形，长圆身，方铤。91SIH2：1，锋长4.5、宽0.8、厚0.4、身长4.5、径0.5、铤残长0.5厘米（图三〇五，4；彩版一六三，1）。

90SIH3

铁镞 1件。

B型Ⅰ式，方锥形锋，圆锥铤。90SIH3：7，锋长3.8、宽0.8、铤长3.7、径0.4厘米（图三〇六，1；彩版一六三，2）。

铁甲片 5件。

90SIH3：11，舌形，身内曲。长6.3、宽3.1、厚0.1厘米（图三〇六，2）。90SIH3：2，残，长条形，平顶抹角，身内曲，顶有横双孔，两边、中、下部有双孔和单孔。长8.1、宽3.2、厚0.15厘米（图三〇六，3；彩版一六三，3）。90SIH3：5，长条形，平顶抹角，

图三〇五 91SIH1、91SIH2出土器物

1.A型Ⅱ式陶盘（91SIH1：1） 2.A型Ⅱ铁镞（91SIH1：2）

3.铁甲片（91SIH1：3） 4.铁镞（91SIH2：1）

身内曲，顶有横双孔，两边、中、下部有双孔和单孔。长9、宽2.7、厚0.15厘米（图三〇六，4；彩版一六三，4）。90SIH3：8，扇形，一边直，一边内凹，边有双孔和单孔。长6.6、宽6、厚0.2厘米（图三〇六，5）。90SIH3：12，舌形，顶残。长3.8、宽2.8、厚0.15厘米（图三〇六，8）。

铁钉 2件。

90SIH3：17，偏头圆帽，方钉。帽径1.7、长5.3、厚0.25厘米（图三〇六，6；图版三五，1；彩版一六三，5）。90SIH3：16，平帽顶，方锥形钉。长3.4、厚0.15厘米（图三〇六，7；彩版一六三，7）。

石臼 1件。

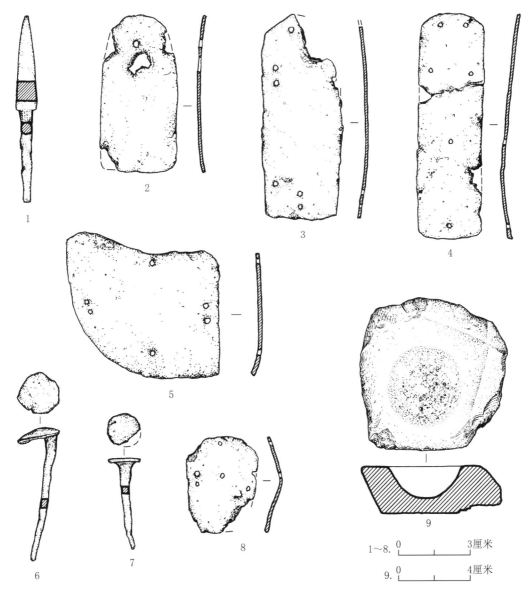

图三〇六 91SIH3出土器物

1.B型I式铁镞（90SIH3：7） 2～5、8.铁甲片（90SIH3：11、90SIH3：2、90SIH3：5、90SIH3：8、90SIH3：12） 6、7.铁钉（90SIH3：17、90SIH3：16） 9.石臼（90SIH3：3）

90SIH3：3，打制，不规则圆形，平底，表面有圆臼窝。径8～9、厚2.5、臼径4、深15厘米（三〇六，9；彩版一六三，6）。

91SIH4

铁镞　3件。有圭形锋镞、矛形锋镞2型。

A型Ⅰ式，2件，圭形短锋，扁方长身，方锥形铤。91SIH4：1，锋长1.7、宽0.6、身长11.8、宽0.6、厚0.4、铤长5、通长18.5厘米（图三〇七，1；彩版一六三，9）。91SIH4：2，锋长1.8、宽0.6、身长10.7、宽0.6、厚0.4、铤长1、通长12.5厘米（图三〇七，2；彩版一六三，8）。

C型Ⅲ式，1件，矛形长锋镞，锋剖面棱形，长圆身，方铤。91SIH4：6，锋长3、宽0.7、身长4、径0.6、铤残长0.8、通长7.8厘米（图三〇七，3；彩版一六三，10）。

90SIH5

陶壶　1件。

B型，敛口，圆唇，溜肩。91SIH5：3，泥质灰黑陶。敛口，圆唇，溜肩。颈部有一周附加堆绳纹。口径6.4、口高4.5、壁厚0.5厘米（图三〇八，1）。

铁镞　2件。有圭形锋镞、方锥形锋镞2型。

A型Ⅰ式，圭形短锋，扁方长身，方锥形铤。91SIH5：2，锋长1.6、宽0.7、身长7.1、宽0.6、厚0.3、铤长4、通长13.5厘米（图三〇八，2；彩版一六三，11）。

B型Ⅰ式，方锥形锋，方锥形铤。91SIH5：1，锋长3、宽0.8、铤长7.1、通长10.2厘米（图三〇八，3；彩版一六三，12）。

铁钩

91SIH5：4，钩头有圆环，环折绕钩身，圆尖。长6.7、径0.5厘米（图三〇八，4；图版三六，11；彩版一六四，5）。

91SIH6

石纺轮　1件。

91SIH6：18，石灰岩质，一面平，另一面弧状。直径3.5、厚1.6、壁厚0.8厘米（图三〇九，1；彩版一六四，6）。

91SIH9

陶瓮　1件。

A型Ⅳ式，侈口瓮。沿外侈，圆唇稍内折，束颈，圆肩。91SIH9：2，泥质红陶。器壁较厚，火候高，局部烧成黑色。口径38、壁厚2厘米（图三〇九，3）。

陶罐　1件。

D型Ⅱ式，深腹罐。91SIH9：1，泥质灰陶。敞口，圆唇，斜直腹。沿下有对称桥状横耳。口径46、残高28、器壁厚0.7厘米（图三〇九，4）。

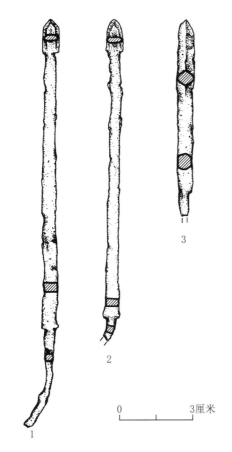

图三〇七　91SIH4出土铁镞

1、2.A型Ⅰ式（91SIH4：1、91SIH4：2）
3.C型Ⅲ式（91SIH4：6）

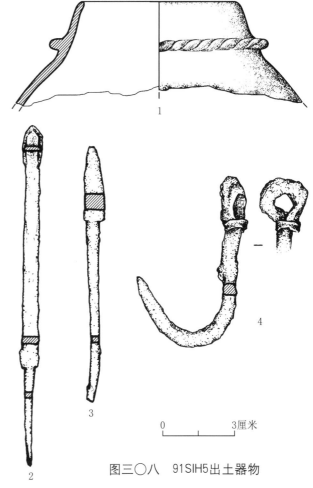

图三〇八　91SIH5出土器物

1.B型陶壶（91SIH5：3）　2.A型Ⅰ式铁镞（91SIH5：2）
3.B型Ⅰ式铁镞（91SIH5：1）　4.铁钩（91SIH5：4）

91SIH10

陶壶　1件。

C型Ⅲ式，釉陶。外展沿，圆唇，喇叭口，口外有凹带。91SIH10：12，内外施黑釉。口径14.6、壁厚0.5厘米（图三〇九，5）。

91SIH12

陶纺轮　1件。

91SIH12：3，泥质灰陶片修制。直径4.6、孔径0.5、厚0.6厘米（图三〇九，2；彩版一六四，7）。

91SIH13

铁镞　1件。

C型Ⅲ式，矛形长锋镞。长锋，剖面呈菱形，长圆身，方铤。91SIH13：2，锋长4.3、宽0.8、身长4.8、直径0.5、通长15.6厘米（图三〇九，6；彩版一六四，4）。

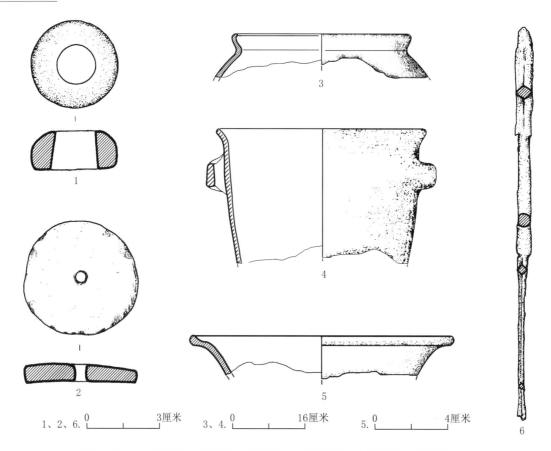

图三〇九　91SIH6、91SIH9、91SIH10、91SIH12、91SIH13出土器物

1.石纺轮（91SIH6：18）　2.陶纺轮（91SIH12：3）　3.A型Ⅳ式陶瓮（91SIH9：2）　4.D型Ⅱ式陶罐（91SIH9：1）
5.C型Ⅲ式陶壶(91SIH10：12)　6.铁镞(91SIH13：2)

91SIH14

陶罐　1件。

A型Ⅱ式，侈口罐。圆唇，束颈，圆肩。91SIH14：4，泥质灰黑陶。口径19.5、残高6.1、壁厚0.5厘米（图三一〇，1）。

陶盘　1件。

A型Ⅰ式，浅腹盘。平唇，斜直腹，平底。91SIH14：10，泥质黑陶。口径20.5、高3、底径16.5、壁厚0.6厘米（图三一〇，2；彩版一六四，2）。

陶釜　1件。

91SIH14：11，夹砂红陶。仅发现器耳部分。腹径19.2、横环耳宽1.5、厚0.5厘米（图三一〇，3）。

91SIH16

陶瓮　2件。

A型Ⅱ式，1件。侈口瓮。外展沿，圆唇，束颈，圆肩，长鼓腹。91SIH16：2，泥质灰

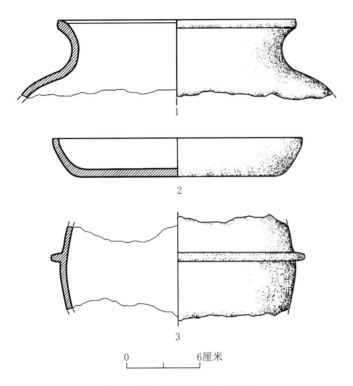

图三一〇 91SIH14出土器物

1. A型Ⅱ式陶罐（91SIH14：4） 2. A型Ⅰ式陶盘（91SIH14：10） 3. 陶釜（91SIH14：11）

黑陶。口径36、腹径45、残高44、壁厚0.7厘米（图三一一，1）。

Ⅳ式，1件。外折圆唇，口内一周凹带，短束颈，平肩，圆腹下收，平底。91SIH16：4，泥质灰陶。火候较高，质地坚硬，器壁较厚。口径36、高69、底径26、壁厚1.8～2.5厘米（图三一一，4；彩版一六四，3）。

陶罐 1件。

B型Ⅰ式，直口，口稍敛，平唇，短直领，广肩。91SIH16：31，泥质灰陶。肩下有对称桥状横耳。口径15.3、残高17厘米（图三一一，2）。

陶盘 1件。

B型Ⅰ式，敞口，平唇，深腹，斜直腹，平底。91SIH16：7，泥质灰黑陶。局部火候不均，外腹部有数周划压凹弦纹，腹部有多处缀合穿孔。口径42、高7、底径31、壁厚0.6～1厘米（图三一一，5；彩版一六五，1）。

陶器盖 1件。

91SIH16：8，泥质灰陶，手制轮修。平顶，中有一纽，弧肩，子母口。器纽高3.5、口径16.5、高8.5厘米，稍扭曲（图三一一，3；彩版一六五，2）。

91SIH18

陶壶 1件。

A型Ⅲ式，直口，圆唇，小盘口，束颈。91SIH18：1，表里施墨绿釉，釉色光亮。口径15.6、盘口高2.8、壁厚0.6厘米（图三一二，1）。

91SIH19

铁带扣 1件。

91SIH19：8，上端直角，下端半月状，中有长方形孔。孔长1.4、宽0.6厘米，外缘有凸线，上端中空，一侧残损。通长6.6、宽4.2厘米（图三一二，2；彩版一六五，3）。

91SIH20

陶壶 1件。

C型Ⅱ式，侈口，外展沿。91SIH20：1，夹细砂黄陶。火候很高，质地坚硬。平唇外

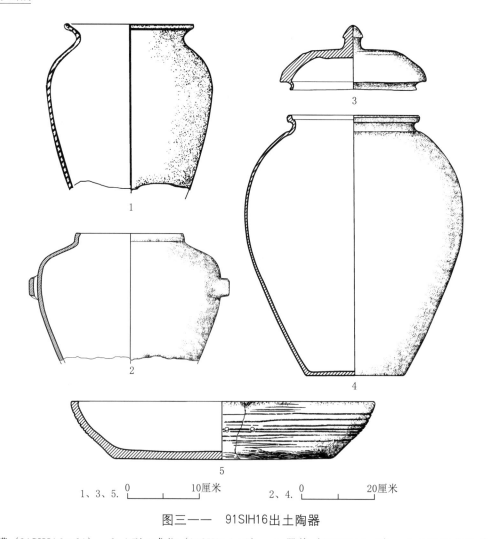

图三一一　91SIH16出土陶器

1.B型Ⅰ式罐（91SIH16：31）　2.A型Ⅱ式瓮（91SIH16：2）　3.器盖（91SIH16：8）　4.A型Ⅳ式瓮（91SIH16：4）　5.B型Ⅰ式盘（91SIH16：7）

尖，束颈，广肩。口径6.5、残高3.6、壁厚0.4厘米（图三一二，3）。

铁甲片　3件。

有椭圆形、长方形、梯形。91SIH20：4，椭圆形，两端圆弧，身折曲，有多个穿孔。长4.6、宽1～1.5、厚0.1厘米（图三一二，4；彩版一六五，4）。91SIH20：6，梯形，上端抹角，下端圆弧，身内曲，顶有横双孔，边有竖双孔，中部有单孔。长4.6、宽2.5～3、厚0.1厘米（图三一二，5；彩版一六五，5）。91SIH20：5，长方形，平顶抹角，底圆弧，身内曲，两边、下部有竖双孔，中部有单孔。长8.4、宽2.3、厚0.15厘米（图三一二，6；彩版一六五，6）。

4.道路

（1）城内道路

城内道路

山城以四座城门为端点在城内形成"十"字形道路，东门至西门，南门至北门，交汇在中间处。从山城外部地势可知，西门址外侧沟谷较长，坡度较缓，至今尚可通行车马，因此

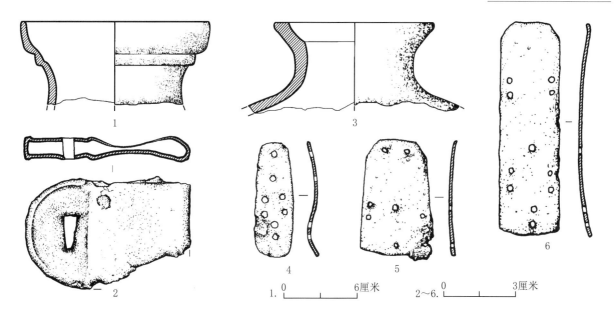

图三一二 91SIH18、91SIH19、91SIH20出土器物

1.A型Ⅲ式陶壶（91SIH18：1） 2.铁带扣(91SIH19：8) 3.C型Ⅱ式陶壶（91SIH20：1） 4～6.铁甲片（91SIH20：4、91SIH20：6、91SIH20：5）

我们推测西门应是山城的主要辎重通道，入城后可达山城的南侧区域；而其他三座门址外侧坡度均在45°之上，行人尚难，恐不可通车。值得注意的是，西门址至山城中部的大型建筑址之间，发现一条用石块垒砌、内填土石筑的坡路。

城墙路

石台子山城的城墙是闭合形式的山城，城墙顶部应全部用石材铺筑，已是围绕山城的贯通山城的石铺路。城墙随山势修筑，但随高筑低，城墙内侧均有土石护坡，除西城墙部分较为陡峭外，东、南、北侧城墙与内侧护坡的高度，水平高度比较相近，地势较平缓。紧依靠城墙修建的居住址或可说明城墙也应是山城内主要道路之一。

（2）城外道路

蒲河东道

石台子山城四门，其东、南两座城门面对蒲河，北门、西门沟谷也通向蒲河，蒲河是提供日常生活用水的主要来源，依河筑城是其主要目的，山城应有通向河谷之路。以重要的交通道路而论，山城北部有一条东西交通线，由现蒲河新城向东行25千米至横道子乡，再经横道子乡向南20千米至抚顺高尔山山城，再向北16千米至铁岭青龙山山城东门，由青龙山山城东行6千米至摧阵堡山城。这条南北道路目前仍是抚顺和铁岭之间的重要交通路线。特别是由横道子乡向南的道路就从高尔山山城的南北两门间通过或许不是巧合。

其他道路

出棋盘山丘陵山地至西南方的沈阳、正南方向的浑河、西北方向的辽河道路，因地处平原，难以确定。

（三）小结

除大型石筑建筑址外，在山城内共清理发掘属于二期（高句丽文化）的居住址41座，从房址建筑形式结构现象可分为地穴式房址、半地穴式房址、半地穴有烧烤面房址、有土洞式烟道的房址、坑式地炕房址、有石筑烟道的房址、有石筑墙半地穴式房址共七类。

A类　地穴式房址1座，房址编号为SIF16。

SIF16，叠压在SIF4、SIF14之下。SIF4是有石筑墙的半地穴式房址，SIF14是有土洞式烟道的房址，从叠压关系上看，地穴式房址明显早于有石筑墙的半地穴式房址和有土洞式烟道的房址。

B类　半地穴式房址5座，房址编号为SIF6、SIF9、SIF12、SⅢ06DBF4、SⅢ06DBF5。房址内活动面较明显，灶址位于房址内中部，房址周围有柱洞。

SⅢ06DBF4，开口于第①层下，被SⅢ04DF1、SⅢ06DBF2、SⅢ06DBF3叠压，叠压在SⅢ06DBF5之上。

SⅢ06DBF5，开口于第①层下，被SⅢ06DF7、SⅢ06DF6、SⅢ04DF1、SⅢ06DBF2、SⅢ06DBF3、SⅢ06DBF4叠压。SⅢ06DF7、SⅢ06DF6和SⅢ04DF1是有石筑烟道式房址，SⅢ06DBF2、SⅢ06DBF3是半地穴式有烧烤面房址，SⅢ06DBF4半地穴式房址。

半地穴式房址有（SⅢ06DBF4）同式叠压关系，从叠压关系上看早于半地穴有烧烤面房址和有石筑烟道式房址。

C类　半地穴有烧烤面房址3座，房址编号为SIF5、SⅢ06DBF2、SⅢ06DBF3。

SIF5，叠压在SIF3之下，西壁南侧被SIF7打破。SIF3、SIF7是有石筑烟道房址。SⅢ06DBF2北、东两侧叠压在SⅢ04BF1、SⅢ06DF7之下，叠压SⅢ06DBF3、SⅢ06DBF4、SⅢ06DBF5之上。SⅢ06DBF3叠压在SⅢ04DF1、SⅢ06DBF2、SⅢ06DBF7、SⅢ06DBF8之下，打破SⅢ06DBF4，叠压在SⅢ06DBF5之上。

从遗迹叠压关系上看，半地穴有烧烤面房址晚于半地穴式房址，早于有石筑烟道式房址。

D类　坑式地炕房址5座，房址编号为SⅢXF2、SⅢ05DF1、SⅢ05DF2、SⅢ05DF3、SⅢ05DF4。

此类房址均发现在SⅢ区，房址之间没有发现直接叠压关系。SⅢXF2房址内遗迹明确，灶址位于房址中部偏南，灶口与"地炕"相通，地炕的北壁有用石块砌筑有石壁，"地炕"西与烟囱相接。SⅢ05DF1、SⅢ05DF2、SⅢ05DF3发现的房址现象应属于此类。

E类　有土洞式烟道房址10座，房址编号为SIF2、SIF10、SIF11、SIF13、SIF14、SIF17、SIF18、SIF25、SⅢXF1、SⅢXF3。

有直接叠压打破关系的房址有SIF10、SIF13、SIF17、SIF18。SIF10与SＩF13属于同期打破。SIF17叠压在SIF3之下、SIF5之上。SIF3是有石筑烟道房址，SIF5是半地穴有烧烤面房址。SIF18叠压在SIHG2、SIF7之下，东侧被SIH97打破。SIF7是有石筑烟道房址，从叠压关系上看，有土洞式烟道的房址晚于半地穴有烧烤面房址，早于有石筑烟道房址。

F类　有石筑烟道房址14座，房址编号为SIF1、SIF3、SIF7、SIF19、SIF20、SIF22、SIF24、SⅢXF3、SⅢ02DF1、SⅢ04DF1、SⅢ04DF2、SⅢ04DF3、SⅢ06DBF7、SⅢ

06DBF6。此类房址如前所述已有多组叠压关系。

SIF3，表土层下开口，北壁被SIF4的南壁打破并叠压。房址的时代早于SIF4。

此类房址晚于土洞式烟道房址，早于有石筑墙而无石筑烟的道半地穴式房址。

G类　有石筑墙半地穴式房址2座，房址编号为SIF4、SIF21。房址中部有石块围筑的灶址，灶用石块围筑，房内没有石筑烟道，房址外也没有烟囱。SIF4叠压SIF3北壁，SIF21打破SIF20西壁，从叠压关系上看，晚于有石筑烟道房址。

此外，SⅢ06DF1没有灶址，不具备房址的居住首要条件，无法归入上述类型。房址内出土有加工谷物的石臼，其功用可能与加工谷物作坊有关。

房址类型演进关系如下：B型半地穴式房址→C型半地穴有烧烤面房址→D型坑式地炕房址、E型有土洞式烟道房址→F型有石筑烟道房址→A型地穴式房址、G型有石筑墙半地穴式房址。

$$B型 \rightarrow C型 \begin{matrix} \nearrow D型 \searrow \\ \\ \searrow E型 \nearrow \end{matrix} F型 \begin{matrix} \nearrow A型 \\ \\ \searrow G型 \end{matrix}$$

除D型"坑式地炕房址"无直接叠压关系，其他早晚关系已明确。

F型SⅢ02DF1，开口于第⑤层下，SⅢ02DT1第⑤层的地层内出土有隋五铢钱币（SⅢ02DT1⑤：5），SⅢ02DT1第⑤层的年代不早于隋，推测此类房址建筑时期或在581～618年之前，应当无误。

遗迹与器物关系分析

房址、灰坑、灰沟之间相互叠压、打破关系较多，但是有出土遗物或典型器物的较少。仅以三组遗迹关系说明。

第一组：SIF16、SIF4、SIF14。SIF16属于A型房址，上部被SIF4和SIF14叠压。

遗迹关系为SIF4→SIF4→SIF16。

SIF4与SIF21为同类型房址。

第二组：遗迹关系为SⅢXH33→SⅢXF1→SⅢXH36。

SⅢXF1为E型有土洞式烟道房址，同类房址9座，有SIF2、SIF10、SIF11、SIF13、SIF14、SIF17、SIF18、SIF25、SⅢXF1、SⅢXF3，其中SⅢXF3叠压SⅢXH36之上，或可视为有土洞式烟道的E型房址叠压SⅢXH36。

第三组：SIH61打破SIG1、SIH60、SIH63、SIH64、SIH77，而SIG1叠压了SIF11、SIH55、SIH56、SIH40、SIH37、SIH39、SIH46，是SI区稍晚的遗迹单位。

典型单位器类分析

以遗迹叠压和地层关系为基准，以有土洞式烟道E型房址内典型器物为划分阶段，对器物类型进行归类，早于以E型有土洞式烟道房址的遗迹单位为第一段，有土洞式烟道房址为第二段，晚于有土洞式烟道房址的遗迹单位为第三段。

五 三期文化（明代）

主要分布在城内SⅢ区和SⅣ区，主要遗迹有土城围址、烽燧址和居住址。

（一）土城围址

位于Ⅳ区中部，这里是山城的南侧制高点，土围址沿山势在等高线150米处修筑，椭圆形，西南与高句丽时期山城的城墙部分重合，东北侧土筑，南北长100、东西宽90、周长380米。2003年在土城围址的北侧布一条探沟，编号SⅣTG1，南北向。探沟长20、宽1米，地层堆积分9层（彩版一六六）。

第①层，表土层，黑色腐蚀土，质松软。厚0.2米。

第②层，黑褐土，质实硬，含碎石。厚0.3~0.7米。

第③层，分③a、③b、③c、③d四段，土质较杂，实硬，为夯土，夯层计15层。厚1.9米。

第④层，灰黑土，质松软。厚0.25米。

第⑤层，黑色腐蚀土，质松软。厚0.2米。

第⑥层，黑色土，质松软。厚0.2米。

第⑦层，灰土夹碎小石块，质较松软。厚0.2米。

第⑧层，灰土夹较大石块，质较松软。厚0.4米。

第④层至⑧层属于垫土层，没有进行夯筑。

第⑨层，黑色腐蚀土，质较松软。厚0.25米。属于原地表层。

土城墙址从原地表至夯土残存部分高2.7米，从垫土层两侧计，底部宽约12米（图三一三）。

（二）烽燧址

城内发现有两处明代烽燧址，编号分别为STFSZ1、STFSZ2。

STFSZ1，位于土城址内的SⅣ区，也是利用了高句丽时期瞭望台址，中部有凹坑。台址周围有三座同时期的居住址。

STFSZ2，位于SⅢD区东部，东侧为东城墙断崖。土石堆筑，略呈长方形，东西长5.5、南北宽6、现高3.5米，中部有圆形凹坑（彩版一六七，1）。

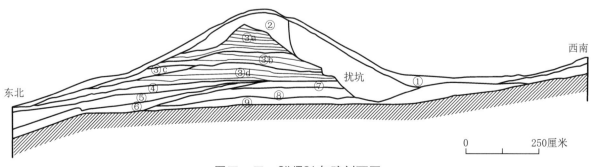

图三一三 SⅣTG1东壁剖面图

（三）居住址

居住址发现并清理4座。

SⅣF1

位于SⅣ区中部，开口于表土层下，东西长4.9、南北宽4.2米。墙壁用石材砌筑，宽0.5、残高0.45米。门道位于东墙壁偏南侧，宽约0.65米。灶址位于房内东北角处，平面呈椭圆形，仅残剩灶口两立石，长径约为0.4、深约0.3米。火炕位于房内西侧，呈曲尺形，南北长约3.5、东西宽约1.5米。烟道有三条，隔梁用石砌筑，上盖薄石片，上抹黄泥，烟囱位于房址西墙与南墙交接处，穿南壁墙基而出，宽约0.25米。出土遗物有铁镞（图三一四；彩版一六七，2）。

铁镞　1件。

SⅣF1∶1，锋剖面呈方锥形，方铤略残。锋长3.1、铤残长1.2、通长4.3厘米（图三一五，1）。

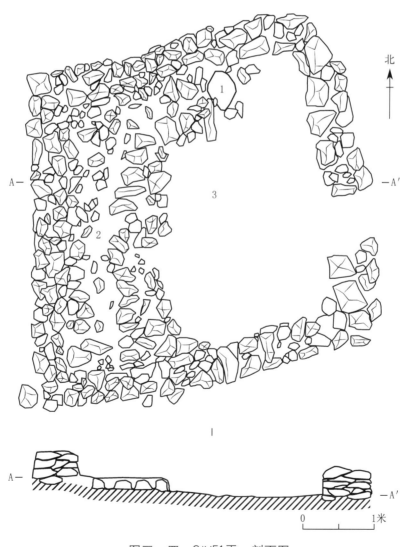

图三一四　SⅣF1平、剖面图

1.灶址　2.火炕面　3.活动面

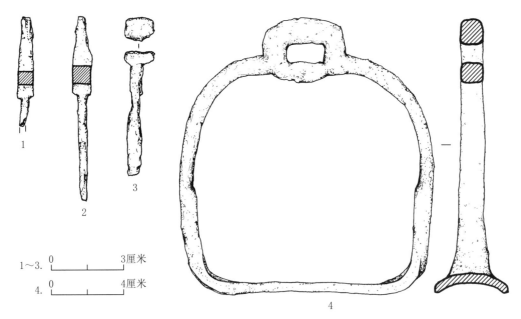

图三一五　SⅣF1、SⅣF2出土铁器

1.镞（SⅣF1：1）　2.镞（SⅣF2：1）　3.钉（SⅣF2：2）　4.马镫（SⅣF2：3）

SⅣF2

位于Ⅳ区中部，开口于表土层下，长约5.2、宽约4.4米，墙壁用石材砌筑，墙宽0.5、残高0.5米。门道位于北墙壁偏东侧，宽0.85米。灶址位于房址外东南墙中部，灶址呈锅底形，直径约为0.5、深0.25米，灶口与火炕相接。火炕位于房内西南部，呈曲尺形，长4.05、宽1.6米。用石块砌筑四条烟道，平均宽约0.2米，上盖薄石片，抹黄泥而成。烟囱位于房址西北墙与东北墙交接处，穿西北壁墙基而出，宽约0.32米（图三一六；彩版一六八，1）。出土遗物有碎瓷片、铁镞、铁钉、铁马镫等。

铁镞　1件。

SⅣF2：1，方锥形锋镞，方铤。锋长3.2、铤长4.3、通长7.4厘米（图三一五，2；彩版一六九，1）。

铁钉　1件。

SⅣF2：2，圆铆钉盖，钉身呈圆锥形。铆盖径0.9、钉身径0.5、通长4.9厘米（图三一五，3；彩版一六九，2）。

铁马镫　1件。

SⅣF2：3，带穿长方形，长方孔，镫梁呈半圆形，镫板圆弧。高14.5、宽14、镫板宽4、厚0.5厘米（图三一五，4；彩版一六九，6）。

SⅣF3

位于Ⅳ区中部，开口于表土层下，长5.4、宽4.7米。房址中部被一近代墓打破。墙壁用石材砌筑，宽0.5、残高0.55米。门道位于东南墙壁偏南侧，宽0.9米。灶址位于房址内东北部，灶址平面呈圆形，直径0.3、深0.34米。灶与火炕相接，灶口两侧有立石，其上横盖

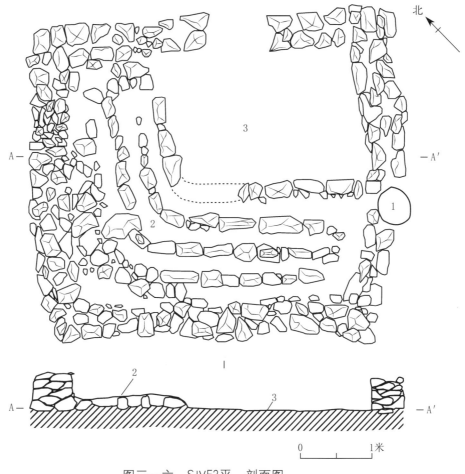

图三一六 SIVF2平、剖面图

1.灶址 2.火炕面 3.活动面

一小平板石,宽约0.27米。火炕位于房内西北部,有三条烟道隔梁,其上盖薄石片,抹黄泥而成,呈曲尺形,长约3.75、宽1.5米,烟道平均宽约0.25米。烟囱位于房址西北墙与东南墙交接处,穿两墙壁墙基而出,宽约0.22米。出土遗物碎有瓷片、铁镞、铁刀、铁炮等(图三一七;彩版一六八,2)。

铁镞 2件。

SIVF3:4,无侧锋,扁方身,已弯曲,方铤,残。通长15厘米(图三一八,1)。SIVF3:3,圭形长锋,长扁方身,扁方铤,身已弯曲。通长17厘米(图三一八,3;彩版一六九,4)。

铁削 1件。

SIVF3:1,直背,刃中部微曲,刀身剖面为三角形,柄残。刀身长14.1、刀柄残长1.4、宽0.5~1.8、通长15.5厘米(图三一八,2;彩版一六九,5)。

铁卷环 1件。

SIVDF3:5,残半,一端弯曲成环,剖面呈扁方形。残长8.0厘米(图三一八,4)。

铁带扣 1件。

SIVF3:2,半圆形。长宽2.5、宽1.7厘米(图三一八,5;彩版一六九,3)。

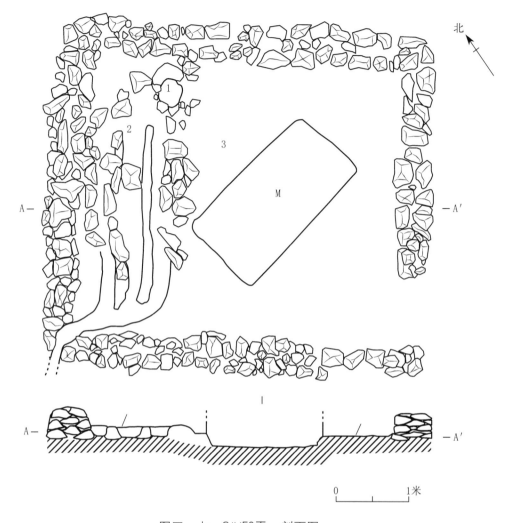

图三一七 SIVF3平、剖面图

1.灶址 2.火炕面 3.活动面

铁炮 1尊。

SIVF3：6，铸制，炮身中部有三节箍。箍节宽5.5、间距均为7厘米，末节外有圆形火药捻孔。两端直径14、炮口直径为6、炮膛深39、通长47厘米（图三一八，6；彩版一六九，7）。

SⅢ04DF8

位于SⅢ04DT015、SⅢ04DT016探方内南侧。长7.4、宽6.7米。墙壁石材砌筑，宽0.7、残高0.5米。门道位于东南墙壁偏南侧，宽0.9米。火炕呈曲尺形，长约3.75米，宽1.5米，火道平均宽约0.35米，灶坑、烟囱不明（彩版一七〇，1）。

瓷碗 2件。

形式相同，敞口，圆唇，斜收腹，圈足，挖底。瓷胎较粗，红褐色，施灰白色釉，半釉不至底。SⅢ04DF8：2，口径18、底径6.5、高6.5厘米（图三一九，1；彩版一七〇，2）。

SⅢ04DF8：1，腹外有旋削痕，削足根。口径18、底径6.4、高6.3厘米（图三一九，2；彩版

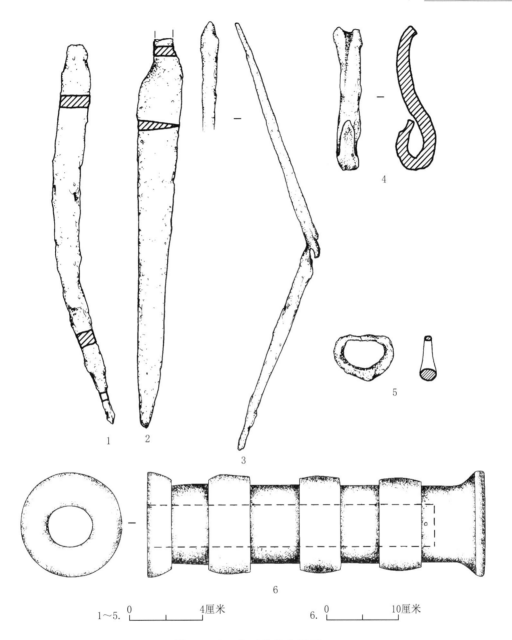

图三一八　SIVF3出土铁器

1、3.镞（SIVF3：4、SIVF3：3）　2.削（SIVF3：1）　4.卷环（SIVF3：5）　5.带扣（SIVF3：2）　6.炮
（SIVF3：6）

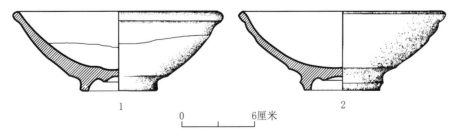

图三一九　SⅢ04DF8出土瓷碗

1、2.SⅢ04DF8：1、SⅢ04DF8：2

一七〇，3）。

六   采集遗物

有铁器、铜器和石器等，另有少量铜钱。

铁马衔   1件。

SNM采：1，弓形，残半，剖面圆形，末端稍扁呈靴形。中部有长方形双活环带扣，扣中有长方穿孔。残长13、径0.9、扣长4、宽3、厚0.5厘米（图三二〇，1；彩版一七〇，4）。

铁凿   1件。

SNM采：4，扁方锥形，平顶，顶部经锤打。顶宽2.4、厚0.7、长7.8厘米（图三二〇，4；彩版一七〇，5）。

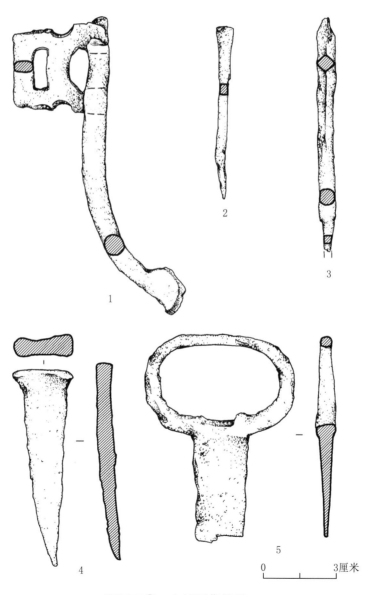

图三二〇   山城采集铁器

1.马衔（SNM采：1）   2、3.镞（SNM采：2、SNM采：3）   4.凿（SNM采：4）   5.柄（SNM采：5）

铁柄　1件。

SNM采：5，扁环首，扁方柄残。环长6.1、宽4、径0.4、柄宽2.2、厚0.3厘米（图三二〇，5；彩版一七〇，6）。

铁镞　5件。

02S采：1，锋鱼尾形，断面楔形。锋铤连接出有节，铤扁棱形。长10.7、锋长6、宽4.7厘米（图三二一，1；彩版一七一，1）。97S采：2，圭形锋，剖面扁方形，方锥铤。残长4.5厘米（图三二一，2；彩版一七一，2）。97S采：3，方锥形锋，方锥铤。锋长3.2、宽0.9、铤长4、通长7.2厘米（图三二一，3；彩版一七一，3）。SNM采：2，锋残，扁方身，

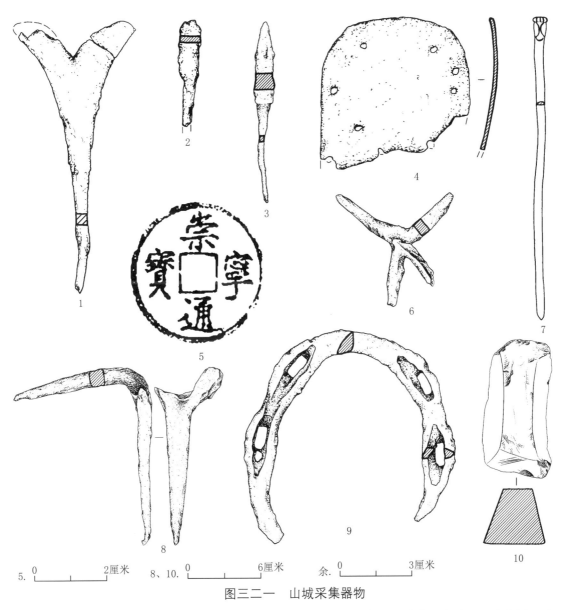

图三二一　山城采集器物

1～3.铁镞（02S采：1、97S采：2、97S采：3）　4.铁甲片（97S采：4）　5.崇宁通宝（SXM表土层：1）　6.铁蒺藜（SⅡ01TG1表土层：26）　7.铜簪（97S采：6）　8.双齿钩（97S采：5）　9.铁马掌（SⅡ01TG1表土层：36）　10.砺石（97S采：8）

锥形铤。残长6.9、宽0.5、厚0.4厘米（图三二〇，2；彩版一七一，4）。SNM采：3，棱形长锋，圆身，方锥形铤。锋长3.5、宽0.6、身长4.6、径0.7、铤残长1.3、通长9.4厘米（图三二〇，3；彩版一七一，5）。

铁甲片　1件。

97S采：4，顶残，底圆弧，身内曲。残长6、宽6、厚0.15厘米（图三二一，4）。

双齿钩　1件。

97S采：5，扁锥形柄，分叉形双齿，折钩，钩呈圆锥形，其中一齿残。柄长12、宽2、厚1、齿长12、径1厘米（图三二一，8；彩版一七一，7）。

铁蒺藜　1件。

SⅡ01TG1表土层：26，略残，表面锈蚀。用两角直部端有尖的四棱锥钉连接而成。随意放置，均有三尖在同一平面，另外一尖端朝上。高2.5厘米（图三二一，6；彩版一七一，8）。

铁马掌　1件。

SⅡ01TG1表土层：36，平面为马蹄形，有四个长方形钉孔。通长9.8、宽8.7、厚1厘米（图三二一，9；彩版一七一，10）。

铜簪　1件。

97S采：6，簪首表面浅刻蝉形，扁方长身，剖面扁圆形，尖尾。通长12、宽0.6、厚0.15厘米（图三二一，7；彩版一七一，6）。

崇宁通宝　1枚。

SXM表土层：1，直径3.6、厚0.2、孔径0.6厘米　（图三二一，5；彩版一七一，9）。

砺石　1件

97S采：8，长条形，剖面梯形，多磨面。通长11、宽6、厚5.5厘米（图三二一，10；彩版一七一，11）。

第三章　墓地发掘

第一节　墓地划分

墓葬均分布在山城的西南、西北面向阳坡地或山脚开阔地，较为分散，有的甚至相距较远，故我们将较为集中的墓葬划归为一处墓地。目前所发现的墓葬可大体划分为I～V处墓地（见图一一）。

第二节　墓地发掘

一　第I墓地

第I墓地位于石台子山城西面平缓的山脚向阳坡地，东起九道沟西侧，西至玉龙山庄东侧，全长约1千米（图三二二）。据当地群众介绍，1997年修建棋盘山水库公路时，在水库北岸靠近山城缓坡及山脚向阳坡地处曾有大量石砌墓葬被破坏。2002年5月我们在这一区域

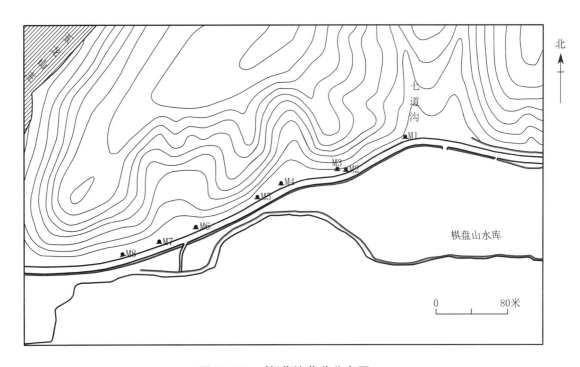

图三二二　第I墓地墓葬分布图

调查所发现的墓葬主要分布在山脚开阔地带，其北面较陡山坡上未见墓葬。共发现并清理墓葬8座，分别编号IM1～IM8，墓葬均开口于表土层下，多遭破坏，大多仅残留小半部分，平面均为长方形，为小型单石室封土墓，多未见人骨，无随葬品出土。

IM1

墓口距地表深约0.2米，为长方形单石室墓，方向240°。墓室用石块砌筑，南部已遭破坏。墓顶盖石板无存，墓底为山岩。墓圹南北残长1.33、东西宽1.31、墓室残长0.88、宽0.46、高0.2米。未见人骨，头向、葬式不明。无随葬品（图三二三；彩版一七二，1）。

IM2

该墓距地表深约0.3米，为长方形单石室墓，方向200°。墓室用石块砌筑，南部已遭破坏。墓顶盖石板无存，墓底为山岩。墓圹南北残长1.33、东西宽0.8、墓室残长1.2、宽0.36、高0.25米。未见人骨，头向、葬式不明。无随葬品（图三二四；彩版一七二，2）。

IM3

该墓距地表深约0.2米，为长方形单石室墓，方向180°。墓室用石块砌筑，南部已遭破坏。墓顶北部残存有盖石板，墓底为山岩。墓圹南北残长1.36、东西宽1、墓室残长0.92、残宽0.46、高0.46米。未见人骨，头向、葬式不明。无随葬品（图三二五；彩版一七二，3）。

IM4

该墓距地表深约0.3米，为长方形单石室墓，方向180°。墓室仅存西壁，系用四层石块砌筑，墓顶盖石板无存，墓底为山岩。墓圹南北残长1.31、东西残宽0.81、墓室残长1.08、残宽0.6、高0.6米。未见人骨，头向、葬式不明。无随葬品（图三二六）。

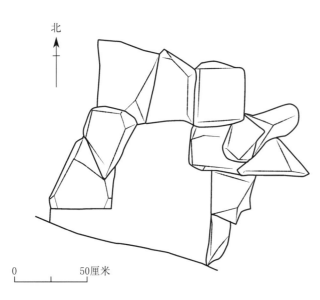

北

0   50厘米

图三二三　IM1平面图

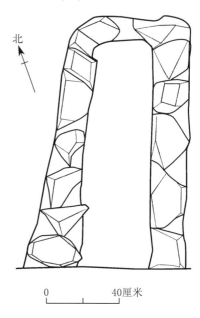

北

0   40厘米

图三二四　IM2平面图

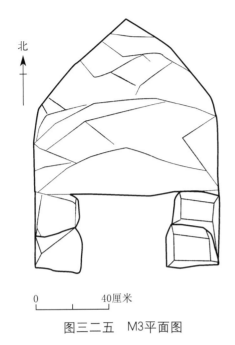

图三二五　M3平面图

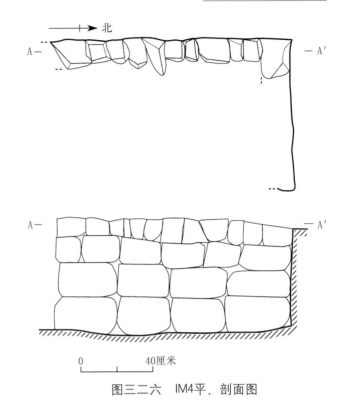

图三二六　IM4平、剖面图

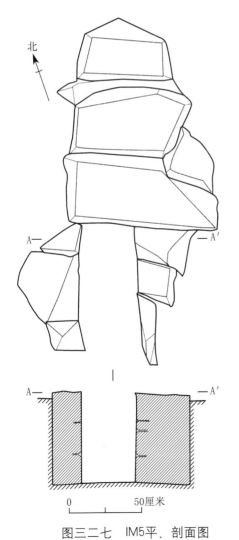

图三二七　IM5平、剖面图

IM5

该墓距地表深约0.3米，为长方形单石室墓，方向200°。墓室用三层石块砌筑，南部已遭破坏。墓顶北部盖有石板，墓底为山岩。墓圹南北残长2.3、东西宽1.26、墓室残长1.9、宽0.4、高0.6米。未见人骨，头向、葬式不明。无随葬品（图三二七；彩版一七二，4）。

IM6

该墓距地表深约0.3米，为铲形单石室墓，方向南北向180°。墓室仅残存北部，墓壁用三层石块立筑，墓顶无存，墓底为人工平整基岩。墓圹南北长0.78、东西残宽2.66、墓室残长0.6、宽2、残高0.55米。未见人骨，头向、葬式不明。无随葬品（图三二八；彩版一七三，1）。

IM7

该墓距地表深约0.3米，为长方形单石室墓，方向140°。墓室用三层石块砌筑，南部遭破坏。墓顶

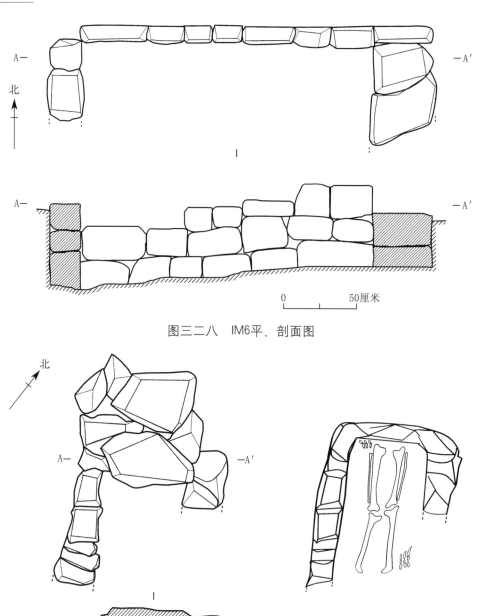

图三二八 IM6平、剖面图

图三二九 IM7平、剖面图

北部残存盖石板，墓底为山岩。墓圹南北残长1.13、东西宽0.84、墓室残长0.87、宽0.43、高0.34米。见有部分下肢骨，头南足北、仰身直肢葬。无随葬品（图三二九；彩版一七三，2）。

IM8

该墓距地表深约30厘米，破坏较严重，仅可辨为长方形单石室墓，方向180°。

二 第II墓地

第II墓地位于石台子山城西侧九道沟近沟口东侧较为平缓的坡地上，2002年9月发现并清理墓葬4座，编号为ⅡM1～ⅡM4。墓葬均开口于表土层下，除长方形石室封土墓M2保存较完整外，其他三座铲形石室封土墓均遭破坏。四座墓葬呈南北向一字排开，分布范围全长约0.15千米（图三三〇）。

ⅡM1

该墓位于墓地最北端，距地表深约0.2米，由墓道和墓室组成，为铲形单石室墓，方向180°。墓道朝南，长1、宽0.5米。墓室南北长2.2、东西宽1.9、高0.2～0.85米。墓室用楔形石与不规则石从基部向上逐渐内收叠砌而成，内壁抹白灰，东壁保存较高，西壁裸露近与地表平。墓底平整，西侧发现有一具较完整的人骨，头南足北，仰面直肢。东侧人骨分布杂乱，其中包括4具颅骨，推测该墓至少有5个个体，可能系二次拣肢多人葬（图三三一；彩版一七四，1）。随葬品有石料珠、铜环各1件及不明铁器2件。

金属饰件 1件。

ⅡM1：3，出于墓室中部。铜首铁身，首铸制，两端半圆帽形，中部扁六棱形，中有长方穿孔。器身铁锻制，剖面方形，一端扁方，与铜首穿孔连接。身中折曲，后部扁平，分三叉齿，稍凹曲。铜首长2.7、铁身残长15、宽2.2厘米（图三三二，1；彩版一七四，2）。

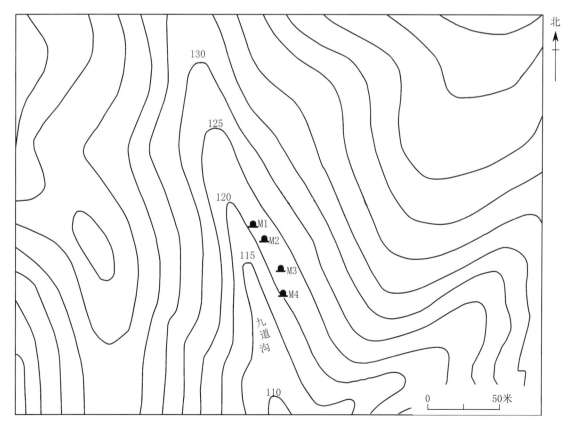

图三三〇 第II墓地墓葬分布图

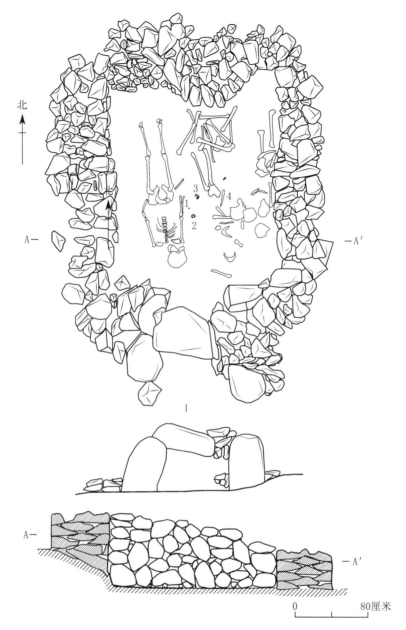

图三三一　ⅡM1平、剖面、正视图
1.料珠　2.铜环　3.不明铁器　4.管状铁器

铜环　1件。

ⅡM1∶2，出于墓室中部。圆环状。直径2.2厘米（图三三二，2；彩版一七四，3）。

料珠　1件。

ⅡM1∶1，出于墓室中部。系淡黄色料加工而成。扁圆形，残半，有磨痕。钻孔中有一凹槽。直径1.3、孔径0.3、高1厘米（图三三二，3；彩版一七四，4）。

管状铁器　1件。

ⅡM1∶4，出于墓室中部。器身呈圆管状，中间与一扁圆穿钉相连，穿钉已残。管内有朽木痕迹，用途不明。穿钉残长0.5、宽0.4厘米，圆管外径0.9、内径0.4、残长2.5厘米（图三三二，4；彩版一七四，5）。

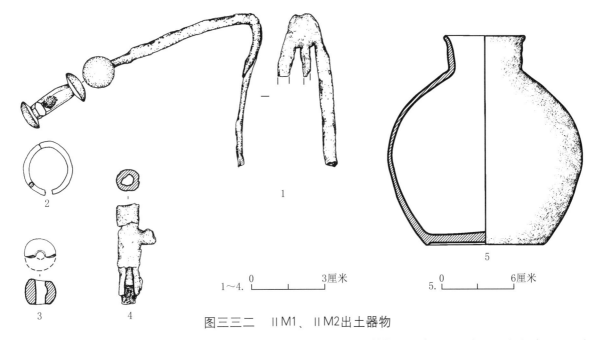

图三三二 ⅡM1、ⅡM2出土器物

1.金属饰件（ⅡM1：3） 2.铜环（ⅡM1：2） 3.料珠（ⅡM1：1） 4.管状铁器（ⅡM1：4） 5.陶壶（ⅡM2：1）

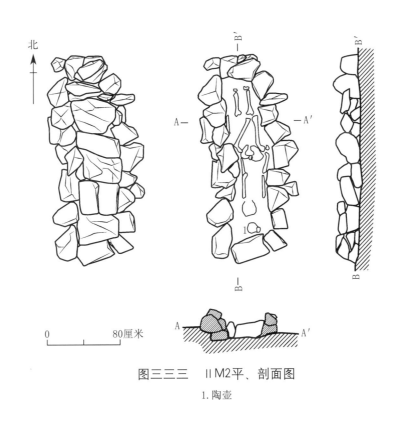

图三三三 ⅡM2平、剖面图

1.陶壶

ⅡM2

　　该墓位于ⅡM1南向约15米处，距地表深约0.3米，为长方形单石室墓，方向180°（图三三三）。墓室南北长1.75、东西宽0.5、高约0.15～0.35米。墓顶用七块大楔形石平铺，墓壁与墓顶缝隙处用小石块填充，东西两壁仅用一层大石块砌筑，南北两壁用石板立筑。墓底为黄土，经清理发现人骨一具，头南足北，仰面直肢。随葬品有泥质红褐陶壶1件（彩版一七五，1）。

陶壶　1件。

ⅡM2：1，泥质红褐陶。轮制，火候较低。侈口，尖唇，短直颈，圆肩，圆鼓腹，平底。底部稍凹。口径7.2、高17、底径10.4厘米（图三三二，5；彩版一七五，2）。

ⅡM3

该墓位于ⅡM1南向约80米处，距地表深约0.3米，由墓道和墓室组成，为铲形单石室墓，方向190°（图三三四；彩版一七六，1）。墓道朝南，长1.2、宽0.7米。墓室砌筑方法及结构与ⅡM1相似，南北长2.2、东西宽2.2、高0.35～0.8米。墓底均匀平铺白色石灰岩碎块，发现人骨多而杂乱，其中包括摆放于不同处的6具颅骨，据此推测该墓至少有6个个体。

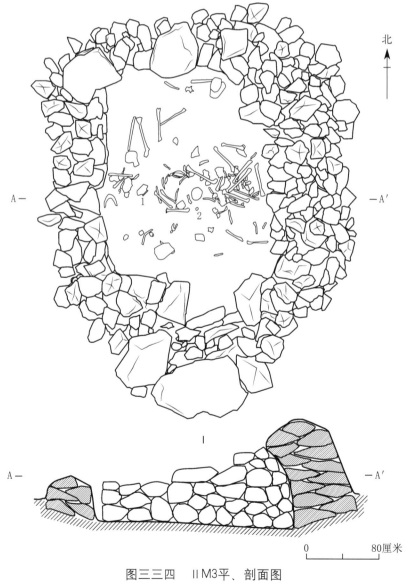

图三三四　ⅡM3平、剖面图

1.陶罐　2.铜指环

随葬品有铜指环和泥质红褐陶罐各1件。

陶罐　1件。

ⅡM3：1，泥质灰陶，火候较高。轮制。侈口，外展沿，方唇，唇面有浅凹弦纹。小口，束颈，广肩，鼓腹。平底。素面，有土蚀。口径7.6、最大腹径14.4、底径10、高13.2厘米（图三三五，1；彩版一七六，2）。

铜指环　1件

ⅡM3：2，出于墓内西侧个体盆骨左侧，保存完整。呈扁环状弯曲相叠接，戒面扁宽，从戒面向两端叠接处由宽变窄。素面，有绿锈。直径1.9、宽0.2～1、厚0.1厘米（图三三五，2；彩版一七六，3）。

ⅡM4

该墓位于墓地最南端、ⅡM3南向20米处，距地表深约0.2米，由墓道和墓室组成，为铲形单石室墓，方向180°。墓道朝南，长约1、宽0.8米。墓室砌筑方法及结构与ⅡM3相似，南北长2.2、东西宽1.5、高0.2～0.75米。墓底平铺规整分布的小片石，发现人骨一具，保存极差。无随葬品（图三三六；彩版一七七，1）。

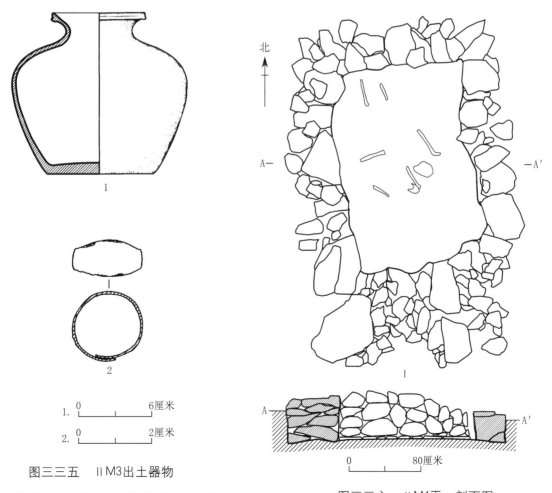

图三三五　ⅡM3出土器物

1.陶罐（ⅡM3：1）　2.铜指环（ⅡM3：2）

图三三六　ⅡM4平、剖面图

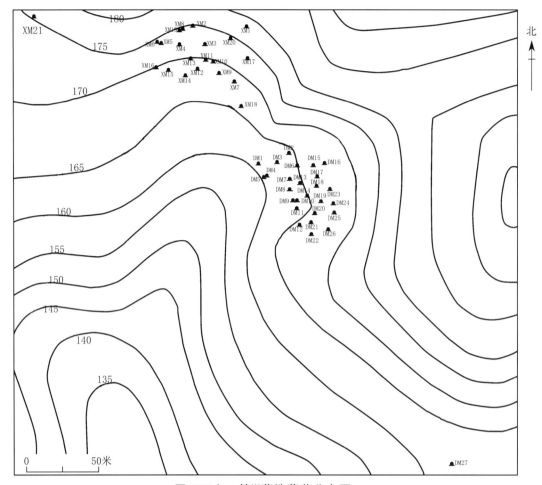

图三三七　第Ⅲ墓地墓葬分布图

三　第Ⅲ墓地

第Ⅲ墓地位于石台子山城西侧九道沟北部近山顶处较为平缓开阔的向阳坡地。墓地坐落于一自然山岗的东西两侧，分为东区和西区，分布范围东西长约500米。墓葬分布较为集中，2003年4～10月调查发现并清理墓葬48座，其中东区墓葬27座，西区墓葬21座（图三三七）。

Ⅲ东区墓葬

墓葬均开口于表土层下，多为铲形石室封土墓，亦多遭破坏。编号为ⅢDM1～ⅢDM 27。

ⅢDM1

该墓顶距地表深约0.3米，为长方形单石室墓，方向207°。墓圹长2.16、宽0.9米，墓室用两层石块砌筑，上盖石板，长1.8、宽0.34、高0.56米。未发现葬具。因盗掘破坏，仅见一具人骨的部分下肢骨。无随葬品（图三三八；彩版一七八，1）。

ⅢDM2

该墓口距地表深约0.3米，由墓道和墓室组成，为铲形单石室墓（图三三九；彩版

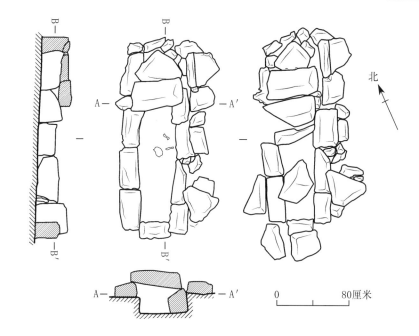

图三三八 ⅢDM1平、剖面图

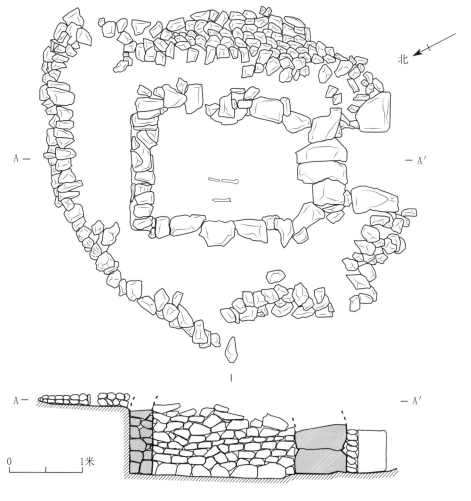

图三三九 ⅢDM2平、剖面图

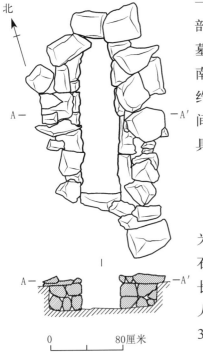

图三四〇　ⅢDM3平、剖面图

一七七，2），方向155°。墓顶已坍塌，封土略高于地表，中部有一盗洞。墓道朝向东南，长1.15、外口宽0.9米，内有封堵墓门的长条石，墓门宽0.6、残高0.64米。墓室四壁白灰抹面，南北长2.25、东西宽1.88、高0.94米。底部壁面较直，距墓底约0.3米高处渐内收。墓室外围有石砌圆形墓圹，墓室与墓圹之间填黄土。墓底平整，仅见一具人骨的部分下肢骨，未发现葬具。无随葬品。

ⅢDM3

位于ⅢDM1与ⅢDM2之间，该墓口距地表深约0.3米，为长方形单石室墓，方向197°。墓顶部盖石板后缝隙用小石块铺盖。墓圹用三层石块砌筑，长2.1、宽0.8米，墓室长1.88、宽0.42、高0.57米。墓底为山岩，未发现葬具和人骨。随葬品仅见有一釉陶残片（图三四〇；彩版一七八，3）。

釉陶片　1件。

ⅢDM3：1，出于墓主头前。腹部残片。泥质浅红色胎，含少许石英粒。内外施黄绿色釉，器表饰有三道为一组的凹弦纹两组。残长16厘米（彩版一七八，2）。

ⅢDM4

墓口距地表深约0.3米，为梯形单石室墓，方向190°（图三四一；彩版一七九，1）。

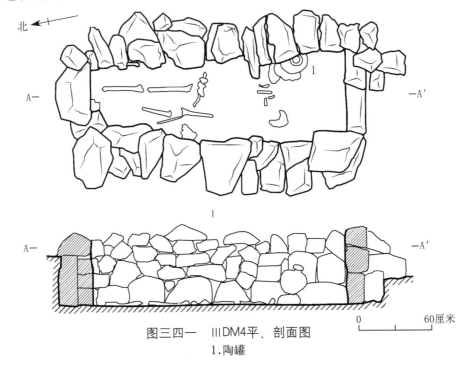

图三四一　ⅢDM4平、剖面图
1.陶罐

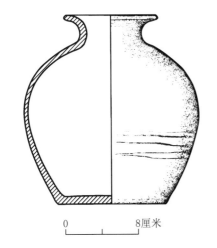

图三四二 ⅢDM4出土陶罐（ⅢDM4：1）

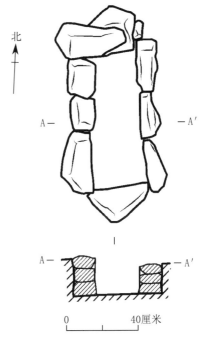

图三四三 ⅢDM5平、剖面图

墓室南北长2.23、东西宽0.48～0.72、高0.66米。墓顶用条形石平铺，东西两壁用两层大石块砌筑，南北两壁用石板立筑。墓底为黄土，清理发现人骨2具，均为头南足北，仰身直肢葬，初步鉴定东侧为男性，西侧为女性。随葬品有陶罐1件。

折沿罐 1件。

ⅢDM4：1，泥质黄褐陶，火候较高。侈口，外折沿，圆唇，束颈，圆肩，鼓腹。平底。器表有弦纹痕。口径10.4、高2、底径12.4厘米（图三四二；彩版一八〇，1）。

ⅢDM5

位于ⅢDM4西南侧约1米处，该墓距地表深约0.2米，为梯形单石室墓，方向与ⅢDM4相近，为180°。墓顶盖石已残无。墓室南北长0.72、东西宽0.24～0.32、高约0.2米。发掘时墓底见有腐蚀粉末状幼儿骨骼，头向、葬式不明。无随葬品（图三四三；见彩版一七九，1）。

ⅢDM6

位于ⅢDM2东南向约10米处，该墓距地表深约0.3米，由墓道和墓室组成，为铲形单石室墓，方向185°。墓顶已坍塌，封土略高于地表。墓道朝向西南，与墓室相接处有叠砌封堵墓门的长条石，墓道长1.3、外口宽0.75米，墓门宽0.56、残高0.7米。墓室砌筑方法与结构同02ⅡM1相似。墓壁可能受外力挤压变形，西壁外倾，东壁内收。墓室南北长2.25、东西宽1.44、深0.6～1.05米。墓底平整，有2具颅骨及部分肢骨，可辨头南足北，推测至少有2个个体。随葬品有夹细砂灰黑陶罐1件，位于墓室内两个体头部之间（图三四四；彩版一七九，2）。

侈口罐 1件。

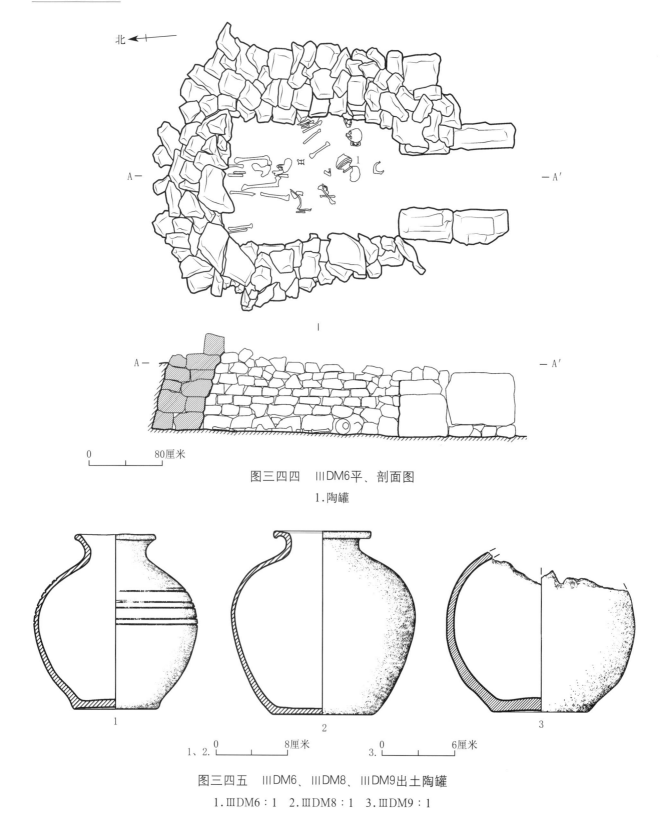

北 ←

A —   — A′

I

A —   — A′

0   80厘米

图三四四　ⅢDM6平、剖面图
1.陶罐

1   2   3

1、2. 0   8厘米   3. 0   6厘米

图三四五　ⅢDM6、ⅢDM8、ⅢDM9出土陶罐
1.ⅢDM6：1　2.ⅢDM8：1　3.ⅢDM9：1

ⅢDM6：1，泥质夹砂陶，火候较高。侈口，外展沿。圆唇，束颈，溜肩，鼓腹，平底。火候不均呈黑褐斑，腹部饰凹弦纹。口径8.8、高18.2、底径9.6厘米（图三四五，1；彩版一八〇，2）。

ⅢDM7

位于ⅢDM4东南向约15米处，该墓距地表深约0.2米，为长方形石筑墓，方向193°。墓顶部盖石板后缝隙用小石块铺盖。墓圹用两层石块砌筑，长2.28、宽1.17米，墓室长2、宽0.38、高0.5米。墓底为基岩，未发现葬具，仅见有部分肢骨和颅骨，可辨头南足北，仰身直肢葬。无随葬品（图三四六；彩版一八〇，5）。

ⅢDM8

位于ⅢDM7南侧约5米处，该墓距地表深约0.2米，为梯形单石室墓，方向185°。墓顶部盖石板后缝隙用小石块铺盖。墓圹用三层石块砌筑，长2.5、宽1米，墓室长1.9、宽0.44、高0.56米。墓底为基岩，未发现葬具，仅余部分肢骨和头骨。可辨头南足北，仰身直肢葬。随葬陶罐1件，位于墓主头前（图三四七；彩版一八〇，6）。

折沿罐 1件。

ⅢDM8：1，泥质红陶，火候较低。折平沿，方唇下尖，短束颈，圆肩，鼓腹，平底。表面有轮制弦纹痕和烟熏痕。口径11.2、高19.6、底径12厘米（图三四五，2；彩版一八〇，3）。

ⅢDM9

位于ⅢDM8南向约8米处，该墓距地表深约0.2米，为梯形单石室墓，方向240°。墓顶部盖石已不存。墓圹用四层石块砌筑，长2.65、宽1.2米，墓室长2.15、宽0.5、高0.46米。墓葬底为基岩，未发现葬具，仅见部分肢骨和颅骨，可辨头南足北，仰身直肢葬。随葬陶罐1件，出于墓主头前（图三四八；彩版一八一，1）。

陶罐 1件。

ⅢDM9：1，夹砂红褐陶，火候较高。口沿及颈肩残缺。鼓腹，平底。素面有烟熏痕。残高12.8、底径7.4厘米（图三四五，3；彩版一八〇，4）。

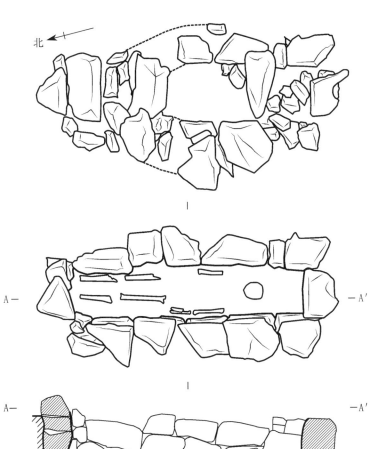

北

0 　 60厘米

图三四六　ⅢDM7平、剖面图

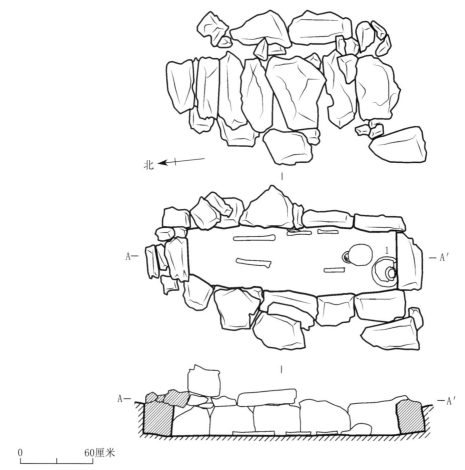

北

A — — A′

1

A — — A′

0　　　　60厘米

图三四七　ⅢDM8平、剖面图

1.陶罐

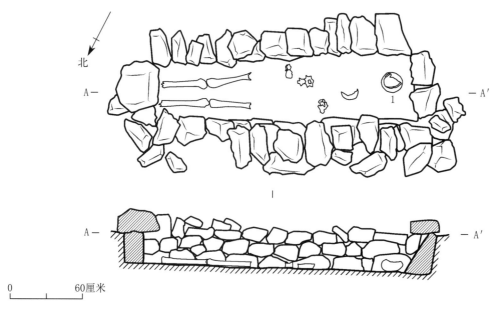

北

A — — A′

1

A — — A′

0　　　　60厘米

图三四八　ⅢDM9平、剖面图

1.陶罐

ⅢDM10

位于ⅢDM9东侧约1米处，该墓距地表深约0.2米，为梯形单石室墓，方向150°。墓顶部盖石板及碎石已塌落，入墓室。墓圹用四层石块砌筑，长2.74、宽1.32米，墓室长2.1、宽0.6、深0.64米。墓底为基岩，未发现葬具、人骨及随葬品（图三四九；彩版一八一，2）。

ⅢDM11

位于ⅢDM10南向约5米处，该墓距地表深约0.2米，为梯形单石室墓，方向164°。墓顶盖部分石板和碎石。墓圹用两层石块砌筑，长2.48、宽1.02米，墓室长1.96、宽0.34、高0.44米。墓底为基岩。未发现葬具、人骨及随葬品（图三五〇；彩版一八一，3）。

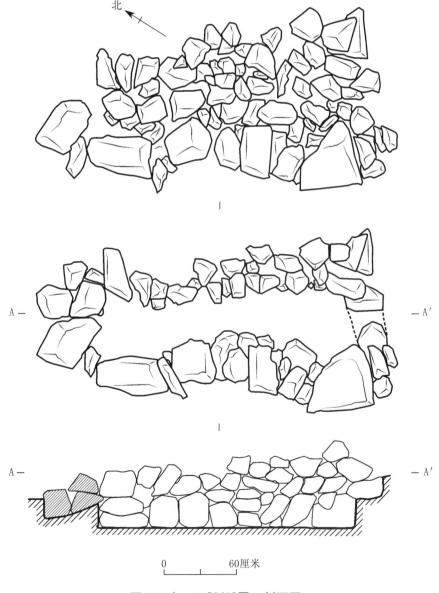

图三四九 ⅢDM10平、剖面图

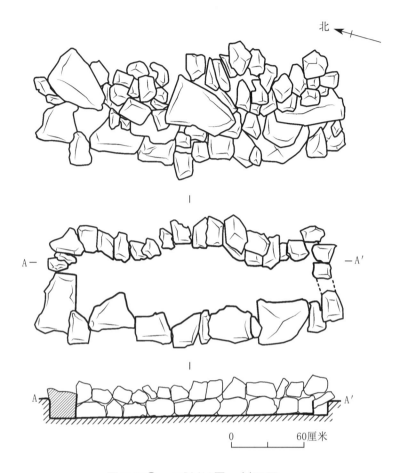

北

0   60厘米

图三五〇　ⅢDM11平、剖面图

ⅢDM12

位于ⅢDM11南向约10米处，该墓距地表深约0.2米，为长方形单石室墓，方向195°。墓顶盖部分石板残存。墓圹用三层石块砌筑，长2.48、宽1.02米，墓室长2.22、宽0.4、高0.52米。墓底为基岩，未发现葬具，仅见部分下肢骨，可辨头南足北，仰身直肢葬。无随葬品（图三五一；彩版一八一，4）。

ⅢDM13

位于ⅢDM7东向约10米处，该墓距地表深约0.2米，为长方形单石室墓，方向190°。墓顶用条形石平铺。墓室四壁用两层大石块砌筑，南北长2.1、东西宽0.42、高约0.44米。墓底为黄土，未发现有葬具，北部有部分下肢骨，推测头南足北，仰面直肢葬。随葬有夹砂红褐陶长颈壶1件（图三五二；彩版一八二，1）。

长颈陶壶　1件。

ⅢDM13：1，置于墓主头前。夹细砂红褐陶，素面有烟黑痕，火候较低。口沿微侈，斜直颈，溜肩，鼓腹，平底。口径7.5、高21.5、颈长8、底径10厘米（图三五三；彩版一八二，2）。

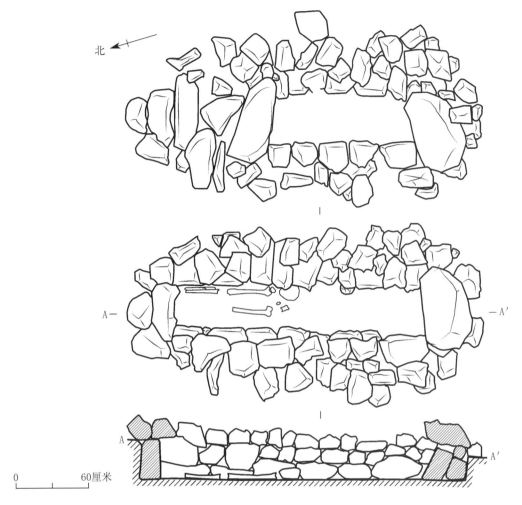

图三五一　ⅢDM12平、剖面图

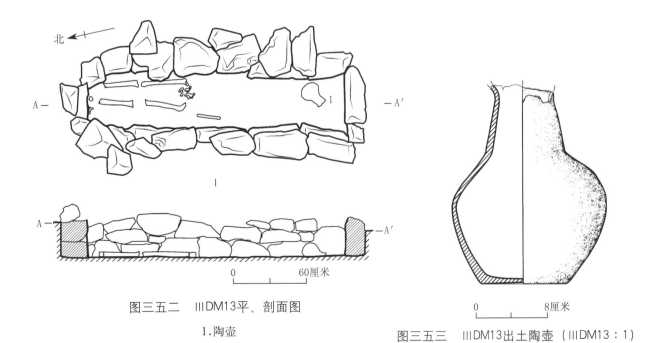

图三五二　ⅢDM13平、剖面图

1.陶壶

图三五三　ⅢDM13出土陶壶（ⅢDM13∶1）

ⅢDM14

位于ⅢDM13东南向约10米处，该墓距地表深约0.2米，为长方形单石室墓，方向180°。墓顶部盖有石板及碎石块。墓圹用四层石块砌筑，长2.13、宽0.96米，墓室长2.15、宽0.48、深0.42米。墓底为基岩。未发现葬具，仅见部分下肢骨残片，推测头南足北，仰面直肢葬。无随葬品（图三五四；彩版一八二，3）。

ⅢDM15

位于ⅢDM6东向约10米处，该墓距地表深约0.2米，为梯形单石室墓，方向180°。墓顶北部残留盖有一块石板。墓圹用三层石块砌筑，长2.48、宽1.02米，墓室长2.13、宽0.36、深0.56米。墓葬底为基岩。未发现葬具，见有部分颅骨，推测头南足北，葬式不明。无随葬品（图三五五；彩版一八二，4）。

ⅢDM16

位于ⅢDM15东北向约8米处，该墓距地表深约0.2米，为梯形单石室墓，方向216°。墓

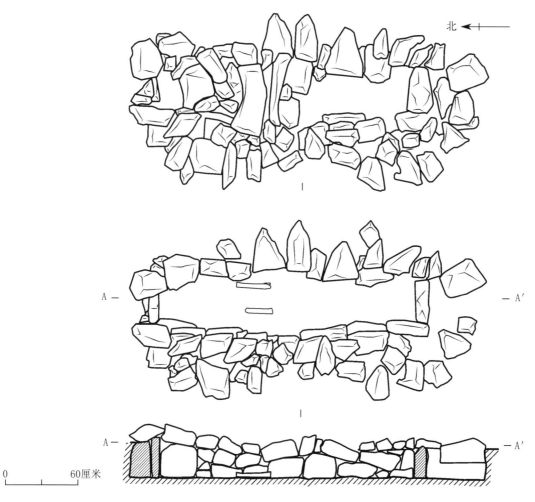

图三五四　ⅢDM14平、剖面图

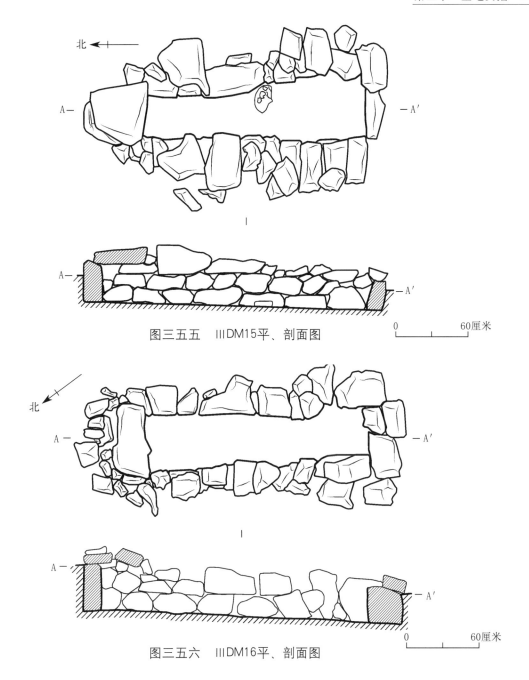

北 ←

A—　　　—A'

A—　　　—A'

0　　　60厘米

图三五五　ⅢDM15平、剖面图

北

A—　　　—A'

A—　　　—A'

0　　　60厘米

图三五六　ⅢDM16平、剖面图

顶北部残留有2块盖板石。墓圹用四层石块砌筑，长2.36、宽1.02米，墓室长2.2、宽0.5、高0.5米。墓葬底为基岩。未发现葬具、人骨及随葬品（图三五六；彩版一八三，1）。

ⅢDM17

位于ⅢDM16西南向约10米处，该墓距地表深约0.2米，为梯形单石室墓，方向184°。墓顶北部残留有1块盖板石。墓圹用四层石块砌筑，长2.36、宽1.02米，墓室长2.2、宽0.32、高0.42米。墓底为基岩。未发现葬具及人骨，仅随葬陶罐1件（图三五七；彩版一八三，2）。

陶罐　1件。

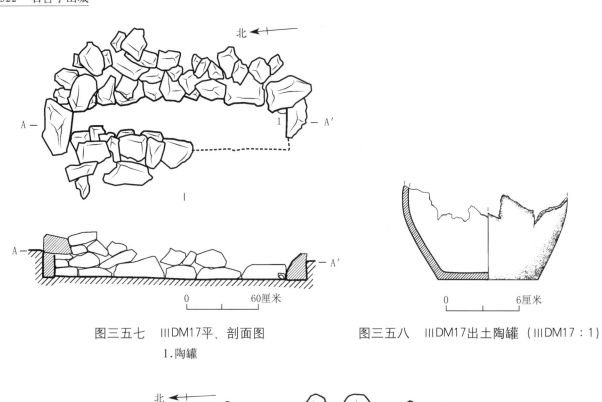

图三五七　ⅢDM17平、剖面图

图三五八　ⅢDM17出土陶罐（ⅢDM17：1）

1.陶罐

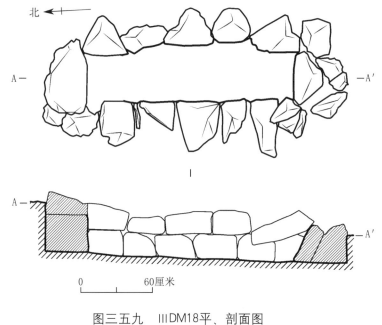

图三五九　ⅢDM18平、剖面图

ⅢDM17：1，出于墓主头前。夹砂红褐陶，火候较高。平底。表面有烟熏痕。残高7.2、底径8.4厘米（图三五八）。

ⅢDM18

位于ⅢDM17南向约4米处，该墓距地表深约0.2米，为长方形单石室墓，方向183°。墓顶盖板石已残无。墓圹用两层石块砌筑，长2.52、宽1.12米，墓室长1.96、宽0.42、深0.43米。墓底为基岩。未发现葬具、人骨及随葬品（图三五九；彩版一八三，3）。

ⅢDM19

位于ⅢDM18东南向约10米处，该墓距地表深约0.2米，为长方形单石室墓，方向178°。墓顶部盖石板已无。墓圹用两层石块砌筑，长2.36、宽0.83米，墓室长1.7、宽0.32、高0.38米。墓底为基岩。未发现葬具，仅见部分下肢骨，可辨头南足北，葬式不明。无随葬品（图三六〇；彩版一八三，4）。

ⅢDM20

位于ⅢDM19东西南向约10米处，该墓距地表深约0.2米，为长方形单石室墓，方向262°。墓室仅残存西南壁部分，残迹长1.8、宽0.4、高0.3米。墓底为基岩。未发现葬具、人骨及随葬品（图三六一）。

ⅢDM21

位于ⅢDM20西南向约5米处，该墓距地表深约0.2米，为长方形单石室墓，方向177°。墓顶北部残留一块盖板石。墓圹用两层石块砌筑，长2.42、宽1.38米，墓室长1.91、宽0.4、高0.38米。墓葬底为基岩。未发现葬具，仅见部分下肢骨，可辨头南足北，仰身直肢葬。无随葬品（图三六二；彩版一八四，1）。

ⅢDM22

位于ⅢDM21南向约4米处，该墓距地表深约0.2米，为梯形单石室墓，方向191°。墓顶北部残留有平铺盖顶石板，墓圹用四层石块砌筑，长2.68、宽1.48米，墓室长2.25、宽0.42~0.54、高约0.65米。墓底为黄土，清理发现人骨1具，头南足北，仰身直肢葬。下肢骨、盆骨及左手指骨部分保存较完整，上半身骨骼腐蚀较严重，仅见零散碎骨。左手食指、中指、无名指三指共佩戴有5枚铜指环，中指、

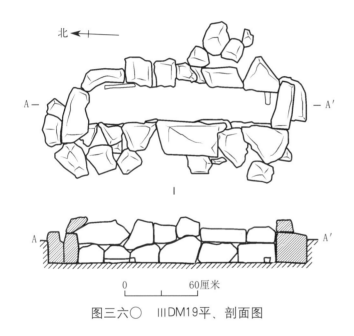

北

0   60厘米

图三六〇　ⅢDM19平、剖面图

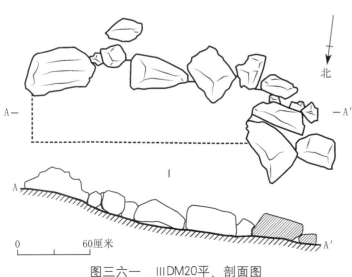

北

0   60厘米

图三六一　ⅢDM20平、剖面图

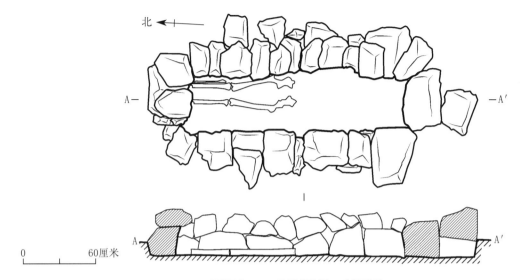

图三六二　ⅢDM21平、剖面图

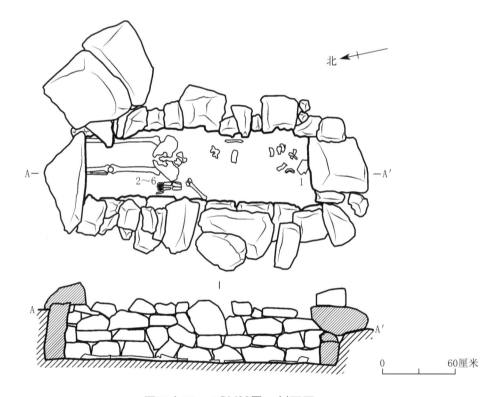

图三六三　ⅢDM22平、剖面图
1.陶罐　2～6.铜指环

无名指各佩戴有两枚指环。墓南壁紧邻葬者头部随葬有泥质红褐色陶罐1件（图三六三；彩版一八四，2）。

陶罐　1件。

ⅢDM22：1，泥质红陶，火候较高。侈口，圆唇，短束颈，溜肩，扁圆腹，平底稍凹。颈部有两对称穿孔。器形不规整，素面，表面局部有烟熏痕。口径8、高7.6、底径8.8厘米（图三六四，1；彩版一八四，3）。

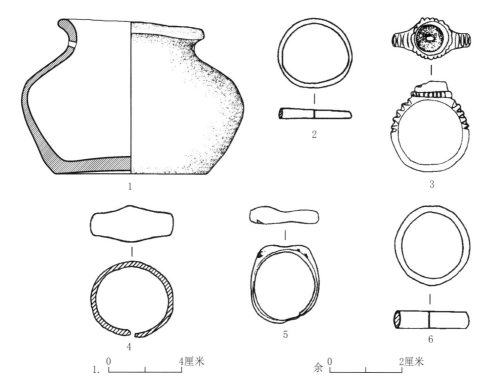

图三六四　ⅢDM22出土器物

1.陶罐（ⅢDM22：1）　2~6.铜指环（ⅢDM22：2、ⅢDM22：3、ⅢDM22：4、ⅢDM22：5、ⅢDM22：6）

铜指环　5件。

ⅢDM22：2，出于墓主左手食指。环状。戒面镶嵌有一空心圆柱，其外有葵花状箍。圆柱中心有一柱状突起，推测原有镶嵌物。环两侧分别饰五道凹弦纹。镶嵌圆柱高0.3、直径0.8厘米，指环直径2.2、宽0.3、厚0.15厘米（图三六四，3；彩版一八四，4）。ⅢDM22：3，出于墓主左手中指。扁环状。素面。直径2、宽0.2~0.3、厚0.1厘米（图三六四，2；彩版一八四，5）。ⅢDM22：4，出于墓主左手中指，保存完整。扁环状，有接缺口。戒面呈亚腰状，两侧各有一圆突，从圆突向两端由宽变细。素面。戒面长1.9、宽0.3~0.5厘米，指环直径1.9、宽0.15~0.3、厚0.1~0.15厘米（图三六四，4；彩版一八四，6）。ⅢDM22：5，出于墓主左手无名指，保存完整。呈扁环状弯曲相对接，戒面较宽，从戒面中心向两端由宽渐变窄。素面，有绿锈。直径2.2、宽0.4~1、厚0.15~0.2厘米（图三六四，5；彩版一八四，7）。ⅢDM22：6，出于墓主左手无名指，保存完整。环状，中有突脊。素面。直径2.1、宽0.5、厚0.2厘米（图三六四，6；彩版一八四，8）。

ⅢDM23

位于ⅢDM8东向约10米处，该墓距地表深约0.2米，为梯形单石室墓，方向189°。墓顶盖石板无存。墓室为一层大石块立面围砌，墓圹长2.36、宽0.83米，墓室长1.7、宽0.4、深0.38米。墓底为基岩。未发现葬具，仅见部分下肢骨，可辨头南足北，仰身直肢葬。无随葬品（图三六五；彩版一八五，1）。

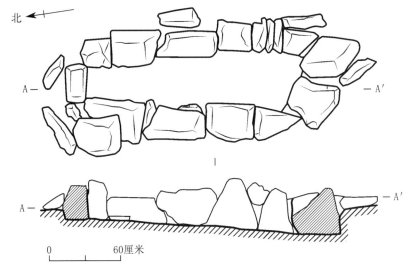

图三六五　ⅢDM23平、剖面图

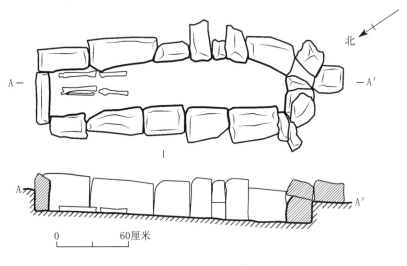

图三六六　ⅢDM24平、剖面图

ⅢDM24

位于ⅢDM19东向约10米处，该墓距地表深约0.2米，为长方形单石室墓，方向214°。墓顶盖石板无存。墓室为一层大石块立面围砌，墓圹长2.36、宽0.83米，墓室长1.94、宽0.35、深0.38米。墓葬底为山岩。未发现葬具，仅见部分下肢骨，可辨头南足北，应为直肢葬。无随葬品（图三六六；彩版一八五，2）。

ⅢDM25

位于ⅢDM24南向约4米处，该墓距地表深约0.2米，为梯形单石室墓，方向192°。墓顶盖石板无存，墓圹用三层石块砌筑，长2.36、宽0.83米，墓室长1.62、宽0.36、高0.5米。墓底为平整基岩。未发现葬具，仅见1具人骨，可辨头南足北，仰身直肢葬。无随葬品（图三六七；彩版一八五，3）。

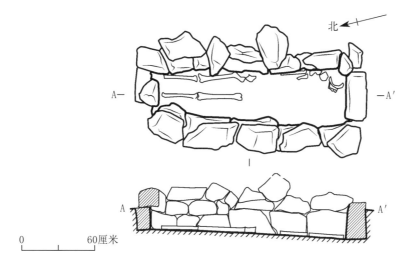

图三六七　ⅢDM25平、剖面图

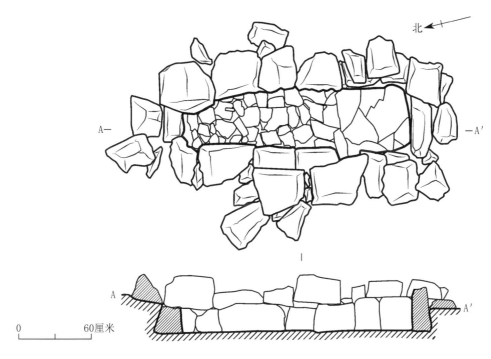

图三六八　ⅢDM26平、剖面图

ⅢDM26

位于ⅢDM25的南面。口墓距地表深0.2米，为梯形单石室墓，方向189°。墓顶盖石板无存，墓圹用两层石块砌筑，长2.24、宽1.22米，墓室南北长1.94、东西宽0.28～0.52、高0.46米。墓底平铺小片石，南端铺一石板，其上发现一段上肢骨，保存较差，未见葬具和随葬品（图三六八；彩版一八五，4）。

ⅢDM27

位于Ⅲ东区的最东端、ⅢDM2东南约1千米的平缓山脊上。该墓墓圹裸露，距地表深约

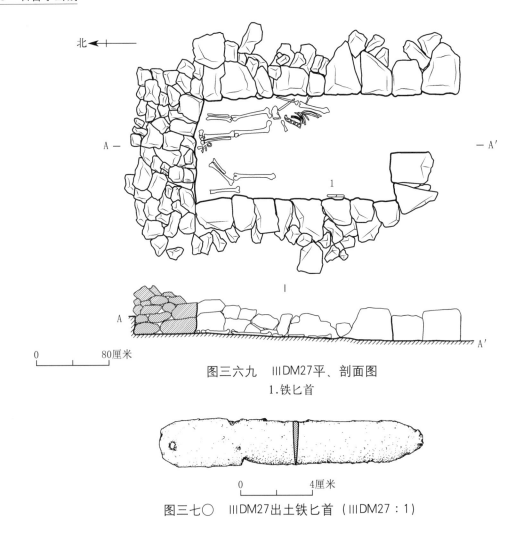

北 ←

A —   — A′

A   A′

0   80厘米

图三六九　ⅢDM27平、剖面图
1.铁匕首

0   4厘米

图三七〇　ⅢDM27出土铁匕首（ⅢDM27：1）

10厘米。由墓道和墓室组成，为刀形单石室墓，方向180°。封土和墓顶已无存。墓道位于南壁东侧，长0.8、外口宽0.7、内口宽0.6、残高0.35米。墓室仅存一层砌石，南北长2.2、东西宽1.2、残高约0.16～0.5米。墓底为平整基岩，见有2具人骨，均无颅骨，保存较差，但可辨头南足北，仰身直肢葬。随葬品有铁刀1件（图三六九；彩版一八六，1）。

铁匕首　1件。

ⅢDM27：1，出于墓室西壁中部。刀身锈蚀较重。截面呈三角形。柄部已残，刃部有豁口，锋部圆钝。残长14.4、宽2.4、背厚0.2厘米（图三七〇；彩版一八六，2）。

Ⅲ西区墓葬

墓葬均开口于表土层下，多为长方形或梯形石室封土墓，亦多遭破坏。编号分别为ⅢXM1～ⅢXM17。

ⅢXM1

位置靠近自然山岗分水岭西侧约50米，该墓距地表深约0.2米，由墓道和墓室组成，为铲形单石室墓，方向204°。墓道口两侧立石裸露近与地表平，墓道朝南，长0.77、宽0.48、

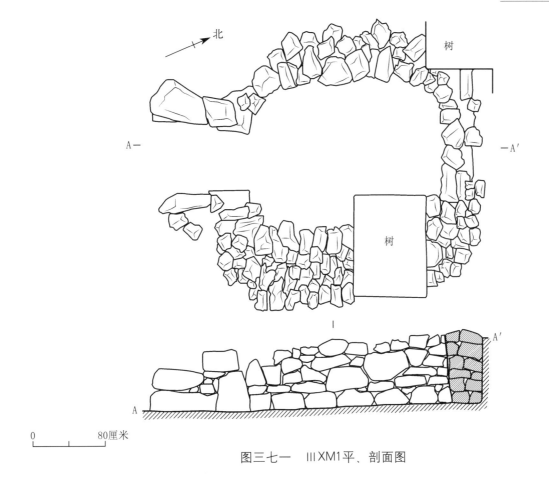

图三七一　ⅢXM1平、剖面图

残高0.45米。墓顶已塌陷破坏无残留。墓圹南北长2.7、东西宽2.35、深0.66米。墓室墓壁用楔形石与不规则石从基部向上至40厘米处逐渐内收叠砌而成，长2.25、宽2.23、高约0.86米。墓底为平整黄土，不见葬具、人骨和随葬品（图三七一；彩版一八七，1）。

ⅢXM2

墓口距地表深约0.2米，由墓道和墓室组成，为铲形单石室墓，方向184°。墓道朝向西南，墓道口两侧立石裸露近与地表平，墓道内与墓室相接处有封堵墓门的长条石。墓道长1.6、外口宽1.05米，墓门宽0.7、残高0.44米。墓室砌筑方法和结构同ⅢXM1相似，南北长2.34、东西宽2、高0.3～0.9米。墓底为平整黄土，不见白灰铺底痕迹，未发现葬具。见有两具较完整人骨，均头南足北，仰面直肢。经初步鉴定，东侧个体为男性，西侧个体为女性。两具完整人骨东西两侧均见有人骨堆积，骨骼摆放集中但杂乱，分布不规律，分布有三具颅骨。据此推测该墓至少有5个个体，可能为多人多次葬。另在墓室与墓门处发现有马腿肢骨。随葬品有铜耳坠、铜饰件和玛瑙珠各一件（图三七二；彩版一八七，2）。

铜耳坠　1件。

ⅢXM2：1，出土于墓室东南角，保存较差。由三部分连接而成。上部宽扁铜片已残，其下套接仅余一半的半圆形对接铜丝，再下穿连中间两箍、头略残的耳坠。铜丝断面直径0.2厘米，耳坠穿孔径0.3、残长0.9厘米，通长1.25厘米（图三七三，1；彩版一八八，1）。

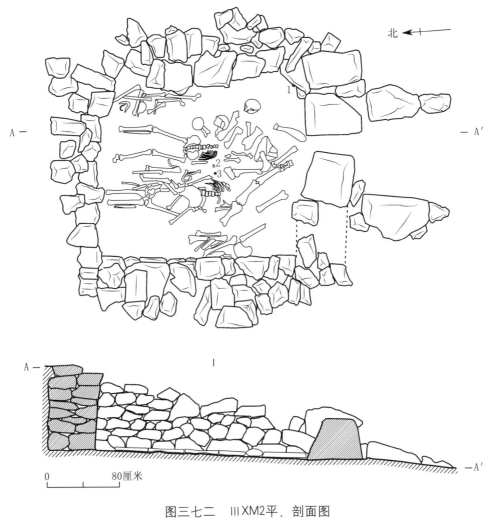

图三七二　ⅢXM2平、剖面图
1~2.铜耳饰　3.串珠

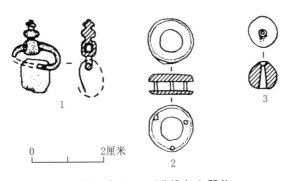

图三七三　ⅢXM2出土器物

1.铜耳坠（ⅢXM2：1）　2.铜饰件（ⅢXM2：2）　3.玛瑙珠（ⅢXM2：3）

铜饰件　1件

ⅢXM2：2，出土于墓室中部。由三个等距铜铆钉的铜环铆接另一个直径相同的铜环而成。带柱铜环厚0.2、铆接铜环厚0.1、钉高0.3厘米，铜环内径0.6、外径1.2厘米（图三七三，2；彩版一八八，2）。

玛瑙珠　1件。

ⅢXM2：3，出土于墓室中部。系红色玛瑙加工而成。两面对钻孔，孔一面较深，一面较浅。直径0.8、中心孔径0.1厘米（图三七三，3；彩版一八八，3）。

ⅢXM3

位于ⅢXM2东南西向约10米处，距地表深约0.2米，由墓道和墓室组成，为铲形单石室墓，方向207°。墓道朝向西南，长1.4、外口宽0.94米，墓门宽0.78、残高0.45米。墓室砌筑方法与结构同03ⅢXM2相似，东壁部分借助山体基岩，壁面较规整，距墓底约0.6米处开始内收。墓室南北长2.45、东西宽2.2、高0.3～1.15米。墓底平整，不见白灰铺底痕迹，未发现葬具。见有1具较完整人骨，初步鉴定为一女性个体，头南足北，仰面直肢。在该女性个体西侧发现有部分人骨堆积，有1具颅骨，骨骼摆放杂乱，推测可能为二次葬。随葬品有银耳环和铜手镯各1件（图三七四；彩版一八八，6）。

铜手镯　1件。

ⅢXM3：1，出于墓室西侧个体堆骨中。铸造，保存完整。平面呈椭圆形。素面。内长

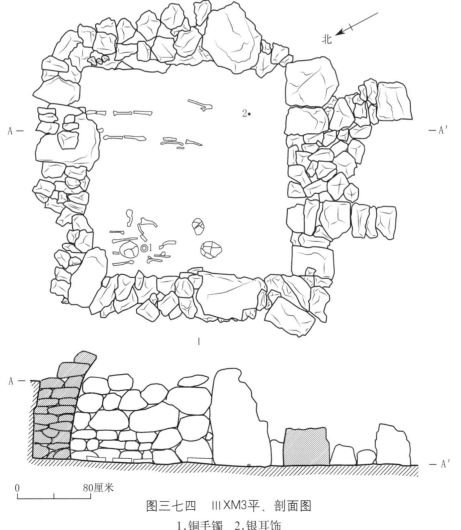

图三七四　ⅢXM3平、剖面图
1.铜手镯　2.银耳饰

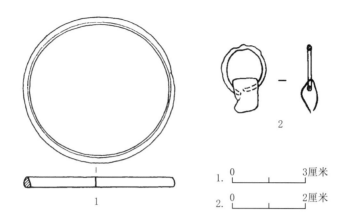

图三七五　ⅢXM3出土器物

1.铜手镯（ⅢXM3：1）　2.银耳环（ⅢXM3：2）

径5.7、短径5.2厘米，外长径6.3、短径5.8厘米，宽0.45、厚0.3厘米（图三七五，1；彩版一八八，4）。

银耳环　1件。

ⅢXM3：2，出于墓室东侧个体头部。系一银丝弯曲成环形。表面有黑锈蚀。直径1.2、断面直径0.1厘米（图三七五，2；彩版一八八，5）。

ⅢXM4

位于ⅢXM3西面约15米处，距地表深约0.2米，由墓道和墓室组成，为铲形单石室墓，方向180°。墓道长1.35、外口宽0.7米，墓门宽0.6、高0.84米。墓葬砌筑方法与结构同ⅢXM3相似，墓圹为石砌圆形，与墓室之间填充黄土。墓室内壁白灰抹面，砌筑较规整，南北长2.1、东西宽1.45、高1.06米。墓底为平整黄土，近四壁处见有散乱人骨分布。未见葬具。随葬品有泥质陶罐和铁镞各一件（图三七六；彩版一八九，1）。

陶罐　1件。

ⅢXM4：1，泥质灰陶。火候较高，轮制。外折沿，圆唇上尖，呈浅盘口，束颈，溜肩，圆腹，平底。素面，有土蚀。口径7.8、高23、底径14厘米（图三七七，1；彩版一八九，2）。

铁镞　1件。

ⅢXM4：2，出于墓室中部。保存基本完整。平面呈双叉形。刃口呈"U"形，镞锋呈削状，扁四棱形镞身，铤弯曲。锋宽4.2、长5.7厘米，铤长5.5厘米，通长10.8厘米（图三七七，2；彩版一八九，3）。

ⅢXM5

位于ⅢXM4西侧约12米处，墓口距地表深约0.2米，为梯形单石室墓，方向215°。墓顶北部顶端残存1块盖板石。墓圹用五层石块砌筑，长1.78、宽0.88米，墓室长2.15、宽0.53、高0.51米。墓底为基岩，未见葬具、人骨及随葬品（图三七八；图版一九○，1）。

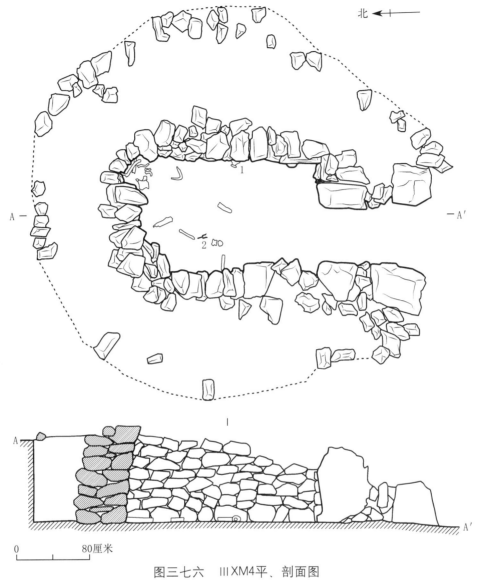

图三七六　ⅢXM4平、剖面图

1.陶罐　　2.铁镞

ⅢXM6

位于ⅢXM5西侧约2米处，墓口距地表深约0.2米，为梯形单石室墓，方向185°。墓顶盖板石无存。墓圹用三层石块砌筑，长2.72、宽1米，墓室长2.3、宽0.5、高0.32米。墓底为基岩，未见葬具，见有单人葬1具人骨，可辨头南足北，仰身直肢葬。性别年龄不详。不见随葬品（图三七九；彩版一九〇，2）。

ⅢXM7

位于ⅢXM3东南约20米处，墓口距地表深约0.2米，由墓道和墓室组成，为铲形单石室墓，方向220°。墓道朝向西南，长1.4、外口宽0.74米，墓门宽0.6、残高0.7米。墓室砌筑方法与结构同ⅢXM3相似，有白灰抹壁痕迹，南北长2.4、东西宽2.2、高0.6~1.1米。墓底

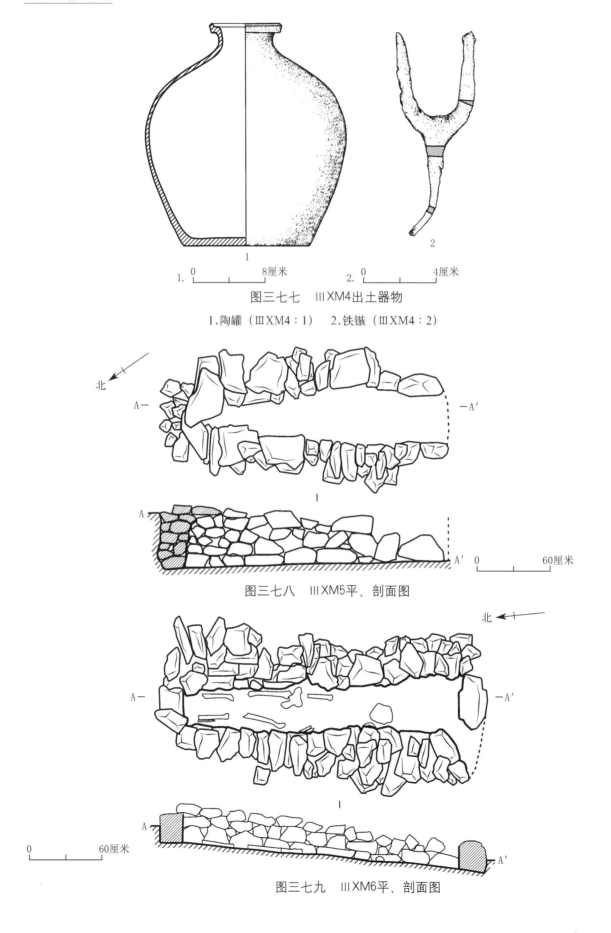

1.　　　0　　　　　8厘米
2.　0　　　　4厘米

图三七七　ⅢXM4出土器物

1.陶罐（ⅢXM4：1）　2.铁镞（ⅢXM4：2）

北

A—　　　　　—A′

A　　　　　　　　　A′　0　　　　60厘米

图三七八　ⅢXM5平、剖面图

北

A—　　　　　—A′

A　　　　　　　　　　　A′
0　　　　60厘米

图三七九　ⅢXM6平、剖面图

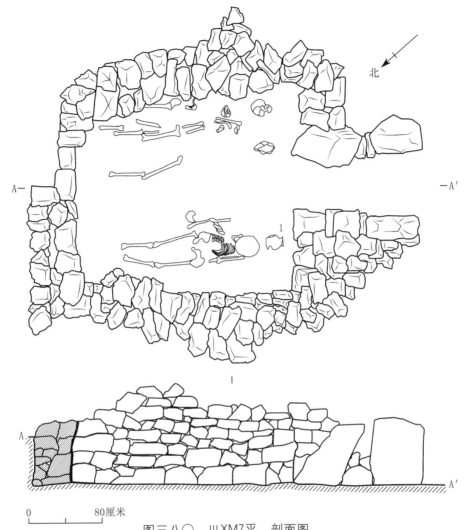

图三八〇　ⅢXM7平、剖面图
1.陶罐

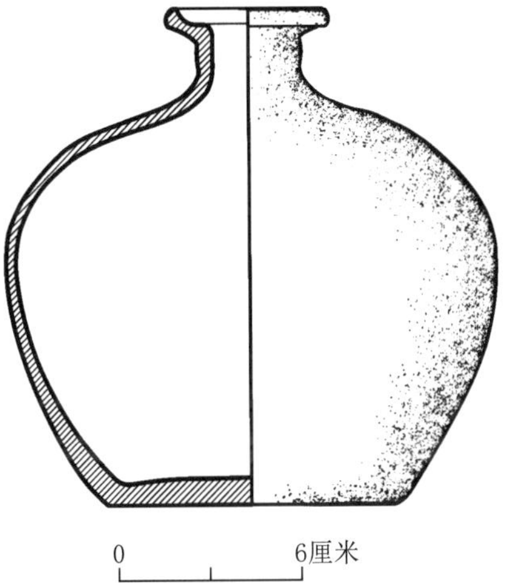

图三八一　ⅢXM7出土陶罐（ⅢXM7：1）

为平整黄土，未见葬具。见有并排分布的三具人骨，其中两具人骨保存较完整，可辨头南足北，仰面直肢，另1具人骨仅余部分颅骨及下肢骨。随葬品有泥质小盘口鼓腹罐1件（图三八〇；彩版一九〇，3）。

盘口罐　1件。

ⅢXM7：1，泥质灰陶。火候高，轮制。外折沿，圆唇上尖呈盘口，短直颈，广肩，鼓腹，平底。素面。口径5.2、高16.5、底径10厘米（图三八一；彩版一九〇，4）。

ⅢXM8

位于ⅢXM7南向约20米处，距地表深约

0.2米，由墓道和墓室组成，为铲形单石室墓，方向190°。墓道朝向西南，长1.3、外口宽0.85米，墓门宽0.65、残高0.58米。墓室砌筑方法与结构同ⅢXM3相似，南北长2.48、东西宽2.15、高0.98米。墓底平整，未见葬具。见有人骨多散乱分布与墓室北部，其中有三具颅骨，推测该墓至少有三个个体，葬式、性别与年龄均不详。未见随葬品（图三八二；彩版一九一，1）。

ⅢXM9

位于ⅢXM7西北向约10米处，距地表深约0.2米，由墓道和墓室组成，为铲形单石室墓，方向205°。墓道朝向西南，长1.25、外口宽0.7米，墓门宽0.5、残高0.5米。墓室砌筑方法与结构同ⅢXM7相似，南北长2.5、东西宽1.7、高0.74～1.02米。墓底平整，明显有白灰铺底痕迹，未见葬具。见有人骨四具，成列分布，均头南足北。其中两具人骨保存较完整，仰面直肢，另两具人骨仅余部分颅骨及肢骨。性别年龄不详。墓室东壁中部有一盗洞。未见随葬品（图三八三；彩版一九一，2）。

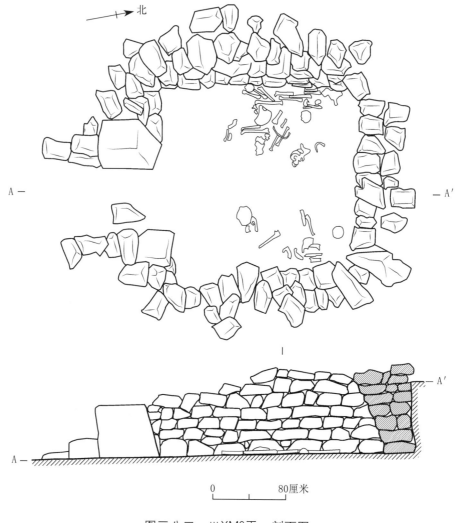

0   80厘米

图三八二　ⅢXM8平、剖面图

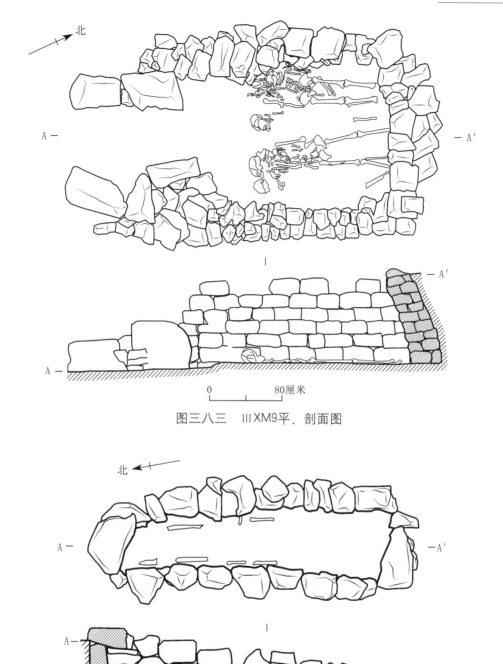

图三八三　ⅢXM9平、剖面图

图三八四　ⅢXM10平、剖面图

ⅢXM10

位于ⅢXM9西北向约5米处，距地表深约0.2米，为梯形单石室墓，方向190°。墓顶盖板石无存。墓圹用三层石块砌筑，长2.68、宽0.86米，墓室长2.3、宽0.4、高0.3米。墓底为基岩。未发现葬具，仅见部分肢骨，可辨头南足北，仰身直肢葬，性别年龄不详。未见随葬品（图三八四；彩版一九二，1）。

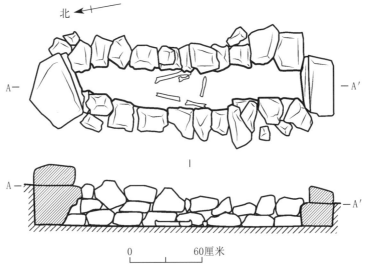

图三八五 ⅢXM11平、剖面图

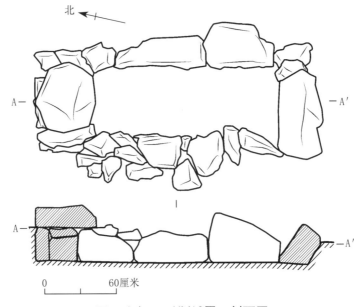

图三八六 ⅢXM12平、剖面图

ⅢXM11

位于ⅢXM10西向约3米处，遭扰动。距地表深约0.2米，为长方形单石室墓，方向189°。墓顶北端尚有两块盖板石残存。墓圹用三层石块砌筑，长2.5、宽0.9米。墓室东西两壁用略修整过的石块砌筑，南北两壁立石封堵，长1.96、宽0.36、深0.52米。墓底为基岩，未发现葬具，见部分人肢骨，可辨头南足北，仰身直肢葬，性别年龄不详。未见随葬品（图三八五；彩版一九二，2）。

ⅢXM12

位于ⅢXM9西向约12米处，遭扰动（图三八六；彩版一九二,3）。距地表深约0.2米，为

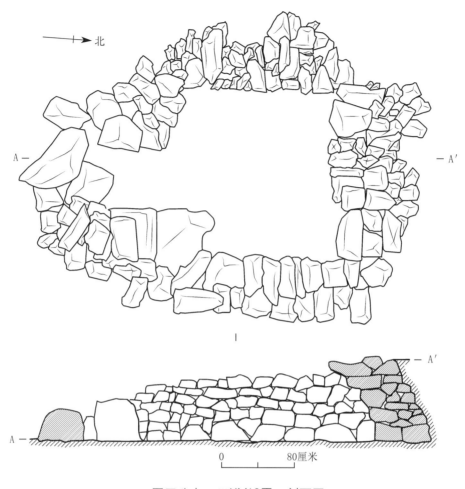

→ 北

A —   — A′

I

A —   — A′

0   80厘米

图三八七　ⅢXM13平、剖面图

长方形单石室墓，方向169°。墓顶北端尚有一块盖石存。墓圹用三层石块砌筑，长2.38、
宽1.04米。墓室东西两壁用略修整过的石块砌筑，南北两壁立石封堵。墓室长1.86、宽
0.48、深0.46米。墓底为人工修整黄土。未发现葬具，不见人骨和随葬品。

ⅢXM13

位于ⅢXM11西向约8米处。遭扰动。距地表深约0.2米，由墓道和墓室组成，为铲形
单石室墓，方向175°。墓道朝向西南，平面呈长方形，长1.2、宽0.7米，墓门两侧立石裸
露，宽0.64、高0.46米。墓圹用五层石块砌筑，长2.9、宽2.12米。墓室平面近长方形，长
2.4、宽2.2、高0.9米。墓室所用石材稍经修整，四壁自底部约30厘米起逐渐内收。墓底经人
工平整，为纯净黄土。未发现葬具、人骨及随葬品（图三八七；彩版一九二，4）。

ⅢXM14

位于ⅢXM12西南向约7米处。遭扰动。距地表深约0.2米，由墓道和墓室组成，为铲
形单石室墓，方向190°。墓道平面略呈喇叭形，长1.48、宽0.7~0.9米。墓门两侧立石裸
露，宽0.64、高0.5米。墓圹用五层石块砌筑，长3.2、宽2.46米。墓室平面近长方形，长

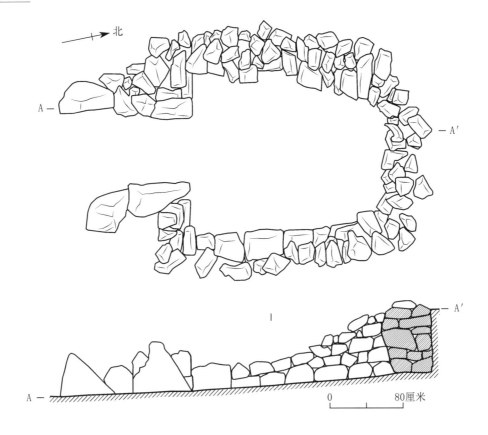

图三八八　ⅢXM14平、剖面图

2.26、宽1.57、高0.76米。墓室所用石材稍经修整，四壁自底部约30厘米起逐渐内收。底部经人工平整，为纯净黄土。未发现葬具、人骨及随葬品（图三八八）。

ⅢXM15

位于ⅢXM9西向约10米处，遭扰动。距地表深约0.2米，为长方形单石室墓，方向201°。墓顶北端尚有一块盖石。圆形封土外围砌石块。墓圹用四层石块砌筑，长1.78、宽0.64米。墓室东西两壁用略修整过的石块砌筑，南北两壁立石封堵，长约2.14、宽0.34、高约0.76米。墓底为人工平整黄土。见有人骨1具，可辨头南足北，仰身直肢葬。不见葬具和随葬品（图三八九；彩版一九三，1）。

ⅢXM16

位于ⅢXM15西向约6米。遭盗扰。距地表深约0.2米，由墓道和墓室组成，为铲形单石室墓。方向186°。墓顶已经完全坍塌，封土略高于地表。墓道朝向西南，长1.62、外口宽0.8米，墓门宽0.62、残高0.68米。墓葬砌筑方法与以上铲形墓略有不同，铲形墓室外围有圆形石砌墓圹。墓室内壁较规整，四壁白灰抹面，南北长2.35、东西宽1.64、高0.44～0.8米。紧靠西壁东侧有一长方形尸床，为小碎石砌筑，长1.7、宽0.65、高0.06米，其上白灰抹面。尸床上见有部分人骨，可辨为1具人骨的部分下肢骨，头南足北，性别与年龄不详。见有随葬品铜耳坠1件（图三九〇；彩版一九三，2）。

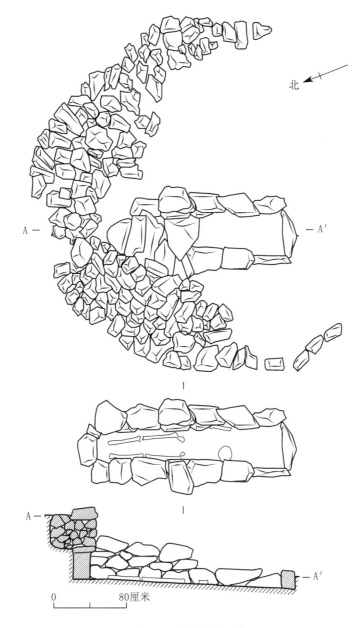

图三八九 ⅢXM15平、剖面图

铜耳坠 1件。

ⅢXM16：1，出于墓室中部墓底，保存较好。由三部分连接而成。上部为一宽扁铜片叠接，其下套接一半圆形对接铜丝，再下穿一中间有箍的耳坠。铜片宽0.6、厚0.05厘米，铜丝剖面直径0.2厘米，耳坠穿孔径0.35、长1.1厘米，通长2.2厘米（图三九一）。

ⅢXM17

位于ⅢXM10南向约16米处。遭扰动。距地表深约0.2米，为长方形单石室墓，方向206°。墓室东西两壁用略修整过的石块砌筑，南北两壁立石封堵，长约2.2、东西宽0.4、高约0.38米。墓底为人工平整黄土。不见葬具，仅见部分人肢骨，可辨头南足北，仰身直肢葬，性别与年龄均不详。不见随葬品 （图三九二；彩版一九四，1）。

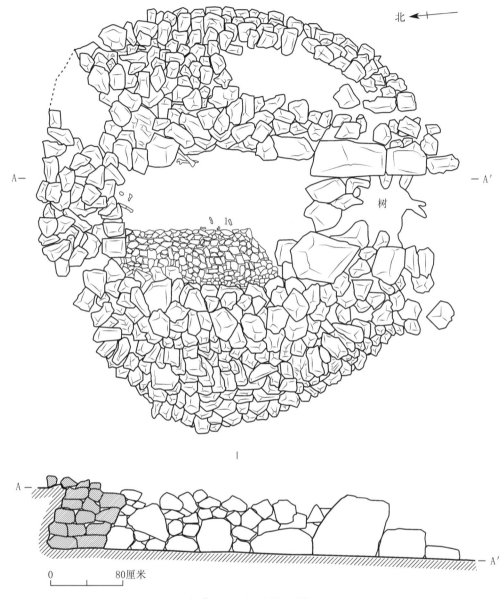

图三九〇　ⅢXM16平、剖面图

1.铜耳坠

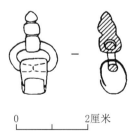

图三九一　ⅢXM16出土铜耳坠（ⅢXM16：1）

ⅢXM18

位于ⅢXM2西向约6米处。遭扰动。距地表深约0.2米，为长方形单石室墓，方向166°。墓室东西两壁用略修整过的石块砌筑，南北两壁立石封堵，长约0.88、东西宽0.22、深约0.23米。墓底为人工平整黄土。不见葬具、人骨和随葬品（图三九三；彩版一九四，2）。

ⅢXM19

位于ⅢXM18西向约1米处。遭扰动。距地表深约0.2米，为长方形单石室墓，方向170°。墓室东西两壁用略修整过的石块砌筑，南北两壁立石封堵，长约0.62、东西宽0.28、高约0.32米。墓底为人工平整黄土。不见葬具、人骨和随葬品（图三九四；彩版一九四，3）。

ⅢXM20

位于ⅢXM1西南向约9米处。遭扰动。距地表深约0.2米，为梯形单石室墓，方向212°。墓顶北部尚有一块盖板石。墓室东南部已遭破坏，东西两壁用略修整过的石块砌筑，南北长约2.3、东西宽0.63、高约0.44米。墓底为人工平整黄土。不见葬具，见部分下肢骨，可辨头南足北，仰身直肢葬，性别与年龄均不详。未见随葬品（图三九五）。

ⅢXM21

位于ⅢXM2西向约100米处。遭扰动。距地表深约0.2米，由墓道和墓室组成，为铲形单

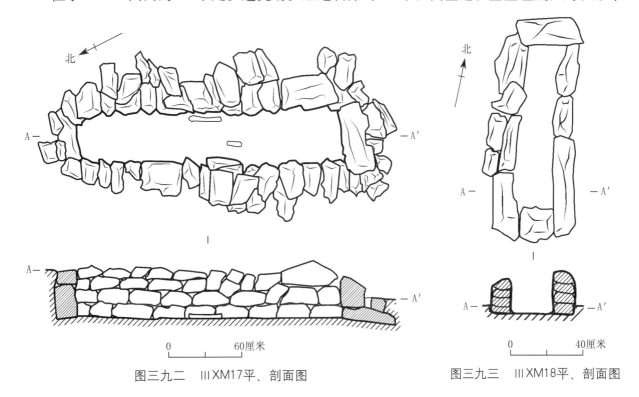

图三九二　ⅢXM17平、剖面图　　　　图三九三　ⅢXM18平、剖面图

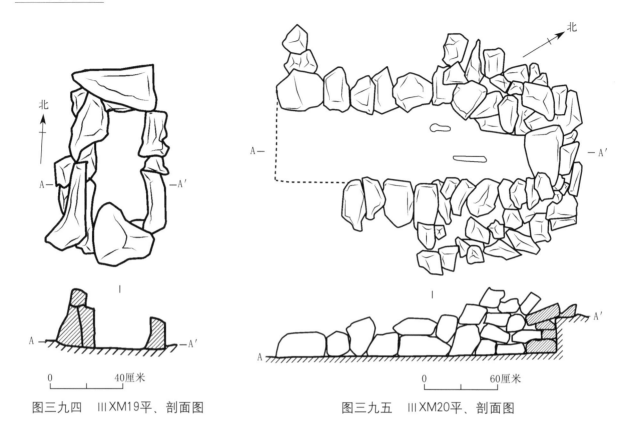

图三九四　ⅢXM19平、剖面图　　　　图三九五　ⅢXM20平、剖面图

石室墓。方向151°。墓道平面略呈喇叭形，长0.94、宽0.6~0.9米。墓门两侧立石裸露，宽0.64、高0.75米。墓室所用石材稍经修整，四壁自底部约30厘米起逐渐内收，平面近长方形，长2.28、宽2.1、深0.92米。墓底为人工平整的纯净黄土。见部分肢骨及颅骨，保存较差，墓室西侧分布人骨可辨为一具个体部分上下肢骨，头南足北，鉴定为女性，年龄不详。东侧分布两堆肢骨，疑为两具个体。共见有三具颅骨，推测该墓内至少葬有3个个体。不见葬具和随葬品（图三九六；彩版一九五，1）。

四　第Ⅳ墓地

位于第Ⅲ墓地西北向约一千米的大洋山山脊较为平缓的向阳坡地（图三九七）。墓葬分布较为集中，多裸露于地表，与现代墓葬混杂分布。2003年发现清理墓葬两座，编号为ⅣM1和ⅣM2，2004年发现清理墓葬两座，编号为ⅣM3和ⅣM4。

ⅣM1

位于山城西北向约1.5千米大洋山山脊较为平缓的向阳坡地。遭扰动。距地表深约0.2米，由墓道、墓室和墓顶封土组成，为铲形单石室墓，方向168°。墓道朝向东南，长1.36、外口宽0.7米，墓门宽0.7、残高0.6米。墓葬砌筑方法与以上铲形墓相似，铲形墓室外围有圆形石砌墓圹。墓室所用石材稍经修整，四壁自底部约30厘米左右起逐渐内收。内壁规整，未发现白灰抹面现象，平面近长方形，长2.66、宽2.4、高0.36~0.9米。墓底为经人工平整的纯净黄土。不见葬具，仅发现部分人骨，个体数量及性别均不明。随葬品有泥质灰陶

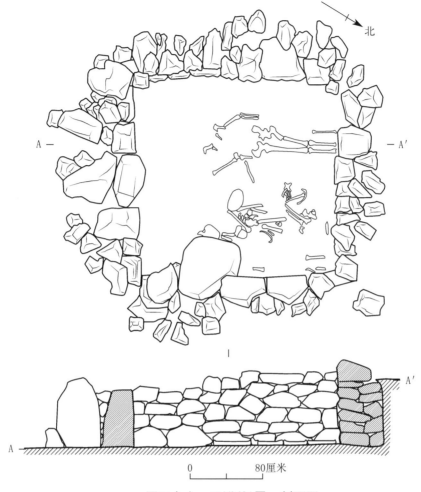

图三九六 ⅢXM21平、剖面图

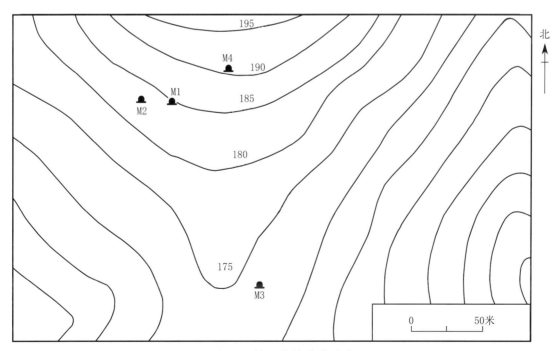

图三九七 第Ⅳ墓地墓葬分布图

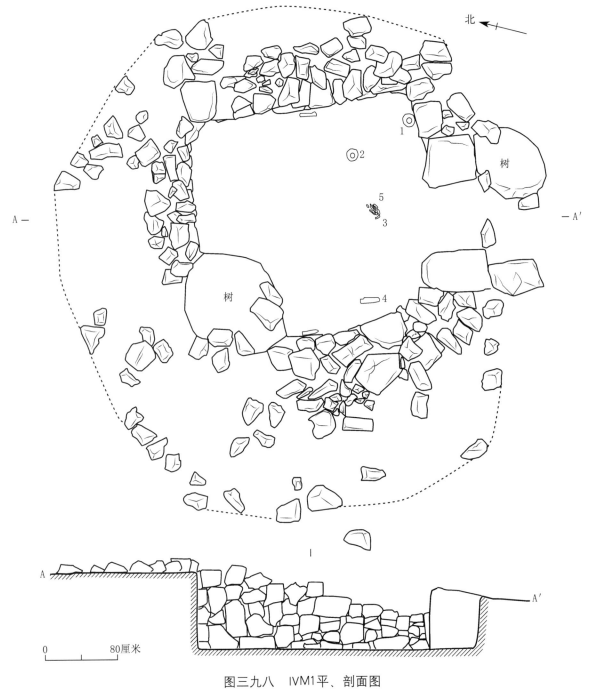

图三九八　IVM1平、剖面图

1、2.陶罐　3.残铁器　4.铁器　5.铜钉

罐2件和不明铁器2件及铜饰件1件（图三九八；彩版一九五，2）。

陶罐　2件。

IVM1：1，泥质褐陶，火候较高。广口，外折沿。方唇上尖，短束颈，溜肩，长圆腹，平底。口径9.3、高11、底径7厘米（图三九九，1；彩版一九六，1）。IVM1：2，泥质红褐陶，火候较高，手制。侈口，圆唇，束颈，溜肩，扁圆腹，平底。表面凹凸不平，有刀削痕。口径7.5、高6、底径8厘米（图三九九，2；彩版一九六，2）。

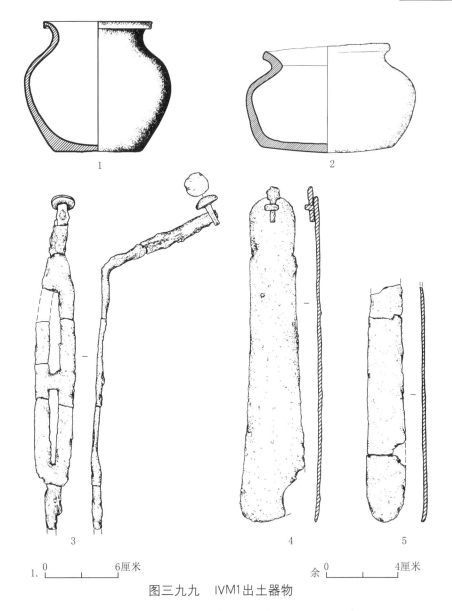

图三九九 IVM1出土器物

1、2.陶罐（IVM1∶1、IVM1∶2） 3.铜饰件（IVM1∶5） 4、5.铁器（IVM1∶4、IVM1∶3）

铜饰件 1件。

IVM1∶5，铜首，残半，长2.4厘米。半圆顶，扁方身，中有扁方穿孔，与铁身连接。铁身前部圆柱形，中曲折，中部宽，分为双镂孔，后部合为椭圆形单尾。残长23.7、中宽2.5、厚0.4厘米（图三九九，3；彩版一九六，3）。

铁器 2件。

IVM1∶4，出于墓室中部。器身锈蚀较重。平面呈梯形，上有一小孔，截面呈长方形。较窄端为圆弧状，柄接一铁条，较宽端呈圆角方形。长19.7、宽2.6~3.6、厚0.2~0.3厘米（图三九九，4；彩版一九六，4）。IVM1∶3，出于墓室中部。器身锈蚀较重。形制与IVM1∶4相似。平面呈梯形，残断为三截。残长15.2、宽2.4、厚0.2~0.3厘米（图三九九，5；彩版一九六，5）。

ⅣM2

位于ⅣM1西侧约8米处，遭扰动。距地表深约0.2米，由墓门、墓室和封土组成，为刀形单石室墓。方向183°（图四〇〇；彩版一九七，1）。墓顶被破坏已无残留。墓道朝向东南，墓门长1.44、外口宽0.7、内口宽0.9、残高0.48米。墓葬砌筑方法与以上刀形墓相似，墓室所用石材稍经修整，四壁自底部约30厘米左右起逐渐内收。内壁规整，未发现白灰抹面现象，平面近长方形，长2.66、宽2.4、高0.36~0.9米。墓底为人工平整的纯净黄土。不见

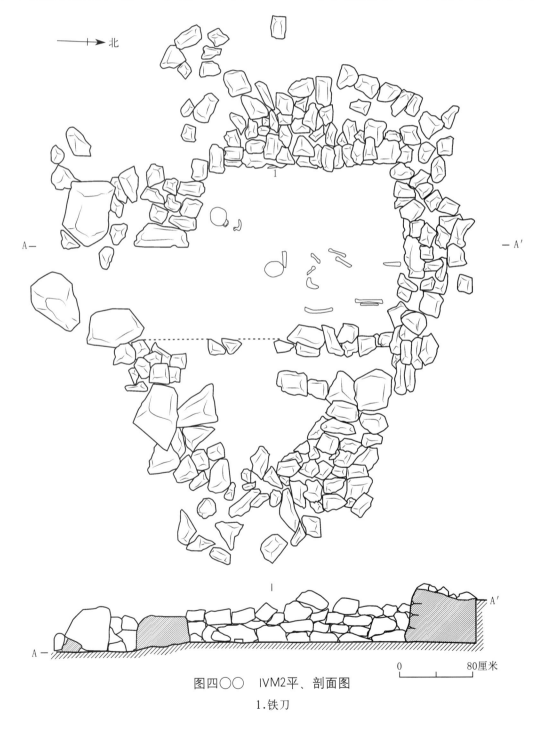

图四〇〇　ⅣM2平、剖面图

1.铁刀

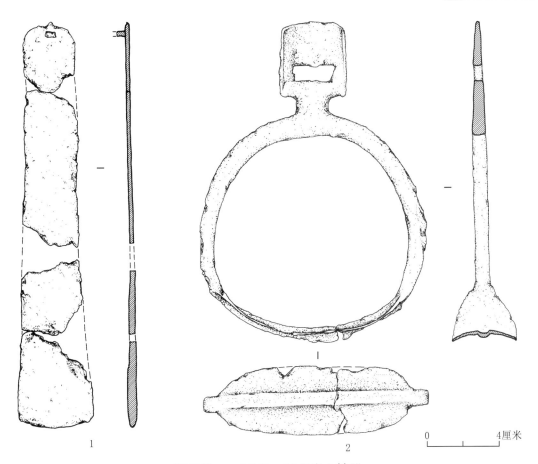

图四〇一 ⅣM2、ⅣM3出土铁器

1.铁器（ⅣM2：1） 2.马镫（ⅣM3：1）

有葬具，见有颅骨1具，保存较差，疑为单人葬。性别与年龄均不明。随葬有铁器1件。

铁器 1件。

ⅣM2：1，出于墓室中部。器身锈蚀较重，用途不明。平面呈梯形，残断为三截。残长20.8、宽2.8~4.2、厚0.2~0.3厘米（图四〇一，1；彩版一九八，1）。

ⅣM3

位于大洋山主峰西侧较平缓的山脊处，六道沟东北侧山脊顶部高压线塔附近。遭扰动。距地表深约0.2米，由墓门、墓室和封土组成，为铲形单石室墓。方向190°。墓葬封土近圆形，堆砌不规则石块。墓道平面略近喇叭形，墓道两侧有裸露立石，长1.04、前宽0.88、墓门宽0.7、存高0.9米。墓室所用石材稍经修整，四壁自底部起逐渐内收，平面近长方形，长2.16、宽2.25、残高0.8~1米，墓底经人工平整，为纯净黄土。不见葬具，仅见颅骨1具，位于墓室南侧中部，正对墓门。性别年龄均不详。随葬铁马镫1件（图四〇二；彩版一九七，2）。

铁马镫 1件。

ⅣM3：1，平面呈椭圆形，足踏处宽平，中部略呈下凹状，长方形柄，顶部微弧，长方形横穿，柄下侧与镫环相接处收束。长17、宽12.6、厚0.8、柄长3.9、宽3.6、厚0.4厘米；

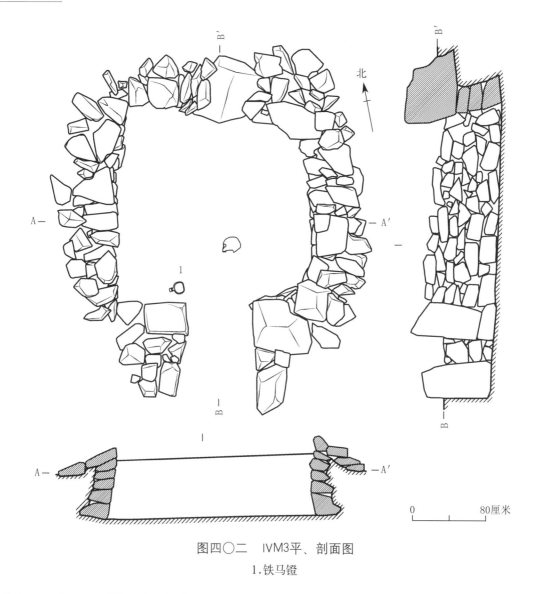

图四〇二　IVM3平、剖面图
1.铁马镫

足踏长9.4、宽4.2、厚0.1厘米（图四〇一，2；彩版一九八，2）。

IVM4

位于石台子山城西北部较平缓的山脊，大海子南侧岔路口附近。遭盗扰。距地表深约0.2米，由墓门、墓室和封土组成，为刀形单石室墓。方向190°。封土近圆堆形，上覆以黄土，周围用不规则石块围砌。墓道位于墓室南壁东侧，东壁与墓室东壁相连，均用大块平整石板砌筑，长1.76、前宽1.04米，墓门宽0.72、存高0.86米。墓室长2.46、宽1.86、残高0.80米，四壁以稍经修整的石料叠涩砌筑，自底部起逐渐内收，顶部已坍塌，砌筑工艺较粗糙。墓室西壁与南北两壁底部区域用石块砌筑一长方形尸床，长2.46、宽1.1、高0.1米，尸床及墓底皆用白灰抹面。可见葬骨扰动严重，根据残存的下肢骨初步确定该墓葬有2个个体，一具置于尸床西侧，紧靠墓室西壁，另一具置于尸床下，均头南足北，仰身直肢葬。性别年龄均不详。未见随葬品（图四〇三；彩版一九七，3）。

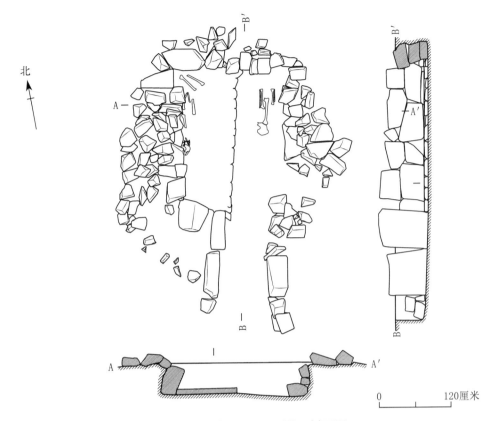

图四〇三 ⅣM4平、剖面图

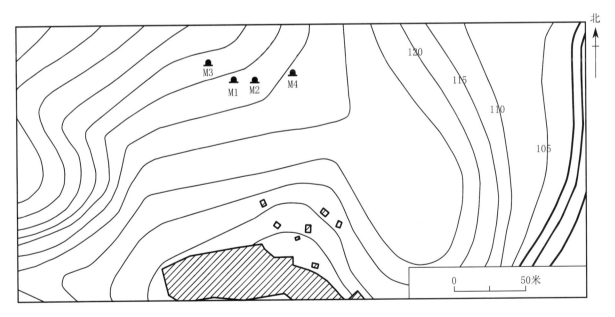

图四〇四 第Ⅴ墓地墓葬分布图

五 第Ⅴ墓地

位于棋盘山秀湖北岸九道沟东北侧大洋山主峰西侧临近地区、关家坟清代墓地北侧，2004年发现并清理墓葬4座，均为封土石室墓。统一编号为ⅤM1、ⅤM2、ⅤM3和ⅤM4（图四〇四）。

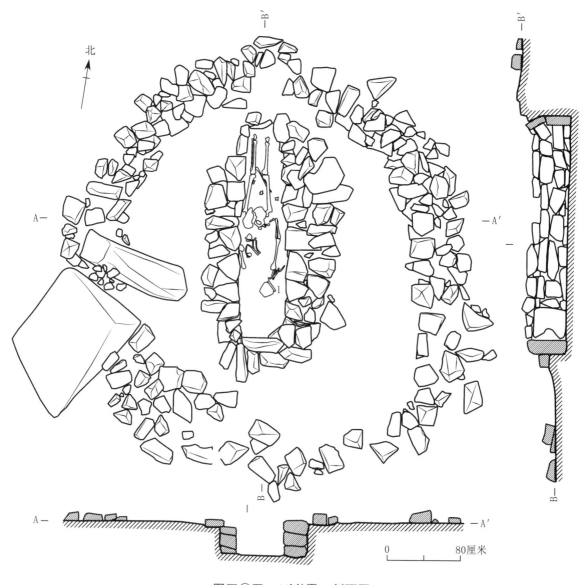

图四〇五　ＶM1平、剖面图

1.陶罐

VM1

　　位于棋盘山水库北岸洋山民俗村所在冲沟向阳山坡上、关家坟清代墓地西北侧约150米，被盗扰。距地表深约0.2米，由墓室、墓顶封土及封土外围石圈组成，为梯形单石室墓，方向170°。封土略高于地表，呈圆堆形，之上零散覆压小石块，外部围砌的石块较成规模，之间铺填较纯净黄褐色土，形成石圈加护封土。墓室平面略呈梯形，长2.24、宽0.28～0.52、残高约0.48米。墓室南宽北窄，东壁略较西壁为宽，顶部用较大块平板石铺盖，缝隙处用小石块填实，东西两壁用楔形石块及不规则石块自底部叠涩砌筑，共计四层，面向墓室一面修整较平整，白灰勾缝，外侧参差不齐，南北两壁用经修整石板立砌，墓室底部为经人工平整的黄褐色山皮土，见细小石粒，不见葬具。单人仰身直肢葬。头向朝南，人骨保存较差，上半身骨骼已被破坏，应为男性，年龄40～45岁。随葬器物有陶罐1件（图四〇五；彩版一九九，1）。

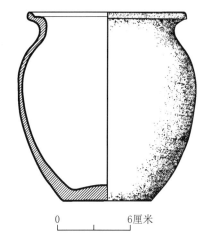

图四〇六　VM1出土陶罐（VM1：1）

陶罐　1件。

VM1：1，出土于墓主人头部附近（图四〇六；彩版一九八，5）。泥质黑皮陶，红褐胎，轮制，略显粗糙。口略盘，圆唇微尖，颈部微束，直壁微弧，平底。素面。口部略残。口径13.4、底径8、腹径15.2、高15.6厘米。

VM2

位于VM1东北18米处，被盗扰。距地表深约0.2米，由墓室、墓顶封土积石组成，为长方形单石室墓。方向170°。封土近圆形，积石叠堆，石块间以较纯净黄土填实缝隙。墓室砌筑较规整，外围积石散乱。墓室平面呈长方形，长2.3、宽1.1、存高0.6米。四壁所用石材稍经修整，叠涩砌筑，壁面较平整，东侧墓室壁被破坏较严重，倚西壁用小石块砌筑一长方形尸床，尸床与墓室等长，宽0.6米，边缘用经修整的石块砌筑，较整齐。墓底经人工平整，为较纯净的黄土，未见使用白灰抹面。不见葬具。所发现尸骨均保存较差，根据发现的盆骨及墓室内骨骼分布情况，推测该墓葬内应至少葬有4具人骨，保存相对完整的两具尸骨头向均朝南。1号个体尸骨位于尸床东侧，骨骼较粗壮，部分骨骼位于尸床外，右侧肢骨被破坏较严重；2号个体尸骨位于尸床中部，骨骼较纤细，均为仰身直肢葬，其余尸骨杂乱堆放于墓室西北角，属二次葬。推测1号个体男性30～35岁；2号个体男性25～30岁；3号个体女性，老年；4号个体男性，老年。随葬器物有陶罐1件、耳坠饰2件（图四〇七；彩版一九九，2）。

陶罐　1件。

VM2：1，泥质灰陶。轮制轮修。侈口，圆唇微尖，束颈，溜肩，扁圆腹，平底。素面。口径8.8、高12.4、底径10.4厘米（图四〇八，1；彩版一九八，6）。

铜耳饰　2件。

由三部分组成，上部为一环状扁宽叠接铜片，其下套接一半圆对接铜丝，铜丝穿一下端略近三角形，有三道箍的耳珰。VM2：2，长2.1、宽1.35、铜丝粗0.25、珰体长1.65、直径0.6厘米（图四〇八，2；彩版一九八，3）。VM2：3，长2.5、铜丝粗，0.25、珰体长1.6、直径0.7厘米（图四〇八，3；见彩版一九八，3）。

VM3

位于VM1西南26米处，被盗扰。距地表深约0.2米，由墓道、墓门、墓室和墓顶封土组成，为铲形单石室墓。方向170°。墓葬所用石材大多较不规则。封土近圆形，外围用石块逐层叠砌。墓顶已无存。墓道朝向南，残长0.9、残宽0.54米，墓门宽0.54、残高0.8米，立砌有经修整的大石块。墓室长2.2、宽1.94、存高1米。墓室壁以略经修整的楔形石块砌筑，其间空隙处以细碎石块及黄褐色土填充，自一定高度逐渐内收起券。墓室壁面较为平整，底部为黄褐色山皮土，经人工平整，未见白灰抹面，未见葬具。所发现尸骨保存一般，由残留的盆

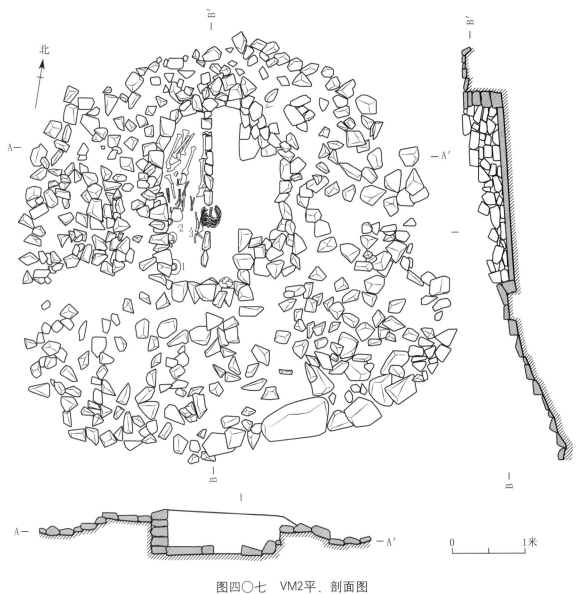

图四〇七　VM2平、剖面图
1.陶罐　2、3.耳坠饰

骨、肢骨，可确定该墓葬至少埋葬有3具个体。葬骨均分布于墓室东部，头向朝南，仰身直肢葬。1号尸骨位于西侧，保存相对较完整，成年男性；2号尸骨位于中部，仅盆骨及下肢骨部分残存，29～30岁女性；3号尸骨位于东侧，仅盆骨及下肢骨保存相对较完整，35～39岁男性。随葬器物有陶罐1件、耳坠饰2件，另封土内出土1件石刀（图四〇九；彩版二〇〇，1）。

陶罐　1件。

VM3：1，夹砂灰陶，轮制。侈口，圆唇，束颈，溜肩，圆腹，平底。肩部、腹部、下腹部各饰以三道细刻划弦纹。口径8.3、高15、底径9.2厘米（图四一〇，1；彩版一九八，7）。

铜耳饰　2件。

VM3：2，出土于墓室北侧耳饰。黄铜。用铜丝扭曲成圆环状对接。略显锈蚀。直径2、铜丝粗0.2厘米（图四一〇，2；彩版一九八，4）。VM3：3，黄铜，包金。用铜丝扭曲成

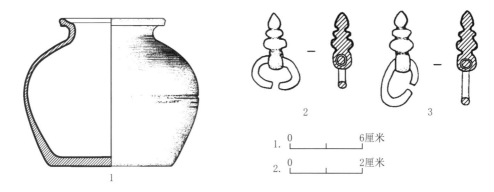

图四〇八 VM2出土器物

1.陶罐（VM2：1） 2、3.铜耳饰（VM2：2、VM2：3）

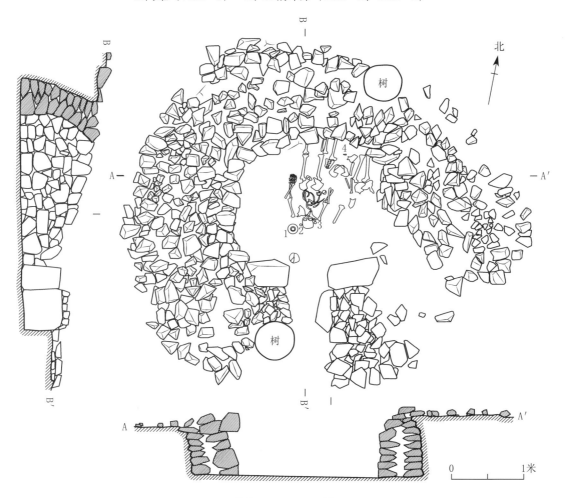

图四〇九 VM3平、剖面图

1.陶罐 2、3.耳环 4.石刀

圆环状对接，外侧镀金。略显锈蚀。直径2.3～2.4、铜丝粗0.25厘米（图四一〇，3；彩版一九八，8）。

石刀 1件

VM3填土：1，磨制，已残。残长3.8、残宽3.7、厚0.8厘米（图四一〇，4）。

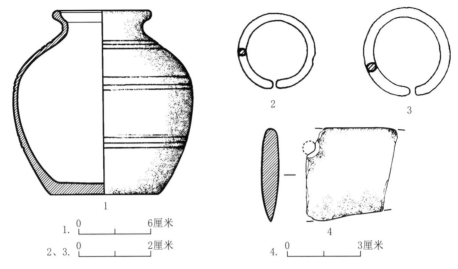

图四一〇 VM3出土器物

1.陶罐（VM3：1） 2、3.铜耳饰（VM3：2、VM3：3） 4.石刀（VM3填土：1）

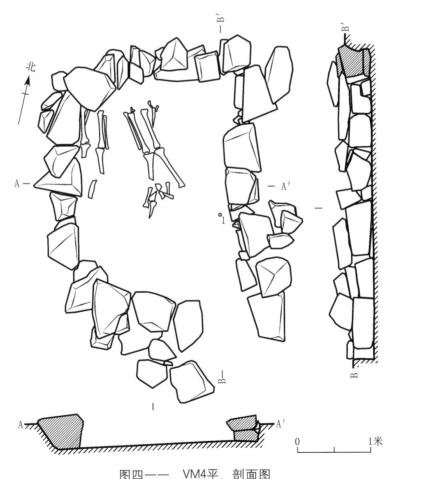

图四一一 VM4平、剖面图

1.铜耳环

VM4

位于棋盘山水库北岸洋山森林公园南侧公路西侧，被盗扰（图四一一；彩版二〇〇，

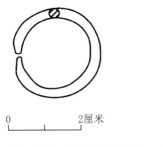

图四一二 VM4出土铜耳环（VM4：1）

2）。距地表深约0.2米，由墓道、墓门、墓室和墓顶封土组成，为刀形单石室墓。方向195°。墓葬平面呈刀形，墓道位于墓室南壁东侧，东壁与墓室东壁连接，残长0.8、宽0.4~0.5、存高0.4米，以略经修整的石块砌筑。墓室平面呈长方形，长2.02、宽1.3、残高0.46米，四壁用略经修整的石块自底部起逐渐内收砌筑。墓室东壁破坏较严重，西、北壁保存相对较好。墓底经人工平整。不见葬具。发现尸骨保存较差，上身均被严重破坏。由残存的下肢骨判断该墓葬应埋葬有2具人骨个体，一具尸骨分布于墓室中部略偏西，另一具尸骨分布于墓室西侧。均头南足北，仰身直肢葬。性别年龄均不详。仅随葬铜耳环1件。

铜耳环 1件。

VM4：1，出土于墓室东南侧，靠近墓室东壁。黄铜制。用铜丝弯成圆环状对接。已锈蚀。直径2.4、铜丝粗0.3厘米（图四一二；彩版一九八，9）。

第四章　相关问题

　　石台子山城是高句丽时期在其西部边陲所筑的重要山城之一。发掘结果证明，在青铜时代已有人在此居住生活。高句丽时期在此修筑山城，形成了以高句丽时期文化为在主的文化遗存。明代出于军事防御目的，在山城内的局部区域修筑军堡、烽燧和居住址。

　　经过对石台子山城的发掘，值得庆幸的是高句丽时期的重要遗迹现象在这里尚多有保存，特别是四座城门址还保留被火毁后倒塌的原始迹象，在城内发现的大型石筑建筑址、居住址等重要遗迹，对探究和了解高句丽时期的山城建筑形制、防卫体系、生活状况、经济状态有着重要意义。于此，我们对相关问题进行探讨。

第一节　第一期文化特征及其年代（青铜时期文化）

　　第一期文化仅发现半地穴式房址一座（SIF8），从残存迹象观察，圆角长方形或方形。本期出土遗物也多分散见于晚期地层与遗迹单位内。遗物发现有陶器和石器两类，与沈阳地区的新乐上层文化面貌基本一致。陶质为夹砂红陶、红褐陶，陶器手制，火候较低，陶器可见鼎、鬲、壶、罐、钵、纺轮、网坠等。多素面，少见有附加按压堆纹；附加堆纹，多饰于陶器的颈部、釜的腰部。少数陶器表面有红陶衣，器耳多为桥耳状。壶、罐类陶器多为平底，陶钵多有圈足。三足器的器足有圆锥形、长方形、多梭形和袋足。石器多磨制，有石刀、石斧、石锛、石镞和敲砸器等[1]。有红陶衣的高圈足凹底钵（SIH38：3），具有高台山文化风格[2]。目前在蒲河流域已发现多处同时期的文化遗址，在蒲河上游的黑森子村石观山遗址[3]、中寺村遗址[4]、马刚林场遗址[5]、蒲河中下游的道义屯遗址[6]、上蒲河遗址[7]、平罗遗址[8]等，虽然多为考古调查资料，但反映出这一文化的特征基本相同，这说明在新乐上层文化期间，蒲河流域的青铜时代文化分布是十分密集的，而且也是青铜文化非常活跃的时期。

　　[1] 曲瑞琦、沈长吉：《沈阳新乐遗址试掘报告》，《考古学报》1978年4期。赵晓刚、付永平：《辽宁大学青铜时代遗址发掘简报》，《边疆考古研究》第5辑。

　　[2] 沈阳市文物管理办公室：《沈阳新民高台山遗址》，《考古》1982年2期。新民县文化馆、沈阳市文物管理办公室：《新民市高台山新石器时代遗址1976年发掘简报》，《文物资料丛刊》1983年7期。沈阳市文物管理办公室：《新民高台山第二次发掘》，《辽海文物学刊》创刊号，1986年。

　　[3] 沈阳市文物管理办公室：《沈阳市文物志》第一章"古遗址"，沈阳出版社，1993年。

　　[4] 陈大为：《辽阳岩州城山城》，《辽海文物学刊》1995年1期。

　　[5] 吉林省文物考古研究所、集安市博物馆：《国内城》，文物出版社，2004年。

　　[6] 吉林省文物考古研究所、集安市博物馆：《丸都山城》，文物出版社，2004年。

　　[7] 辽宁省文物考古研究所：《五女山城》，文物出版社，2004年。

　　[8] 抚顺市文化局文物工作队：《辽宁抚顺高尔山古城址调查简报》，《考古》1964年12期。

第二节　第二期文化特征及其年代（高句丽时期文化）

本期文化是石台子山城的主要文化遗存。石台子山城的城墙、城门、马面、涵洞等遗迹是石台子山城的最重要部分。

一　山城砌筑结构与方法

（一）基础

城墙基础多开凿于山岩之上，由于墙体所经山势有平缓坡地，又有陡峭壁，还有沟堑谷口，针对不同条件状况采用不同基础砌筑方法，具体可见以下四种。

1. 槽基础　用在山势低洼处（谷口）或较缓的坡地处或山皮土稍厚之地。根据墙体或马面的宽度开基槽至山岩层，基础深40～70厘米。基础部分所用楔形石材较大，表面粗糙，砌筑在一定宽度的缝隙，基础石砌筑二至三层，墙体基础部分的外侧宽于墙面0.1～0.2米，如北墙A、B段北门址T处、西墙A、B段西门址处、东墙C段北侧。

2. 凿岩基础　用于山势较为陡峭岩石裸露之处地。在砌筑墙体的部位将岩石凿出平面或沟槽，直接砌筑墙体，并与内侧的岩体依接，待墙体砌筑到一定高度，再用插石与内墙一侧相连。如东墙A段北侧、西墙B段东侧。

3. 斜逆基础　用于山势陡峭的坡段上，是为避免墙体出现滑坡而用的措施。将砌筑墙体底部的岩石凿成若干阶梯式的小段（基础石）凿出平面，每段长2～5米不等，相差高度一般是一层砌筑石材的厚度。基础石面水平面夹角为逆向10°～15°，与斜坡方形成逆反。这一方法使用普遍，在墙体砌筑到一定高度之后，经过对墙石厚度或变行的调整，能使墙面的砌筑平缝出现水平。

4. 担石基础　仅见于东墙A段断崖的悬断之处，横置巨石，所用石材长2.6、宽0.9、0.6米。

（二）城墙、马面、门址与涵洞

城墙、马面、城门门道与涵洞设施全部用石材砌筑，城墙内、外墙面、马面的三个外侧墙面涵洞内壁全部使用经加工的楔形石。城墙墙体和马面内部用经加工的棱形石做插石，在错缝叠筑的缝隙中填充石块和碎石，是其基本砌筑方法。

1. 城墙墙体

在基础之上首先砌筑墙面，即楔形石。这种石材的特点是表面经錾琢，正面多长方形，表面微凸，其后部经简单劈打，成尖尾，俯视、侧视、均呈长三角形，即楔形。墙面拼缝是在石材基本平直的情况下，仅对表面的四个边线稍加处理，即能达到可直可斜角度的要求，使之与所相连的墙面四边缝隙吻合，墙面石的后尾下部均垫有一块用以调整角度和稳固用的片状石。墙面石内侧的"棱形石"造型大体相同，均为棱形。在两块墙面内侧的棱形石加工较规整，大小形制按两块楔形石中间的空隙而定，周边也用石片垫稳固。墙体内侧的"插石"，或可称石筑墙"拉结石"，全部使用此类型石材，但仅粗略做以加工，规格比较一致，每层的平面呈犬牙交错、相互插入式排列，且层层错落砌筑，即使墙面石全部无存而城墙仍然屹立不倒。

方正石为四面錾琢，外表面与上下两面平整，与楔形石相接的两个面稍粗糙，此类石材用于门洞转角和马面外折角的位置。

曲尺形石（刀形石）多用于变行和内折角交接。立式使用：可由一行变两行，用于墙面部分。城墙随起伏山势而砌，要达到墙面平直，解决这一问题使用曲尺形石，使一行稍厚的石墙变成两行稍薄的石墙，保持了墙面的水平。平式使用：使用于内折角墙体和马面的衔接，曲尺形石的一部分砌筑于墙体内，一部分在马面位置上，石墙上的石材压在马面上，形同于木工所用的半卯衔接，为之互相"咬合"。

双槽石是底部的平面与墙体相接，其处位置应在城墙的顶部，或就是女墙上的封顶石。从出土位置看，分布于城墙沿线。其两端的双槽属于明榫，与之相关带有卯的石材未见。

支垫石是最为常用的和至关重要的石材，其本身是制作楔形石、梭形石时劈打下来的边角料。在墙体内每一块砌筑楔形石和梭形石的石材下都有支垫石，更为重要的是支垫石可以调整墙面的角度，因其所支垫墙面楔形石的前后位置而决定了城墙面石的斜收分。

碎石有大有小，用于充填和稳定墙体重力。

城墙全部使用石材砌筑，在墙体内一定会的大小不同缝隙，这也许就是其所要达到的目的。若用土石将墙体内的缝隙全部填实，含有水分土的墙体在冬季则会膨胀，松动墙体结构，以至外墙面塌落。

2. 马面

马面共9座，分布于山城的北、西、南墙方面，相互之间的距离48～78米。在北墙与西墙、西墙与南墙城墙转角处和城门一侧均设置有马面。马面形制基本为方形或长方形，因地势条件在马面形制上出现有台式基础和无台式基础。

马面，基台内部使用梭形石修筑。折角部外侧面用方整石砌筑，其他位置用糙面楔形石。

3. 城门

石台子山城有东、西、南、北四门，城门的面阔进深基本相同。门道用石材砌筑，门道下部筑有宽0.35米台阶，用于安放支立排叉柱的地栿，在距离门道外墙1.6米处安置门柱础和门础石。在北门、东门发现的门柱础和门础石形制规格基本相同，在门础臼处均发现有嵌入石门础臼内的铸铁门臼。西门发现的铸铁门臼嵌入在木质地栿内。城门址发掘的遗迹表明，石台子山城的城门部分主要是木结构。

门址遗迹保存稍好的是北门址，门道方向306°，宽4、进深6米。门道西壁残高1.25米，东壁存高0.4米。门道西壁下部是由两行楔形石砌筑的石阶基础，残长5.6、宽0.34、高0.4米，石阶基础上的第一行墙壁石向内侧凹入0.05米。门道内两侧均有用石垒砌的挡土墙，东侧墙稍直，石材规则，高0.4～0.6米，墙内填有碎山石土。西侧挡土墙呈圆弧形，残存2

层，高0.3米。门道内侧较平坦，平面整体略呈喇叭口状。

门道础石位于门道外墙面内侧1.6米处，紧依石阶基础安置，平面距路面高0.28米。门础石形制为门柱础与门枢属连体式，半埋入门道地下，周围用石块填实。西侧的门础石长57.5、宽31.5厘米。门柱础部分长28.2厘米，础石面中部凿有方形卯，边长9.2~10、深6.2厘米。门枢础面低于门柱础面14厘米，长29.3厘米，枢石面中部凿有外方内圆的半球形凹槽，内嵌方形圆凹底的铁门枢，距门道高28厘米。东侧门础石长60、宽32厘米，门柱础部分长32厘米。础石面上有方卯，边长9.5、深6.3厘米。门枢础部分长28厘米，低于门枢础面14厘米。门枢石面凿有外方内圆的半球形凹槽，边长16、深5厘米，铁门枢无存。位于北墙1号马面东侧，进深6、宽4米。门西侧墙壁残高1.25米，东侧墙残高0.4米。门道下部为楔形石砌筑的石台，残长5.6、残宽0.34、高0.4米。石台上第一行墙石向内凹砌0.05米。门道地表及附近堆积有大量经火烧的石块、木炭、灰烬、草拌泥烧结块等，壁墙石表面已多烧裂变色。门础石存于原位，铸铁门枢出土于门础石附近。门道内东西两侧沿门道壁向内有矮墙，不规则石材垒砌，高0.4~0.5米，平面呈喇叭口状。这些遗迹现象为深入研究高句丽时期的城门结构提供了珍贵资料。

4.排水设施

涵洞共发现5处，在城墙底部有2处，在门道下有3处，比较有特点的是北门和东门排水设施。

北门排水设施由排水沟、挡土墙、涵洞入水口、沉井、涵洞和明渠构成。北门址内侧地势较为平缓，从城内侧排水沟、挡水墙、漏洞入水口至城外明渠末端，构成北门的排水设施，其中涵洞、明渠部分长为28.6米，落差为5.5米。排水沟位于门址内南侧呈漫流状。与涵洞相接。挡土墙用小石块堆筑而成、沉井位于护坡墙内侧，内部结构可分上下两层，上层宽，沉井西侧与涵洞相连。从沉井剖面结构可见，水流是由西侧排水沟流入沉井，再反折向西折流入涵洞之内，涵洞为楔形石砌筑，长18.1米，其中有7.8米是在门道的外侧路面下，涵洞外侧出口连接明渠。明渠两侧壁为石材砌筑，渠底部以楔形石随山势砌筑成阶梯状，楔形石平面向外，共15阶，末端略偏向东侧山谷低洼之处，总长4.7米，渠壁高0.6、宽0.7、落差2.4米，平均每阶级差为0.16米。

东门的排水设施由排水沟、挡水墙、沉井、涵洞及明渠构成。东门内侧发现两条排水沟，排水沟1依门内南侧，为西至东流向，沟底部山岩经人工铲凿排水沟东端与沉井相连，入沉井处较窄，并横置挡阻的碎石块，使排水沟与沉井相接之处形成小的蓄水池，同时也具有滤沙的用途。排水沟2位于门道内西侧，为北至南流向，为石筑明渠，石材较规整。渠两端略宽，平面呈束腰形，入沉井口处呈喇叭口形，内放置两块楔形石，其平面向沉井。沉井平面为长圆形，底部东侧铺有石板，井壁用石材砌筑，南侧井壁与东门内侧的挡土护坡墙相连。沉井底部东北角为涵洞口。涵洞口南向，长方形，高0.3、宽0.6米。洞口两侧以方形立石支撑涵洞盖石，使涵洞与沉井之间的连接缩小，其形式可称"卡口式"。涵洞始为南北向，后直折向东，沿门道南墙内侧通向门外。洞高0.8、宽0.9、长13.8米，底部平铺大板石，洞壁以三规整楔形石、条石砌筑，上盖涵洞盖石，涵洞外侧为明渠。明渠渠壁用石材砌筑，由三层逐减为二层至一层石材，渠底部是经过铲凿基岩，渠壁末端至山崖处。

石台子山城作为一项建筑工程所需人工材料，略做估算，可谓工程浩大。

石材总量以山城周长1361.42米，平均高7、宽5.5米计，马面以长7、宽7、高7米计，共所需砌筑用石材55500立方米。其中墙面所用楔形石以常见规格长0.3、宽0.25米，每平方米14.5块计（包括马面部分），墙面所用楔形石约为289157块。墙内部所用梭形石砌筑为前后穿插式结构，每块石材以长0.4、宽0.3、厚0.25米计（包括马面部分，减去墙面石剖分），墙内所用梭形石约为1542646块，而这里所指的石块是经人加工成型的用于砌筑用石材。

人工开采55500立方米的石料，其中包括占石料总量近三分之一，产地远在蒲河上游数十千米之外的玄武岩石料，而有成吨重的石材从山下搬运至山上，在没有现代化运输、搬运设备的时代，其用人工劳力更是难以统计，这里尚不包括石台子山城内发现的用于1号、2号大型石筑建筑址所用石材。

二　军事要塞与防御性能

石台子山城就其地理所处位置而言，西望辽河，距三面船古辽河渡口约40千米，距辽滨塔古渡口不足70千米。扼守从辽西通往辽东的"北甬道"，在军事战略防线的意义上讲这里属于军事要地。山城南距沈阳上伯官古城址玄菟郡约14.4千米，东北距撵阵堡山城40千米，东南临高尔山山城不足20千米，也是玄菟、撵阵堡、高尔山这三座城池的军事屏障。同时也控守了由蒲河谷地通往清源、新宾的古代交通要道。由蒲河镇"哈大路"东行，至新城子区望滨（旧称望兵村）乡，向东至铁岭横道子，于抚顺通往铁抚公路相交，向东北达清河上源、榛子岭，向东南经南杂木、上夹河、木奇，达新宾永陵。此条道路为古今相续之路。还应指出的是，途中相交的铁抚公路南端，正是高尔山山城的北门。向北正是位于撵阵堡山城西南5千米的青龙山山城东门。突出的地理位置，也彰显了石台子山城的重要性。

在断崖上面砌筑墙体，城墙整体闭合是石台子山城的重要特征之一。在西城墙南北两侧的制高点之间，在城墙内侧用土石垒筑一条直线的"山嶂"，弥补山城西侧地势较平缓的缺陷，也体现出这座山城对防御性能的高标准要求。

马面是石台子山城在防御性能方面的突出体现，在每座城门一侧必有一座，东门虽无马面，但东门的南、北两侧的内折城墙结构形式，同样具备马面的功能。有马面的山城在辽东诸多高句丽山城中实不多见，目前仅见于岩州城[1]、国内城[2]两处。石台子山城6号马面台阶式基础的两侧外角均为圆角形，与岩州城的马面形式基本相同。

涵洞排水设施，在砌筑山城之初即已规划设计完毕。涵洞砌筑用石材全部采用蒲河上源之处的铁岭市横道子镇武家沟的衙门沟采石厂出产的玄武岩，也说明了石台子山城在修建之初砌筑山城的石材已准备就绪。北门涵洞口置于挡水墙内形成反折式，东门涵洞口缩小均不利于排水，但确能控制外部人员由涵洞潜入城内的问题，这样的设计应与防御相关。

城墙墙体表面相当规整，为一般的山城所不见，若加对比，实可与丸都山山城的城墙

[1]　佟达：《新宾五龙高句丽山城》，《考古》1964年12期。

[2]　武家昌、梁志龙、王俊辉：《桓仁米仓沟高句丽壁画墓》，《辽宁考古文物》，辽宁民族出版社，2003年。

砌筑用石材相提并论[1]。就山城砌筑工艺而言，城墙墙面采用错缝砌筑，与墙内砌筑结构已浑然一体，作为高句丽山城主要功用的坚守和防御性能已充分体现。石台子山城城墙不仅高大，墙面平直，城门宽阔，而且在外观上极端追求完美，在处理城墙墙面的工艺上，采用了"丝缝墙"拼缝砌筑工艺，这也是在诸多高句丽山城中难以见到的。石台子山城周长不足1370米，却辟四门，实视为多。城墙高矗，马面圜立，固若金汤。丝缝墙罩面，貌似哗众。石台子山城远在高句丽边镇西陲，若从单纯军事防御性的山城来推论，大可不必开辟四门，东西开两门足已。更不必大费功力，打造丝缝墙面。这里远离高句丽腹地，也不可能是高句丽在此刻意建造的地标式建筑，却刻意地不惜人力物力财力，不仅追求石台子山城要具有完备的防御和防守能力，还有貌似骇人之面，这里或有更深层意义或未解的历史之谜。

石台子山城在南墙7号马面西侧底部墙面石上发现一处刻"#"符号，在集安民主遗址10号院落门址础石（2003JMⅡMS1）和千秋墓西边一级阶坛第四层砌石左下角有刻"#"符号[2]，有人认为是分段施工的标记，从这类刻"#"符号多在施工之始处发现，颇有道理。

三 有关遗迹

（一）大型建筑址

1. 山城Ⅱ区发现的1号、2号大型建筑址和圜墙址在整体结构关系上可视为一组建筑，非常壮观。这在已知高句丽诸多山城内实属罕见的遗迹现象。安东高句丽虎山山城发现过与"2号石筑建筑址"结构、形式相同的遗迹，被定为蓄水池[3]。目前山城Ⅱ区发现的1号、2号大型建筑址和圜墙址建筑被称为"蓄水池设施"[4]。其中"1号石筑建筑址"称之为"拦水坝"，"2号石筑建筑址"称之为"蓄水池"，还有1、2号"过滤池"设施等。对这组石筑建筑，就其性质和作用尚有不同认识，其根本是要确定"2号石筑建筑址"（蓄水池）有水和无水，本文在此不进行深入分析讨论。

（二）瞭望台

位于山城Ⅳ区中部制高点处，这里是山城南侧的制高点，南面对注蒲河河谷，视野开阔。因山城置于诸峰之间，无这处瞭望台仅可与诸峰相望，因而在相对应的制高点处也应有用以传达信息的瞭望台。

（三）居住址

山城城内除大型石筑建筑址外，共发现清理属于二期（高句丽时期文化）的居住址41座，房址建筑形式结构现象可分为：地穴式房址、半地穴式房址、半地穴有烧烤面房址、有土洞式烟道的房址、坑式地炕房址、有石筑烟道的房址、有石筑墙半地穴式房址七类。

[1] 吉林省文物考古研究所、集安市博物馆：《集安高句丽王陵》，文物出版社，2004年。
[2] 李晓钟：《沈阳地区战国秦汉考古初步研究》，《沈阳考古文集》（1），科学出版社，2007年。
[3] 王成生：《从考古资料看西汉辽东等五郡治的地望》，《辽宁考古文集》（2），科学出版社，2009年。
[4] 辽宁省文物考古研究所、沈阳市文物考古研究所：《沈阳市石台子高句丽山城蓄水设施遗址》，《考古》2010年12期。

房址类型关系：B型半地穴式房址→C型半地穴有烧烤面房址→D型坑式坑式房址、E型有土洞式烟道房址→F型有石筑烟道房址→A型地穴式房址、G型有石筑墙半地穴式房址。目前高句丽时期经考古发掘的有居住址特别是民间居住址一类的资料缺乏，与之相比较的考古资料仅有五女山城和国内城的考古资料。五女山山城三期除大型建筑址J1外，发现的房址多为半地穴式，遗迹单位有F35、F36、F47、F57。五女山山城三期除大型建筑址J2、J3外，发现的房址分为Ⅰ类（兵营）25座，Ⅱ类（哨所）6处，Ⅲ类（居住址）有F72、F4、F11、F42、F51、F52、F65。这三类房址均为半地穴式建筑，平面多呈圆角长方形，室内也均有石筑火炕（火墙），在石台子山城所发现的房址分类中相对应的是F型石筑烟道的房址。

经对石台子山城遗迹与典型单位器类分析，且以遗迹叠压、地层关系为基准，以有土洞式烟道的E型房址划分阶段，D、E型为第二段，B、C型房址为第一段，A、F、G型房址第三段。F型（SⅢ02DF1）开口于SⅢ02DT1第⑤层下，SⅢ02DT1第⑤层的地层内出土有隋五铢钱币（SⅢ02DT1⑤：5），SⅢ02DT1第⑤层的年代不早于隋，推测此类房址建筑时期或在581~618年左右。在97QTG1第③层出土有陶片、铁镞、铁削、铁甲片和五铢钱等遗物。97QTG1第③层是石台子山城筑城时城墙内侧护坡堆积，这些遗物存在于石台子山城在筑城之前的文化层，因筑城而使用了已有文化遗物土堆筑护坡，其"剪轮五铢"（97QTG1③：23）轻薄，或对地层的年代有所参考。

四　有关遗物

本期大多数陶器为手制，器形较规整，烧制火候较高；陶质以夹砂陶为主，少有掺滑石粉者，并见少量泥质陶；陶色以灰陶、灰黑陶居多，少量为红褐陶，器表多抹光，器表有施暗压纹者。器形主要有瓮、罐、盆、甑、盘、钵、碗，器耳中横桥状耳流行，唇部施弦纹为鲜明特征。铁器中只有少量为铸制，多为锻制，种类较多，生活用具有釜、罐、削等，生产工具有镢、镰、斧、锤、铲、凿、钻等，马具有衔镳、带扣等，兵器有矛、镞、钱币等。铁器中数量最多的是兵器中的铁镞，形式多样。

本期出土遗物与五女山山城出土第三、四期遗物有较多的相同之处，各类遗物大多数都可以与在五女山山城第三、四期文化地层内和遗迹单位内出土的遗物进行比较对照。

D型Ⅱ式陶罐（91SIH9：1）与五女山山城三期陶罐（T23③：8，）一致[1]。

陶器类中的A型Ⅴ式瓮（SIT102①：12）与五女山山城（F22：1）瓮、B型Ⅰ式瓮（SIT105①：14）与五女山山城（T47②：2）、B型Ⅱ式瓮与五女山山城（F4：9）、C型Ⅲ式瓮（SⅢ04DH5：4）与五女山山城（T536②：5）基本相同。

A型Ⅱ式罐（SIT103①:18）与五女山山城（T403②：6）、A型Ⅵ式罐（SIF2：22）与五女山山城（T53③：1）、C型Ⅰ式罐（SⅢXF1：4）与五女山山城（T47②：9）、C型Ⅱ式罐（SIH18：2）与五女山山城（T23③：7）、C型Ⅲ式罐（SⅢXH36：6）与五女山山城（J3：7）基本同式。

小口浅盘壶（SDMSG1②：7）与五女山山城（F30：16）、圆柱形陶网坠（SⅢ04DT604②：1）与五女山山城（J2：15）相同。

---

[1]　辽宁省文物考古研究所：《五女山城》，文物出版社，2004年。

铁器中铁提梁罐（SⅡX⑤：5）与五女山山城（JC：2）；铁拱形饰件（SIF2②：1）与五女山山城（JC：31）；铁镰（SIT302②：3）与五女山山城（F26：9）、（JC：3）雷同。

铁镢（SIT104东扩②：22）与五女山山城铁"锄板"（F26：10）为同类工具，只不过是这类工具的嵌装部分，而在抚顺高尔山古城址[1]、新宾五龙高句丽山城[2]出土的"镐头"，桓仁米仓沟高句丽壁画墓出土的铁铡刀[3]是这类工具的衔装部分。石台子山城出土的这件铁镢终于使之面貌清晰。

铜饰件（SIT302②：5）与五女山山城（F32：16）相同。石台子山城第Ⅱ墓地（ⅡM1：3）出土的铜饰件与铁件铆接在一起，铜饰件位于前端，其本身应有悬挂之用。

A型、B型、C型、D型、F型铁镞在五女山山城中同类型者较普遍，其中E型三翼形镞为五女山不见，而E型Ⅲ式铁镞在集安太王陵出土了一件相同三翼镞（M541：11），推测其为鸣镝[4]。

石台子山城的陶器以灰陶、灰黑陶为主，黄褐陶、红褐陶占少数，夹滑石陶仅为弧例。陶器中类的A型I式广口、唇面外圆，A型Ⅳ式唇面外圆尖唇、唇内有一周凹带呈盘口的陶瓮；A型I式唇面有凹弦纹的陶罐，A型I式、A型Ⅱ式唇面有凹弦纹的陶盆；A型I式唇面有凹弦纹的陶甑，在五女山山城中几乎不见，而在集安市东市场旧房改造地点出土了侈口重唇陶罐（2001JGDSCY：2），市审计局职工宿舍地点出土了重唇陶壶（2000JGSJT1④：30）[5]、集安临江墓出土了侈口重唇罐（03JYM43J：1）[6]。灰陶或灰黑陶一类的唇面有凹弦纹的罐、盆等陶器与汉、魏、晋时期陶器特征相近。石台子山城坐标为东经41°57′01.74″，北纬123°41′22.23″，位于战国、汉、魏时期的古城址上伯官东城址[7]（东经41°49′06.76″，北纬123°39′52.07″）[青桩子地]、上伯官城址[8]（上伯官村内）正南，南北直线距离不足14.4千米，吸收中原文化因素是必然。

石台子山城城门址出土的铸制铁门枢、箍带与丸都山城2号门址出土的（铁车辖2002JMN2T403②：97、铁构件2002JMN2T403②：1）功用相同中，只是丸都山城2号门址出土的铁门户枢比石台子山城出土的铁门户枢多了一个凸齿[9]。

第三节　墓地与山城

墓葬均分布在山城的西南、西北面向阳坡地或山脚开阔地，较为分散，有的甚至相距较远，故将较为集中的墓葬划归为一处墓地，大体区划为I～V处墓地。第I墓地位于山城西面平缓的山脚向阳坡地，东起九道沟西侧，西至玉龙山庄东侧，共发现并清理墓葬8座，分别编

---

[1] 抚顺市文化局文物工作队：《辽宁抚顺高尔山古城址调查简报》，《考古》1964年12期。

[2] 佟达：《新宾五龙高句丽山城》，《考古》1964年12期。

[3] 武家昌、梁志龙、王俊辉：《桓仁米仓沟高句丽壁画墓》，《辽宁考古文物》，科学出版社，2003年。

[4] 武家昌、梁志龙、王俊辉：《桓仁米仓沟高句丽壁画墓》，《辽宁考古文物》，科学出版社，2003年。

[5] 吉林省文物考古研究所、集安市博物馆：《国内城》，文物出版社，2004年。

[6] 李晓钟：《沈阳地区战国秦汉考古初步研究》，《沈阳考古文集》（1），科学出版社，2007年。

[7] 李晓钟：《沈阳地区战国秦汉考古初步研究》，《沈阳考古文集》（1），科学出版社，2007年。

[8] 王成生：《从考古资料看西汉辽东等五郡治的地望》，《辽宁考古文集》（2），科学出版社，2009年。

[9] 吉林省文物考古研究所、集安市博物馆：《丸都山城》，文物出版社，2004年。

号ⅠM1～ⅠM8；第Ⅱ墓地位于石台子山城西侧九道沟近沟口东侧较为平缓的坡地上，清理墓葬4座，编号为ⅡM1～ⅡM4；第Ⅲ墓地位于山城西侧九道沟北部近山顶处较为平缓开阔的向阳坡地，分为东区和西区，分布范围东西长约500米。清理墓葬48座，其中东区墓葬27座，西区墓葬21座；Ⅳ墓地位于第Ⅲ墓地西北约1千米的大洋山山脊较为平缓的向阳坡地，现清理墓葬4座；位于棋盘山秀湖北岸九道沟东北侧清理墓葬4座。

墓葬皆为封土单石室墓。修筑方法是先开凿墓圹，再用略修整的石料与石块垒砌墓圹。墓底平整，多铺黄沙土，也有以小碎石或小块板石铺砌。墓室四面的内壁和外壁多用较大石块垒砌，壁面较整齐，其间用小石块填充，少数墓室使用白灰勾缝或白灰抹面。墓葬均未发现葬具，少数墓有石砌尸床。墓顶皆坍塌形制不明，原封土高度和墓葬深度及墓顶砌筑情况不清。

墓葬按平面形状可分为铲形（20座）、刀形（4座）、长方形（27座）和梯形墓（17座）。铲形和刀形墓规模一般都大于梯形墓和长方形墓，而且两者都有墓道，其中铲形墓墓道一般设于墓室南壁的中间，刀形墓墓道一般设于墓室南壁的东侧，墓道内均有沿墓道方向逐层叠压的封门长条石。梯形墓和长方形墓为条石平铺盖顶，无墓道。大多数墓葬方向近南向，个别墓葬接近正南向。所有墓葬之间均未发现打破和叠压关系。人骨保存较差，其中铲形单室墓和刀形单室墓多为多人多次葬，或许与家族埋葬有关。梯形单室墓和长方形单室墓多为单人葬（附表三）。

一　墓葬形制、葬具与葬俗

所有清理的墓葬，除ⅡM3墓底均匀平铺一层白色石灰岩碎块，ⅡM4和ⅢDM26墓底拼缝平铺一层不规则小石板外，其余墓葬墓底均铺设一薄层平整的黄沙土。可见这批墓葬墓底一般不做特殊加工。多数墓葬保留有人骨，发现的人骨多位于墓底黄沙土之上。除在ⅢXM16发现一长方形石砌尸床外，其余墓葬未见任何葬具痕迹。由此推测该批墓葬一般不砌尸床，也不使用葬具。由于盗掘和坍塌破坏，完整人骨较少。经初步的人骨鉴定和统计，单人葬33座，多人葬29座。单人葬多为梯形墓或长方形墓，其中未被扰乱的人骨均为仰身直肢葬，头朝向西南。多人葬除双人合葬ⅢDM4为梯形墓外，其余均为铲形墓和刀形墓，且以铲形墓居多。多人葬人骨多被扰乱，可辨葬者头向多朝西南或南，多数墓葬存在二次葬现象。双人合葬墓较明显的有ⅢDM4，为一成年男性和一成年女性合葬，男性居东侧，女性居西侧，推测可能为夫妻合葬。ⅢDM5位于ⅢDM4西侧约1米处，墓葬方向、距离均与ⅢDM4较为相似和接近，规模极小，系幼儿墓葬，推测这两座墓葬可能有一定的亲属关系。多人合葬墓中保存较好、没有被扰乱的人骨均为仰身直肢葬，其头朝向墓门，这可能为当时当地流行的一种葬俗。许多墓葬存在人骨堆积或散乱分布的现象，推测可能存在二次葬现象。如ⅡM1中5个个体，其中墓室西侧较为完整的仰身直肢葬个体，初步鉴定为一成年女性，另4个个体颅骨和人骨均散乱堆积于完整个体的东侧，可见该墓存在二次葬的现象，推测其可能为一家庭的合葬墓。ⅢXM2墓门口有少量斜放的马腿骨，是清理的墓葬中唯一葬有马骨的墓葬，是否有一定的丧葬意义，有待研究。ⅢDM22发现墓主左手佩戴5枚铜指环，其中食指佩戴有镶嵌物的1枚铜指环，中指和无名指各佩戴有形制各异的2枚铜指环。目前发现的墓葬材料中这种佩带方式和现象还较为少见，是装饰还是有特殊意义，有待进一步研究。

二　随葬品位置

所发现出土的随葬品不多，陶器一般均出土于墓主人头部，指环和手镯均出土于原位，其他无定位。陶器置于墓主头部，这可能为当时随葬陶器摆放的一种风俗习惯。

三　墓葬年代、分期、性质以及与山城的关系

该批墓葬未出土明确纪年的遗物，因此其绝对年代已无法考证。通过对墓葬形制与随葬品的综合分析，我们只能推定其相对年代。该批墓葬中铲形墓和刀形墓的形制与抚顺施家墓地的形制近乎相同，出土随葬品中的铜指环与施家墓地[1]出土的同类随葬品相似。ⅢXM3出土的铜手镯，ⅢXM2和ⅢXM16出土的铜耳坠分别与抚顺关山水库M3[2]中出土的铜手镯和铜耳坠形制及大小基本相同。耳坠的形制也与高句丽晚期的耳坠相同[3]。ⅢXM4出土的双叉形铁镞与抚顺高尔山山城[4]和集安出土的双叉形铁镞[5]的形制相似。抚顺地区的施家墓地和关山水库M3、M4的时代被定为高句丽中晚期，由此我们断定这批墓葬的时代亦为高句丽中晚期。

由于所有清理墓葬砌筑方法均相同，大量墓葬被盗或破坏，尤其是第Ⅰ墓地大量墓葬遭破坏已无存，且现清理的墓葬均没有打破或叠压关系，加之出土随葬器物也极少，同类器物特征大体相同，之间亦无明显的早晚演变，这使得墓葬分期难以进行，因此对墓葬的分期不做讨论。

由于墓葬多为单石室长方形或梯形墓，铲形墓和刀形墓数量仅占30%，且墓葬规模也较小，个别墓葬有极少随葬品外，大多数墓葬无随葬品，随葬器物类型也较简单，除少数墓葬有一二件装饰品外都是陶器，综上可以看出这批墓葬大多是一般平民的墓葬。

抚顺施家墓地被初步认定为其西面约1.5千米的高尔山山城的附属墓地，时代为高句丽晚期[6]。

其中ⅢXM4出土的陶罐、铁镞以及墓葬出土的铜手镯和铜耳坠与石台子山城遗址近年出土的同类器物相同或相似[7]。这表明二者之间关系密切，我们初步认定其为石台子山城的附属墓葬。

四　与其他地区墓葬的比较

石台子山城附近高句丽墓葬均为无壁画封土石室墓，其形制结构与以往辽宁和吉林境内发现的高句丽中晚期的无壁画封土石室墓相似。如辽宁境内早期发现的抚顺前屯、洼浑木

[1] 辽宁省文物考古研究所、抚顺市博物馆：《辽宁抚顺市施家墓地发掘简报》，《考古》2007年10期。
[2] 辽宁省文物考古研究所资料。
[3] 东潮：《高句丽文物にする编年学的考察》，《檀原考古学研究所论集》（10），1988年。
[4] 徐家国、孙力：《辽宁抚顺高尔山城发掘简报》，《辽海文物学刊》1987年2期。
[5] 魏存成：《高句丽考古》，吉林大学出版社，1994年。
[6] 魏存成：《高句丽考古》，吉林大学出版社，1994年。
[7] 沈阳市文物考古研究所近年石台子高句丽山城发掘资料。

两地的高句丽墓葬[1]和近年发现的抚顺施家墓地。吉林境内发现的集安禹山、山城下、七星山、麻线沟等地的无壁画高句丽封土石室墓，平面多呈刀形、铲形、长方形等。砌筑方法都是先挖墓圹，然后垒砌墓室，再加封土。石台子山城墓葬的发现不但为进一步研究高句丽晚期封土石室墓的结构和形制充实了新的资料，而且为探寻高句丽山城附近附属墓葬提供了新的线索。

石台子山城墓葬中的铲形墓与已发现的抚顺施家高句丽墓群在墓葬形制和结构、随葬器物均十分相似。施家高句丽墓群被初步认定为省级文物保护单位高尔山山城的墓地。石台子山城与高尔山山城同为高句丽时期的山城，且两座山城地理位置相对较近，我们初步认为这两座山城周围的高句丽墓葬应为同一时期。

此外，石台子山城附近这种高句丽封土石室墓葬的形制和砌筑方法与目前发现的一些渤海封土石室墓葬在平面形制和砌筑方法上也有许多相似之处。如石台子山城发现的铲形墓形制结构与吉林敦化六顶山M205～M207和M215等渤海墓葬的形制结构几乎完全相同，且都有在墓道两壁竖立大石板的做法。其中六顶山M205和M206墓底分别铺板石和碎石的做法与石台子山城发现的ⅡM3墓底平铺碎石、ⅡM4与ⅢDM26墓底平铺板石的做法也完全一致。此外六顶山M103、M104和M203等墓葬的形制结构与石台子山城发现的长方形墓葬的形制结构亦相似。这些都为深入探讨高句丽晚期封土石室墓与渤海封土石室墓的关系提供了新的线索。

总之，石台子山城周围高句丽墓葬无论是从墓葬分布、墓葬形制，还是随葬品、人骨等方面，为石台子山城附属墓葬研究提供了丰富的资料，亦为深入研究高句丽丧葬习俗提供了翔实的考古资料。

第四节　第三期文化（明代）

本期主要遗迹有土城围址、烽燧址和居住址。

土城围址位于SⅣ区，利用了山城南侧制高点，椭圆形，周长380米。西、南与高句丽时期山城的城墙部分重合。

烽燧址有两个，一是SⅣ区原有高句丽时期的瞭望台，在这里还发现清理房址三座。一是在SⅣ区东侧断崖内侧，在这里清理房址一座。

房址多开口于表土层下，四壁用石材砌筑，没有发现柱子和柱洞结构。房内有用石板围砌的灶址，并与火炕相连。烟道有三条，上铺盖薄石片，抹黄泥而成，烟囱位于墙外。出土遗物有瓷片、铁镞、铁刀、铁炮等。

从土城围址与烽燧址和出土的铁炮，这里应是军事设施。《明史》载：弘治十五年（1502年）秋，"右佥都御史巡抚辽东，筑边墙自山海关迄开原暖阳堡凡千余里，辽抚自徐贯后"[2]，嘉靖十三（1534年）年，"役军筑边墙"[3]。又《辽东志》：蒲河"城堡、墩空操

---

[1]　王增新：《辽宁抚顺市前屯、洼浑木高句丽墓发掘简报》，《考古》1964年10期。辽宁省文物考古研究所、抚顺市博物馆：《辽宁抚顺市施家墓地发掘简报》，《考古》2007年10期。
[2]　《明史·张如传》，中华书局，1974年。
[3]　《明史·吕经传》，中华书局，1974年。

守，官军九千五百六十员名。边墩，一十五座，瞭守官军七十六员名"[1]。石台子这座军堡距蒲河城堡仅有10余千米，或属其管辖。

第五节　有关山城年代

石台子山城发现高句丽时期的居住址七类，有地穴式房址、半地穴式房址、半地穴有烧烤面房址、有土洞式烟道的房址、坑式地炕房址、有石筑烟道的房址、有石筑墙半地穴式房址，不同形式的房址也应该代表着不同的时期阶段。也证明了石台子山城在有居住址应该有比一定的时间段。山城内地层中出土有五枚钱币，其中有三枚隋五铢，一枚剪轮五铢，一枚字迹不清。剪轮五铢出土在97QTG1第③层内，本层是石台子山城筑城时动用山城内原有地层又再次形成的堆积，剪轮五铢的发现或许说明山城在筑城前这里已有人居住，并对研究这些居民的居住年代提供有益线索。

石台子山城出土的D型Ⅱ式陶罐与五女山三期Ⅰ式陶罐较为一致，也说明石台子山城有较早的高句丽文化遗物。

石台子山城的筑城目的应着眼军事防御，高句丽政权与中原王朝的关系为时服时叛。从高句丽第二代王琉璃明王时起（12年），"王莽发我兵伐胡，吾人不欲行，强迫遣之。皆亡出塞，因犯法为寇。更其王为下句丽侯，布告天下，寇汉边地愈甚"[2]。石台子山城从地理位置上看无疑是具防御性特点的诸多高句丽山城的最西端，《新唐书》载，李勣"乾封二年，勣引道次新城，合诸将谋曰：'新城，贼西鄙，不先图，余城未易下。'遂壁西南山临城，城人缚戍酋出降。"[3]《新唐书》认为新城是"新城州都督府"，新城不会是石台子山城，但其直辖属于新城应为不误。有关"新城"说法不一，"七年（276年）夏四月，王如新城。秋八月，王至自新城。或云：新城，国之东北大镇也"[4]。"十九年（288年）夏四月，王幸新城。猎获白鹿。海谷太守献鲸鱼目，夜有光"[5]。此新城按说在海谷太守管辖并出产鲸鱼的地方。又，"烽上王五年（296年）秋八月，慕容廆来侵，……非高奴子无可用者。王以高奴子为新城太守，善政有威声，慕容廆不复来寇"[6]。高奴子太守所去就任的新城决不会是国之东北大镇，而是高句丽慕容廆来侵的南北二道之北道必经之地。又"故国原王五年（335年）春正月，筑国北新城"[7]。此新城是"国之东北大镇"为王避难的新城，还是"王以高奴子为新城太守"的新城，让今人费解。"故国原王九年（339年）燕王皝来侵，兵及新城，王乞盟，乃还。"[8]《晋书》载"盛率众三万伐高句丽，袭其新城、南苏，皆克之，散其积聚，徙其五千余户于辽西"[9]，此新城定是高奴子太守所守之城。国北新城与新城字面已有别，史籍所载的新城只应是一处。"（551年）秋九月，突厥来围新城，不

[1] 毕恭：《辽东志》，上海古籍出版社，2002年。
[2] 金富轼：《三国史记·高句丽本纪》，明石书店，1997年。
[3] 《新唐书·李勣传》中华书局，1975年。
[4] 金富轼：《三国史记·高句丽本纪》，明石书店，1997年。
[5] 金富轼：《三国史记·高句丽本纪》，明石书店，1997年。
[6] 金富轼：《三国史记·高句丽本纪》，明石书店，1997年。
[7] 金富轼：《三国史记·高句丽本纪》，明石书店，1997年。
[8] 金富轼：《三国史记·高句丽本纪》，明石书店，1997年。
[9] 《晋书》，中华书局，1975年。

克，移攻白岩城"，"（547年）秋七月，改筑白岩城，葺新城"[1]。（667年）秋九月，勣初渡辽，谓诸将曰："新城，高句丽西边要害"。这里均指的是"新城州都督府"之城。目前史学界多指抚顺高尔山山城。"（339年）燕王皝兵及新城"，究竟是到了哪里，书兵及，而不言如至，非金氏所法。定在新城之西地，石台子山城是否？

目前史学界公认是在高句丽广开土王遣兵攻燕宿军，燕平州刺史慕容归不战自败，弃城逃走。404年为北魏天兴七年，高句丽广开土王复遣兵以武力入侵辽东，并占据辽东。

辽沈地区的考古学家多年以来一直在努力地想解决一个问题，战国、秦汉长城在沈阳地区的具体位置，对此孙守道先生已有明确论述，在沈阳市沿浑河古岸高阜之地，西从沈阳市于洪区大转湾村，途经新乐遗址、二台子、东山嘴子、农学院后山、七家子、三家子、旧站、小仁镜、大仁镜，发现了这一时期的烽燧址，再东进入抚顺市望花区。综合多年来的考古工作，我们发现了一个现象，就是在这一列烽燧址之外的沈阳东北的丘陵山地、沈北新区东部的（原新城区清水台、马刚、望滨）棋盘山开发区（原东区）却找不到属于战国、秦汉的遗址。除发现有早期的新石器时代和青铜时代文化，接续发现的就是高句丽文化。石台子山城的筑城时间或许不会晚于新城筑城时间太久。

石台子山城所处之地，应是进入高句丽腹地的一条重要道路。隋唐之际征高句丽时即有玄菟道，也有新城道，若从直线方向讲是一条道，即过玄菟（浑河南岸的上伯官古城址）再向东行15千米（浑河北岸的高尔山山），二道怎可并一道？于理不通。若以经石台子山城至横道子向南直指高尔山山城的北门，向北直抵青龙山山城东门并及摧阵堡山城，或可与新城道相附。

石台子山城周围发现的五区墓地与石台子山城二期文化密切联系，浅盘口罐（ⅢXM7：1）与浅盘口罐（SDMSG1②：7）为一式；广口罐（ⅣM1：1）与广口罐（SⅡX⑤：2）为一式；侈口罐（ⅢDM22：1）与侈口罐（SIH61：2）为一式；铜饰件（ⅡM1：3-2）、（ⅣM1：5-2）与铜饰件（ST302②：5）异曲同工。唯长方形单人墓出土的ⅡM2：1、ⅢDM17：1、ⅢDM13：1这三件夹砂红褐素面陶壶，与二期文化有根本区别，此类陶器的特征应属于第一期文化基本特征，也表现出长方形单人墓有明显具有时代偏早的特征。

总之，石台子山城在高句丽时期诸多山城之中不论从其军事要地、防御性能、居守兼备、规划设计、砌筑工艺和所发现的遗迹、出土的遗物都为高句丽历史文化研究提供了极其珍贵的考古资料。

---

[1] 金富轼：《三国史记·高句丽本纪》，明石书店，1997年。

附表

附表一 石台子山城高句丽时期房址登记表

单位编号	地层、遗迹关系	规格	遗迹现象	遗物种类	柱洞结构
SIF1	地表层下开口，房址内部分居住面被灰坑SIH1、SIH2、SIH3、SIH4、SIH5打破	南北长6.6、东西宽6.4米。方向150°	北壁用石块砌筑。房址外间和南、北间，灶址位于外间北部，"地炕"位于活动面之下，石砌筑烟道，烟囱位于北墙外	遗物仅有陶器，陶片多破碎，仅出土陶钵1件，陶钵出土碳化谷物	柱洞发现12个
SIF2	开口于表土层下	长方形。南北长5.8、东西宽约5米。方向155°	房址表面有大量草拌泥烧结块堆积。房内除灶址东部其他未见活动面。灶址旁有南西两处出火口，烟道土洞式	陶片多破碎可见有陶瓮、陶罐、陶盆、陶盘、铁镞、铁甲片、铁器帽、铁带扣、铁钉、铁簪、铁饰件	柱洞发现有5个
SIF3	表土层下开口，北壁被SIF4的南壁打破，东南部被SIF5打破	长方形。南北长6.8、东西宽6.3米，门向东南。方向160°	西、南两侧残存有土墙，东、西有墙间断，隔墙下有灶址，石筑曲尺形火炕，位于房址地面之下	房内出土遗物有陶纺轮、铁镞等	柱洞发现6个
SIF4	开口于SIT105①层下，叠压SIF3北壁	方形。南北长4.8、东西宽4.65米	房址南、北、东三面的墙基石筑，西部向下挖出穴壁，圆形灶址，用斜立石块围砌	房内出土陶器、铁器等。陶器可辨器形有陶瓮、陶盆、陶罐、陶壶、陶盘等。铁器有铁门户	
SIF5	壁叠压在SIF3之下，房址的南壁和西壁南侧被SIF7打破	南北残长2.6、东西残宽2.5、穴壁残高0.1米。方向160°	房址半地穴式，活动面经火烧烤，灶圆凹坑式	房内地表散见有陶片，多破碎，器类器形无可辨	柱洞发现2个
SIF6	开口于表土层下，北侧叠压在SIF3下部，东侧被SIF7、SIF8打破	南北残长8、东西残宽2.50米。方向160°	灶址位于房址中部，圆形凹坑式，房址地面为黄褐土，较纯净，实硬	地表散落有泥质灰陶片，夹砂红陶片等，陶片多残碎，无可辨器形	柱洞发现有6个
SIF7	开口于表土层下，SIH105、SIH97打破房址北侧中部和东部，西侧被HG2打破	长方形。东西长7.00、南北残宽5.00米。方向160°。残存东、北墙底部	灶址圆凹坑式，灶址附近发现活动面。烟道石块垒筑，上盖石板烟囱位于房址外西侧，椭圆凹坑形		
SIF9	开口于表土层下	方形。南北长3.8、东西宽3.1米。方向170°	房址东侧、南侧发现有石墙基础，灶址，圆凹坑式，房内活动面明显，土质实硬，为黄褐土，夹有少量碎石	地表散见有泥质灰陶、灰褐陶陶片，器类、器形不可辨	
SIF10	开口于表土层下，房址东部被SIF13打破，西部被SIH20、SIH25、SIH17、SIH31打破，烟囱被SIH1、SIH4叠压	长方形。南北长7.88、东西宽5米。方向170°	灶址圆凹坑式，有3条土洞式烟道，呈曲尺形。烟囱位于房址外部西南侧，底部为椭圆形凹坑，内部填满灰烬	房内出土遗物有陶器、石器等。陶片多破碎，无可复原者，可辨器形有陶瓮、陶盆、陶罐等。石器有玉珠	在房址的四周发现柱洞8个

（续附表一）

单位编号	地层、遗迹关系	规格	遗迹现象	遗物种类	柱洞结构
SIF11	开口于表土层下，上部被SIG1叠压，中部被SIH48、SIH75打破，周边被SIH39打破	长方形。南北长5、东西宽4米	土洞式烟道，烟囱位于房址西南侧，底部为长圆形凹坑		东北角发现柱坑1处
SIF12	开口于表土层下，东侧被SIF9打破，北侧局部被SIH45打破	长方形。南北长4、东西残宽2.6米	灶址圆形，活动面明显	地表散见碎陶片，器类不可辨识	
SIF13	开口于表土层下，打破SIT101F10、SIH21、SIH22，叠压SIH2	南北长4.94、东西残宽2.5米	灶址圆形凹坑式，土洞式烟道。烟囱位于房址西壁外，圆形凹坑	遗物有陶片等，陶器无可辨	发现柱洞3处
SIF14	上部被SIF3、SIF4叠压，东部被SIF15打破	东西残长5.53、南北宽4.63米	灶址圆形凹坑形，烟道土洞式，烟囱位于房址西北侧		
SIF16	被SIF4、SIF14叠压	长方形。东西长2.7、南北宽2.06米	地穴式房址，灶址椭圆形，烟道位于房址穴壁内	活动面出土遗物有陶瓮、陶罐、陶甑、陶盆等	
SIF17	上部被SIF3、SIF5叠压	房址形状不详，仅发现火坑址	灶址凹坑式，烟道为土洞式。烟囱位于房址南侧		
SIF18	被SIHG2、SIF7叠压，东侧被SIH97打破	东西长4.6、南北宽4.22米	灶址凹坑形，烟道土洞式凹烟囱位于房址西壁的外侧	出土遗物有陶片、铁钉等，陶片多破碎，可辨识器形仅陶瓮	发现柱洞3处
SIF19	被SIHG2叠压，叠压SIF18	东西残长3.36、南北宽3.78米	灶位圆凹坑形，烟道石块垒筑，上盖石片，烟囱位于房址南壁的外侧	房址内仅在灶址东侧发现活动面，面上散见碎陶片、铁甲片等	发现柱洞3处
SIF20	被SIF21叠压，打破SIF22北壁	长方形。南北长5.4、东西宽4.9米。方向152°	石筑烟道，烟囱位房址西北角		
SIF21	叠压SIF20西壁。东南角被SIH80打破	略呈长方形。南北长4.5、东西宽3.42米。方向122°	灶址圆形，立石块围砌	表面铺纯净的黄土，散落有陶片等，可辨器形有瓮、盆、罐、钵等	房址东北侧发现柱洞1处
SIF22	西、北壁被SIF20、SIF21、SIH80打破	方形。南北残长3.8、东西宽5.8米。方向155°	圆形灶址，石筑烟道位于地表下，烟囱位于西壁外侧		发现柱洞4处
SIF23	开口于表土层下	南北残长5.87、残宽4.34米	石筑墙，灶址圆凹坑式，石筑烟道，上盖石板		
SIF24	开口于①层下	近方形。东西长3.8、南北宽3.6米	有两层石筑烟道	出土铁器石器	房址周围发现有柱洞6个
SIF25	开口于②层下，打破③层，北、东部被SIH2、SIH3破坏，南侧墙壁被SIH1打破	长方形。南北长5.33、东西宽4.6米	槽式基础墙，有东西向间壁墙，灶址位于间壁墙南侧中部，圆凹坑形烟道发现3条，平面稍呈"S"形	遗物出土在房址堆积层内，有铁镞等	在墙基部分发现柱洞8个

（续附表一）

单位编号	地层、遗迹关系	规格	遗迹现象	遗物种类	柱洞结构
SⅢXF1	开口于①层下，南侧被SⅢXF1叠压，西南被SⅢH33打破，北部被SⅢH10、SⅢH13、SⅢH29、SⅢH30打破	长方形。南北长5.105、东西宽4.8米。方向165°	灶址位于房址的北侧中部，烟道土洞式，烟筒位房址西北角	地表和填土散见有陶片、铁甲片等遗物。陶器可辨器形有瓮、盆、罐等	房址外侧发现柱洞11处，其东侧为双排柱洞，有双柱和单柱
SⅢXF2	开口于①层下，北部叠压在SⅢXF1南壁，南侧被SⅢXH6打破	长方形。东西长3.8、南北宽3.4米。方向170°	灶址圆凹坑式，"地炕"为不规则圆坑，北壁有贴砌的石墙，底层为灰烬。烟囱圆形	出土遗物有陶片等，器形不可辨识	发现柱洞8处，有单柱和组柱
SⅢXF3	开口于①层下，中部、东部被SⅢXH12、SⅢXH13、SⅢXH14打破，东壁被SⅢXH17、SⅢXH18打破，西南角被SⅢXH35、SⅢXH34、SⅢXH38打破	长方形。南北长5.08、东西宽3.92米。方向150°	灶址为圆凹坑式，烟道为土洞式曲尺形，覆盖有石板、陶片	出土遗物有陶瓮、陶罐、陶盆、陶盘、铁器、石网坠等	柱洞发现6处
SⅢ02DF1	开口于⑤层下	东西长3.8、南北长4.4米	灶址位于火炕沿墙中部偏右，回曲形石筑烟道	房内出土仅有碎陶片，器类没有可辨识者	
SⅢ04DF1	开口于②层下	东西长8.7、南北宽5.6米	灶址无存。烟道有两条，平面曲尺形	出土物有一块泥质红褐陶绳纹瓦、陶片、镞等	在房址的周围发现柱洞的柱础12个
SⅢ04DF2	开口于②层下	近方形。东西宽5.6、南北长6米	火炕曲尺形	出土少量陶片，铁镞及铜器等遗物	
SⅢD04F3	开口于①层下	东西残长4.2、南北残长3米	火炕烟道石砌筑墙	出土少量陶片，器形均不可辨	
SⅢ05DF1	开口于①层下	地炕长2.4、宽1.85、深0.7米	地炕椭圆形凹坑，平底。内壁用由单层石块砌筑	出土少量陶片和铁器，陶器不可辨识	
SⅢ05DF2	开口于①层下	长2.4、宽2.1、深0.8米	地炕圆形凹坑，平底。内壁局部用单层石块砌筑		有3处柱洞
SⅢ05DF3	开口于①层下	长2.5、宽2.1、深0.82米	地炕椭圆形凹坑，平底。内壁用由单层石块砌筑		
SⅢ05DF4	开口于①层下	圆形凹坑，平底。生土壁长5、宽5.1、深0.82米	仅发现地炕遗迹	出土陶片多破碎，器形、器类无可辨识。铁器发现铁镞3件	发现柱洞3处
SⅢ06DF1	开口于②层下	长2.4、宽2、深0.5米，方向350°	房址为圆角长方形半地穴式	清理中发现陶瓮1件，石臼1件	

（续附表一）

单位编号	地层、遗迹关系	规格	遗迹现象	遗物种类	柱洞结构
SⅢ06DBF2	开口不详，北、东两侧被SⅢ04BF1、SⅢ06DBF7叠压，叠压SⅢ06DBF3、SⅢ06DBF4、SⅢ06DBF5	火炕长3.2、宽3、高0.15米	灶址位于东南角，半圆形凹坑式		
SⅢ06DBF3	被SⅢ04DF1、SⅢ06DBF2、SⅢ06DBF7、SⅢ06DBF8叠压，打破SⅢ06DBF4，叠压SⅢ06DBF5	南北长6.2、东西宽5.1、穴壁深0.35米。方向220°	方形半地穴式		
SⅢ06DBF4	开口于①层下，被SⅢ04DF1、SⅢ06DBF2、SⅢ06DBF3叠压，叠压SⅢ06DBF5	东西长3.03、南北宽2.4、深0.3米	半地穴式房址		
SⅢ06DBF5	开口于①层下，被SⅢ06DF7、SⅢ06DF6、SⅢ04DF1、SⅢ06DBF2、SⅢ06DBF3、SⅢ06DBF4叠压	东西长7.48、南北宽约5.5米。方向208°	房墙为槽式基础	出土陶片多破碎，器形、器类不可辨识。还有铁器、石器	有柱坑和柱洞5处
SⅢ06DBF6	西部破SⅢ06DBF7打破，被SⅢ06DBF3东壁和SⅢ06DBF5叠压，仅存烟道部分	烟道长4.2、宽1.5米	烟道石筑，东南向		
SⅢ06DBF7	直接叠压SⅢ06DBF2、SⅢ06DBF3东壁，打破SⅢ04DF1、SⅢ06DBF6北部	残存烟道长2.2、宽1.5米	仅存石筑烟道部分		

（续附表一）

附表二　石台子山城窖穴、灰坑登记表

单位编号	遗迹关系	形式	规格	遗物
J1（原SIH2）	位于SIT101东南角，开口于②层下，被SIF13叠压	平面呈五边形，平底，袋状，下平整，在南、北两侧穴壁下各有柱洞	上口直径2.5、底径3、深1.1米	陶瓮、盘、罐铁器等
J2（原SH137）	位于SIT102西南角，被SIF9、SIH138叠压，叠压SIH140、SIH141	平面呈马蹄形，壁稍内凹，平底	上口直径2.1、底径2、深1.3米	陶瓮、陶瓿、带文字陶器底、铁镞、铁锥、铁削、铜镯等
SIH1	位于SIT101西侧，开口于①层下，叠压SIF10	平面椭圆形，平底 填土灰褐	上口直径1、底径0.88、深0.38米	内含碎陶片、铜环等，陶器器类无可辨识残铜环等
SIH3	（SIF10柱6）			内含碎陶片
SIH4	位于SIT101西壁下，开口于①层下，叠压SIF10	平面椭圆形，平底	上口直径1.21、底径1.03、深0.5米	内含碎陶片，铁甲片等
SIH5	位于SIT101西侧，开口于①层下，打破SIF10	平面椭圆形，平底	上口直径0.45、底径0.4、深0.20米	内含碎陶片
SIH6	位于SIT101西侧，开口于①层下，打破SIF10	平面椭圆形，平底	上口直径0.94、底径0.9、深0.2米	内含碎陶片
SIH7	位于SIT101西侧，开口于①层下，打破SIF10	平面椭圆形，平底	上口直径1.04、底径1、深0.2米	内含碎陶片
SIH8	位于SIT101西南侧，开口于②层下，被SIH2、SIH23打破	平面圆形，平底，壁稍内凹	上口直径1.2、底径1.1、深0.4米	内含碎陶片，铁镞等
SIH9	位于SIT101西侧，开口于①层下，打破SIF10	平面椭圆形，平底	上口直径1.56、底径1.35、深0.45米	陶瓮、盆、罐、铁镞等
SIH10	（SIF10柱8）			内含碎陶片
SIH11	（SIF10柱9）			内含碎陶片
SIH12	（SIF10柱10）			内含碎陶片
SIH13	位于SIT101西侧，开口于①层下，打破SIF10、SIH6	平面椭圆形，平底	上口直径0.51、底径0.45、深0.25米	内含碎陶片
SIH14	位于SIT101东侧，开口于①层下	平面圆形，平底	上口直径1.4、底径1.3、深0.38米	陶瓮、陶罐等

（续附表二）

SIH15	位于SIT101东侧，开口于①层下	平面圆形，平底	上口直径0.49、底径0.3、深0.28米	内含碎陶片
SIH16	位于SIT101西侧，开口于①层下，被SIH13、SIF10叠压	平面椭圆形，平底	上口直径0.9、底径0.88、深0.28米	内含碎陶片
SIH17	位于SIT101西侧，开口于①层下，被SIH31叠压，打破SIF10、SIH20、SIH25、SIH47	平面圆形，平底，壁稍内凹	上口直径0.9、底径0.8、深0.32米	陶盆等
SIH18	位于SIT101西侧，被SIF10、SIH17、SIH31叠压	平面椭圆形，凹底	上口直径1.4、底径1.3、深0.7米	陶罐、陶盘等
SIH19	位于SIT101西侧，被SIH31叠压，打破SIF10	平面椭圆形，凹底	上口直径1.4~0.7、底径1.3~0.61、深0.5米	内含碎陶片
SIH20	位于SIT101西侧，开口于①层下，打破SIF10，叠压SIH25	平面圆形，平底，生土壁，稍内凹	上口直径1.5、底径1.32、深0.56米	铁甲片等
SIH21	位于SIT101东侧，开口于①层下，打破SIF10，被SIF13叠压	平面圆形，平底	上口直径1.5、底径1.32、深0.56米	内含碎陶片
SIH22	位于SIT101东侧，开口于①层下，打破SIF10，被SIH23叠压	平面圆形，平底	上口直径0.65、底径0.6、深0.16米	内含碎陶片
SIH23	位于SIT101东侧，开口于①层下，打破SIF10、SIH22、SIH8，被SIF13叠压	平面圆形，平底	上口直径1.23、底径1.15、深0.18米	内含碎陶片
SIH24	位于SIT101西侧，开口于①层下，打破SIF10，被SIH20叠压	平面圆形，平底	上口直径0.67、底径0.63、深0.19米	内含碎陶片等
SIH25	位于SIT101西侧，开口于①层下，被SIH20叠压，打破SIF10、SIH17	平面椭圆形，平底	上口直径0.9-1.4、底径0.8-1.3、深0.7米	陶盆、铁镞等
SIH26	位于SIT101西侧，开口于①层下，被SIH20叠压，打破SIH4、SIH25	平面椭圆形，平底	上口直径1.4、底径1.3、深0.45米	陶瓮、铁镞、铁带扣托盘等
SIH27	位于SIT101西侧，开口于①层下，叠压SIH35	平面圆形，平底	上口直径1.4、底径1.3、深0.45米	陶瓮、铁镞、铁带扣托盘等
SIH28	（SIF10灶烟道）			
SIH29	（SIF10灶）			
SIH30	（SIF10灶）			

（续附表二）

SIH31	位于SIT101西侧，开口于①层下，打破SIF10，叠压SIH33、SIH19，被SIH35叠压	平面圆形，平底	上口直径1.6、底径1.5、深0.45米	内含碎陶片等
SIH32	（SIF10烟道）			
SIH33	位于SIT101西侧，开口于①层下，被SIH31、SIH34SIH35、SIF10叠压	平面圆形，平底	上口直径1.5、底径1.4、深0.55米	内含碎陶片等
SIH34	位于SIT101西侧，开口于①层下	平面圆形，平底	上口直径0.98、底径0.7、深0.6米	陶瓮、盆、罐、盘、铁镢等
SIH35	位于SIT101西侧，开口于①层下，被SIH27、SIH34叠压，叠压SIH31、SIH33	平面椭圆形，平底	上口直径1.6、底径1.5、深0.65米	内含碎陶片等
SIH36	位于SIT101西壁下，开口于①层下	平面椭圆形，平底	上口直径0.94、底径0.9、深0.65米	内含碎陶片等
SIH37	位于SIT101东北侧，开口于①层下，被SIH39叠压	平面椭圆形，生土壁，稍内凹，平底	上口直径1.28、底径1.2、深0.53米	陶盘等
SIH38	位于SIT101东北，开口于①层下	平面椭圆形，平底	上口直径0.48、底径0.45、深0.2米	内含碎陶片等
SIH39	位于SIT102东南，开口于①层下，叠压SIH37、SIH40	平面椭圆形，平底	上口直径1.42、底径1.3、深0.52米	内含碎陶片等
SIH40	位于SIT102东南，开口于①层下，被SIH39叠压	平面圆形，平底	上口直径1.4、底径1.3、深0.5米	铁甲片等
SIH41	位于SIT102东南，被SIHG1、SIH48叠压	平面椭圆形，平底	南北长1.6、东西宽0.66、深0.36米	陶盆等
SIH42	位于SIT102东南，开口于①层下，被SIH139叠压，打破SIF11	平面椭圆形，平底	南北长1.6、东西宽0.66、深0.36米	陶罐等
SIH43	位于SIT102西南，开口于①层下，叠压SIHG2、SIH44	平面椭圆形，平底	上口直径1.7、底径1.6、深0.48米	陶罐、铁镢等
SIH44	位于SIT102西南，开口于①层下，打破SIHG1，被SIH43、SIH45叠压	平面圆形，平底	上口直径1.65、底径1.6、深0.28米	内含碎陶片等
SIH45	位于SIT102西南，开口于①层下，打破SIHG1，叠压SIH44、F12	平面圆形，平底	上口直径0.88、底径0.8、深0.18米	内含碎陶片等
SIH46	位于SIT102东南，开口于①层下	平面椭圆形，凹底	上口直径1.73、底径1、深0.28米	内含碎陶片等
SIH47	位于SIT101西南，开口于①层下，被SIH25、SIH17叠压	平面圆形，平底	上口直径0.95、底径09、深0.48米	内含碎陶片等

（续附表二）

SIH48	开口于①层下，被SIH74叠压，打破SIF11、SIH41、SIH88、SIH75	平面椭圆形，凹底	上口直径3.2、底径3、深0.58米	陶盆
SIH50	位于SIT102开口于①层下，打破SIH54	平面圆形，平底	上口直径0.85、底径.08、深0.3米	内含碎陶片等
SIH52	位于SIT102，开口于①层下，叠压SIH53	平面圆形，平底	上口直径1.1、底径.0.9、深0.18米	内含碎陶片等
SIH53	位于SIT102，开口于①层下，被SIH52叠压，打破SIH54	平面椭圆形，平底	上口直径1.2、底径1.05、深0.4米	陶罐、盆、盘
SIH54	位于SIT102，开口于①层下，被SIH50、SIH53打破	平面椭圆形，平底	上口直径1.02、底径0.85、深0.2米	内含碎陶片等
SIH55	位于SIT102，开口于①层下，打破SIH56、SIH58、SIH59，叠压SIH57	平面圆形，稍凹底	上口直径2.06、底径1.93、深1.03米	陶盆、罐等
SIH56	位于SIT102，开口于①层下，被SIH55叠压，打破SIH60，叠压SIH57	平面圆形，稍凹底	上口直径1.65、底径1.33、深0.66米	内含碎陶片等
SIH57	位于SIT102，开口于SIHG1下，被SIH55、SIH56、SIH59叠压，被SIH60打破	平面长方形，平底	上口长1.81、宽0.92、深0.46米	内含碎陶片等
SIH58	位于SIT102，开口于SIHG1下，被SIH55打破，打破SIH59、SIH84	平面圆形，稍凹底	上口直径1.1、底径1、深0.56米	内含碎陶片等
SIH59	位于SIT102，开口于SIHG1下，被SIH55打破，打破SIH59、SIH84	平面圆形，平底	上口直径1、底径0.6、深0.26米	内含碎陶片等
SIH60	位于SIT102，开口于SIHG1下，被SIH56、SIH61打破，打破SIH57	平面圆形，平底	上口长1.36、宽0.92、深0.49米	内含碎陶片等
SIH61	位于SIT102，开口于①层下，被SIH86叠压，打破SIH60、SIH63、SIH64、SIH65	不规则圆角方形，坑壁较直，平底	上口径1.6、底径1.5、深1.25米	陶罐、盘、纺轮、铁镞、铁甲片等
SIH62	位于SIT102，开口于①层下，被SIH73叠压，打破SIH79、SIH85	平面圆形，坑壁较直，平底	上口径1.48、底径1.3、深0.25米	内含碎陶片等
SIH63	位于SIT102，开口于①层下，被SIH60、SIH61打破，打破SIH64	平面椭圆形，坑壁较直，平底	上口径1.18、底径1、深0.25米	内含碎陶片等
SIH64	位于SIT102，开口于①层下，被SIH65叠压，被SIH61打破	平面圆形，坑壁较直，平底	上口径0.51、底径0.45、深0.25米	内含碎陶片等
SIH65	位于SIT102，开口于①层下，被SIH61、SIH63、SIH68打破，打破SIH77	平面椭圆形，平底	上口径1.2、底径1.05、深0.6米	陶盘、石饼等

（续附表二）

SIH67	位于SIT102，开口于SIHG1下，被SIH75叠压，打破SIH68	平面椭圆形，平底	上口径1.49、底径1.35、深0.26米	内含碎陶片等
SIH68	位于SIT102，开口于SIHG1下，被SIH67、H72叠压，打破SIH65	平面椭圆形，平底	上口径1.49、底径1.35、深0.29米	内含碎陶片等
SIH69	位于SIT102，开口于SIHG1下，被SIH73叠压，打破SIH71	平面圆形，平底	上口径1.26、底径1.35、深0.46米	内含碎陶片等
SIH70	位于SIT102，开口于SIHG1下，被SIH73叠压，打破SIH71	平面圆形，平底	上口径1.11、底径1、深0.48米	内含碎陶片等
SIH71	位于SIT102，开口于①层下	平面圆形，平底，生土壁，	上口直径1.3、底径1.15、深0.45米	陶罐、盘、石器等
SIH72	位于SIT102，开口于SIHG1下，叠压SIH68	平面圆形，平底	上口径0.81、底径0.7、深0.28米	内含碎陶片等
SIH73	位于SIT102，开口于SIHG1下，打破SIH69，被SIH70、SIH77叠压	平面圆形，平底	上口径1.27底径1.17、深0.28米	内含碎陶片等
SIH74	位于SIT102，开口于SIHG1下，被SIH73叠压，打破SIH71	平面圆形，平底	上口径1.17底径1.07、深0.28米	平面圆形，平底
SIH75	位于SIT102，开口于SIHG1下，被SIH74叠压，打破SIF11	平面椭圆形，平底	上口径1.51、底径1.4、深0.28米	内含碎陶片等
SIH76	位于SIT103，开口于①层下，打破SIH78	平面圆形，平底	上口径1.64、底径1.6、深0.4米	内含碎陶片等
SIH77	位于SIT102，开口于SIHG1下，被SIH65、SIH70叠压，打破SIH73	平面圆形，平底	上口径1.67底径1.57、深0.58米	内含碎陶片等
SIH78	位于SIT103，开口于①层下，被SIH76叠压	平面圆形，平底	上口径1.24、底径1.2、深0.5米	内含碎陶片等
SIH79	位于SIT103，开口于①层下，被SIH62叠压	平面圆形，平底	上口径1.44、底径1.4、深0.3米	内含碎陶片等
SIH80	位于SIT103，开口于①层下，打破FSI22	平面圆形，平底	上口径1.64、底径1.6、深0.4米	内含碎陶片等
SIH81	位于SIT103，开口于①层下，叠压SIH82	平面圆形，平底	上口径0.86、底径0.8、深0.2米	内含碎陶片等
SIH82	位于SIT103，开口于①层下，被H81叠压	平面圆形，平底	上口径1.44、底径1.4、深0.36米	内含碎陶片等
SIH83	位于SIT103，开口于①层下，被SIH82叠压	平面圆形，平底	上口径1.36、底径1.3、深0.3米	内含碎陶片等

（续附表二）

SIH85	位于SIT102，开口于①层下	平面圆形，平底，生土壁，	上口直径1.3、底径1.15、深0.45米	陶瓮、盆、罐、盘等
SIH86	位于SIT102，开口于SIHG1下，叠压SIH61	平面椭圆形，平底	上口径1.41、底径1.4、深0.28米	内含碎陶片等
SIH88	位于SIT102，开口于SIHG1下，被SIH139叠压，打破SIF11	平面圆形，平底	上口径1.76、底径1.7、深0.4米	内含碎陶片等
SIH89	位于SIT103，开口于①层下，打破SIF22	平面圆形，平底	上口径1.06、底径1、深0.4米	内含碎陶片等
SIH93	位于SIT105，开口于①层下	平面椭圆形，平底	上口径1.06、底径1、深0.4米	内含碎陶片等
SIH96	位于SIT105，开口于①层下，被SIF3、SIH99、SIH120叠压，打破SIF8	平面椭圆形，平底	上口径1.7、底径1.6、深0.3米	内含碎陶片等
SIH97	位于SIT104，开口于①层下，SIHG2下，打破SIF18	平面椭圆形，平底	上口径1.7、底径1.6、深0.3米	平面圆形，平底
SIH99	位于SIT105，开口于①层下，被SIF3叠压，打破SIF8、SIH120	平面圆形，平底	上口径1.08、底径1、深0.3米	内含碎陶片等
SIH100	位于SIT105，被SIF4叠压	平面椭圆形，平底	上口径0.9、底径0.8、深0.3米	内含碎陶片等
SIH101	位于SIT105，被SIF4叠压，打破SIH102	平面圆形，平底	上口径1、底径0.8、深0.32米	内含碎陶片等
SIH102	位于SIT105，被SIF4叠压，打破SIH102	平面椭圆形，平底	上口径2.1、底径2、深0.31米	内含碎陶片等
SIH103	位于SIT105，被SIF4叠压	椭圆形，平底	上口径1.07、底径1、深0.3米	内含碎陶片等
SIH104	位于SIT105，被SIF4、SIH105叠压	平面圆形，平底	上口径1.1、底径1、深0.22米	内含碎陶片等
SIH105	位于SIT104，开口于①层下，打破SIF7、SIF8	平面圆形，平底	上口径0.86、底径0.8、深0.5米	内含碎陶片等
SIH106	位于SIT105，被SIF4叠压，打破H102	平面椭圆形，平底	上口径2.4、底径2.3、深0.32米	内含碎陶片等
SIH107	位于SIT105，被SIF4叠压，打破SIH127、SIH129、SIH130	平面圆形，平底	上口径1.12、底径1.07、深0.55米	内含碎陶片等
SIH108	位于SIT105，被SIF4叠压，打破SIH125	平面圆形，平底	上口径0.55、底径0.5、深0.44米	内含碎陶片等

（续附表二）

SIH109	位于SIT104，开口于①层下，打破SIF5、SIH116、SIH110、SIH133、SIH132	平面圆形，平底	上口径0.96、底径0.9、深0.55米	内含碎陶片等
SIH110	位于SIT104，开口于①层下，被SIF5、SIH109叠压，打破SIH116	平面圆形，平底	上口径0.86、底径0.8、深0.35米	内含碎陶片等
SIH111	位于SIT104，开口于①层下，被SIF5、SIH109叠压，打破SIH116	平面圆形，平底	上口径0.86、底径0.8、深0.35米	内含碎陶片等
SIH112	位于SIT104，开口于①层下	平面圆形，平底，生土壁，	上口径0.88、底径0.8、深0.40米	陶瓮、盆、罐、钵、铁甲片、石纺轮等
SIH114	位于SIT104，开口于①层下，被SIF5叠压，打破SIH116	平面圆形，平底	上口径0.86、底径0.8、深0.45米	内含碎陶片等
SIH116	位于SIT104，开口于①层下，被SIF5、SIH109、SIH114、SIH110叠压	平面椭圆形，平底	上口径1.86、底径1.8、深0.35米	内含碎陶片等
SIH118	位于SIT105，被SIH99叠压，打破SIF8	平面圆形，平底	上口径0.9、底径0.9、深0.3米	内含碎陶片等
SIH120	位于SIT105，被SIH99叠压，打破SIF8	平面圆形，平底	上口径1.4、底径1.3、深0.3米	内含碎陶片等
SIH123	位于SIT104，开口于①层下，被SIH118、SIF5叠压	平面椭圆形，平底	上口径0.76、底径0.7、深0.25米	内含碎陶片等
SIH127	位于SIT105，被SIF14、SIH107叠压	平面椭圆形，平底	上口径1.40、底径1.3、深0.32米	内含碎陶片等
SIH128	位于SIT105，被SIF14、SIH120、SIH129、SIH107叠压	平面圆形，平底	上口径0.8、底径0.8、深0.3米	内含碎陶片等
SIH129	位于SIT105，被SIF14、SIH107叠压，打破SIH128	平面圆形，平底	上口径0.9、底径0.9、深0.3米	内含碎陶片等
SIH130	位于SIT105，被SIF14、SIH107叠压	平面椭圆形，平底	上口径0.7、底径0.7、深0.32米	内含碎陶片等
SIH132	位于SIT104，开口于①层下，被SIH109叠压，打破SIF5	平面椭圆形，平底	上口径0.73、底径0.7、深0.38米	内含碎陶片等
SIH133	位于SIT104，开口于①层下，被SIH109叠压，打破SIF5	平面圆形，平底	上口径0.56、底径0.50、深0.35米	内含碎陶片等
SIH134	位于SIT104，被SIH116叠压，打破SIF8	平面圆形，平底	上口径0.5、底径0.5、深0.25米	内含碎陶片等
SIH136	位于SIT104，开口于①层下	平面椭圆形，平底	上口直径1.48、底径1.3、深0.5米	陶瓮、盆、罐、石纺等

（续附表二）

SIH138	位于SIT102，开口于①层下，打破SIH137、SIH141、SIF9	平面圆形，平底	上口径1.26、底径1.35、深0.46米	内含碎陶片等
SIH139	位于SIT102，开口于①层下，打破SIF11，叠压SIH88、SIH141	平面椭圆形，平底	上口径1.5、底径1.35、深0.26米	内含碎陶片等
SIH140	位于SIT102，开口于①层下，被SIH137打破，被SIH140、SIF9叠压	平面圆形，平底	上口径1.07、底径1、深0.46米	内含碎陶片等
SIH141	位于SIT102，开口于①层下，被SIH137、SIH138、SIF9叠压	平面圆形，平底	上口径1.26、底径1.35、深0.46米	内含碎陶片等
SIH145	位于SIT104，开口于①层下，打破SIH145、SIF6	平面圆形，平底	上口径0.88、底径0.8、深0.4米	内含碎陶片等
SIH146	位于SIT104，开口于①层下，被SIH146叠压	平面圆形，平底	上口径0.88、底径0.8、深0.4米	内含碎陶片等
SIH147	位于SIT104，开口于SIHG2下	平面圆形，平底	上口径1.30、底径1.2、深0.4米	内含碎陶片等
SIH148	位于SIT104，开口于SIHG2下，打破SIH149	平面椭圆形，平底	上口径1.66、底径1.6、深0.4米	内含碎陶片等
SIH149	位于SIT104，开口于SIHG2下，打破SIH150	平面椭圆形，平底	上口径1.06、底径0.9、深0.3米	内含碎陶片等
SIH150	位于SIT104，开口于SIHG2下，被SIH149、SIH148叠压	平面长方形，平底	上口径1.66、底径1.6、深0.4米	内含碎陶片等
SIH151	位于SIT104，开口于①层下，打破SIF18	平面圆形，平底	上口径1.16、底径1.1、深0.2米	内含碎陶片等
SIH153	位于SIT104，开口于①层下，被SIF7、SIH151、SIH154叠压	平面圆形，平底	上口径0.77、底径0.67、深0.48米	内含碎陶片等
SIH154	位于SIT104，开口于①层下，打破SIH153	平面圆形，平底	上口径1、底径0.87、深0.25米	内含碎陶片等
SIH155	位于SIT104，开口于①层下，打破SIH156	平面圆形，平底	上口径0.77、底径0.67、深0.48米	内含碎陶片等
SIH156	位于SIT104，开口于①层下，被SIH157、SIH158叠压	平面圆形，平底	上口径1.47、底径1.37、深0.4米	内含碎陶片等
SIH157	位于SIT104，开口于①层下，打破SIH156	平面圆形，平底	上口径0.87、底径0.77、深0.48米	内含碎陶片等

（续附表二）

SIH159	位于SIT104，开口于①层下，打破SIH156、SIH161、SIH163	平面圆形，平底	上口径0.87、底径0.77、深0.48米	内含碎陶片等
SIH160	位于SIT104，被SIH159、SIF19叠压	平面圆形，平底	上口径0.83、底径0.79、深0.49米	内含碎陶片等
SIH161	位于SIT104，开口于①层下，被SIH158、SIH163打破	平面圆形，平底	上口径0.57、底径0.47、深0.38米	内含碎陶片等
SIH163	位于SIT104，开口于①层下，被SIH164、SIF19打破	平面圆形，平底	上口径0.57、底径0.47、深0.38米	内含碎陶片等
SIH164	位于SIT104，开口于①层下，被SIH165、SIF19打破	平面圆形，平底	上口径0.67、底径0.57、深0.48米	内含碎陶片等
SIH165	位于SIT104，开口于①层下，被SIF19打破	平面圆形，平底	上口径0.57、底径0.47、深0.38米	内含碎陶片等
SIH166	位于SIT104，被SIF19、SIH159叠压，打破SIH60、SIF6	平面圆形，平底	上口径1.07、底径1、深0.48米	内含碎陶片等
SIH172	位于SIT101西侧，开口于①层下，被SIH173叠压	平面椭圆形，平底	上口直径1.14、底径1.1、深0.35米	内含碎陶片等
SIH173	位于SIT101西侧，开口于①层下，打破SIH172	平面椭圆形，平底	上口直径1.14、底径1.1、深0.45米	内含碎陶片等
SIH174	位于SIT105，开口于②层下，打破③层	平面圆形，凹底	上口径1.5、底径1、深0.42米	内含碎陶片等
SIHG1	位于SIT102，开口于表土层下	西北至东南向，属于自然冲积沟	西北侧较窄，东南侧较宽，西侧堆积较薄，东侧稍厚	内含碎陶片等
SIHG2	位于SIT104，开口于表土层下	西北至东南向，属于自然冲积沟	西北侧较窄，东南侧较宽，西侧堆积较薄，东侧稍厚	陶罐、铁镞、铁甲片、铁环、和铜带扣

*灰坑空号单位为房址柱坑、柱洞、灶址等遗迹

附表三　石台子山城高句丽墓葬登记表

墓号	方向	墓葬形制	墓室（长×宽–高）（厘米）	随葬品
IM1	240°	长方形墓	残88×46–20	无
IM2	200°	长方形墓	残120×36–25	无
IM3	180°	长方形墓	残92×46–46	无
IM4	180°	长方形墓	残108×60–60	无
IM5	200°	长方形墓	残190×40–60	无
IM6	180°	方铲形石圹墓	残60×200–55	无
IM7	140°	长方形墓	残87×43–34	无
IM8	180°	长方形墓	？	无
ⅡM1	180°	方铲形石圹墓	220×190–85	料珠1、铜指环1、铁器2、铜饰件1
ⅡM2	180°	长方形墓	175×50–35	陶罐1
ⅡM3	190°	方铲形石圹墓	220×220–80	铜指环1、陶罐1
ⅡM4	180°	方铲形石圹墓	220×1507–75	无
ⅢDM1	207°	长方形墓	180×34–56	无
ⅢDM2	205°	圆铲形石圹墓	340×188–94	无
ⅢDM3	197°	长方形墓	188×42–57	釉陶片
ⅢDM4	190°	梯形墓	223×68–66	陶罐1
ⅢDM5	180°	梯形墓	72×26–20	无
ⅢDM6	185°	方铲形石圹墓	355×144–105	陶罐1
ⅢDM7	193°	长方形墓	200×38–50	无
ⅢDM8	185°	梯形墓	190×100–50	无
ⅢDM9	240°	梯形墓	215×50–46	残陶罐1
ⅢDM10	150°	梯形墓	210×60–64	无
ⅢDM11	164°	梯形墓	196×34–44	无
ⅢDM12	195°	长方形墓	222×40–52	无
ⅢDM13	190°	长方形墓	210×42–44	陶罐1
ⅢDM14	180°	长方形墓	215×48–42	无
ⅢDM15	180°	梯形墓	213×36–56	无
ⅢDM16	216°	长方形墓	236×50–50	无
ⅢDM17	184°	梯形墓	205×32–42	陶罐1
ⅢDM18	183°	梯形墓	196×42–43	无
ⅢDM19	178°	梯形墓	170×32–38	陶片
ⅢDM20	262°	长方形墓	180×40–30	无
ⅢDM21	177°	长方形墓	191×40–88	无
ⅢDM22	191°	梯形墓	225×65–65	陶罐1、铜指环5

（续附表三）

ⅢDM23	189°	梯形墓	170×40−38	无
ⅢDM24	214°	长方形墓	194×38−40	无
ⅢDM25	192°	梯形墓	162×36−50	无
ⅢDM26	189°	梯形墓	194×52−46	无
ⅢDM27	180°	刀形墓	300×120−50	铁刀1、铁削1
ⅢXM1	204°	方铲形石圹墓	337×223−86	无
ⅢXM2	184°	方铲形石圹墓	394×200−90	铜耳坠1、串珠1、铜饰件1
ⅢXM3	207°	方铲形石圹墓	380×220−115	铜手镯1、银耳环1
ⅢXM4	180°	圆铲形石圹墓	345×145−106	铁镞1陶罐1
ⅢXM5	215°	梯形墓	215×53−51	无
ⅢXM6	185°	长方形墓	230×50−32	无
ⅢXM7	220°	方铲形石圹墓	380×240−110	陶罐1
ⅢXM8	190°	方铲形石圹墓	378×215−98	无
ⅢXM9	205°	方铲形石圹墓	375×170−102	无
ⅢXM10	190°	梯形墓	230×40−30	无
ⅢXM11	189°	长方形墓	196×36−52	无
ⅢXM12	169°	长方形墓	186×48−46	无
ⅢXM13	175°	方铲形石圹墓	360×220−90	无
ⅢXM14	190°	方铲形石圹墓	374×157−76	无
ⅢXM15	201°	梯形墓	214×34−76	无
ⅢXM16	186°	圆铲形石圹墓	397×164−80	铜耳坠1
ⅢXM17	206°	长方形墓	220×40−38	无
ⅢXM18	166°	长方形墓	88×22−23	无
ⅢXM19	170°	长方形墓	62×28−32	无
ⅢXM20	212°	梯形墓	230×163−44	无
ⅢXM21	151°	方铲形石圹墓	322×210−92	无
ⅣM1	168°	圆铲形石圹墓	402×240−110	陶罐2、铁器1、铁削1、铜饰件1
ⅣM2	177°	刀形墓	364×180−54	铁刀1
ⅣM3	190°	方铲形石圹墓	216×225−100	铁马镫1
ⅣM4	190°	刀形墓	246×186−80	无
ⅤM1	170°	长方形墓	224×52−48	陶罐1
ⅤM2	170°	长方形墓	230×110−60	陶罐1、铜耳坠2
ⅤM3	170°	方铲形石圹墓	220×194−100	陶罐1、铜耳环1、包金耳环1
ⅤM4	195°	刀形墓	202×130−46	铜耳环1

附录

石台子山城墓葬出土人骨鉴定报告

张林虎1、3　陈山2

（1.吉林大学边疆考古研究中心　2.沈阳市文物考古研究所　3.中国人民大学历史学院）

石台子山城位于辽宁省沈阳市东北38千米的棋盘山水库北岸。因该城所在山下原有石台子村，故名。该山城于1980年沈阳市文物普查中被发现，1987年复查并最终被确认为高句丽时期的山城遗址。1990~1991年，沈阳市文物考古工作队对石台子山城进行了初步试掘。从1997~2006年，辽宁省文物考古研究所会同沈阳市文物考古研究所对山城进行了正式发掘。先后清理出闭合的石筑城墙、城门、敌台、瞭望台、排水设施及蓄水设施等，还清理了城内的房址和城外的墓葬。石台子山城平面呈不规则的三角形，是典型的"簸箕状"高句丽山城[1]。

本文涉及人骨材料保存状况欠佳，多数骨骼残损。多数个体可收集的骨骼不及全身骨骼的10%，且表面多有土壤侵蚀痕迹。本文共分析12个墓葬的23例个体，性别判定标准主要参考颅骨形态学的分析方法（由于未发现完整的体骨骨骼，故无法利用体骨判定性别）；年龄判定标准主要依据牙齿萌出、牙齿磨耗、颅骨骨缝愈合状况[2]。颅骨形态特征的判定主要依据颅骨测量学性状，并参考牙齿、颅骨的非测量性状。

一　性别、年龄及人口学分析

为了便于统计分析石台子山城墓葬出土人骨的保存状况，性别、年龄及病理情况，笔者将其制作为表格（表一）。

本组人骨材料，可判定性别个体13例，占全部个体的56.52%（13/23），7例男性6例女性，男女两性比例为1：1.2，对于古代人骨标本这一性别比较为合理；8例未成年个体，占全部个体的34.78%（8/23），这一结果低于正常人群中未成年个体比率。

---

[1] 李晓钟、刘长江、偭俊岩：《沈阳石台子高句丽山城试掘报告》，《辽海文物学刊》1993年1期。辽宁省文物考古研究所、沈阳市文物工作队：《辽宁沈阳市石台子高句丽山城第一次发掘简报》，《考古》1998年10期。沈阳市文物工作队：《辽宁沈阳市石台子高句丽山城第二次发掘简报》，《考古》2001年3期。沈阳市文物考古研究所：《2004年度沈阳石台子山城高句丽墓葬发掘简报》，《北方文物》2006年2期。辽宁省文物考古研究所、沈阳市文物考古研究所：《沈阳石台子山城西门址的补充发掘》，《沈阳考古文集》（1），科学出版社，2007年。沈阳市文物考古研究所：《沈阳市石台子高句丽山城2002年Ⅲ区发掘简报》，《北方文物》2007年3期。沈阳市文物考古研究所：《沈阳石台子山城2004年Ⅲ区发掘简报》、《沈阳石台子山城2006年Ⅲ区发掘简报》，《沈阳考古文集》（1），科学出版社，2007年。辽宁省文物考古研究所、沈阳市文物考古研究所：《沈阳市石台子高句丽山城蓄水设施遗址》，《考古》2010年12期。

[2] Buikstra, J E and Ubelaker DH.1994. *Standards for data collection from human skeletal remains*.Fayetteville: Arkansas Archeological Society.Bass, W M. 1987. *Human Osteology*. Columbia: Missouri Archaeological Society.　White, T D and Folkens P A. 2005. The Human Bone Manual. Boston: Elsevier Academic Press.

这可能与未成年个体骨骼中有机质含量较高不易保存，或发掘及收集情况有关。该组人群中0～5岁死亡率最高，为30.43%（7/23）；婴幼儿时期传染性疾病为最主要的致死因素，此外哺乳困难和寄生虫感染等因素同样为不可忽视的致病因素。第二个死亡高峰期为20－30岁，死亡率为26.09%（6/23），通常学界认为这一阶段女性高死亡率与生产有关，而男性高死亡率可能是由于承担更多的灾祸风险[1]，例如意外事故或个体间暴力冲突。30～40岁阶段死亡率下降至13.04%（3/23）。40岁以上个体死亡率同样为13.04%（3/23）。该组人群性别与死亡年龄分布特点与一般的定居人群基本一致。[2]

表一　石台子山城出土人骨统计表

	编号	性别	年龄	骨骼部位	病理及异常
2003SSX	M2.5a	女	40～45	颅骨、牙齿、距骨、跟骨、肱骨、尺骨、腓骨、椎骨	龋齿
	M2.5b	未知	1～3	股骨	无
	M7.1	女	45～50	颅骨、牙齿	无
	M8.1	未知	5～7	颅骨	多孔骨肥厚
	M8.2	未知	2～5	颅骨	无
	M8.3	未知	2～4	颅骨	无
	M8.4	女	25～30	颅骨、牙齿	无
	M8.5	未知	3～5	颅骨	无
	M8.6	未知	3～5	颅骨	无
	M9.1	男	成年	颅骨、肱骨、桡骨、肋骨	无
	M9.2	男性	35～40	颅骨、牙齿、肩胛骨	无
	M9.3a	未知	25～30	颅骨、掌骨、桡骨	无
	M9.3b	未知	1～3	颅骨、牙齿、锁骨	无
	M9.4	女	30～35	颅骨、牙齿	龋齿
	M21.1	未知	未知	无法判定	未知
	M21.2	男性	40～45	颅骨、牙齿	无
	M21.3	未知	婴儿	颅骨	无
	M21.6	未知	30～35	颅骨、牙齿、椎骨	无
2003SSD	M4.1	男	25～30	颅骨、牙齿	无
	M12.1	男	成年	颅骨	无
	M15.1	男	成年	颅骨	无
	M22.1	未知	未知	无法判定	未知
	M25.1	女	20～25	颅骨、牙齿、股骨、胫骨	无
2004	M2	女	20～25	颅骨、牙齿	无
	M3	男	20～25	颅骨、牙齿、腕骨、掌骨	多孔骨肥厚、创伤、额中缝 根尖脓疡

[1]　佟新：《人口社会学》（第三版），北京大学出版社，2006年，82～83页。

[2]　Waldron, Tony. 1994. *Counting the dead: the epidemiology of skeletal populations.* New York: John Wiley and Sons.

二　颅骨形态特征研究

　　笔者对所研究的颅骨进行了人类学测量与牙齿与颅骨的非测量性状进行观察。主要测量项目和指数项目见表二。

　　从表二列出的各项测量性形态特征的数据来看，石台子山城M3（图一）的男性成年个体具有接近中颅型的圆颅型、高颅型、中颅型的特点；额宽指数属狭额型；偏阔的面部，上面指数属偏阔的中上面型；鼻颧角较大，显示其拥有颇为扁平的上面部形态。

　　为了进一步探索石台子山城墓地居民的体质特征，笔者根据表三中所列的12项主要颅面部测量项目和指数项目，将本文标本与现代亚洲人群各区域类型的变异范围进行比较。

　　通过与表三中的各项数值的比较我们可以发现，该个体的颅长落入北亚、东亚、南亚类型的变异范围，而与东北亚类型很大的颅长绝对值存在差异。该颅骨很大的颅宽绝对值与北亚类型颇为接近，而与其他各类型存在着较大的差异。颅指数一项落入北亚、东亚、南亚类型的范围，但接近东亚和南亚类型的上限，而与东北亚类型相距较远。颅高一项落入东北亚、东亚、南亚类型的范围，但接近南亚类型的上限。颅长高指数落入东亚、南亚类型的范围，亦较接近东北亚类型的上限，与北亚类型相差较远。颅宽高指数与东北亚、东亚类型较接近，而与其他两个类型不同。颇大的额宽值落入北亚、东北亚、南亚类型范围，而与东亚类型差别较大。

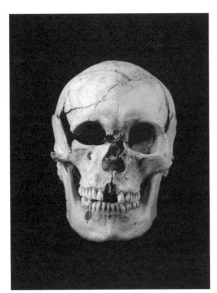
正视图

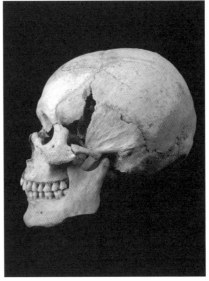
侧视图

顶视图

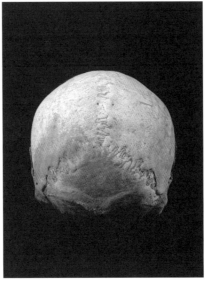
后视图

图一　M3出土颅骨

表二 石台子山城墓地男性颅骨测量表

（长度：毫米；角度：度；指数：%）

马丁号	测量项目	数值	马丁号	测量项目	数值
1	颅骨最大长(g-op)	179.20	54	鼻宽	26.60
8	颅骨最大宽(eu-eu)	146.00	55	鼻高(n-ns)	51.90?
17	颅高(b-ba)	137.50	SC	鼻骨最小宽	
21	耳上颅高		SS	鼻骨最小高	
9	最小额宽(ft-ft)	94.40	60	上颌齿槽弓长(pr-alv)	
7	枕大孔长(enba-o)	38.20	61	上颌齿槽弓宽(ecm-ecm)	
16	枕大孔宽	30.50	62	腭长(ol-sta)	
23	颅周长(g-po-g)	540.00	63	腭宽(enm-enm)	
24	颅横弧(po-b-po)	323.00	11	耳点间宽(au-au)	132.50
25	颅矢状弧(n-o)	378.00	12	枕骨最大宽(ast-ast)	114.80
26	额骨矢状弧(n-b)	125.00	44	两眶宽(ec-ec)	
27	顶骨矢状弧(b-l)	132.00	FC	两眶内宽(fmo-fmo)	
28	枕骨矢状弧(l-o)	121.00	FS	鼻根点至两眶内宽矢高	
29	额骨矢状弦(n-b)	108.40	DC	眶间宽(d-d)	
30	顶骨矢状弦(b-l)	115.30	32 I	额侧角 I(∠n-m FH)	
31	枕骨矢状弦(l-o)	101.60	32 II	额侧角 II(∠g-m FH)	
5	颅底长(n-enba)			前囟角 I(∠g-b FH)	
40	面底长(pr-enba)		72	总面角 (∠n-pr FH)	
48	上面高(n-pr)		73	中面角 （∠n-ns FH)	
	上面高(n-sd)	72.70	74	齿槽面角(∠ns-pr FH)	
47	全面高(n-gn)		75	鼻梁侧角(∠n-rhi FH)	
45	面宽或颧点间宽(zy-zy)	144.00?		鼻梁角 （∠72-75)	
43	上面宽(fmt-fmt)		77	鼻颧角 （∠fmo-n-fmo)	147.15
46	中面宽(zm-zm)		SSA	颧上颌角(∠zm-ss-zm)	
50	前眶间宽(mf-mf)	22.30	A∠	面三角 I(∠n-pr-ba)	
51	眶宽(mf-ec) L		N∠	面三角 II(∠pr-n-ba)	
	眶宽(mf-ec) R		B∠	面三角 III(∠n-ba-pr)	
51a	眶宽(d-ec) L		8:1	颅长宽指数	81.47
	眶宽(d-ec) R		17:1	颅长高指数	76.73
52	眶高 L		17:8	颅宽高指数	94.18
	眶高 R		9:8	额顶宽指数	64.66
MH	颧骨高(fmo-zm) L	44.60	16:7	枕骨大孔指数	79.84
	颧骨高(fmo-zm) R		40:5	面突指数	/
MB	颧骨宽(zm-rim.Orb.) L		48:17	垂直颅面指数 pr	/
	颧骨宽(zm-rim.Orb.) R			垂直颅面指数 sd	52.87

（续表二）

马丁号	测量项目	数值	马丁号	测量项目	数值
48:45	上面指数（K）pr	/	68（1）	下颌体最大投影长	113.80
	上面指数（K）sd	50.49	69	下颌联合高(id-gn)	36.40
48:46	上面指数（V）pr	/	MBH	下颌体高Ⅰ L	35.40
	上面指数（V）sd	/		下颌体高Ⅰ R	37.00
47:45	全面指数	/		下颌体高Ⅱ L	31.40
54:55	鼻指数	/		下颌体高Ⅱ R	32.10
52:51	眶指数Ⅰ L	/	MBT	下颌体厚Ⅰ L	14.50
	眶指数Ⅰ R	/		下颌体厚Ⅰ R	14.70
52:51a	眶指数Ⅱ L	/		下颌体厚Ⅱ L	16.90
	眶指数Ⅱ R	/		下颌体厚Ⅱ R	17.90
54:51	鼻眶指数Ⅰ L	/	70	下颌支高 L	/
	鼻眶指数Ⅰ R	/		下颌支高 R	/
54:51a	鼻眶指数Ⅱ L	/	71	下颌支宽 L	49.20
	鼻眶指数Ⅱ R	/		下颌支宽 R	49.10
SS:SC	鼻根指数	/	71a	下颌支最小宽 L	36.80
61:60	上颌齿槽指数	/		下颌支最小宽 R	36.60
63:62	腭指数	/	79	下颌角	124.00
65	下颌髁突间宽(cdl-cdl)	128.20	68:65	下颌骨指数	61.86
66	下颌角间宽(go-go)	/	71:70	下颌支指数 L	/
67	颏孔间宽	52.00		下颌支指数 R	/
68	下颌体长	79.30		颏孔间弧	59.00

　　该颅骨具有较大的面宽绝对值，与北亚、东北亚类型较为一致，而与东亚和南亚类型差异明显。上面高落入北亚和东亚类型的范围内，并比较接近北亚类型下限，而与东北亚类型极大的上面高绝对值和南亚类型的低面性质差异显著。垂直颅面指数一项与东亚类型最为接近，而其他各组差别明显。上面指数落入南亚类型的范围，并与其他类型的下限较为接近。鼻颧角一项落入北亚类型的变异范围，并且比较接近东北亚类型的下限，而与东亚、南亚类型差别较为明显。综合上述比较分析，本文标本具有中等的颅长绝对值和偏高的颅骨垂直径，圆颅和中颅性质，面型较为宽阔而且颇为扁平，这一系列颅面部特征显示了其与现代亚洲人群的东亚类型较为接近的倾向。但是在较大的颅宽绝对值和颧宽绝对值以及颇为扁平的面部等方面，该颅骨又表现出某种程度上与现代北亚类型居民可以对比的性状。其与北亚类型差别主要反映在颅高、颅长高指数、颅宽高指数、垂直颅面指数、上面指数等五项，后者通常具有比较低、宽的颅型以及较大的垂直颅面指数所反映出的低颅高面性质。该颅骨在颅长、颅宽、颅指数、颅长高指数、上面高、垂直颅面指数、上面指数、鼻颧角等方面与现代东北亚类型存在较为显著的差别。虽然该颅骨的多个项目落入南亚类型的变异范围内，但是

在颅宽、颅宽高指数、颧宽、上面高、垂直颅面指数、鼻颧角等项目上存在差异，尤其是在颧宽方面差异十分显著。

表三　石台子山城墓地男性颅骨主要颅面部形态特征与亚洲蒙古人种各类型的比较

（长度：毫米；角度：度；指数：%）

比较项目	本文标本	北亚类型	东北亚类型	东亚类型	南亚类型
颅长(g—op)	179.20	174.9—192.7	180.7—192.4	175.0—182.2	169.9—181.3
颅宽(eu—eu)	146.00	144.4—151.5	134.3—142.6	137.6—143.9	137.9—143.9
颅指数	81.47	75.4—85.9	69.8—79.0	76.9—81.5	76.9—83.3
颅高(ba—b)	137.50	127.1—132.4	132.9—141.1	135.3—140.2	134.4—137.8
颅长高指数	76.73	67.4—73.5	72.6—75.2	74.3—80.1	76.5—79.5
颅宽高指数	94.18	85.2—91.7	93.3—102.8	94.4—100.3	95.0—101.3
最小额宽(ft—ft)	94.40	90.6—95.8	94.2—96.6	89.0—93.7	89.7—95.4
颧宽(zy—zy)	144.00?	138.2—144.0	137.9—144.8	131.3—136.0	131.5—136.3
上面高(n—sd)	72.70	72.1—77.6	74.0—79.4	70.2—76.6	66.1—71.5
垂直颅面指数	52.87	55.8—59.2	53.0—58.4	52.0—54.9	48.0—52.2
上面指数	50.49	51.4—55.0	51.3—56.6	51.7—56.8	49.9—53.3
鼻颧角(fmo—n—fmo)	147.15	147.0—151.4	149.0—152.0	145.0—146.6	142.1—146.0

　　鉴于上述情况，本文所研究的个体在主要的颅面部形态特征与现代亚洲人群中的东亚类型之间存在更多的相似性，此外，在个别项目上也体现出北亚类型的体质因素。这种情况在东北地区已有的古人种学资料中屡见不鲜。已有学者指出"东北地区古代居民群体中一般包含有三种主要种族成分，即蒙古人种的东亚、北亚、东北亚三个区域类型成分。这三个人种类型不仅交错分布在东北大地上，并且还常常反映在一种古文化居民的群体内部就可能包括了两种以上的种族成分"。"现代各人种的形成通常是各古代群体混血的结果，而古代居民的种族类型才是他们自身体质特征的真实反映"[1]。基于这种考虑，为了进一步认识该个体的体质特征，不妨选取东北地区的古代居民人骨材料进行深入分析。

　　下面将本文标本与古代对比组进行对比分析。比较中采用计算本文标本与各对比组之间的欧式距离系数的方法进行。

　　欧式距离系数公式为：

$$\mathrm{Dij} = \sqrt{\frac{1}{m}\sum_{k=1}^{m}(x_{ik} - x_{jk})^2}$$

　　式中的i、j代表颅骨组，k代表比较项目，m代表项目数。Dij值（欧式距离系数）越小则表明两对照组之间在形态学上越接近。

　　选用的对比组包括关马山、平洋、夏家店上层文化合并、南杨家营子、龙头山、扎来诺

---

[1]　朱泓：《中国东北地区古代种族》，《文物季刊》(1)，1998年，54~64页。

尔及三道弯等七组资料（表四）。

关马山组的人骨材料出土于吉林省九台市西营城镇关马山村附近的石椁墓，墓葬年代大约为战国时期。据研究意见，关马山组主要颅面特征表明其属于亚洲蒙古人种的范畴，并与东亚、东北亚两个蒙古人种支系表现出更多的接近关系，同时也不能排除在个体体质因素上可能存在着北亚蒙古人种的影响[1]。

平洋组的人骨材料出自黑龙江泰来县平洋镇墓地，包括砖厂和战斗两个墓地，其年代处于青铜——早期铁器时代。潘其风先生认为该组居民为一组同种系多类型的群体，其人种类型主要与东北亚蒙古人种接近，同时也具有北亚蒙古人种和东亚蒙古人种相关的因素[2]。本文采用全组对比数据。

夏家店上层文化合并组的人骨材料分别收集自内蒙古赤峰的红山后、夏家店和宁城南山根等三处遗址。他们所反映的夏家店上层文化居民的颅面部形态特征颇为一致，可以被认为是属于同一体质类型，即以东亚类型成分占主导地位的东亚、北亚蒙古人种的混血类型[3]。

表四　石台子山城墓地男性颅骨与古代组的比较

（长度：毫米；角度：度；指数：%）

组别 项目	本文标本	关马山组	平洋组	夏上合并组	南杨家营子组	水泉组	扎来诺尔组	三道弯组
颅长(g—op)	179.20	181.30	190.54	181.19	179.63	183.33	185.65	181.69
颅宽(eu—eu)	146.00	139.94	144.60	136.20	144.75	143.08	147.84	148.51
颅指数	81.47	77.05	75.89	75.06	79.90	78.09	79.70	81.88
颅高(ba—b)	137.50	141.79	140.11	140.70	126.00	141.83	130.64	130.65
颅长高指数	76.73	78.60	74.09	78.26	70.20	77.35	70.65	72.00
颅宽高指数	94.18	101.47	97.30	103.46	87.06	99.02	88.58	88.02
最小额宽(ft–ft)	94.40	92.93	91.29	89.00	90.00	92.86	93.57	93.36
颧宽(zy—zy)	144.00	140.14	144.90	133.75	136.75	134.69	138.48	141.08
上面高(n—sd)	72.70	74.60	77.08	75.10	76.75	75.38	76.75	78.91
垂直颅面指数	52.87	53.18	54.43	53.38	60.72	53.06	58.16	60.60
上面指数	50.49	54.76	53.06	56.15	55.70	56.57	55.04	56.12
鼻颧角(fmo–n–fmo)	147.15	152.43	147.13	149.50	150.40	146.15	147.76	152.19

南杨家营子组的颅骨材料出自内蒙古赤峰市巴林左旗，为东汉晚期拓拔鲜卑遗存。该组居民的体质特征主要与北亚蒙古人相似，具有低而宽的头颅、中眶中面和扁平的面部等特征；但该组的颧骨比较窄，可能和东亚蒙古人种有关[4]。

[1] 朱泓、贾莹：《九台关马山石椁墓颅骨的人种学研究》，《考古》1991年2期，147～156页。

[2] 杨志军、郝思德、李陈奇：《平洋墓葬》，文物出版社，1990年。潘其风：《平洋墓葬人骨的研究》，《平洋墓葬》附录一，文物出版社，1990年。

[3] 中国科学院考古研究所体质人类学组：《赤峰、宁城夏家店上层文化人骨研究》，《考古学报》(2)，1975年，157～169页。朱泓：《夏家店上层文化居民的种族类型及其相关问题》，《辽海文物学刊》(1)，1989年，111～122页。

[4] 潘其风、韩康信：《东汉北方草原游牧民族人骨的研究》，《考古学报》(2)，1982年，117～136页。

水泉组的人类学材料出土自内蒙古自治区赤峰市敖汉旗四家子镇水泉村的战国时期墓地。经初步研究，该组居民的颅面部基本体质特征上与现代亚洲蒙古人种的东亚类型相对比较接近，同时在面形上反映出某些接近北亚蒙古人种的因素[1]。

扎来诺尔组的颅骨材料出自内蒙古呼伦贝尔盟新巴尔虎右旗扎来诺尔汉代墓群，其文化性质属拓拔鲜卑遗存。研究结果表明，该组居民的体质特征与北亚类型蒙古人种最为接近，同时混有一些东北亚蒙古人种的成分及东亚蒙古人种的因素[2]。本文数据为三次发掘所得颅骨数据的合并值。

三道湾墓地位于内蒙古自治区乌兰察布盟察右后旗红格尔图乡，该墓地族属为鲜卑族，年代大约为东汉时期。三道弯鲜卑居民具有短而阔的路颅型，宽阔的面形以及显著的低颅高面性质，其基本种系成分属于北亚蒙古人种。[3]

从表五的计算结果来看，在古代对比组中，与本文标本在颅面部特征方面最为接近的是关马山组，其次是水泉组和平洋组，而形态学关系最为疏远的则是夏家店上层文化合并组。

表五　石台子山城男性颅骨与各古代颅骨组欧式距离系数值

对比组 本文标本	关马山组	平洋组	夏上合并组	南杨家营子组	水泉组	扎来诺尔组	三道弯组
石台子山城组	3.68	3.86	5.28	5.28	3.78	4.16	4.36

关马山石椁墓居民、水泉墓地居民和平洋墓葬居民被认为是古东北类型的典型代表。古东北类型居民在东北先秦时期分布广泛，应该是东北地区远古时期的土著类型，或者至少是东北地区最主要的古代土著类型之一[4]。欧式距离系数表明石台子山城男性个体与这三组古代居民具有较近的形态学距离。

基于颅骨非测量性状和牙齿非测量性状的观察，表明该组人群具有亚洲蒙古人种形态特征。墓葬2004M3个体发现有额中缝，这一性状在亚洲北部人群中出现率偏高。但在全部个体中仅在该个体上发现有额中缝，这可能暗示了该个体与其他墓葬中的个体有着不同家族基因来源。通过对铲形门齿、上颌前臼齿齿根、下颌臼齿齿根等性状的分级观察，发现该组人群与亚洲北部的人群具有较多相似性[5]。

[1] 朱泓、魏东：《内蒙古敖汉旗水泉遗址出土的青铜时代人骨》，《东北亚先史文化的比较考古学研究》，（福冈）日本九州大学大学院人文科学研究院，2002年，69～93页。

[2] 朱泓：《从扎来诺尔汉代居民的体质差异探讨鲜卑族的人种构成》，《北方文物》(2)，1989年，45～51页。朱泓：《扎来诺尔汉代墓葬第三次发掘出土颅骨的初步研究》，《人类学学报》(2)，1989年，123～130页。

[3] 朱泓：《察右后旗三道弯汉代鲜卑族的人种学研究》，《内蒙古文物考古文集》(2)，1998年，421～430页。

[4] 朱泓：《中国东北地区古代种族》，《文物季刊》(1)，1998年，54～64页。

[5] Hauser G and DeStefano GF. 1989. *Epigenetic variants of the human skull*.Stuttgart: Schweizerbart.Lee C. 2007. *The biological affinities of Neolithic through Modern Period populations from China and Mongolia*: the cranial and dental nonmetric trait evidence. PhD dissertation, Arizona State University.

Scott GR and Turner CG II. 1997. *The anthropology of modern human teeth: dental morphology and its variation in recent human populations*. Cambridge: Cambridge University Press.

三 病理

由于骨骼保存状况较差，可供观察的骨骼非常有限，故所发现的病理现象很少。值得注意的是，该人群实际患病情况可能高于本文所观察到的疾病种类与数量。三例个体发现有已经愈合的多孔性骨肥厚（图二），2003SSX2.5a［女性40～45］，2003SSX8.1［幼儿5～7］，2004M3［男性20～25］。该组人群中缺铁性贫血的分布规律比较少见，可能暗示这三

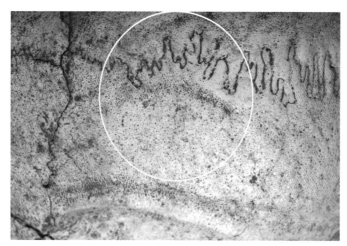

图二

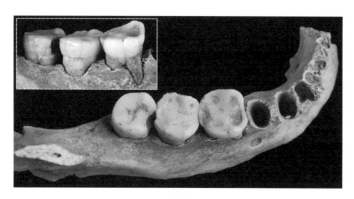

图三

例个体在某些方面与其他个体差异较大，例如这个三例个体来自另外一个不同的社会阶层，或者食物结构不同，亦或者为外来个体。通常来说，贫血的致病因素包括有，铁元素摄入缺乏、寄生虫感染、坏血病或佝偻病、腹泻、延期妊娠、母乳喂养。两例个体发现有龋齿病（2003SSX2.5a，2003SSX9.4）（图三、四），这两例个体均为女性。由于本文样本量非常有限，还无法给出明确的结论，但这一现象暗示了这一组古代人群中男女两性食物结构可能存在差异。此外，有研究显示女性孕期易罹患龋齿病。[1]发现一例颅骨创伤，2004M3（男

---

[1] Aufderheide AC and Rodriguez-Martin C. 1998. *The Cambridge encyclopedia of human paleopathology*. Cambridge: Cambridge University Press.

Larsen C S. 1997.Bioarchaeology: *interpreting behavior from the human skeleton*. Cambridge: Cambridge University Press.

Roberts C and Manchester K. 2005.*The archaeology of disease*. Ithaca: Cornell University Press.

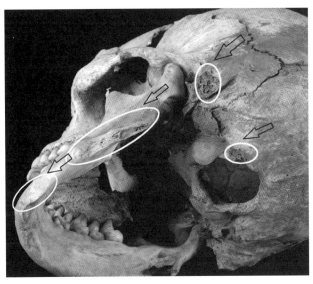

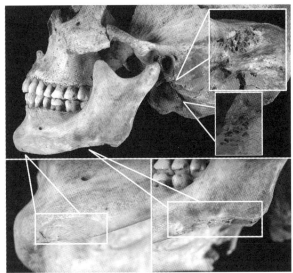

图四   图五

性20～25）（见图四、图五），通过观察可知该个体的致死因系斩首所致。通过与已有文献
对比观察可知，该个体由斩首所致的颅骨创伤特点比较典型。左侧下颌处可见两处由锋利刃
部切砍所产生的创面，左侧乳突和枕骨也可见砍痕。推测该个体的颅骨创伤是由近距离后
（背）侧锋利武器所致，且这一动作至少实施两次以上[1]。该个体的下颌第二前臼齿发现患
有根尖脓疡疾病。

四 小结

1.通过对石台子山城12个墓葬的23例个体的性别、年龄的观察与统计分析，可以认为该
组居民的人口学结构属于正常的定居人群范畴。

2.牙齿与颅骨非测量性状的观察结果表明，该组人群显示出明显的亚洲蒙古人种的形态特征。

3.测量学性状的研究表明，2004M3所代表的个体与现代亚洲蒙古人种的东亚类型之间存
在较多的形态上的相似性，此外个别项目上也体现出某些与北亚类型较为近似的体质因素，
而与东北亚类型、南亚类型之间存在着较大的形态距离。

4.在古代对比组中，与石台子山城男性个体在颅面部形态特征最为接近的是关马山组，
其次是水泉组和平洋组。表明其与先秦时期东北地区的土著居民具有较为一致的形态特征。

5.此外，该组古代居民的颅骨和牙齿的非测量学性状研究结果与测量学研究结果相吻合。

6.本文人骨标本中的疾病证据较少，可能与保存状况有关。发现三例个体患有贫血症，
由于较低的贫血症发病率显示这三个个体可能是由于自身免疫系统缺陷所致。龋齿病发病率
很低，而且仅存在于女性个体之中，可能暗示了男女两性食物结构存在差异。发现一例被斩
首的个体，综合颅骨非测量形态特征、疾病和创伤情况，故推测该个体可能原本不属于这组
古代人群。

[1] Ardagana Y, Richier A, Vernet G, and Dutour O. 2005. *A case of beheading dating from the Celtic period.* International Journal of Osteoarchaeology 15:73-76.

McKinley JI. 1993. *A decapitation from the Romano-British cemetery at Baldock, Hertfordshire.* International Journal of Osteoarchaeology 3:41-44.

后 记

　　石台子山城自发现至今已有25年之久，而今《石台子山城》业将出版，这是沈阳几代考古人经过了不懈努力的结果。沈阳考古前辈沈长吉、铁玉钦对石台子山城的发现给予高度重视，安排指导对石台子山城的调查和试掘工作，也使我们确认了石台子是一座高句丽时期的山城。1997年5月，石台子山城进入正式发掘阶段，发掘工作得到了沈阳市委、市政府各级领导的高度重视，划定石台子山城的保护区，对后期山城的发掘及以后被评定为全国重点文物保护单位奠定了基础。主管文化的时任副市长汪宙同志多次莅临石台子山城考古发掘工地。国家领导同志李岚清、李铁映，国家文物局时任副局长张柏等同志，考古界专家学者张忠培、徐光冀、郭大顺、魏存成、辛占山、姜念思及其他文博、考古界同仁多次到石台子山城指导工作，对山城的科学发掘、保护和利用提出了宝贵意见，特别是考古领队张克举同志病重期间仍多次来考古工地指导发掘工作，其举难忘。

　　在历时十几年的石台子山城考古发掘过程中，有风雨，有坎坷，历尽辛苦。几多欢喜几多愁，难以尽言，有值得我们认真总结的经验和深刻的教训。但是，石台子山城的考古发现与收获能为东北亚地区及高句丽时期的考古研究提供宝贵的考古学资料和信息。石台子山城在2006年被评定为国家级文物保护单位，实是对吾辈之宽慰。

　　先后参加石台子山城调查、发掘的同志有沈长吉、李晓钟、孙庆永、张绍文、张继洲、隋汉羽、胡敏杰、林茂禹、伦俊岩、刘长江、武振凯、刘焕民、李威、孙继艳、李声能、张树范、张旭东、王剑峰、李龙彬、赵晓刚、苏鹏力、陈山、刘明。

　　考古领队先后由辽宁省文物考古研究所张克举、李新全、万欣同志先后担任。

　　本报告编写小组于2009年7月成立，组长姜万里负责本报告的全面编写工作，报告体例由郭大顺先生拟定，编写章节分别由李晓钟、李龙彬、苏鹏力、刘明承担。其中西门址补充发掘、SⅢD区发掘部分由苏鹏力整理编写；SⅡ区发掘部分由刘明整理编写；石台子山城周围墓地调查的发掘工作由李龙彬、苏鹏力、朱寒冰负责。墓葬发掘与相关研究部分由李龙彬整理编写；其余部分由李晓钟整理编写。报告编纂由李晓钟负责。

　　遗迹绘图：徐沂濛、李树义、李晓钟。遗物绘图：杨霞。遗迹拍摄：穆启文、李龙彬、苏鹏力、刘明、李晓钟。器物拍摄：张天琦。英文提要：肖冰。

　　本报告的出版得到了国家文物局的高度重视、辽宁省文物局与沈阳市文物局领导的关心与支持以及文物出版社的大力协助，特此致谢！

Shitaizi Mountain City

(Abstract)

Shitaizi Mountain City is located on the hill of the north bank of Xiu River in Qipan mountain scenic spot in Shenyang.

Shitaizi Mountain City was discovered in 1980, and Shenyang archaeological team did much research work here during 1988 to 1989. The mountain city was constructed on the independent hill, with the mountains around. The mountain shape is high in the west and low in the east. Northwestward is the highest, with 164.4m above sea level. The southwest, northeast and southeast peaks are respectively 163m, 139.7m and 128.2m. There are two relatively flat mesas in the north and south of the city, between which a valley extended to Puhe. Because of the steep cliffs in the east and south of the mountain city, it is called "Shilizi".

According to the excavation work from October 1990 to May 1991, and the supplemental excavation works during May 1997 to 2006, it was concluded that the mountain city was the main remains of Goguryeo culture.

There were 4 gate-ruins, 9 Mamians, and 5 drainage culverts in Shitaizi Mountain City. The wall was 1361.42m long with different widths because of the topography. With the natural movements of the mountain, the wall was built along the outer flank of the mountains. The wall foundations were mostly dug in the rocks, with different foundation and wall masonry methods in different mountain conditions.

Shitaizi Mountain City is a closed mountain city, with facilities constructed with stones. The base part is intilted and constructed with rock drilling method, forming a stable wall. The basic masonry method of the wall was jointing the wedge-shaped stones and supporting them with slates. Then inserted the spindle-shaped stones into the triangle space formed between two wedge-shaped stones, and also supported them with slates. At last, filled the surrounding voids with gravels. The interior of the wall was filled with large spindle-shaped stones which interlaced with the wedge-shaped stones on the wall space. All blended into one harmonious whole. Except the stone wall body on the interior wall, the soil-stone slope protections were constructed outside the interior wall. Especially the linear soil-stone ridge in the size of 5 meters high, 6 to 7 meters wide compensated for the natural deficiency of gentle terrain on the west side of the mountain city .

Four city gate sites still maintain the original fire condition. The waterspouts of the drainage culverts discovered in the bottom of the gate sites are in the structures of restricted entry type and fold-down type.

Mamian was the facility to strengthen the military defense of the Shitaizi Mountain City. There must be one, constructed on one side of the gate. Although it was not constructed outside the east gate, the infolding walls on the north and south sides of the east gate had the same function with Mamian. The Goguryeo mountain cities constructed with Mamian are rare in Liaodong area.

Observation tower site, large stone constructing site, dwelling site, storage pit, ash pit and other historical remains were discovered in the mountain city.

An observation tower site, a group of large stone constructing site, 41 dwelling sites, 2 storage pits and more than 170 ash pits were dealt.

NO.1 constructing site of the large stone constructing Site is in the shape of bow, with north and south wall and the ramp. NO. 2 constructing site is cylindrical, with fusiform stones in the base. The rounding wall site located outside the NO.2 stone constructing site is U-shaped. The northwest part of the rounding wall connects up the north wall of NO.1 constructing site.

41 dwelling sites belonging to II stage (Goguryeo culture) are unearthed and dealt, concluding six forms of house sites.

The excavations are totally more than 1500, and mostly are the remains of Goguryeo culture, containing potteries, iron wares, bronze wares, bone horn tools, stone implements, coins, etc. Also some of them are the remains of Bronze culture and Ming culture.

The main ceramics of Goguryeo culture are gray and black pottery mixed with sand, and brown and yellow pottery. There are red and brown pottery mixed with sand, gray and black pottery made of fine clay, red and brown pottery made of fine clay with black outside, brown pottery mixed with steatite, glazed pottery, etc as well. Most of the potteries are plain, with patterns such as bow string pattern and reticulated design. The decorations include bow string pattern, geometric design, and descending drapery pattern, few with letter symbols on the bottom. The main types of pottery are urn, jar, basin, colander, pot, plate, small cup, earthen bowl and bowl, most with flat bases. There are handless cup, spinning wheel, net pendant, pottery shard, etc. Iron wares include iron door-hinge, iron door-hinge pit, iron rivet, iron door strap, iron arrowhead, iron armour, iron helmet, iron knife, iron spear, iron scraper, iron dagger, iron axe, iron sickle, iron plough, iron pickaxe, iron shovel, iron awl, iron drill, iron fish hook, iron pothook, iron belt buckle, iron buckle handle, iron ring, iron stirrup, iron curb bit, curb bit and chain, etc. The iron arrowhead and the iron armour are the most common. The bronze wares include belt buckle, hairpin, ring, bracelet, ornaments, etc. The bone objects include bone handle, bone awl, bone curb chain, spinning wheel, etc. Stone wares include spinning wheel, projectile, net pendant, stone vessel with hole, burr, stone mortar, etc. Only two types of the coin, Wuzhu coin of Sui dynasty and edging Wuzhu were discovered.

Five tombs have been successively discovered on the west, north and east sides of the Shitaizi Mountain City. All of which were renumbered as subsection I tomb- v tomb. Among them, 68 tombs have been unearthed and dealt. All of them are grave mound single rock tomb, with the coffin pits built with masonries. Bottoms of the tombs are flat, and paved with small gravels or slabstones. The inner walls and outside walls of the rock tombs were built with larger stones. The surface of the walls was orderly, and few were jointed and plastered with lime. Tomb devices have never been discovered, but few stone corpse platforms were discovered. According to the plain shapes, tombs can be divided into four kinds, shovel-shaped (20 tombs), knife-shaped (4 toms), rectangular (27 tombs), and the trapezoidal (17 tombs). The scales of shovel-shaped and knife-shaped tombs are generally larger, with tomb tunnels. The tomb tunnels of the shovel-shaped tombs are usually located in the middle of the south walls of the coffin chambers. The tomb tunnels of the knife-shaped tombs are usually located in the east of the south side of the coffin chambers. The long boulders were overlay layer-by-layer to the tunnel. There are no tunnels in the trapezoidal and rectangular tombs. Most of the tombs are located in the near south, and several near the just south. The skeletons in the tombs are not well protected, and the shovel-shaped and knife-shaped tombs are multi-burials, but the trapezoidal and rectangular tombs with single coffin chambers are almost single-burials.

Goguryeo was a local authority in the Northeast Asian region in the Chinese history from 37 BC to 668 AD. The Shitaizi Mountain City was one of the important mountain cities constructed in its western border by Goguryeo regime at the end of the 4th century to the late 7th century. Among the numerous mountain cities during the Goguryeo period, the military importance, the defensive performance, the planning design, the masonry technique, the discovered historical remains, and the unearthed relics of Shitaizi Mountain City, provided the extremely valuable archaeological materials for the historical and cultural study of Goguryeo.

石台子山城

（下）

辽宁省文物考古研究所
沈阳市文物考古研究所　编著

文物出版社

北京·2012

Shitaizi Mountain City

Vol. 2

by

Cultural Relics and Archaeology Institute of Liaoning Province

Cultural Relics and Archaeology Institute of Shenyang

Cultural Relics Press

Beijing · 2012

彩版目录

1.远眺之一（由东南向西北）

2.远眺之二（由南向北）

彩版一　山城远眺

彩版二　山城俯瞰（由东南向西北）

1. SⅡ区1号、2号建筑址（航拍）

2. SⅡ区1号、2号建筑址（航拍）

彩版三　SⅡ区1、2号建筑址

彩版四　SⅠ区T001～T105发掘场景（航拍）

1.SⅢD区T1~T3（航拍）

2.SⅢX区T101~T202（航拍）

彩版五　SⅢX区、SⅢD区探方发掘场景

1. 探沟SⅢTG24（由东向西）

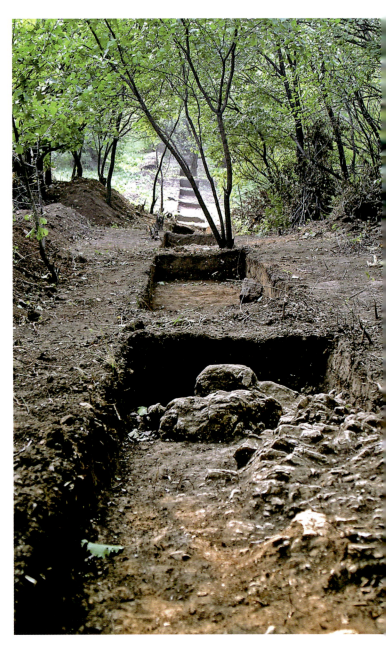

2. 探沟SⅢTG20（由东向西）

彩版六　SⅢ区探沟

彩版七　SⅣ区俯瞰（航拍）

彩版八　SⅢD区补充发掘场景（由南向北）

1. 北墙B段1号马面西侧城墙

2. 北墙B段墙体与凿岩基础细部

彩版九　北墙B段

1.北城墙C段斜筑式墙体之一

2.北城墙C段斜筑式墙体之二

彩版一〇　北墙局部

彩版一一　北墙C段（由西向东）

1. A型Ⅲ式陶盘（97QTG1③：7）

2. A型Ⅳ式陶盘（97QTG1③：8）

6. 铁削
（97QTG1③：15）

8. 剪轮五铢
（97QTG1③：23）

3. A型Ⅰ式铁镞
（97QTG1③：12）

4. A型Ⅰ式铁镞
（97QTG1③：13）

5. A型Ⅱ式铁镞
（97QTG1③：14）

7. 有孔铁件
（97QTG1③：17）

9. 隋五铢
（97QTG1③：24）

10. 铁甲片
（97QTG1③：18）

11. 铁甲片
（97QTG1③：20）

12. 铁甲片
（97QTG1③：21）

13. 铁甲片
（97QTG1③：22）

彩版一二　城墙出土器物

彩版一三　西墙A段（3号马面南侧）

彩版一四　西墙A段（由北向南）

1.西墙A段城墙内插石结构

2.西墙A段城墙、外墙接筑结构

彩版一五　西墙A段建筑结构

1.西墙B段西门址南侧（由北向南）

2.西墙B段6号马面北侧（由南向北）

彩版一六　西墙B段

1. 西墙内侧石筑护坡

2. 西墙内侧石筑护坡外壁

彩版一七　西墙内侧石筑护坡

彩版一八　南墙局部（由西向东）

1.南墙6号马面东侧（由东向西）

2.南墙7号马面西侧（由东向西）

彩版一九　南墙马面

1.南墙基础与墙体部分

2.南墙底部刻划斜"井"字符号

彩版二○　南墙局部

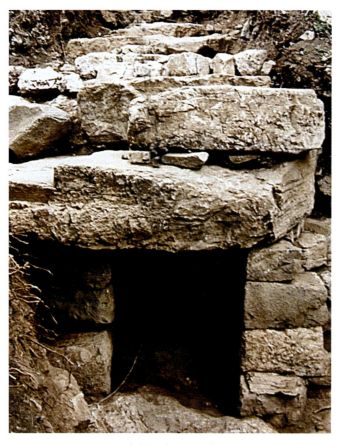

1. 南墙下部1号涵洞

2. 东墙A段断崖部分基础结构

3. 东墙A段断崖部分基础结构

4. 东墙A段墙体基础部分与断崖砌筑结构

彩版二一　南墙涵洞及东墙部分基础结构

彩版二二　东墙A段城墙基础悬空部分横担巨石

1. 东墙A段外侧人工采石断崖顶部

2. 东墙A段外侧人工采石断崖（由北向南）

彩版二三　东墙A段外侧人工采石断崖

1.东墙A段外侧人工采石断崖下部（由南向北）

2.东墙D段北侧人工采石断崖（由南向北）

彩版二四　东墙人工采石断崖

1.东墙B段凿岩基础

2.东墙B段残存墙体

彩版二五　东墙B段

1.东墙B段墙基础与断崖砌筑结构

2.东墙B段基础、墙面石、内部插石结构

彩版二六　东墙B段基础与砌筑结构

1.东墙C段外墙折角曲尺形石材咬合砌筑结构

2.东门址北侧城墙玄武岩石材砌筑工艺

彩版二七　东墙砌筑结构

1. 东墙D段城体（由南向北）

2. 东墙D段城体斜筑结构

彩版二八　东墙D段

1.东墙C段墙体内部插石结构之一

2.东墙C段墙体内部插石结构之二

彩版二九　东墙C段墙体内部插石结构

1. 东墙D段2号涵洞（由东向西）　　　　　　　2. 东墙D段2号涵洞（由西向东）

3. 东墙D段2号涵洞墙外阶台式散水（由南向北）

彩版三〇　东墙D段2号涵洞

1. A型Ⅱ式铁镞　　　　2. A型Ⅱ式铁镞　　　　3. B型Ⅰ式铁镞　　　　4. A型Ⅱ式铁镞
（06QTG5：2）　　　　（06QTG5：3）　　　　（06QTG5：1）　　　　（06QTG5：4）

5. 1号马面（由北向南）

彩版三一　城墙出土器物及1号马面

1.2号马面（由北向南）

2.3号马面（由西北向东南）

彩版三二　2、3号马面

彩版三三　3号马面（由西南向东北）

1.3号马面外角部分方整石砌筑细部

2.4号马面（由西北向东南）

彩版三四　3、4号马面

1.5号马面（由西北向东南）

2.6号马面（由西北向东南）

彩版三五　5、6号马面

1. 6号马面局部

2. 7号马面（由东至西）

彩版三六　6、7号马面

1.8号马面（由东南至西北）

2.9号马面（由东南至西北）

彩版三七　8、9号马面

彩版三八　北门址与1号马面（航拍）

1.北门址全景之一（由外向内侧）

2.北门址全景之二（由内向外）

彩版三九　北门址发掘场景

1.北门址门道两次烧毁堆积（由西南向东北）

2.北门址补充发掘门道东侧墙壁下部叠压关系

彩版四〇　北门址发掘场景

1.A型IV式陶盘（SBM④：11）

2.B型II式陶盘（SBMh：6）

3.陶珠（SBM④：3）

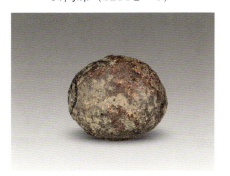

4.石弹丸（SBM④：2）

5.铁门臼（SBM④：3）

6.铁门枢（SBM④：1）

7.铁门枢（SBM④：2）

彩版四一　北门址出土器物

4.铁斧（SBM④：4）

1.B型Ⅰ式铁镞　　　　2.B型Ⅰ式铁镞　　　　3.D型Ⅳ式铁镞　　　　5.铜带扣（SBM④：12）
（SBM④：6）　　　　　（SBM④：5）　　　　　（SBM④：13）

6.北门址涵洞入水口2（由西向东）

彩版四二　北门址出土器物及涵洞

彩版四三　北门址涵洞外侧阶梯式明渠

彩版四四　西门址发掘场景（由西向东）

1.A型I式（SXM：11）

2.A型I式（SXM：21）

3.A型I式（SXM：14）

4.A型Ⅱ式（SXM：12）

5.A型Ⅱ式（SXM：13）

6.A型Ⅱ式（SXM：15）

彩版四五　西门址出土陶罐

1.A型Ⅲ式（SXM：22）

2.A型Ⅲ式（SXM：16）

3.B型（SXM：17）

4.B型（SXM：19）

5.B型（SXM：20）

6.C型（SXM：18）

彩版四六　西门址出土陶罐

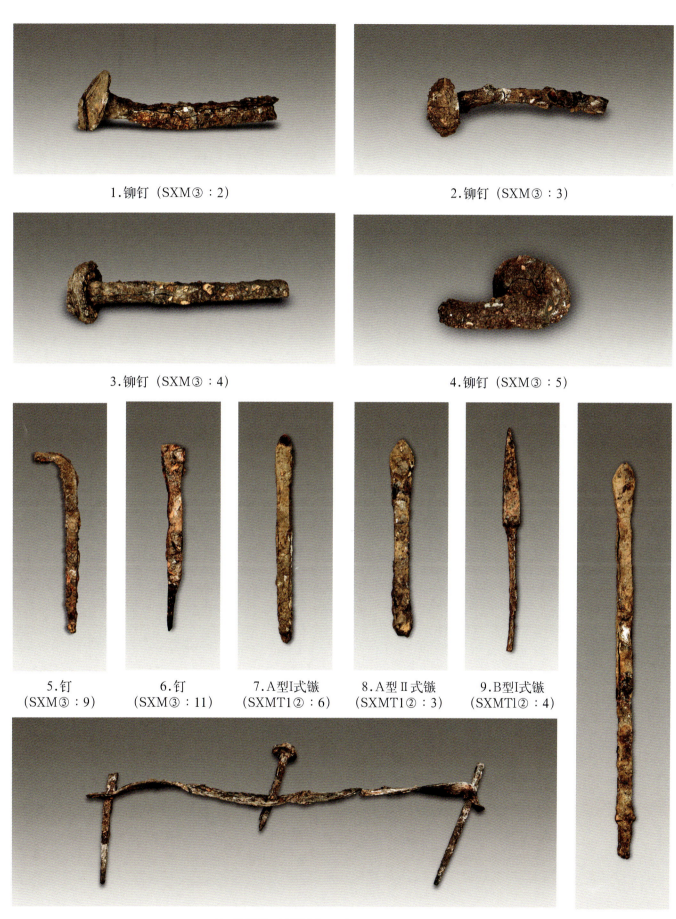

1.铆钉（SXM③：2）

2.铆钉（SXM③：3）

3.铆钉（SXM③：4）

4.铆钉（SXM③：5）

5.钉
（SXM③：9）

6.钉
（SXM③：11）

7.A型I式镞
（SXMT1②：6）

8.A型II式镞
（SXMT1②：3）

9.B型I式镞
（SXMT1②：4）

11.箍门带（SXM③：1）

10.A型I式镞
（SXMT1①：1）

彩版四七　西门址出土铁器

1.门臼（SXM③：10）

2.犁（SXMT1②：5）

3.马衔镳（SXMT1②：1）

彩版四八　西门址出土铁器

1.南门址与涵洞（由西向东）

2.南门址门道遗迹与遗物

彩版四九　南门址发掘场景

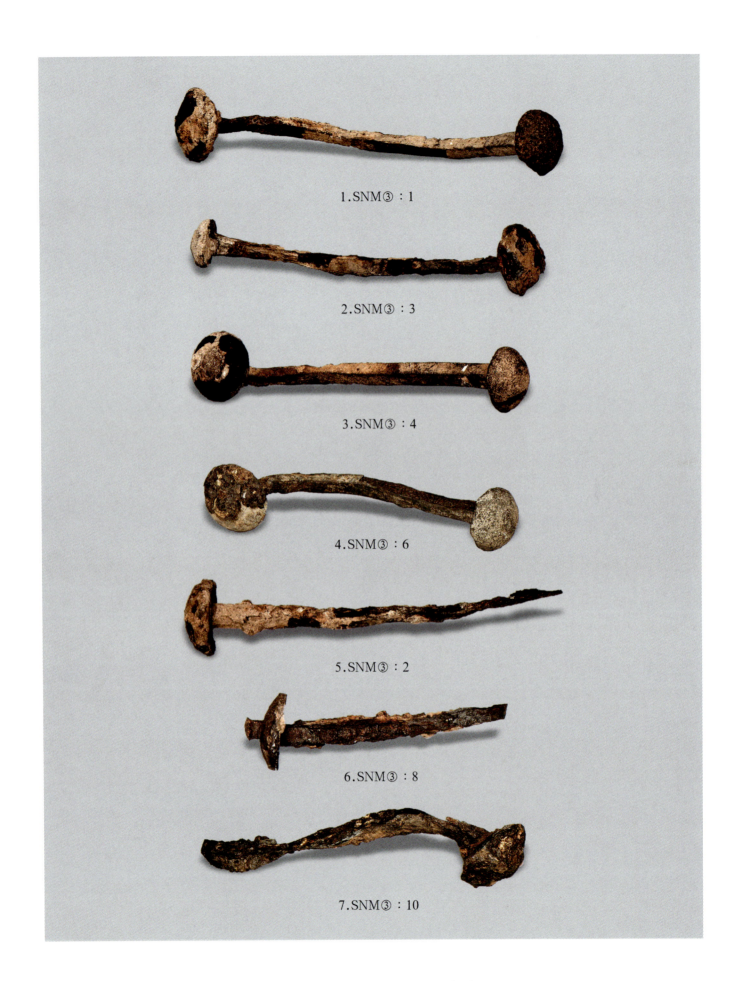

1.SNM③：1

2.SNM③：3

3.SNM③：4

4.SNM③：6

5.SNM③：2

6.SNM③：8

7.SNM③：10

彩版五〇　南门址出土铁铆钉

1.铁门枢（SNM③：11）

2.南门址门道内东北侧涵洞（由西向东）

彩版五一　南门址出土器物及涵洞

彩版五二　东门址俯瞰（航拍）

1.东门址门道（由北向南）

2.东门址门柱、础石（由南向北）

彩版五三　东门址发掘场景

彩版五四　东门址内侧（由西向东）

1.A型Ⅰ式陶盘（SDM②：6）

2.陶纺轮（SDM③：4）

3.A型Ⅰ式铁镞
（SDM③：7）

4.A型Ⅰ式铁镞
（SDM③：8）

5.B型Ⅰ式铁镞
（SDM③：9）

6.C型Ⅱ式铁镞
（SDM③：10）

7.铁钉
（SDM②：11）

8.铁甲片
（SDM③：12）

9.铁甲片
（SDM③：13）

10.铁铆件
（SDM③：14）

11.铁甲片
（SDM③：15）

彩版五五　东门址出土器物

1.铁铆钉（SDM⑤：16）

2.铁铆钉（SDM⑤：20）

3.铁铆钉（SDM⑤：16）

4.铁铆钉（SDM⑤：18）

5.铁铆钉（SDM⑤：19）

6.铜饰件（SDM⑤：21）

彩版五六　东门址出土器物

1.铁门枢、铁门轴套（SDM⑤：22-1、2）

2.东门址门道铁门枢、铁门轴套出土状况

彩版五七　东门址出土器物

1.A型Ⅰ式陶盘（SDMH1∶3）

2.A型Ⅰ式陶罐（SDMH2∶2）

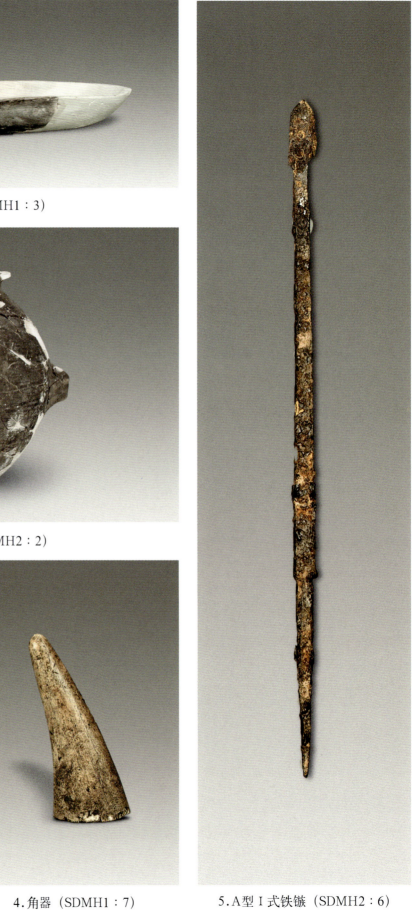

3.铁甲片（SDMH1∶6）　　　　4.角器（SDMH1∶7）　　　　5.A型Ⅰ式铁镞（SDMH2∶6）

彩版五八　东门址H1、H2出土器物

1. 东门址排水沟2与沉井（由南向北）　　　　　　　2. 东门址道外侧明渠（由西向东）

3. 东门址门道下部涵洞（由外向内）

彩版五九　东门址排水系统

1.A型Ⅰ式瓮（SDMSG1①：1）

3.A型Ⅰ式盘（SDMSG1①：17）

4.A型Ⅲ式盘（SDMSG1①：18）

2.盏（SDMSG1①：48）

5.纺轮（SDMSG1①：9）

彩版六〇　东门址排水沟出土陶器

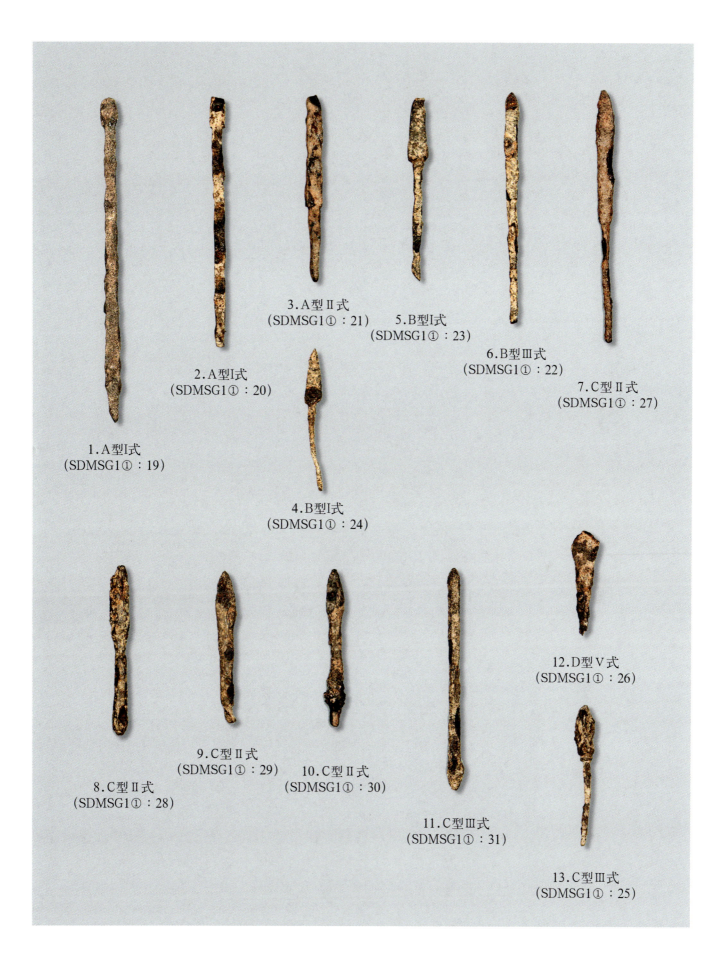

3.A型Ⅱ式
（SDMSG1①：21）
　　　　　5.B型Ⅰ式
　　　　　（SDMSG1①：23）

6.B型Ⅲ式
（SDMSG1①：22）

2.A型Ⅰ式
（SDMSG1①：20）

7.C型Ⅱ式
（SDMSG1①：27）

1.A型Ⅰ式
（SDMSG1①：19）

4.B型Ⅰ式
（SDMSG1①：24）

12.D型Ⅴ式
（SDMSG1①：26）

9.C型Ⅱ式
（SDMSG1①：29）

10.C型Ⅱ式
（SDMSG1①：30）

8.C型Ⅱ式
（SDMSG1①：28）

11.C型Ⅲ式
（SDMSG1①：31）

13.C型Ⅲ式
（SDMSG1①：25）

彩版六一　东门址排水沟出土铁镞

1.铁甲片（SDMSG1①：33）

2.铁甲片（SDMSG1①：34）

8.铁甲片（SDMSG1①：37）

3.铁甲片（SDMSG1①：35）

4.铁甲片（SDMSG1①：36）

9.削（SDMSG1①：38）

10.削（SDMSG1①：39）

5.钉（SDMSG1①：42）

6.钉（SDMSG1①：43）

7.钉（SDMSG1①：44）

11.削（SDMSG1①：40）

彩版六二　东门址排水沟出土铁器

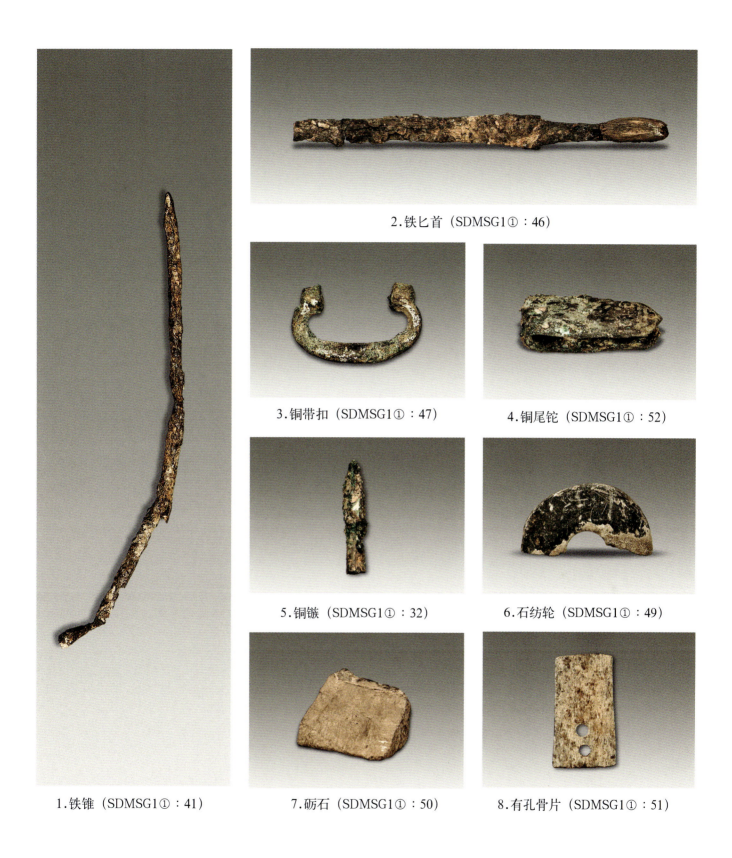

2.铁匕首（SDMSG1①：46）

3.铜带扣（SDMSG1①：47）

4.铜尾铊（SDMSG1①：52）

5.铜镞（SDMSG1①：32）

6.石纺轮（SDMSG1①：49）

1.铁锥（SDMSG1①：41）

7.砺石（SDMSG1①：50）

8.有孔骨片（SDMSG1①：51）

彩版六三　东门址排水沟出土器物

2.铁甲片
（SDMSG1②：26）

5.铁甲片　（SDMSG1③：6）

1.A型Ⅰ式镞
（SDMSG1②：25）

3.器帽
（SDMSG1②：27）

4.A型Ⅰ式镞
（SDMSG1③：5）

6.火镰（SDMSG1③：7）

7.削（SDMSG1②：28）

8.剪刀（SDMSG1②：29）

彩版六四　东门址排水沟出土铁器

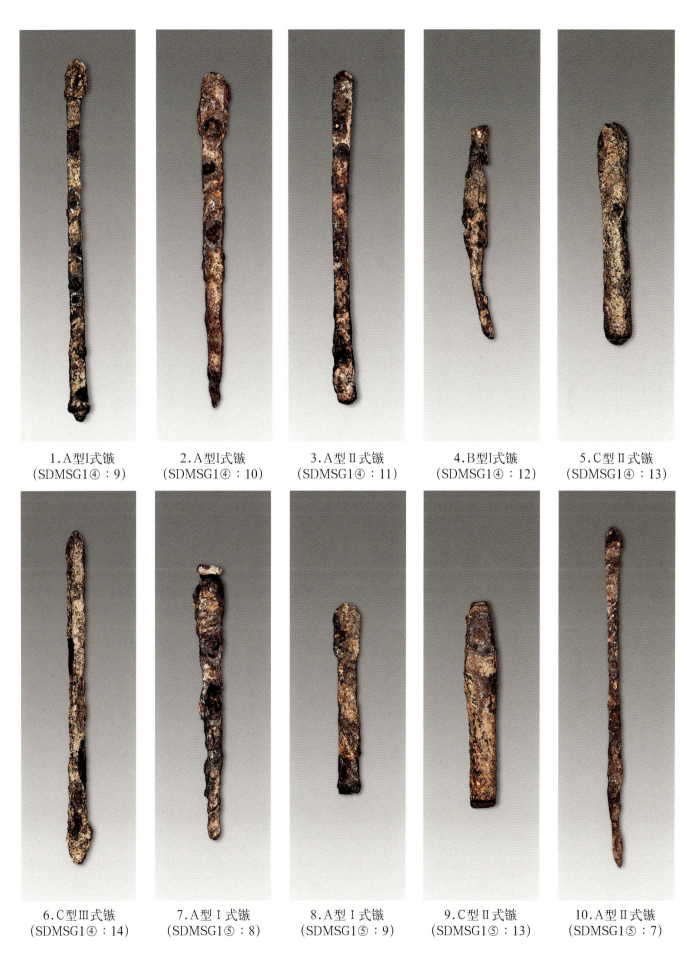

1. A型I式镞
(SDMSG1④∶9)

2. A型I式镞
(SDMSG1④∶10)

3. A型Ⅱ式镞
(SDMSG1④∶11)

4. B型I式镞
(SDMSG1④∶12)

5. C型Ⅱ式镞
(SDMSG1④∶13)

6. C型Ⅲ式镞
(SDMSG1④∶14)

7. A型Ⅰ式镞
(SDMSG1⑤∶8)

8. A型Ⅰ式镞
(SDMSG1⑤∶9)

9. C型Ⅱ式镞
(SDMSG1⑤∶13)

10. A型Ⅱ式镞
(SDMSG1⑤∶7)

彩版六五　东门址排水沟出土铁器

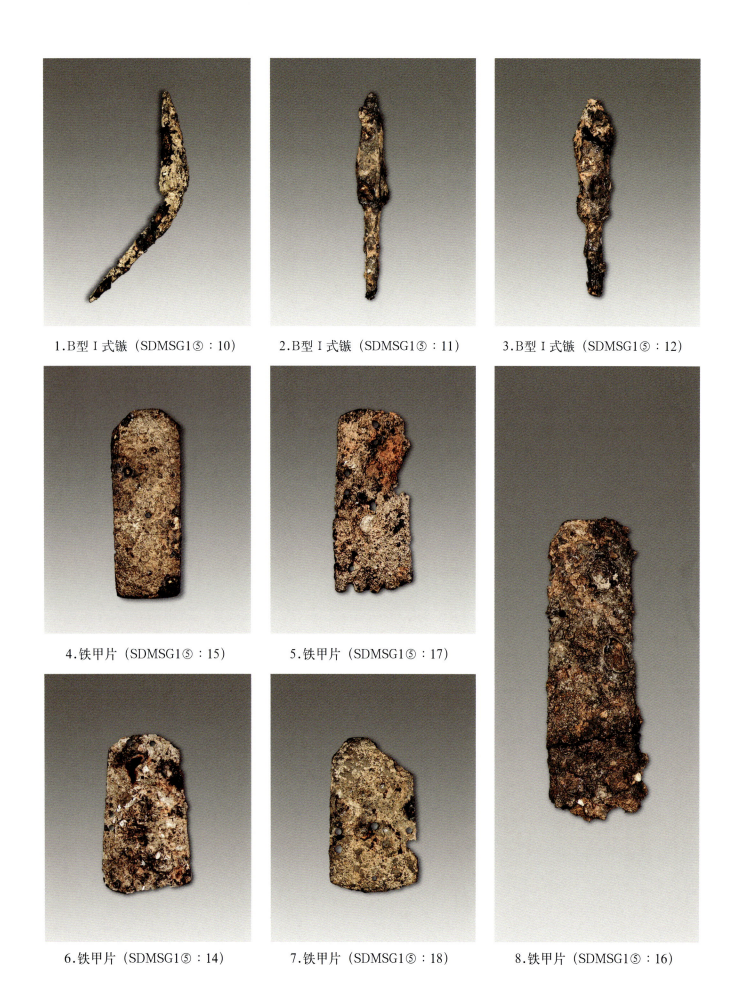

1.B型Ⅰ式镞（SDMSG1⑤：10）　　2.B型Ⅰ式镞（SDMSG1⑤：11）　　3.B型Ⅰ式镞（SDMSG1⑤：12）

4.铁甲片（SDMSG1⑤：15）　　5.铁甲片（SDMSG1⑤：17）

6.铁甲片（SDMSG1⑤：14）　　7.铁甲片（SDMSG1⑤：18）　　8.铁甲片（SDMSG1⑤：16）

彩版六六　东门址排水沟出土铁器

1. "天"字陶器底（SDMh：6）

2. C型Ⅰ式陶罐（SDMJ：4）

3. 北门址出土錾点加工的楔形石

4. 曲尺形石右变行

5. 曲尺形石左变行

6. 墙面石变行接筑结构

彩版六七　东门址出土器物及城墙砌筑工艺

1.铁岭横道子乡武家沟采石厂

2.采石厂玄武岩废弃料

彩版六八　山城石料采石场

1.圆弧形（97QG：37）

2.圆弧形（97QG：6）

3.圆弧形（97QG：26）

4.圆弧形（97QG：5）

5.圆弧形（97QG：14）

6.圆弧形（97QG：8）

7.坡顶形（97QG：18）

8.坡顶形（97QG：23）

彩版六九　山城出土双槽石

1.坡顶形（97QG：16）

2.坡顶形（97QG：3）

3.坡顶形（97QG：7）

4.坡顶形（97QG：11）

5.扁平形（97QG：34）

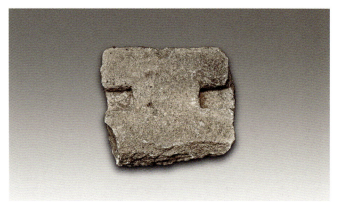

6.扁平形（97QG：2）

7.扁平形（97QG：29）

8.扁平形（97QG：10）

彩版七〇　山城出土双槽石

1.扁平形（97QG：19）

2.梯形（97QG：38）

3.梯形（97QG：4）

4.梯形（97QG：22）

5.梯形（97QG：17）

6.梯形（97QG：20）

7.梯形（97QG：24）

8.梯形（97QG：32）

彩版七一　山城出土双槽石

1.钵底（SIH38：3）

2.盏（SIH43：3）

3.器足（SIT105②：7）

4.器足（SIT105②：3）

5.纺轮（SIT101②：59）

6.纺轮（SⅡTG1：14）

彩版七二　山城出土一期陶器

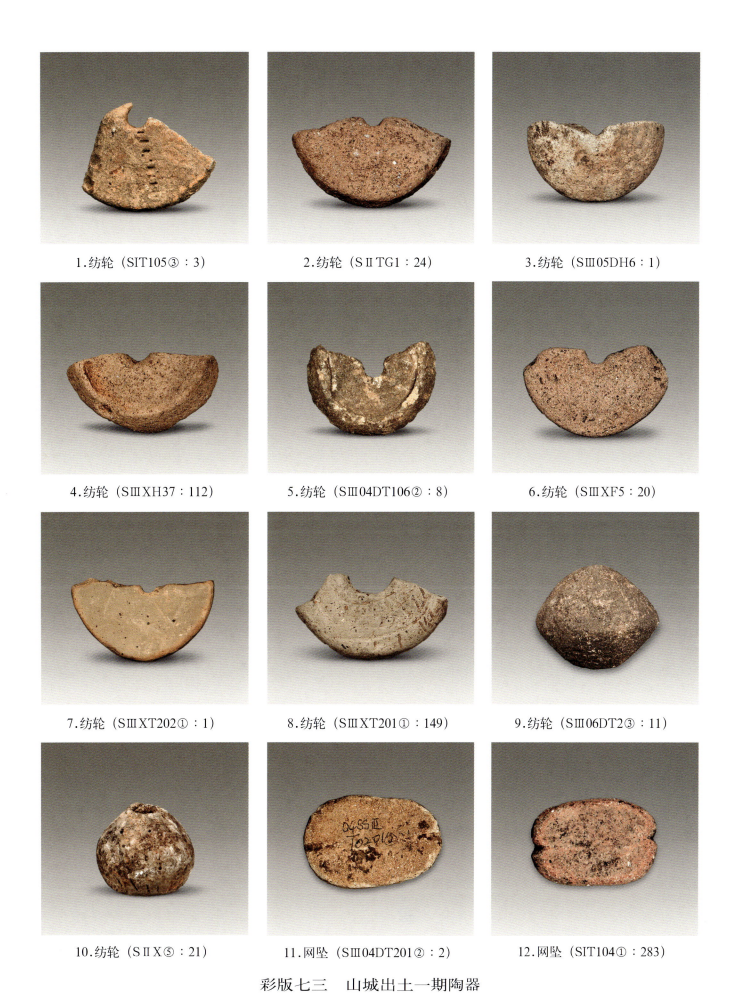

1.纺轮（SIT105③：3）　　　2.纺轮（SⅡTG1：24）　　　3.纺轮（SⅢ05DH6：1）

4.纺轮（SⅢXH37：112）　　5.纺轮（SⅢ04DT106②：8）　　6.纺轮（SⅢXF5：20）

7.纺轮（SⅢXT202①：1）　　8.纺轮（SⅢXT201①：149）　　9.纺轮（SⅢ06DT2③：11）

10.纺轮（SⅡX⑤：21）　　11.网坠（SⅢ04DT201②：2）　　12.网坠（SIT104①：283）

彩版七三　山城出土一期陶器

1.刀（SIHG1：269）

2.刀（SIH57：50）

3.刀（SⅢXF1：22）

4.刀（SIH71：57）

5.刀（SIT105②：55）

6.刀（SⅢ02DT3⑤：67）

7.刀（SⅢ02DT1⑤：11）

8.镞
（SⅢ04DT203③：8）

9.镞
（SⅢXT202②：3）

10.石料
（SⅢXH33：44）

彩版七四　山城出土一期石器

1.石斧（SⅢ05DF4：1）　　　　2.石斧（SⅢ05DF4：4）　　　　3.石斧（SIH43：4）

4.石斧（SⅢ04DT104②：6）　　5.石斧（SⅢ04DT203②：5）　　6.石斧（SDMSG1：44）

彩版七五　山城出土一期石器

1.斧（SDMSGl：8）　　　　2.斧（SIF10：108）　　　　3.斧（SⅡX⑤：4）

4.斧（SIT201②：10）　　5.斧（SⅢ04DT304②：2）　　6.斧（SⅢ05DH15：6）

7.斧（SⅢ04DT403②：2）　　8.球（SIT001②：1）　　9.敲砸器（SIH2：1）

彩版七六　山城出土一期石器

1.A型Ⅰ式陶钵（SIT201①：8）

2.B型Ⅰ式陶盘（SIT105①：10）

3.陶纺轮（SIT001①：144）

4.陶纺轮（SIT105①：8）

5.铜穿挂件（SIT102①：137）

6.角柄（SIT201①：12）

7.骨锥（SIT101①：51）

彩版七七　山城出土二期器物

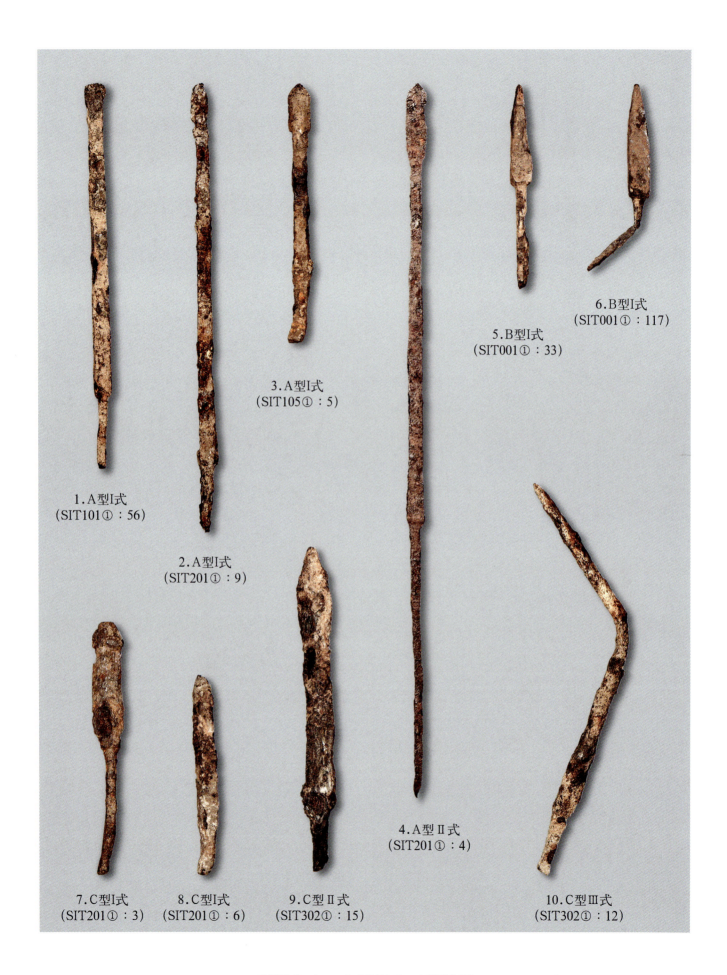

1.A型I式
(SIT101①：56)

2.A型I式
(SIT201①：9)

3.A型I式
(SIT105①：5)

4.A型II式
(SIT201①：4)

5.B型I式
(SIT001①：33)

6.B型I式
(SIT001①：117)

7.C型I式
(SIT201①：3)

8.C型I式
(SIT201①：6)

9.C型II式
(SIT302①：15)

10.C型III式
(SIT302①：12)

彩版七八　山城出土二期铁镞

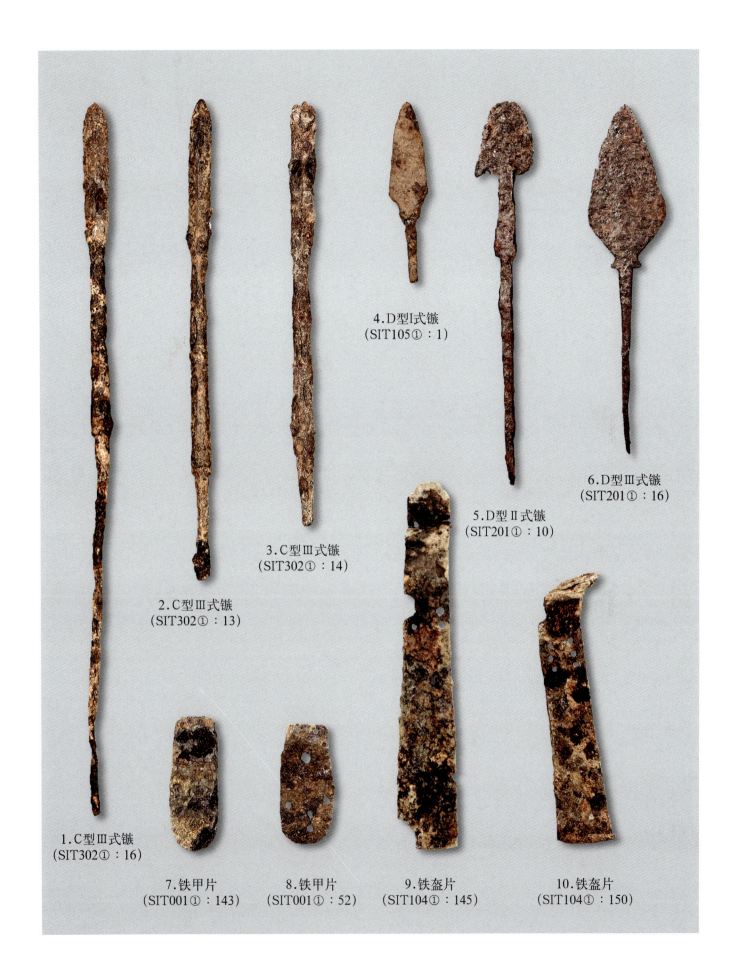

4.D型I式镞
(SIT105①：1)

6.D型Ⅲ式镞
(SIT201①：16)

5.D型Ⅱ式镞
(SIT201①：10)

3.C型Ⅲ式镞
(SIT302①：14)

2.C型Ⅲ式镞
(SIT302①：13)

1.C型Ⅲ式镞
(SIT302①：16)

7.铁甲片
(SIT001①：143)

8.铁甲片
(SIT001①：52)

9.铁盔片
(SIT104①：145)

10.铁盔片
(SIT104①：150)

彩版七九　山城出土二期铁器

1.铁甲片（SIT104①：182）

2.铁甲片（SIT104①：149）

3.铁甲片（SIT001①：141）

4.钻（SIT001①：1）

5.挖勺（SIT105①：10）

6.带扣（SIT105①：4）

7.环（SIT105①：5）

8.环（SIT105①：8）

9.椭圆形片（SIT105①：2）

10.带扣托盘
（SIT104①：246）

11.削（SIT104①：67）

12.削（SIT001①：159）

13.削（SIT302①：11）

14.器帽（SIT302①：4）

15.带扣（SIT302①：1）

16.带扣（SIT303①：2）

彩版八〇　山城出土二期铁器

1.A型Ⅰ式瓮 （SI06T4②：5）

2.A型Ⅰ式壶 （SIT302②：1）

3.B型Ⅰ式盆 （SIT102②：267）

4.A型Ⅰ式盘 （SIT104②：18）

5.A型Ⅰ式盘 （SIT105②：260）

6.A型Ⅱ式盘 （SIT105②：265）

7.A型Ⅲ式盘 （SIT105②：145）

彩版八一　山城出土二期陶器

1. A型Ⅴ式盘（SIT104②：150）

2. A型Ⅴ式盘（SIT105②：7）

3. B型Ⅱ式盘（SIT001②：263）

4. 有孔盘（SIT105②：151）

5. 盏（SIT101②：259）

6. 盏（SIT103②：146）

7. 釉陶盏（SIT104②：147）

8. Ⅰ式陶碗（SIT201②：2）

彩版八二　山城出土二期陶器

1.纺轮（SI06T3②：1）正面　　2.纺轮（SI06T3②：1）背面　　3.纺轮（SI06T3②：3）

4.纺轮（SIT103②：152）　　5.纺轮（SIT105北扩②：66）　　6.圆片（SIT302②：1）

7.圆片（SIT302②：2）　　8.圆片（SI06T3②：2）　　9.网坠（SIT303②：2）

彩版八三　山城出土二期陶器

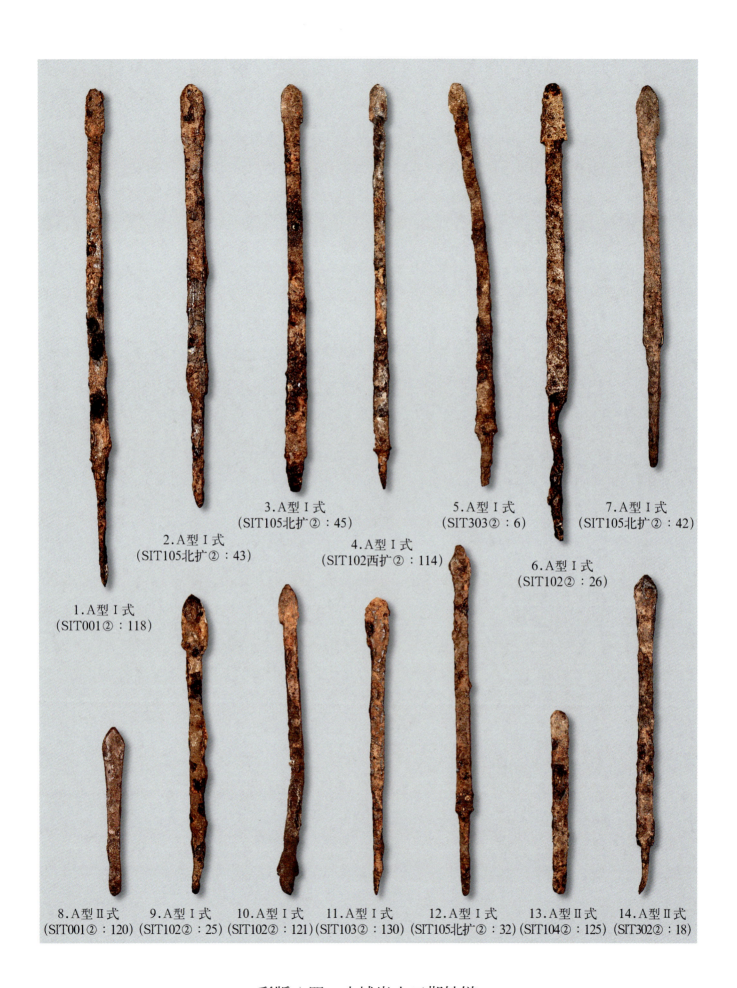

3. A型Ⅰ式
(SIT105北扩②：45)

2. A型Ⅰ式
(SIT105北扩②：43)

5. A型Ⅰ式
(SIT303②：6)

7. A型Ⅰ式
(SIT105北扩②：42)

4. A型Ⅰ式
(SIT102西扩②：114)

6. A型Ⅰ式
(SIT102②：26)

1. A型Ⅰ式
(SIT001②：118)

8. A型Ⅱ式   9. A型Ⅰ式   10. A型Ⅰ式   11. A型Ⅰ式   12. A型Ⅰ式   13. A型Ⅱ式   14. A型Ⅱ式
(SIT001②：120) (SIT102②：25) (SIT102②：121) (SIT103②：130) (SIT105北扩②：32) (SIT104②：125) (SIT302②：18)

彩版八四　山城出土二期铁镞

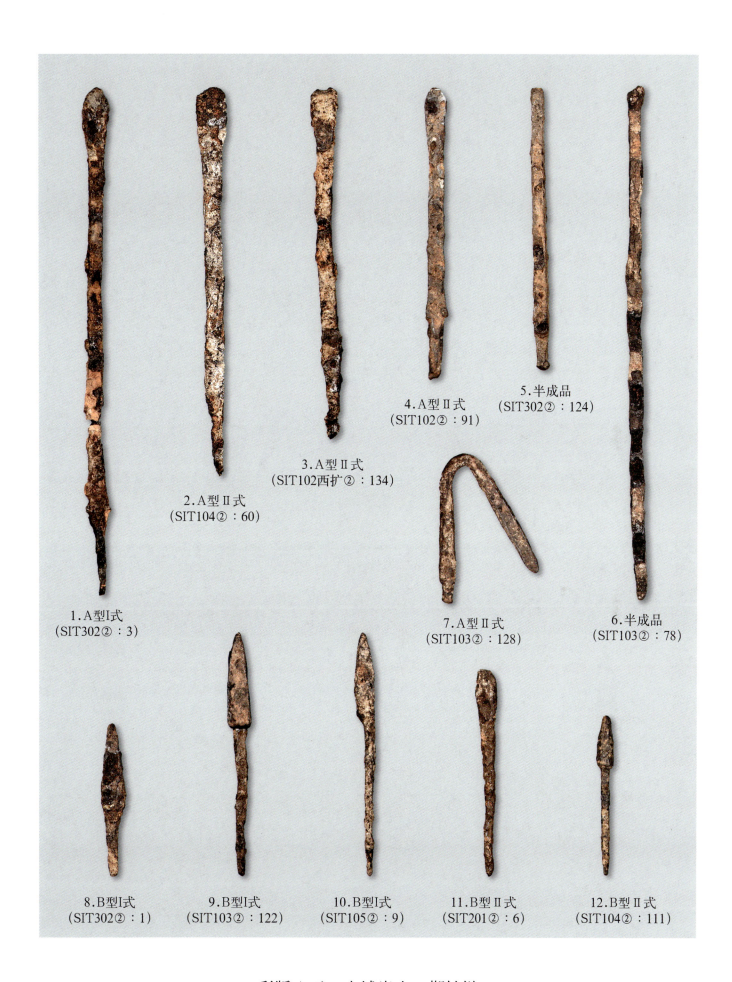

4.A型Ⅱ式
(SIT102②：91)

5.半成品
(SIT302②：124)

3.A型Ⅱ式
(SIT102西扩②：134)

2.A型Ⅱ式
(SIT104②：60)

7.A型Ⅱ式
(SIT103②：128)

6.半成品
(SIT103②：78)

1.A型I式
(SIT302②：3)

8.B型I式
(SIT302②：1)

9.B型I式
(SIT103②：122)

10.B型I式
(SIT105②：9)

11.B型Ⅱ式
(SIT201②：6)

12.B型Ⅱ式
(SIT104②：111)

彩版八五　山城出土二期铁镞

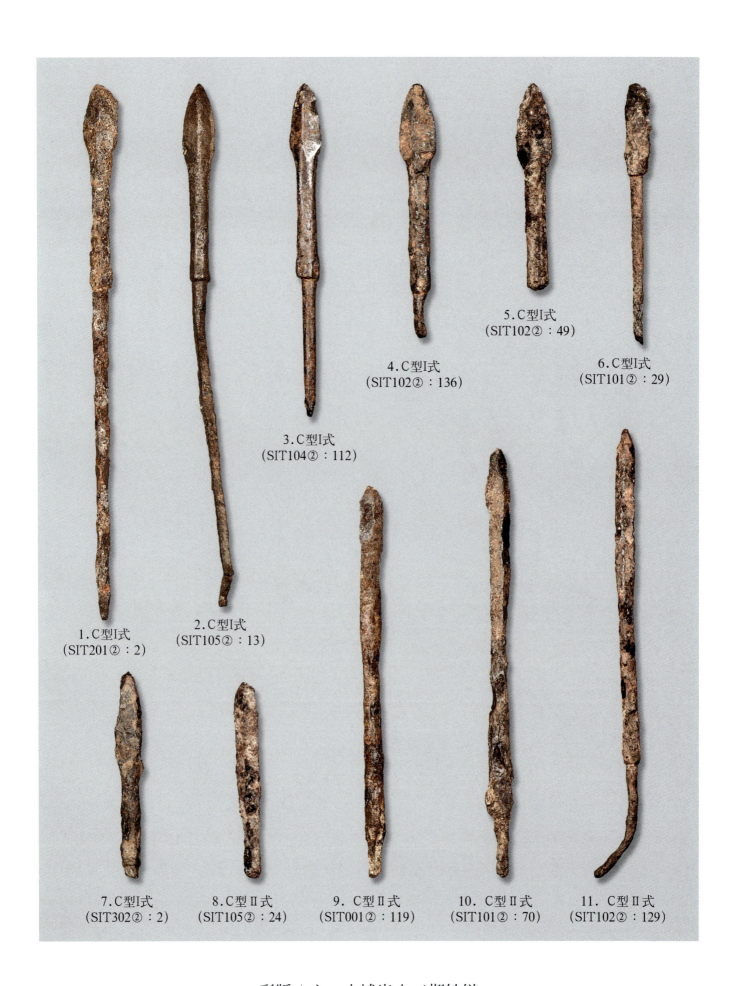

5. C型I式
(SIT102② : 49)

4. C型I式
(SIT102② : 136)

6. C型I式
(SIT101② : 29)

3. C型I式
(SIT104② : 112)

1. C型I式
(SIT201② : 2)

2. C型I式
(SIT105② : 13)

7. C型I式
(SIT302② : 2)

8. C型II式
(SIT105② : 24)

9. C型II式
(SIT001② : 119)

10. C型II式
(SIT101② : 70)

11. C型II式
(SIT102② : 129)

彩版八六　山城出土二期铁镞

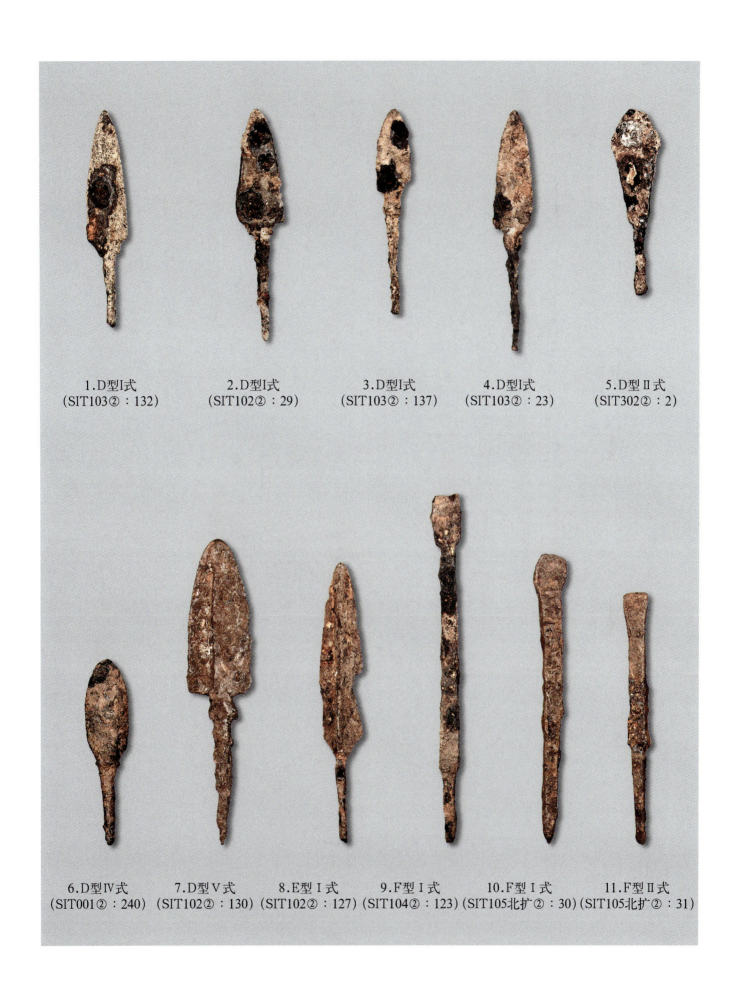

1.D型I式　　　　2.D型I式　　　　3.D型I式　　　　4.D型I式　　　　5.D型II式
（SIT103②：132）　（SIT102②：29）　（SIT103②：137）　（SIT103②：23）　（SIT302②：2）

6.D型IV式　　　　7.D型V式　　　　8.E型I式　　　　9.F型I式　　　10.F型I式　　　　11.F型II式
（SIT001②：240）　（SIT102②：130）（SIT102②：127）（SIT104②：123）（SIT105北扩②：30）（SIT105北扩②：31）

彩版八七　山城出土二期铁镞

1.舌形（SIT105②：226）　　2.舌形（SIT105②：227）　　3.舌形（SIT104②：154）　　4.舌形（SIT104②：155）

5.条形（SIT104②：161）　　6.条形（SIT104②：162）　　7.条形（SIT104②：187）　　8.条形（SIT104②：186）

9.舌形（SI06T3②：7）　　10.梯形（SIT104②：189）　　11.梯形（SIT104②：190）　　12.梯形（SIT001②：253）

彩版八八　山城出土二期铁甲片

1.椭圆形铁甲片（SI06T3②：6）

2.椭圆形铁甲片（SIT104②：1）

3.长方形铁甲片（SIT102②：62）

4.长椭圆形铁甲片（SIT104②：229）

5.长方形铁甲片（SIT104②：195）

6.不规则扇形铁甲片（SIT303②：20）

7.铁盔片（SIT105②：2）

彩版八九　山城出土二期铁器

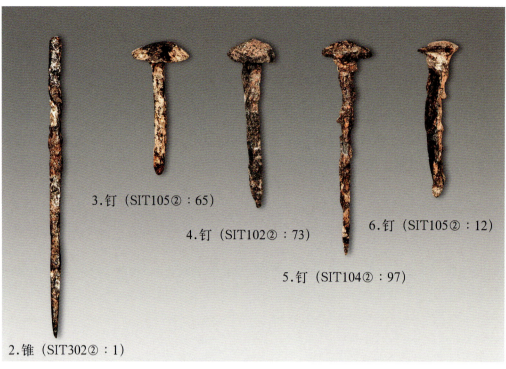

3.钉（SIT105②：65）

4.钉（SIT102②：73）

6.钉（SIT105②：12）

5.钉（SIT104②：97）

2.锥（SIT302②：1）

1.锥（SIT103②：135）

7.有齿轮形器（SIT105北扩②：17）

8.带扣（SIT201②：3）

9.带扣（SIT302②：1）

10.带扣（SIT102②：85）

11.带扣（SIT105②：85）

彩版九〇　山城出土二期铁器

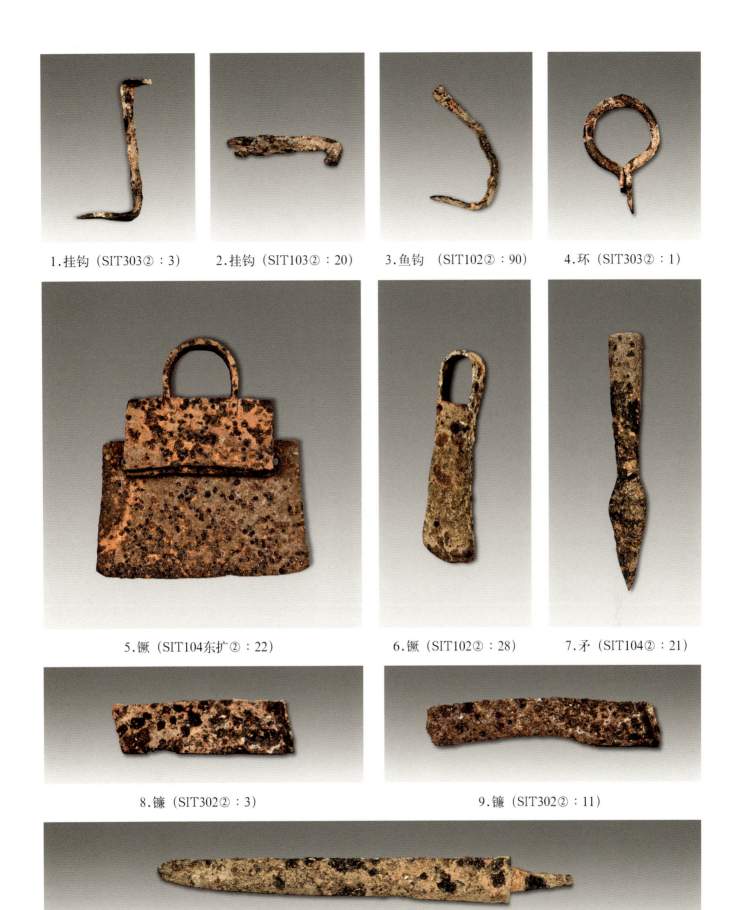

1.挂钩（SIT303②：3）　　2.挂钩（SIT103②：20）　　3.鱼钩（SIT102②：90）　　4.环（SIT303②：1）

5.镢（SIT104东扩②：22）　　6.镢（SIT102②：28）　　7.矛（SIT104②：21）

8.镰（SIT302②：3）　　　　　　9.镰（SIT302②：11）

10.短刀（SIT105②：154）

彩版九一　山城出土二期铁器

1.削（SIT102②：92）

2.削（SIT104②：161）

3.削（SIT101②：157）

4.削（SIT102②：116）

5.销（SIT102②：87）

6.刮刀（SIT201②：9）

7.环（SIT101②：88）

8.连杆套件（SIT102②：163）

彩版九二　山城出土二期铁器

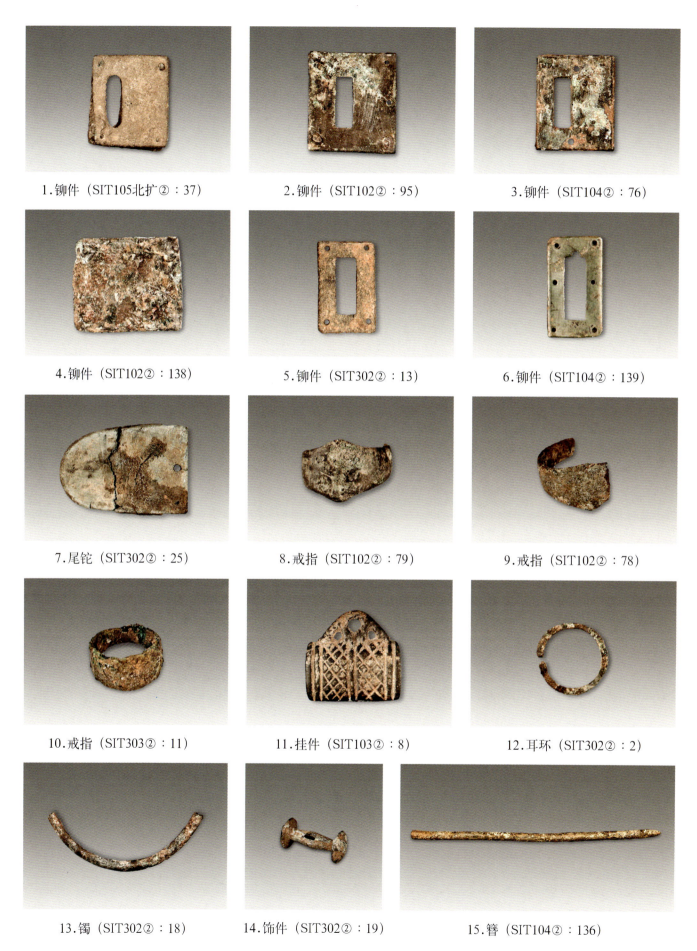

1.铆件（SIT105北扩②：37）　　　2.铆件（SIT102②：95）　　　3.铆件（SIT104②：76）

4.铆件（SIT102②：138）　　　5.铆件（SIT302②：13）　　　6.铆件（SIT104②：139）

7.尾铊（SIT302②：25）　　　8.戒指（SIT102②：79）　　　9.戒指（SIT102②：78）

10.戒指（SIT303②：11）　　　11.挂件（SIT103②：8）　　　12.耳环（SIT302②：2）

13.镯（SIT302②：18）　　　14.饰件（SIT302②：19）　　　15.簪（SIT104②：136）

彩版九三　山城出土二期铜器

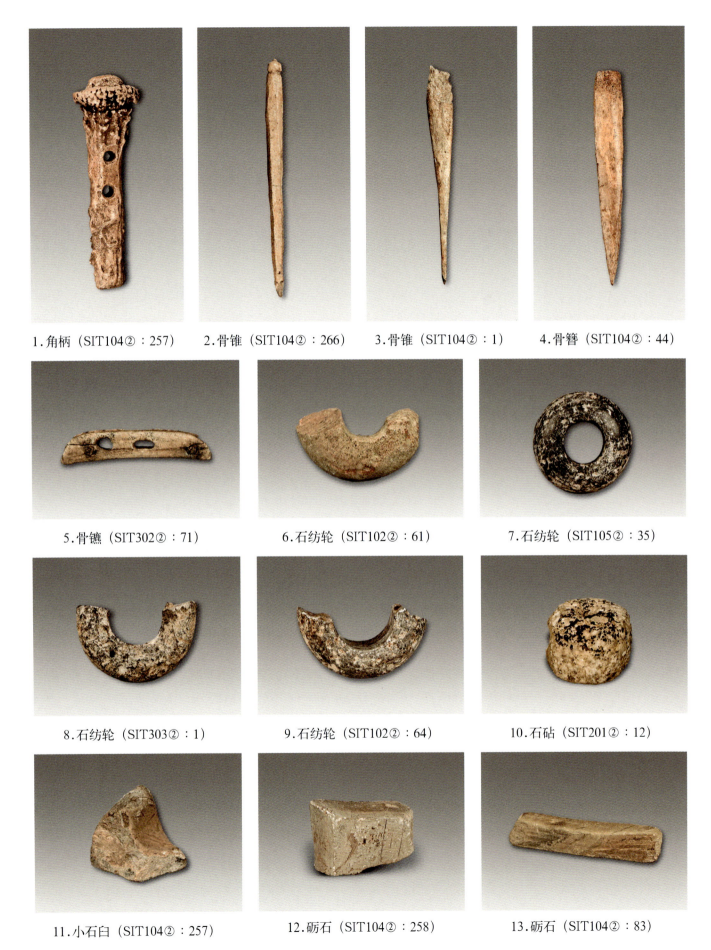

1.角柄（SIT104②：257）　　2.骨锥（SIT104②：266）　　3.骨锥（SIT104②：1）　　4.骨簪（SIT104②：44）

5.骨镞（SIT302②：71）　　6.石纺轮（SIT102②：61）　　7.石纺轮（SIT105②：35）

8.石纺轮（SIT303②：1）　　9.石纺轮（SIT102②：64）　　10.石砧（SIT201②：12）

11.小石臼（SIT104②：257）　　12.砺石（SIT104②：258）　　13.砺石（SIT104②：83）

彩版九四　山城出土二期器物

1.陶盏（SⅡTG2①：3）

2.Ⅱ式陶碗（SⅡTG2①：5）

3.陶盅（SⅡTG2①：6）

4.陶纺轮（SⅡTG2①：7）

5.陶纺轮（SⅡTG2①：8）

6.陶纺轮（SⅡTG2①：9）

7.圆陶片（SⅡT1①：11）

8.陶纺轮（SⅡT3①：10）

9.A型I式铁镞
（SⅡTG①：12）

10.A型I式铁镞
（SⅡTG①：13）

11.A型Ⅱ式铁镞
（SⅡTG①：14）

彩版九五　山城出土二期器物

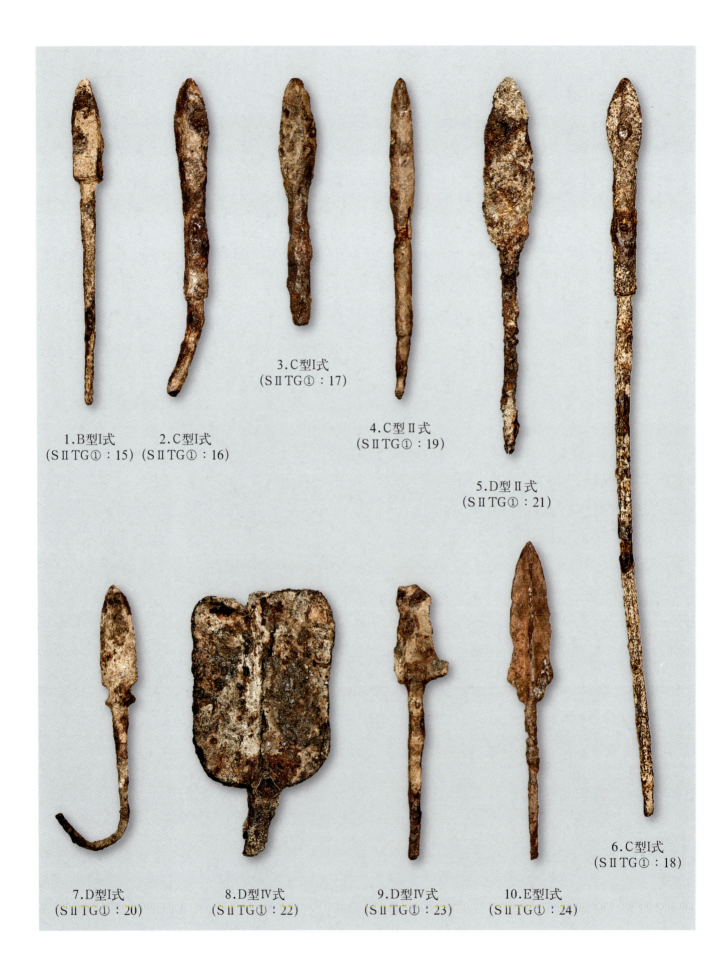

3.C型I式
(SⅡTG①：17)

1.B型I式
(SⅡTG①：15)

2.C型I式
(SⅡTG①：16)

4.C型Ⅱ式
(SⅡTG①：19)

5.D型Ⅱ式
(SⅡTG①：21)

6.C型I式
(SⅡTG①：18)

7.D型I式
(SⅡTG①：20)

8.D型Ⅳ式
(SⅡTG①：22)

9.D型Ⅳ式
(SⅡTG①：23)

10.E型I式
(SⅡTG①：24)

彩版九六　山城出土二期铁镞

1.F型Ⅰ式镞
(SⅡTG①：25)

2.F型Ⅱ式镞
(SⅡTG①：26)

3.F型Ⅱ式镞
(SⅡTG①：27)

4.铁甲片
(SⅡTG①：28)

5.铁甲片
(SⅡTG①：29)

6.铁甲片
(SⅡTG①：33)

7.铁甲片
(SⅡTG①：31)

8.铁甲片
(SⅡTG①：30)

9.铁甲片
(SⅡTG①：32)

10.穿鼻
(SⅡTG①：37)

11.削 (SⅡTG①：36)

12.铆件 (SⅡTG①：35)

13.鱼钩 (SⅡTG①：38)

14.盔片 (SⅡTG①：34)

彩版九七　山城出土二期铁器

1.铁门簪钉（SⅡX①：39）

2.铁凿（SⅡT3②：41）

3.铁门簪钉（SⅡX①：40）

4.石杵（SⅡTG①：42）

5.石纺轮（SⅡTG①：43）

6.石纺轮（SⅡTG①：44）

彩版九八　山城出土二期器物

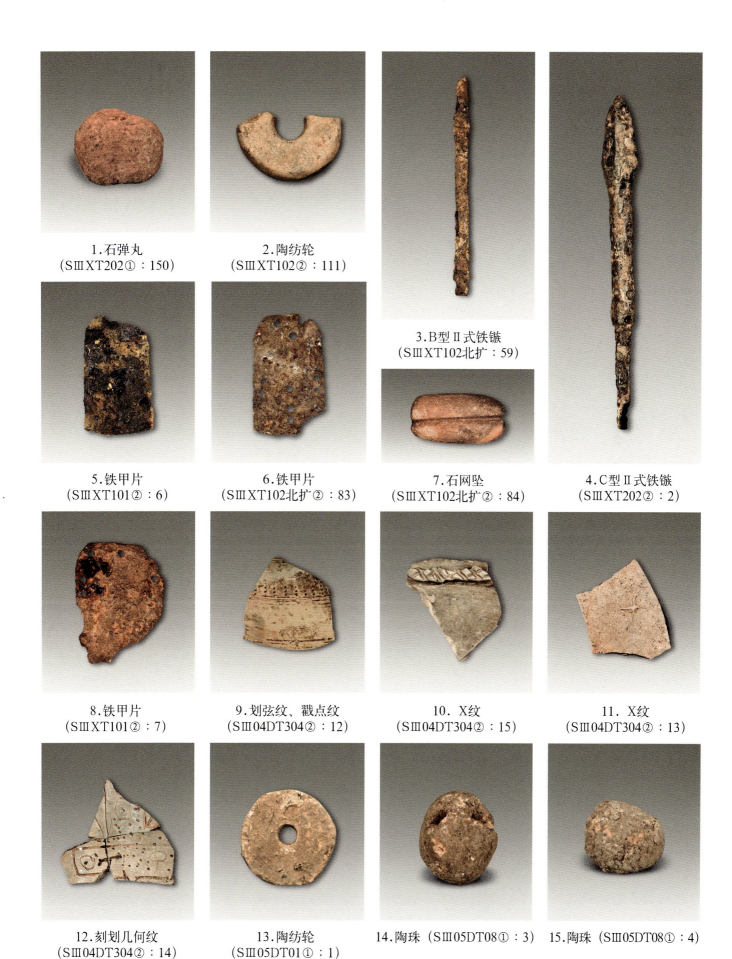

1.石弹丸
(SⅢXT202①：150)

2.陶纺轮
(SⅢXT102②：111)

3.B型Ⅱ式铁镞
(SⅢXT102北扩：59)

5.铁甲片
(SⅢXT101②：6)

6.铁甲片
(SⅢXT102北扩②：83)

7.石网坠
(SⅢXT102北扩②：84)

4.C型Ⅱ式铁镞
(SⅢXT202②：2)

8.铁甲片
(SⅢXT101②：7)

9.划弦纹、戳点纹
(SⅢ04DT304②：12)

10. X纹
(SⅢ04DT304②：15)

11. X纹
(SⅢ04DT304②：13)

12.刻划几何纹
(SⅢ04DT304②：14)

13.陶纺轮
(SⅢ05DT01①：1)

14.陶珠（SⅢ05DT08①：3）

15.陶珠（SⅢ05DT08①：4）

彩版九九　山城出土二期器物

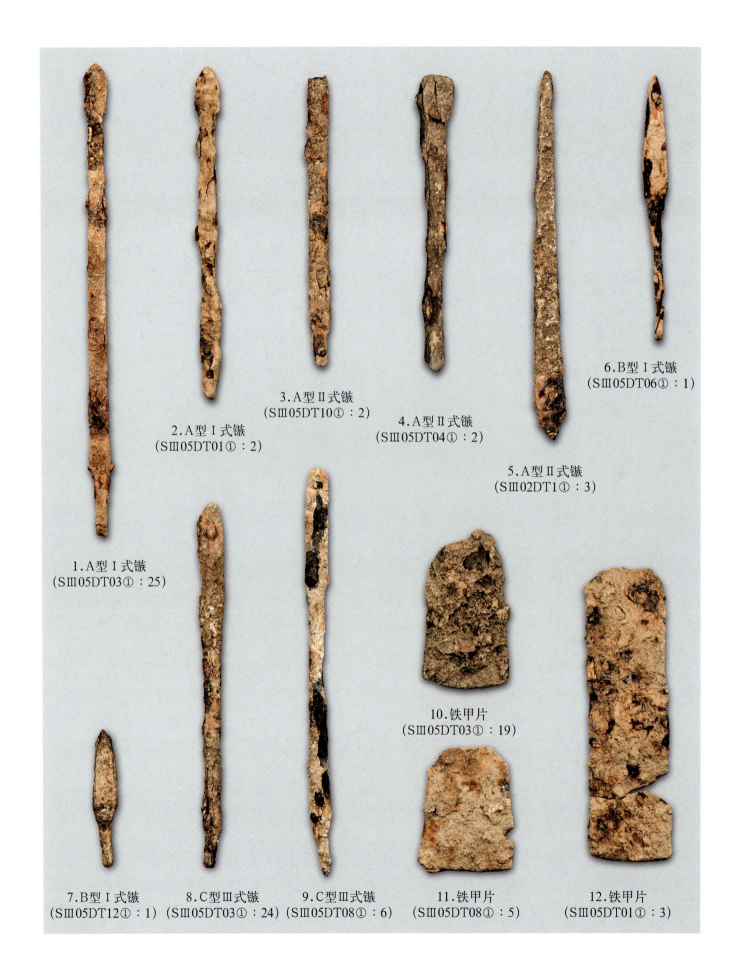

3.A型Ⅱ式镞
（SⅢ05DT10①∶2）

2.A型Ⅰ式镞
（SⅢ05DT01①∶2）

4.A型Ⅱ式镞
（SⅢ05DT04①∶2）

6.B型Ⅰ式镞
（SⅢ05DT06①∶1）

5.A型Ⅱ式镞
（SⅢ02DT1①∶3）

1.A型Ⅰ式镞
（SⅢ05DT03①∶25）

10.铁甲片
（SⅢ05DT03①∶19）

7.B型Ⅰ式镞
（SⅢ05DT12①∶1）

8.C型Ⅲ式镞
（SⅢ05DT03①∶24）

9.C型Ⅲ式镞
（SⅢ05DT08①∶6）

11.铁甲片
（SⅢ05DT08①∶5）

12.铁甲片
（SⅢ05DT01①∶3）

彩版一〇〇　山城出土二期铁器

1.SⅢ05DT13①：2   2.SⅢ05DT03①：4   3.SⅢ05DT03①：17   4.SⅢ05DT03①：11

5.SⅢ05DT03①：3   6.SⅢ05DT03①：12   7.SⅢ05DT03①：8

8.SⅢ05DT03①：2   9.SⅢ05DT03①：14

彩版一〇一　　山城出土二期铁甲片

1.铁马镳（SⅢ05DT13①：1）

2.铁带扣（SⅢ05DT15①：1）

3.铁门枢（SⅢ05DT10①：1）

4.铁铲（SⅢ05DT14①：1）

5.B型Ⅰ式陶盆（SⅢ04DT104②：8）

6.B型Ⅰ式陶盆（SⅢ04DT104②：7）

7.陶器盖（SⅢ04DT503②：5）

8.A型Ⅰ式陶盘（SⅢ04DT203②：11）

9.陶网坠（SⅢ04DT604②：1）

10.陶丸（SⅢ04DT503②：5）

彩版一〇二　山城出土二期器物

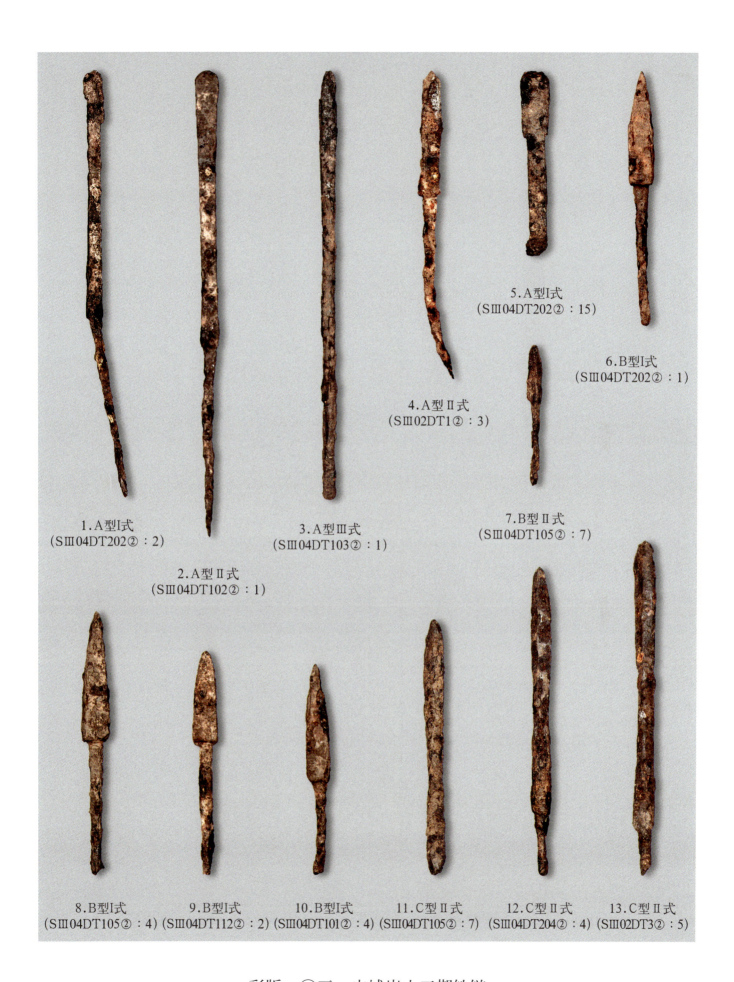

5.A型I式
(SⅢ04DT202②：15)

6.B型I式
(SⅢ04DT202②：1)

4.A型Ⅱ式
(SⅢ02DT1②：3)

7.B型Ⅱ式
(SⅢ04DT105②：7)

1.A型I式
(SⅢ04DT202②：2)

3.A型Ⅲ式
(SⅢ04DT103②：1)

2.A型Ⅱ式
(SⅢ04DT102②：1)

8.B型I式
(SⅢ04DT105②：4)

9.B型I式
(SⅢ04DT112②：2)

10.B型I式
(SⅢ04DT101②：4)

11.C型Ⅱ式
(SⅢ04DT105②：7)

12.C型Ⅱ式
(SⅢ04DT204②：4)

13.C型Ⅱ式
(SⅢ02DT3②：5)

彩版一○三　山城出土二期铁镞

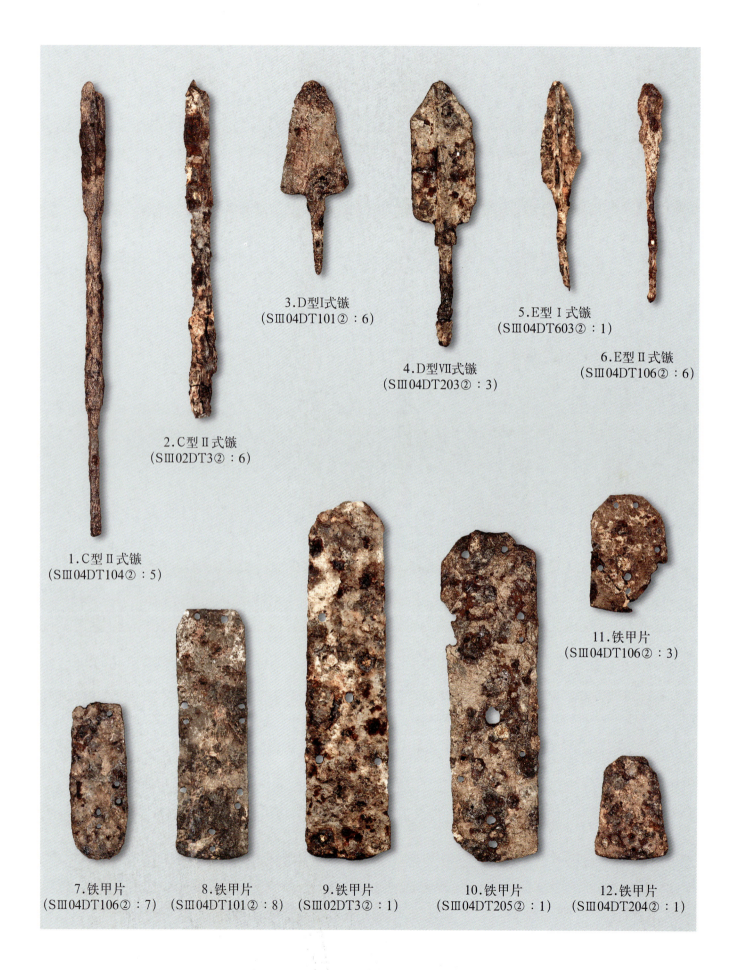

3.D型I式镞
(SⅢ04DT101②：6)

5.E型Ⅰ式镞
(SⅢ04DT603②：1)

6.E型Ⅱ式镞
(SⅢ04DT106②：6)

4.D型Ⅶ式镞
(SⅢ04DT203②：3)

2.C型Ⅱ式镞
(SⅢ02DT3②：6)

1.C型Ⅱ式镞
(SⅢ04DT104②：5)

11.铁甲片
(SⅢ04DT106②：3)

7.铁甲片
(SⅢ04DT106②：7)

8.铁甲片
(SⅢ04DT101②：8)

9.铁甲片
(SⅢ02DT3②：1)

10.铁甲片
(SⅢ04DT205②：1)

12.铁甲片
(SⅢ04DT204②：1)

彩版一〇四　山城出土二期铁器

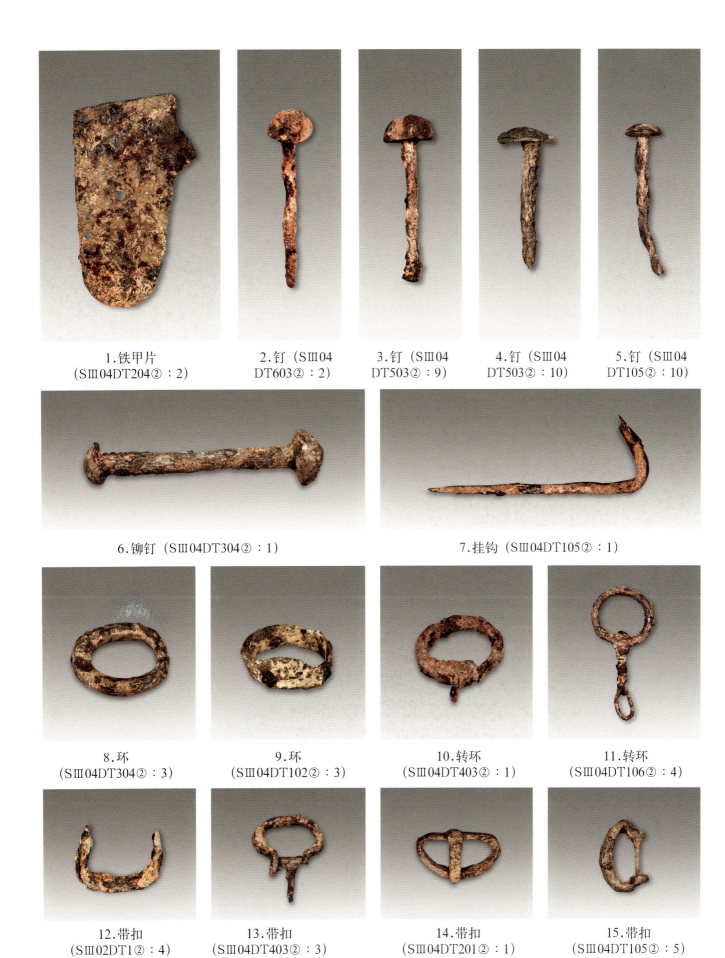

1.铁甲片
(SⅢ04DT204②：2)

2.钉（SⅢ04
DT603②：2）

3.钉（SⅢ04
DT503②：9）

4.钉（SⅢ04
DT503②：10）

5.钉（SⅢ04
DT105②：10）

6.铆钉（SⅢ04DT304②：1）

7.挂钩（SⅢ04DT105②：1）

8.环
(SⅢ04DT304②：3)

9.环
(SⅢ04DT102②：3)

10.转环
(SⅢ04DT403②：1)

11.转环
(SⅢ04DT106②：4)

12.带扣
(SⅢ02DT1②：4)

13.带扣
(SⅢ04DT403②：3)

14.带扣
(SⅢ04DT201②：1)

15.带扣
(SⅢ04DT105②：5)

彩版一〇五　山城出土二期铁器

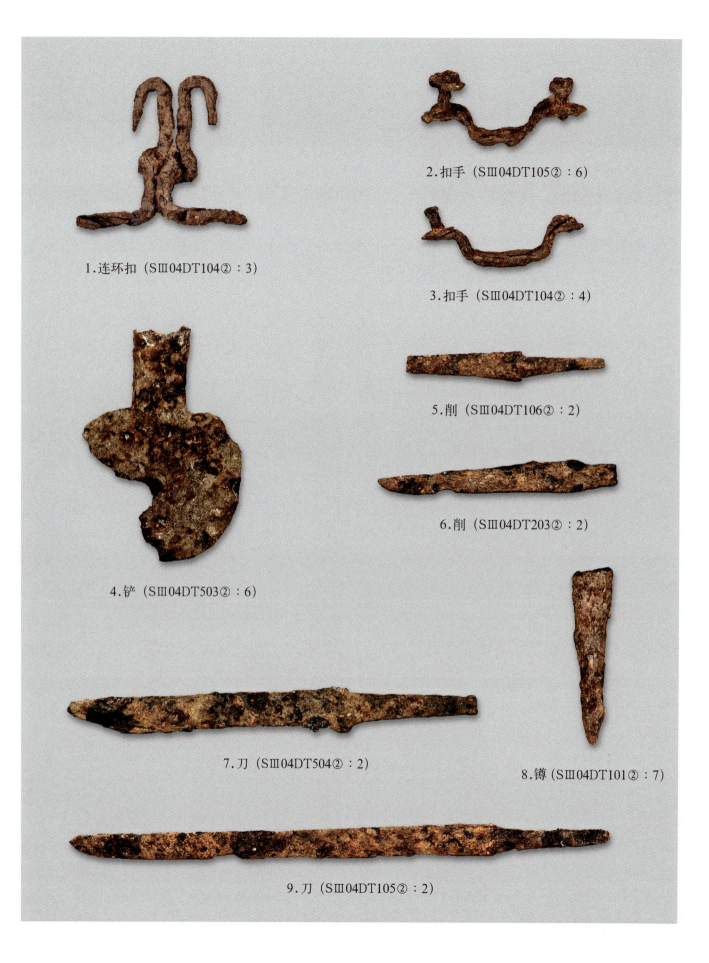

1.连环扣（SⅢ04DT104②：3）

2.扣手（SⅢ04DT105②：6）

3.扣手（SⅢ04DT104②：4）

5.削（SⅢ04DT106②：2）

6.削（SⅢ04DT203②：2）

4.铲（SⅢ04DT503②：6）

7.刀（SⅢ04DT504②：2）

8.镈（SⅢ04DT101②：7）

9.刀（SⅢ04DT105②：2）

1.铁釜残片（SⅢ04DT106②：1）

2.铜泡（SⅢ04DT503②：2）

3.铜环
（SⅢ04DT503②：11）

4.铜耳饰
（SⅢ04DT105②：11）

5.铜带扣
（SⅢ04DT604②：2）

6.玛瑙珠
（SⅢ04DT103②：8）

7.玛瑙珠
（SⅢ04DT103②：2）

8.玛瑙珠
（SⅢ04DT103②：3）

9.石纺轮（SⅢ04DT503②：4）

10.石纺轮（SⅢ04DT101②：5）

彩版一〇七　山城出土二期器物

1.A型Ⅳ式陶瓮（SⅢ04DT103③：1）

2.A型Ⅳ式陶瓮（SⅢ04DT103③：2）

3.A型Ⅰ式陶钵（SⅢ04DT203③：10）

4.A型Ⅱ式陶钵（SⅢ04DT105③：3）

5.A型Ⅰ式铁镢（SⅢ04DT603③：3）

6.A型Ⅰ式铁镢（SⅢ02DT1③：1）

彩版一〇八　山城出土二期器物

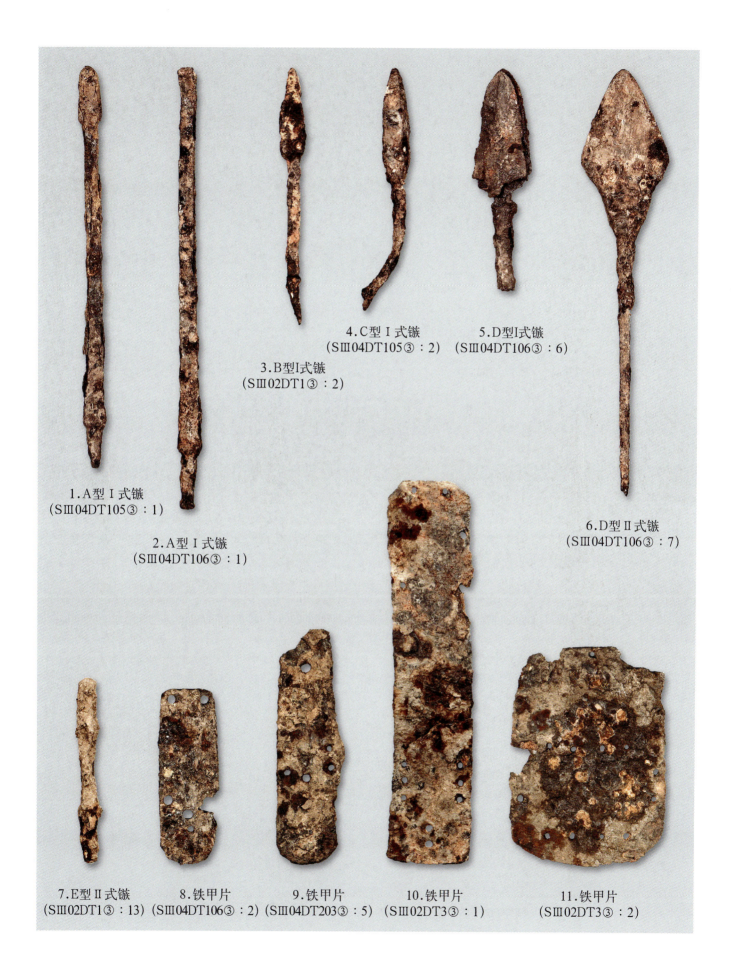

1.A型Ⅰ式镞
(SⅢ04DT105③：1)

2.A型Ⅰ式镞
(SⅢ04DT106③：1)

3.B型Ⅰ式镞
(SⅢ02DT1③：2)

4.C型Ⅰ式镞
(SⅢ04DT105③：2)

5.D型Ⅰ式镞
(SⅢ04DT106③：6)

6.D型Ⅱ式镞
(SⅢ04DT106③：7)

7.E型Ⅱ式镞
(SⅢ02DT1③：13)

8.铁甲片
(SⅢ04DT106③：2)

9.铁甲片
(SⅢ04DT203③：5)

10.铁甲片
(SⅢ02DT3③：1)

11.铁甲片
(SⅢ02DT3③：2)

彩版一○九　山城出土二期铁器

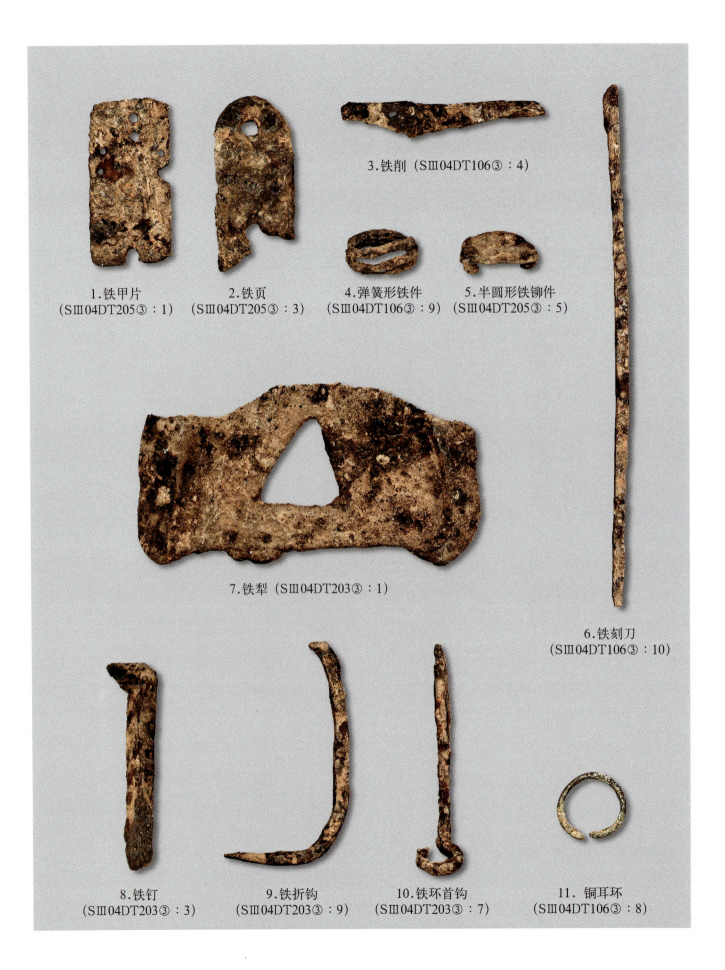

3.铁削（SⅢ04DT106③：4）

1.铁甲片　　　2.铁页　　　4.弹簧形铁件　　5.半圆形铁铆件
（SⅢ04DT205③：1）　（SⅢ04DT205③：3）　（SⅢ04DT106③：9）　（SⅢ04DT205③：5）

7.铁犁（SⅢ04DT203③：1）

6.铁刻刀
（SⅢ04DT106③：10）

8.铁钉　　　9.铁折钩　　　10.铁环首钩　　　11.铜耳环
（SⅢ04DT203③：3）　（SⅢ04DT203③：9）　（SⅢ04DT203③：7）　（SⅢ04DT106③：8）

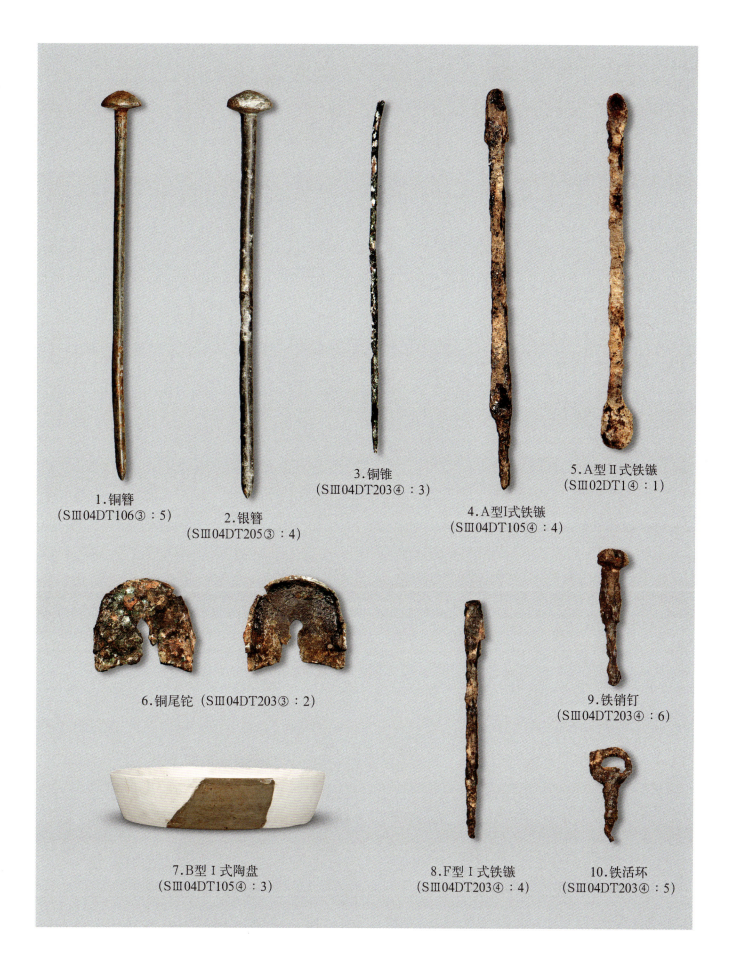

1.铜簪
（SⅢ04DT106③：5）

2.银簪
（SⅢ04DT205③：4）

3.铜锥
（SⅢ04DT203④：3）

4.A型I式铁镞
（SⅢ04DT105④：4）

5.A型Ⅱ式铁镞
（SⅢ02DT1④：1）

6.铜尾铊（SⅢ04DT203③：2）

7.B型I式陶盘
（SⅢ04DT105④：3）

8.F型I式铁镞
（SⅢ04DT203④：4）

9.铁销钉
（SⅢ04DT203④：6）

10.铁活环
（SⅢ04DT203④：5）

2.铁挂钩（SⅢ04DT105④：1）

3.铁锥形器（SⅢ04DT105④：3）

1.铁矛（SⅢ02DT1④：7）　　　　4.铜簪（SⅢ02DT1④：2）　　　　5.铜镯（SⅢ04DT203④：2）

6.骨纺轮（SⅢ04DT203④：7）

7.骨纺轮（SⅢ04DT203④：8）

彩版一一二　山城出土二期器物

1.C型Ⅰ式盆（SⅢ02DT3⑤：63）

2.A型Ⅳ式盘（SⅢ02DT3⑤：65）

3.C型Ⅱ式釉陶壶（SⅢ02DT1⑤：19）

4.B型Ⅲ式盘（SⅢ02DT3⑤：64）

5.器盖（SⅢ02DT1⑤：34）

6.圆片（SⅢ02DT1⑤：63）

7.圆片（SⅢ02DT1⑤：39）

8.圆片（SⅢ02DT1⑤：66）

9.圆片（SⅢ02DT1⑤：64）

10.圆片（SⅢ02DT1⑤：65）

彩版一一三　山城出土二期陶器

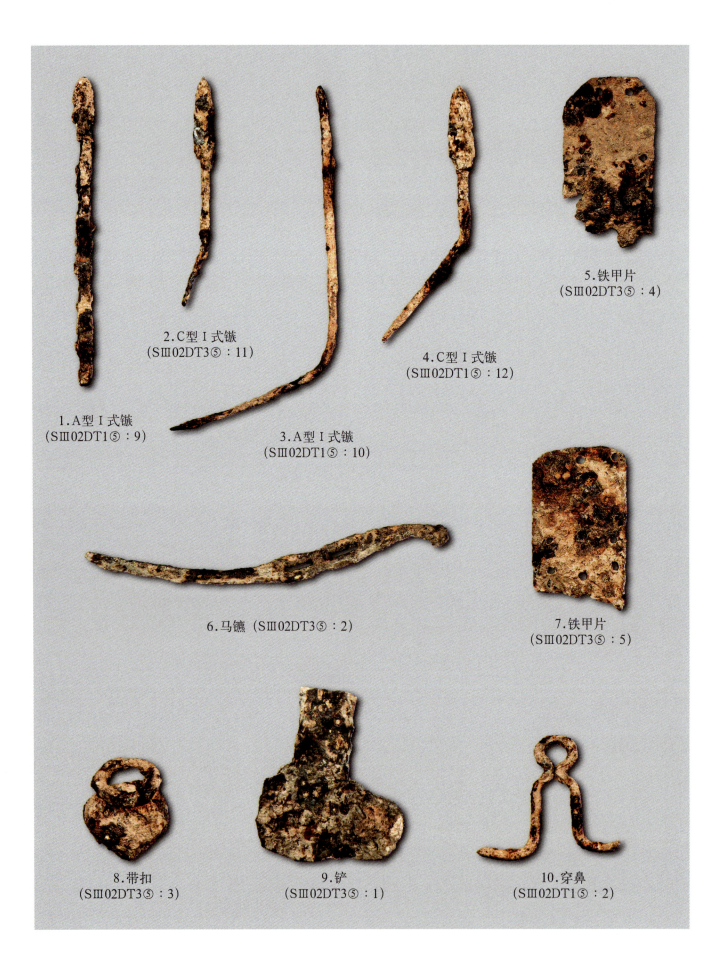

2.C型Ⅰ式镞
(SⅢ02DT3⑤：11)

5.铁甲片
(SⅢ02DT3⑤：4)

4.C型Ⅰ式镞
(SⅢ02DT1⑤：12)

1.A型Ⅰ式镞
(SⅢ02DT1⑤：9)

3.A型Ⅰ式镞
(SⅢ02DT1⑤：10)

6.马镳 (SⅢ02DT3⑤：2)

7.铁甲片
(SⅢ02DT3⑤：5)

8.带扣
(SⅢ02DT3⑤：3)

9.铲
(SⅢ02DT3⑤：1)

10.穿鼻
(SⅢ02DT1⑤：2)

彩版一一四　山城出土二期铁器

1.铜戒指（SⅢ02DT1⑤：12）

2.包铜木器（SⅢ02DT1⑤：20）

3.铜环（SⅢ02DT1⑤：6）

4.石纺轮（SⅢ02DT1⑤：62）

5.石纺轮（SⅢ02DT1⑤：62-1）

6.石坠（SⅢ02DT3⑤：12）

7.有窝石器（SⅢ02DT1⑤：22）正面

8.有窝石器（SⅢ02DT1⑤：22）背面

9.五铢钱（SⅢ02DT1⑤：5）

10.钱币（SⅢ02DT1⑤：70）

彩版一一五　山城出土二期器物

1.石臼（SⅡX⑤：10）

2.石臼（SⅢ05DT02②：2）

3.石臼（SⅡTG②：19）

4.瞭望台址

彩版一一六　山城出土二期石臼及瞭望台址

1. SⅡ区石筑址建筑址全景（由西向东）

2. SⅡ区1号建筑址（由东北向西南）

彩版一一七　SⅡ区石筑址建筑址

彩版一一八　SⅡ区1号建筑址东壁基础局部

1.SⅡ区1号建筑址主体与北墙砌筑结构

2.SⅡ区1号建筑址坡道墙（由北向南）

彩版一一九　SⅡ区1号建筑址

1. 2号建筑址内部砌筑结构

2. 2号建筑址底部铺石结构细部

彩版一二〇　SⅡ区2号建筑址

1. A型Ⅴ式罐（SⅡX⑤：2）

2.壶（SⅡX⑤：4）

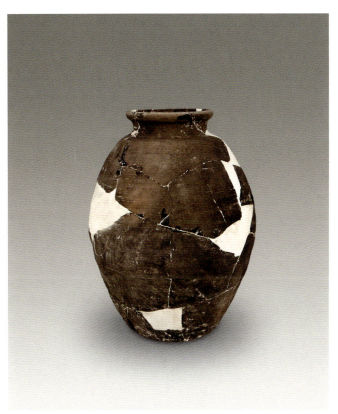

3.A型Ⅳ式罐（SⅡX⑤：3）

4. A型Ⅲ式盘（SⅡX①：2）

5.A型Ⅳ式盘（SⅡX①：1）

6.球（SⅡX⑤：24）

7.纺轮（SⅡX⑤：16）

8.网坠（SⅡX⑤：1）

彩版一二一　2号建筑址出土陶器

1.陶弹丸（SⅡX⑤：6）　　　　2.圆陶片（SⅡX⑤：7）　　　　3.圆陶片（SⅡX⑤：10）

4.A型Ⅱ式铁镞　　　　5.B型Ⅰ式铁镞　　　　6.铁甲片　　　　7.铁甲片（SⅡX①：29）
　（SⅡX⑥：9）　　　　　（SXⅡ⑥：8）　　　　（SⅡX⑤：11）

8.铁甲片（SⅡX⑤：30）

彩版一二二　2号建筑址出土器物

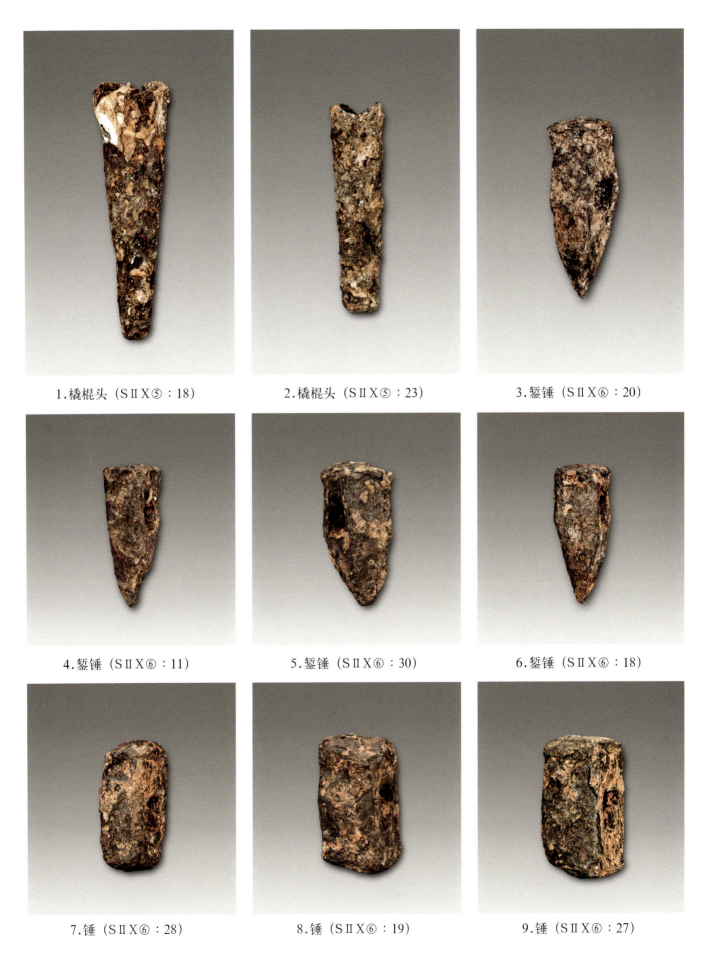

1.橇棍头（SⅡX⑤：18）　　　　2.橇棍头（SⅡX⑤：23）　　　　3.錾锤（SⅡX⑥：20）

4.錾锤（SⅡX⑥：11）　　　　5.錾锤（SⅡX⑥：30）　　　　6.錾锤（SⅡX⑥：18）

7.锤（SⅡX⑥：28）　　　　8.锤（SⅡX⑥：19）　　　　9.锤（SⅡX⑥：27）

彩版一二三　　2号建筑址出土铁器

1.铁釜（SⅡX⑤：5）

2.铁车辖（SⅡX⑤：9）

3.铁铆件（SⅡX⑥：13）

5.铁马镳（SⅡX⑤：8）

4.铁提梁罐（SⅡX⑤：19）

6.小石臼（SⅡX⑤：12）

7.小石臼　（SⅡX⑤：15）

彩版一二四　2号建筑址出土器物

1.小石臼（SⅡX⑤：21）　　　　2.小石臼（SⅡX⑤：17）　　　　3.石环（SⅡX⑤：14）

4.石臼（SⅡ采：10）　　　　　　　5.石臼（SⅡ采：11）

6.石臼（SⅡ采：12）　　　　　　　7.石砧（SⅠ采：13）

彩版一二五　　2号建筑址出土石器及采集石器

1. SIF1全景（东南向西北）

2.SIF2全景（西北向东南）

彩版一二六　SIF1、SIF2全景

1.陶钵（SIF1∶1）内碳化谷物

2.A型Ⅲ式陶钵（SIF1∶1）

3.A型Ⅵ式陶罐（SIF2∶17）

4.B型Ⅱ式陶盘（SIF2∶4）

彩版一二七　SIF1、SIF2出土器物

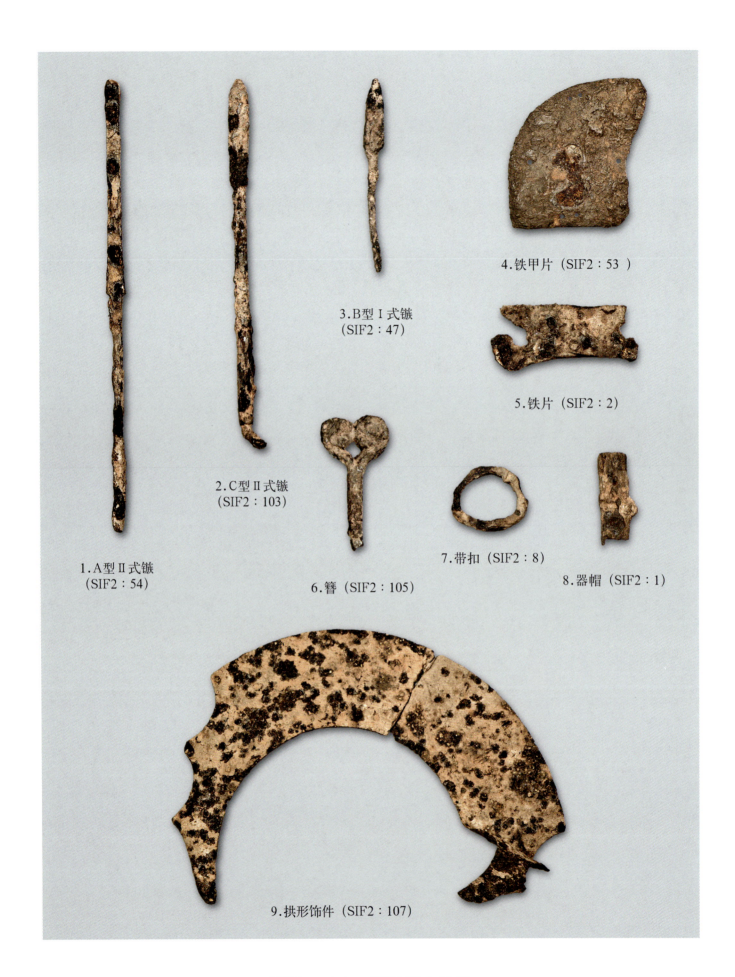

3.B型Ⅰ式镞
(SIF2：47)

4.铁甲片（SIF2：53）

5.铁片（SIF2：2）

2.C型Ⅱ式镞
(SIF2：103)

7.带扣（SIF2：8）

1.A型Ⅱ式镞
(SIF2：54)

6.簪（SIF2：105）

8.器帽（SIF2：1）

9.拱形饰件（SIF2：107）

彩版一二八　SIF2出土铁器

1. SIF3（由东向西）

2. SIF4（由东向西）

彩版一二九　SIF3、SIF4全景

1.B型Ⅰ式铁镞（SIF3:134）

2.陶纺轮（SIF3:143）

3.玉珠（SIF10:11）

4.D型Ⅵ式铁镞（SIF13:1）

5.A型Ⅰ式陶盘（SIF4:8）

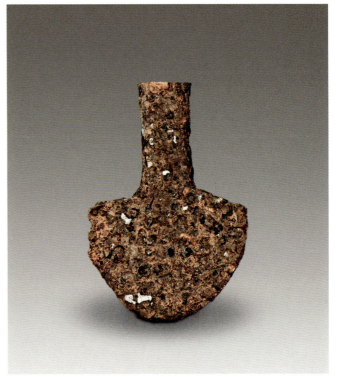

6.A型Ⅱ式陶盘（SIF4:9）

7.铁铲（SIF24:1）

彩版一三〇　SIF3出土器物

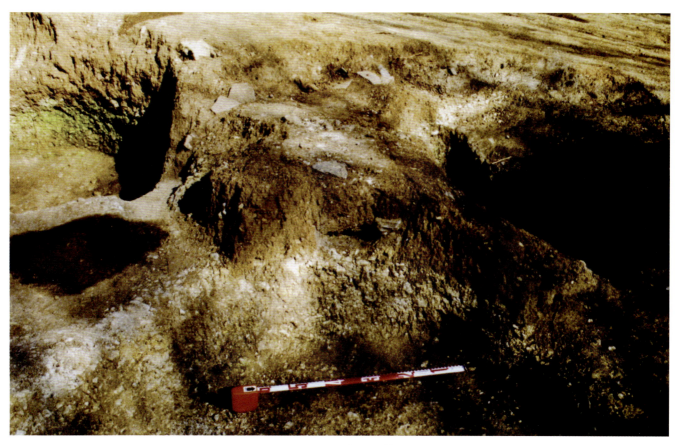

1.SIF10土洞式烟道结构

2. SIF14全景（由东向西）

彩版一三一　SIF10烟道结构、SIF14全景

1．A型Ⅳ式瓮（SIF16∶10）

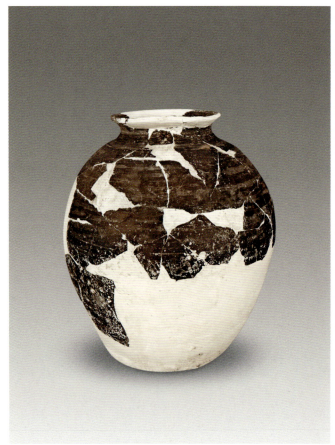

3．A型Ⅰ式罐（SIF16∶19）

2．Ⅱ式甑（SIF16∶18）

4．Ⅲ式碗（SIF21∶6）

彩版一三二　SIF16、SIF21出土陶器

1.SIF24房址上层烟道结构

2.SIF24房址下层烟道结构

彩版一三三　SIF24房址烟道结构

1．SIF25全景（由东向西）

2．A型Ⅰ式铁镞
（SIF25：2）

3．C型Ⅰ式铁镞
（SIF25：4）

4．E型Ⅰ式铁镞
（SIF25：3）

5．E型Ⅰ式铁镞
（SIF25：1）

彩版一三四　SIF25全景及出土器物

1. SⅢXF1全景（由东南向西北）

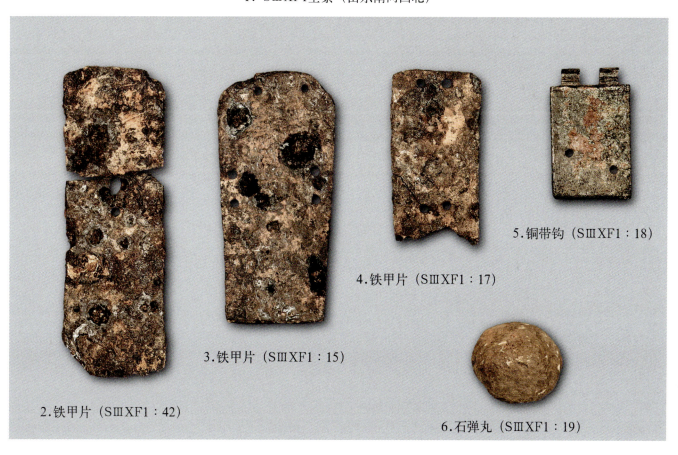

2. 铁甲片（SⅢXF1：42）

3. 铁甲片（SⅢXF1：15）

4. 铁甲片（SⅢXF1：17）

5. 铜带钩（SⅢXF1：18）

6. 石弹丸（SⅢXF1：19）

彩版一三五　SⅢXF1全景及出土器物

彩版一三六　SⅢXF2全景（由东南向西北）

1.SⅢXF3全景（由东南向西北）

3.铁削（SⅢXF3∶57）

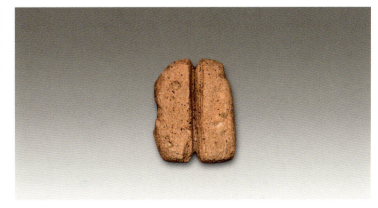

2.F型Ⅱ式铁镢（SⅢXF3∶14）

4.石网坠（SⅢXF3∶21）

彩版一三七　SⅢXF3全景及出土器物

1. SⅢ02DF1全景（由南向北）

2. SⅢ02DF1烟道（由西向东）

彩版一三八　SⅢ02DF1全景及烟道

彩版一三九　SⅢ04DF1全景（由东向西）

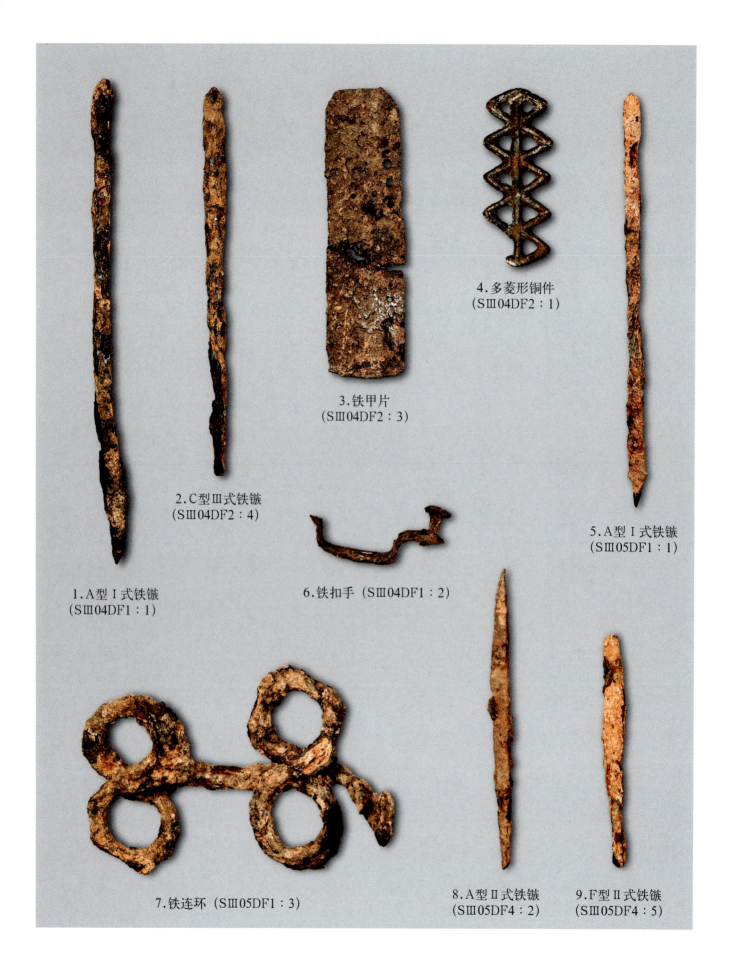

4.多菱形铜件
（SⅢ04DF2：1）

3.铁甲片
（SⅢ04DF2：3）

2.C型Ⅲ式铁镞
（SⅢ04DF2：4）

5.A型Ⅰ式铁镞
（SⅢ05DF1：1）

6.铁扣手（SⅢ04DF1：2）

1.A型Ⅰ式铁镞
（SⅢ04DF1：1）

7.铁连环（SⅢ05DF1：3）

8.A型Ⅱ式铁镞
（SⅢ05DF4：2）

9.F型Ⅱ式铁镞
（SⅢ05DF4：5）

彩版一四〇　SⅢ04DF1、SⅢ04DF2、SⅢD05F1、SⅢ05DF4出土器物

1. SⅢ05DF1全景（由北向南）

2. SⅢ05DF2全景（由北向南）

彩版一四一　SⅢ05DF1、SⅢ05DF2全景

1. SⅢ05DF3全景（由东向西）

2. SⅢ05DF4全景（由东北向西南）

彩版一四二　　SⅢ05DF3、SⅢ05DF3全景

彩版一四三　SⅢ06DBF5全景及叠压关系

1. 场景之一

2. 场景之二

彩版一四四　SⅢ06DBF3塌落抹白灰面草拌泥烧结块与烧结地面场景

1. SⅢ06DBF5（由南向北）

2. SⅢ06DBF5塌落抹白灰面草拌泥与木结构烧结堆积

彩版一四五　SⅢ06DBF5全景及局部

1. 釉陶壶（SⅢ06DBF5：21）

3. C型Ⅱ式铁镞
（SⅢ06DBF5：13）

4. 铁甲片
（SⅢ06DBF5：8）

2. A型Ⅰ式铁镞
（SⅢ06DBF5：14）

5. 铁甲片
（SⅢ06DBF5：6）

6. 铁甲片
（SⅢ06DBF5：15）

7. 铁甲片
（SⅢ06DBF5：4）

8. 铁甲片
（SⅢ06DBF5：17）

9. 铁甲片
（SⅢ06DBF5：1）

10. 铁甲片
（SⅢ06DBF5：16）

彩版一四六　SⅢ06DBF5出土器物

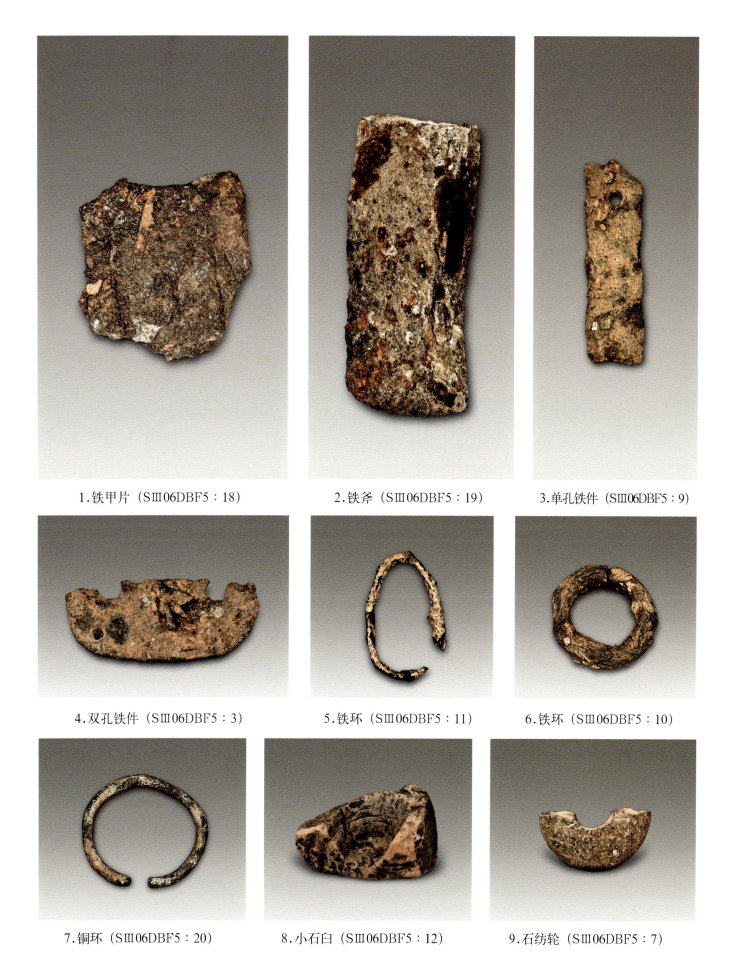

1.铁甲片（SⅢ06DBF5：18）　　　　2.铁斧（SⅢ06DBF5：19）　　　　3.单孔铁件（SⅢ06DBF5：9）

4.双孔铁件（SⅢ06DBF5：3）　　　　5.铁环（SⅢ06DBF5：11）　　　　6.铁环（SⅢ06DBF5：10）

7.铜环（SⅢ06DBF5：20）　　　　8.小石臼（SⅢ06DBF5：12）　　　　9.石纺轮（SⅢ06DBF5：7）

彩版一四七　SⅢ06DBF5出土器物

1. SⅢ06DF1全景

2. 石臼（SⅢ06DF1：2）

彩版一四八　SⅢ06DF1全景及出土石臼

1.铁带扣托盘（SIJ1：39）

2.陶甀（SIJ2：2）

3.A型Ⅰ式铁镞（SIJ2：3）

4.C型Ⅲ式铁镞（SIJ2：5）

5.D型Ⅰ式铁镞（SIJ2：4）

7.铁锥（SIJ2：8）

6.铁锥（SIJ2：7）

8.铜镯（SIJ2：6）

9.铜环（SIH1：1）

彩版一四九　SIJ1、SIJ2、SIH1出土器物

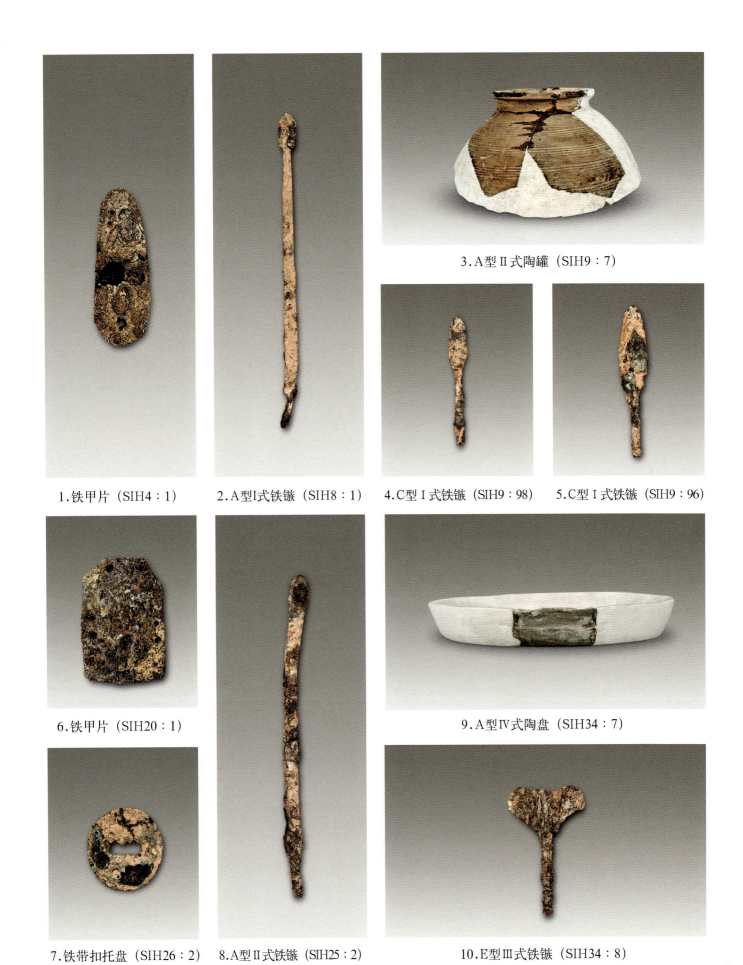

1.铁甲片（SIH4：1）　2.A型I式铁镞（SIH8：1）　4.C型Ⅰ式铁镞（SIH9：98）　5.C型Ⅰ式铁镞（SIH9：96）

3.A型Ⅱ式陶罐（SIH9：7）

6.铁甲片（SIH20：1）

9.A型Ⅳ式陶盘（SIH34：7）

7.铁带扣托盘（SIH26：2）　8.A型Ⅱ式铁镞（SIH25：2）　10.E型Ⅲ式铁镞（SIH34：8）

彩版一五〇　SIH4、SIH8、SIH9、SIH20、SIH25、SIH26、SIH34出土器物

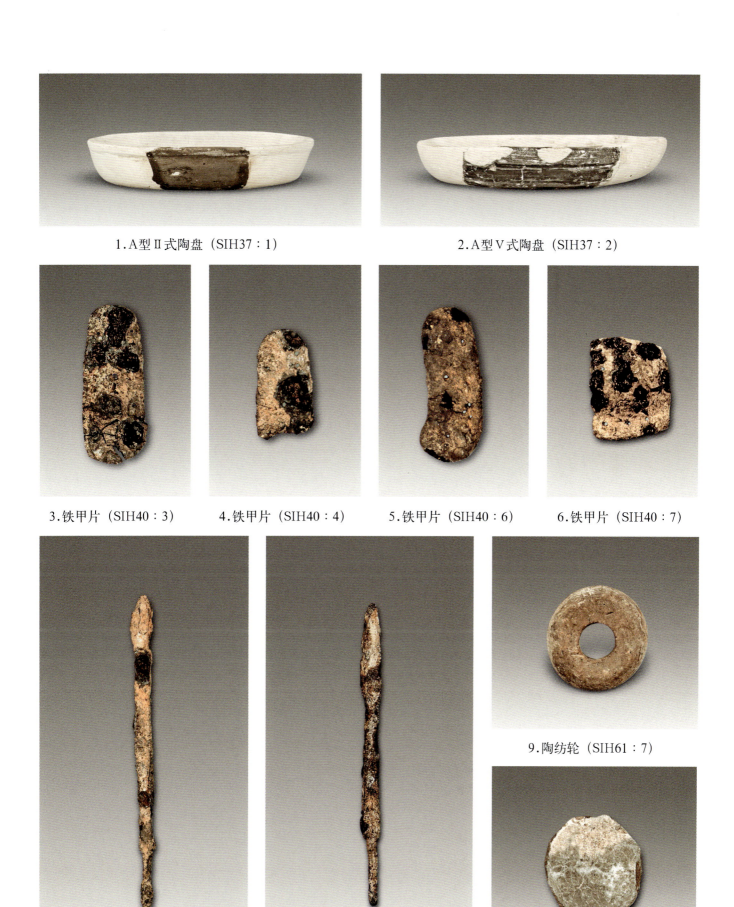

1.A型Ⅱ式陶盘（SIH37∶1）　　　　　　　　2.A型Ⅴ式陶盘（SIH37∶2）

3.铁甲片（SIH40∶3）　4.铁甲片（SIH40∶4）　5.铁甲片（SIH40∶6）　6.铁甲片（SIH40∶7）

9.陶纺轮（SIH61∶7）

7.A型Ⅰ式铁镞（SIH43∶1）　　　8.C型Ⅲ式镞（SIH61∶8）　　　10.石饼（SIH65∶1）

彩版一五一　SIH37、SIH40、SIH43出土器物

1.A型Ⅴ式罐（SIH61：13）

2.A型Ⅴ式罐（SIH61：2）

3.A型Ⅳ式盘（SIH61：3）

4.熏（SIH61：1）

5.A型Ⅴ式陶盘（SIH53：5）

6.A型Ⅱ式盘（SIH65：2）

7.A型Ⅰ式盘（SIH71：5）

8.A型Ⅰ式盘（SIH85：8）

彩版一五二　SIH53、SIH61、SIH65、SIH71出土陶器

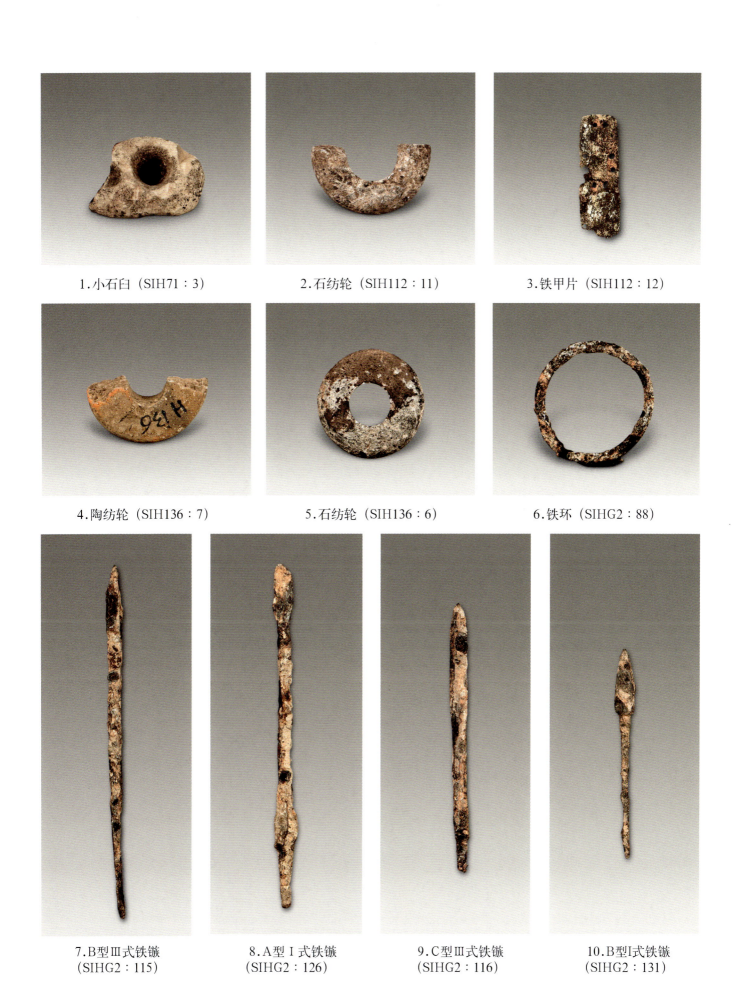

1. 小石臼 (SIH71：3)　　2. 石纺轮 (SIH112：11)　　3. 铁甲片 (SIH112：12)

4. 陶纺轮 (SIH136：7)　　5. 石纺轮 (SIH136：6)　　6. 铁环 (SIHG2：88)

7. B型Ⅲ式铁镞
(SIHG2：115)

8. A型Ⅰ式铁镞
(SIHG2：126)

9. C型Ⅲ式铁镞
(SIHG2：116)

10. B型Ⅰ式铁镞
(SIHG2：131)

彩版一五三　SIH71、SIH112、SIH136、SIHG2出土器物

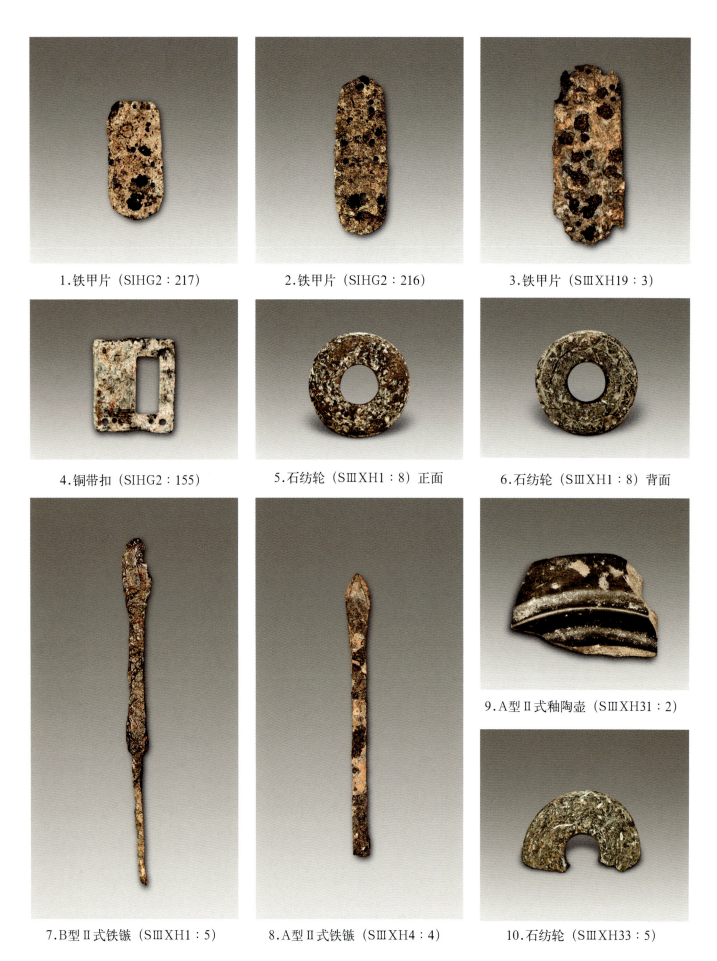

1.铁甲片（SIHG2：217） 2.铁甲片（SIHG2：216） 3.铁甲片（SⅢXH19：3）

4.铜带扣（SIHG2：155） 5.石纺轮（SⅢXH1：8）正面 6.石纺轮（SⅢXH1：8）背面

9.A型Ⅱ式釉陶壶（SⅢXH31：2）

7.B型Ⅱ式铁镞（SⅢXH1：5） 8.A型Ⅱ式铁镞（SⅢXH4：4） 10.石纺轮（SⅢXH33：5）

彩版一五四　SIHG2、SⅢXH1、SⅢXH4、SⅢXH19、SⅢXH31、SⅢXH33出土器物

1.A型Ⅰ式盘（SⅢXH4：5）

2.A型Ⅰ式盘（SⅢXH19：1）

3.B型Ⅰ式盆（SⅢXH21：3）

4.A型Ⅲ式盘（SⅢXH33：4）

5.A型Ⅰ式盆（SⅢXH36：3）

6.C型Ⅱ式盆（SⅢXH36：4）

7.Ⅰ式瓿（SⅢXH36：5）

8.C型Ⅲ式罐（SⅢXH36：6）

彩版一五五　SⅢXH4、SⅢXH19、SⅢXH21、SⅢXH33、SⅢXH36出土陶器

1. Ⅲ式钵（SⅢXH36：7）

2. Ⅲ式钵（SⅢXH36：8）

3. A型Ⅱ式盘（SⅢXH36：10）

4. A型Ⅱ式盘（SⅢXH36：11）

5. A型Ⅳ式盘（SⅢXH36：9）

6. 盏（SⅢXH36：12）

7. 釉陶盏（SⅢXH36：13）

彩版一五六　SⅢXH36出土陶器

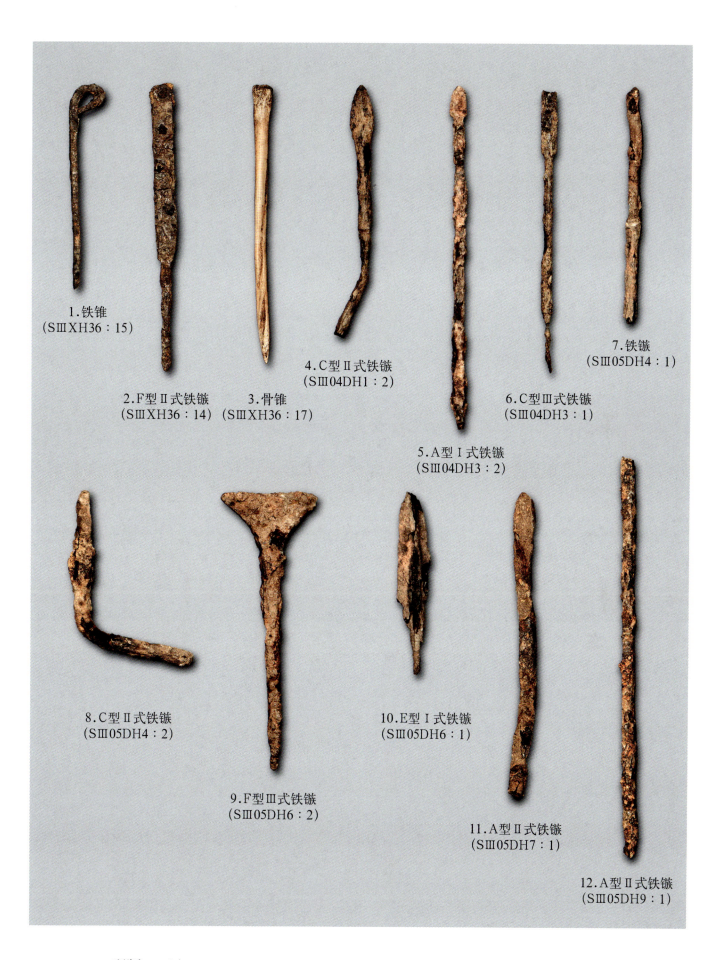

1.铁锥
(SⅢXH36：15)

2.F型Ⅱ式铁镞
(SⅢXH36：14)

3.骨锥
(SⅢXH36：17)

4.C型Ⅱ式铁镞
(SⅢ04DH1：2)

5.A型Ⅰ式铁镞
(SⅢ04DH3：2)

6.C型Ⅲ式铁镞
(SⅢ04DH3：1)

7.铁镞
(SⅢ05DH4：1)

8.C型Ⅱ式铁镞
(SⅢ05DH4：2)

9.F型Ⅲ式铁镞
(SⅢ05DH6：2)

10.E型Ⅰ式铁镞
(SⅢ05DH6：1)

11.A型Ⅱ式铁镞
(SⅢ05DH7：1)

12.A型Ⅱ式铁镞
(SⅢ05DH9：1)

彩版一五七　SⅢXH36、SⅢ04DH1、SⅢ04DH3、SⅢ05DH4、SⅢ05DH6、

SⅢ05DH7、SⅢ05DH9出土器物

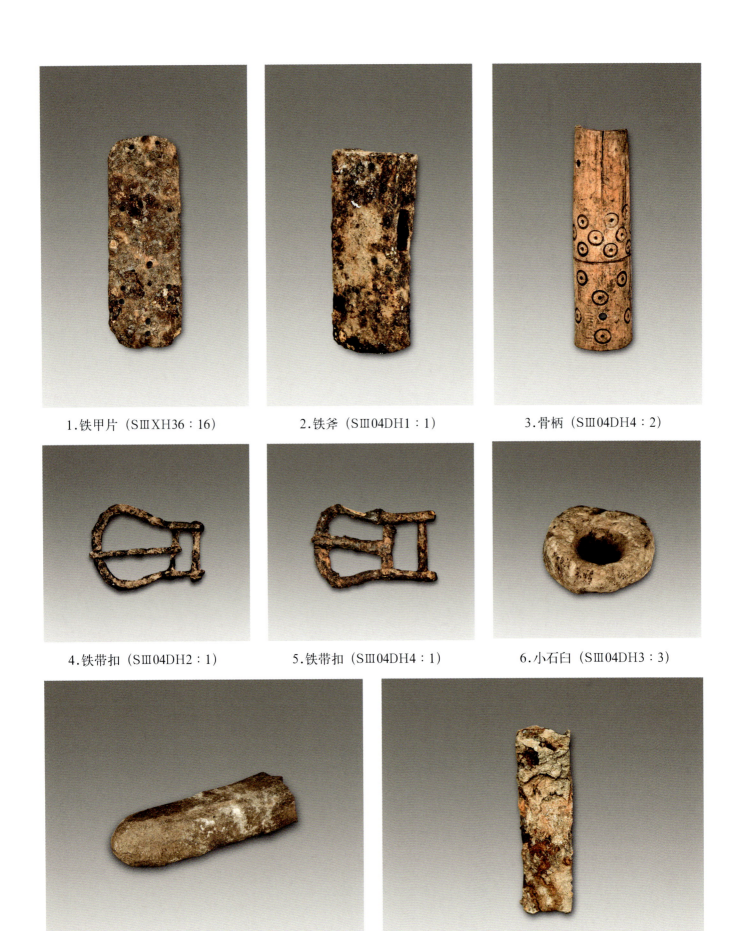

1.铁甲片（SⅢXH36：16）　　　2.铁斧（SⅢ04DH1：1）　　　3.骨柄（SⅢ04DH4：2）

4.铁带扣（SⅢ04DH2：1）　　　5.铁带扣（SⅢ04DH4：1）　　　6.小石臼（SⅢ04DH3：3）

7.砺石（SⅢ04DH3：4）　　　　　8.铁甲片（SⅢ05DH6：4）

彩版一五八　SⅢXH36、SⅢ04DH1、SⅢ04DH2、SⅢ04DH3、
SⅢ04DH4、SⅢ04DH6出土器物

1.A型Ⅲ式钵（SⅢXH37：1）

2.A型Ⅴ式盆（SⅢ04DH1：3）

3.A型Ⅰ式罐（SⅢ04DH4：3）

4.A型Ⅱ式罐（SⅢ04DH5：3）

5.A型Ⅲ式钵（SⅢ04DH5：6）

6.A型Ⅳ式盆（SⅢ04DH7：1）

彩版一五九　SⅢXH37、SⅢ04DH1、SⅢ04DH4、SⅢ04DH5、

SⅢ04DH7出土陶器

1.SⅢ05DH9全景（由南向北）

2.陶纺轮（SⅢ05DH9：4）

3.石纺轮（SⅢ05DH10：1）

4.铜耳环（SⅢ05DH10：16）

1.A型Ⅰ式铁镞
（SⅢ05DH10：11）

2.A型Ⅱ式铁镞
（SⅢ05DH10：14）

3.B型Ⅲ式铁镞
（SⅢ05DH10：3）

4.C型Ⅳ式铁镞
（SⅢ05DH10：13）

5.D型Ⅰ式铁镞
（SⅢ05DH10：18）

6.铁环（SⅢ05DH10：2）

7.铁削（SⅢ05DH10：4）

8.铁甲片
（SⅢ05DH10：15）

9.铁甲片
（SⅢ05DH10：17）

10.铁甲片
（SⅢ05DH10：6）

11.铁甲片
（SⅢ05DH10：10）

彩版一六一　SⅢ05DH9、SⅢ05DH10出土器物

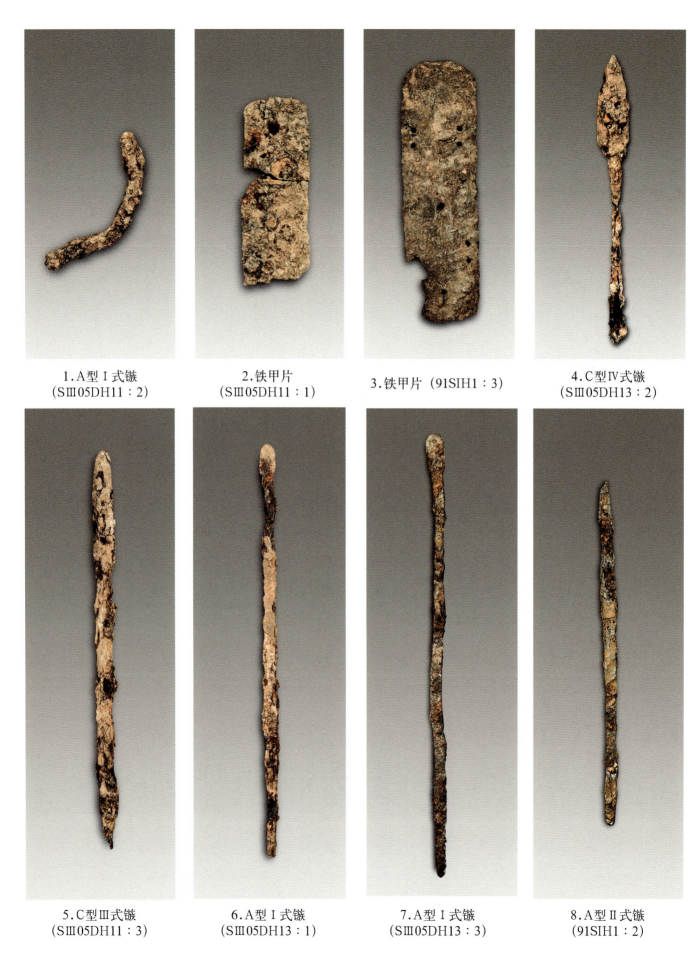

1.A型Ⅰ式镞
（SⅢ05DH11：2）

2.铁甲片
（SⅢ05DH11：1）

3.铁甲片（91SIH1：3）

4.C型Ⅳ式镞
（SⅢ05DH13：2）

5.C型Ⅲ式镞
（SⅢ05DH11：3）

6.A型Ⅰ式镞
（SⅢ05DH13：1）

7.A型Ⅰ式镞
（SⅢ05DH13：3）

8.A型Ⅱ式镞
（91SIH1：2）

彩版一六二　SⅢ05DH11、SⅢ05DH13、SIH1出土铁器

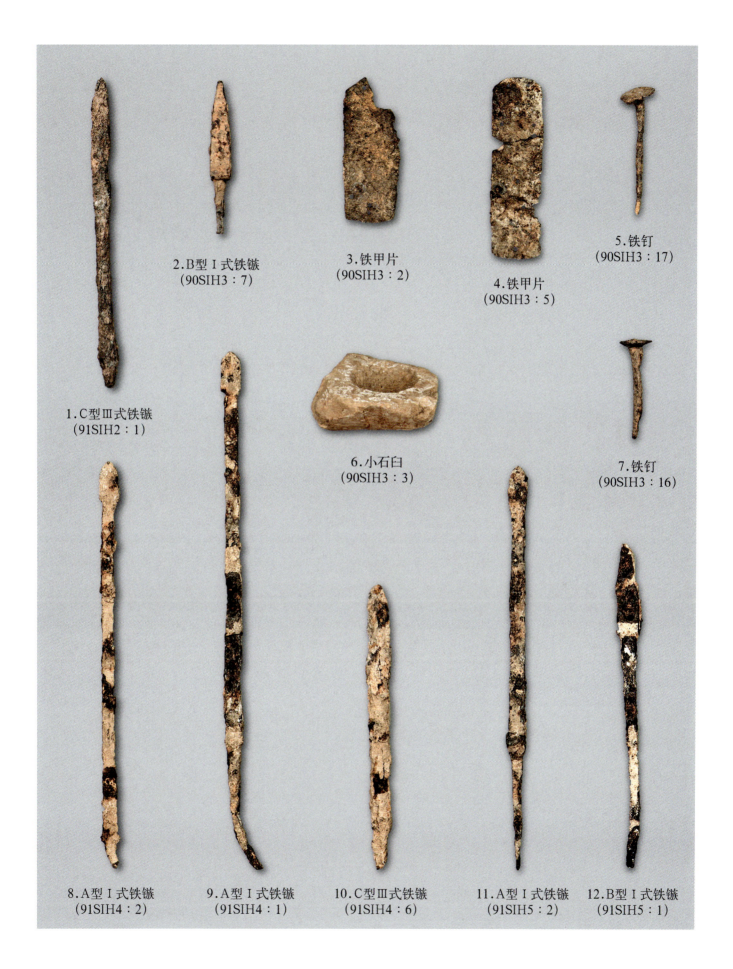

2.B型Ⅰ式铁镞
（90SIH3：7）

3.铁甲片
（90SIH3：2）

4.铁甲片
（90SIH3：5）

5.铁钉
（90SIH3：17）

1.C型Ⅲ式铁镞
（91SIH2：1）

6.小石臼
（90SIH3：3）

7.铁钉
（90SIH3：16）

8.A型Ⅰ式铁镞
（91SIH4：2）

9.A型Ⅰ式铁镞
（91SIH4：1）

10.C型Ⅲ式铁镞
（91SIH4：6）

11.A型Ⅰ式铁镞
（91SIH5：2）

12.B型Ⅰ式铁镞
（91SIH5：1）

彩版一六三　91SIH2、90SIH3、91SIH4、91SIH5、91SIH6出土器物

1.A型Ⅱ陶盘（91SIH1：1）

2.A型Ⅰ式陶盘（91SIH14：10）

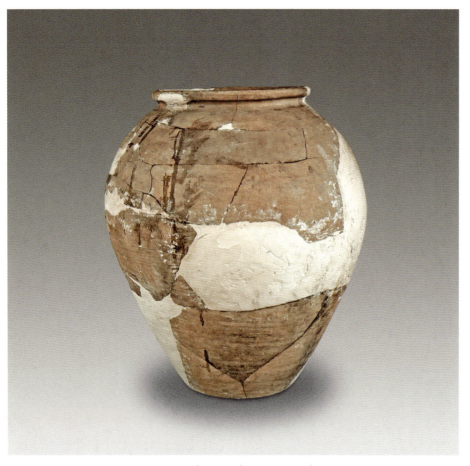

3.A型Ⅳ式陶瓮（91ISH16：4）

4.C型Ⅲ式镞（91SIH13：2）

5.铁钩（91SIH5：4）

6.石纺轮（91SIH6：18）

7.陶纺轮（91SIH12：3）

彩版一六四　　91SIH1、91SIH5、91SIH6、91SIH12、91SIH13、
91SIH14、91SIH16出土器物

1.B型Ⅰ式陶盘（91SIH16：7）

2.陶器盖（91SIH16：8）

3.铁带扣（91SIH19：8）

4.铁甲片（91SIH20：4）

5.铁甲片（91SIH20：6）

6.铁甲片（91SIH20：5）

彩版一六五　91SIH16、91SIH20出土器物

1. SIVTG1（由西南向东北）

2. SIVTG1（西北向东南）

彩版一六六　SIVTG1全景

1.山城烽燧址（STFSZ2）（由西向东）

2. SIVF1全景（由南向北）

彩版一六七　山城烽燧址及房址SIVF1全景

1. SIVF2全景（由西南向东北）

2. SIVF3全景（由东南向西北）

彩版一六八　SIVF2、SIVF3全景

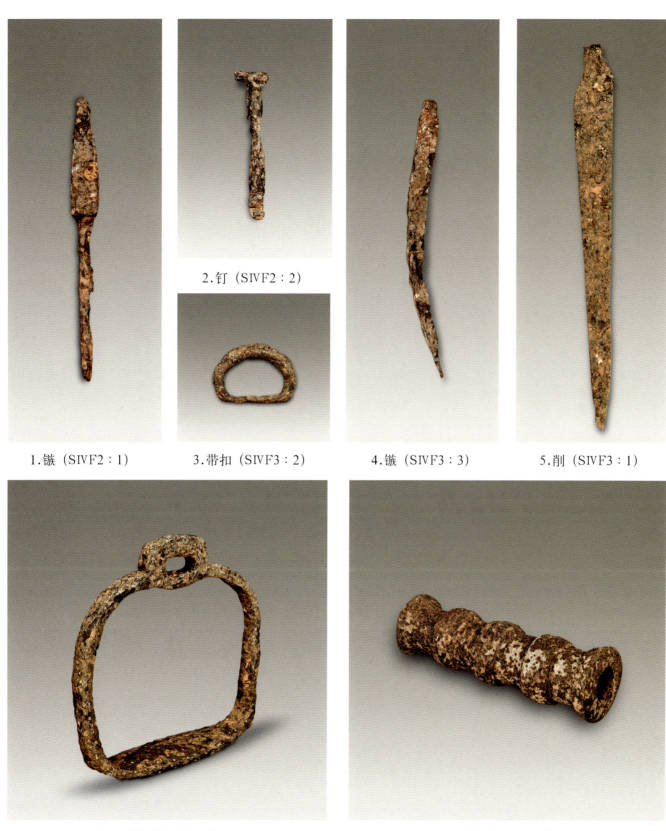

2.钉（SIVF2：2）

1.镞（SIVF2：1）　　　3.带扣（SIVF3：2）　　　4.镞（SIVF3：3）　　　5.削（SIVF3：1）

6.马镫（SIVF2：3）　　　　　　　　7.炮（SIVF3：6）

彩版一六九　　SIVF2、SIVF3出土铁器

1. SⅢ04DF8全景（由西北向东南）

2.瓷碗（SⅢ04DF8：2）

3.瓷碗（SⅢ04DF8：1）

4.铁马镳（SNM采：1）

5.铁凿（SNM采：4）

6.铁柄（SNM采：5）

彩版一七〇　SⅢ04DF8全景及出土与采集器物

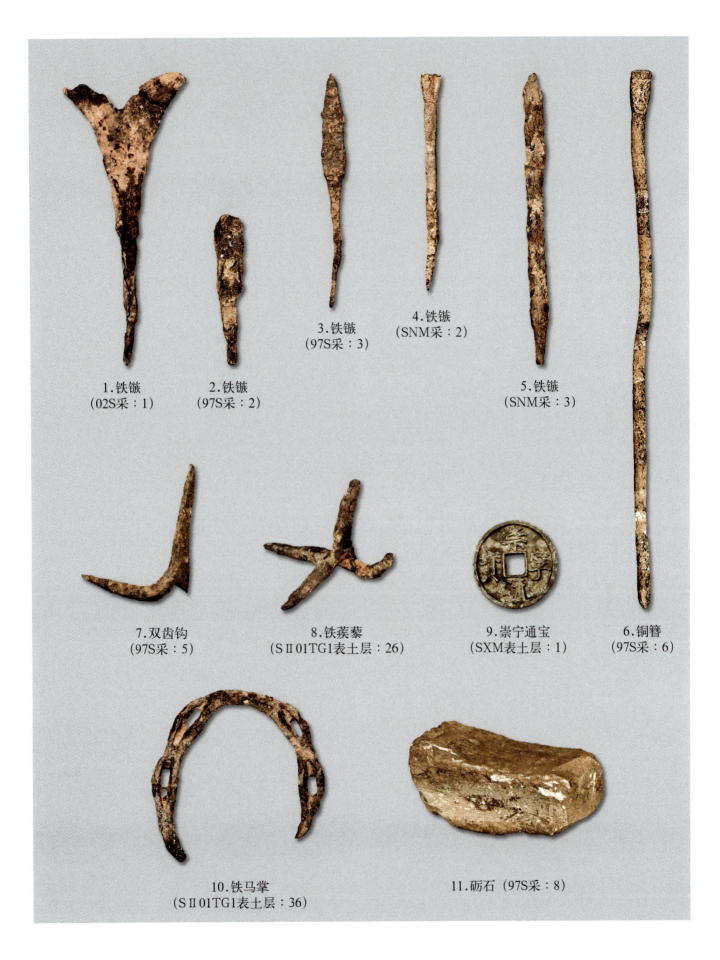

1. 铁镞
(02S采：1)

2. 铁镞
(97S采：2)

3. 铁镞
(97S采：3)

4. 铁镞
(SNM采：2)

5. 铁镞
(SNM采：3)

6. 铜簪
(97S采：6)

7. 双齿钩
(97S采：5)

8. 铁蒺藜
(SⅡ01TG1表土层：26)

9. 崇宁通宝
(SXM表土层：1)

10. 铁马掌
(SⅡ01TG1表土层：36)

11. 砺石（97S采：8）

彩版一七一　山城采集器物

1.IM1全景（由南向北）

2.IM2全景（由西向东）

3.IM3全景（由南向北）

4.IM5全景（由西向东）

彩版一七二　IM1、IM2、IM3、IM5全景

1.IM6全景（由南向北）

2.IM7全景（由南向北）

彩版一七三　IM6、IM7全景

1. ⅡM1全景（由西南向东北）

2. 金属饰件（ⅡM1：3）

3. 铜环（ⅡM1：2）

4. 料珠（ⅡM1：1）

5. 管状铁器（ⅡM1：4）

彩版一七四　ⅡM1全景及出土器物

1. ⅡM2全景（由南向北）

2. 陶壶（ⅡM2：1）

彩版一七五　ⅡM2全景及出土陶壶

1. ⅡM3全景（由西向东）

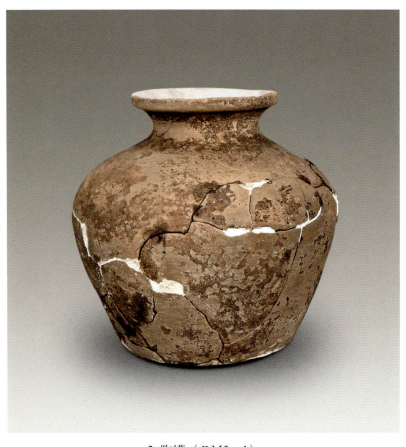

2. 陶罐（ⅡM3：1）

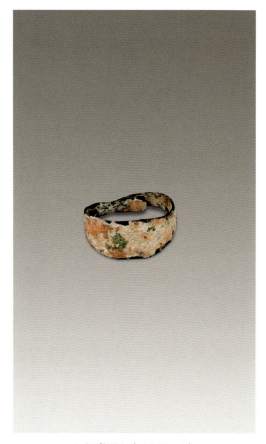

3. 铜指环（ⅡM3：2）

彩版一七六　ⅡM3全景及出土器物

1.ⅡM4全景（由北向南）

2.ⅢDM2全景（由西南向东北）

彩版一七七　ⅡM4、ⅢDM2全景

1. ⅢDM1全景（由东北向西南）

2. 釉陶片（ⅢDM3：1）

3. ⅢDM3全景（由东向西）

彩版一七八　　ⅢDM1、ⅢDM3全景及ⅢDM3出土器物

1. ⅢDM4、ⅢDM5（由南向北）

2. ⅢDM6（由北向南）

彩版一七九　ⅢDM4、ⅢDM5、ⅢDM6全景

1. 陶罐（ⅢDM4：1）

2. 陶罐（ⅢDM6：1）

3. 陶罐（ⅢDM8：1）

4. 陶罐（ⅢDM9：1）

5. ⅢDM7全景（由南向北）

6. ⅢDM8全景（由北向南）

彩版一八〇　ⅢDM4、ⅢDM6、ⅢDM8、ⅢDM9出土陶罐及
ⅢDM7、ⅢDM8全景

1. ⅢDM9全景（由西向东）

2. ⅢDM10全景（由南向北）

3. ⅢDM11全景（由北向南）

4. ⅢDM12全景（由北向南）

彩版一八一　　ⅢDM9、ⅢDM10、ⅢDM11、ⅢDM12全景

1．ⅢDM13全景（由南向北）

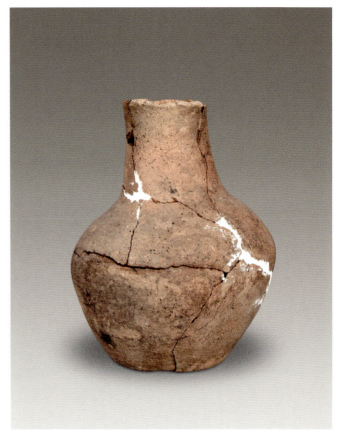

2．陶壶（ⅢDM13∶1）

3．ⅢDM14全景（由南向北）

4．ⅢDM15全景（由南向北）

彩版一八二　　ⅢDM13、ⅢDM14、ⅢDM15全景及ⅢDM13出土陶壶

1. ⅢDM16全景（由西南向东北）

2. ⅢDM17全景（由南向东）

3. ⅢDM18全景（由北向南）

4. ⅢDM19全景（由北向南）

彩版一八三　ⅢDM16、ⅢDM17、ⅢDM18、ⅢDM19全景

1. ⅢDM21全景（由南向北）

2. ⅢDM22全景（由南向北）

4. 铜指环（ⅢDM22：2）

5. 铜指环（ⅢDM22：3）

3. 陶罐（ⅢDM22：1）

6. 铜指环（ⅢDM22：4）

7. 铜指环（ⅢDM22：5）

8. 铜指环（ⅢDM22：6）

彩版一八四　ⅢDM21、ⅢDM22全景及ⅢDM21出土器物

1. ⅢDM23全景（由南向北）

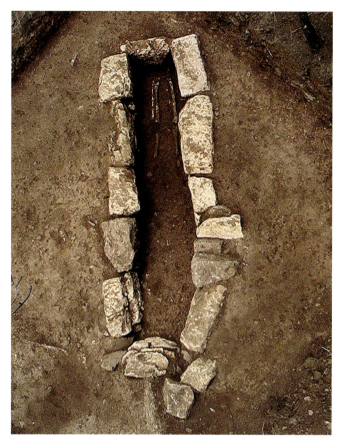

2. ⅢDM24全景（由西南向东北）

3. ⅢDM25全景（由北向南）

4. ⅢDM26全景（由北向南）

彩版一八五　ⅢDM23、ⅢDM23、ⅢDM23、ⅢDM23全景

1. ⅢDM27全景（由北向南）

2. 铁匕首（ⅢDM27∶1）

彩版一八六　ⅢDM27全景及出土铁匕首

1. ⅢXM1全景（由西向东）

2. ⅢXM2全景（由西向东）

彩版一八七　ⅢXM1、ⅢXM2全景

1. 铜耳坠（ⅢXM2：1）

2. 铜饰件（ⅢXM2：2）

3. 玛瑙珠（ⅢXM2：3）

4. 铜手镯（ⅢXM3：1）

5. 银耳环（ⅢXM3：2）

6. ⅢXM3全景（由东向西）

彩版一八八　ⅢXM2、ⅢXM3出土器物及ⅢXM3全景

1. ⅢXM4全景（由东向西）

2. 陶罐（ⅢXM4：1）

3. 铁镞（ⅢXM4：2）

彩版一八九　ⅢXM4全景及出土器物

1. ⅢXM5全景（由西南向东北）

2. ⅢXM6全景（由南向北）

3. ⅢXM7全景（由西南向东北）

4. 陶罐（ⅢXM7：1）

彩版一九〇　ⅢXM5、ⅢXM6、ⅢXM7全景及ⅢXM7出土陶罐

1. ⅢXM8全景（由东向西）

2. ⅢXM9全景（由东向西）

彩版一九一　　ⅢXM8、ⅢXM9全景

1. ⅢXM10全景（由南向北）

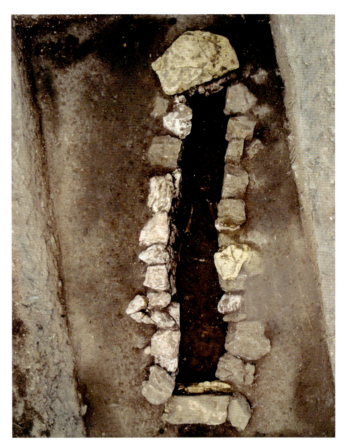

2. ⅢXM11全景（由南向北）

3. ⅢXM12全景（由南向北）

4. ⅢXM13全景（由南向北）

彩版一九二　　ⅢXM10、ⅢXM11、ⅢXM12、ⅢXM13全景

1.ⅢXM15全景（由南向北）

2.ⅢXM16全景（由南向北）

彩版一九三　ⅢXM15、ⅢXM16全景

1. ⅢXM17全景（由北向南）

2. ⅢXM18全景（由南向北）

3. ⅢXM19全景（由北向南）

彩版一九四　　ⅢXM17、ⅢXM18、ⅢXM19全景

1. ⅢXM21全景（由西北向东南）

2. ⅣM1全景（由北向南）

彩版一九五　ⅢXM21、ⅣM1全景

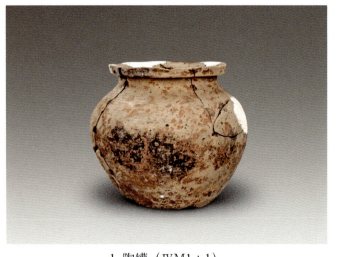

1.陶罐（ⅣM1：1）

2.陶罐（ⅣM1：2）

3.铜饰件（ⅣM1：5）

4.铁器（ⅣM1：4）

5.铁器（ⅣM1：3）

彩版一九六　ⅣM1出土器物

1. IVM2全景（由南向北）

2. IVM3全景（由南向北）

3. IVM4全景（由南向北）

彩版一九七　IVM2、IVM3、IVM4全景

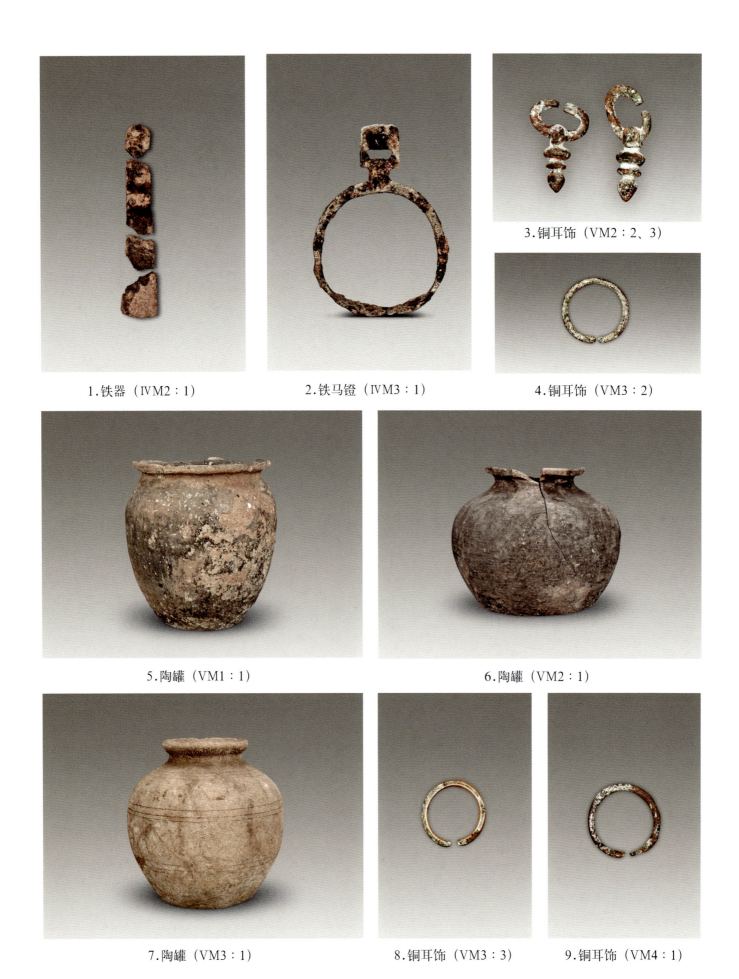

1.铁器（ⅣM2：1）　　　　2.铁马镫（ⅣM3：1）　　　　3.铜耳饰（VM2：2、3）

4.铜耳饰（VM3：2）

5.陶罐（VM1：1）　　　　　　　　6.陶罐（VM2：1）

7.陶罐（VM3：1）　　　　8.铜耳饰（VM3：3）　　　　9.铜耳饰（VM4：1）

彩版一九八　ⅣM2、ⅣM3、VM1、VM2、VM3、VM4出土器物

1.VM1全景（由北向南）

2.VM2全景（由北向南）

彩版一九九　VM1、VM2全景

1.VM3全景（由北向南）

2.VM4全景（由南向北）

彩版二〇〇　VM3、VM4全景